Word 2016 Profiwissen

Anja Schmid, Inge Baumeister

Verlag:
BILDNER Verlag GmbH
Bahnhofstraße 8
94032 Passau

http://www.bildner-verlag.de
info@bildner-verlag.de

Tel.: +49 851-6700
Fax: +49 851-6624

ISBN: 978-3-8328-0176-2

Bestellnummer: RP-197

Covergestaltung:
Christian Dadlhuber

Autorinnen:
Anja Schmid, Inge Baumeister

Bildquelle Cover: © Monkey Business - Fotolia.com
Kapitelbild: © salita2010 - Fotolia.com
Fotos auf Seiten 272, 273: © olly - Fotolia.com

Herausgeber:
Christian Bildner

© 2017 BILDNER Verlag GmbH Passau, 2. Auflage März 2018

Herzlich willkommen!

Sie arbeiten bereits mit Word, verfügen über Grundlagenwissen zur Texteingabe und -formatierung und möchten nun Ihr Wissen vertiefen? Beispielsweise Routineaufgaben schneller und einfacher erledigen oder einen längeren Text, z. B. eine Haus- oder Facharbeit mit Word verfassen.

Aus langjährigen Erfahrungen als Trainerinnen wissen wir, dass inzwischen die meisten Anwender Kenntnisse in Word verfügen und das Schreiben und Formatieren von einfachen Texten mit durchaus geläufig ist. Probleme tauchen erst auf, wenn beispielsweise ein längeres Dokument mit mehreren Kapiteln, einem Inhaltsverzeichnis und eventuell weiteren Verzeichnissen sowie korrekten Seitenzahlen zu erstellen ist und Formatvorlagen zur einheitlichen Gestaltung einzusetzen sind. Oder wenn eine professionelle Dokumentvorlage mit Feldern und Steuerelementen erstellt werden soll.

Aus diesem Grund haben wir in diesem Buch bewusst auf eine ausführliche Darstellung der Word-Basics verzichtet und wenden uns nicht an absolute Neulinge, sondern an jene Anwender, die Word bisher zwar zum Schreiben benutzt haben, sich jetzt aber mit Details auseinandersetzen wollen oder müssen. Wir widmen uns also umso ausführlicher den typischen Fallstricken, die in solchen Fällen lauern und manchen verzweifeln lassen.

Viele der typischen Fehler lassen sich durch eine systematische Vorgehensweise vermeiden. Daher haben wir am Ende des Buches zwei Workshops angefügt und hier nochmals die wichtigsten Punkte zusammengefasst

▶ Der erste Workshop erläutert die Vorgehensweise bei der Erstellung längerer Dokumente, insbesondere wissenschaftlicher Arbeiten; welche Besonderheiten Sie beachten sollten und wie Sie zeitraubende Layoutänderungen in „letzter Minute" vermeiden. Besonderer Dank gilt hier M.Sc. Bruno Baumeister, TU München für seine wertvollen Hinweise.

▶ Im zweiten Workshop erstellen Sie Schritt für Schritt eine Dokumentvorlage für einen professionellen Geschäftsbrief nach DIN 5008. Zwar finden Sie auch im Internet zahlreiche Vorlagen zum kostenlosen Download, dafür lässt sich die vorgestellte Vorgehensweise problemlos auf andere Dokumentvorlagen übertragen und versetzt Sie in die Lage Vorlage nach Ihren Vorstellungen zu gestalten.

Schreibweise
Befehle, Bezeichnungen von Schaltflächen und Beschriftungen von Dialogfenstern sind zur besseren Unterscheidung farbig und kursiv hervorgehoben, zum Beispiel Register *Start*, Schaltfläche *Kopieren*.

Viel Spaß und Erfolg mit dem Buch wünscht Ihnen
Ihr Autorenteam

Auf einen Blick

Inhalt

4   Bilder und Objekte einfügen 143

8   Formulare 275

9   Mathematische Formeln und Symbole 301

1

Große und kleine Arbeits- und Texthilfen

In diesem Kapitel lernen Sie...

- Dem Menüband weitere Befehle hinzufügen
- Eingabe- und Korrekturhilfen nutzen
- Absätze nummerieren und Listen mit mehreren Gliederungsebenen erstellen
- Wiederverwendbare Elemente als Schnellbausteine speichern
- Querverweise auf andere Textstellen und Textmarken einsetzen
- Fuß- und Endnoten einfügen und verwalten
- Überarbeitungen kontrollieren und vergleichen

Das sollten Sie bereits wissen

- Text eingeben und korrigieren
- Grundlagen der Textformatierung

Dieses Kapitel fasst die vielen großen und kleinen Helfer von Word zusammen die, richtig eingesetzt, im Alltag eine Menge Arbeit sparen und für effizientes Arbeiten mit längeren Dokumenten unverzichtbar sind. Einige davon sind Ihnen vermutlich bereits bekannt, diese Punkte überspringen Sie einfach. Aber vielleicht finden Sie auch in diesem Kapitel trotzdem noch Neues.

1.1 Passen Sie Word an Ihre Arbeitsweise an

Statusinformationen - so behalten Sie den Überblick

Die Statusleiste verfügt neben den verschiedenen Ansichten und dem Zoom über eine Reihe weiterer nützlicher Anzeigefunktionen, diese verbergen sich im Kontextmenü der rechten Maustaste. Standardmäßig erscheinen hier nur die Seitenzahl, die Anzahl der Seiten und Wörter und die automatische Rechtschreib- und Grammatikprüfung.

Cursorposition in der Statusleiste anzeigen

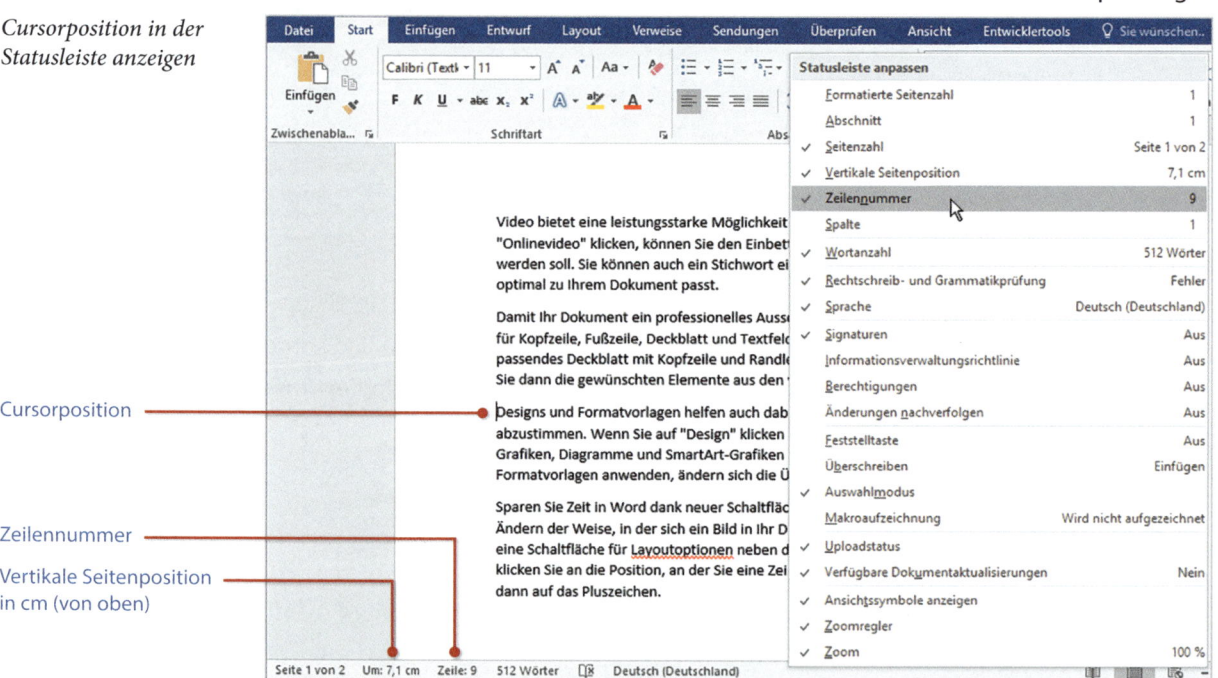

Wo befindet sich der Cursor?

In manchen Fällen ist es zur exakten Positionierung wichtig zu wissen, wo sich der Cursor gerade befindet. Oder Sie möchten auf bestimmte Zeilen eines Dokuments verweisen und benötigen dazu die Zeilennummer. Kein Problem, Word kann die aktuelle Cursorposition als Zeilennummer und in cm, gemessen vom oberen Blattrand, in der Statuszeile anzeigen. Klicken Sie mit der rechten Maustaste in die Statusleiste und anschließend auf *Zeilennummer*. **Wichtig zu wissen:** Word beginnt bei der Anzeige der Zeilennummern in der Statuszeile mit der Nummerierung auf jeder Seite neu.

Falls Sie eine fortlaufende Nummerierung benötigen, siehe weiter unten.

Wenn Sie auch noch die Position in cm benötigen, dann klicken Sie erneut mit der rechten Maustaste und auf *Vertikale Seitenposition*. Auf demselben Weg blenden Sie auch nicht benötigte Statusinformationen aus; am Häkchen erkennen Sie schnell, ob eine Information bereits in der Statuszeile enthalten ist.

Zeilennummern im Dokument anzeigen

Bei Verweisen auf bestimmte Zeilen ist es manchmal auch hilfreich, die Zeilennummern im Dokument anzuzeigen. Dazu klicken Sie auf das Register *Layout* und hier auf *Zeilennummern*. Wählen Sie anschließend zwischen fortlaufender Nummerierung oder ob Word auf jeder Seite mit der Nummerierung neu beginnen soll. Falls Ihr Dokument in mehrere Abschnitte aufgeteilt ist, können Sie auch noch mit der Nummerierung für jeden Abschnitt neu beginnen.

Abschnitte, siehe Kap. 2.3

Soll ein Absatz von der Nummerierung ausgenommen werden, dann sorgen Sie dafür, dass sich der Cursor in dem betreffenden Absatz befindet, klicken erneut auf *Zeilennummern* und auf *Für aktuellen Absatz unterdrücken*.

Achtung: Die Zeilennummern sind ausschließlich in der Ansicht *Seitenlayout* sichtbar und erscheinen links vom eigentlichen Text in der Markierungsspalte, der Zeilenumbruch wird durch sie nicht beeinflusst.

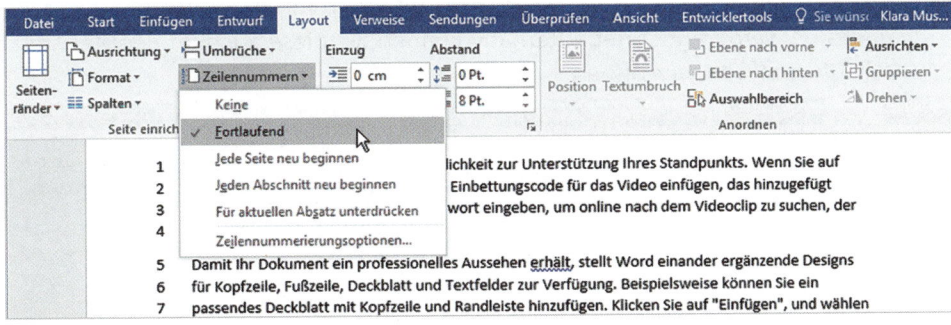

Zeilennummern im Dokument anzeigen

Die Zeilennummern erscheinen links vom eigentlichen Text

Zeilennummern ausblenden

Die Zeilennummern werden zusammen mit dem Dokument gedruckt! Um die Zeilennummern wieder auszublenden, klicken Sie im Register *Layout* auf *Zeilennummern* und wählen *Keine*.

Wörter zählen

Wie viele Wörter Ihr Dokument umfasst, ist ebenfalls in der Statusleiste ersichtlich. Sollte diese Information nicht angezeigt werden, so klicken Sie mit der rechten Maustaste in die Statusleiste und auf *Wortanzahl*.

Die Anzahl der Wörter erscheint auch in den Dokumenteigenschaften. Dazu klicken Sie auf das Register *Datei* und auf *Informationen*.

Eine weitere Möglichkeit erhalten Sie im Register *Überprüfen*, *Rechtschreibung*. Mit Klick auf *Wörter zählen* öffnet sich eine kleine Statistik, die nicht nur die Anzahl der

Wörter, sondern auch der Absätze und Zeilen anzeigt. Über ein Kontrollkästchen steuern Sie, ob auch Fuß- und Endnoten und die Inhalte von Textfeldern berücksichtigt werden.

Statistik: Wörter zählen

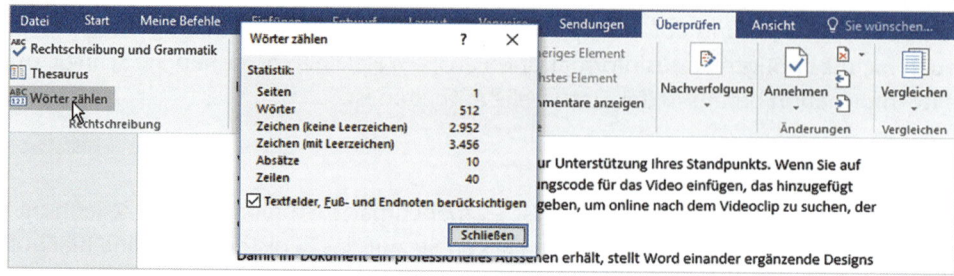

Siehe Kapitel 5

Tipp: Falls Sie die Anzahl der Wörter in das Dokument einfügen möchten, dann erledigen Sie dies am besten mit einem Feld. Näheres zum Umgang mit Feldern lesen Sie in Kapitel 5.

Das Menüband um benutzerdefinierte Register erweitern

Häufig benötigte und nicht im Menüband enthaltene Befehle können Sie dem Menüband jederzeit hinzufügen. So gehen Sie am einfachsten vor:

1 Klicken Sie mit der rechten Maustaste an eine beliebige Stelle des Menübands und auf *Menüband anpassen...*. Die Word-Optionen mit der Auswahl *Menüband anpassen* werden geöffnet. Alternativ können Sie diese auch im Register *Datei* mit Klick auf *Optionen* öffnen.

Klicken Sie mit der rechten Maustaste in das Menüband und auf Menüband anpassen...

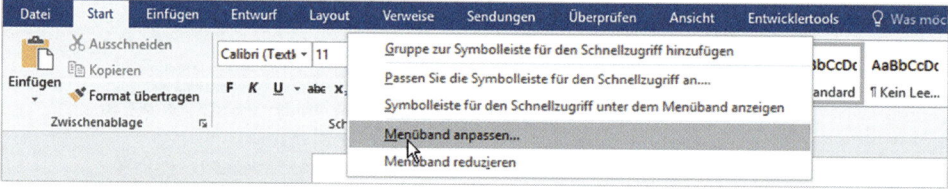

- Links finden Sie eine Liste von Befehlen, in der Standardeinstellung werden hier *Häufig verwendete Befehle* angezeigt (Bild unten).

- Rechts verwalten Sie die Hauptregisterkarten, d.h. die ständig verfügbaren Registerkarten.

2 Sie könnten auch vorhandene Registerkarten erweitern; aus Platzgründen und zur besseren Übersicht sollten Sie jedoch besser eine eigene benutzerdefinierte Registerkarte erstellen. Der Vorteil: Nicht benötigte Registerkarten lassen sich schnell ausblenden und brauchen nicht gelöscht werden. Klicken Sie auf *Neue Registerkarte*.

Eine neue Registerkarte wird unterhalb bzw. rechts von der aktuell markierten Registerkarte eingefügt, kann jedoch nachträglich an eine beliebige Position verschoben werden.

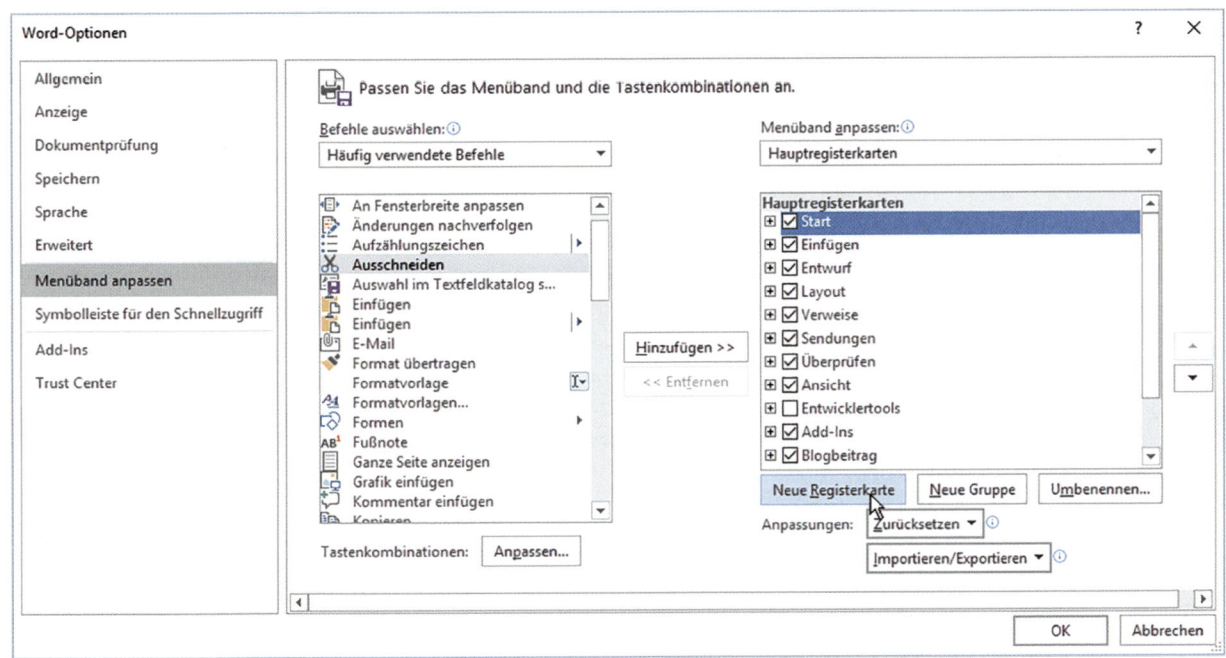

Menüband anpassen: Klicken Sie auf Neue Registerkarte

3   Die neue Registerkarte erscheint zusammen mit einer neuen Gruppe in der Liste mit dem Zusatz *(Benutzerdefiniert)*. Markieren Sie mit einem Klick die Registerkarte, klicken Sie auf *Umbenennen* und geben Sie einen Namen ein (Bild unten), mit dem diese im Menüband angezeigt werden soll. Der Zusatz *Benutzerdefiniert* ist im Menüband später nicht sichtbar.

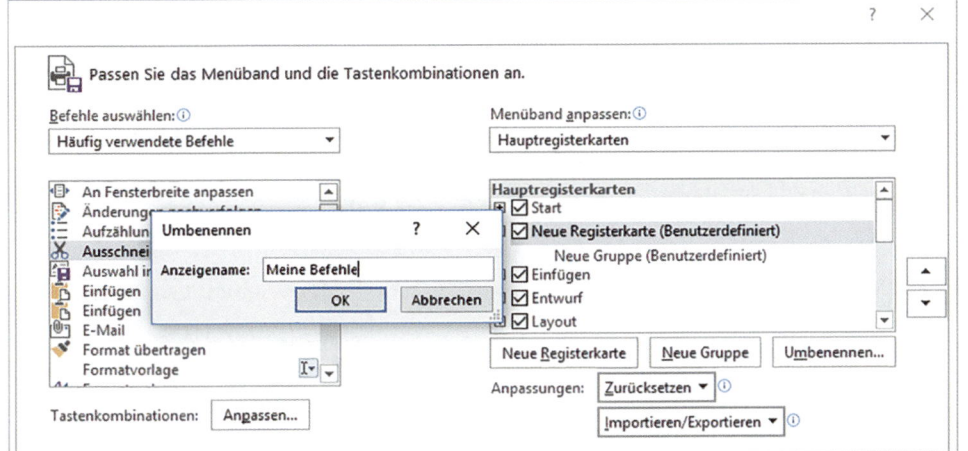

Benutzerdefinierte Registerkarte umbenennen

4   Die *Neue Gruppe*, die automatisch zusammen mit der Registerkarte angelegt wurden, benennen Sie auf dieselbe Weise um. Hier erhalten Sie zusätzlich die Möglichkeit, für die Gruppe ein Symbol zu wählen. Dieses erscheint, wenn aufgrund der Fenstergröße die Gruppe nicht vollständig angezeigt werden kann.

5   Anschließend können Sie dieser Gruppe Schaltflächen hinzufügen. Falls Sie weitere Befehle benötigen, müssen Sie die Liste der verfügbaren Befehle erweitern, indem Sie entweder *Nicht im Menüband enthaltene Befehle* oder *Alle Befehle* auswählen. Leider ist die Liste aller Befehle sehr unübersichtlich und auch die Reihenfolge ist nicht immer nachvollziehbar, es kann also einige Zeit dauern, bis Sie alle gewünschten Befehle gefunden und hinzugefügt haben.

6   Als Beispiel wurde im Bild unten das Zeichenformat *Kapitälchen* hinzugefügt: Ziehen Sie den Befehl entweder mit gedrückter Maustaste auf die Gruppe oder markieren Sie den Befehl und die Gruppe und klicken Sie auf *Hinzufügen >>*. Mit der Schaltfläche *<< Entfernen* können Sie dagegen einen markierten Befehl oder eine ganze Gruppe wieder aus der Registerkarte entfernen.

Beispiel: das Zeichenformat Kapitälchen hinzufügen

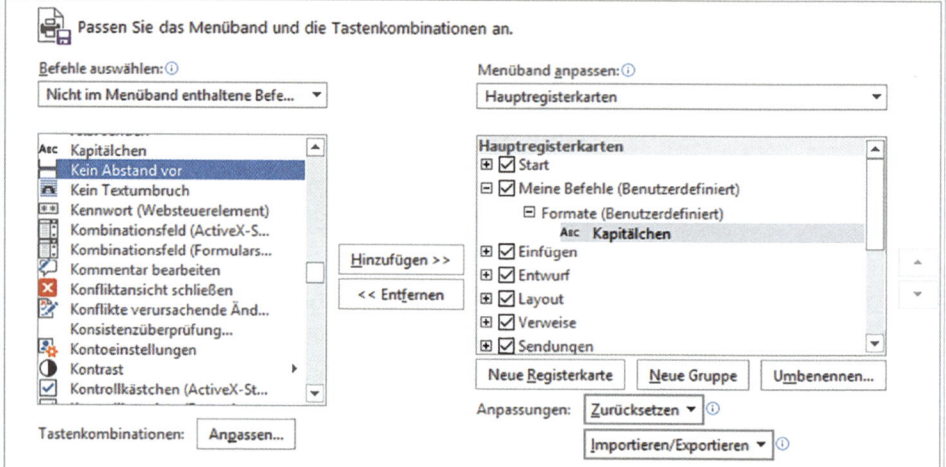

Befehle können einer Registerkarte nicht direkt hinzugefügt werden, sondern nur einer Gruppe. Sie müssen also einen Befehl auf eine Gruppe ziehen oder die Gruppe zuvor markieren. Mit der Schaltfläche *Neue Gruppe* können Sie beliebig viele Gruppen erstellen und anschließend mit der Schaltfläche *Umbenennen* entsprechend benennen.

Beispiel: Benutzerdefinierte Registerkarte in den Word-Optionen...

Befehle umstellen

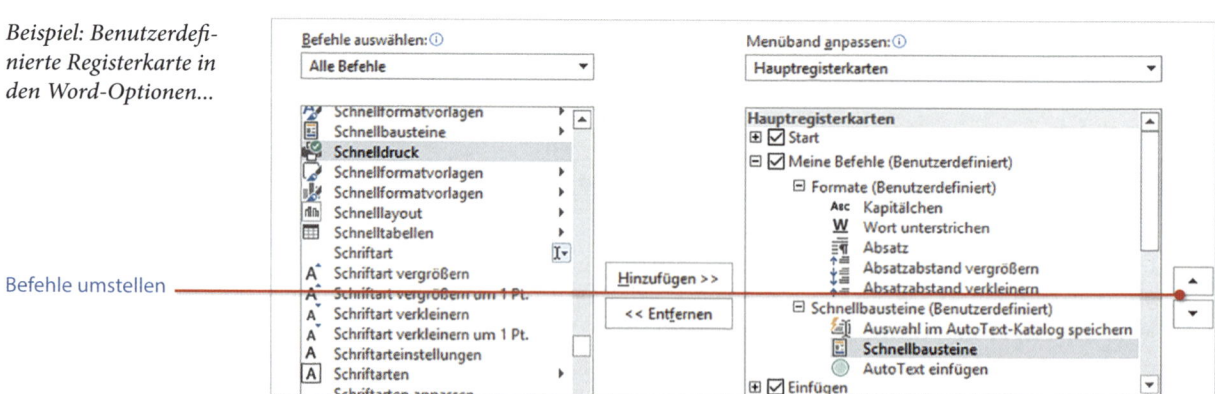

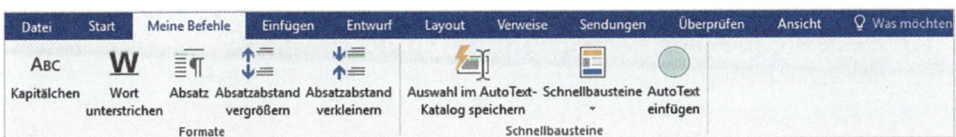

... und im Menüband

Mit den Pfeilschaltflächen (Bild) oder durch Ziehen mit der Maus können Sie in der benutzerdefinierten Registerkarte den markierten Befehl nach oben oder unten verschieben und so die Reihenfolge ändern.

Hinweis: Mit der Schaltfläche *Zurücksetzen* können Sie entweder alle Anpassungen am Menüband zurücksetzen oder, falls Sie Befehle einem vorhandenem Register hinzugefügt haben, nur die Änderungen am markierten Register.

Schneller Zugriff auf wichtige Befehle über die Schnellzugriffsleiste

Zum schnellen Aufruf häufig benötigter Befehle steht in der linken oberen Ecke des Word-Fensters die *Symbolleiste für den Schnellzugriff* (kurz Schnellzugriffsleiste) zur Verfügung. Sie enthält standardmäßig die Symbole *Speichern*, *Rückgängig* und *Wiederholen*, weitere Symbole können schnell hinzugefügt werden. Dazu klicken Sie am rechten Ende der Leiste auf den Pfeil *Symbolleiste für den Schnellzugriff anpassen*. Klicken Sie dann auf den gewünschten Befehl, z. B. *Öffnen*.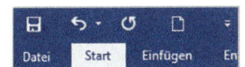

Ein Klick auf *Weitere Befehle…* öffnet die Word-Optionen mit der Kategorie *Symbolleiste für den Schnellzugriff*. Die verfügbaren Befehle und die weitere Vorgehensweise unterscheiden sich nicht vom Anpassen des Menübands (siehe oben).

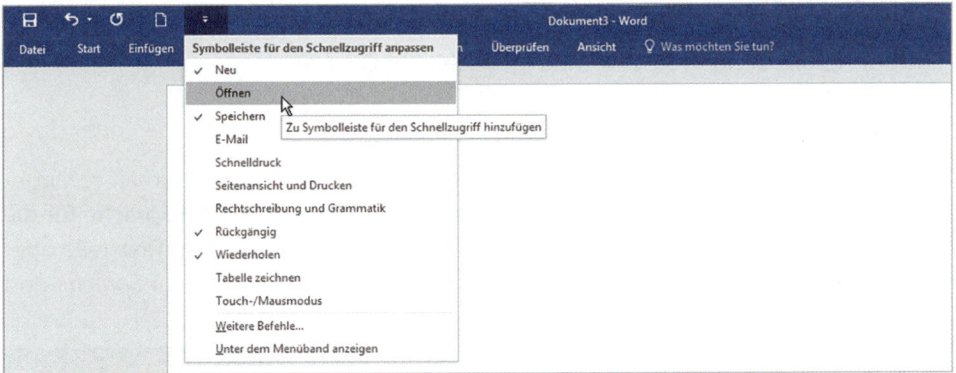

1.2   Eingabe- und Korrekturhilfen clever einsetzen

Spracheinstellungen, Rechtschreibung und Grammatik

Die Rechtschreib- und die Grammatikprüfung sind während der Eingabe standardmäßig aktiv. Als Rechtschreibfehler erkannte Wörter werden mit einer roten, Grammatikfehler mit einer blauen Wellenlinie hervorgehoben. Diese Kennzeichnung erscheint ausschließlich auf dem Bildschirm und nicht auf dem Ausdruck. Ob die Rechtschreib- und Grammatikprüfung aktiv ist und ob Fehler gefunden wurden, erkennen Sie am Symbol in der Statusleiste.

Beispiel: Rechtschreib- und Grammatikkennzeichnung

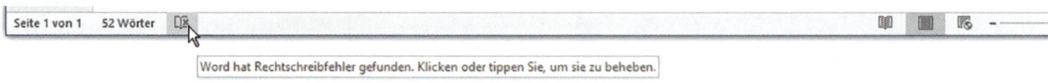

Seite 1 von 1   52 Wörter

Word hat Rechtschreibfehler gefunden. Klicken oder tippen Sie, um sie zu beheben.

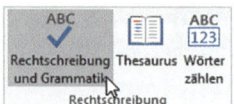

Um Korrekturvorschläge zu erhalten, klicken Sie entweder mit der rechten Maustaste auf ein derart gekennzeichnetes Wort oder starten die Rechtschreib- und Grammatikprüfung mit Klick auf *Rechtschreibung und Grammatik*, Register *Überprüfen*.

Allerdings werden nicht alle Fehler gefunden und korrekt geschriebene Wörter manchmal als Fehler gekennzeichnet. Ein häufiges Problem sind beispielsweise einzelne Wörter in einer anderen Sprache sowie Fachbegriffe und technische Ausdrücke. Der Grund liegt darin, dass Word zur Textüberprüfung das Standardwörterbuch der zuvor festgelegten Sprache verwendet. Kommt ein deutsches Wörterbuch zum Einsatz, so werden beispielsweise englische Ausdrücke trotz korrekter Schreibweise als Fehler hervorgehoben und viele Fachausdrücke sind im Wörterbuch einfach nicht vorhanden. Zur Abhilfe können Sie folgende Möglichkeiten nutzen.

Sprache ändern

Wird das gesamte Dokument in einer anderen Sprache verfasst oder enthält es längere fremdsprachliche Abschnitte, dann ändern Sie am einfachsten die Sprache für die Rechtschreibung und Grammatik. Dazu markieren Sie die betreffende Textstelle oder mit Strg+A das gesamte Dokument, klicken im Register *Überprüfen* auf *Sprache* und

Sprache festlegen   auf *Sprache für die Korrekturhilfen festlegen*.

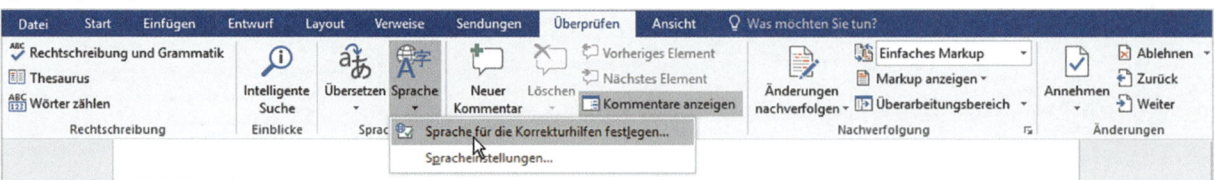

Wählen Sie anschließend im Dialogfenster *Sprache* die verwendete Sprache aus und klicken Sie auf *OK*, um die Sprache für den markierten Text zu übernehmen. Im Fenster *Sprache* finden Sie außerdem folgende Möglichkeiten:

▶ Das aktivierte Kontrollkästchen *Sprache automatisch erkennen* bedeutet, dass Word versucht, die Sprache anhand der verwendeten Wörter zu erkennen. Dies funktioniert leider nicht immer und führt manchmal zu seltsamen Ergebnissen, es kann also beruhigt auch deaktiviert werden.

▶ Mit der Schaltfläche *Als Standard festlegen* können Sie bei Bedarf die ausgewählte Sprache als Standardsprache festlegen. Dies gilt nicht nur für das gesamte aktuelle Dokument, sondern auch für alle neuen Dokumente, die auf derselben Vorlage (z. B. Leeres Dokument) basieren.

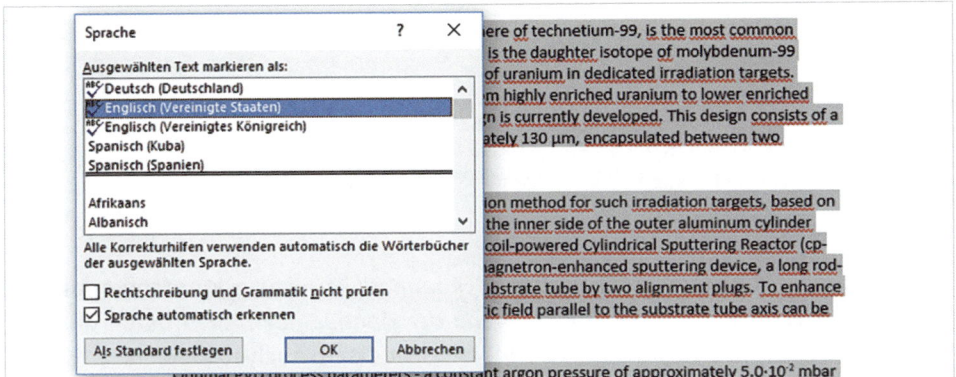

Sprache für die Rechtschreib- und Grammatikprüfung ändern

Das Standardwörterbuch ergänzen, indem Sie Wörter hinzufügen

Wenn die Rechtschreibprüfung bestimmte Namen, Fachbegriffe und einzelne häufig benutzte Fremdwörter ignorieren soll, dann können Sie diese dem Standardwörterbuch hinzufügen und so verhindern, dass die Wörter künftig als Fehler gekennzeichnet werden. Hierzu bietet Word ergänzend zu den Korrekturvorschlägen den Befehl *Hinzufügen zum Wörterbuch* an.

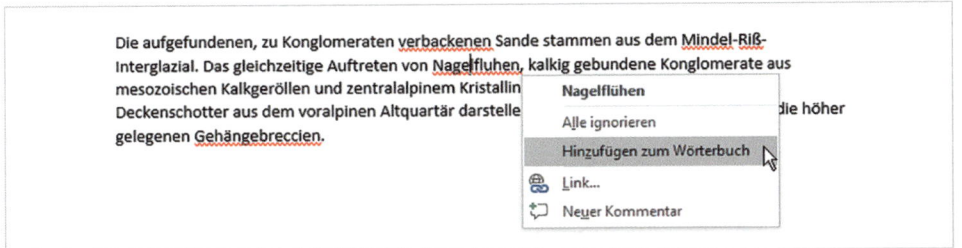

Ein Wort zum Wörterbuch hinzufügen

Rechtschreibfehler im gesamten Dokument ausblenden

Wenn Sie die Kennzeichnung einfach nur als störend empfinden, dann können Sie als dritte Möglichkeit natürlich auch die Kennzeichnung von Rechtschreib- und/oder Grammatikfehlern im gesamten Dokument ausblenden. Dazu öffnen Sie im Register *Datei* die Word-Optionen und klicken auf *Dokumentprüfung*.

Rechtschreibfehler ausblenden

Rechtschreibprüfung ist aktiviert

Kennzeichnung von Fehlern im Dokument ausblenden

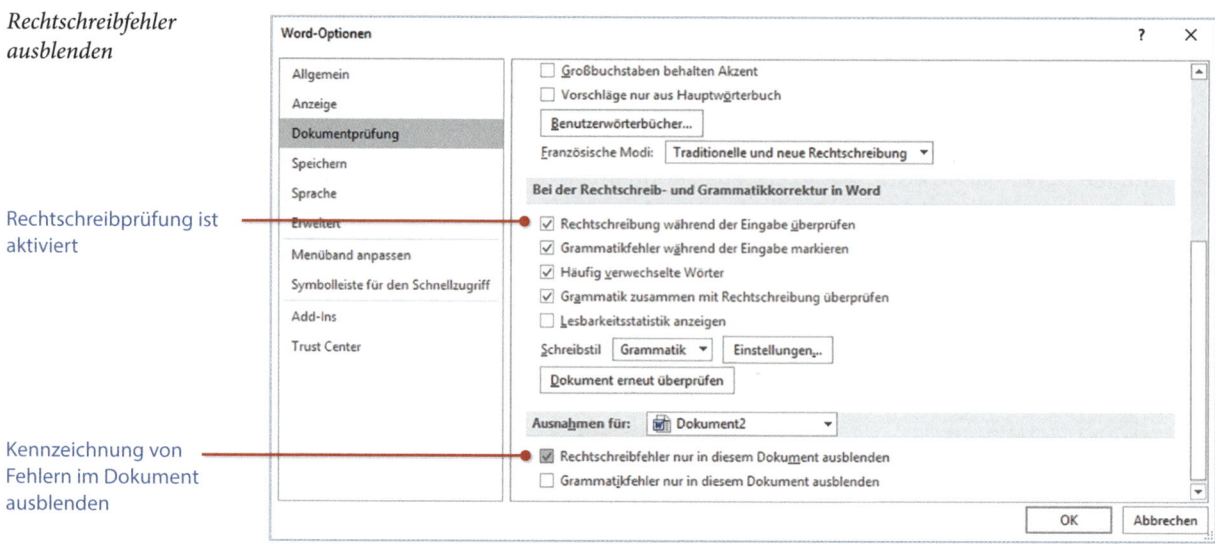

▶ Im Abschnitt *Bei der Rechtschreib- und Grammatikkorrektur in Word* sorgt das Kontrollkästchen *Rechtschreibung während der Eingabe überprüfen* dafür, dass die Rechtschreibprüfung generell aktiviert ist. Dies kann auch so bleiben.

▶ Um als Ausnahme im aktuellen Dokument die Kennzeichnung von Rechtschreibfehlern zu unterdrücken, brauchen Sie nur im Abschnitt *Ausnahmen für:* das Kontrollkästchen *Rechtschreibfehler in diesem Dokument ausblenden* aktivieren.

Weitere Benutzerwörterbücher hinzufügen

Normalerweise verwendet Word nur das Standardwörterbuch. Wenn Sie mit vielen Fachbegriffen arbeiten, die Rechtschreibprüfung von Word verwenden möchten und es als lästig empfinden, während der Rechtschreibprüfung jeden Begriff einzeln in das Wörterbuch aufzunehmen, dann bietet sich als dritte Alternative die Verwendung eines weiteren benutzerdefinierten Wörterbuches an. In dieses fügen Sie einfach eine Liste häufig benötigter Begriffe ein. So geht's:

> **Achtung**: Änderungen an Benutzerwörterbüchern wirken sich nicht nur auf Word, sondern auch auf die übrigen Office-Anwendungen Excel, PowerPoint und Outlook aus!

1 Klicken Sie im Register *Datei* auf *Optionen* und hier auf *Dokumentprüfung*.

2 Achten Sie unter *Bei der Rechtschreibkorrektur in Microsoft Office-Programmen* darauf, dass das Kontrollkästchen *Vorschläge nur aus Hauptwörterbuch* nicht aktiviert ist und klicken Sie auf *Benutzerwörterbücher…*.

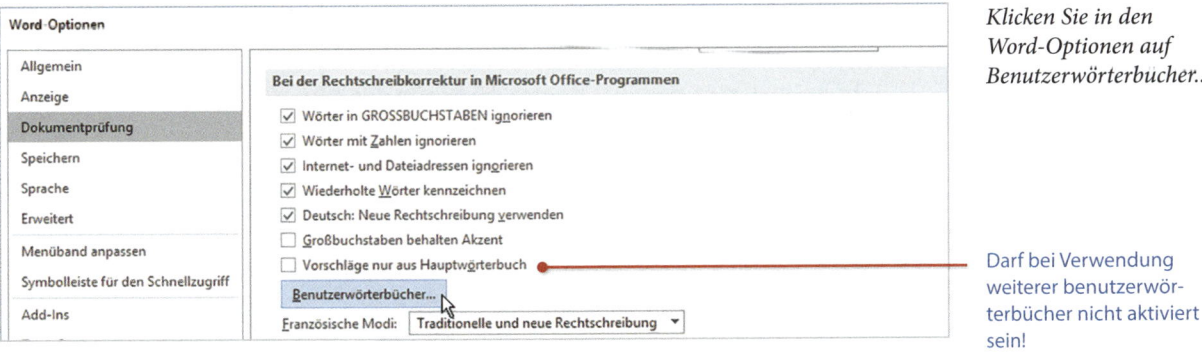

Klicken Sie in den Word-Optionen auf Benutzerwörterbucher...

Darf bei Verwendung weiterer benutzerwör-terbücher nicht aktiviert sein!

3   Im Fenster *Benutzerwörterbücher* verwalten Sie alle Wörterbücher. Die bereits vorhandene Datei *CUSTOM.DIC* ist das Standard-Benutzerwörterbuch, den Speicherort dieser Datei sehen Sie unterhalb im Feld *Dateipfad*. Zum Erstellen eines neuen Wörterbuchs klicken Sie auf die Schaltfläche *Neu...* und geben an, unter welchem Namen das neue Wörterbuch gespeichert werden soll.

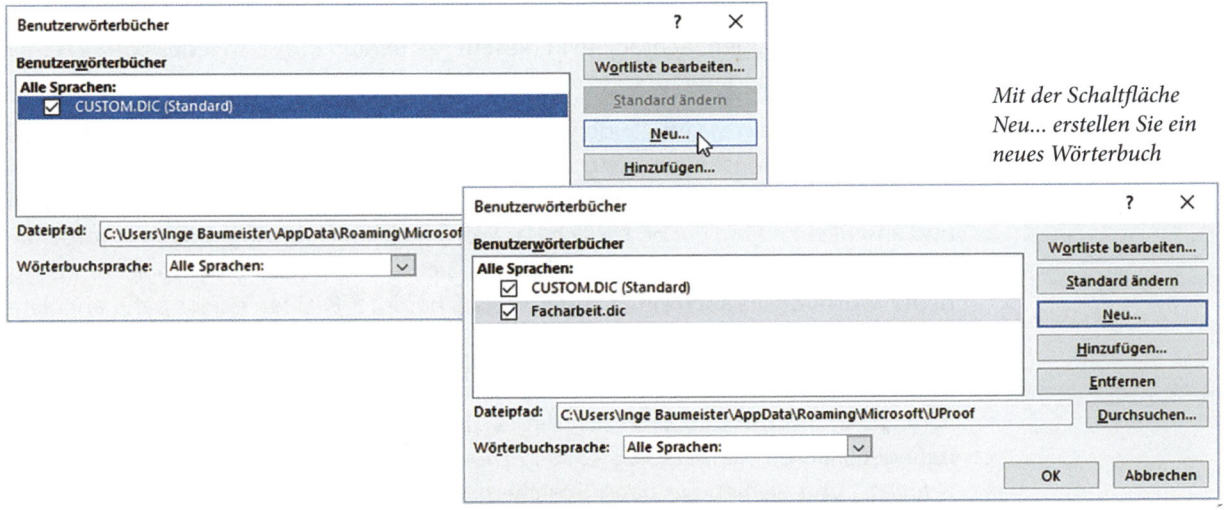

Mit der Schaltfläche Neu... erstellen Sie ein neues Wörterbuch

4   Anschließend markieren Sie das neue Wörterbuch in der Liste und klicken auf *Wortliste bearbeiten...* um häufig benötigte Begriffe einzugeben.

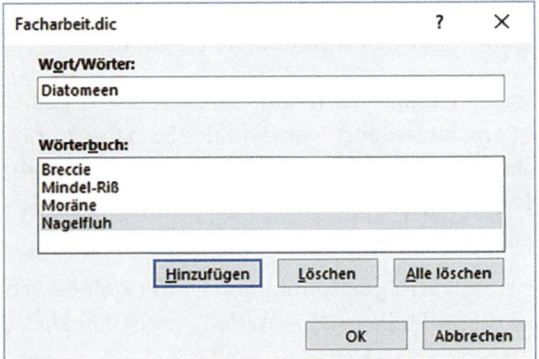

Fügen Sie die Begriffe der Reihe nach hinzu

Hinweis: Über die dazugehörigen Kontrollkästchen lassen sich nicht benötigte Benutzerwörterbücher schnell deaktivieren.

5 Achten Sie darauf, dass das Kontrollkästchen des neuen Wörterbuchs aktiviert ist und übernehmen Sie es mit *OK*.

> **Tipp:** Mit dieser Methode lässt sich auch das Standard-Benutzerwörterbuch bearbeiten, z. B. um versehentlich hinzugefügte Wörter wieder daraus zu entfernen. Markieren Sie dazu im Dialogfenster Benutzerwörterbücher das Wörterbuch *CUSTOM.DIC* und klicken Sie auf *Wortliste bearbeiten...*. Anschließend markieren Sie das Wort und klicken auf die Schaltfläche *Entfernen*.

Weitere Tipps und Hinweise

Sämtliche Benutzerwörterbücher sind eigentlich Textdateien, die Sie auch mit dem Editor von Windows öffnen und bearbeiten können. Häufig geht das Hinzufügen von Wörtern sogar schneller, wenn Sie diese einfach im Editor erfassen oder über die Zwischenablage einfügen. Achten Sie in diesem Fall darauf, dass sich jedes Wort in einer eigenen Zeile befinden muss.

Zum Öffnen klicken Sie im Windows-Explorer mit der rechten Maustaste auf die Datei mit der Dateinamenserweiterung .dic. Klicken Sie dann auf *Öffnen mit* und wählen Sie *Editor*. Sollte dieser hier nicht aufgeführt sein, so klicken Sie zunächst auf *Weitere Apps* und anschließend auf *Editor*. Da sich das Wörterbuch nicht zwingend am vorgeschlagenen Speicherort befinden muss, können Sie beim Erstellen bzw. Speichern eines neuen Wörterbuchs auch einen anderen Speicherort, z. B. einen eigens dafür angelegten Ordner Dokumente\Wörterbücher auswählen.

Falls Sie ein käuflich erworbenes Wörterbuch, z. B. mit medizinischen Fachausdrücken verwenden möchten, so kann sich dieses ebenfalls an einem beliebigen Speicherort befinden. Klicken Sie im Dialogfenster *Benutzerwörterbücher* auf die Schaltfläche *Hinzufügen...* und wählen Sie dann Speicherort und Wörterbuch aus. Ein Benutzerwörterbuch lässt sich auch auf ein anderes Gerät kopieren, z. B. beim Rechnerumzug und anschließend wieder hinzufügen.

Automatische Korrekturen und Formatierungen während der Eingabe

Ziel der AutoKorrektur von Word ist es, häufige Falscheingaben, z. B. Buchstabendreher oder ein klein geschriebenes Wort am Satzanfang, während der Eingabe automatisch zu korrigieren. Mit AutoFormat hingegen lassen sich umständliche Formatierungsarbeiten vermeiden, wenn beispielsweise "gerade" Anführungszeichen, die auf der Tastatur zu finden sind, automatisch in „typografische" umgewandelt werden.

Im Dokument erkennen Sie automatisch erfolgte Korrekturen an der kleinen Schaltfläche, die beim Zeigen mit der Maus dieser Stelle erscheint (Bild unten). Ein Klick darauf erlaubt das Rückgängigmachen und über den Befehl *AutoKorrektur-Optionen steuern…* lassen sich die Einstellungen der AutoKorrektur überprüfen und ändern.

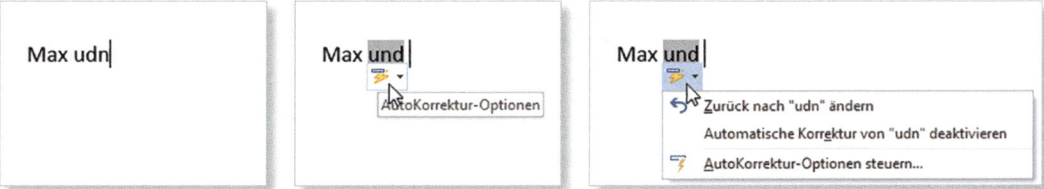

Achtung: Die Schaltfläche erscheint erst beim Zeigen mit der Maus

Die AutoKorrektur abschalten bzw. anpassen

Wenn Sie die Automatische Korrektur als störend empfinden und ganz oder teilweise deaktivieren möchten, dann klicken Sie entweder nach erfolgter AutoKorrektur auf *AutoKorrektur-Optionen steuern…* (Bild oben) oder öffnen Sie die *Word-Optionen*, klicken auf *Dokumentprüfung* und auf die Schaltfläche *AutoKorrektur-Optionen…*.

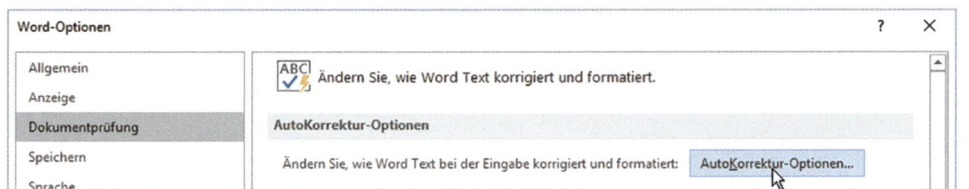

Word-Optionen: Auto-Korrektur-Optionen öffnen

▶ Im Register *AutoKorrektur* steuern Sie das automatische Ersetzen (Bild unten links).

  ▪ Deaktivieren Sie das Kontrollkästchen *Während der Eingabe ersetzen*, wenn Sie das Ersetzen von Zeichenfolgen, z. B. von Satzzeichen durch Pfeile u. ä. abschalten möchten.

Die Register AutoKorrektur und AutoFormat während der Eingabe

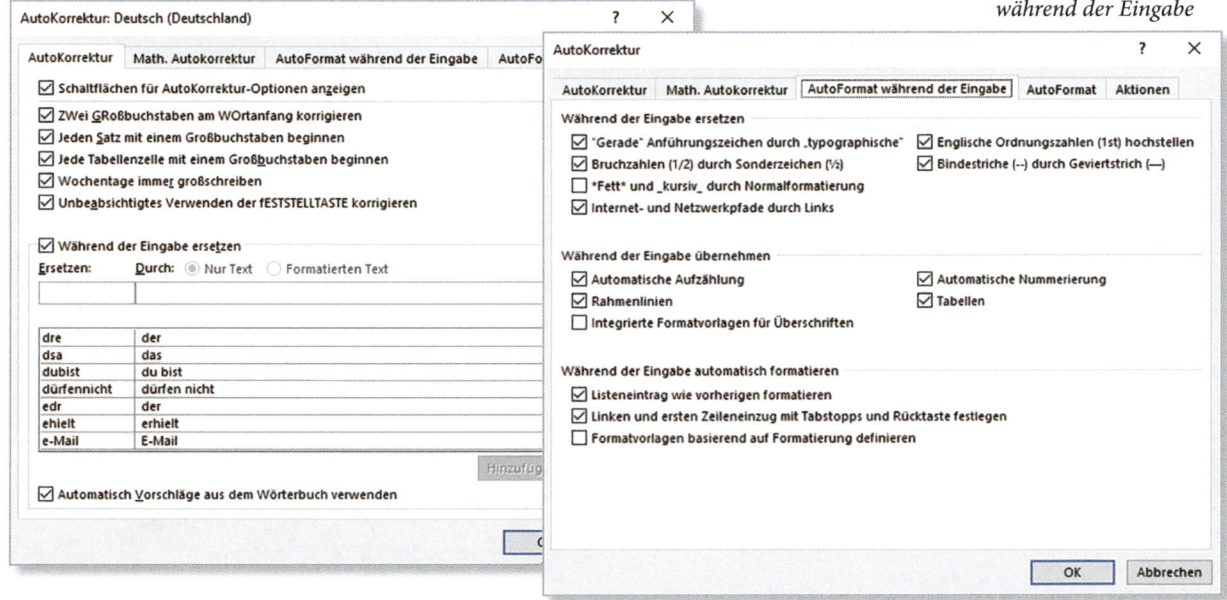

- Die übrigen Kontrollkästchen dieses Registers steuern die Groß- und Kleinschreibung und sollten Ihrer Arbeitsweise angepasst werden. Dies betrifft beispielsweise die Einstellung *Jede Tabellenzelle mit einem Großbuchstaben beginnen*. Wenn Sie verhindern möchten, dass in Tabellen Kleinbuchstaben am Wortanfang automatisch in Großbuchstaben umgewandelt werden, dann deaktivieren Sie dieses Kontrollkästchen.

▶ Im Register *AutoFormat während der Eingabe* (Bild oben) finden Sie Einstellungen zur automatischen Formatierung.

- Hier lässt sich das automatische Ersetzen gerader Anführungszeichen durch typografische deaktivieren.

- In vielen Fällen ist auch das automatische Ersetzen von Webadressen und E-Mail Adressen durch Links und die damit einhergehende Formatierung mit blauer Schrift und unterstrichen nicht erwünscht. Dann deaktivieren Sie das Kontrollkästchen *Internet- und Netzwerkpfade durch Links*.

- Auch das automatische Ersetzen normaler Bindestriche durch Geviertstriche, etwas breitere Striche, ist nicht immer sinnvoll.

Die AutoKorrektur als schnelle Eingabehilfe nutzen

Das automatische Ersetzen der AutoKorrektur basiert auf einer Liste von Zeichenfolgen, die während der Eingabe durch eine andere ersetzt werden. Sie können diese Liste jederzeit durch weitere häufige Tippfehler ergänzen, die AutoKorrektur lässt sich aber auch als schnelle Eingabehilfe nutzen, indem Sie bestimmte Kürzel durch ein Wort oder einen Ausdruck ersetzen lassen, nützlich bei längeren Fachbegriffen. Dazu muss das Kontrollkästchen *Während der Eingabe ersetzen* aktiviert sein.

Beispiel: Das Kürzel *kmt* soll durch das Wort *Kompatibilität* ersetzt werden. Geben Sie dazu im Feld *Ersetzen* das Kürzel *kmt* ein und im Feld *Durch* das vollständige Wort in der korrekten Schreibweise. Klicken Sie dann auf *Hinzufügen*.

Durch Markieren und die Schaltfläche *Löschen* können unerwünschte Einträge aus der Liste entfernt werden.

Eine Zeichenfolge während der Eingabe automatisch ersetzen

Die schnelle Eingabe von Symbolen über die AutoKorrektur

Das Einfügen von Sonderzeichen und Symbolen über den Befehl *Einfügen* ▸ *Symbol* dürfte allgemein bekannt sein. Häufig benötigte Symbole lassen sich schneller in den Text einfügen, wenn Sie dazu die AutoKorrektur benutzen.

1 Dazu klicken Sie im Register *Einfügen* auf *Symbol* und auf *Weitere Symbole...*, wählen eine Schriftart und markieren das gewünschte Symbol.

2 Klicken Sie dann auf die Schaltfläche *AutoKorrektur...* (Bild).

3 Das Fenster *AutoKorrektur* öffnet sich. Geben Sie im Feld *Ersetzen* ein Kürzel ein, das Symbol selbst befindet sich bereits im Feld *Durch* und klicken Sie auf *Hinzufügen*.

Beispiel: das Symbol für pi der Autokorrektur hinzufügen

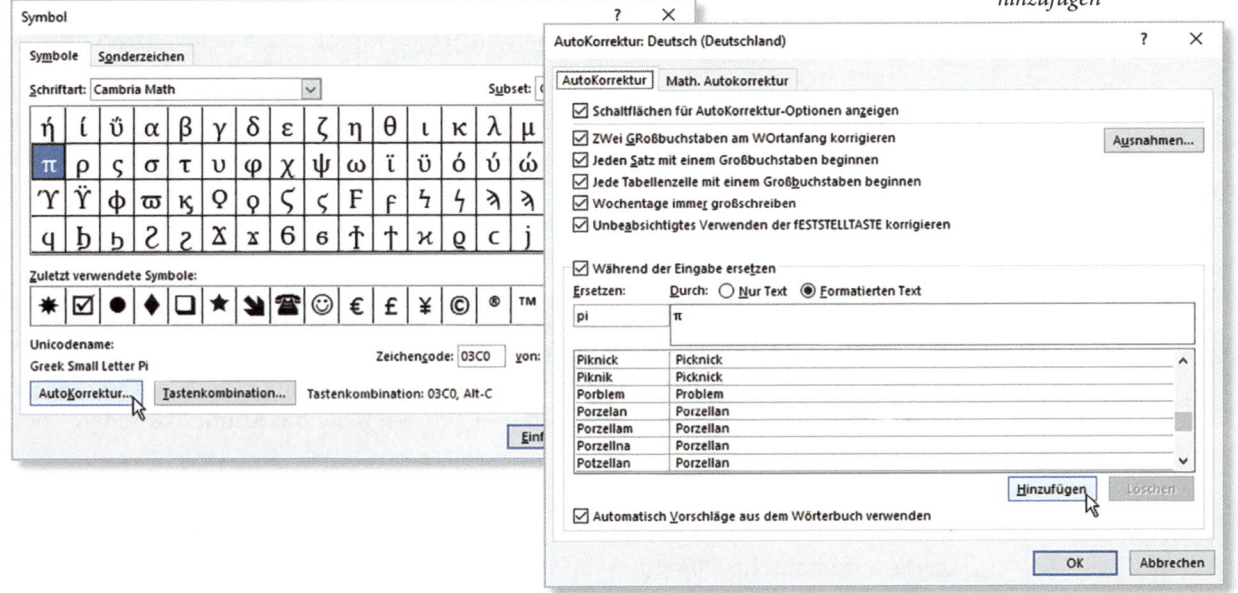

Eine weitere Möglichkeit der AutoKorrektur, nämlich zur Eingabe mathematischer Symbole, finden Sie in Kapitel „Formeln und Symbole per Tastatur eingeben" auf Seite 312.

Automatische und manuelle Silbentrennung

Sehr praktisch ist auch die automatische Silbentrennung, insbesondere in längeren Dokumenten. Diese ist allerdings nicht standardmäßig aktiv, sondern muss über den Befehl *Silbentrennung* und die Auswahl *Automatisch i*m Register *Layout*, Gruppe *Seite einrichten* explizit aktiviert werden. Dabei gilt:

▶ Die automatische Silbentrennung erfolgt im gesamten Text und bereits während der Eingabe. Bei nachträglichen Änderungen im Text und damit am Zeilenumbruch passt sich die Trennung automatisch an.

▶ Über *Silbentrennungsoptionen...* können Sie bei der automatischen Silbentrennung außerdem die maximale Zahl der aufeinanderfolgenden Trennstriche festlegen und angeben, ob auch Wörter in Großbuchstaben, z. B. Firmennamen, getrennt werden dürfen.

Die automatische Silbentrennung aktivieren

▶ Falls Sie die automatische Silbentrennung wieder deaktivieren möchten, so klicken Sie auf *Silbentrennung* und wählen *Keine*.

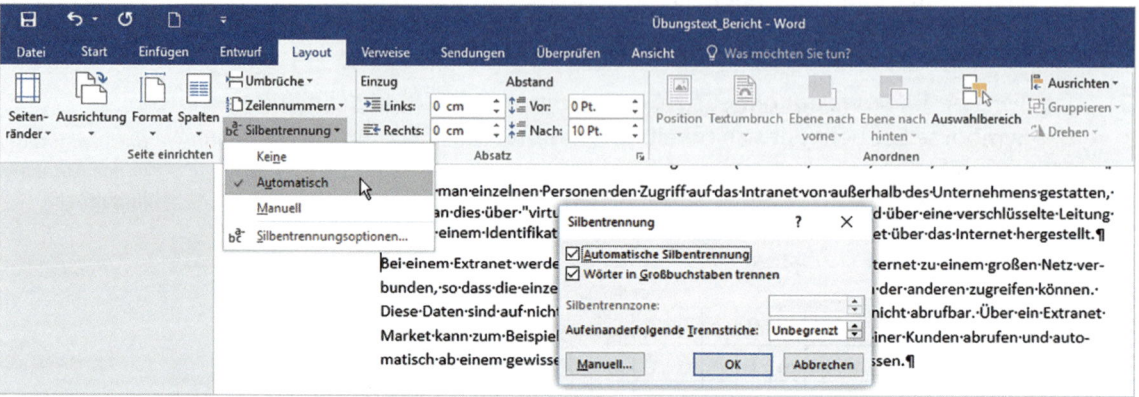

Tipp: Keine Silbentrennung in Überschriften

Um einzelne Absätze von der automatischen Silbentrennung auszunehmen, z. B. Überschriften, klicken Sie in den betreffenden Absatz und öffnen im Register *Start* mit Klick auf den Pfeil ⌐ der Gruppe *Absatz* das gleichnamige Dialogfenster. Klicken Sie auf das Register *Zeilen- und Seitenumbruch* und aktivieren Sie das Kontrollkästchen *Keine Silbentrennung*.

Manuelle Silbentrennung, bedingten Trennstrich einfügen

Bedingten Trennstrich über die Tastatur einfügen: Strg+Bindestrich

Da die automatische Silbentrennung von Word nicht immer korrekt trennt, empfiehlt es sich, zum Abschluss alle Trennungen zu kontrollieren. Falls Sie nachträglich eine fehlerhafte Trennung korrigieren möchten, dann fügen Sie einfach an der richtigen Stelle eine sogenannte bedingte Trennung mit der Tastenkombination Strg+Bindestrich ein.

Achtung: Verwenden Sie für Trennungen keinesfalls den normalen Bindestrich! Bei späteren Änderungen am Textinhalt und damit verbundenen Änderungen des Zeilenumbruchs befinden sich sonst unter Umständen die Trennstriche mitten im Text. Ein bedingter Trennstrich wird dagegen stets nur am Zeilenende gedruckt.

Alternativ können Sie über den Befehl *Silbentrennung* (Register *Layout*) *Manuell* statt *Automatisch* auswählen. Allerdings müssen Sie dann jeden einzelnen Trennvorschlag bestätigen oder ändern. Dieser Befehl fügt automatisch bedingte Trennstriche ein.

1.3   Absätze fortlaufend nummerieren

Absätze mit einer fortlaufenden Nummerierung versehen

Während der Eingabe lassen sich Absätze auf zwei Wegen mit einer fortlaufenden Nummerierung versehen:

▶ Sie beginnen den ersten Absatz mit 1. oder 1) gefolgt von einem Leer- oder Tabulatorzeichen. Statt arabischer Zahlen, können Sie auch römische Zahlen oder große oder kleine Buchstaben, z. B. A. eingeben. Wichtig sind der nachfolgende Punkt bzw. die Klammer und das Leerzeichen, nur dann erkennt Word dies als Nummerierung und setzt diese automatisch fort.

▶ Oder Sie weisen dem ersten Absatz über das Symbol *Nummerierung* (Register *Start* ▶ *Absatz*) eine passende Nummerierung zu (Bild unten). Hier finden Sie in der Nummerierungsbibliothek die wichtigsten Varianten.

Das Symbol Nummerierung mit der Nummerierungsbibliothek

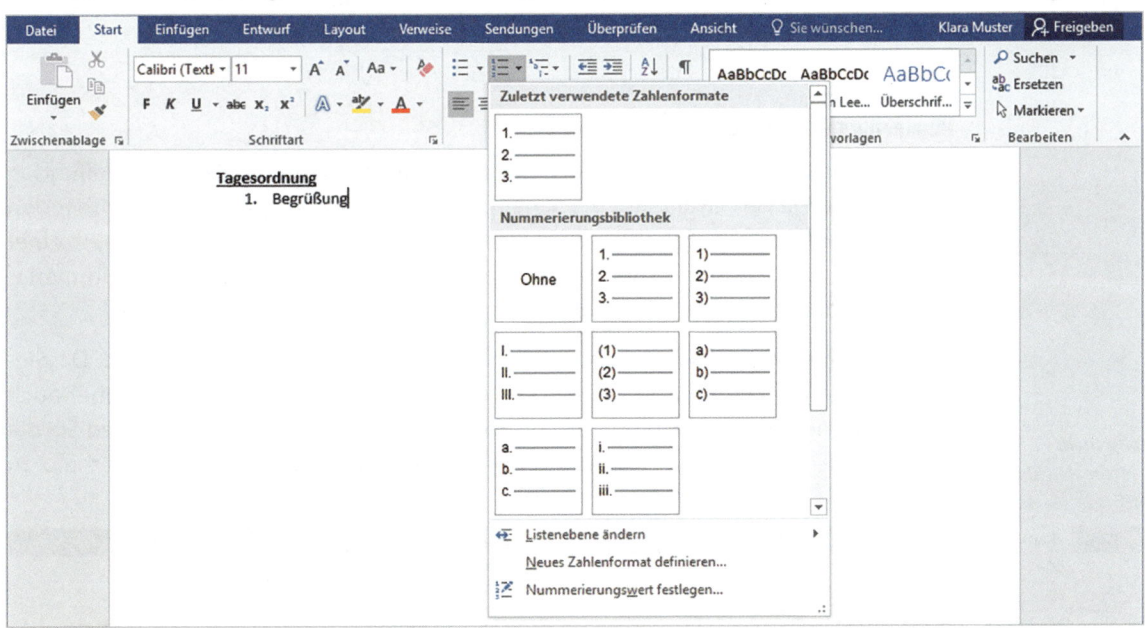

In beiden Fällen wird die Nummerierung automatisch fortgeführt, sobald Sie einen neuen Absatz beginnen, d. h. der nächste Absatz erhält automatisch die Nummer 2. Durch zweimaliges Drücken der Eingabe-Taste beenden Sie die Nummerierung.

Wenn Sie Absätzen nachträglich eine Nummerierung zuweisen oder das Zahlenformat ändern möchten, dann markieren Sie die betreffenden Absätze und verwenden ebenfalls das Symbol *Nummerierung* (Bild oben).

Probleme mit der Nummerierung?

Nummerierung ohne Einzug

Unabhängig vom Zahlenformat erhalten nummerierte Absätze automatisch einen linken Einzug, d. h. sie werden vom linken Seitenrand eingerückt. Ist diese Einrückung nicht erwünscht, dann benutzen Sie das Symbol *Einzug verkleinern* derselben Gruppe (Register *Start*), um den bzw. die Absätze wieder am linken Seitenrand auszurichten.

Nummerierten Absatz ausrücken: Einzug verkleinern

Handelt es sich während der Eingabe um den ersten Absatz, so wird nach Drücken der Eingabe-Taste die Liste entsprechend fortgeführt und die nachfolgenden Absätze erhalten ebenfalls keinen Einzug. Wenn Sie dagegen den Einzug nachträglich entfernen möchten, dann müssen Sie alle entsprechenden Absätze markieren.

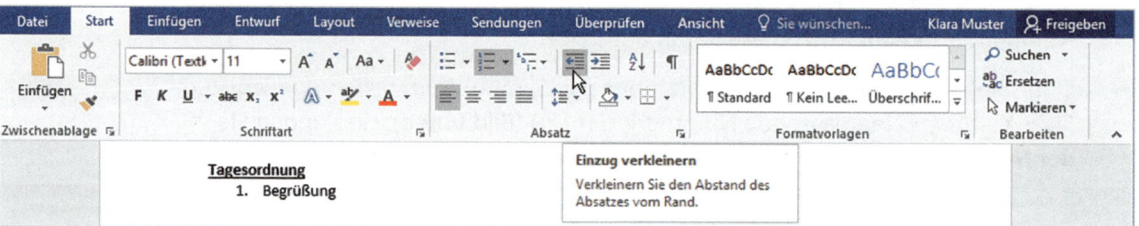

Nummerierung unterbrechen

Zum nachträglichen Entfernen einer Nummerierung markieren Sie die betreffenden Absätze und klicken erneut auf die Schaltfläche *Nummerierung* oder wählen über den Dropdown-Pfeil dieser Schaltfläche *Ohne* aus. Dies gilt auch, wenn Sie innerhalb einer nummerierten Liste nur einzelne Absätze herausnehmen möchten. Die Nummerierung der übrigen Absätze passt sich automatisch an.

Den Einzug nicht nummerierter Absätze anpassen

Nicht nummerierte Absätze rücken sofort wieder an den linken Seitenrand. Da diese aber innerhalb einer Liste meist zum vorherigen Absatz gehören und daher auch ohne Nummerierung denselben Einzug wie dieser erhalten sollen, verwenden Sie die Schaltfläche *Einzug vergrößern*, um nicht nummerierte Absätze exakt unterhalb zu platzieren.

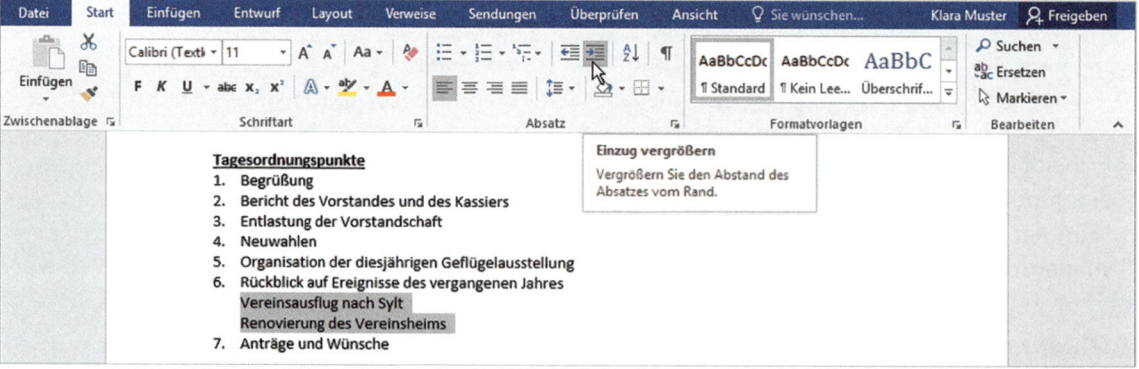

Neu nummerieren oder mit der Nummerierung fortfahren?

Ob nach Unterbrechungen die Nummerierung fortgeführt oder neu begonnen werden soll, das legen Sie am einfachsten über das Kontextmenü der rechten Maustaste
fest. Klicken Sie mit der rechten Maustaste in den ersten Absatz, ab dem die Nummerierung geändert werden soll und im Kontextmenü auf den Befehl *Neu beginnen mit
1* bzw. *Nummerierung fortsetzen*. Sie können auch genau festlegen, mit welcher Zahl
die Liste beginnen soll. Dazu klicken Sie im Kontextmenü der rechten Maustaste auf
Nummerierungswert festlegen… und geben im sich öffnenden Dialogfenster den gewünschten Wert an (Bild unten).

Eine weitere Möglichkeit erhalten Sie über die Schaltfläche *AutoKorrektur* im Dokument: Diese erscheint unmittelbar, nachdem Sie eine Nummerierung zugewiesen haben. Mit einem Klick auf die Schaltfläche erhalten Sie ebenfalls die Option *Nummerierung neu beginnen*, bzw. *Nummerierung fortsetzen*.

*Nummerierung neu be-
ginnen oder fortsetzen*

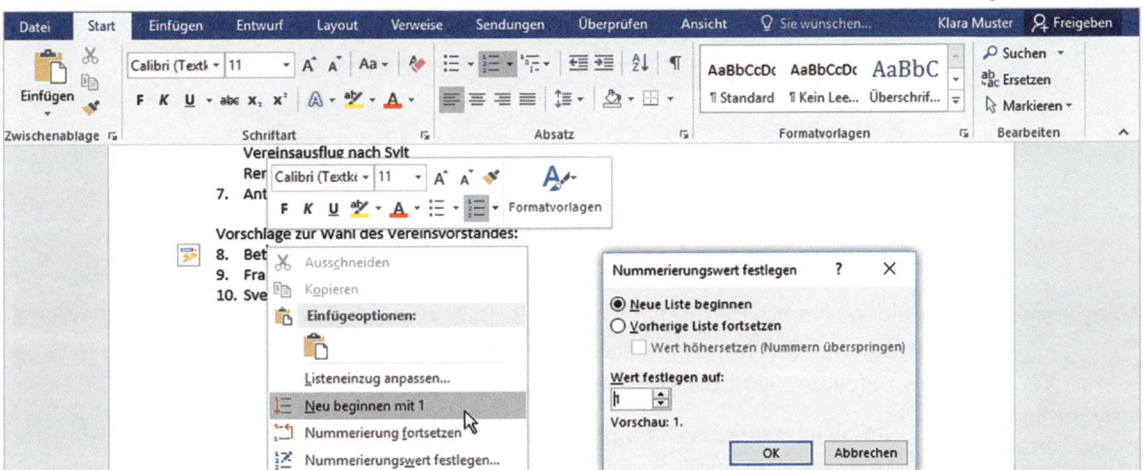

Automatische Nummerierung abschalten

Die automatische Nummerierung während der Eingabe kann auch lästig sein, beispielsweise dann, wenn Sie einen normalen Absatz mit 1. beginnen und Word diesen
sofort in einen Absatz mit automatischer Nummerierung umwandelt. In solchen Fällen
können Sie entweder die automatische Nummerierung anschließend rückgängig machen oder diese ganz deaktivieren. Dazu klicken Sie im Dokument auf die Schaltfläche
AutoFormat-Optionen (Bild unten).

*Machen Sie die auto-
matische Nummerie-
rung rückgängig oder
öffnen Sie die AutoKor-
rektur-Optionen.*

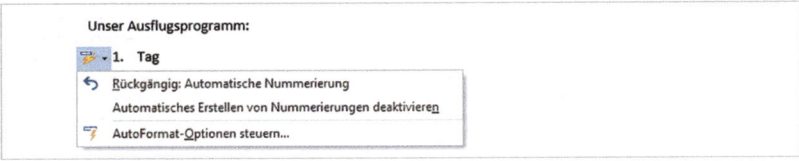

▶ Mit dem den Befehl *Rückgängig* machen Sie die automatische Nummerierung
nur an dieser Stelle rückgängig.

▶ Um diese ganz abzuschalten, klicken Sie auf *AutoFormat-Optionen steuern...*. Es öffnet sich das Dialogfenster *AutoKorrektur* mit dem Register *AutoFormat während der Eingabe*. Deaktivieren Sie hier unter *Während der Eingabe übernehmen* das Kontrollkästchen *Automatische Nummerierung*.

Autoformat während der Eingabe

Automatische Numme-rierung deaktivieren

Das Fenster Auto-Korrektur öffnen Sie auch, indem Sie in den Word-Optionen auf Dokumentprüfung und hier auf die Schaltfläche AutoKorrektur-Optionen klicken.

Eigene Nummerierungsformate festlegen

Neues Zahlenformat definieren:

Wählen Sie eine Zah-lenformatvorlage und geben Sie die zusätzli-chen Zeichen, z B. § ein.

Für eigene Nummerierungsformate, z. B. arabische Zahlen mit einem Paragraf-oder ei-nem anderen Zeichen, markieren Sie die Absätze, klicken im Menüband auf den Drop-down-Pfeil des Symbols *Nummerierung* und hier auf *Neues Zahlenformat definieren...*.

1 Im gleichnamigen Dialogfenster legen Sie anschließend Ihr Nummerierungsfor-mat fest. Wählen Sie im Feld *Zahlenformatvorlage* die Darstellung der Zahlen.

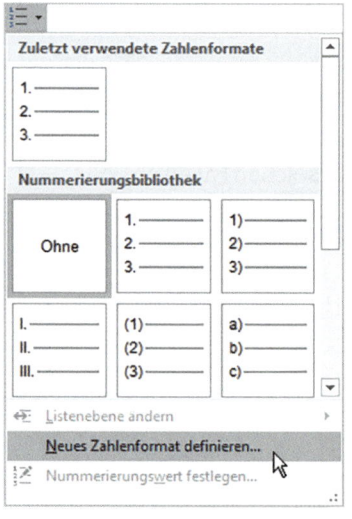
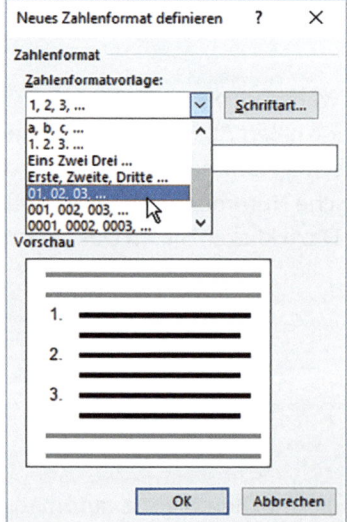
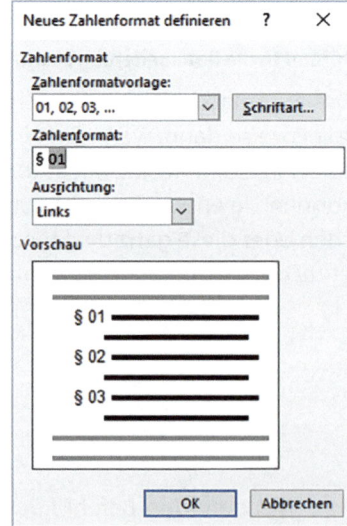

2   Die gewählte Zahlendarstellung erscheint im Feld *Zahlenformat* und hier können Sie nun zusätzliche Zeichen vor oder nach der eigentlichen Zahl per Tastatureingabe hinzufügen, im Bild oben das §-Zeichen. **Achtung:** die grau hinterlegte Zahl darf nicht geändert oder gelöscht werden!

3   Das Feld *Ausrichtung* legt fest, ob die Nummerierung links, rechts oder zentriert am linken Einzug bzw. Seitenrand ausgerichtet wird. Eine Vorschau auf das Ergebnis sehen Sie unterhalb.

Einzüge anpassen

Umfasst die Nummerierung viele Zeichen, so werden bei mehrzeiligen Absätzen die Folgezeilen nicht am Text der ersten Zeile ausgerichtet, so wie im Bild unten. Der Grund liegt darin, dass Word Tabstopps für den Abstand zwischen Nummerierungszeichen und Text verwendet und der Einzug der Folgezeilen (Hängender Einzug) sich an den Standardeinzügen im Abstand von 1,25 cm orientiert.

1   Am einfachsten passen Sie in solchen Fällen den hängenden Einzug mithilfe des Lineals an, sollte dieses nicht sichtbar sein, so aktivieren Sie im Register *Ansicht* ▶ *Anzeigen* das Kontrollkästchen *Lineal*.

2   Markieren Sie dann alle nummerierten Absätze und ziehen Sie, wie im zweiten Bild unten, im Lineal die Marke *Hängender Einzug* △ mit der Maus nach rechts an die gewünschte Position. Alternativ ändern Sie den hängenden Einzug im Dialogfenster *Absatz*, das Sie mit Klick auf den Pfeil ⌐ der gleichnamigen Gruppe (*Start*) öffnen. Hier können Sie auch ein genaues Maß eingeben.

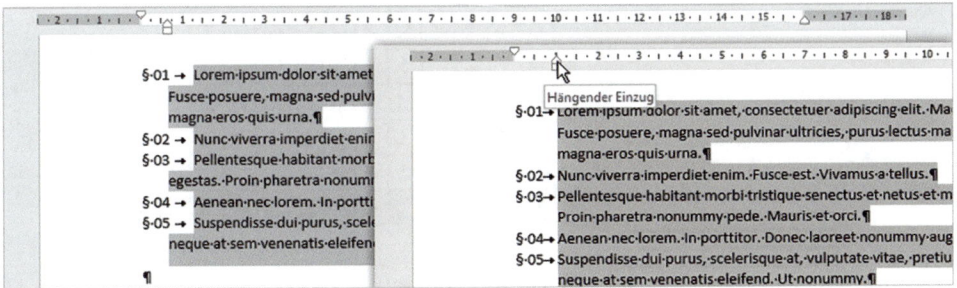

Hängenden Einzug mit der Maus anpassen

Absätze mit Aufzählungszeichen versehen

Analog zur Nummerierung gehen Sie auch vor, wenn Absätze mit einem Aufzählungszeichen versehen werden sollen. Klicken Sie im Register *Start* ▶ *Absatz* auf den Dropdown-Pfeil des Symbols *Aufzählungszeichen* und wählen Sie aus der Listenbibliothek das gewünschte Zeichen. Ein Klick direkt auf das Symbol dagegen weist das Standardaufzählungszeichen, einen Punkt, zu.

Auch hier erhalten die Absätze zusammen mit dem Zeichen zunächst einen linken Einzug, den Sie über die Schaltfläche *Einzug verkleinern* wieder entfernen können. Ein Klick auf das Symbol *Einzug vergrößern* rückt dagegen die Absätze noch weiter ein.

Den markierten Absätzen ein Aufzählungszeichen zuweisen

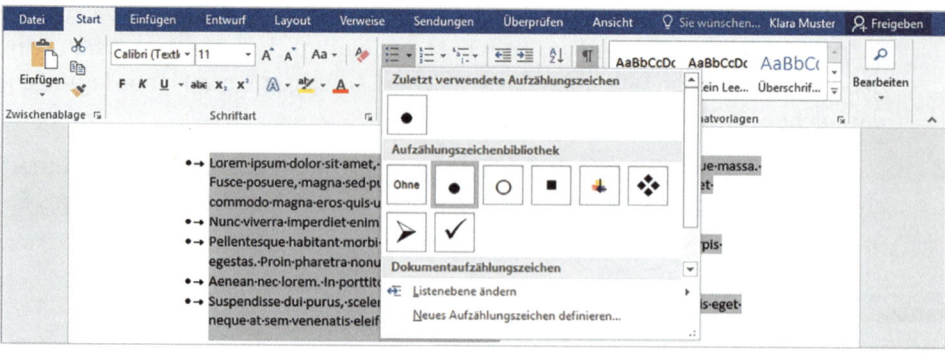

Anderes Symbol wählen

Wenn Sie Ihnen keines der Zeichen zusagt, dann klicken Sie unterhalb der Aufzählungszeichenbibliothek auf *Neues Aufzählungszeichen definieren...* und öffnen damit das gleichnamige Fenster.

▶ Die Schaltfläche *Symbol...* öffnet das Dialogfenster *Symbol* und Sie können ein Zeichen aus einer der Symbolschriftarten von Windows auswählen. In diesem Fall können Sie anschließend bei Bedarf über die Schaltfläche *Schriftart...* noch Farbe und Größe des Symbols festlegen. Geben Sie nichts an, so erhält das Symbol automatisch Farbe und Schriftgröße des dazugehörigen Absatzes.

Aufzählungszeichen definieren

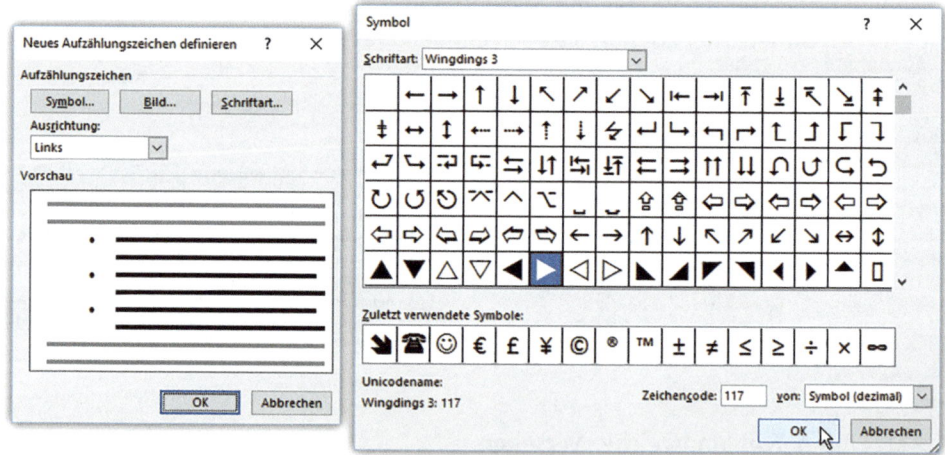

▶ Die Schaltfläche *Bild...* erlaubt die Verwendung von Bildern oder Grafiken, beachten Sie aber, dass sich nicht jedes Bild als Aufzählungszeichen eignet. Sie öffnet das Fenster *Bilder einfügen*, hier wählen Sie zunächst, aus welcher Quelle Sie das Bild beziehen möchten. Mit der Auswahl *Aus einer Datei* bzw. der Schaltfläche *Durchsuchen* verwenden Sie eine gespeicherte Grafikdatei. Falls Sie nach einem Bild im Internet suchen möchten, so geben Sie im dazugehörigen Feld einen Suchbegriff ein.

Aufzählungszeichen während der Eingabe erzeugen

Genau wie Nummerierungen können Sie auch Aufzählungen während der Eingabe erzeugen, indem Sie beispielsweise den ersten Absatz mit einem Bindestrich oder Stern gefolgt von einem Leerzeichen beginnen. Der Stern wird automatisch in einen Punkt umgewandelt.

Tipp: Beginnen Sie den ersten Absatz mit einem Symbol aus einer der Symbolschriftarten (*Einfügen ▶ Symbol*) und betätigen anschließend die Tab-Taste, so erhalten Sie ebenfalls eine automatische Aufzählung mit diesem Zeichen.

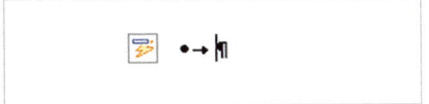 

*Standardaufzählungszeichen mit Eingabe eines * erzeugen*

Oder beginnen Sie den Absatz mit einem beliebigen Symbol

Listen mit mehreren Ebenen

Word unterstützt auch gegliederte Listen mit maximal 9 hierarchischen Ebenen. Diese dienen in Verbindung mit den entsprechenden Formatvorlagen zur Nummerierung von Überschriften, können aber auch für normale Listen eingesetzt werden. Die nachfolgenden Punkte befassen sich mit normalen Listen mit mehreren Ebenen, die Vorgehensweise zur Nummerierung von Überschriften wird in einem gesonderten Kapitel zusammen mit dem Einsatz von Formatvorlagen beschrieben.

Näheres über die Nummerierung von Überschriften lesen Sie in Kap. 3.6, Formatvorlagen für Überschriften

> **Für normale Listen gilt: Die Ebene orientiert sich am Einzug.** Zum Tiefer- oder Höherstufen eines Absatzes verwenden Sie daher die Schaltflächen *Einzug vergrößern* bzw. *Einzug verkleinern* oder während der Eingabe am Beginn des Absatzes die Tab-Taste.

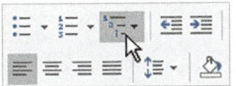

Speiseplan
1) Frühstück
   a) Getränke
      i) Kaffee
      ii) Tee
      iii) Orangensaft
   b) Brot
      i) Knäckebrot
      ii) Vollkornbrot
      iii) Frische Brötchen

Liste mit mehreren Ebenen

Liste während der Eingabe erstellen

Am einfachsten erstellen Sie eine Liste mit mehreren Ebenen während der Eingabe. Dazu tippen Sie den ersten Absatz ein und weisen diesem anschließend mit Klick auf die Schaltfläche *Liste mit mehreren Ebenen* (*Start*) eine Vorlage zu (Bild unten) oder beginnen den Absatz mit 1. und einem Leerzeichen. Nach Betätigen der Eingabe-Taste erhält der nächste Absatz automatisch die Nummer 2. derselben Ebene. **Tipp:** Wenn Sie im ersten Absatz nach der Zahl eine Klammer statt eines Punktes verwenden, dann erhalten alle nachfolgenden Ebenen automatisch ebenfalls eine Klammer.

> **Achtung:** Word verfügt über zwei Arten von Listen mit mehreren Ebenen. Vorlagen mit dem Zusatz *Überschrift* dienen ausschließlich zur Nummerierung von Überschriften und sollten nicht für normale Listen verwendet werden, da diese sonst automatisch auch als Überschriften formatiert werden.

Weisen Sie dem ersten Absatz eine Listenformatvorlage zu. Beim Zeigen erhalten Sie eine vergrößerte Vorschau.

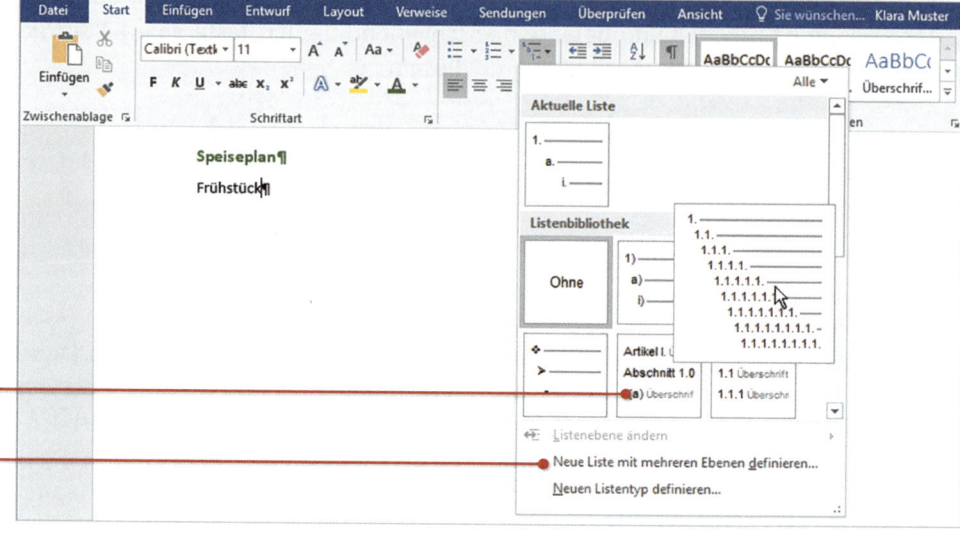

Listen zur Nummerierung von Überschriften

Eigene Listen definieren bzw. Liste anpassen

Absätze höher und tiefer stufen

▷ Um den nachfolgenden Absatz um eine Ebene tiefer zu stufen, drücken Sie zu Beginn des Absatzes vor der Texteingabe die Tab-Taste oder klicken auf das Symbol *Einzug vergrößern*, letzteres ist auch nachträglich noch möglich.

Tiefer stufen = Einzug vergrößern

▷ Soll der Absatz um eine Ebene höher gestuft werden, so betätigen Sie entweder die Eingabe-Taste zweimal oder verwenden die Tasten Umschalt+Tab oder klicken auf das Symbol *Einzug verkleinern*. Dies gilt natürlich nicht für die Ebene 1.

Schaltfläche / Taste	Bedeutung
Einzug vergrößern	Der Absatz wird eine Ebene tiefer gestuft, z. B. Wechsel von Punkt 3 zu 2.3
Einzug verkleinern	Der Absatz wird eine Ebene höher gestuft, z. B. Wechsel von Punkt 3.3 zu 4

Schaltfläche / Taste	Bedeutung
Tab-Taste (am Absatzbeginn)	Der Absatz wird eine Ebene tiefer gestuft
Umschalt-Taste +Tab-Taste	Der Absatz wird eine Ebene höher gestuft

Listenformat ändern

Word erkennt eine zusammenhängende Liste mit mehreren Ebenen automatisch. Falls Sie nachträglich einen anderen Listentyp wählen oder eine eigene Liste definieren möchten, dann brauchen Sie also nicht die gesamte Liste erneut markieren, es genügt wenn sich der Cursor in einem beliebigen Absatz der Liste befindet. Klicken Sie dann auf die Schaltfläche *Liste mit mehreren Ebenen* und auf den gewünschten Listentyp.

Listenformat nachträglich zuweisen

Hinweis: Falls Sie bereits bestehende Absätze nachträglich in eine Liste mit mehreren Ebenen umwandeln möchten, dann sollten diese nicht mit Einzügen versehen sein, da sonst die Ebenenzuordnung unter Umständen nicht korrekt erfolgt.

Markieren Sie alle betreffenden Absätze, klicken Sie auf die Schaltfläche *Liste mit mehreren Ebenen* und wählen Sie wieder einen Listentyp. In einem zweiten Schritt stufen Sie dann mit den Schaltflächen *Einzug vergrößern* und *Einzug verkleinern* die einzelnen Absätze höher oder tiefer ein.

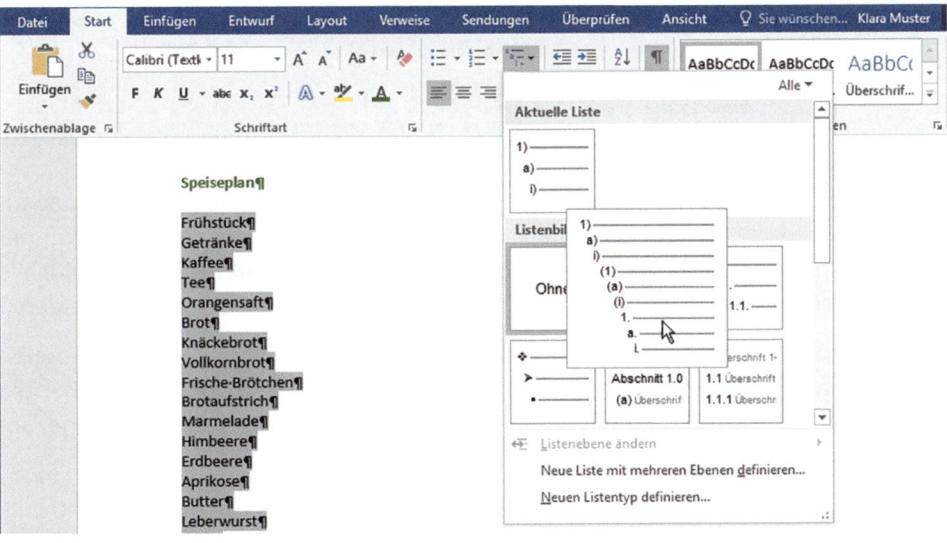

Beim nachträglichen Umwandeln in eine Liste mit mehreren Ebenen sollten keine Einzüge vorhanden sein

So stellen Sie Ihre eigene Liste zusammen

Findet sich in der Listenbibliothek kein passender Typ, so stellen Sie Ihre eigene Liste zusammen. Diese können Sie anschließend auch als Vorlage für die Verwendung in anderen Dokumenten speichern.

Listenformatvorlagen, siehe Kap. 3.5, Besondere Formatvorlagen

1   Im ersten Schritt weisen Sie Ihrer Liste einen Typ zu, der Ihren Vorstellungen am nächsten kommt und sorgen dann dafür, dass sich der Cursor innerhalb der Liste befindet. Die weitere Vorgehensweise:

2   Klicken Sie auf den Dropdown-Pfeil der Schaltfläche *Liste mit mehreren Ebenen* und hier auf *Neue Liste mit mehreren Ebenen definieren...*. Im gleichnamigen Dialogfenster bearbeiten Sie anschließend jede Ebene einzeln.

3   Markieren Sie die erste Ebene, die Sie bearbeiten möchten, im Bild unten die Ebene 1, diese erscheint in der Vorschau rechts daneben fett hervorgehoben.

Neue Liste mit mehreren Ebenen definieren

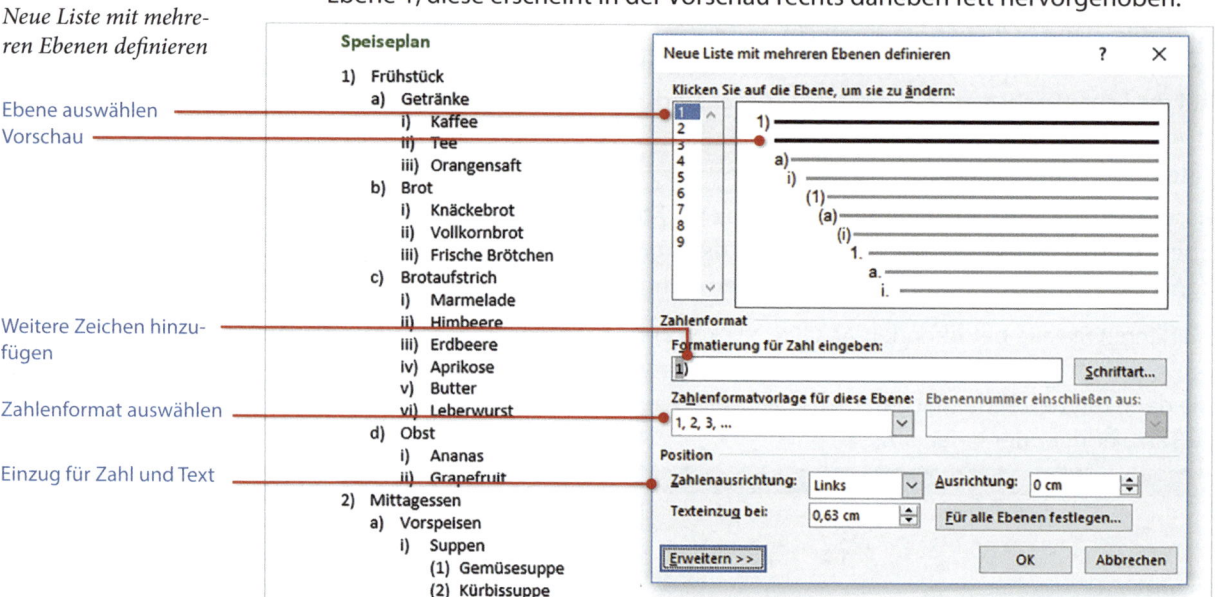

4   Benötigen Sie zur Zahl zusätzlich Punkt, Klammern oder andere Zeichen, so fügen Sie diese im Feld *Formatierung für Zahl eingeben* links oder rechts von der Zahl per Tastatureingabe hinzu oder löschen nicht benötigte Zeichen. Nur die Zahl selbst, erkennbar an der grauen Schattierung, darf nicht gelöscht werden.

Ein Beispiel für die Formatierung mit abweichender Schriftfarbe finden Sie weiter unten im Beispiel 2.

Tipp: Wenn nichts anderes angegeben, dann erhält die Nummerierung dieselbe Formatierung wie der dazugehörige Absatz. Abweichend können Sie über die Schaltfläche *Schriftart...* die Nummerierung fett, in größerer Schrift oder einer anderen Farbe formatieren.

5   Im Feld *Zahlenformatvorlage für diese Ebene* wählen Sie ein Zahlenformat, z. B. römische Zahlen oder Buchstaben aus.

6   Im Abschnitt *Position* legen Sie die genaue Position von Zahl und Text fest:

- *Zahlenausrichtung* steuert die Ausrichtung zwei- und mehrstelliger Zahlen.

- Das Feld *Ausrichtung* legt fest, um wie viele cm die Zahl vom linken Seitenrand *eingerückt* werden soll. Soll sich die Nummerierung der Ebene am linken Seitenrand befinden, so geben Sie hier den Wert 0 an.

- Im Feld *Texteinzug* geben Sie an, welchen Einzug der Text gegenüber dem linken Seitenrand erhalten soll. Bei mehrzeiligen Absätzen erhalten alle Folgezeilen automatisch denselben Einzug (hängender Einzug).

- Normalerweise werden die Einzüge für Zahl und Text für jede Ebene einzeln festgelegt. Wenn jede Ebene exakt denselben zusätzlichen Einzug erhalten soll, dann klicken Sie auf die Schaltfläche *Für alle Ebenen festlegen...* und geben hier die Zahlen- und Textposition für die erste Ebene sowie den zusätzlichen Einzug für jede weitere Ebene an.

Weitere Optionen erscheinen, wenn Sie auf die Schaltfläche *>>Erweitern* klicken.

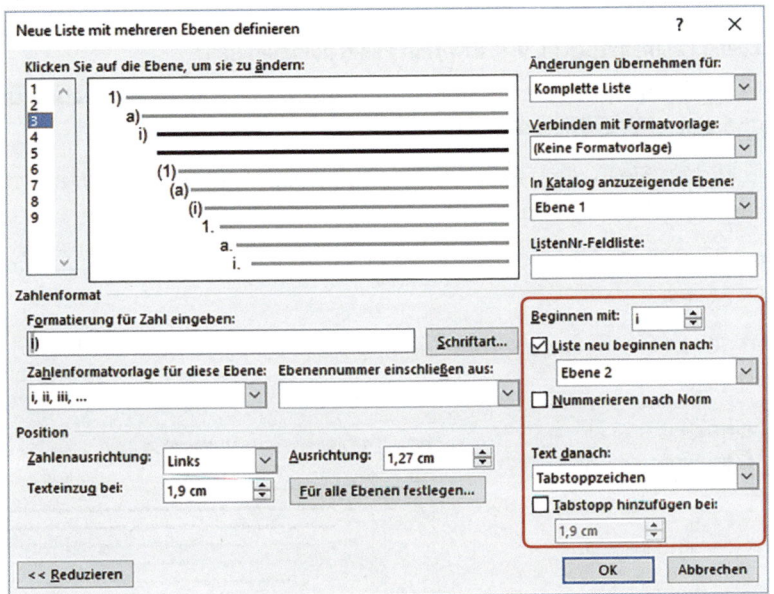

Weitere Optionen für Listen mit mehreren Ebenen

▶ Hier können Sie unter anderem im Feld *Beginnen mit* festlegen, mit welchem Wert die Nummerierung der jeweiligen Ebene beginnen soll, standardmäßig 1. Für untergeordnete Ebenen kann bei Bedarf die Nummerierung auch über Ebenen hinweg fortgeführt werden, dazu deaktivieren Sie das Kontrollkästchen *Liste neu beginnen nach*.

Beispiel Standardeinstellung:	1	1.1	1.2	2	2.1	2.2
Beispiel Liste fortführen:	1	1.1	1.2	2	2.3	2.4

▶ Das Feld *Text danach* steuert, wie bzw. mit welchem Zeichen der Abstand zwischen Nummerierung und Text hergestellt wird.

- **Achtung:** Soll ein, im Feld *Texteinzug bei* angegebener Einzug, berücksichtigt werden, dann muss hier Tabstoppzeichen ausgewählt sein. Die weiteren Auswahlmöglichkeiten: *Abstand* bedeutet, zwischen Nummerierung und Überschriftentext wird ein minimaler Abstand, ein Leerzeichen eingefügt. Mit der Auswahl *Nichts* wird kein Abstand eingefügt.

- Mit der Auswahl *Tabstoppzeichen* verwendet Word die Standardtabstopps im Abstand von 1,25 cm. Falls die Nummerierung zu groß ist bzw. zu viele Zeichen umfasst, dann wählt Word automatisch den nächsten Tabstopp.

- Wenn Sie stattdessen selbst eine Tabstoppposition angeben möchten, dann aktivieren Sie das Kontrollkästchen *Tabstopp hinzufügen bei* und geben im Feld darunter die Position an.

Siehe Kapitel 3.6, Formatvorlagen für Überschriften

▶ Das Feld *Verbinden mit Formatvorlage* ist nur von Bedeutung, wenn Sie Überschriften nummerieren möchten. Die Vorgehensweise finden Sie in Kapitel 3.6, Formatvorlagen für Überschriften.

Beispiel 1: Ebene 1 alphabetisch (A, B, C, usw.) mit Punkt nummerieren

Als Beispiel soll beim Speiseplan im Bild unten die Ebene 1 Großbuchstaben und einen Punkt statt arabischer Zahlen und der Klammer erhalten.

1   Dazu klicken Sie in die Liste und öffnen über das Symbol *Liste mit mehreren Ebenen* das Fenster *Neue Liste mit mehreren Ebenen definieren*.

2   Markieren Sie die Ebene 1 und wählen Sie im Feld *Zahlenformat für diese Ebene* A, B, C, ... aus.

3   Dann geben Sie im Feld *Formatierung für Zahl eingeben* statt der Klammer einen Punkt ein.

Beispiel: Ebene 1 mit Großbuchstaben und Punkt (statt Klammer) nummerieren

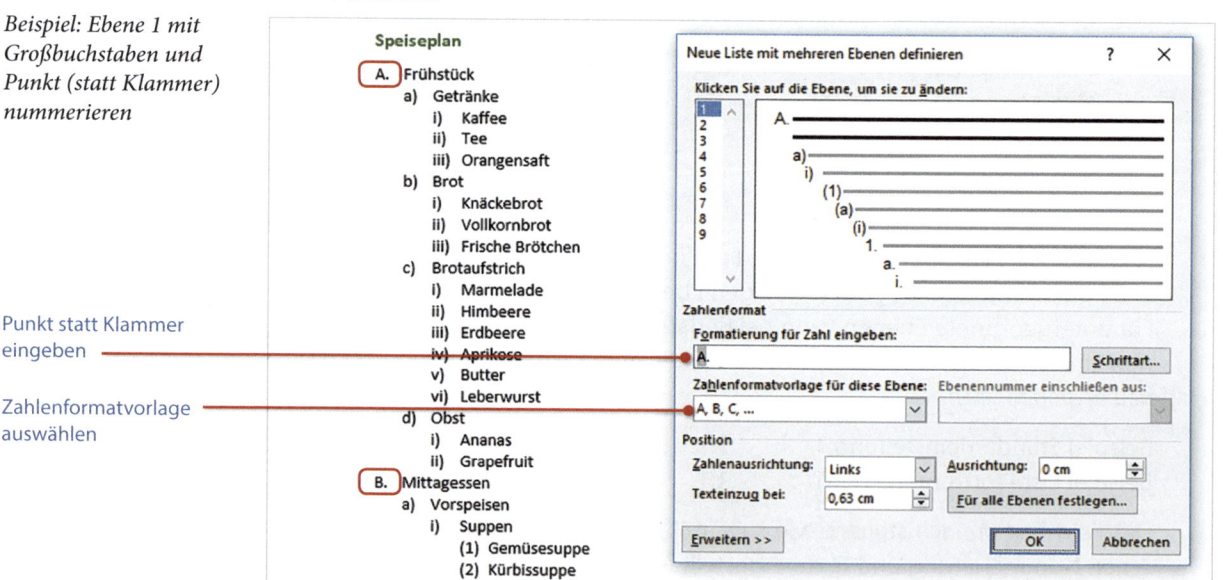

Punkt statt Klammer eingeben

Zahlenformatvorlage auswählen

Beispiel 2: Ebene 3 erhält statt der Zahl einen Aufzählungspunkt in gelber Farbe

1   Klicken Sie im Fenster *Neue Liste mit mehreren Ebenen definieren* auf die Ebene 3.

2   Wählen Sie dann im Feld *Zahlenformat für diese Ebene* das Aufzählungszeichen Punkt aus. Sollte das gewünschte Symbol nicht in der Liste aufgeführt sein, so kli-

cken Sie ganz am Ende der Liste auf *Anderes Zeichen...* und wählen anschließend im Fenster *Symbol* das gewünschte Symbol.

3 Klicken Sie dann auf die Schaltfläche *Schriftart...* und wählen Sie im Feld *Schrift-farbe* eine Farbe aus.

4 Schließen Sie zuletzt nacheinander die Fenster mit Klick auf die Schaltfläche *OK*.

Ebene 3 erhält ein Aufzählungszeichen in gelber Farbe

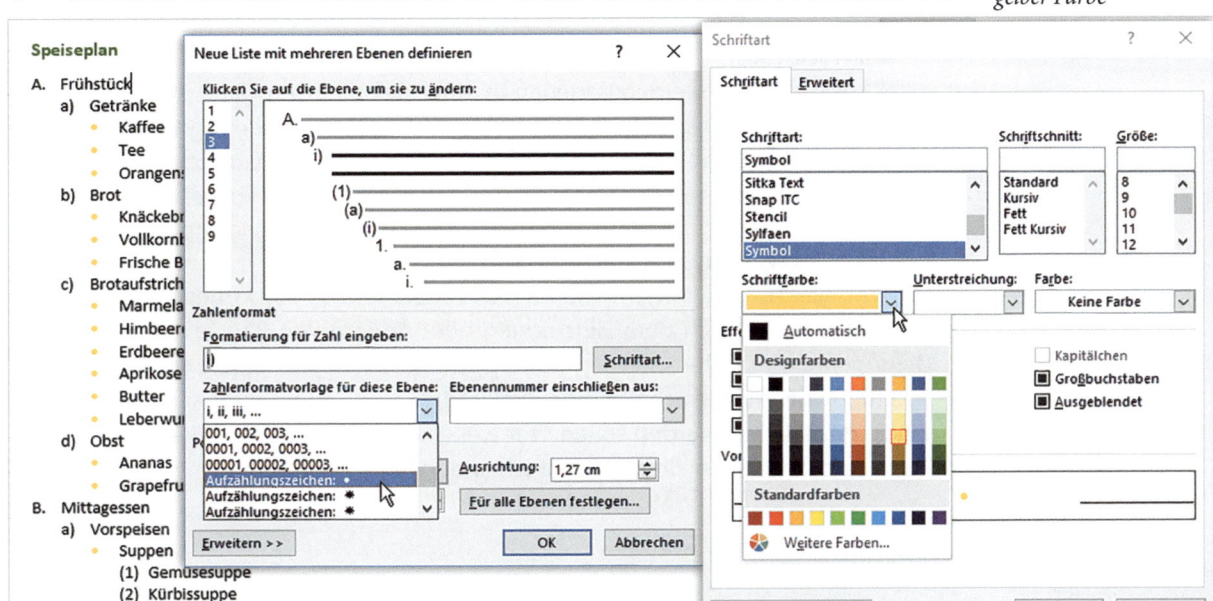

1.4   Wiederverwendbare Elemente als Bausteine speichern

Gleichbleibende Standardtexte die in mehreren Dokumenten benötigt werden, z. B. in Briefen, Verträgen usw., müssen nicht jedes Mal neu eingegeben oder umständlich auf dem Weg über die Zwischenablage kopiert werden. Einfacher ist es, wenn solche Elemente als gespeicherte Bausteine eingefügt werden können. Diese stehen in allen Dokumenten zur Verfügung und können beliebig oft verwendet werden.

> Bausteine können nicht nur Text einschließlich Formatierungen, sondern auch Grafiken oder Tabellen enthalten.

Word unterscheidet zwischen zwei Arten von Bausteinen, genauer gesagt, verschie-denen Baustein-Katalogen, die an unterschiedlichen Stellen gespeichert werden. Von der Auswahl des Baustein-Katalogs hängt es ab, in welchen Dokumenten der Baustein später zur Verfügung steht.

▶ **AutoText**

Mit der Auswahl *AutoText* wird ein Baustein zusammen mit derjenigen Dokumentvorlage gespeichert, auf der das aktuelle Dokument beruht. Bei einem leeren Dokument ist dies die Vorlage *Normal*.

▶ **Schnellbausteine**

Schnellbausteine werden dagegen in einer gesonderten Datei mit dem Namen *Building Blocks* gespeichert und sind, unabhängig von der verwendeten Dokumentvorlage, in allen Dokumenten verfügbar. In dieser Datei bzw. diesem Katalog sind auch die integrierten Vorlagen, z. B. für Kopf- und Fußzeilen gespeichert.

> **Achtung beim Speichern von Schnellbausteinen**
> Da Schnellbausteine in der gesonderten Datei *Building Blocks* gespeichert werden, müssen Sie nach dem Hinzufügen oder Ändern von Bausteinen auch Änderungen dieser Datei speichern. Dies passiert nicht automatisch, sondern beim Beenden von Word erscheint eine Rückfrage ob Änderungen der Datei *Building Blocks* gespeichert werden sollen. Nur wenn Sie auf *Speichern* klicken, sind neue oder geänderte Schnellbausteine auch anderweitig verfügbar.

Speichern Sie Änderungen der Datei Building Blocks

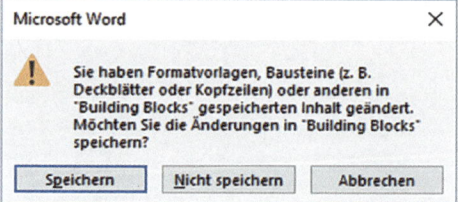

Neuen Baustein speichern

Das Erstellen und Speichern von AutoText und Schnellbausteinen unterscheidet sich nur geringfügig. Zunächst geben Sie den benötigten Text ein oder verwenden bereits vorhandenen Text. Soll der Text später mit einem gleichbleibenden Format eingefügt werden, so nehmen Sie auch gleich alle benötigten Formatierungen vor.

Dokumentvorlagen erstellen, siehe Kap. 3.1.

Ein Beispiel für Bausteine in Verbindung mit einer Dokumentvorlage finden Sie in Kapitel 8.4.

Hinweis: Wenn ein Baustein ausschließlich in Verbindung mit einer bestimmten Dokumentvorlage, z. B. für Briefe verfügbar sein soll, dann müssen Sie den Baustein oder AutoText auch in dieser Dokumentvorlage eingeben und speichern. In allen anderen Fällen kann dies auch in einem beliebigen Dokument erfolgen. Nach dem Speichern des Bausteins wird dieser Text nicht mehr benötigt und kann gelöscht werden.

1   Markieren Sie anschließend die gesamte Textstelle, die Sie speichern möchten. Handelt es sich um einen oder mehrere vollständige Absätze, dann muss auch die Absatzmarke am Ende des Absatzes mit markiert und gespeichert werden. Zusammen mit dieser werden auch Absatzformate wie Einzüge oder Ausrichtung ebenfalls gespeichert. Andernfalls enthält der gespeicherte Baustein nur Zeichenformate.

2 Klicken Sie im Register *Einfügen*, Gruppe *Text* auf das Symbol *Schnellbausteine*.

- Möchten Sie den Baustein im Schnellbausteinkatalog speichern, so klicken Sie hier auf *Auswahl im Schnellbaustein-Katalog speichern...* (Bild unten).

- Soll der Baustein dagegen als AutoText gespeichert werden, so zeigen Sie auf *AutoText* und klicken auf *Auswahl im AutoText-Katalog speichern*.

Makierten Text im Schnellbaustein-Katalog speichern

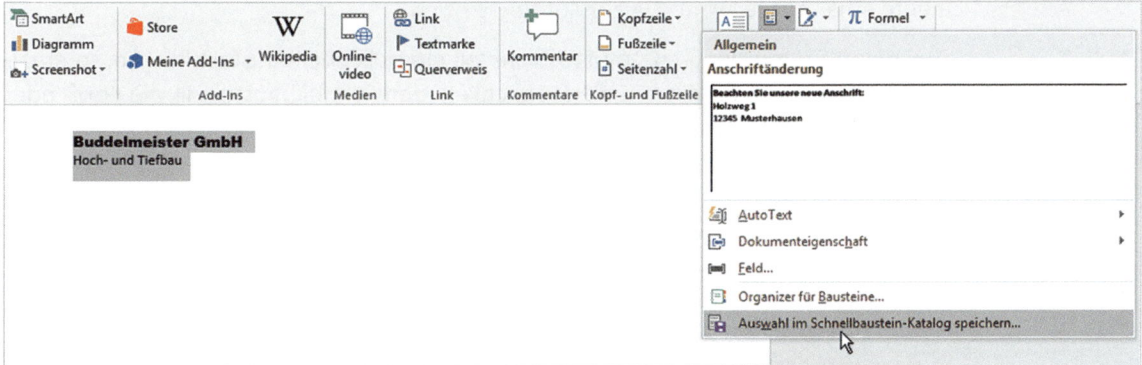

3 In beiden Fällen öffnet sich anschließend das Fenster *Neuen Baustein erstellen*. (Bild unten). Geben Sie im Feld *Name* den Namen ein, unter dem der Baustein gespeichert werden soll. Standardmäßig verwendet Word dafür die ersten Zeichen des markierten Textes, verwenden Sie stattdessen besser einen kurzen, eindeutigen Namen mit mindestens vier Zeichen Länge. Optional können Sie für andere Benutzer noch eine kurze Beschreibung hinzufügen.

Neuen Baustein erstellen: Schnellbausteine

Neuen Baustein erstellen: AutoText

4 Ihre Auswahl, Schnellbaustein oder AutoText, ist im Feld *Katalog* ersichtlich und kann hier auch nachträglich noch geändert werden, d. h. AutoText kann als Schnellbaustein und umgekehrt gespeichert werden. Abhängig davon erscheint im Feld *Speichern in* entweder *Building Blocks* oder *Normal*.

Beim Speicherort Normal handelt es sich um die globale Dokumentvorlage, siehe Kap 3.1

5 Die *Optionen* steuern, wie der Baustein später im Dokument eingefügt wird. *Nur Inhalt einfügen* bedeutet, beim Einfügen wird der Inhalt einfach an der Cursorposition eingefügt. Alternativ können Sie auswählen, dass der Inhalt des Bausteins in einem eigenen Absatz (*Inhalt in eigenem Absatz einfügen*) oder auf einer eigenen Seite (*Inhalt auf eigener Seite einfügen*) eingefügt wird.

Baustein einfügen

Die Liste der Schnellbausteine erscheint, wenn Sie im Register *Einfügen* auf die Schaltfläche *Schnellbausteine* klicken und per Mausklick wird der gewünschte Schnellbaustein an der Cursorposition im Dokument eingefügt. Als AutoText gespeicherte Elemente erhalten Sie, wenn Sie auf *AutoText* zeigen.

Tipp: Wenn Sie mit der rechten Maustaste auf einen Schnellbaustein klicken, so erhalten Sie im Kontextmenü auch die Möglichkeit, den Schnellbaustein in die Kopf- oder Fußzeile einzufügen (siehe Bild unten).

Schnellbaustein einfügen

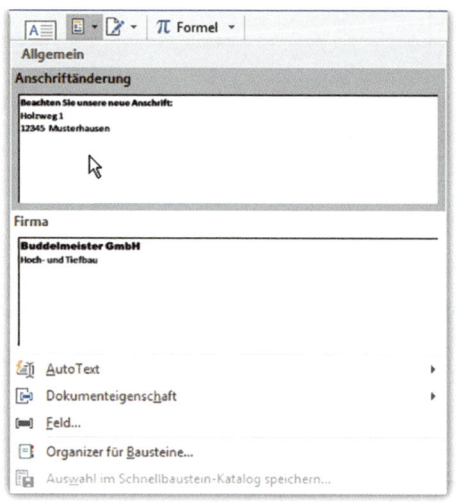
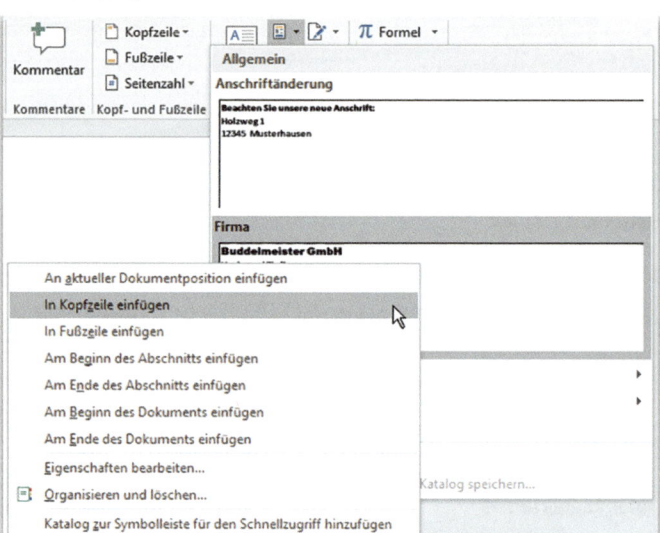

Baustein per Tastatur einfügen

Alternativ können Sie einen Baustein oder AutoText auch schnell einfügen, wenn Sie im Dokument an der gewünschten Stelle den vollständigen Schnellbausteinnamen eintippen und unmittelbar danach die Funktionstaste F3 drücken. **Achtung**: kein Leerzeichen danach!

Wurde ein Baustein als AutoText gespeichert, dann erscheint nach Eingabe der ersten vier Zeichen der AutoText in einem Infofeld (Bild unten) und kann mit Drücken der Eingabetaste eingefügt werden. Dies funktioniert allerdings nicht bei Schnellbausteinen und nur dann, wenn der AutoText-Name mindestens vier Zeichen lang ist.

Schnellbaustein mit der Eingabetaste einfügen

Bausteine verwalten, ändern und löschen

Bausteine in Kategorien zusammenfassen

Wenn im Fenster *Neuen Baustein erstellen* nicht anderes angegeben wird, dann werden benutzerdefinierte Bausteine der Kategorie *Allgemein* zugeordnet und erscheinen auch unter dieser Kategorie, wenn Sie zum Einfügen auf die Schaltfläche *Schnellbausteine* klicken.

Bei einer Vielzahl von vorhandenen Bausteinen erleichtert es den Überblick, wenn Sie die einzelnen Bausteine einer bestimmten Kategorie zuordnen, diese können Sie selbst definieren.

Dazu klicken Sie beim Speichern eines neuen Bausteins im Fenster *Neuen Baustein erstellen* im Feld *Kategorie* auf den Dropdown-Pfeil und wählen eine Kategorie aus. Sollte die gewünschte Kategorie nicht vorhanden sein, so klicken Sie auf *Neue Kategorie erstellen...* und geben anschließend einen Namen ein (Bild unten).

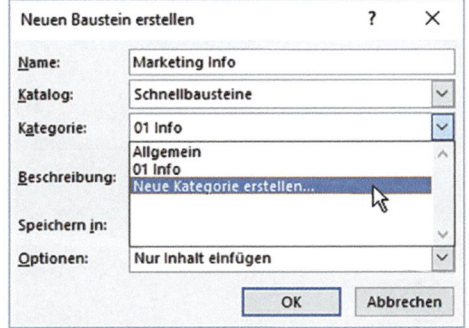
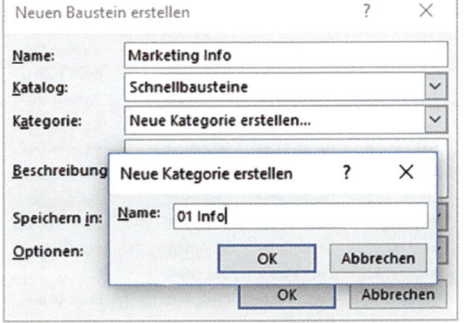

Kategorie auswählen

Neue Kategorie erstellen

Die Zuordnung zu Kategorien ist auch nachträglich noch möglich, siehe unten. Beachten Sie bei der Vergabe von Namen, dass die Kategorien alphabetisch sortiert angezeigt werden. Stellen Sie also der am häufigsten benötigten Kategorie z. B. 01 voran.

Umbenennen, Speicherort/Katalog oder Kategorie nachträglich ändern

Name, Speicherort und Katalog sowie die Kategorie, siehe oben, eines Bausteins können auch nachträglich geändert werden.

1   Dazu klicken Sie im Register *Einfügen* auf *Schnellbausteine* und anschließend mit der rechten Maustaste auf den Eintrag, den Sie ändern möchten.

2   Klicken Sie auf *Eigenschaften bearbeiten*. Das Fenster *Baustein ändern* öffnet sich und Sie können, wie im Fenster *Neuen Baustein erstellen*, Name, Katalog, Kategorie und Speicherort ändern.

Inhalt eines Schnellbausteins ändern

Den Inhalt oder die Formatierung eines Bausteins können Sie dagegen nur ändern, indem Sie den Baustein in ein Dokument einfügen, hier alle erforderlichen Änderungen vornehmen, und ihn anschließend erneut unter dem bisherigen Namen speichern. Bestätigen Sie die nachfolgende Meldung, ob Sie den Baustein neu definieren möchten mit der Schaltfläche *Ja*.

Bausteine im Organizer verwalten

Im Organizer verwalten Sie alle Schnellbausteine, können deren Eigenschaften bearbeiten oder den markierten Baustein löschen. Zum Öffnen klicken Sie im Register *Einfügen* auf *Schnellbausteine* und auf *Organizer für Bausteine...*. Wenn Sie hier schnell einen bestimmten Baustein finden möchten, dann sollten Sie Bausteine nach Name, Katalog oder Speicherort sortieren: klicken Sie dazu einfach mit der Maus in die Überschrift der betreffenden Spalte.

Organizer für Bausteine

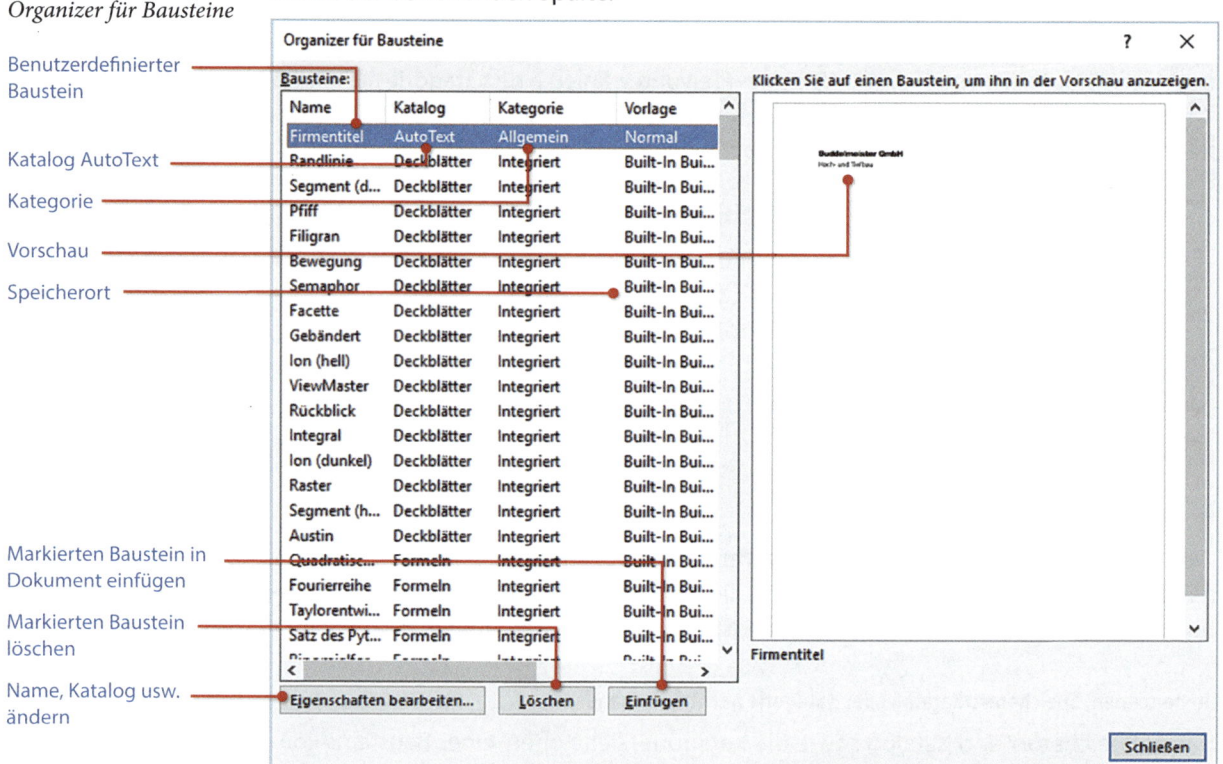

Im Organizer für Bausteine finden Sie neben den Katalogen *AutoText* und *Schnellbausteine* auch noch weitere Kataloge, z. B. Deckblätter, Formeln, Fußzeilen, Kopfzeilen, usw.. Wie Sie diese nutzen, lesen Sie im nächsten Punkt.

Baustein löschen

Wenn Sie einen Baustein im Organizer löschen möchten, dann markieren Sie diesen und klicken auf *Löschen*. Schneller geht es, wenn Sie im Register *Einfügen* über das Symbol *Schnellbausteine* den *Schnellbaustein-* oder *AutoText-Katalog* öffnen und mit der rechten Maustaste auf den zu löschenden Eintrag klicken. Wählen Sie *Organisieren und Löschen...*, so wird der Organizer zwar ebenfalls geöffnet, der ausgewählte Eintrag ist aber bereits markiert und kann gelöscht werden.

Zweckgebundene Bausteine speichern und verwenden

Neben den allgemein verfügbaren Bausteinen in den Katalogen *Schnellbausteine* oder *AutoText* bietet Word auch die Möglichkeit, Bausteine nur zu bestimmten Zwecken, z. B. als Kopfzeile oder Fußzeile, zu speichern, die dann ausschließlich an diesen Stellen zur Verfügung stehen.

Siehe Vorlagen für Kopf- und Fußzeilen, Kapitel 2.5.

Beispiel: Eine Fußzeile als Baustein speichern

Sie möchten in verschiedenen Dokumente immer dieselbe Fußzeile verwenden? Zum Beispiel Ihren Namen oder die Firma links, darunter Dateiname mit Angabe des Suchpfads und am rechten Rand die Seitenzahlen in der Form *Seite X von Y*, und das alles in einer bestimmten Schriftgröße und -farbe?

Dann vermeiden Sie unnötige Eingaben oder umständliches Kopieren über die Zwischenablage, indem Sie die Fußzeile im Katalog Fußzeilen als Baustein speichern. So gehen Sie vor:

1 Erstellen Sie eine Fußzeile mit allen erforderlichen Formatierungen oder öffnen Sie ein Dokument, das bereits die gewünschte Fußzeile enthält. Markieren Sie dann die gesamte Fußzeile.

2 Klicken Sie im Register *Einfügen* ▶ *Text* auf *Schnellbausteine* und klicken Sie hier auf *Auswahl im Schnellbaustein-Katalog speichern…*.

Tipp: Dieselbe Schaltfläche *Schnellbausteine* finden Sie auch im Register *Kopf- und Fußzeilentools - Entwurf*, Gruppe *Einfügen*.

3 Geben Sie einen Namen für den Schnellbaustein ein und wählen Sie im Feld *Katalog* Fußzeilen aus (Bild unten).

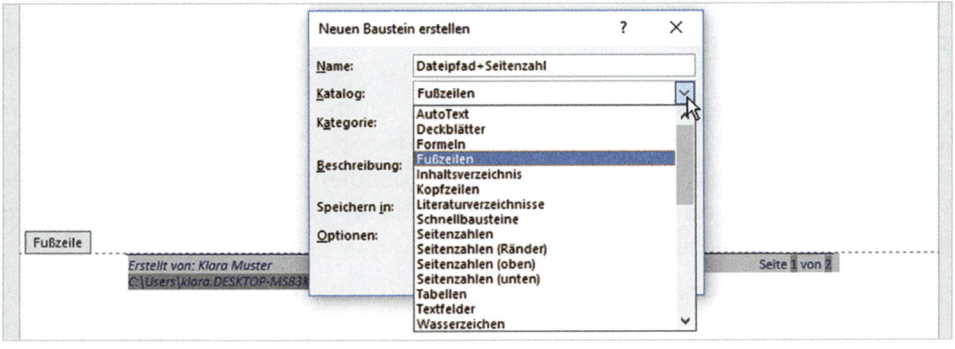

Wählen Sie den Katalog Fußzeilen aus

4 Falls gewünscht, können Sie auch wieder die Fußzeile einer bestimmten Kategorie zuordnen. Hier existiert neben *Allgemein* bereits die Kategorie *Integriert*. Die Option *Nur Inhalt einfügen* kann beibehalten werden. Klicken Sie zum Schluss auf *OK*.

Achtung: Gespeichert wird der Baustein wieder in der Datei *Building Blocks*, daher müssen beim Beenden von Word auch Änderungen dieser Datei gespeichert werden.

Den Baustein benutzerdefinierte Fußzeile einfügen

Das Einfügen der benutzerdefinierten Fußzeile ist schnell erledigt: Klicken Sie im Register *Einfügen*, Gruppe *Kopf- und Fußzeile* auf die Schaltfläche *Fußzeile*. Hier finden Sie Ihre Fußzeile in der Kategorie *Allgemein* am Beginn der Liste und mit einem Klick wird die Fußzeile eingefügt. Der Cursor kann sich dabei an beliebiger Stelle im Dokument befinden!

Benutzerdefinierte Fußzeile einfügen

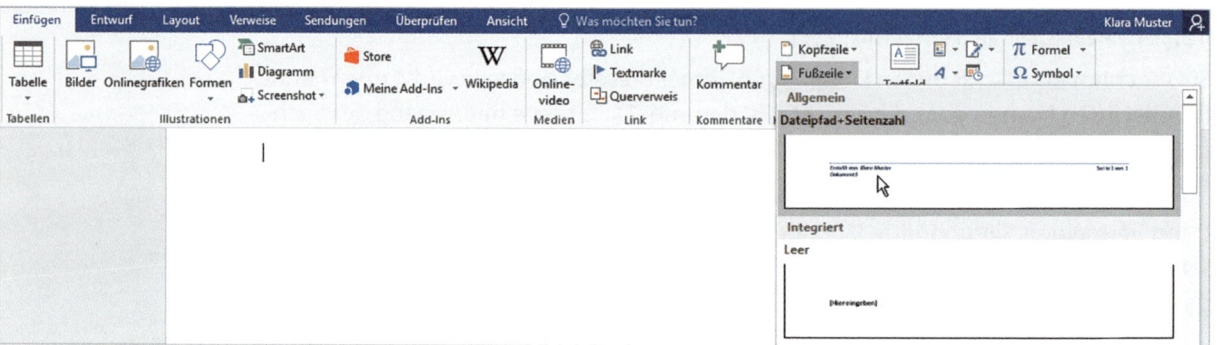

Dieselbe Vorgehensweise lässt sich auch auf Deckblätter, Seitenzahlen, Tabellen, Textfelder und weitere Elemente anwenden. Ein Beispiel für Schnelltabellen finden Sie in Kap. 3.5 auf Seite 126.

1.5   Verweise

Fuß- und Endnoten

Fuß- oder Endnoten einschließlich einem hochgestellten Fußnotenzeichen lassen sich auf einfache Weise einfügen und verwalten. Die Nummerierung erfolgt automatisch und wird bei späteren Änderungen aktualisiert. Fußnoten erscheinen am Ende der jeweiligen Seite, während Endnoten gesammelt und erst am Dokumentende oder am Ende eines Abschnitts eingefügt werden.

So gehen Sie beim Einfügen einer Fußnote bzw. des Fußnotenzeichens vor:

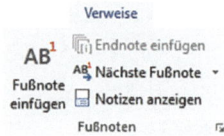

1   Positionieren Sie im Text den Cursor an derjenigen Stelle, an der das Fußnotenzeichen eingefügt werden soll und klicken Sie dann im Register *Verweise*, Gruppe *Fußnoten* auf die Schaltfläche *Fußnote einfügen*.

2   Ein hochgestelltes Fußnotenzeichen, in der Standardeinstellung eine fortlaufende Nummerierung mit arabischen Zahlen, wird an der Cursorposition eingefügt, gleichzeitig erscheint am Ende der Seite in einem gesonderten Fußnotenbereich dasselbe Zeichen zusammen mit dem Cursor und Sie können hier Ihren Text eingeben.

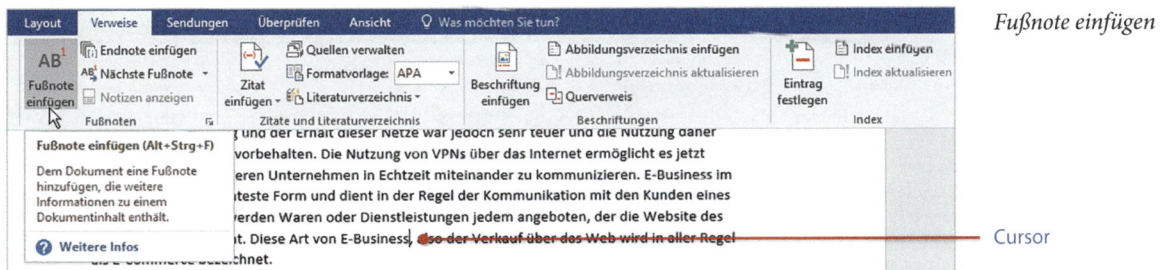

Fußnote einfügen

Cursor

Mit Doppelklick auf das Fußnotenzeichen wechseln Sie schnell vom Fußnotenbereich wieder zurück in den Text an die ursprüngliche Stelle.

Genauso gehen Sie auch vor, wenn Sie anstelle einer Fußnote eine Endnote einfügen möchten. In diesem Fall klicken Sie stattdessen auf die Schaltfläche *Endnote einfügen*.

> Zum Entfernen einer Fuß- oder Endnote genügt es, wenn Sie das entsprechende Zeichen im Text löschen, der dazugehörige Fußnotentext verschwindet automatisch und die Nummerierung der übrigen Fuß- oder Endnoten wird aktualisiert.

Fuß- und Endnotentext anzeigen

Wenn Sie im Text auf ein Fußnotenzeichen zeigen, dann blendet Word den dazugehörigen Text im Dokument ein und mit Doppelklick auf das Zeichen wechseln Sie schnell in den Fußnotenbereich mit dem dazugehörigen Text bzw. zurück in das Dokument, dasselbe gilt auch für Endnoten.

Dass es sich bei diesem hochgestellten Zeichen um eine Fußnote handelt, und nicht um beliebiges, hochgestellt formatiertes, Zeichen, erkennen Sie am Notizensymbol wenn Sie darauf zeigen.

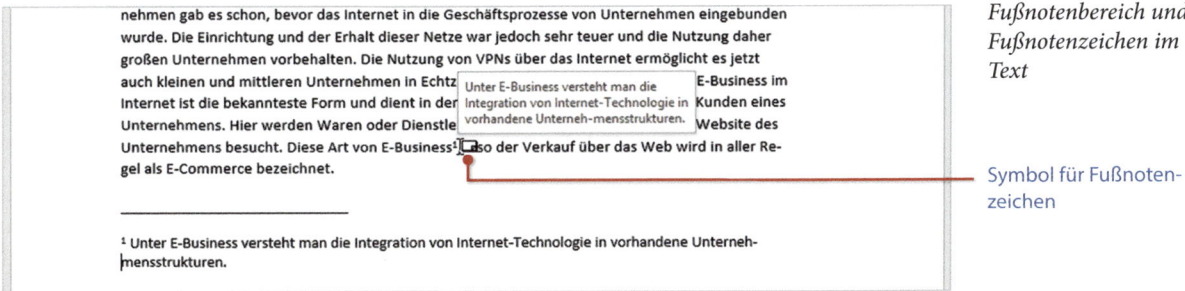

Fußnotenbereich und Fußnotenzeichen im Text

Symbol für Fußnotenzeichen

Um im Dokument gezielt die Fuß- oder Endnoten zu kontrollieren, können Sie die Schaltfläche *Nächste Fußnote* (*Verweise* ▶ *Fußnoten*) verwenden:

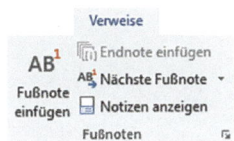

Ein Klick direkt auf das Symbol wechselt im Dokument zum nächsten Fußnotenzeichen, über den Dropdown-Pfeil der Schaltfläche können Sie auch die vorherige Fußnote anzeigen oder zwischen Endnoten wechseln.

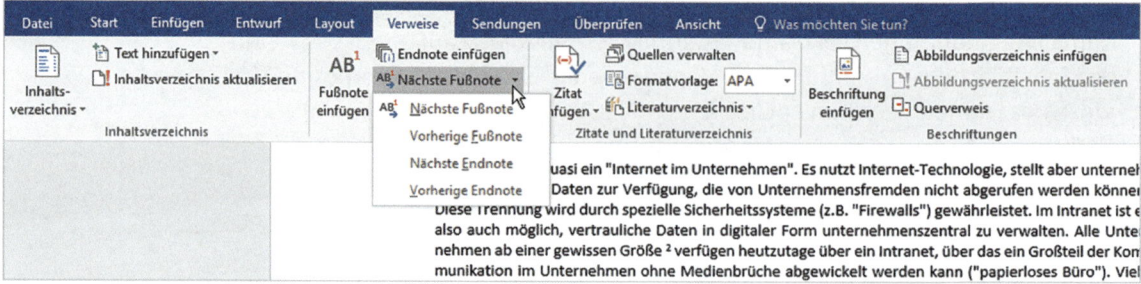

*Zwischen Fuß- oder
Endnoten navigieren*

Nummerierung der Fuß- und Endnoten steuern

Wenn Sie für Ihre Fuß- oder Endnoten eine andere Nummerierung benötigen, z. B. mit kleinen römischen Zahlen, dann klicken Sie im Register *Verweise*, Gruppe *Fußnoten* auf den kleinen Pfeil ⌐ der Gruppe und öffnen damit das Fenster *Fuß- und Endnote*.

*Dokument in Abschnitte
aufteilen, siehe Kap. 2.3*

▷ Unter *Speicherort* legen Sie fest, ob es sich um Fuß- oder Endnoten handelt. In beiden Fällen lässt sich anschließend die Position näher definieren, z. B. ob Fußnoten am Seitenende oder unterhalb des Textes erscheinen sollen oder Endnoten am Ende des Dokuments oder am Abschnittsende.

Tipp: Über die Schaltfläche *Konvertieren...* können Sie vorhandene Fußnoten nachträglich in Endnoten umwandeln und umgekehrt.

▷ Im Feld *Zahlenformat* wählen Sie die gewünschte Zahlendarstellung aus, z. B. kleine römische Zahlen, und legen im Feld *Beginnen mit* den Startwert, in den meisten Fällen 1, fest. Ob bei Fußnoten die Nummerierung fortlaufend erfolgen oder mit jeder Seite neu beginnen soll, steuern Sie im Feld *Nummerierung*.

▷ Das Feld *Übernehmen für* legt fest, ob Ihre Änderungen für das gesamte Dokument, den aktuellen Abschnitt oder, falls verfügbar, den markierten Bereich übernommen werden sollen.

Wählen Sie ein Zahlenformat

Fortlaufend nummerieren oder mit jeder Seite neu beginnen?

Fuß- und Endnote	? ✕
Speicherort	
● Fußnoten:	Seitenende
○ Endnoten:	Ende des Dokuments
	Konvertieren...
Fußnotenlayout	
Spalten:	An Abschnittslayout anpassen
Format	
Zahlenformat:	1, 2, 3, ...
Benutzerdefiniert:	1, 2, 3, ... / a, b, c, ... / A, B, C, ... / i, ii, iii, ... / I, II, III, ... / *, †, ‡, §, ...
Beginnen mit:	
Nummerierung:	
Änderungen übernehmen	
Änderungen übernehmen für:	Gesamtes Dokument
	Einfügen Abbrechen Übernehmen

Fuß- und Endnote	? ✕
Speicherort	
● Fußnoten:	Seitenende
○ Endnoten:	Ende des Dokuments
	Konvertieren...
Fußnotenlayout	
Spalten:	An Abschnittslayout anpassen
Format	
Zahlenformat:	1, 2, 3, ...
Benutzerdefiniert:	Symbol...
Beginnen mit:	1
Nummerierung:	Fortlaufend
	Fortlaufend / Jeden Abschnitt neu beginnen / Jede Seite neu beginnen
Änderungen übernehmen	
Änderungen übernehmen für:	Gesamtes Dokument
	Einfügen Abbrechen Übernehmen

Damit Ihre Änderungen wirksam werden, klicken Sie zuletzt auf *Übernehmen*. Mit der Schaltfläche *Einfügen* fügen Sie dagegen lediglich an der Cursorposition ein einzelnes Fußnotenzeichen entsprechend Ihrer Vorgabe ein (siehe unten).

Symbol statt Zahl verwenden

Wenn Sie in Ausnahmefällen anstatt Zahlen Symbole, z. B. Stern * verwenden möchten, dann positionieren Sie den Cursor an der gewünschten Stelle und klicken zum Einfügen auf den Pfeil ⌐ der Gruppe *Fußnoten*. Im Fenster *Fuß- und Endnote*, siehe Bild oben, geben Sie dann dieses Zeichen im Feld *Benutzerdefiniert* ein oder klicken zur Auswahl eines Symbols auf die Schaltfläche *Symbol...*. Klicken Sie dann abschließend auf die Schaltfläche *Einfügen*.

Querverweise einfügen

Als Querverweise bezeichnet man Verweise auf andere Stellen im Dokument, z. B. „Siehe Seite 18". In solchen Fällen sollten Sie nicht einfach die Seitenzahl oder Kapitelnummer eintippen sondern die Querverweisfunktion von Word benutzen. Auf diese Weise eingefügte Querverweise haben den Vorteil, dass sie bei nachträglichen Änderungen schnell aktualisiert werden können und so mühseliges Suchen und Korrigieren ersparen.

Word unterstützt Querverweise auf Fußnoten, Endnoten, Abbildungen, Formeln und Tabellen sowie Überschriften, außerdem ist zu beachten:

▷ Für Querverweise auf andere als die oben genannten Textstellen, muss an dieser Stelle im Dokument eine Textmarke vorhanden sein, Näheres hierzu im nächsten Punkt auf Seite 53.

▷ Querverweise auf Überschriften setzen voraus, dass diese mit einer der integrierten Formatvorlagen für Überschriften formatiert sind. Sind Ihre Überschriften nummeriert, können stattdessen auch Verweise auf nummerierte Elemente verwendet werden.

Näheres zu Formatvorlagen für Überschriften lesen Sie in Kap. 3.6.

▷ Der unterstützte Inhalt eines Querverweises ist abhängig vom Verweistyp. Bei manchen Querverweisen, z. B. auf nummerierte Elemente, Überschriften, Textmarken und Abbildungen kann neben der Seitenzahl oder Nummer auch der dazugehörige Text einbezogen werden.

Querverweise: Verweistypen und Verweisen auf

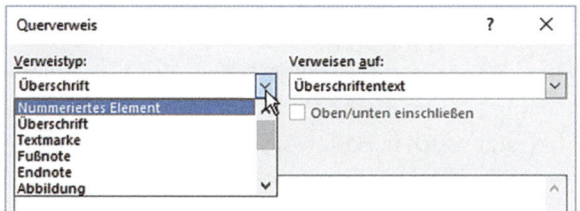

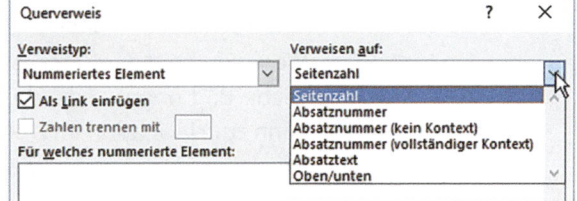

Querverweis einfügen

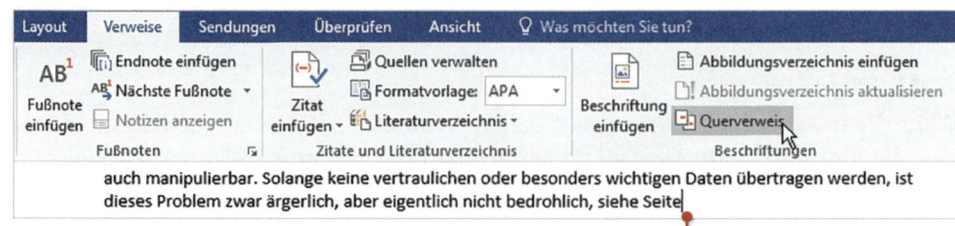

Querverweis einfügen

1   Zum Einfügen eines Querverweises, z. B. auf eine Überschrift, klicken Sie im Menüband, Register *Einfügen* ▸ *Link* auf *Querverweis*. Dieselbe Schaltfläche finden Sie auch im Register *Verweise* ▸ *Beschriftungen* (Bild unten).

Hier soll der Querverweis eingefügt werden

2   In Fenster *Querverweis* legen Sie anschließend den Verweistyp fest und geben an, worauf Sie verweisen möchten. Unterhalb werden alle entsprechenden Elemente des aktuellen Dokuments aufgelistet. Markieren Sie hier das gewünschte Element und klicken Sie auf *Einfügen*.

Das Fenster bleibt geöffnet und Sie könnten anschließend einen weiteren Verweis, z. B. auf den Inhalt dieses Absatzes hinzufügen.

Als Beispiel wurde im Bild unten der Verweistyp *Nummeriertes Element* gewählt und auf die Seitenzahl des markierten Elements verwiesen.

Beispiel: Querverweis die Seitenzahl des markierten nummerierten Elements

Querverweis wird als Link eingefügt

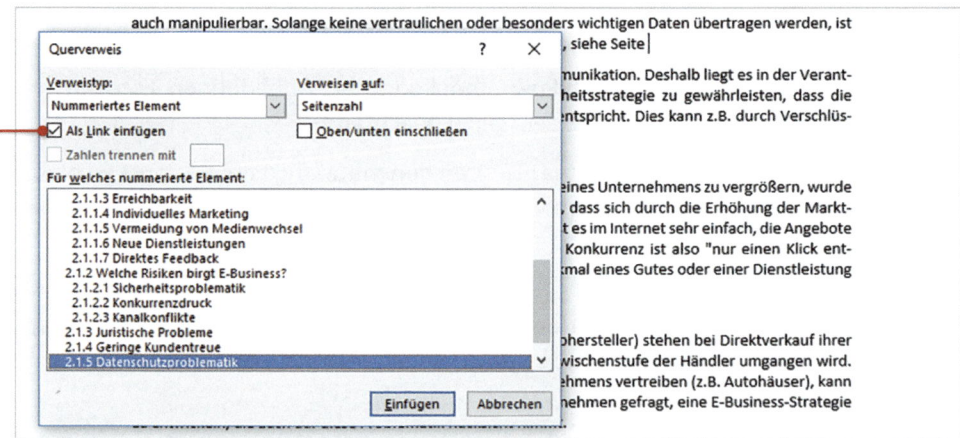

Versehentlich eingefügte oder nicht mehr benötigte Querverweise können wie normaler Text im Dokument markiert und anschließend gelöscht werden.

Querverweise zur Navigation verwenden

Wenn Sie beim Einfügen eines Querverweises das Kontrollkästchen *Als Link einfügen* (siehe Bild oben) nicht deaktiviert haben, dann dieser als Hyperlink eingefügt und kann zur Navigation im Dokument benutzt werden. Halten Sie dazu die Strg-Taste gedrückt und klicken auf dem Link, um zur Quelle des Querverweises zu wechseln.

Querverweis aktualisieren

Querverweise sind eigentlich Felder, zu erkennen an der grauen Schattierung, die standardmäßig sichtbar wird, wenn Sie in das Feld klicken und werden wie diese aktualisiert.

▶ **Einzelnen Querverweis aktualisieren**
Markieren Sie den Verweis und klicken Sie mit der rechten Maustaste und anschließend auf *Felder aktualisieren*. Oder drücken Sie die Funktionstaste F9.

▶ **Alle Querverweise aktualisieren**
Markieren Sie den gesamten Text mit Strg+A oder nur die betreffenden Seiten und drücken Sie dann F9. **Achtung:** Mit dem Aktualisieren des gesamten Dokuments werden nicht nur alle Querverweise aktualisiert, sondern auch alle anderen Felder, z. B. Inhaltsverzeichnis und Index.

F9: Aktualisieren

Näheres zum Thema Felder, siehe Kapitel 5, Dokumente mit Feldern automatisieren.

Textmarken erstellen und nutzen

Wie erwähnt, müssen für Verweise auf Textstellen, die keinem der standardmäßig unterstützten Verweistypen entsprechen, also weder eine Überschrift noch ein nummeriertes Element o. ä. darstellen, an diesen Stellen Textmarken eingefügt werden.

Eine Textmarke einfügen

1 Im ersten Schritt positionieren Sie beim Einfügen einer Textmarke den Cursor im Dokument an der gewünschten Stelle. Dabei haben Sie zwei Möglichkeiten:

▪ Wenn Sie zuvor ein oder mehrere Worte markiert haben, dann bildet der Text automatisch den Inhalt der Textmarke und dieser kann in Querverweisen verwendet werden.

▪ Befindet sich dagegen beim Einfügen einer Textmarke nur der Cursor an einer bestimmten Position, dann ist nur ein Querverweis auf die Seitenzahl möglich.

2 Klicken Sie dann im Menüband auf *Einfügen* ▶ Gruppe *Links* ▶ *Textmarke*. Geben Sie dann im Fenster *Textmarke* einen Namen ein und klicken Sie auf *Hinzufügen*.

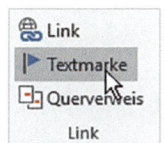

Geben Sie einen Namen für die Textmarke ein und klicken Sie auf Hinzufügen

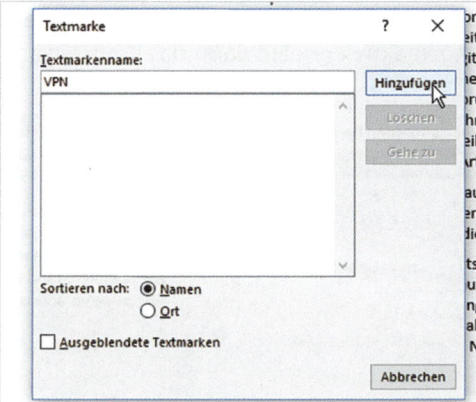

Markierter Text

Beachten Sie bei der Vergabe von Namen für Textmarken

Der Name muss eindeutig sein, d. h. er darf im Dokument nur ein einziges Mal vorkommen. Er darf außerdem keine Leerzeichen enthalten, Sie können sich allerdings zur Trennung mit einem Unterstrich behelfen. Ziffern sind erlaubt, aber nicht am Anfang des Namens. Kurz gesagt, wenn die Schaltfläche *Hinzufügen* inaktiv ist, dann ist der eingegebene Name nicht zulässig.

Querverweise auf Textmarken

Zum Einfügen eines Querverweises auf eine Textmarke klicken Sie im Register *Einfügen ▸ Link* auf *Querverweis*. Wählen Sie den Verweistyp *Textmarke*, so erscheinen unterhalb alle Textmarken des Dokuments. Markieren Sie die benötigte Textmarke, wählen Sie zwischen *Seitenzahl* und *Textmarkeninhalt* und klicken Sie auf *Einfügen*.

Querverweis auf Textmarke einfügen

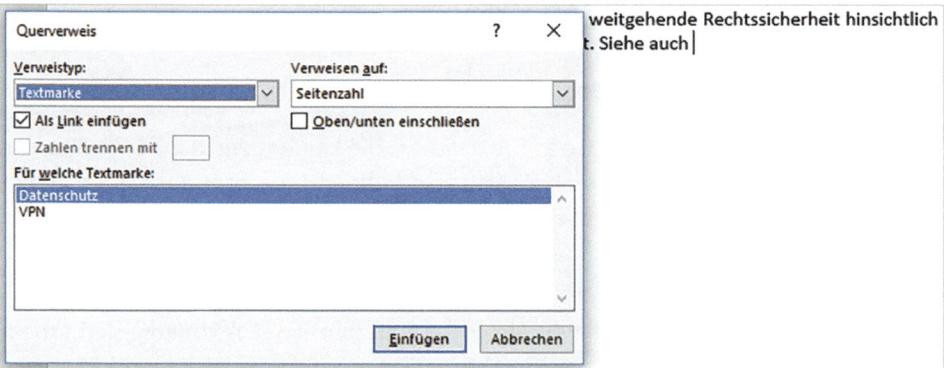

Selbstverständlich können Sie auch mehrmals auf eine Textmarke verweisen, z. B. einmal auf den Inhalt und anschließend ein zweites Mal auf die Seitenzahl.

Textmarken im Dokument anzeigen

Textmarken sind im Dokument standardmäßig nicht sichtbar. In manchen Fällen, z. B. beim Verschieben oder Löschen von Text oder um einen Überblick über vorhandene Textmarken zu erhalten, kann es jedoch durchaus von Vorteil sein, diese einzublenden. Öffnen Sie dazu die Word-Optionen (Register *Datei - Optionen*) und klicken Sie auf *Erweitert*. Im Abschnitt *Dokumentinhalt anzeigen* aktivieren Sie dann das Kontrollkästchen *Textmarken anzeigen*.

Textmarken in den Word-Optionen einblenden

Textmarken erscheinen im Dokument mit eckigen Klammern

Textmarken anzeigen

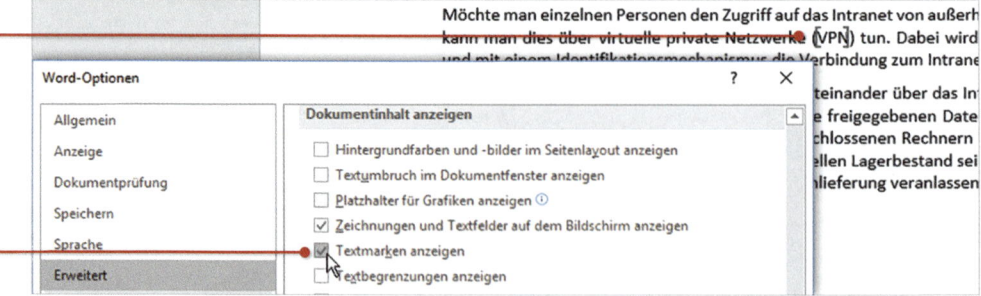

Textmarke auswählen

Um im Dokument schnell zu einer bestimmten Textmarke zu springen, klicken Sie auf *Einfügen* ▸ *Textmarke*, markieren die betreffende Textmarke und klicken auf die Schaltfläche *Gehe zu*. Alternativ öffnen Sie mit der Taste F5 das Fenster *Suchen und Ersetzen* mit dem Register *Gehe zu*. Wählen Sie als Element *Textmarke* und daneben den Namen der Textmarke aus und klicken Sie dann auf *Gehe zu*.

Zu Textmarke navigieren

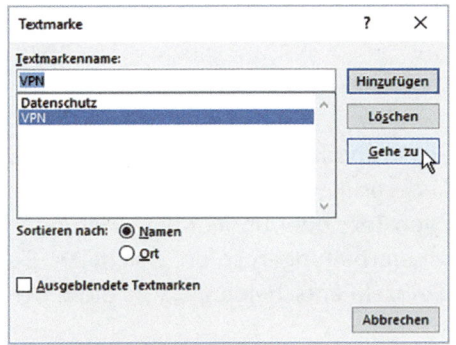 

▶ **Textmarke ersetzen**
Wenn Sie beim Einfügen einer neuen Textmarke dieser den Namen einer bereits vorhandenen Textmarke geben, dann wird die ursprüngliche Textmarke durch die neue ersetzt. Um also eine vorhandene Textmarke an eine andere Position im Dokument zu setzen, brauchen Sie nur an dieser Stelle eine weitere Textmarke einfügen, der Sie den Namen der zu ersetzenden geben.

▶ **Textmarke löschen**
Zum Löschen einer nicht benötigten Textmarke klicken Sie auf *Einfügen* ▸ *Textmarke*, markieren die betreffende Textmarke und klicken auf die Schaltfläche *Löschen*.

In der Realität werden Textmarken nicht selten auch versehentlich bei nachträglichen Änderungen im Text gelöscht, da beim Löschen oder Überschreiben einer Textstelle natürlich auch hier vorhandene Textmarken mit gelöscht werden. Auch in solchen Fällen kann die Anzeige von Textmarken im Dokument sinnvoll sein, siehe oben.

▶ **Textmarke ausschneiden und einfügen**
Wenn Sie eine Textstelle ausschneiden und an anderer Stelle einfügen oder mit der Maus verschieben, dann werden an dieser Stelle vorhandene Textmarken natürlich ebenfalls mit verschoben.

Anders verhalten sich Textmarken beim Kopieren: Beim Einfügen in ein anderes Dokument werden auch vorhandene Textmarken mit eingefügt, nicht aber beim Einfügen im selben Dokument.

1.6 Nachträgliche Überarbeitungen kontrollieren

Bei Änderungen, Korrekturen und Überarbeitungen eines Dokuments ist es meist wichtig zu wissen, welche Änderungen nachträglich vorgenommen wurden, insbesondere wenn diese durch mehrere Personen erfolgt sind.

Den Überarbeitungsmodus für Korrekturen nutzen

Wird vor Beginn der Korrekturen der Überarbeitungsmodus aktiviert, dann werden ab diesem Zeitpunkt sämtliche nachträglichen Änderungen genau dokumentiert, egal ob es sich um das Hinzufügen oder Löschen von Text oder um Formatänderungen handelt. Damit sind nicht nur nachträgliche Überarbeitungen sofort ersichtlich, Sie können anschließend auch für jede Änderung einzeln entscheiden, ob Sie diese beibehalten oder verwerfen möchten.

Überarbeitungsmodus einschalten

Zum Einschalten des Überarbeitungsmodus klicken Sie im Menüband auf das Register *Überprüfen* und in der Gruppe *Nachverfolgung* auf *Änderungen nachverfolgen*. Diese Schaltfläche bleibt anschließend hervorgehoben, bis der Überarbeitungsmodus mit einem weiteren Klick wieder ausgeschaltet wird. Alternativ schalten Sie den Überarbeitungsmodus mit den Tasten Strg+Umschalt+E ein und aus.

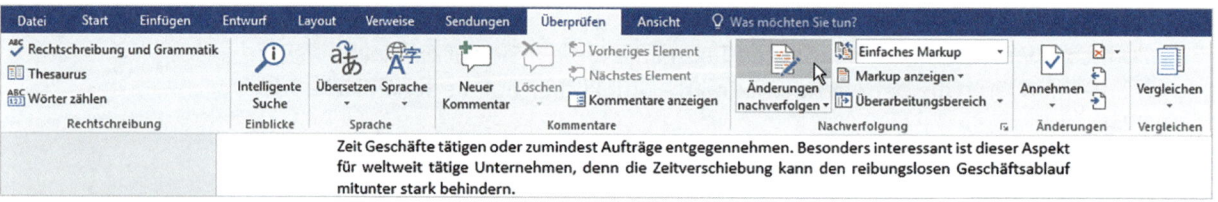

Änderungen nachverfolgen einschalten

So steuern Sie die Anzeige der Änderungen

Wie im Überarbeitungsmodus die Änderungen im Dokument angezeigt werden, steuern Sie im Register *Überprüfen* ▶ *Nachverfolgung* über ein Auswahlfeld (Bild unten).

Anzeige der Änderungen im Überarbeitungsmodus steuern

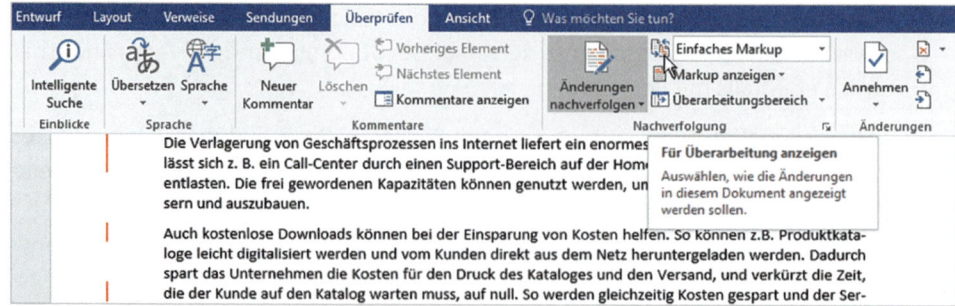

▶ Mit der Anzeige *Einfaches Markup*, wie im Bild oben, werden alle geänderten Stellen am linken Rand durch rote senkrechte Linien gekennzeichnet.

▶ Klicken Sie auf eine der roten linken Linien oder wählen Sie *Markup: alle*, so werden alle inhaltlichen Änderungen im Dokument sichtbar, Formatänderungen erscheinen rechts in einem gesonderten Bereich, siehe Bild unten.

▶ *Markup: keine* blendet alle Überarbeitungen einschließlich aller Hinweise darauf vollständig aus und mit der Auswahl *Original* stellen Sie vorübergehend den Originalzustand wieder her.

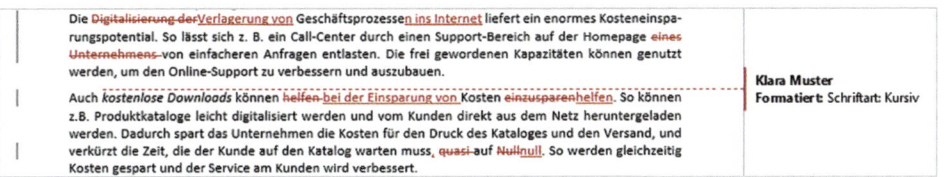

Alle Überarbeitungen anzeigen

Falls Sie eine Zusammenfassung aller Änderungen wünschen, so klicken Sie auf die Schaltfläche *Überarbeitungsbereich* (*Überprüfen* ▶ *Nachverfolgung*). Dieser öffnet sich am linken Rand des Word-Fensters und listet alle Änderungen, sowie die Anzahl aller vorgenommen Überarbeitungen auf.

Änderungen annehmen oder verwerfen

Im Anschluss an die Überarbeitungen können Sie bei jeder Änderung entscheiden, ob Sie diese annehmen oder ablehnen möchten. Der Überarbeitungsmodus wird dazu nicht mehr benötigt und kann ausgeschaltet werden.

1 Positionieren Sie den Cursor am Dokumentanfang und klicken Sie im Menüband, *Überprüfen* ▶ *Änderungen* zunächst auf *Weiter*, um die erste geänderte Stelle zu markieren.

2 Verwenden Sie dann die Schaltflächen *Annehmen* (Bild unten) oder *Ablehnen*, die Hervorhebung verschwindet an dieser Stelle und die nächste Änderung wird automatisch markiert.

Die markierte Änderung annehmen und die nächste markieren

Darüber hinaus können Sie mit den Schaltflächen *Zurück* und *Weiter* zu den einzelnen Änderungen navigieren und diese gleichzeitig markieren.

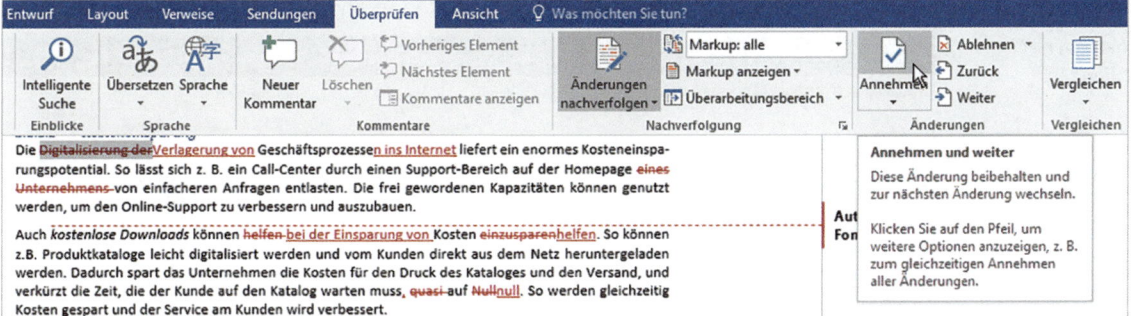

Falls Sie alle Änderungen schnell übernehmen möchten, so klicken Sie auf den Drop-down-Pfeil der Schaltfläche *Annehmen* und hier auf *Alle Änderungen annehmen*. Mit *Alle Änderungen annehmen und Nachverfolgung beenden* schalten Sie gleichzeitig auch den Überarbeitungsmodus aus.

Sobald Sie die letzte Änderung angenommen oder abgelehnt haben, erhalten Sie von Word eine Meldung, dass das Dokument keine Kommentare oder Überarbeitungen enthält.

Dokumente und Versionen vergleichen

In der Praxis kommt es manchmal vor, dass der Überarbeitungsmodus nicht aktiviert wurde und Sie möchten nun trotzdem in Erfahrung bringen, welche Stellen des Dokuments geändert werden. Dazu gibt es zwei Möglichkeiten.

Automatisch gespeicherte Versionen vergleichen

Diese Einstellung kann in den Word-Optionen unter Speichern eingesehen und geändert werden.

Achtung: *Das Kontrollkästchen* Autowiederherstellen alle... *muss aktiviert sein!*

Word speichert im Hintergrund automatisch in bestimmten Zeitabständen (standardmäßig alle 10 Minuten) den aktuellen Stand der Bearbeitung in einer temporären Datei. Aus dieser lässt sich ein Dokument später wiederherstellen, z. B. bei einem Programmabsturz oder wenn Sie beim Schließen eine Datei nicht gespeichert haben. Beim ordnungsgemäßen Speichern und Schließen werden diese Dateien gelöscht.

Wenn Sie die gespeicherten Versionen Ihres Dokuments vergleichen möchten, dann funktioniert dies also nur während des Arbeitens am Dokument, nicht aber nachdem Sie Word beendet und alle Änderungen gespeichert haben.

Vorhandene Versionen werden mit dem Zeitpunkt ihrer Speicherung unter *Dokument verwalten* aufgelistet, wenn Sie im Register *Datei* auf *Informationen* klicken.

Die automatisch gespeicherten Dokumentversionen im Register Datei

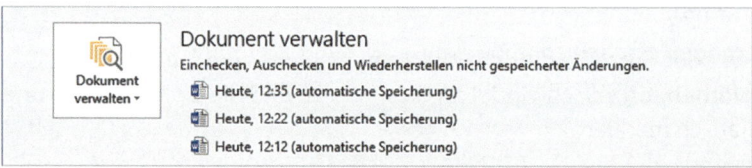

Durch Anklicken können Sie eine Version öffnen. Anschließend bietet Word für die ausgewählte Dokumentversion zwei Möglichkeiten an:

Vergleichen oder Wiederherstellen?

▶ *Wiederherstellen* überschreibt den aktuellen Stand mit der ausgewählten Dokumentversion.

▶ *Vergleichen* öffnet in einem weiteren Fenster alle nachfolgend gespeicherten Dokumentversionen im Überarbeitungsmodus, siehe Seite 57. Das bedeutet, Änderungen sind entsprechend hervorgehoben und Sie können diese einzeln übernehmen oder ablehnen. Anschließend speichern Sie das Ergebnis, alternativ können Sie auch jede Version einzeln speichern.

Zwei Dateiversionen vergleichen

Da der Versionsvergleich nicht immer verwendet werden kann, haben Sie auch noch die Möglichkeit, zwei Dateien miteinander zu vergleichen; vorausgesetzt die Originalversion existiert noch als gesonderte Datei.

1 Dazu öffnen Sie eines der beiden Dokumente, klicken im Register *Überprüfen* auf *Vergleichen* und wählen hier *Vergleichen*.

2 Das Fenster *Dokument vergleichen* öffnet sich: Wählen Sie links das Originaldokument mit Klick auf das Symbol *Durchsuchen* aus und rechts das überarbeitete Dokument (siehe Bild unten).

3 Zusätzliche Optionen erhalten Sie über die Schaltfläche *Erweitern >>*. Hier können Sie angeben, welche Art von Überarbeitungen Sie vergleichen möchten und ob die Änderungen im Originaldokument, im überarbeiteten oder in einem neuen Dokument angezeigt werden sollen.

Originaldokument und Überarbeitetes Dokument vergleichen

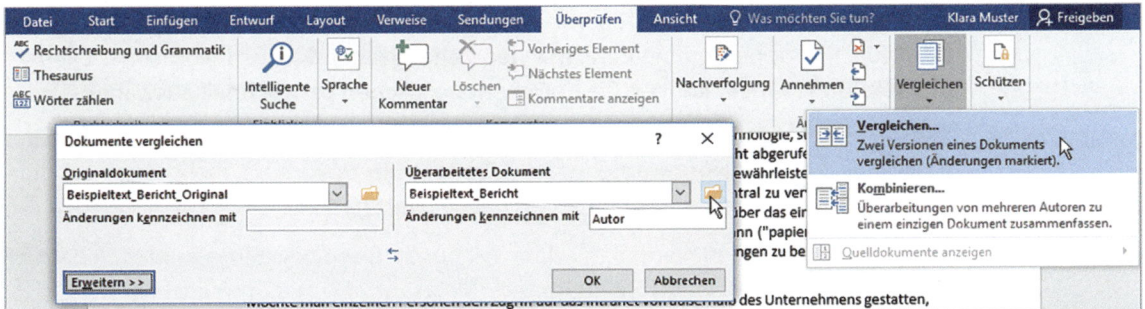

Die Änderungen erscheinen anschließend wie im Überarbeitungsmodus und Sie können auch hier jede Änderung annehmen oder ablehnen.

Tipp: Originaldatei mit Windows-Mitteln wiederherstellen

Wenn die Originaldatei nicht mehr existiert bzw. durch Änderungen überschrieben wurde, dann haben Sie meist noch die Möglichkeit, ältere Versionen über die Versionsverwaltung von Windows wiederherzustellen.

1 Dazu klicken Sie im Windows-Explorer mit der rechten Maustaste auf die betreffende Datei und auf *Eigenschaften...*.

2 Klicken Sie im Fenster *Eigenschaften* auf das Register *Vorgängerversionen*, markieren Sie die Version, die Sie wiederherstellen möchten und klicken Sie auf den Pfeil der Schaltfläche *Wiederherstellen*.

3 Wählen Sie hier den Befehl *Wiederherstellen in...* und speichern Sie die wiederhergestellte Datei unbedingt an einem anderen Speicherort, da sonst die Originaldatei überschrieben wird.

Kommentare einfügen

Statt direkter Änderungen können Sie und andere Personen auch Kommentare zu bestimmten Stellen hinzufügen. Diese erscheinen rechts in einer gesonderten Spalte oder wenn Sie auf die betreffende Stelle im Dokument zeigen.

Kommentare anzeigen

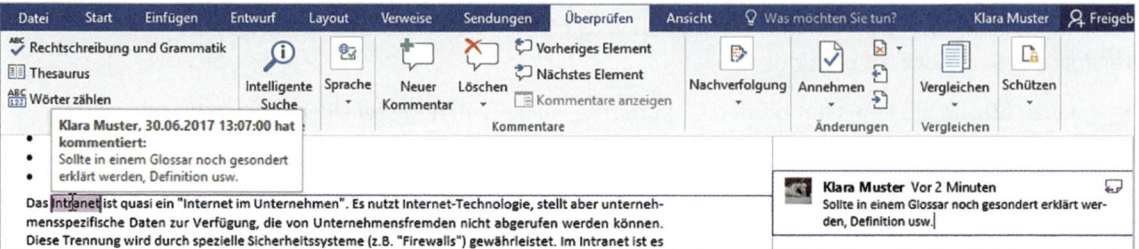

Zum Einfügen eines Kommentars positionieren Sie den Cursor im Dokument an der Stelle, die Sie kommentieren möchten oder markieren diese. Klicken Sie dann im Register *Überprüfen* ▶ *Kommentare* auf *Neuer Kommentar*. Rechts erscheint ein Feld mit Ihrem Benutzernamen und Sie können Ihren Kommentartext eingeben.

Weitere Befehle zum Verwalten von Kommentaren finden Sie ebenfalls im Register *Überprüfen*, Gruppe *Kommentare*. Mit den Schaltflächen *Löschen*, *Vorheriges Element* und *Nächstes Element* können Sie Kommentare löschen bzw. schnell auswählen.

1.7 Dokumente durchsuchen

Navigationsbereich anzeigen

Insbesondere in längeren Dokumenten bietet sich zur Navigation und zum Durchsuchen der Navigationsbereich an. Zum Öffnen des Navigationsbereichs klicken Sie im Menüband auf das Register *Anzeigen* und aktivieren in der Gruppe *Anzeigen* das gleichnamige Kontrollkästchen. Der Navigationsbereich öffnet sich auch, wenn Sie im Register *Start* ▶ *Bearbeiten* auf *Suchen* klicken oder die Tasten Strg+F drücken. Er bietet die Funktionen *Überschriften*, *Seiten* und *Ergebnisse* an.

Die Breite des Navigationsbereichs ändern Sie mit der Maus: Zeigen Sie auf die Trennlinie und ziehen Sie dann die Linie in die gewünschte Richtung. Zum Schließen klicken Sie auf das Symbol *Schließen* in der rechten oberen Ecke.

Navigationsbereich
schließen

Wählen Sie eine Funktion

Der Navigationsbereich

Nach Begriffen, Zeichen oder Formaten suchen

Wenn Sie das Dokument nach einem bestimmten Begriff durchsuchen möchten, dann klicken Sie zunächst auf *Ergebnisse*, siehe Bild oben, und geben dann im Feld *Dokument durchsuchen* einen oder mehrere Suchbegriffe ein, die Groß- und Kleinschreibung spielt, wenn nichts anderes festgelegt wurde, keine Rolle.

Bereits während der Eingabe listet Word im Bereich unterhalb alle Fundstellen auf, gleichzeitig werden die Treffer im Dokument gelb hervorgehoben. Durch Anklicken einer Fundstelle in der Trefferliste wird der Begriff im Dokument markiert. Oder verwenden Sie die kleinen Pfeile unterhalb des Suchfeldes, um im Dokument zur nächsten oder vorherigen Fundstelle zu gelangen.

Ein Klick auf das X im Suchfeld löscht die Suche und entfernt die Hervorhebung der Suchergebnisse.

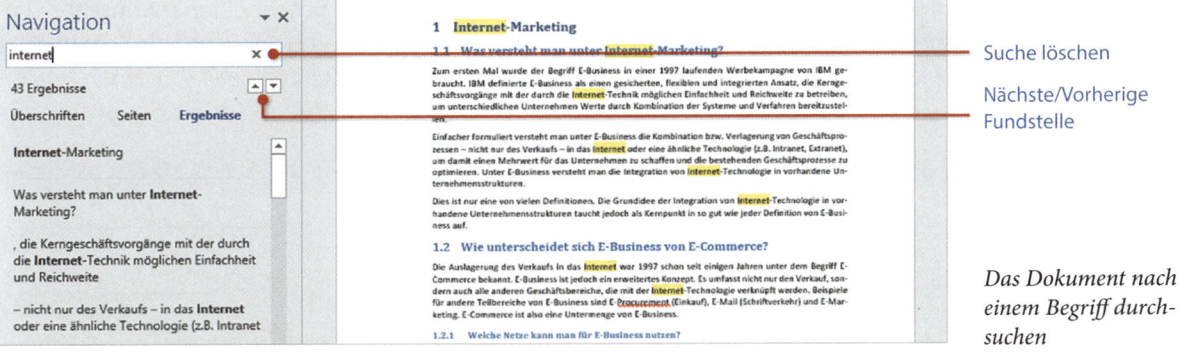

Suche löschen

Nächste/Vorherige
Fundstelle

Das Dokument nach einem Begriff durchsuchen

Die Suche über Suchoptionen eingrenzen

Die normale Suche berücksichtigt auch Zeichenfolgen innerhalb von Wörtern. Manchmal liefert daher eine Suche erst die gewünschten Ergebnisse, wenn Sie sie auf Wörter beschränken.

1 Dazu klicken Sie auf den Dropdown-Pfeil rechts im Suchfeld und wählen *Erwei-terte Suche...*. Das Fenster *Suchen und Ersetzen* wird geöffnet, klicken Sie auf die Schaltfläche *Erweitern >>*.

Erweiterte Suche,
Suchoptionen

2 Anschließend aktivieren Sie das Kontrollkästchen *Nur ganzes Wort suchen*, ggf. auch noch *Groß- und Kleinschreibung beachten*.

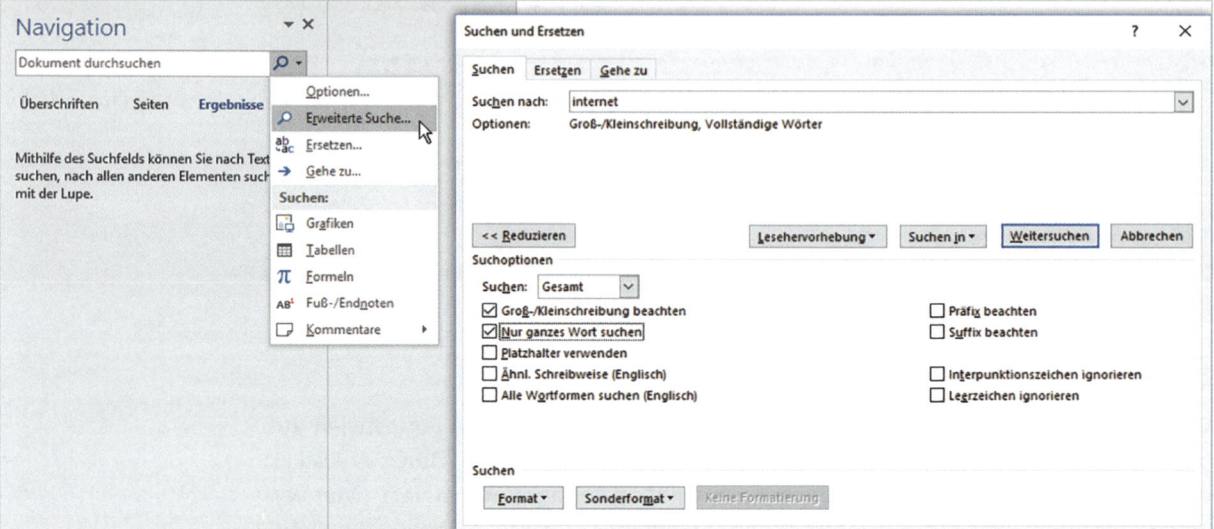

Nicht druckbare Zeichen und Formate suchen

Nützlich ist auch die Suche nach nicht druckbaren Zeichen, z. B. manuellen Zeilen- oder Seitenumbrüchen. Auf diese Weise lassen sich z. B. schnell unerwünschte Umbrüche entfernen. Dazu klicken Sie im Fenster *Suchen und Ersetzen* auf die Schaltfläche *Sonderformat* und auf das gesuchte Zeichen, im Bild unten *Manueller Zeilenumbruch*.

Nach manuellen Zeilen-
umbrüchen suchen

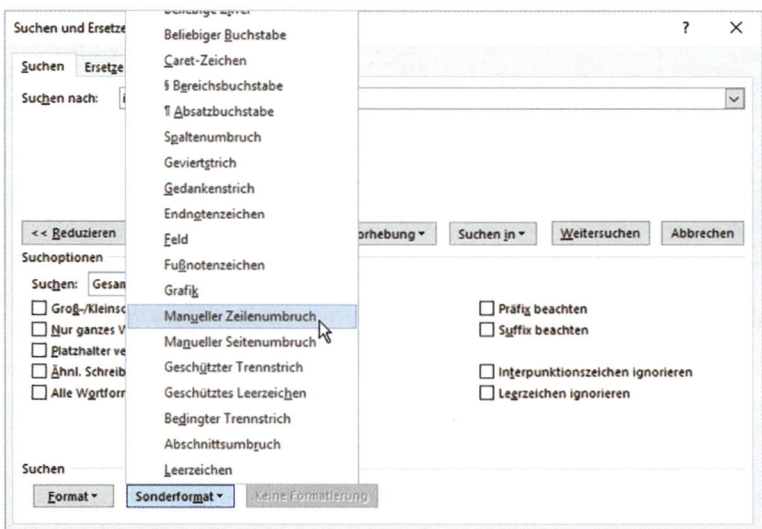

Über die Schaltfläche *Format* können Sie auch nach einem Zeichen- oder Absatzformat oder einer Formatvorlage suchen. Ein Suchbegriff wird hierzu nicht benötigt.

Nach Formaten oder Formatvorlagen suchen

Zeichenfolgen ersetzen

Wenn Sie eine Zeichenfolge nicht nur suchen, sondern gleichzeitig durch eine andere ersetzen möchten, dann öffnen Sie über die erweiterte Suche das Fenster *Suchen und Ersetzen* und klicken auf das Register *Ersetzen*. Hier geben Sie zusätzlich an, durch welchen Begriff die gesuchte Zeichenfolge ersetzt werden soll und klicken auf *Weitersuchen* und die Suche zu starten. Anschließend können Sie entweder die Fundstellen nacheinander einzeln ersetzen oder mit Klick auf *Alle ersetzen* die gesuchte Zeichenfolge automatisch und ohne vorherige Rückfrage ersetzen lassen.

Achtung: Beim Ersetzen von Wörtern sollten Sie besonders darauf achten, dass das Kontrollkästchen *Nur ganzes Wort suchen* aktiviert ist!

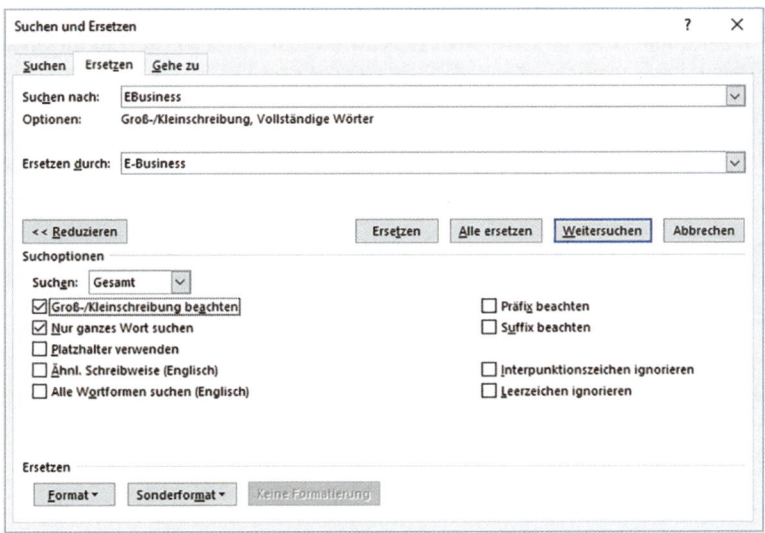

Zeichenfolgen oder Begriffe suchen und ersetzen

Das Ersetzen funktioniert auch in Verbindung mit Formaten, auf diese Weise können Sie z. B. alle unterstrichenen Textstellen stattdessen fett formatieren; sowie mit Sonderformaten, wenn Sie z. B. Geviertstriche durch Bindestriche ersetzen möchten.

Zu Seiten und Überschriften navigieren

Wenn Sie den Navigationsbereich statt zur Suche zur schnellen Navigation im Dokument benutzen möchten, dann klicken Sie auf *Seiten* oder *Überschriften*.

Navigation zu Seiten

Überschriften anzeigen

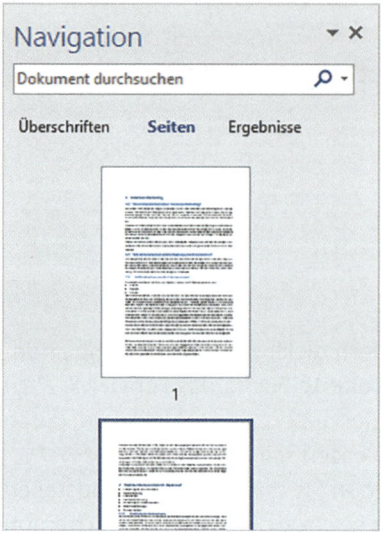 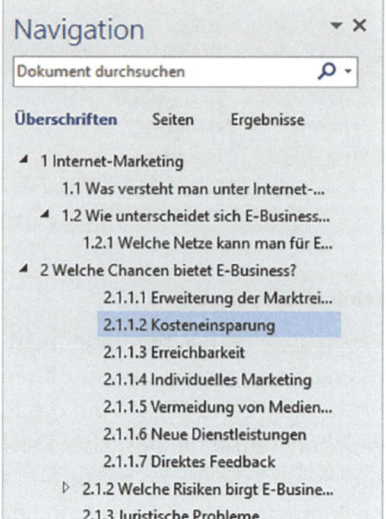

▶ Mit der Auswahl *Seiten* erscheinen die einzelnen Seiten des Dokuments als Miniatur und durch Anklicken wechseln Sie zur betreffenden Seite.

Überschriften-Formatvorlagen siehe Kap. 3.6

▶ Besonders nützlich ist in umfangreichen Dokumenten die Auswahl *Überschriften*. Diese zeigt alle Überschriften des Dokuments an. Sie erhalten so einen schnellen Überblick über Ihre Gliederungspunkte und können durch Anklicken schnell zu einer Überschrift navigieren.

Sollte hier eine leere Überschrift ohne Text erscheinen, dann haben Sie versehentlich einen leeren Absatz mit einer Überschrift-Formatvorlage formatiert.

Tipp: Die einzelnen Überschriftsebenen können über kleine Dreiecke ein- bzw. ausgeblendet werden. Dies funktioniert, wie Sie es vom Arbeiten mit dem Datei-Explorer unter Windows 10 kennen.

Voraussetzung: Die Überschriften müssen mit den integrierten Formatvorlagen Überschrift 1-9 formatiert sein, sonst bleibt dieser Bereich leer.

1.8   Zusammenfassung

▶ Wichtige oder häufig benötigte Befehle können entweder der Symbolleiste für den Schnellzugriff oder dem Menüband hinzugefügt werden. Das Menüband ergänzen Sie zu diesem Zweck am besten mit einem benutzerdefiniertem Register, dem Sie beliebig Gruppen hinzufügen. Anschließend brauchen Sie nur die Befehle in die Gruppen ziehen.

▶ In längeren oder fachbezogenen Dokumenten sollten Sie auch die Korrekturhilfen von Word entsprechend anpassen. Dazu können Sie Fachausdrücke entweder ins Wörterbuch aufnehmen oder benutzerdefinierte Wörterbücher verwenden. Bei fremdsprachlichen Texten lässt sich auch die Sprache ändern. Die AutoKorrektur ersetzt während der Eingabe bestimmte Zeichenfolgen durch andere. In den dazugehörigen Optionen können einzelne Einstellungen deaktiviert bzw. kann die AutoKorrektur um weitere Zeichenfolgen ergänzt werden.

▶ Neben der automatischen Nummerierung von Absätzen stellt Word auch Listen mit bis zu 9 Gliederungsebenen zur Verfügung. Diese können beliebig angepasst werden. Listen mit mehreren Ebenen dienen auch zur Nummerierung von Überschriften. Zu diesem Zweck sind einige Listenvorlagen mit Überschriftenformatvorlagen verknüpft.

▶ Häufig verwendete Texte können als Bausteine gespeichert und schnell wieder eingefügt werden. Vom Speicherort und Katalog hängt es ab, wo die Bausteine später verfügbar sind. AutoText wird zusammen mit der Dokumentvorlage gespeichert, Schnellbausteine und andere Kataloge dagegen in der gesonderten Datei Building Blocks. Beachten Sie, dass Änderungen an dieser Datei gesondert gespeichert werden müssen. Wenn Sie beim Speichern eines Bausteins einen bestimmten Katalog wählen, z. B. Fußzeilen, dann erscheint der Baustein beim Einfügen einer Fußzeile.

▶ Fuß- und Endnoten werden, wenn sie über den entsprechenden Befehl von Word eingefügt wurden, automatisch nummeriert und bei späteren Änderungen auch aktualisiert. Das Nummerierungsformat und die genaue Position steuern Sie über das dazugehörige Dialogfenster.

▶ Wenn Sie im Text auf eine bestimmte Überschrift, eine Abbildung oder eine andere Seite verweisen möchten, benutzen Sie einen Querverweis. Word unterstützt Querverweise auf Fußnoten, Endnoten, Abbildungen, Formeln und Tabellen sowie Überschriften. Für Querverweise auf andere Inhalte, muss an dieser Stelle eine Textmarke eingefügt werden.

▶ Vor nachträglichen Korrekturen und Überarbeitungen sollten Sie den Überarbeitungsmodus einschalten. Dieser dokumentiert alle erfolgten Löschungen, Ergänzungen usw. und hebt diese entsprechend hervor. Im Anschluss können

Sie bei jeder einzelnen Änderung entscheiden, ob Sie diese beibehalten oder verwerfen möchten. Eine weitere nützliche Hilfe ist der unmittelbare Vergleich zweier Dokumente.

▶ Der Navigationsbereich am linken Rand des Word-Fensters erfüllt gleich zwei nützliche Aufgaben: Das Durchsuchen des Dokuments nach bestimmten Begriffen und die schnelle Navigation in umfangreichen Dokumenten. Mit der Auswahl *Überschriften* zeigt Word hier alle Überschriften an, d. h. alle Absätze, die mit einer Überschriftenformatvorlage formatiert sind und mit einem Klick darauf springen Sie zur betreffenden Stelle.

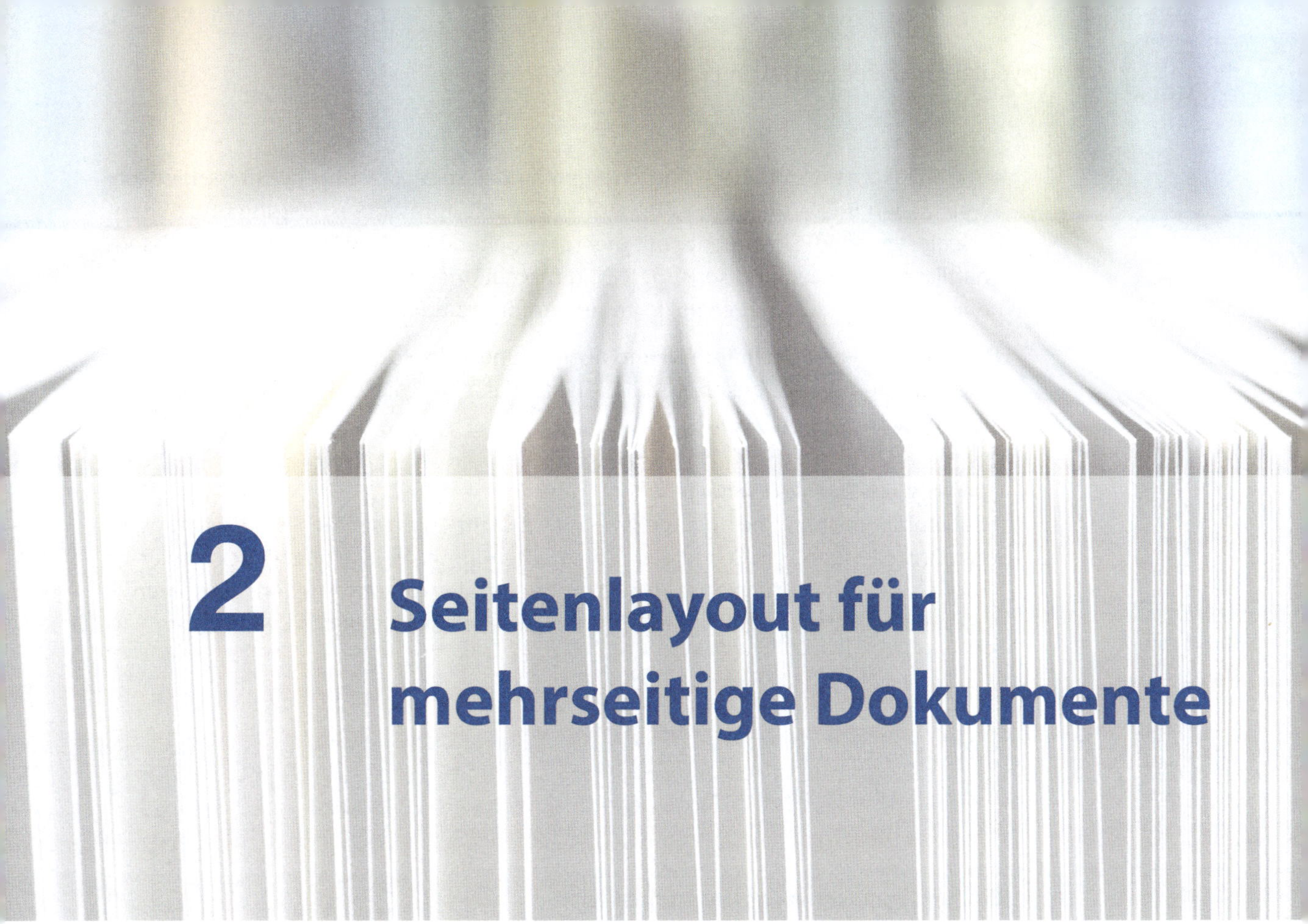

2 Seitenlayout für mehrseitige Dokumente

In diesem Kapitel lernen Sie...

- wichtige Einstellungen zum Seitenlayout
- kleine Hilfen zur Layoutgestaltung im Dokument anzeigen
- ein Dokument in Abschnitte aufteilen und Umgang mit Abschnittsumbrüchen
- Kopf- und Fußzeilen gestalten
- Seitenzahlen einfügen und die Seitennummerierung steuern
- welche Punkte Sie beim beidseitigen Druck berücksichtigen sollten

Das sollten Sie bereits wissen

- Textformate anwenden
- Dokument drucken
- Umgang mit Tabellen

Je nach Dokument sind die Anforderungen an das Seitenlayout sehr unterschiedlich. Bei einfachen Briefen genügt es in der Regel, Papierformat, Ausrichtung und Seitenränder festzulegen. Dokumente mit mehreren Seiten bis hin zu Hausarbeiten, wissenschaftlichen Arbeiten und sonstigen Dokumentationen im Umfang von hundert und mehr Seiten stellen dagegen völlig andere Anforderungen an das Seitenlayout.

Das Festlegen von Seitenrändern und Ausrichtung, also Hoch- oder Querformat, dürfte den meisten Lesern bekannt sein. Daher befasst sich dieses Kapitel in erster Linie mit anspruchsvolleren Layouts.

> **Der wichtigste Tipp gleich vorweg**
> Bei umfangreichen und anspruchsvolleren Dokumenten sollten Sie die wichtigsten Einstellungen zum Seitenlayout, also Seitenränder, beidseitiger Druck, Papiergröße und -ausrichtung usw., gleich zu Beginn der Arbeit festlegen. Sie sparen dadurch spätere Anpassungsarbeit, z. B. von Tabellen oder Bildern.

2.1   Vorbereitungen

Blindtext zum Testen des Layouts erzeugen

Wenn noch kein Text vorhanden ist, lässt sich die Wirkung eines Layouts nur schwer zu beurteilen. In solchen Fällen fügen Sie am besten einen sogenannten Blindtext ein, den Sie hinterher wieder löschen. Dazu positionieren Sie den Cursor am Beginn eines neuen Absatzes, tippen =rand(*Zahl*) ein, wobei *Zahl* für die benötigte Anzahl Absätze steht, und betätigen unmittelbar danach die Eingabe-Taste.

Die erste Zahl legt die Anzahl der einzufügenden Absätze fest; das Beispiel im Bild unten erzeugt 20 Absätze. Mit einer zweiten Zahl, getrennt durch ein Komma, können Sie optional auch die Anzahl der Zeilen je Absatz angeben, so erzeugt beispielsweise die Anweisung =rand(5,3) fünf Absätze mit jeweils drei Zeilen.

Blindtext einfügen

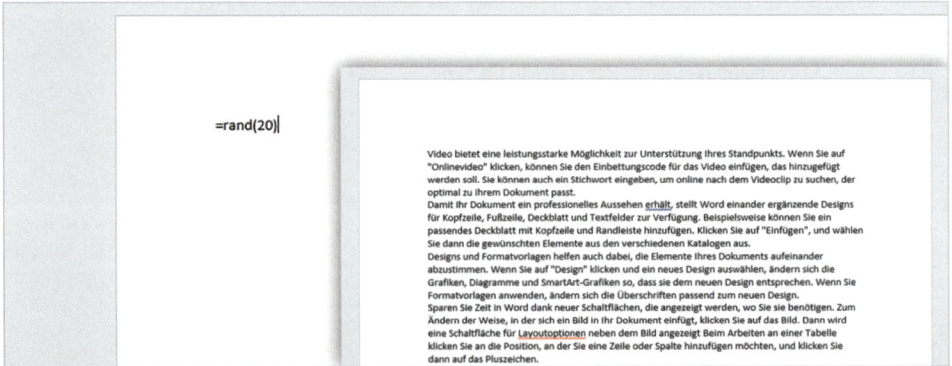

Hinweis: Mit der oben genannten Anweisung wird beliebiger Text aus der Word-Hilfe eingefügt. Eine zweite Variante mit lateinischem Text wird ebenfalls unterstützt, dazu geben Sie ein: =lorem(*Zahl*).

Lineal und Textbegrenzungen

Word zeigt standardmäßig keine Seitenränder im Dokument an. Da diese jedoch bei der Layoutgestaltung manchmal sehr nützlich sein können, stellt Word verschiedene kleine Anzeigehilfen zur Verfügung.

Lineal einblenden

Zum Einblenden eines horizontalen und vertikalen Lineals aktivieren Sie im Register *Ansicht* ▸ *Anzeigen* das gleichnamige Kontrollkästchen.

Textbegrenzungen anzeigen

Falls zusätzlich noch die Seitenränder und Absatzbegrenzungen im Dokument angezeigt werden sollen, so steuern Sie dies über die Word-Optionen. Klicken Sie im Register Datei auf *Optionen* und hier auf *Erweitert*. Aktivieren Sie dann im Abschnitt *Dokumentinhalt anzeigen* das Kontrollkästchen *Textbegrenzungen anzeigen*.

Mit dem Kontrollkästchen *Zuschnittsmarken anzeigen* erhalten Sie im Dokument auf jeder Seite oben und unten kleine Linien, die ebenfalls die Seitenränder kennzeichnen. Das Ergebnis sehen Sie im Bild unterhalb.

Der verfügbare Bereich zwischen den Seitenrändern wird auch als Satzspiegel bezeichnet

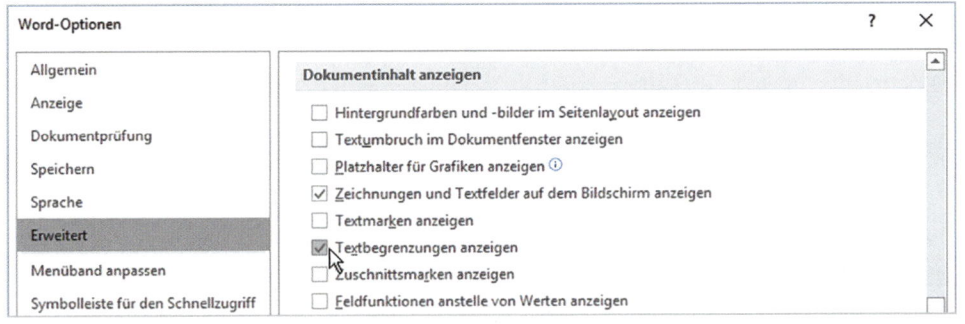

Textbegrenzungen im Dokument anzeigen

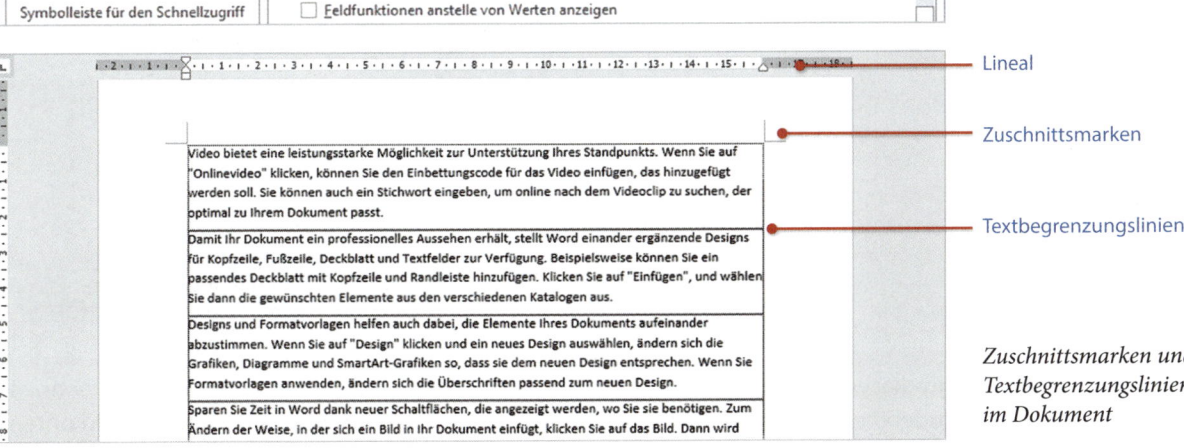

Zuschnittsmarken und Textbegrenzungslinien im Dokument

Die Druckvorschau als eigene Ansicht

Einen guten Eindruck vom Layout erhalten Sie auch in der Seitenansicht oder Druck-vorschau im Register *Datei* ▸ *Drucken*. Wenn Sie einen Laptop mit einem kleineren Monitor benutzen, dann kann auch die Seitenansicht früherer Word-Versionen sehr nützlich sein, vor allem da sie als eigene Ansicht eine wesentlich größere Darstellung und schnelles Vergrößern erlaubt. Diese Ansicht ist auch in Word 2016 noch verfügbar, allerdings nicht im Menüband enthalten, Sie können sie aber der Symbolleiste für den Schnellzugriff hinzufügen.

1 Dazu klicken Sie mit der rechten Maustaste an eine beliebige Stelle des Menü-bands und auf *Passen Sie die Symbolleiste für den Schnellzugriff an....* Das Fenster *Word-Optionen* mit Einstellungen für die Symbolleiste für den Schnellzugriff wird geöffnet.

2 Wählen Sie zuerst im Feld *Befehle auswählen* die Anzeige *Alle Befehle* aus.

3 Scrollen Sie dann in der Liste der Befehle nach unten bis zum Buchstaben S und klicken Sie auf *Seitenansicht - Bearbeitungsmodus*. **Achtung**: nicht zu verwechseln mit dem Befehl *Seitenansicht und Drucken*! Dieser Befehl wechselt in das Regis-ter *Datei* und hier zum Befehl *Drucken*, leider verwenden beide Befehle dasselbe Symbol.

4 Klicken Sie dann auf die Schaltfläche *Hinzufügen*, um den markierten Befehl zu Symbolleiste für den Schnellzugriff hinzuzufügen.

Den Befehl Seitenan-sicht-Bearbeitungsmo-dus hinzufügen

5 Klicken Sie abschließend auf *OK*.

In dieser Ansicht erscheint im Menüband die zusätzliche Registerkarte *Seitenansicht*, über die Sie das Dokument drucken und zwischen den Seiten navigieren (Bild unten).

Mit der Schaltfläche *Seitenansicht schließen* kehren Sie zur normalen Dokumentbearbeitung zurück.

Seitenansicht - Bearbeitungsmodus

2.2   Das Fenster Seite einrichten

Die grundlegenden Einstellungen zum Seitenlayout nehmen Sie im Dialogfenster *Seite einrichten* vor. Dieses Fenster öffnen Sie über das Menüband, Register *Layout*, mit Klick auf den Pfeil ⌐ der gleichnamigen Gruppe. Alternativ öffnen Sie dasselbe Fenster auch, indem Sie im Register *Datei* auf *Drucken* und hier auf den Link *Seite einrichten* klicken.

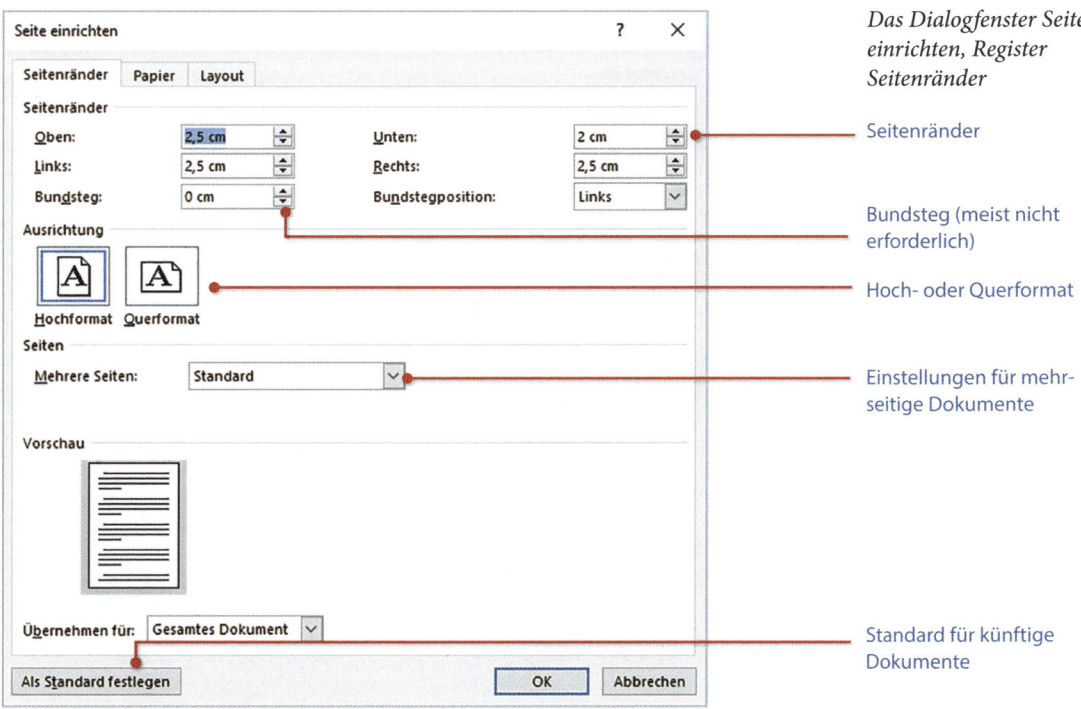

Das Dialogfenster Seite einrichten, Register Seitenränder

Seitenränder

Bundsteg (meist nicht erforderlich)

Hoch- oder Querformat

Einstellungen für mehrseitige Dokumente

Standard für künftige Dokumente

Hinweis: Im Register *Layout* finden Sie zwar in der Gruppe *Seite einrichten* ebenfalls Schaltflächen zu den wichtigsten Einstellungen, da aber beispielsweise die Seitenränder selten mit den benötigten übereinstimmen, öffnen Sie am besten gleich das Dialogfenster.

▷ Bundsteg und Bundstegposition werden nur angegeben, wenn ein zusätzlicher Rand zum Heften oder Binden benötigt wird. In der Praxis können Sie in den meisten Fällen auch etwas mehr linken oder oberen Seitenrand angeben.

▷ Im Feld *Seiten* legen Sie fest, wie die Seiten in längeren Dokumenten angeordnet werden. Näheres hierzu lesen Sie weiter unten unter Punkt 2.6, Beidseitiger Druck, was ist zu beachten.

▷ Wenn die angegebenen Seitenränder als Voreinstellung übernommen werden sollen, sinnvoll z. B. für Briefe, dann klicken Sie zum Schluss auf die Schaltfläche *Als Standard festlegen...* und beantworten die anschließende Rückfrage mit *Ja*.

Papierformat und -zufuhr

Einstellungen zu Papierformat und Papierzufuhr des Druckers können ebenfalls im Dialogfenster *Seite einrichten* vorgenommen werden. Klicken Sie dazu auf das Register *Papier*. Einstellungen zur Papierzufuhr werden zusammen mit dem aktuellen Dokument gespeichert und gelten nur für dieses, die verfügbaren Möglichkeiten sind abhängig vom verwendeten Drucker.

Papierformat und -zufuhr

2.3   Dokument in Abschnitte aufteilen

Sämtliche Einstellungen zum Seitenlayout, z. B. Seitenränder oder Ausrichtung, beziehen sich, wenn nichts anderes festgelegt wurde, immer auf das gesamte Dokument. Wenn Sie innerhalb eines Dokuments unterschiedliche Layouts benötigen, z. B. einzelne Seiten abweichend im Querformat oder mehrspaltige Abschnitte, dann müssen Sie das Dokument in Abschnitte aufteilen.

Abschnittsumbruch einfügen

1   Positionieren Sie im Dokument den Cursor an der Stelle, ab der ein neuer Abschnitt beginnen soll, entweder zu Beginn eines Absatzes oder in einem leeren Absatz.

2   Klicken Sie im Menüband auf das Register *Layout* und in der Gruppe *Seite einrichten* auf die Schaltfläche *Umbrüche* (Bild unten).

3   Wählen Sie, ob der neue Abschnitt mit einer neuen Seite (*Nächste Seite*) oder ab der Cursorposition auf derselben Seite beginnen soll (*Fortlaufend*). Weitere Möglichkeiten sind, einen neuen Abschnitt automatisch mit einer geraden oder ungeraden Seite zu beginnen.

Abschnittsumbrüche einfügen

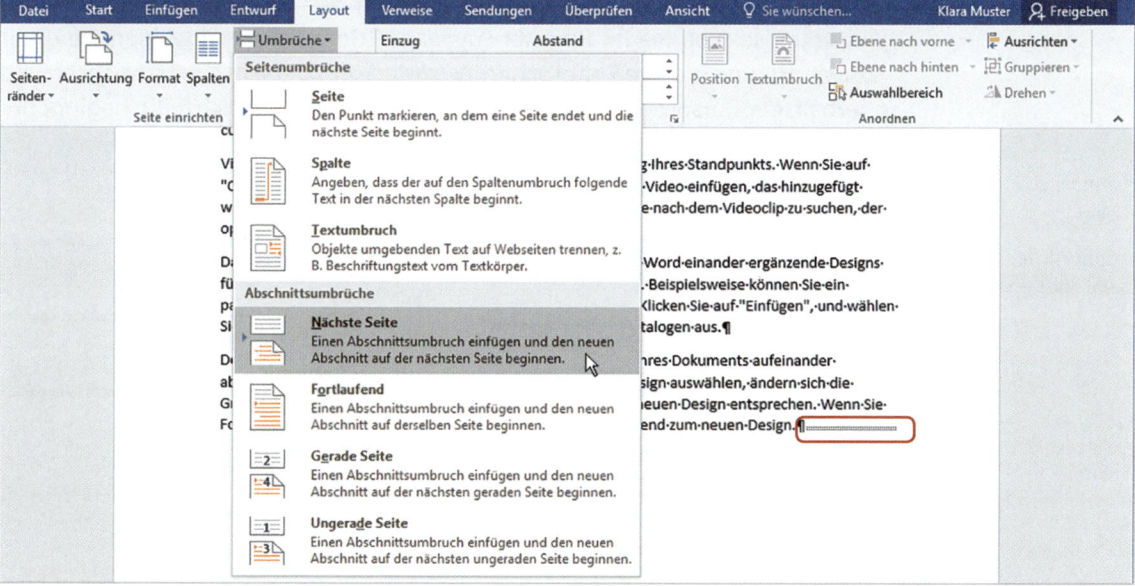

Tipp: Wird das Dokument beidseitig gedruckt, dann soll häufig aus optischen Gründen jedes Kapitel immer an derselben Stelle, meist mit einer ungeraden Seite, beginnen. Um dies auch nach nachträglichen Änderungen sicherzustellen, fügen am Ende jedes Kapitels einen Abschnittsumbruch vom Typ *Ungerade Seite* ein.

Abschnittswechsel anzeigen

Abschnittswechsel werden zusammen mit den nicht druckbaren Zeichen (Formatierungs- oder Steuerzeichen) von Word ein- und ausgeblendet und im Dokument als gepunktete Doppellinie dargestellt (siehe Bild oben). Zum Ein- und Ausblenden dieser Zeichen benutzen Sie im Register *Start*, Gruppe *Absatz* das Symbol *Alle anzeigen* ¶.

Tipp: Abschnitt in der Statusleiste anzeigen

Abschnittsanzeige in der Statusleiste

Wenn Sie in umfangreichen Dokumenten mit mehreren Abschnitten den Überblick behalten möchten, dann blenden Sie den aktuellen Abschnitt in der Statusleiste am unteren Rand des Word-Fensters ein. Klicken Sie dazu mit der rechten Maustaste auf einen freien Bereich der Statusleiste und aktivieren Sie die Anzeige *Abschnitt*.

Beispiel: Hoch- und Querformat in einem einzigen Dokument

Manchmal werden in einem Dokument einzelne Seiten im Querformat benötigt, z. B. um eine umfangreiche Tabelle mit zahlreichen Spalten zu platzieren. Dies funktioniert nur, wenn Sie Ihr Dokument in Abschnitte aufteilen, d. h. vor und nach der (geplanten) Tabelle jeweils einen Abschnittsumbruch einfügen.

1 Positionieren Sie im Dokument den Cursor an der gewünschten Stelle, siehe Bild unten, klicken Sie im Register *Layout* auf *Umbrüche* und wählen Sie unter *Abschnittsumbrüche* die Umbruchart *Nächste Seite*. Der Abschnittswechsel wird oberhalb der Cursorposition eingefügt, siehe Bild unten, gleichzeitig beginnt der nachfolgende Text auf einer neuen Seite.

Abschnittsumbruch im Text einfügen

Abschnittsumbrüche - Nächste Seite einfügen

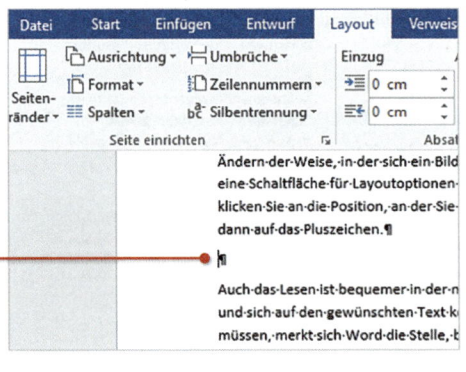

Hier soll die Tabelle eingefügt werden. Der Abschnittsumbruch wird vor diesem Absatz eingefügt

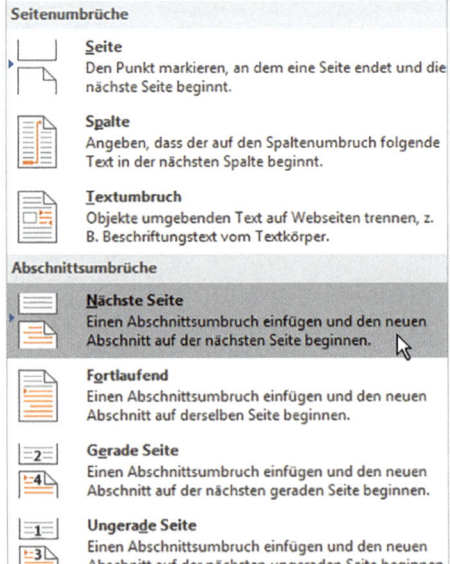

2 Positionieren Sie dann den Cursor am Beginn des nachfolgenden Absatzes, bzw. des Absatzes, der sich wieder auf einer Seite im Hochformat befinden soll und fügen Sie hier den zweiten Abschnittsumbruch *Nächste Seite* ein.

3 Als Ergebnis erhalten Sie eine leere Seite mit einem Abschnittswechsel unterhalb (gepunktete Linie, falls die nicht druckbaren Zeichen eingeblendet sind). Fügen Sie dann auf dieser Seite einen leeren Absatz für die spätere Tabelle ein, das Ergebnis sollte aussehen, wie im Bild unten. Das Dokument besteht nun aus drei Abschnitten.

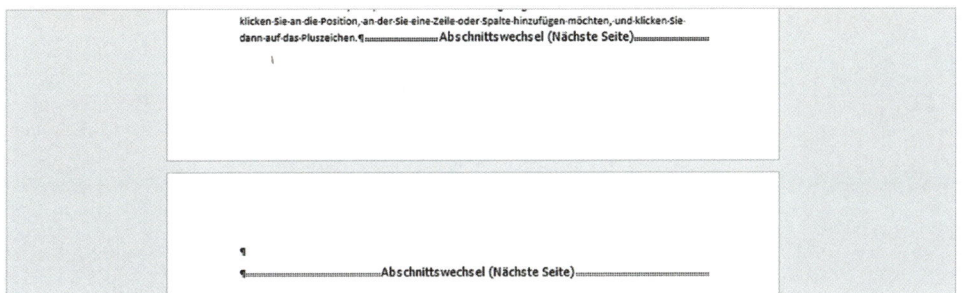

Zwei Abschnittswechsel Nächste Seite wurden eingefügt

4 **Achtung**: Bevor Sie im nächsten Schritt dem neu erzeugten Abschnitt Querformat zuweisen, müssen Sie den Cursor in diesem Abschnitt positionieren. Klicken Sie dann im Register *Layout* ▶ *Seite einrichten* auf die Schaltfläche *Ausrichten* und wählen Sie *Querformat*. Nun können Sie auf dieser Seite Ihre Tabelle oder sonstigen Elemente einfügen.

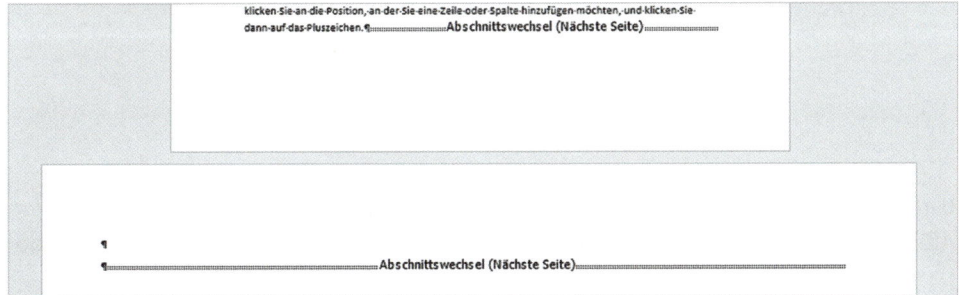

Das Ergebnis

Achtung: Wenn Sie Layouteinstellungen für einzelne Abschnitte im Fenster *Seite einrichten* vornehmen, dann muss im Feld *Übernehmen für* unbedingt *Aktuellen Abschnitt* ausgewählt sein, da sonst Ihre Änderungen für das gesamte Dokument gelten.

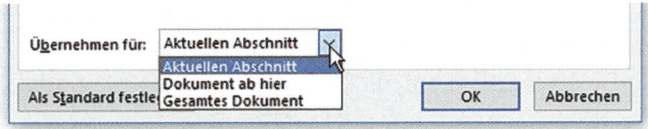

Seite einrichten, Layout nur für den aktuellen Abschnitt übernehmen

Einen Abschnittswechsel zusammen mit der Layoutänderung einfügen

Sie können auch ohne vorheriges Einfügen eines Abschnittswechsels im Dialogfenster *Seite einrichten* das Layout ab der Cursorposition ändern. Dazu öffnen Sie mit Klick auf den Pfeil 🗔 der Gruppe *Seite einrichten* (Register *Layout*) das gleichnamige Fenster (Bild unten) und ändern hier z. B. die Seitenränder oder die Ausrichtung. Klicken Sie dann im Feld *Übernehmen ab* auf den Dropdown-Pfeil und wählen Sie *Dokument ab hier* (Bild unten). Mit dieser Methode wird ein gleichzeitiger Abschnittswechsel zur nächsten Seite eingefügt.

Beispiel: Ausrichtung ab Cursorposition ändern

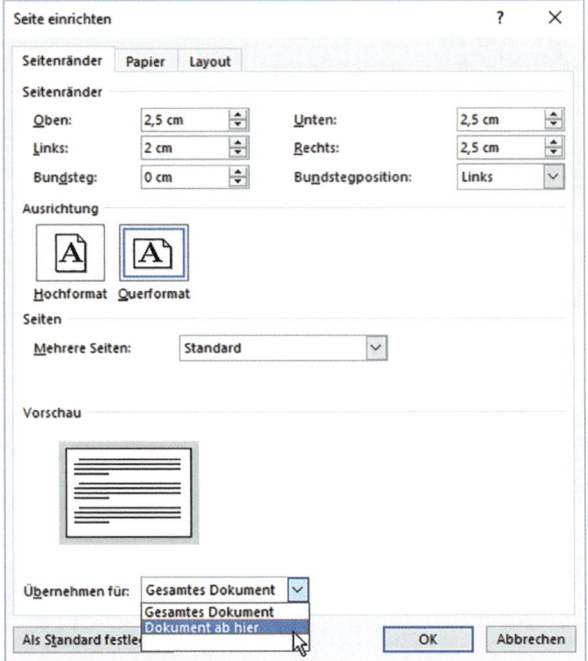

Nachteil: Wenn Sie das geänderte Layout nur für eine einzelne Seite benötigen, dann müssen diesen Schritt für den nächsten Abschnitt wiederholen und diesem wieder das ursprüngliche Layout zuweisen.

Abschnittswechsel löschen oder ändern

So löschen Sie einen Abschnittswechsel

Genau wie ein manueller Seitenumbruch kann auch ein Abschnittsumbruch wieder gelöscht werden. Dazu sollten die nicht druckbaren Steuerzeichen im Dokument sichtbar sein; ggf. blenden Sie diese mit Klick auf *Start* und das Symbol ¶ ein.

Klicken Sie dann mit der Maus in die Doppellinie und betätigen Sie die Entf-Taste. **Achtung:** damit werden alle Einstellungen des Abschnitts gelöscht und das Seitenlayout des nachfolgenden Abschnitts übernommen.

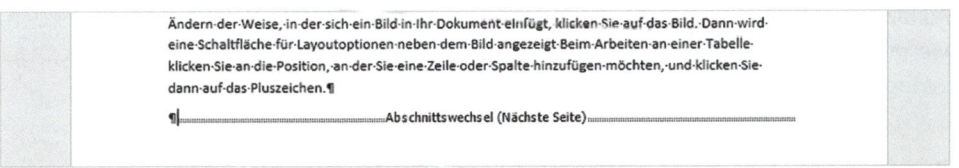

*Klicken Sie auf die ge-
punktete Linie und drü-
cken Sie die Entf-Taste*

> **Beachten Sie beim Löschen eines Abschnittsumbruchs**
>
> Ein Abschnittsumbruch bzw. die gepunktete Linie speichert alle Layouteinstel-
> lungen des vorhergehenden Absatzes. Löschen Sie zum Beispiel im Bild oben den
> Abschnittswechsel, dann wird der erste Abschnitt mit dem zweiten Abschnitt zu-
> sammengeführt und erhält dessen Layout, z. B. Querformat.

Abschnittswechsel ändern

Wenn Sie nachträglich einen Abschnittsumbruch ändern, z. B. einen fortlaufenden Abschnittswechsel in einen Abschnittsumbruch auf die nächste Seite umwandeln möchten, dann gehen Sie so vor:

1 Doppelklicken Sie auf den Abschnittswechsel (Gepunktete Linie), den Sie ändern
möchten, daraufhin öffnet sich das Dialogfenster *Seite einrichten*. Oder positionieren Sie den Cursor in dem betreffenden Abschnitt und öffnen das Fenster
Seite einrichten.

2 Klicken Sie im Fenster *Seite einrichten* auf das Register *Layout* und wählen Sie im
Feld *Abschnittsbeginn* die gewünschte Umbruchart aus.

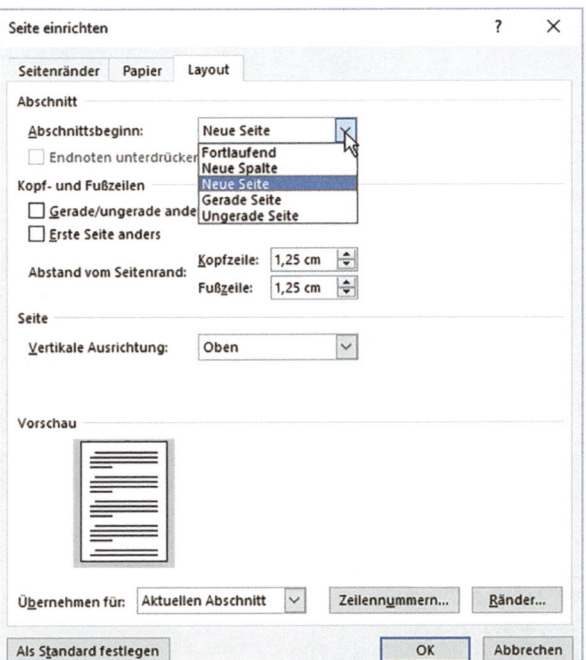

*Abschnittsbeginn
ändern*

Achtung: Der Abschnittsbeginn *Neue Seite* kann nicht in *Fortlaufend* geändert werden, wenn die Abschnitte Seitenlayouts aufweisen, die einen gleichzeitigen Seitenwechsel zwingend voraussetzen, z. B. Hoch- und Querformat!

Beispiel: Ein Deckblatt mit vertikal zentriertem Text einfügen

Als zweites Beispiel für unterschiedliche Seitenlayouts soll am Beginn der ersten Seite ein Deckblatt bzw. eine Titelseite eingefügt werden, deren Text automatisch vertikal zentriert ausgerichtet wird. Word verfügt zwar mit der Schaltfläche *Einfügen* ▸ *Deckblatt* über eine Möglichkeit, jedoch bieten die vorgefertigten Deckblätter nur wenig Spielraum zur eigenen Gestaltung.

1   Zum Erstellen eines eigenen Deckblattes positionieren Sie den Cursor ganz am Beginn des ersten Absatzes, d. h. links vom ersten Zeichen dieses Absatzes und fügen einen Abschnittsumbruch vom Typ *Nächste Seite* ein. **Tipp:** Soll bei einem beidseitigen Druck der nachfolgende Text auf der nächsten ungeraden Seite erscheinen, dann wählen Sie *Ungerade Seite*.

2   Fügen Sie dann auf der ersten Seite, dem künftigen Deckblatt einen leeren Absatz ein. Setzen Sie den Cursor in diesen Absatz und klicken Sie im Menüband, Register *Layout*, auf den Pfeil ⌐ der Gruppe *Seite einrichten*.

Text auf der Seite vertikal zentriert ausrichten

Das Ergebnis sehen Sie im Bild rechts

3   Klicken Sie im Fenster *Seite einrichten* auf das Register *Layout* und wählen Sie im Feld *Vertikale Ausrichtung Zentriert* aus. Achten Sie außerdem darauf, dass im Feld *Übernehmen für* der aktuelle Abschnitt ausgewählt ist und klicken Sie auf *OK*.

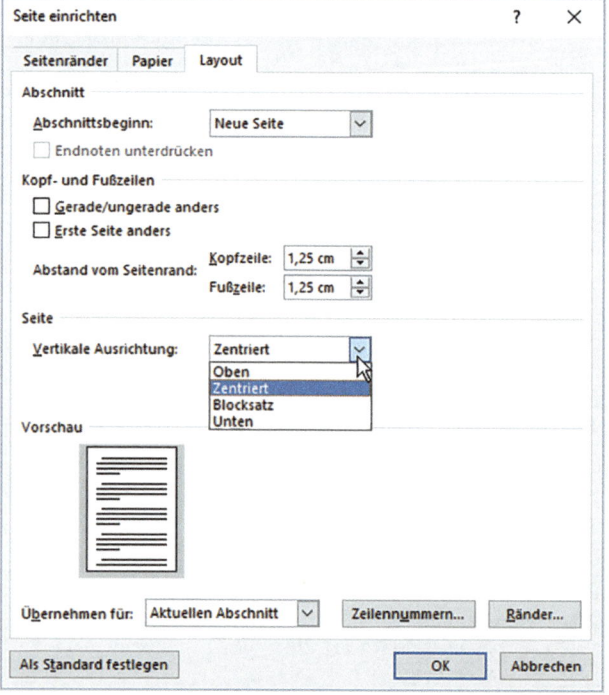

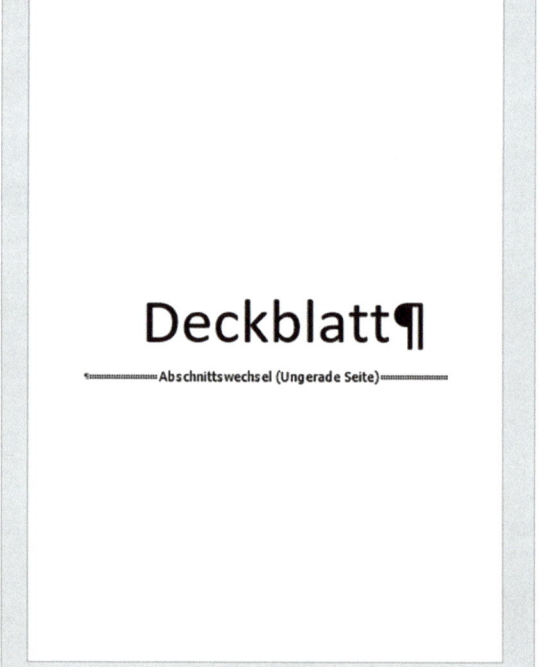

Tipp: Mit der Auswahl *Vertikale Ausrichtung unten* wird Text automatisch am unteren Seitenrand ausgerichtet. Praktisch, wenn Sie zum Beispiel auf einer gesonderten Seite Titel, Autor, Bildquellen und sonstige Hinweise unten anordnen möchten.

Weitere Fälle, in denen Abschnitte erforderlich sind

Neben der oben beschriebenen Problematik unterschiedlicher Ausrichtungen benötigen Sie Abschnitte auch noch in den folgenden Fällen.

▶ **Endnoten am Kapitelende**
Wenn Sie Endnoten am Ende jedes Kapitels einfügen möchten statt am Ende des Dokuments, dann müssen Sie für jedes Kapitel einen neuen Abschnitt beginnen.

▶ **Verschiedene Kopf- und Fußzeilen**
Kopf- und Fußzeilen können für einzelne Abschnitte definiert werden, wenn Sie also im Dokument unterschiedliche Kopf- und Fußzeilen benötigen, dann müssen Sie ebenfalls Abschnittsumbrüche einfügen.

Kopf- und Fußzeilen sowie Seitenzahlen, siehe Punkt 2.5.

▶ **Unterschiedliche Seitennummerierungen, Nummerierungsbeginn steuern**
Wenn Sie unterschiedliche Seitennummerierungen benötigen, z. B. im ersten Teil römische Zahlen und um restlichen Dokument arabische Zahlen, dann sind ebenfalls verschiedene Abschnitte erforderlich. Gleichzeitig mit dem Abschnittsbeginn können Sie auch den Beginn der Nummerierung festlegen.

▶ **Mehrspaltiger Text**
Abschnitte werden auch benötigt, wenn im Dokument Text an bestimmten Stellen in zwei oder mehr Spalten gesetzt werden soll, z. B. wenn am Ende des Dokuments ein zweispaltiges Stichwortverzeichnis eingefügt werden soll.

2.4   Text in Spalten anordnen

Abschnittsumbruch einfügen

Auch die Anordnung von Text in zwei oder mehr Spalten bezieht sich immer auf einzelne Abschnitte. Wenn, wie im Bild unten, zum Beispiel am Beginn eines zweispaltigen Dokuments die Überschrift und ein kurzer Überblick die gesamte Breite einnehmen sollen, dann ist vor dem zweiten Absatz ein Abschnittsumbruch erforderlich. Da in diesem Fall der Text auf derselben Seite fortgesetzt werden soll, müssen Sie einen fortlaufenden Abschnittsumbruch einfügen.

Spalten festlegen

1   Achten Sie dann darauf, dass sich der Cursor in dem Abschnitt befindet, den Sie in Spalten aufteilen möchten und klicken Sie im Register *Layout* ▶ *Seite einrichten*

auf die Schaltfläche *Spalten*. Die Auswahlmöglichkeiten *Zwei* und *Drei* erzeugen Spalten mit exakt gleicher Breite, *Links* und *Rechts* dagegen zwei Spalten mit unterschiedlicher Breite.

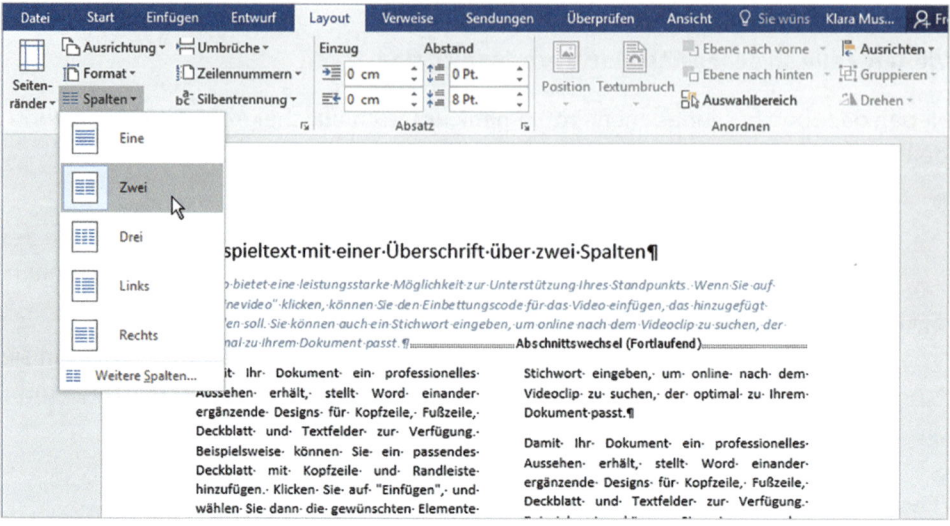

2   Individuelle Einstellungen, insbesondere die Möglichkeit einer Trennlinie zwischen den Spalten erhalten Sie, wenn Sie statt dessen *Weitere Spalten...* wählen. Im Fenster *Spalten* finden Sie folgende Optionen.

Weitere Spaltenoptionen

Zwischenlinie

Anzahl der Spalten

Abstand zwischen Spalten

Gleiche Spaltenbreite

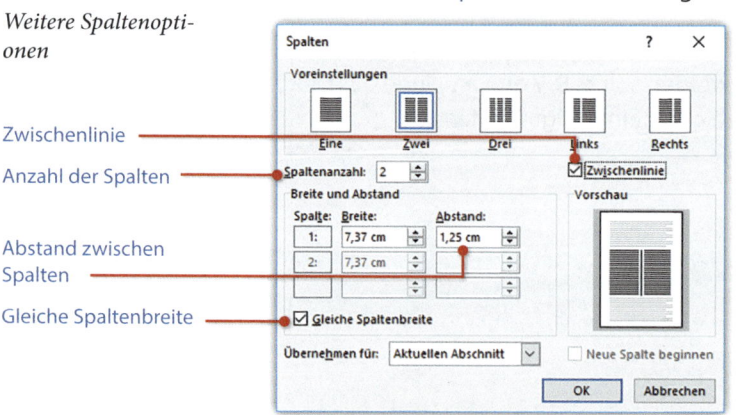

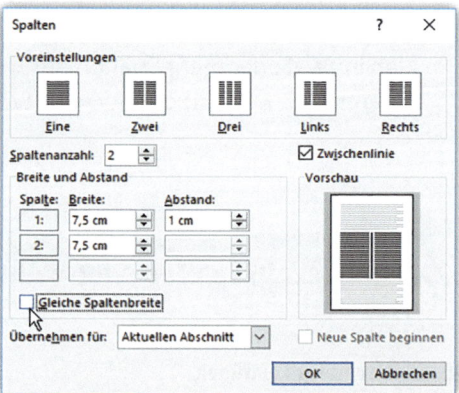

▶ **Linie zwischen den Spalten**
Aktivieren Sie das Kontrollkästchen *Zwischenlinie*.

▶ **Spaltenanzahl**
Die Anzahl der benötigten Spalten geben Sie im Feld *Spaltenanzahl* ein.

▶ **Abstand zwischen den Spalten**
Den Abstand zwischen den Spalten ändern Sie über das Feld *Abstand*. Ist das Kontrollkästchen *Gleiche Spaltenbreite* aktiviert, so erfolgt eine automatische

Angleichung der Spaltenbreiten entsprechend der gewählten Spaltenanzahl und des Satzspiegels.

▶ **Spaltenbreite**

Um unterschiedliche Spaltenbreiten festzulegen, muss das Kontrollkästchen *Gleiche Spaltenbreite* deaktiviert sein. Dann können Sie für jede Spalte im Feld *Breite* die gewünschte Breite eingeben.

3 Mit dem Feld *Übernehmen für* legen Sie wieder fest, ob die Einstellung auf den aktuellen Abschnitt oder das gesamte Dokument übernommen werden soll. Mit *Dokument ab* wird an der Cursorposition ein fortlaufender Abschnittswechsel eingefügt.

Spaltenwechsel einfügen

Der Umbruch zwischen den Spalten erfolgt ebenfalls automatisch. Wenn Sie an der Cursorposition einen manuellen Spaltenwechsel einfügen möchten, dann klicken Sie im Register *Layout* auf *Umbrüche* und wählen *Spalte*.

Tipp: Text in Spalten am Dokumentende gleichmäßig aufteilen

Der automatische Spaltenumbruch verhält sich wie der automatische Seitenumbruch, und erfolgt entweder am Ende der Seite, wie im Bild unten links oder beim nächsten Abschnittswechsel. Wenn Sie bei Fließtext den Text am Ende des Dokuments aus optischen Gründen gleichmäßig auf zwei Spalten verteilen möchten, dann fügen einfach am Dokumentende noch einen fortlaufenden Abschnittsumbruch ein. Das Ergebnis sehen Sie im Bild rechts.

Spalten am Dokumentende gleichmäßig aufteilen

2.5 Kopf- und Fußzeilen, Paginierung

Gleichbleibende Inhalte, die auf jeder Seite gedruckt werden sollen, z. B. Seitenzahlen, werden in den Bereich ober- oder unterhalb der Seitenränder, also außerhalb des Satzspiegels eingefügt. Je nach Position werden diese Bereiche als Kopfzeile oder Fußzeile bezeichnet, die Bearbeitungsmöglichkeiten unterscheiden sich nicht.

Kopf- oder Fußzeile einfügen

Vorlage verwenden

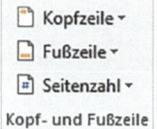

In der einfachsten Variante fügen Sie Ihrem Dokument eine Kopf- oder Fußzeile hinzu, indem Sie im Menüband, Register *Einfügen* ▸ *Kopf- und Fußzeile* auf eine der *Schaltflächen* klicken.

▶ *Kopfzeile* oder *Fußzeile* öffnet eine Liste von Vorlagen, die im oberen oder unteren Bereich eingefügt werden, die Inhalte sind identisch. Sie verfügen über Platzhalter, in die Sie anschließend Ihre Inhalte eingeben, manche enthalten zusätzlich noch grafische Elemente.

Eine Kopfzeile aus einer Vorlage erstellen

Nur Seitenzahlen einfügen

▶ Werden nur Seitenzahlen benötigt, dann klicken Sie auf *Seitenzahl*, zeigen je nach gewünschter Position auf *Seitenanfang* oder *Seitenende*, und wählen eine Vorlage. Die häufig verwendete Schreibweise „*Seite x von y*" finden Sie ganz am Ende der Liste. Zusätzlich haben Sie hier mit *Seitenränder* auch die Möglichkeit, Seitenzahlen am linken oder rechten Seitenrand einzufügen.

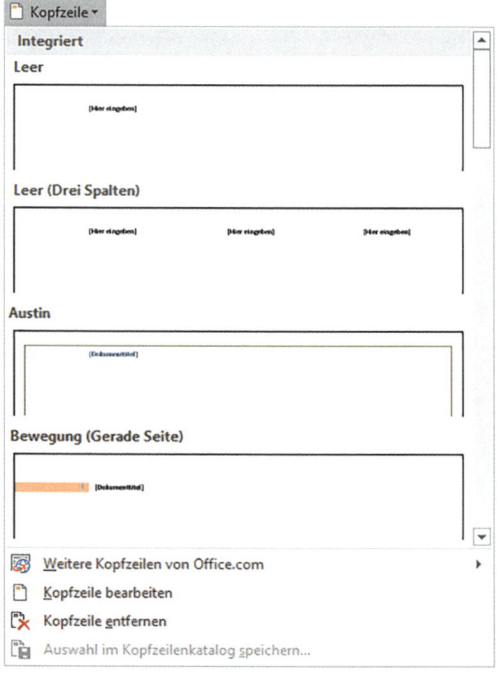

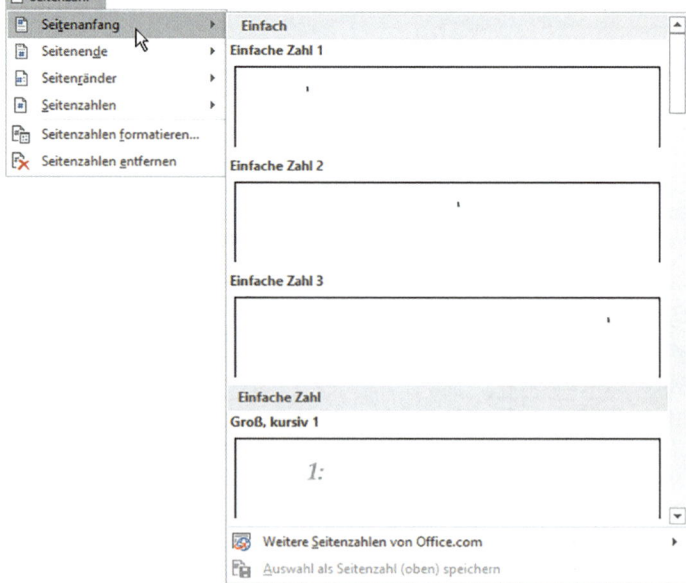

Eigene Kopf- und Fußzeilen gestalten

Wesentlich flexibler bei der Gestaltung sind Sie, wenn Sie ohne Vorlage arbeiten. Um in den Kopfzeilenbereich zu gelangen, klicken Sie einfach doppelt in den Bereich zwischen oberem Seitenrand und Blattrand, analog verfahren Sie mit einer Fußzeile. Wenn Sie auf *Einfügen* ▶ *Kopfzeile* und auf *Kopfzeile bearbeiten...* klicken, gelangen Sie ebenfalls in diesen Bereich.

Solange sich der Cursor im Kopf- oder Fußzeilenbereich befindet, steht im Menüband das Register *Kopf- und Fußzeilentools - Entwurf* zur Verfügung, aus dem Sie schnell die wichtigsten Elemente einfügen.

Das Register Kopf- und Fußzeilentools - Entwurf und eine leere Kopfzeile

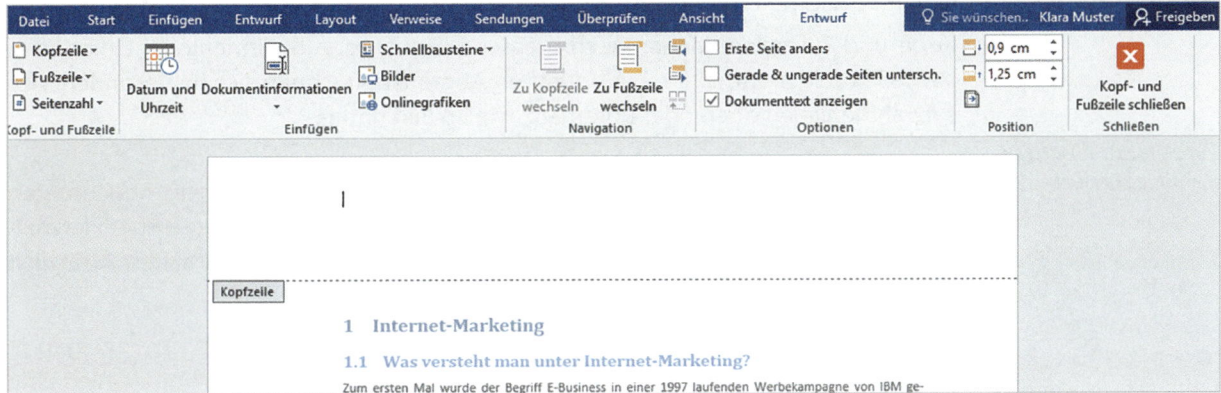

Kopf- und Fußzeilenbereich schließen

Doppelklicken Sie in den Dokumenttext oder klicken Sie im Register *Kopf- und Fußzeilentools - Entwurf* auf die Schaltfläche *Kopf- und Fußzeile schließen*.

Ausrichten von Kopf- und Fußzeilenelementen

Tabstopps oder Tabelle?

Auch wenn Sie ohne Vorlage arbeiten, verfügen Kopf- und Fußzeilen standardmäßig über zwei Tabstopps als Hilfen zur Ausrichtung. Einen zentrierten in der Mitte der Seite und einen rechtsbündigen am rechten Seitenrand. Leider orientieren sich beide an den Standardseitenrändern. Wenn, wie im Bild unten, nachträglich die Seitenränder geändert wurden, dann befindet sich der zentrierte Tabstopp nicht mehr exakt in der Mitte und auch der rechte stimmt nicht mit dem rechten Seitenrand überein.

Inhalte an den Tabstopps ausrichten

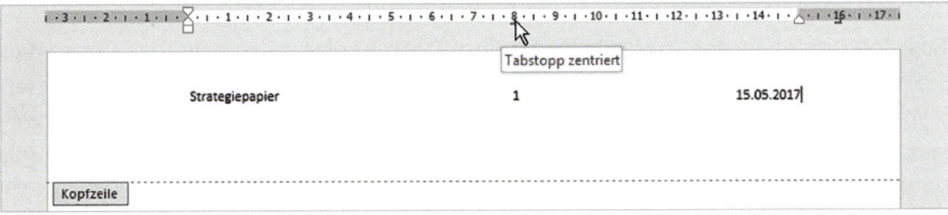

Ein Beispiel finden Sie in Kapitel 11.

Die einfachste Abhilfe besteht im Einfügen einer Tabelle mit drei Spalten, die Sie anschließend ohne Rahmenlinien formatieren. Tabellen erlauben auch das Ausrichten mehrerer Zeilen in Spalten untereinander, z. B. wenn Sie in der Fußzeile einer Briefvorlage Anschrift, Bankverbindung, Rechtsform usw. anordnen möchten.

Vorsicht: In der Gruppe *Position* finden Sie den Befehl *Ausrichtungstabstopp einfügen*. Dieser bringt wenig Vorteile, da er keine Tabstopps setzt, sondern nur bewirkt, was Sie mit der Tab-Taste schneller erledigen, nämlich den Cursor in die Mitte oder an den rechten Rand zu setzen.

Grafische Elemente

Kopf- und Fußzeilen können auch grafische Elemente, z. B. Firmenlogo, Linien usw. sowie Textfelder enthalten. Zur optischen Abgrenzung eignen sich insbesondere Absatzrahmenlinien ober- oder unterhalb, wie im Bild unten.

Fußzeile mit Absatzrahmenlinie oberhalb

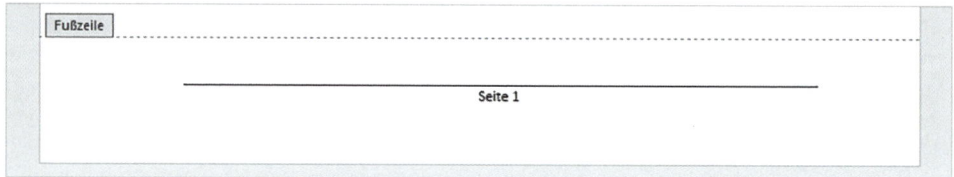

Vertikaler Abstand zum Blattrand

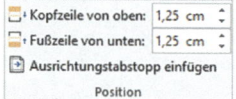

Kopf- und Fußzeile befinden sich im Bereich zwischen Blattrand und Seitenrand und zwar standardmäßig mit einem Abstand von 1,25 cm zum oberen bzw. unteren Papierrand. Zum Ändern benutzen Sie im Menüband, Register *Kopf- und Fußzeilentools - Entwurf* die Felder *Kopfzeile von oben* und *Fußzeile von unten* in der Gruppe *Position*. Wenn Sie diesen Abstand verringern möchten, dann sollten Sie aber beachten, dass manche Drucker einen Mindestabstand zum Papierrand benötigen, Kopf- und Fußzeilen werden in solchen Fällen abgeschnitten oder überhaupt nicht gedruckt.

Größe des Kopf- und Fußzeilenbereichs

Der verfügbare Bereich für Kopf- und Fußzeile richtet sich nach den Seitenrändern (*Layout* ▸ *Seite einrichten*) abzüglich des vertikalen Abstands nach oben bzw. unten und kann daher auch mehrere Zeilen umfassen. Überschreitet der Inhalt diesen Bereich, dann wird der Kopf- und Fußzeilenbereich automatisch vergrößert, sodass sich Dokumenttext und Kopf- und Fußzeile nicht überlappen. Der Seitenrand selbst wird dadurch nicht geändert!

Tipp: Soll der Inhalt der Kopfzeile hinter dem Dokumenttext erscheinen, dann geben Sie als oberen Seitenrand einen negativen Wert, z. B. -2,5 cm ein. Dies bewirkt einen festen Seitenrand von 2,5 cm, dieser wird auch eingehalten, wenn die Kopfzeile wesentlich Raum einnimmt und die Inhalte werde übereinander gedruckt. Dasselbe gilt natürlich auch für die Fußzeile.

Seitennummerierung

Seitenzahlen einfügen

Wenn Sie Kopf- oder Fußzeile ohne Vorlage erstellen, dann klicken Sie zum Einfügen der Seitenzahlen im Menüband, Register *Kopf- und Fußzeilentools - Entwurf* ▶ *Kopf- und Fußzeile* auf *Seitenzahl*, zeigen auf *Seitenzahlen* und wählen eine Vorlage. Die wichtigsten Vorlagen sind *Einfache Zahl* und *„Seite x von y"*, diese befindet sich am Ende der Liste.

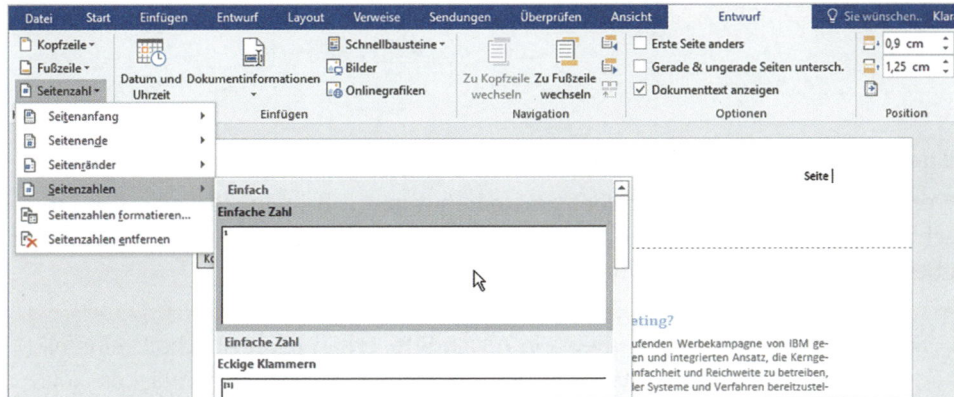

Seitenzahlen als einfache an der Cursorposition einfügen

Tipp: Benötigen eine andere Schreibweise, z. B. „Seite x/y", dann fügen Sie zunächst „Seite x von y" ein und ersetzen dann das Wort „von" durch einen Schrägstrich.

> Seitenzahlen sind eigentlich Felder, erkennbar an der grauen Schattierung, die erscheint, wenn Sie darauf klicken. Alternativ können Sie daher auch über *Entwurf* ▶ *Einfügen* ▶ *Schnellbausteine* und die Auswahl *Feld...* die Seitenzahlen einfügen. Zusätzliche Zeichen, z. B. „Seite", Schrägstriche oder Bindestriche fügen Sie per Tastatureingabe hinzu.

Näheres zum Umgang mit Feldern lesen Sie in Kapitel 5.

Zahlenformat ändern

Wenn Sie ein anderes Zahlenformat benötigen, z. B. römische Zahlen, dann gehen Sie so vor, vorheriges Markieren der Seitenzahl ist dazu nicht nötig.

1 Klicken Sie im Register *Kopf- und Fußzeilentools - Entwurf* ▶ *Kopf- und Fußzeile* auf *Seitenzahl* und anschließend auf *Seitenzahlen formatieren...* (Bild unten).

2 Im Dialogfenster *Seitenzahlenformat* wählen Sie anschließend im Feld *Zahlenformat* das gewünschte Format aus und klicken auf *OK*.

Zahlenformat festlegen

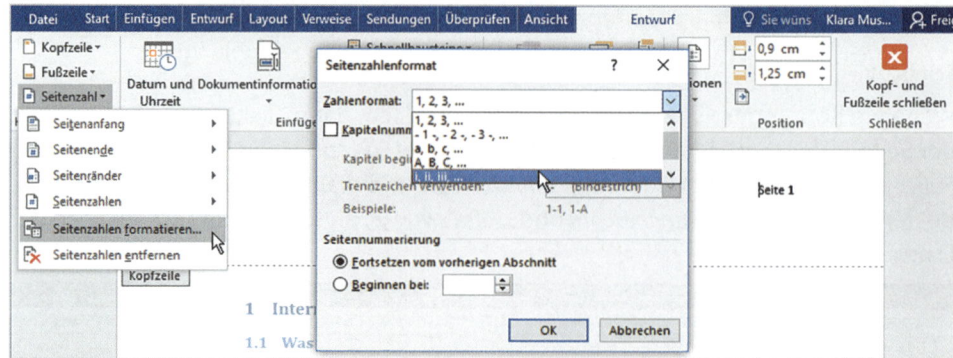

Unterschiedliche Zahlenformate für Seitenzahlen im Dokument verwenden

Abschnitte, siehe Seite 73.

Wenn Sie unterschiedliche Zahlenformate benötigen, z. B. im Inhaltsverzeichnis römische und im übrigen Dokument arabische Zahlen, dann müssen Sie das Dokument in entsprechende Abschnitte aufteilen.

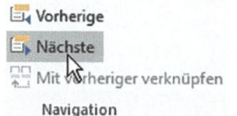

> Durch Aufteilen eines Dokuments in Abschnitte, erhält jeder Abschnitt eine eigene Kopf- und Fußzeile, die Sie einzeln bearbeiten. Mit den Schaltflächen *Navigation ▸ Nächste* und *Vorherige* (*Kopf- und Fußzeilentools - Entwurf*) gelangen Sie schnell zu den Kopf- und Fußzeilen der einzelnen Abschnitte.
>
> Beginnen Sie bei der Bearbeitung mehrerer Kopf- und Fußzeilen immer mit dem ersten Abschnitt!

1   Fügen Sie in die Fußzeile des ersten Abschnitts die Seitenzahlen ein, wie oben beschrieben.

2   Standardmäßig erhalten Sie arabische Zahlen. Zum Ändern des Zahlenformats klicken Sie anschließend auf *Seitenzahl ▸ Seitenzahlen formatieren...* und wählen das Zahlenformat für den ersten Abschnitt, als Beispiel im Bild unten kleine römische Zahlen.

Wählen Sie ein Zahlenformat für den Abschnitt 1

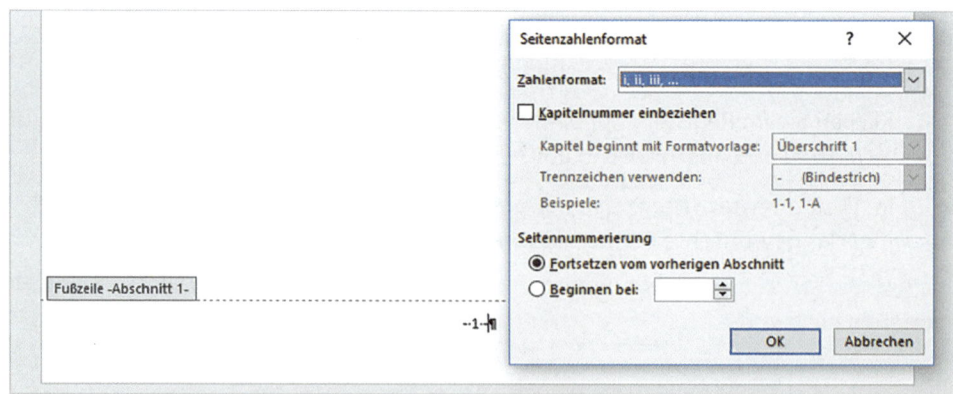

3   Klicken Sie dann im Menüband, Register *Entwurf* ▸ *Navigation* auf die Schaltfläche *Nächste*, um zur Fußzeile des nächsten Abschnitts zu gelangen.

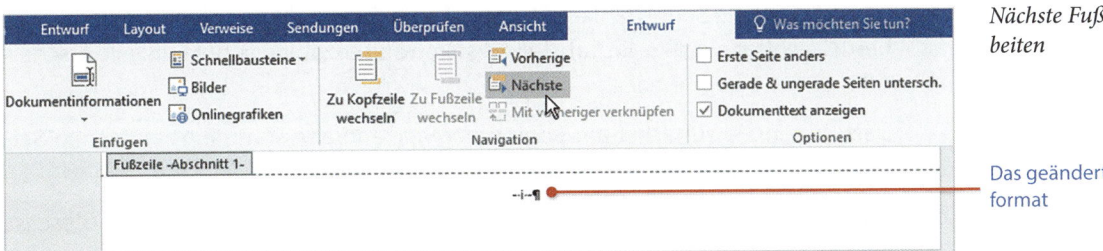

*Nächste Fußzeile bear-
beiten*

*Das geänderte Zahlen-
format*

4   Nur das Zahlenformat des ersten Abschnitts wurde geändert, der zweite Abschnitt hat nach wie vor das Standardzahlenformat. Falls Sie auch hier eine anderes Zahlenformat benötigen, klicken Sie wieder auf *Seitenzahlen formatieren...*.

Wichtig: Standardmäßig sind die Kopf- und Fußzeilen aller Abschnitte eines Dokuments
miteinander verknüpft, dies sehen Sie auch am Hinweis *Wie vorherige*. Das bedeutet,
alle Inhalte werden automatisch vom vorherigen Abschnitt übernommen, nicht aber
die Zahlenformate. Sie brauchen also im zweiten Abschnitt keine Seitenzahlen mehr
einfügen, sondern nur noch ggf. das Zahlenformat ändern.

Sollen allerdings im zweiten Abschnitt die Seitenzahlen wieder mit 1 beginnen, dann
müssen Sie im Dialogfenster *Seitenzahlenformat* die Option *Beginnen mit* wählen und
daneben die Zahl 1 eingeben, siehe auch nächstes Beispiel unten.

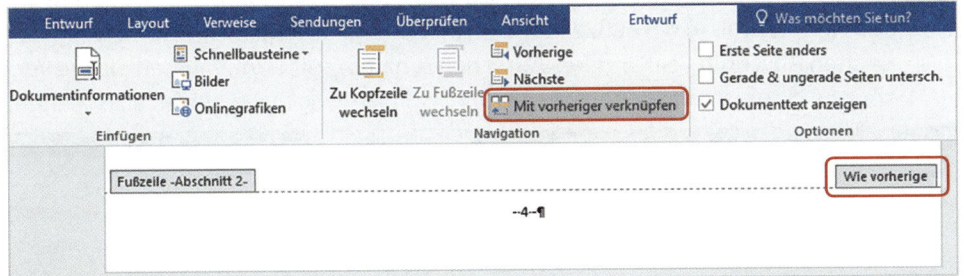

*Die Fußzeile des 2.
Abschnitts ist auto-
matisch mit der des 1.
Abschnitts verknüpft*

Nummerierungsbeginn festlegen

Standardmäßig beginnt die Nummerierung der Seitenzahlen mit 1 und wird auch
über mehrere Abschnitte hinweg fortgesetzt.

Möchten Sie ab einer bestimmten Seite die Nummerierung neu beginnen oder mit
einer bestimmten Zahl, dann benötigen Sie an dieser Stelle zunächst einen Abschnittsumbruch. Öffnen Sie dann über *Seitenzahlen formatieren...* das Fenster *Seitenzahlenformat* (siehe oben) und wählen Sie unter *Seitennummerierung* statt *Fortsetzen
vom vorherigen Abschnitt* die Option *Beginnen bei*. Die Seitenzahl geben Sie im Feld
daneben ein.

Beispiel: Keine Seitenzahlen auf den ersten Seiten (z. B. Deckblatt)

Als Beispiel sollen die ersten drei Seiten (Deckblatt und allgemeine Informationen) eines Dokuments keine Seitenzahl erhalten und auch bei der Nummerierung der Seiten nicht berücksichtigt werden. Erst ab Seite 4 sollen Seitenzahlen in der Fußzeile erscheinen und hier mit 1 beginnen.

1   Dazu fügen Sie zunächst am Beginn der vierten Seite statt eines einfachen Seitenumbruchs einen Abschnittsumbruch vom Typ *Nächste Seite* ein.

2   Doppelklicken Sie dann in den Fußzeilenbereich des ersten Abschnitts. Diese ist mit Fußzeile *-Abschnitt 1-* beschriftet und soll leer bleiben.

3   Klicken Sie im Menüband, Register *Entwurf* ▶ *Navigation* auf die Schaltfläche *Nächste*, um zur Fußzeile des nächsten Abschnitts zu gelangen.

Die Fußzeile des 1.Abschnitts

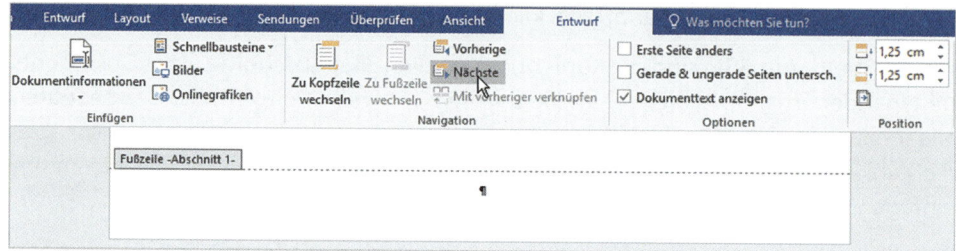

4   Da die Kopf- und Fußzeilen aller Abschnitte miteinander verknüpft sind, werden die Inhalte automatisch vom vorherigen Abschnitt übernommen, dies sehen Sie auch am Hinweis in der Fußzeile *Wie vorherige* (Bild unten). Wenn die Fußzeile des zweiten Abschnitts ein anderes Aussehen erhalten soll, dann müssen Sie die Verknüpfung zuerst mit Klick auf *Navigation* ▶ *Mit vorheriger verknüpfen* ausschalten.

Heben Sie die Verknüpfung zur vorherigen Fußzeile auf

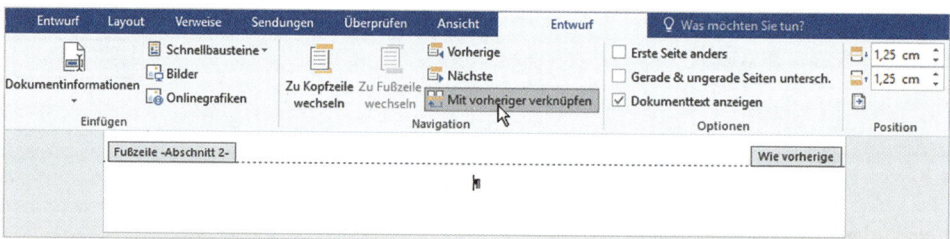

> **Achtung:** Um eine Kopf- oder Fußzeile unabhängig von der vorhergehenden zu bearbeiten, muss unbedingt die Verknüpfung aufgehoben werden. Deaktivieren Sie dazu die Schaltfläche *Mit vorheriger verknüpfen*. Der Hinweistext *Wie vorherige* darf anschließend nicht sichtbar sein!

5   Der Hinweis in der Fußzeile *Wie vorherige* muss nun verschwunden sein. Fügen Sie anschließend die Seitenzahlen ein und klicken Sie anschließend auf *Seitenzahlen* ▶ *Seitenzahlen formatieren*....

6 Wählen Sie, falls nötig, ein Zahlenformat aus und klicken Sie auf die Option *Beginnen bei*. Im Feld daneben geben Sie nun die Zahl 1 ein. Die Seitenzahlen beginnen nun in Abschnitt 2 mit Seite 1.

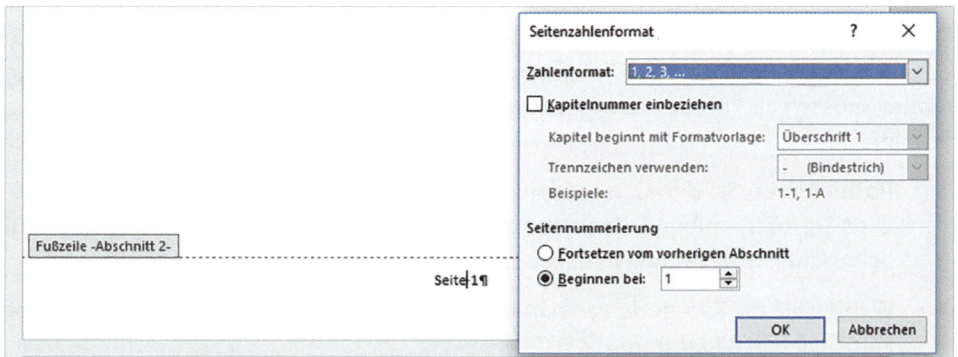

Seitenzahlen im 2. Abschnitt bei 1 beginnen

Tipp: Falls nur die erste Seite bei der Nummerierung nicht berücksichtigt werden soll, weil beispielsweise ein Deckblatt oder Titelblatt verwendet wird, so ist dazu nicht unbedingt ein Abschnittsumbruch erforderlich. Aktivieren Sie dazu einfach das Kontrollkästchen *Erste Seite anders* (Bild unten). Anschließend erhalten Sie eine Fußzeile für die erste Seite (*Erste Fußzeile*) und können diese gesondert bearbeiten. Die nachfolgenden Fußzeilen sind standardmäßig auch nicht mit der ersten Seite verknüpft.

Damit in diesem Fall die Nummerierung auf der zweiten Seite mit 1 beginnt, geben Sie bei Beginnen mit einfach 0 ein.

Nur die Kopf- und Fußzeilen der ersten Seite anders gestalten

Kapitelnummer voranstellen

Wenn Sie den Seitenzahlen die Kapitelnummer voranstellen möchten, dann fügen Sie ebenfalls zunächst die Seitenzahlen ein und klicken auf *Seitenzahlen formatieren...*.

Aktivieren Sie das Kontrollkästchen *Kapitelnummer einbeziehen* und wählen Sie im Feld *Kapitel beginnt mit Formatvorlage* die gewünschte Überschriftsebene, in der Regel *Überschrift 1*, aus. Im Feld unterhalb können Sie ein Trennzeichen angeben.

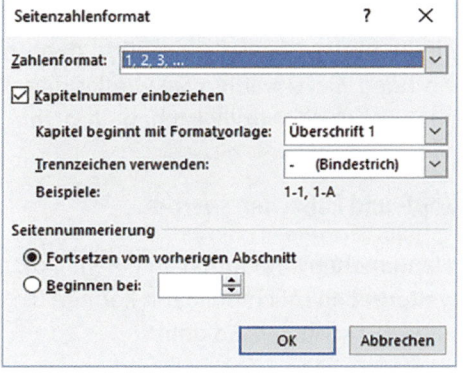

Kapitelnummer der Seitenzahl voranstellen

Kapitelüberschrift als lebenden Kolumnentitel einfügen

Details zum Umgang mit Feldern finden Sie in Kapitel 5.4 auf Seite 192.

In längeren Dokumenten, z. B. Fach- und Hausarbeiten, wissenschaftlichen Arbeiten oder Dokumentationen soll häufig die Kapitelüberschrift in der Kopfzeile als „lebender Kolumnentitel" erscheinen. Damit Sie diese nicht einzeln eintippen müssen, fügen Sie das Feld *StyleRef* ein. Da diese Feldfunktion Bezug auf eine bestimmte Formatvorlage nimmt, müssen als Voraussetzung natürlich die Überschriften mit einer Formatvorlage formatiert sein. So geht's:

Formatvorlagen für Überschriften, siehe Kapitel 3.6.

1   Positionieren Sie den Cursor in der Kopfzeile an der gewünschten Stelle und klicken Sie im Menüband, Register *Kopf- und Fußzeilentools - Entwurf ▶ Einfügen* auf *Schnellbausteine* und hier auf *Feld...*.

2   Wählen Sie die Kategorie *Verknüpfungen und Verweise* aus und klicken Sie auf das Feld *StyleRef* (Bild unten).

3   Im Bereich *Feldeigenschaften* können Sie nun die Formatvorlage wählen. Klicken Sie auf *Überschrift 1* und übernehmen Sie mit *OK* das Feld in die Kopfzeile.

StyleRef markieren und Formatvorlage auswählen

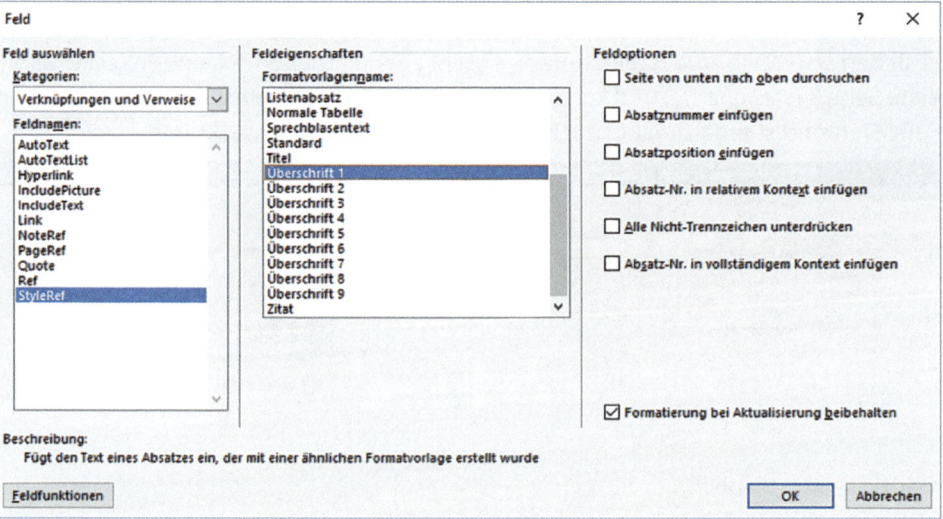

Hinweis: *StyleRef* fügt nur den Inhalt des Absatzes ein, berücksichtigt aber keinerlei Formatierungen. Dies gilt auch für die Nummerierung von Überschriften. Wird die Kapitelnummer ebenfalls benötigt, dann müssen Sie das Feld *StyleRef* ein zweites Mal einfügen. Dazu wählen Sie wieder dieselbe Formatvorlage und aktivieren unter *Feldoptionen* das Kontrollkästchen *Absatznummer einfügen*.

Kopf- und Fußzeilen sperren

Wenn mehrere Personen an einem Dokument arbeiten oder Sie das Word-Dokument weitergeben möchten, dann können Sie die Inhalte von Kopf- und Fußzeile mit einem Passwort schützen. So geht's:

1 Erstellen Sie die Kopf- und/oder Fußzeile mit allen benötigten Inhalten.

2 Setzen Sie dann den Cursor an den Anfang des Dokuments, klicken Sie im Menüband, Register *Layout* auf *Umbrüche* und fügen Sie einen fortlaufenden Abschnittsumbruch ein

3 Klicken Sie dann im Register *Datei*, *Informationen* auf *Dokument schützen* und auf *Bearbeitung einschränken*.

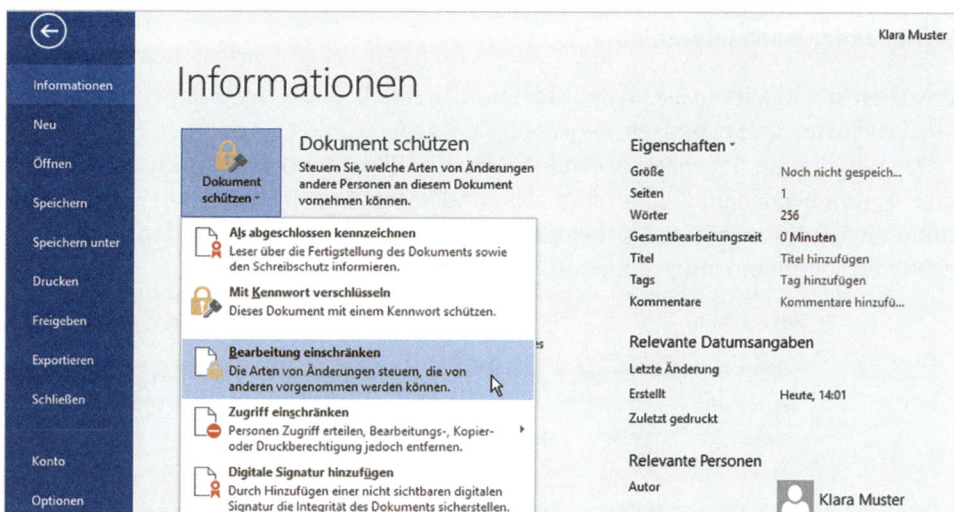

Klicken Sie auf Bearbeitung einschränken

4 Rechts neben dem Dokument erscheint der gleichnamige Arbeitsbereich. Aktivieren Sie das Kontrollkästchen *Nur diese Bearbeitungen im Dokument zulassen* und wählen Sie *Ausfüllen von Formularen* (Bild unten).

5 Klicken Sie dann unterhalb auf *Abschnitte auswählen*.... Da nur Abschnitt 1 geschützt werden soll, deaktivieren Sie anschließend im Fenster *Abschnitt schützen* das Kontrollkästchen vor Abschnitt 2.

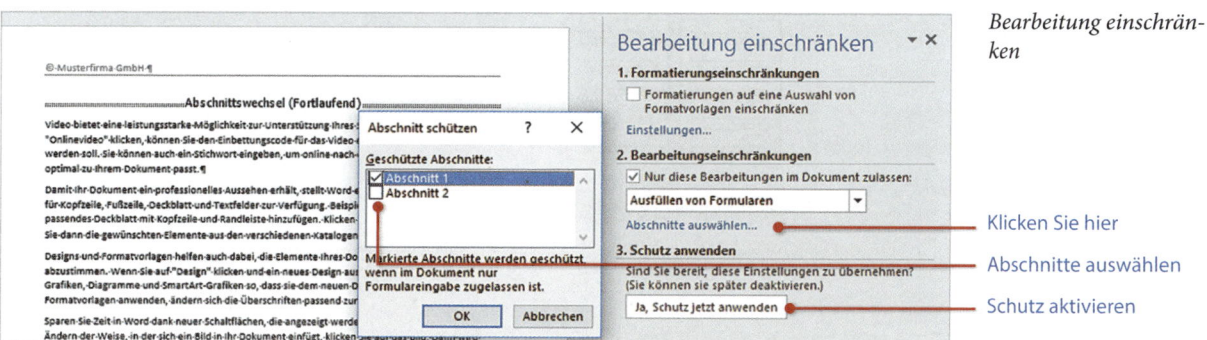

Bearbeitung einschränken

6 Klicken Sie zuletzt auf *Ja, Schutz jetzt anwenden* und vereinbaren Sie anschließend ein Kennwort, mit dem der Schutz wieder aufgehoben werden kann.

2.6 Beidseitiger Druck, was ist zu beachten

Wenn ein Dokument später beidseitig gedruckt werden soll, dann sollten beim Seiten-layout einige Punkte berücksichtigt werden.

Seitenränder innen und außen

Im ersten Schritt klicken Sie im Register *Layout* auf den Pfeil der Gruppe *Seite einrich-ten*. Im Fenster *Seite einrichten*, Register *Seitenränder* wählen Sie dann im Feld *Mehrere Seiten* den Eintrag *Gegenüberliegende Seiten* aus (Bild unten). Im Bereich *Seitenränder* erscheint nun *Innen* und *Außen* statt *Links* und *Rechts*. Legen Sie anschließend die be-nötigten Seitenränder fest. Statt eines Bundstegs können Sie zum Binden auch einen größeren Seitenrand innen angeben.

Wählen Sie im Fenster Seite einrichten Ge-genüberliegende Seiten aus und legen Sie die Seitenränder fest

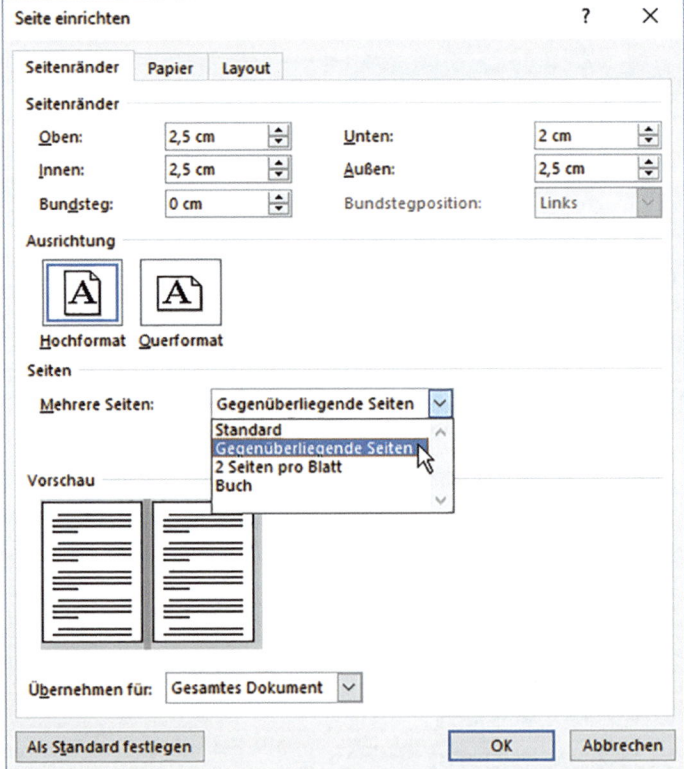

Die Buchfunktion

Unter *Gegenüberliegende Seiten* erscheint auch die Auswahlmöglichkeit *Buch*. Das Lay-out *Buch* bringt gleich mehrere Voreinstellungen mit und eignet sich in erster Linie für Broschüren.

▶ Die Seitenränder werden mit *Innen* und *Außen* festgelegt (siehe oben). Ein Bundsteg wird automatisch berücksichtigt, kann aber beliebig geändert werden.

▶ Die Ausrichtung wird in *Querformat* geändert und auf dem gewählten Papierformat, standardmäßig A4, werden jeweils zwei Seiten nebeneinander angeordnet. Sie erhalten also ein Buch oder eine Broschüre im halben Format.

▶ Beim Drucken werden mehrere Seiten so angeordnet, dass Sie diese nur noch falten und heften brauchen. Damit die Seiten in der richtigen Reihenfolge gedruckt werden, muss die Broschüre beidseitig gedruckt werden. Wählen Sie also, je nach Drucker, beim Drucken *Beidseitiger Druck* oder *Beidseitiger manueller Druck* aus.

Kopf- und Fußzeilen für gerade und ungerade Seiten

Für beidseitigen Druck benötigen Sie in den meisten Fällen auch entsprechend spiegelverkehrte Kopf- und Fußzeilen, z. B. die Seitenzahlen immer außen. Zu diesem Zweck finden Sie unter den Vorlagen für Kopf- und Fußzeilen auch einige, die sowohl für gerade als auch ungerade Seiten verfügbar sind.

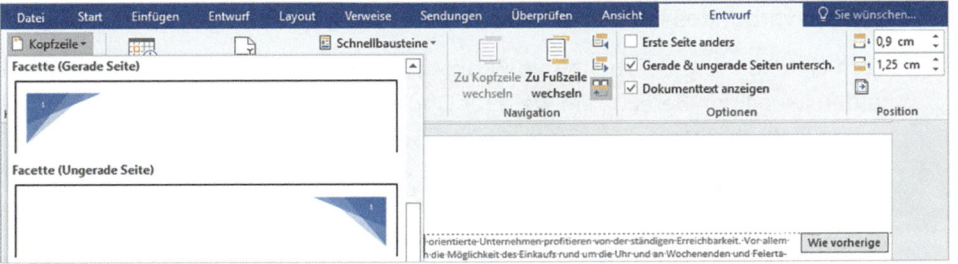

Beispiel Vorlage für Gerade und Ungerade Kopfzeilen

Wenn Sie keine Vorlage verwenden, dann aktivieren Sie zunächst im Menüband, Register *Kopf- und Fußzeilentools - Entwurf* ▶ *Optionen* das Kontrollkästchen *Gerade & ungerade Seiten untersch.*. Sie erhalten nun je eine *Gerade Kopfzeile* und eine *Ungerade Kopfzeile*, die anschließend unabhängig voneinander bearbeitet werden, dasselbe gilt auch für die Fußzeilen.

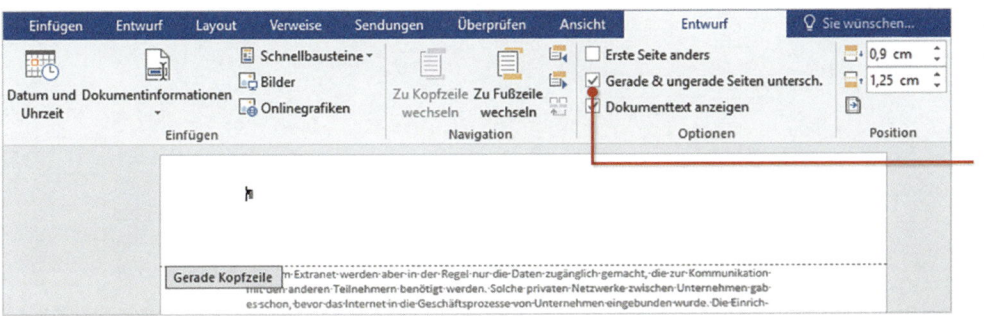

Beispiel Gerade Kopfzeile

Aktivieren Sie dieses Kontrollkästchen

Hinweis: Besteht das Dokument aus mehreren Abschnitten, so sind automatisch die geraden Kopf- und Fußzeilen miteinander verknüpft, sowie die ungeraden Kopf- und Fußzeilen.

2.7 Zusammenfassung

▶ Im Dialogfenster *Seite einrichten* legen Sie die wichtigsten Einstellungen für das Seitenlayout fest. Einige davon finden Sie zwar auch als Schaltflächen im Register *Layout* ▶ *Seite einrichten*, wesentlich mehr Möglichkeiten erhalten Sie aber, wenn Sie zum Öffnen des Fensters auf den kleinen Pfeil dieser Gruppe klicken.

▶ Wenn Sie innerhalb eines Dokuments unterschiedliche Seitenlayouts benötigen, z. B. einzelne Seiten im Querformat, verschiedene Kopf- und Fußzeilen, Text in Spalten oder unterschiedlichen Seitennummerierungen, dann müssen Sie das Dokument in Abschnitte aufteilen. Sie können entweder einen fortlaufenden Abschnittsumbruch einfügen oder gleichzeitig den neuen Abschnitt auf der nächsten Seite beginnen (*Nächste Seite*), weitere Möglichkeiten sind ein Beginn auf der nächsten geraden oder ungeraden Seite. Abschnittsumbrüche können wie Seitenumbrüche im Dokument sichtbar gemacht und wieder gelöscht werden. Beachten Sie beim Löschen, dass der Abschnitt dadurch mit dem nachfolgenden verbunden wird und automatisch dessen Einstellungen erhält.

▶ Zum Erstellen und Bearbeiten von Kopf- und Fußzeilen genügt ein Doppelklick in den jeweiligen Bereich, ein weiterer Doppelklick in den Text bringt Sie zurück in den Dokumenttext. Zum Einfügen von Seitenzahlen klicken Sie im dazugehörigen Register *Kopf- und Fußzeilentools - Entwurf* auf die Schaltfläche *Seitenzahl*. Hier finden Sie auch den Befehl *Seitenzahlen formatieren*, über den Sie ein anderes Zahlenformat und den Beginn der Seitennummerierung festlegen können.

▶ Standardmäßig sind die Kopf- und Fußzeilen aller Abschnitte eines Dokuments verknüpft, d. h. diese übernehmen automatisch das Aussehen der vorherigen. Um unterschiedliche Kopf- und Fußzeilen zu erhalten, müssen Sie diese Verknüpfung aufheben. Über ein Kontrollkästchen steuern Sie, ob Sie bei beidseitigem Druck unterschiedliche gerade und ungerade Kopf- und Fußzeilen möchten.

3 Effiziente und schnelle Textformatierung mit Vorlagen

In diesem Kapitel lernen Sie...

- Arbeitssparende Dokumentvorlagen erstellen und speichern
- Einheitliche Dokumentgestaltung mit Designs
- Eigene Designfarben und -schriften zusammenstellen und speichern
- Formatvorlagen einsetzen und anpassen
- Eigene Formatvorlagen für Absätze und Zeichen, Listen und Tabellen erstellen
- Überschriften mit Formatvorlagen versehen und nummerieren

Das sollten Sie bereits wissen

- Grundlagen der Textformatierung
- Speichern von Dokumenten
- Nummerierung und Aufzählungszeichen verwenden und anpassen
- Listen mit mehreren Ebenen nutzen
- Tabellen einfügen und formatieren

In diesem Kapitel möchte ich Ihnen die drei Säulen für ein stimmiges und effizientes Word-Dokument vorstellen: Dokumentvorlage, Formatvorlagen und Designs. Diese drei Features sorgen dafür, dass Ihre Dokumente ein einheitliches Aussehen erhalten und nehmen Ihnen, richtig eingesetzt, sich wiederholende und zeitraubende Eingaben und Formatierungsarbeiten ab.

▶ Dokumentvorlagen lassen sich am besten mit Vordrucken vergleichen, beispielsweise Briefpapier mit Briefkopf, einem Anmelde- oder Rechnungsformular.

▶ Formatvorlagen speichern Formatierungsmerkmale des Textes und leisten nützliche Dienste, wenn insbesondere umfangreiche Dokumente ein einheitliches Aussehen erhalten sollen. Sie können entweder die integrierten Formatvorlagen von Word verwenden und diese nach Ihren Vorstellungen ändern oder eigene Formatvorlagen erstellen.

▶ Designs sind Zusammenstellungen von aufeinander abgestimmten Farben, Schriftarten und Effekten, auf denen die meisten Formatvorlagen aufbauen. Darüber hinaus sind die Designfarben und -schriften auch schnell in Verbindung mit den entsprechenden Formatierungen verfügbar.

3.1 Dokumentvorlagen als Grundlage für einheitliche Dokumente

Was sind Dokumentvorlagen?

Dokumentvorlagen bilden einen gesonderten Dateityp mit der Dateinamenerweiterung *.dotx* bzw. *.dotm* für Vorlagen mit Makros und geben die Standardeinstellungen für neue Dokumente vor. Sie speichern allgemeine Einstellungen wie Papierformat, Ausrichtung und Seitenränder, steuern über Formatvorlagen das Aussehen des Textes und können außerdem Standardtexte, Grafiken und Tabellen enthalten, z. B. Firmenbriefkopf.

Die Vorteile von Dokumentvorlagen

Benutzerdefinierte Vorlagen leisten immer dann gute Dienste, wenn häufig erstellte Dokumente ein einheitliches Aussehen haben sollen und helfen durch die Vorgabe von Standardinhalten, die Tipparbeit zu reduzieren.

▶ Wiederkehrende Elemente, wie z. B. die Firmenanschrift auf einem Geschäftsbrief, müssen nicht immer wieder neu eingetippt werden.

▶ Das Aussehen des Dokuments, z.B. Seitenränder, Formatvorlagen etc. muss nur einmal festgelegt werden.

▶ Neue Dokumente, die auf der Basis einer Dokumentvorlage erstellt wurden, können beliebig geändert und gespeichert werden. Die Vorlage selbst wird nicht dadurch verändert.

> Jedes neue Word-Dokument basiert auf einer Dokumentvorlage. Bei einem neuen leeren Dokument bzw. mit der Auswahl *Leeres Dokument* ist dies die Vorlage Normal.dotm.

Die globale Dokumentvorlage Normal

Die wichtigste Vorlage ist die globale Dokumentvorlage *Normal.dotm*. Diese verwenden Sie standardmäßig, wenn Sie mit Word mit einem neuen leeren Dokument beginnen bzw. *Leeres Dokument* auswählen. Sie enthält z. B. bereits vorgegebene Seitenränder; wenn Sie zum Ändern der Seitenränder das Dialogfenster *Seite einrichten* öffnen und nach Eingabe der neuen Seitenränder auf die Schaltfläche *Als Standard festlegen* klicken, dann ändern Sie damit die Seitenränder in der Dokumentvorlage *Normal*.

Achtung: Um jederzeit mit einem völlig leeren Dokument beginnen zu können, sollten Sie für die Dokumentvorlage *Normal* nur allgemeine Einstellungen ändern, siehe Seitenränder, hier aber keine Text speichern.

Eigene Dokumentvorlagen erstellen und verwenden

Eigene Dokumentvorlagen können Sie entweder aus einer vorhandenen Dokumentvorlage oder einem bereits vorhandenen Dokument erstellen, das Sie entsprechend abändern oder Sie beginnen völlig neu.

In Kapitel 11 finden Sie in Form eines Workshops eine detaillierte Beschreibung, wie Sie Schritt für Schritt eine Dokumentvorlage für einen Geschäftsbrief erstellen.

1. Schritt: Erstellen und gestalten Sie die Vorlage

Dabei gehen Sie wie bei der Erstellung eines normalen Dokuments vor, beispielsweise eines Briefes.

▶ Legen Sie die benötigten Seitenränder fest, ggf.. auch Papierformat und -ausrichtung. Falls nötig, können auch bereits Kopf- und Fußzeilen gestaltet werden, z. B. Seitenzahlen, Titel, aktuelles Datum usw..

▶ Überlegen Sie, welche Schriftart, -größe, Zeilenabstände oder Farben verwendet werden sollen und ändern Sie die Formatvorlage bzw. das verwendete Design dahingehend ab.

▶ Fügen Sie alle Informationen, die immer auf dem Dokument erscheinen sollen, in die Vorlage ein, z. B. Anschrift, Bankverbindung, Firmenlogo, etc. In vielen Fällen sind Tabellen zur Anordnung nützlich.

Wichtig: Geben Sie nur Inhalte ein, die später in jedem Dokument, das auf dieser Vorlage basiert, erscheinen sollen! Sie müssen sonst jedes Mal überflüssige Elemente entfernen.

2. Schritt: Als Dokumentvorlage speichern

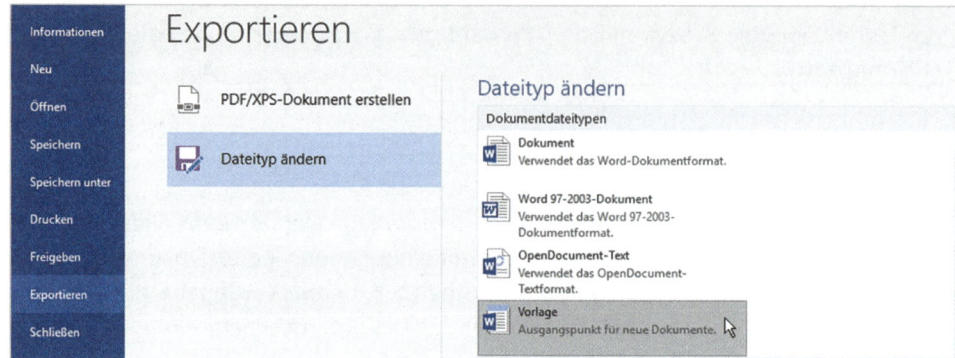

Speichern unter

Datei - Exportieren

1   Klicken Sie auf das Register *Datei* und auf *Exportieren*. Klicken Sie hier auf *Dateityp ändern* und rechts auf den Dateityp *Vorlage*. Anschließend klicken Sie am Ende der Liste auf die Schaltfläche *Speichern unter*.

2   Das Fenster *Speichern unter* öffnet sich. Geben Sie einen aussagekräftigen Dateinamen ein, im Feld unterhalb ist der Dateityp *Word-Vorlage (.dotx)* bereits vorgegeben.

> Als Speicherort schlägt Word beim Dateityp Dokumentvorlage automatisch den Ordner *Benutzerdefinierte Office-Vorlagen* im Ordner *Dokumente* vor. Dieser Ordner wurde von Micosoft Office bei der Installation automatisch erstellt und erleichtert das spätere Wiederauffinden Ihrer Vorlagen. Sie können Vorlagen aber auch in jedem beliebigen Ordner, z. B. einem freigegebenen Laufwerk speichern, wenn die Vorlage von mehreren Personen genutzt werden soll.

Dokumentvorlage speichern

Kontrollieren bzw. wählen Sie den Speicherort

Dateityp Word-Vorlage

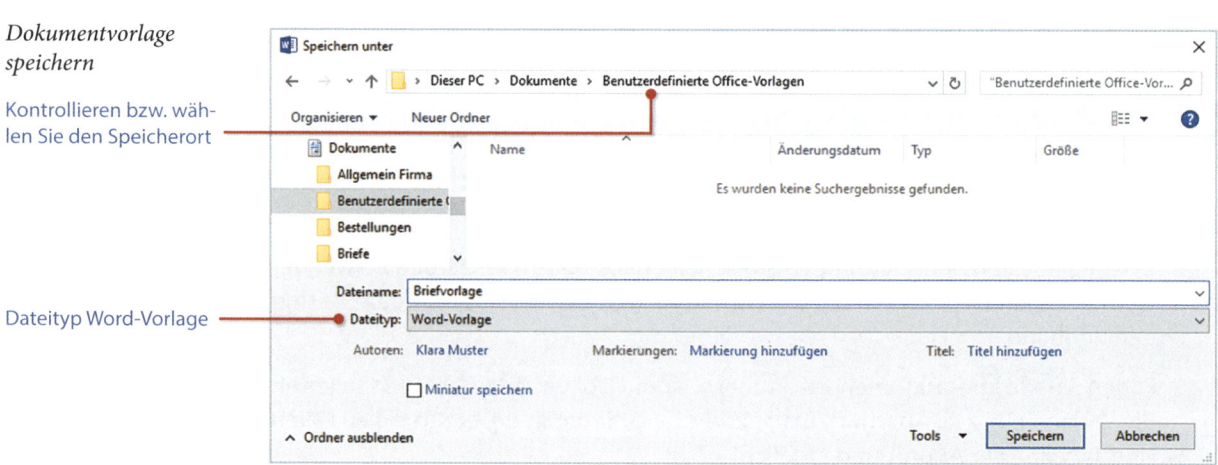

Hinweis: Alternativ können Sie natürlich auch den normalen Befehl *Speichern unter* verwenden und anschließend den Dateityp *Word-Vorlage* auswählen (siehe Bild oben). Hier finden Sie auch noch die Dateitypen *Word-Vorlage mit Makros (*.dotm)*, falls die

Vorlage Makros enthält und *Word 97 - 2003 - Vorlage (*.dot)*, wenn die Vorlage auch mit einer älteren Version von Microsoft Word geöffnet werden soll.

Dokumentvorlage verwenden

Im Datei-Explorer von Windows unterscheiden sich normale Word-Dokumente und Word-Dokumentvorlagen bereits durch ihr Symbol (Bild rechts) und mit Doppelklick auf das Symbol erstellen Sie ein neues Dokument aus der Vorlage.

Links ein normales Word-Dokument, rechts eine Dokumentvorlage.

> **Wichtig:** Ein Doppelklick auf das Symbol einer Dokumentvorlage öffnet nicht die Vorlage, sondern eine Kopie dieser Vorlage als neues Dokument.

Vorlagen, die im Ordner *Benutzerdefinierte Office-Vorlagen* gespeichert wurden, können Sie auch aus Word heraus verwenden. Klicken Sie dazu im Register *Datei* auf *Neu* und wählen Sie statt der empfohlenen Vorlagen die Kategorie *PERSÖNLICH*.

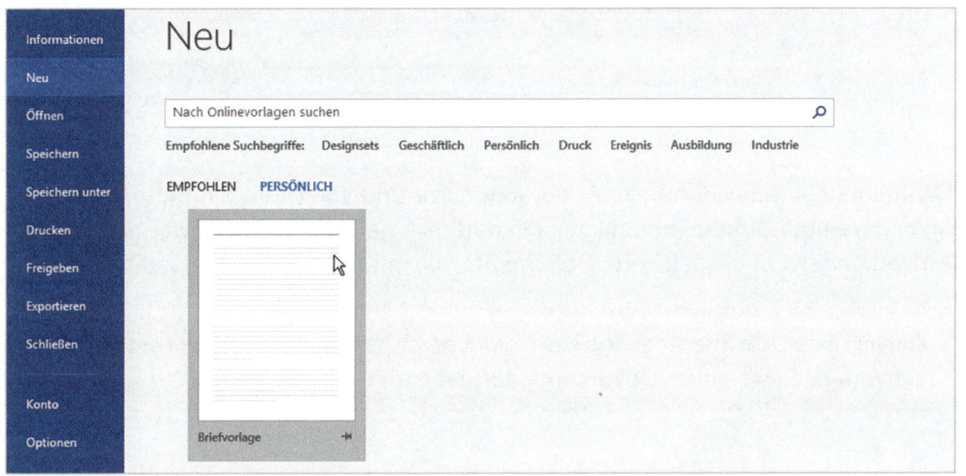

Benutzerdefinierte Vorlagen finden Sie unter PERSÖNLICH

Tipp: Den Standardspeicherort für persönliche Vorlagen können Sie bei Bedarf in den Word-Optionen ändern. Klicken Sie hierzu im Register *Datei* auf *Optionen* und wählen Sie *Speichern*.

Standardspeicherort für Vorlagen

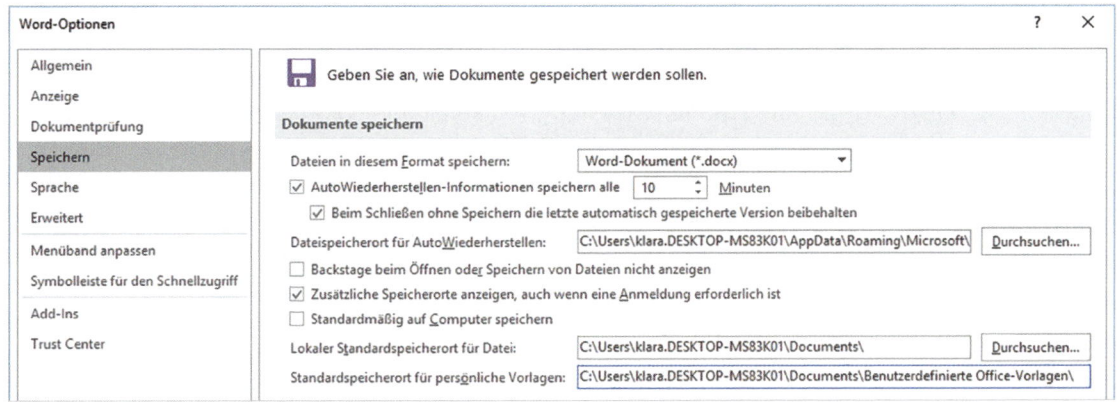

Dokumentvorlagen erneut öffnen und ändern

Nachträgliche Änderungen an Dokumentvorlagen sind jederzeit möglich. In Word benutzen Sie dazu den normalen Befehl *Öffnen*. Wählen Sie den Ordner aus, der Ihre Vorlagen enthält und öffnen Sie die benötigte Vorlage. Im Datei-Explorer von Windows müssen Sie dagegen etwas anders vorgehen, da eine Dokumentvorlage nicht einfach mit Doppelklick geöffnet werden kann, wie Sie oben gesehen haben. Klicken Sie hier mit der rechten Maustaste auf die Dokumentvorlage und wählen Sie im Kontextmenü *Öffnen* aus (Bild unten).

Dokumentvorlage öffnen

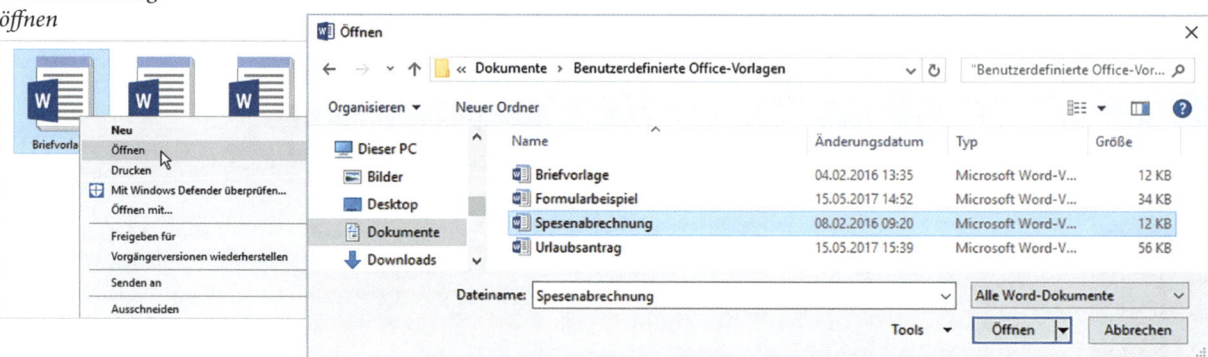

Nehmen Sie anschließend alle Änderungen vor und speichern Sie diese. Eine nicht mehr benötigte Dokumentvorlage kann natürlich gelöscht werden. Dies hat keinerlei Auswirkungen auf gespeicherte Dokumente, die mit dieser Vorlage erstellt wurden.

> **Achtung!** Eine Dokumentvorlage kann nicht geändert werden, solange ein auf dieser Vorlage basierendes Dokument geöffnet ist.

3.2 Designs als Ausgangsbasis für die Dokumentgestaltung

Die Bedeutung von Designs

Ein Design ist eine Zusammenstellung von aufeinander abgestimmten Farben, Schriftarten und grafischen Effekten. Das Design eines Dokuments legt dessen Standardschriftart fest und bestimmt die Farben, die beispielsweise zunächst als Schrift- oder Schattierungsfarbe vorgeschlagen werden. Word 2016 verfügt über eine ganze Reihe integrierter Designs und verwendet in der Standardeinstellung das Design *Office* mit der Standardschriftart Calibri. Auch die Schriftarten und Farben der integrierten Formatvorlagen basieren auf dem aktuellen Design. Als Beispiel in den nachfolgenden Abbildungen das Design *Office*: Die Designfarben tauchen auf, wenn Sie auf die

Schaltfläche *Schriftart* klicken oder eine Tabellenformatvorlage auswählen, die Designschriftarten erhalten Sie im Auswahlfeld *Schriftart* an vorderster Stelle.

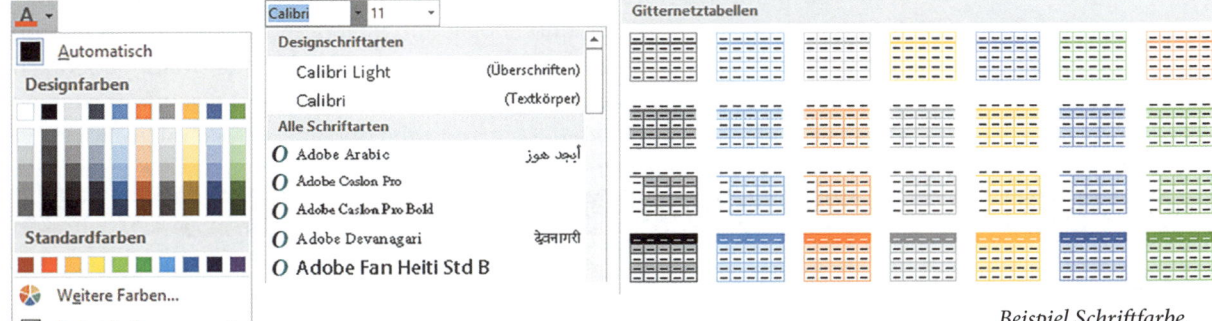

Beispiel Schriftfarbe, Schriftarten und Tabellenformatvorlagen des Designs Office

Ein anderes Design wählen

Die einfachste Möglichkeit, für ein Dokument bestimmte Farben und Schriften festzulegen, ist die Auswahl eines anderen Designs. Klicken Sie dazu im Register *Entwurf* auf die Schaltfläche *Designs* (Gruppe *Dokumentformatierung*). Falls im Text Designfarben und/oder Formatvorlagen verwendet wurden, erhalten Sie beim Zeigen auf ein Design im Dokument bereits eine Vorschau, mit einem Klick übernehmen Sie das Design.

Designauswahl mit Vorschau im Dokument

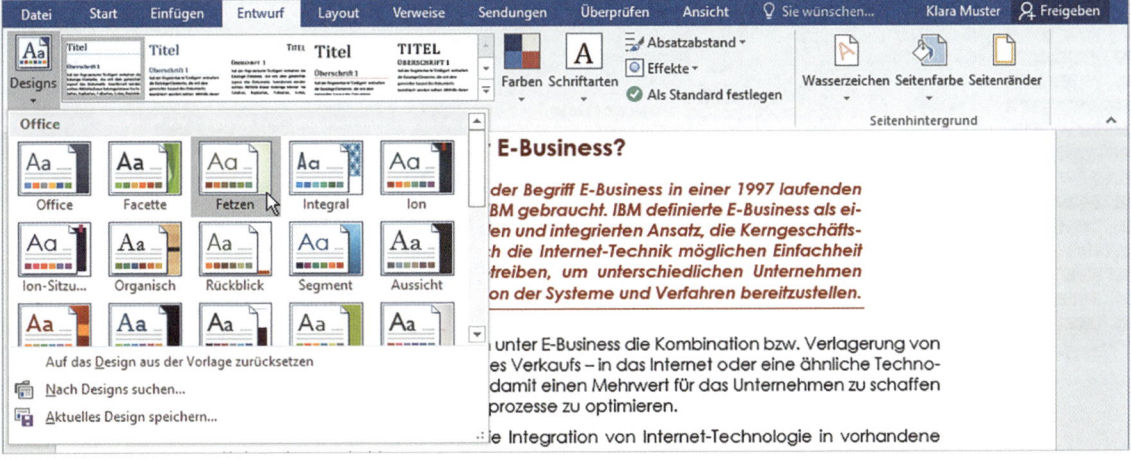

Vorsicht bei nachträglichen Änderungen: Designs beziehen sich stets auf das gesamte aktuelle Dokument und entsprechende Änderungen wirken sich somit auch auf bestehende Formatierungen aus. Haben Sie beispielsweise im Dokument eine Designfarbe als Schrift- oder Schattierungsfarbe verwendet, so bewirkt eine nachträgliche Änderung der Designfarben auch eine Farbänderung im Dokument.

Legen Sie daher das Design am besten fest, bevor Sie mit der Textformatierung beginnen bzw. kontrollieren Sie bei nachträglichen Änderungen unbedingt nochmals alle Formatierungen.

Eigene Designs zusammenstellen

Anstatt der Verwendung eines vorgegebenen Designs können Sie auch beliebig Farben, Schriftarten, Absatzabstände und Effekte auswählen und so ein eigenes Design zusammenstellen. Welches Design zuvor ausgewählt wurde, spielt dann eigentlich keine Rolle. Dazu verwenden Sie im Register *Entwurf*, Gruppe *Dokumentformatierung*
Das Register Entwurf die Schaltflächen *Farben*, *Schriftarten*, *Absatzabstand* und *Effekte* (Bild unten).

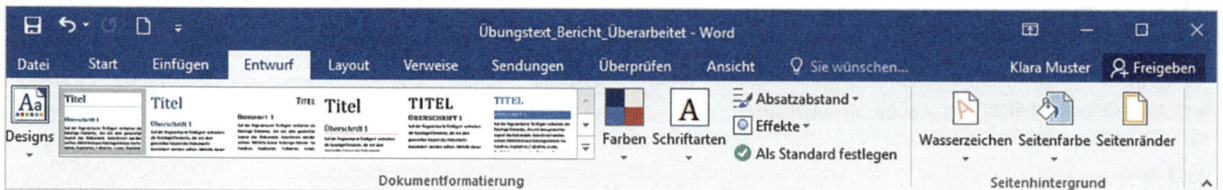

Designfarben, Schriftarten und Absatzabstand festlegen Um beispielsweise andere Designfarben auszuwählen, klicken Sie auf *Farben* und wählen die gewünschte Farbzusammenstellung (Bild unten links). Beachten Sie bei der Auswahl von Effekten, dass diese sich ausschließlich auf grafische Elemente, nicht aber auf Text auswirken.

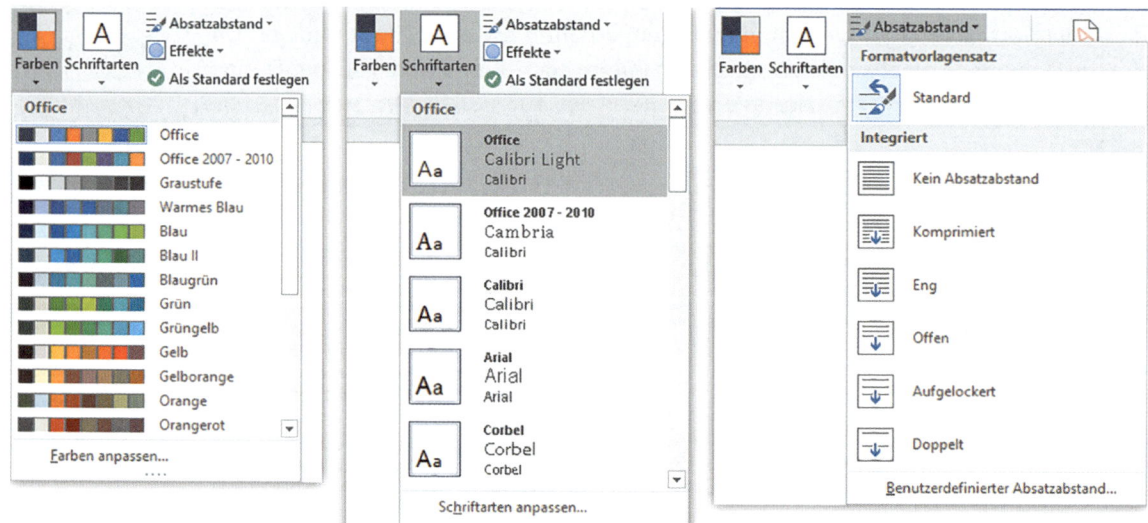

Tipp: Absatzabstände schnell ändern

Die Zeilen- und Absatzabstände gehören, genau genommen, nicht zum Design, Sie finden aber im Register *Entwurf*, Gruppe *Dokumentformatierung* zusätzlich die Schaltfläche *Absatzabstand* über die Sie die Zeilen- und Absatzabstände des gesamten Dokuments steuern. In der Standardeinstellung verwendet Word seit der Version 2010 vergrößerte Zeilen- und Absatzabstände. Allerdings sind diese nicht immer erwünscht, z. B. in Briefen. Die Auswahl *Kein Absatzabstand* (Bild oben rechts) verwendet einen einfachen Zeilenstand (1) und keine Abstände zwischen Absätzen und bezieht sich im Gegensatz zur Formatvorlage *Kein Leerraum* immer auf das gesamte Dokument.

Geändertes Design als Standard festlegen

Alle oben beschriebenen Änderungen wirken sich ausschließlich auf das aktuelle Dokument aus. Wenn Sie Ihre Änderungen dauerhaft als Standardeinstellung für alle künftigen neuen leeren Dokumente festlegen möchten, dann klicken Sie im Register *Entwurf*, Gruppe *Dokumentformatierung* auf die Schaltfläche *Als Standard festlegen* und bestätigen die nachfolgende Meldung mit *Ja*. Bereits erstellte und gespeicherte Dokumente werden dadurch nicht beeinflusst!

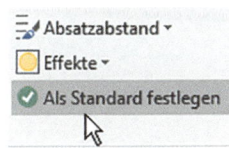

Stellen Sie Ihre eigenen Designfarben zusammen

Falls Sie bestimmte Farben im Dokument benötigen, so können Sie Ihre eigenen Designfarben zusammenstellen und unter einem Namen speichern. Diese stehen dann nicht nur in Word, sondern auch in allen übrigen Office-Anwendungen zur Verfügung.

Ein Beispiel für benutzedefinierte Designfarben finden Sie in Kapitel 11.

1 Wählen Sie dazu zunächst im Register *Entwurf* über die Schaltfläche *Farben* eine beliebige Farbzusammenstellung bzw. Farben, die Ihren Vorstellungen am nächsten kommen. Klicken Sie dann erneut auf *Farben* und hier auf *Farben anpassen…*.

2 Das Fenster *Neue Designfarben erstellen* (Bild unten) wird geöffnet und Sie können nun jede einzelne Designfarbe durch eine andere ersetzen. Klicken Sie dazu auf den Dropdown-Pfeil der zu ersetzenden Farbe, im Bild unten als Beispiel die Akzentfarbe 1, und anschließend auf *Weitere Farben…*, .

3 Im Fenster *Farben* können Sie nun entweder im Register *Standard* eine der Standardfarben auswählen oder im Register *Benutzerdefiniert* eine Farbe anhand ihres RGB-Farbwerts genau definieren. Klicken Sie auf *OK*, um die Farbe zu übernehmen.

Word unterstützt leider ausschließlich das RGB-Farbmodell. Das ebenso gebräuchliche CMYK-Farbmodell ist daher hier nicht verfügbar.

Klicken Sie auf den Dropdown-Pfeil der Farbe die Sie ändern möchten und wählen Sie im Fenster Farben die gewünschte Farbe aus.

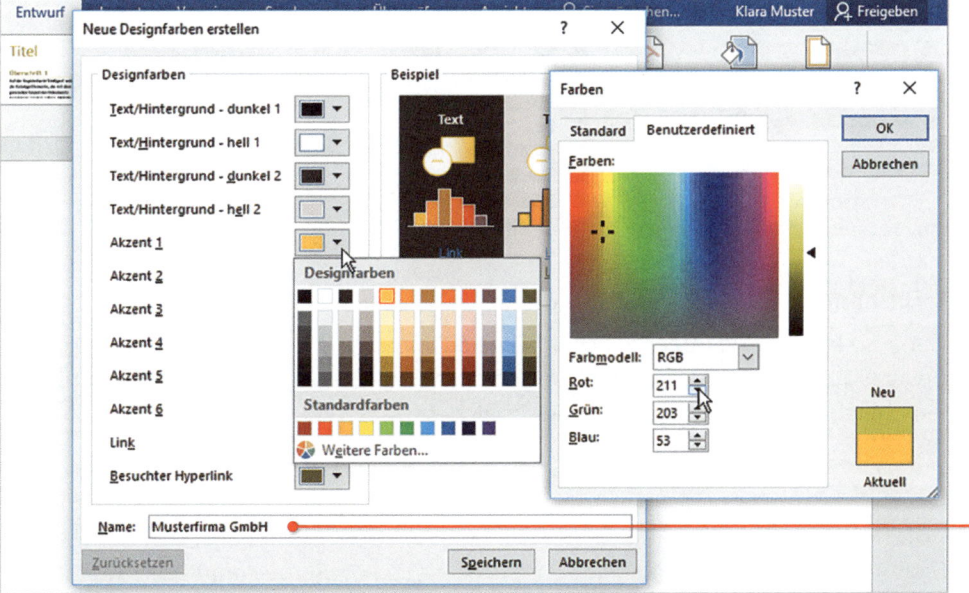

Geben Sie Ihren Farben einen Namen

4   Auf diese Weise lassen sich alle Farben ändern. Bevor Sie die geänderten Farben speichern, sollten Sie noch im Feld *Name* Ihrer Farbzusammenstellung einen aussagefähigen Namen geben.

5   Klicken Sie zuletzt auf *Speichern*.

Tipp: Mit Klick auf die Schaltfläche *Zurücksetzen* können Sie alle vorgenommenen Farbänderungen wieder zurücknehmen, allerdings nur, solange diese noch nicht gespeichert wurden.

Ihre Farben erscheinen zusammen mit den übrigen Designfarben unter der Kategorie *Benutzerdefiniert* (Bild unten), wenn Sie auf die Schaltfläche *Farben* klicken und sind nun in allen Dokumenten verfügbar. Benutzerdefinierte Designfarben werden lokal auf Ihrem Gerät gespeichert. Dies bedeutet, bei der Weitergabe des Dokument bzw. beim Kopieren auf ein anderes Gerät bleiben alle Farben im Dokument erhalten und sind auch über die Schaltflächen *Schriftfarbe* bzw. *Schattierung* verfügbar, erscheinen aber nicht in der Liste der Designfarben.

Benutzerdefinierte Designfarben ändern/löschen

Zum nachträglichen Ändern Ihrer Farben klicken Sie in der Liste der Designfarben mit der rechten Maustaste auf die betreffende benutzerdefinierte Farbzusammenstellung und auf *Bearbeiten....* Über das Kontextmenü der rechten Maustaste und den Befehl *Löschen* können Sie nicht mehr benötigte Farbzusammenstellungen wieder entfernen.

Ihre Farben erscheinen unter der Kategorie Benutzerdefiniert

Benutzerdefinierte Farben löschen

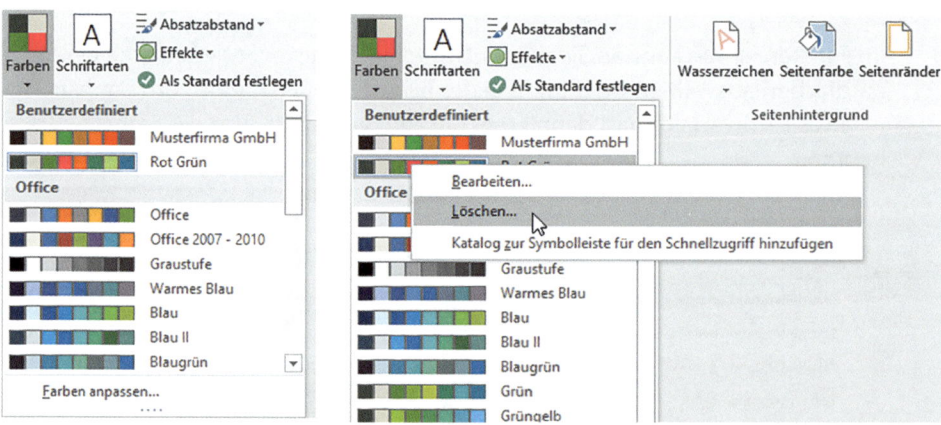

Benutzerdefinierte Schriften zusammenstellen

Genauso können Sie über die Schaltfläche *Schriftart* und *Schriftarten anpassen...* zwei bevorzugte Schriftarten, eine für Überschriften und eine für den übrigen Text, auswählen und ebenfalls unter einem Namen speichern.

Ein benutzerdefiniertes Design speichern

Sie können nicht nur benutzerdefinierte Schrift- und Farbzusammenstellungen speichern, sondern auch komplette Designs. Dazu wählen Sie im Register *Entwurf*, wie oben beschrieben, zunächst Designfarbe, Designschriftart und den gewünschten Designeffekt aus.

1 Klicken Sie dann im Register *Entwurf* auf die Schaltfläche *Designs* und auf *Aktuelles Design speichern....*

2 Geben Sie im anschließenden Dialogfenster *Aktuelles Design speichern* einen Dateinamen ein und klicken Sie auf *Speichern*. Designs werden standardmäßig auf der lokalen Festplatte im Ordner *Microsoft\Templates\Document Themes* des jeweiligen Benutzers mit der Dateinamenserweiterung *.thmx* gespeichert und stehen ab sofort auch in den Office-Anwendungen Excel und PowerPoint zur Verfügung.

Umgekehrt sind in Word natürlich auch Designs verfügbar, die mit PowerPoint oder Excel erstellt und gespeichert wurden.

Design speichern

Benutzerdefiniertes Design auswählen

3.3 Formatvorlagen zur Textformatierung nutzen

Gute Gründe, warum Sie Formatvorlagen verwenden sollten

Formatvorlagen speichern gleich mehrere Formatierungsmerkmale für Zeichen und/oder Absätze und leisten nützliche Dienste, wenn umfangreiche Dokumente ein einheitliches Aussehen erhalten sollen. Word 2016 bringt einen ganzen Satz integrierter und fertig gestalteter Formatvorlagen für unterschiedliche Zwecke, z. B. Überschriften mit, die Sie nicht nur verwenden, sondern außerdem schnell anpassen können. Die Vorteile auf einen Blick:

▶ Mit Formatvorlagen weisen Sie in einem einzigen Arbeitsschritt gleich mehrere Formatierungsmerkmale (z. B. Schriftart, Schriftgrad, Zeilenabstand und Ausrichtung) schnell und effizient zu.

▶ Formatvorlagen gewährleisten einheitliche Formate im gesamten Dokument.

▶ Um nachträglich die Formatierung zu ändern, genügt es, die Formatvorlage zu ändern. Dadurch ändert sich auch automatisch das Aussehen aller Textstellen im Dokument, denen diese Formatvorlage zugewiesen wurde.

▶ Zusätzliche Vorteile, unter anderem die Möglichkeit, ein Inhaltsverzeichnis zu erstellen, erhalten Sie durch die Verwendung der integrierten Formatvorlagen für Überschriften (Überschrift 1, Überschrift 2, usw.). Punkt 3.6 dieses Kapitels befasst sich ausführlich mit diesem Thema.

Näheres zum Thema Formatvorlagen für Überschriften lesen Sie unter Punkt 3.6.

Hinweis: Word bringt integrierte Vorlagen für unterschiedliche Zwecke mit, z. B. zur Tabellenformatierung oder für grafische Elemente, z. B. Formen, SmartArt oder Diagramme mit. Die folgenden Erklärungen befassen sich jedoch ausschließlich mit Formatvorlagen für Text, also für Absätze und Zeichen. Wie Sie Tabellenformatvorlagen und Listenformatvorlagen ändern bzw. erstellen, lesen Sie in Punkt 3.5 dieses Kapitels.

Formatvorlagen zuweisen

Formatvorlage zuweisen

Eine Auswahl an Formatvorlagen für Text finden Sie im Register *Start* in der Gruppe *Formatvorlagen*. Ein Mausklick auf die Schaltfläche *Weitere* ⯆ öffnet den gesamten Katalog. Die meisten Vorlagen können sowohl für die markierten Zeichen als auch für Absätze verwendet werden. Formatvorlagen, die sich ausschließlich auf Absätze beziehen, sind mit dem Absatzsymbol ¶ gekennzeichnet.

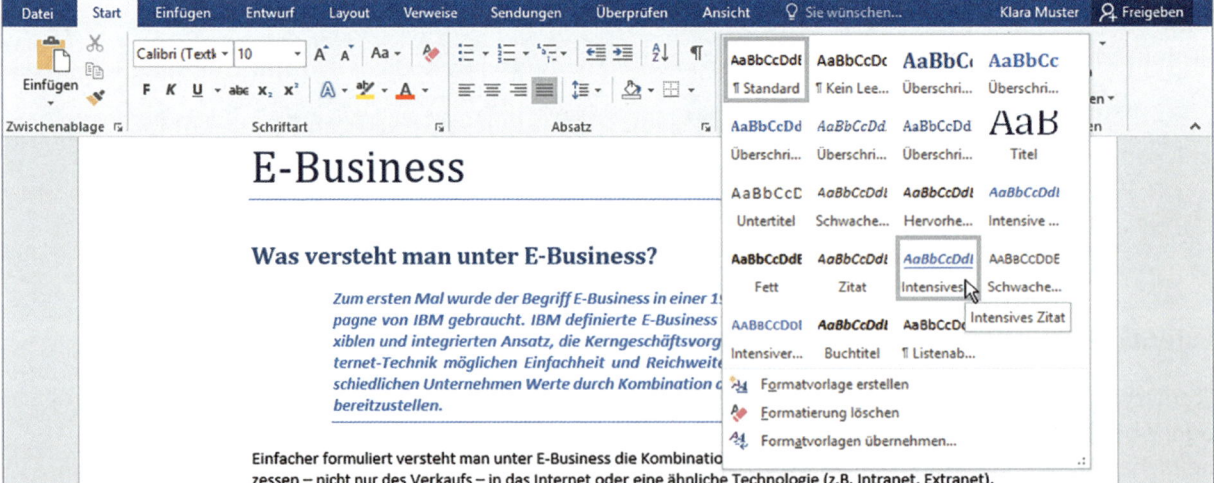

Zur Verwendung einer Formatvorlage brauchen Sie nur die Textstelle markieren (Zeichenformatierung) oder in den Absatz (Absatzformatierung) und dann auf die gewünschte Formatvorlage klicken. Beim Zeigen auf eine Vorlage erhalten Sie an der aktuellen Textstelle im Dokument eine Vorschau und können so die Wirkung vorab beurteilen. Erst mit einem Klick übernehmen Sie die Vorlage. Falls diese später nicht mehr gefällt, können Sie dem Text jederzeit eine andere Formatvorlage zuweisen bzw. mit der Formatvorlage *Standard* das ursprüngliche Aussehen wiederherstellen.

> Word unterscheidet bei den Formatvorlagen für Text zwischen den folgenden Typen, von ihnen hängt ab, ob Sie eine Textstelle markieren müssen oder ob es genügt, wenn sich der Cursor im entsprechenden Absatz befindet.
>
> ▷ Reine Absatzformatvorlagen sind mit diesem Symbol ¶ gekennzeichnet. Sie können sowohl Zeichen- als auch Absatzformate enthalten und wirken sich immer auf den gesamten Absatz aus, d. h. es genügt, wenn sich der Cursor im Absatz befindet.
>
> ▷ Reine Zeichenformatvorlagen enthalten ausschließlich Zeichenformate, z. B. Schriftart, und können nur den markierten Zeichen zugewiesen werden.
>
> ▷ Zuletzte gibt es noch Verknüpfte Formatvorlagen, diese können wahlweise den markierten Zeichen oder dem aktuellen Absatz zugewiesen werden.

Formatvorlagensatz auswählen

Falls Ihnen die integrierten Formatvorlagen nicht zusagen, haben Sie die Möglichkeit der Wahl zwischen mehreren Formatvorlagensätzen, d. h. mehrere Varianten, die alle auf dem aktuellen Design basieren. Diese finden Sie im Register *Entwurf*, Gruppe *Dokumentformatierung*. Klicken Sie auf den Pfeil *Weitere* ⊡, um den gesamten Katalog zu öffnen.

Design auswählen und anpassen, siehe Punkt 3.2

Formatvorlagensatz wählen

Wichtige Formatvorlagen

Die Einsatzmöglichkeiten aller integrierten Formatvorlagen zu beschreiben, würde hier zu weit führen. Einigen Formatvorlagen kommt jedoch besondere Bedeutung zu.

▶ **Die Formatvorlage Standard**
Die Vorlage *Standard* ist die wichtigste Formatvorlage. Sie legt die Standardschriftart und -größe, sowie das Standardabsatzformat z. B. linksbündige Ausrichtung fest. Wenn Sie nach dem Öffnen eines leeren Dokuments mit der Eingabe beginnen und nichts anderes festgelegt haben, dann erhält der Text alle Merkmale der Formatvorlage *Standard*. Wenn also bei Verwendung von Formatvorlagen Text wieder das ursprüngliche Aussehen erhalten soll, dann brauchen Sie nur die Formatvorlage *Standard* zuweisen. Auch Löschen der Formatierung bedeutet eigentlich nichts anderes als den Text wieder auf die Formatvorlage *Standard* zurücksetzen.

▶ **Kein Leerraum**
Eine schnelle und komfortable Möglichkeit, nicht benötigte Abstände zwischen Absätzen z. B. in Briefen schnell zu entfernen, bietet sich mit der Formatvorlage *Kein Leerraum* an. Diese basiert auf Vorlage *Standard*, enthält also dieselben Formatierungen, beinhaltet aber im Gegensatz zu dieser einen einfachen Zeilenabstand (1) und keine Abstände zwischen Absätzen.

▶ **Überschriften**
Äußerst nützlich sind in längeren Dokumenten die Vorlagen für Überschriften, *Überschrift 1*, *Überschrift 2*, usw.. Mit ihrer Hilfe können Sie später Inhaltsverzeichnisse automatisch erstellen, Näheres hierzu in Punkt 3.6.

Formatierung löschen

Zum Entfernen nachträglich vorgenommener Formatierungen benutzen Sie eine der folgenden Möglichkeiten, in beiden Fällen erhält der Text wieder das ursprüngliche Aussehen bzw. die Formatvorlage *Standard*.

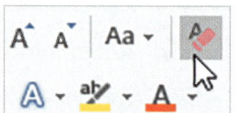

▶ Klicken Sie im Menüband auf *Start* ▶ Gruppe *Schriftart* auf das Symbol *Formatierung löschen* oder verwenden Sie die Tastenkombination Strg+Umschalt+N. Damit werden alle Formatänderungen entfernt und der Text wieder auf die Formatvorlage *Standard* zurückgesetzt. .

▶ Oder klicken Sie im Formatvorlagenkatalog auf die Vorlage *Standard* bzw. wählen Sie eine andere Formatvorlage aus.

> **Beachten Sie dabei:** Wenn kein Text markiert ist, dann entfernen Sie vom aktuellen Absatz nur alle nachträglich geänderten Absatzformate; die geänderten Zeichenformate wie z. B. Unterstrichen bleiben erhalten. Wenn Sie dagegen zuvor eine Textstelle markiert haben, so werden nur die Zeichenformate entfernt, nicht aber Änderungen am Absatzformat.

Übersichtliches Arbeiten mit dem Aufgabenbereich Formatvorlagen

Schnelleres und übersichtlicheres Arbeiten mit Formatvorlagen erlaubt der Aufgabenbereich *Formatvorlagen*. Dieser zeigt Formatvorlagen als übersichtliche Liste an und bleibt solange geöffnet, bis Sie auf das *Schließen*-Symbol des Aufgabenbereichs klicken. Sie erhalten so einen besseren Überblick über vorhandene Formatvorlagen und können diese schneller zuweisen.

Zum Öffnen des Aufgabenbereichs klicken Sie im Register *Start* auf das Pfeilsymbol ⌐ der Gruppe *Formatvorlagen*. Die Breite bestimmen Sie durch Ziehen mit der Maus.

Tipps

▶ Sollte der Aufgabenbereich als frei bewegliches Fenster geöffnet werden, so genügt ein Doppelklick auf den Namen, um ihn fest am rechten Fensterrand zu verankern.

▶ Beim Zeigen auf eine der Vorlagen wird eine Beschreibung der Formatierungen eingeblendet. Aktivieren Sie das Kontrollkästchen *Vorschau anzeigen*, dann werden alle Formatvorlagen mit der dazugehörigen Formatierung angezeigt (Bild unten).

▶ Zudem ist im Aufgabenbereich *Formatvorlagen* jede Formatvorlage mit einem Symbol versehen, das den Formatvorlagentyp kennzeichnet:

- Absatzformatvorlagen sind an diesem Symbol ¶ zu erkennen.
- Das Symbol a steht für reine Zeichenformatvorlagen.
- Verknüpfte Formatvorlagen sind mit diesem Symbol versehen ¶a und können markierten Zeichen oder dem aktuellen Absatz zugewiesen werden.

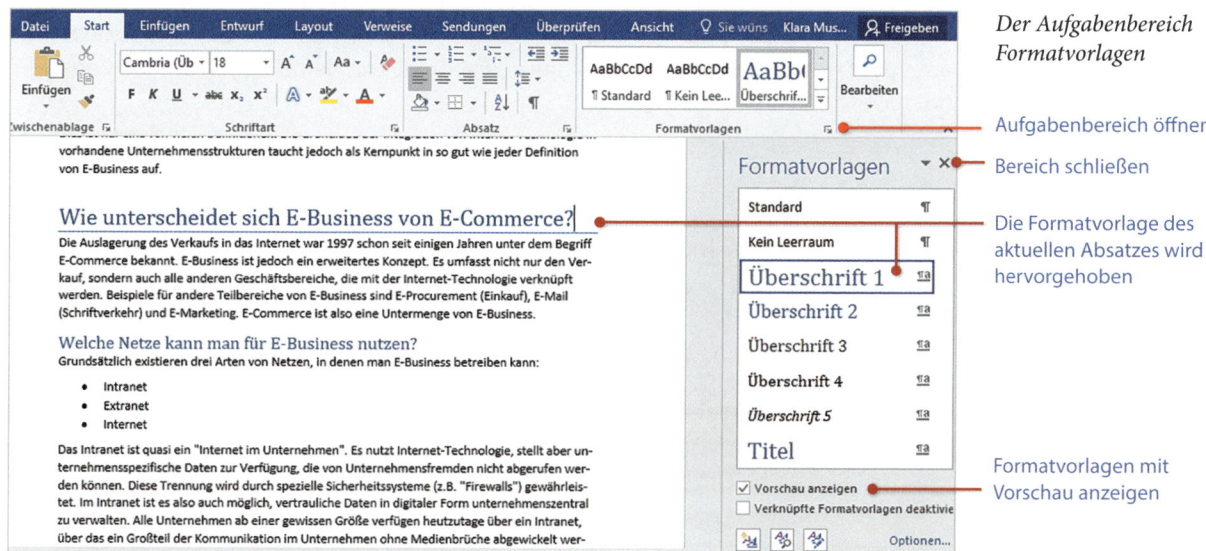

Der Aufgabenbereich Formatvorlagen

Aufgabenbereich öffnen

Bereich schließen

Die Formatvorlage des aktuellen Absatzes wird hervorgehoben

Formatvorlagen mit Vorschau anzeigen

Vorhandene Formatvorlagen ändern

Neben den oben beschriebenen Anpassungsmöglichkeiten mithilfe von Designs und Formatvorlagensätzen lassen sich einzelne Formatvorlagen auch gezielt ändern. Dazu können Sie entweder die Formatvorlage direkt bearbeiten und ihr andere Formate zuweisen oder Sie formatieren zuerst eine Textstelle im Dokument, z. B. einen Absatz und aktualisieren anschließend die Formatvorlage anhand des Textes.

> Alle Änderungen an einer Formatvorlage wirken sich automatisch auf alle Absätze und Zeichen aus, die mit dieser Formatvorlage formatiert wurden.

Formatvorlage anhand von Text aktualisieren

Die einfachste Möglichkeit besteht darin, dass Sie eine Formatvorlage anhand einer entsprechend formatierten Textstelle im Dokument aktualisieren. Diese Methode besitzt außerdem den Vorteil, dass Sie die Wirkung im Dokument besser beurteilen können. Der Absatz, mit dem Sie die Formatvorlage aktualisieren, muss nicht zwingend mit der betreffenden Formatvorlage formatiert sein, Sie können also auch einen beliebigen Absatz verwenden.

1   Als Beispiel erhielt die Überschrift im Bild unten Kapitälchen, einen erweiterten Zeichenabstand und gelbbraune Schriftfarbe sowie eine Rahmenlinie unterhalb. Diese Format soll nun der Formatvorlage *Überschrift 1* zugewiesen werden.

2   Zum anschließenden Aktualisieren muss sich entweder der Cursor im geänderten Absatz befinden oder Sie markieren den gesamten Absatz. Klicken Sie im Aufgabenbereich *Formatvorlagen* mit der rechten Maustaste auf die Formatvorlage, die Sie ändern möchten und wählen Sie den Befehl *...aktualisieren, um der Auswahl anzupassen* (Bild unten). Alternativ klicken Sie auf den Dropdown-Pfeil der Formatvorlage; Achtung: dieser erscheint erst beim Zeigen auf die Vorlage.

Klicken Sie mit der rechten Maustaste auf die Formatvorlage und auf ... aktualisieren.

Der Dropdown-Pfeil erscheint erst beim Zeigen auf eine Vorlage!

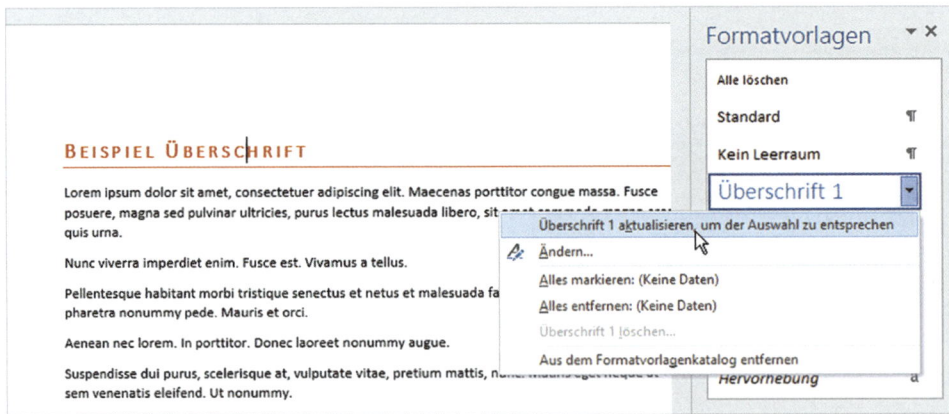

Die Formatvorlage wird entsprechend angepasst. Gleichzeitig ändert sich automatisch auch das Aussehen aller Absätze, denen diese Formatvorlage bereits vorher zugewiesen wurde.

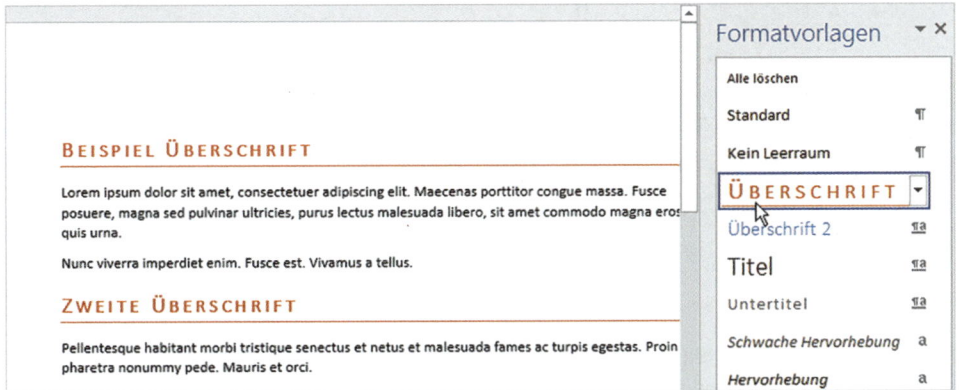

Die geänderte Formatvorlage Überschrift 1

Hinweis: Falls Sie nicht mit dem Aufgabenbereich *Formatvorlagen* arbeiten, so erhalten Sie den Befehl zum Aktualisieren auch, wenn Sie im Menüband, Gruppe *Formatvorlagen* mit der rechten Maustaste auf die zu aktualisierende Formatvorlage klicken.

Die Formatvorlage direkt bearbeiten

Als zweite Möglichkeit bearbeiten Sie die Formatvorlage direkt und wählen in einem gesonderten Dialogfenster die gewünschten Formate aus.

1   Dazu klicken Sie im Aufgabenbereich *Formatvorlagen* mit der rechten Maustaste auf die zu ändernde Formatvorlage und auf den Befehl *Ändern...*.

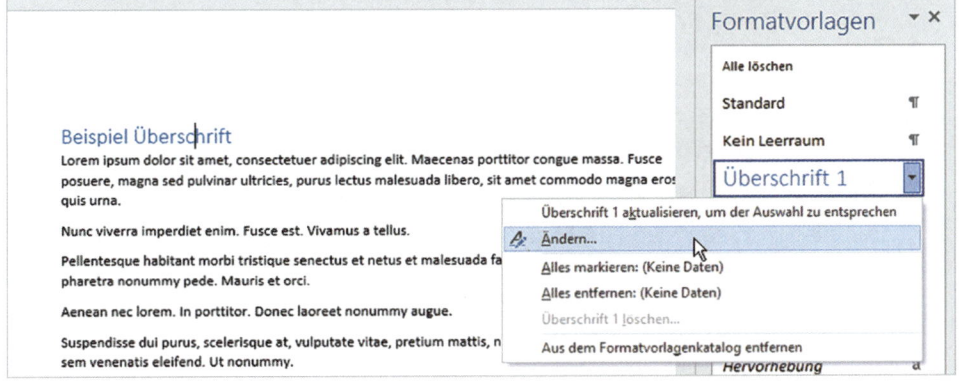

Das Fenster Formatvorlage ändern öffnen

Oder zeigen Sie auf diese Formatvorlage, klicken anschließend auf den Dropdown-Pfeil und dann auf *Ändern...*.

2   Das Dialogfenster *Formatvorlage ändern* wird geöffnet. Sie erhalten hier eine Vorschau zusammen mit allen Eigenschaften der Formatvorlage und können diese bearbeiten. Die wichtigsten Formatierungen lassen sich über Symbole schnell ändern, alle übrigen sind über die Schaltfläche *Format* (siehe nächstes Bild) verfügbar. Zum Übernehmen Ihrer Änderungen klicken Sie auf *OK*.

Formatvorlage ändern

Symbole häufig verwendeter Formate

Weitere Formate, z. B. Schriftart...

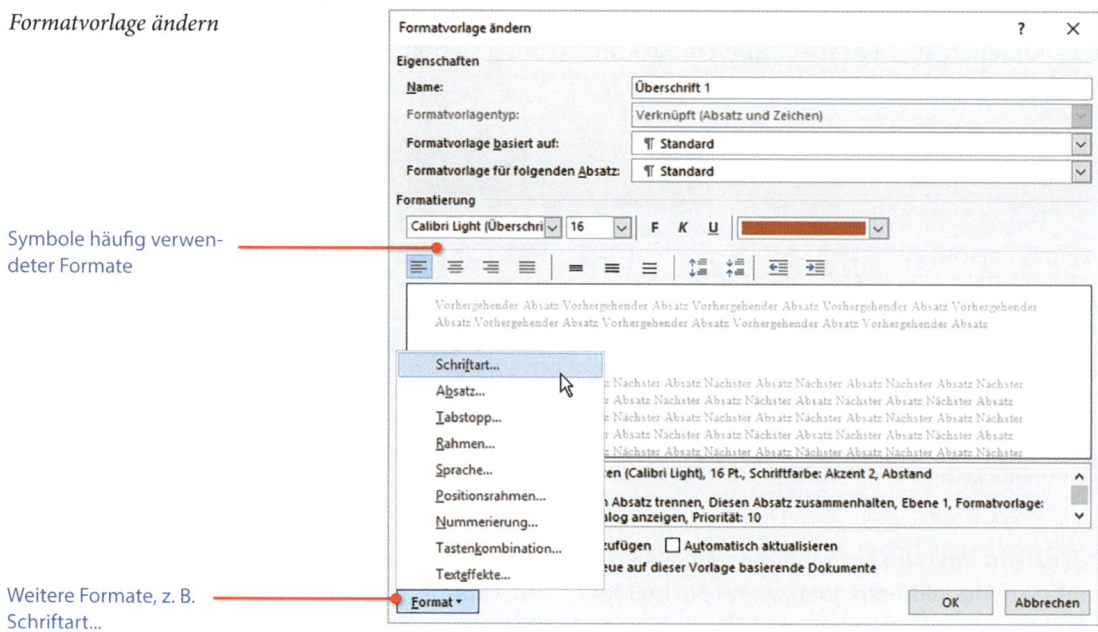

Achten Sie bei Änderungen an Formatvorlagen auf diese Optionen:

Im unteren Teil des Fensters finden Sie Optionen, mit denen Sie das Verhalten bei Aktualisierungen festlegen und gleichzeitig steuern, wo die geänderte Formatvorlage zur Verfügung stehen soll.

Optionen

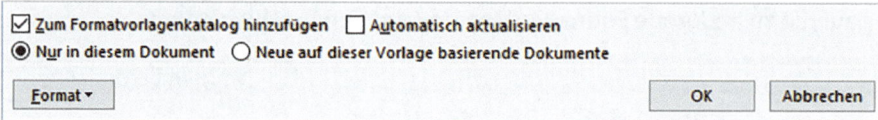

▶ *Zum Formatvorlagenkatalog hinzufügen*. Damit ist diese Formatvorlage nicht nur im Aufgabenbereich *Formatvorlagen*, sondern auch im Register *Start* im Formatvorlagenkatalog verfügbar.

▶ *Automatisch aktualisieren*. **Achtung:** Dieses Kontrollkästchen ist mit Vorsicht zu behandeln! Wenn Sie es aktivieren, dann wird jede Änderungen im Dokument an einer Textstelle mit dieser Formatvorlage automatisch auch in die Formatvorlage übernommen. Unterstreichen Sie beispielsweise einen Absatz, der mit der Formatvorlage *Standard* formatiert wurde, so erhält die Formatvorlage *Standard* ebenfalls Unterstreichung und alle entsprechenden Absätze im Dokument werden unterstrichen. Lassen Sie dieses Kontrollkästchen also besser deaktiviert!

▶ *Nur in diesem Dokument*. Diese Option ist die Standardeinstellung und bewirkt, dass sich die alle vorgenommenen Änderungen ausschließlich im aktuellen Dokument auswirken und zusammen mit dem Dokument gespeichert werden. Neue Dokumente verwenden wieder die ursprünglichen Formatvorlagen.

▶ *Neue, auf dieser Vorlage basierende Dokumente* bedeutet, Ihre Änderungen an der Formatvorlage wirken sich auch auf alle neuen Dokumente aus, die auf derselben Dokumentvorlage basieren. Diese Option leistet in erster Linie dann nützliche Dienste, wenn das aktuelle Dokument auf einer spezifischen Dokumentvorlage, z. B. für Briefe beruht und Ihre Änderungen an der Formatvorlage auch für alle künftigen Dokumente mit dieser Dokumentvorlage gelten sollen. In diesem Fall erscheint beim Schließen der Datei eine Rückfrage, da die Änderungen an der Dokumentvorlage gesondert gespeichert werden müssen. Verwechseln Sie diese nicht mit der Speichermeldung für die Datei.

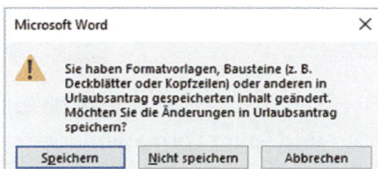

Änderungen an der Dokumentvorlage speichern

Exkurs Dokumentvorlage: Bei der Erstellung einer Dokumentvorlage werden in der Regel auch einzelne Formatvorlagen wunschgemäß gestaltet, z. B. die Formatvorlage *Standard*. Hier wird diese Option nicht benötigt, da die Formatvorlagen der Dokumentvorlage automatisch auch in den Dokumenten verfügbar sind, die auf dieser basieren.

Basiert das aktuelle Dokument dagegen auf der Dokumentvorlage *Normal* bzw. auf einem leeren Dokument, so ist die Verwendung dieser Option meist nicht ratsam.

An diesem Beispiel sehen Sie bereits einen der großen Vorteile von Formatvorlagen. Fällt Ihnen beispielsweise nachträglich auf, dass die Schriftgröße der Überschriften zu groß ist, so brauchen Sie nur den Schriftgrad der Formatvorlage *Überschrift 1* ändern und alle Überschriften in Ihrem Dokument werden automatisch verkleinert. Würden Sie dagegen ohne Formatvorlagen arbeiten, so müssten Sie jede Überschrift einzeln neu formatieren.

Eigene Formatvorlagen neu erstellen

Genau wie beim Ändern haben Sie auch beim Erstellen eigener Formatvorlagen die Möglichkeit, diese anhand eines fertig formatierten Absatzes im Dokument oder im Fenster *Neue Formatvorlage* neu zu erstellen.

Absatzformatvorlage aus Auswahl erstellen

Am schnellsten erhalten Sie eine eigene benutzerdefinierte Absatzformatvorlage, wenn Sie zunächst einen Absatz im Dokument mit allen gewünschten Zeichen- und Absatzformaten versehen.

Im nächsten Schritt erstellen Sie aus dieser Formatierung eine neue Formatvorlage: Achten Sie dabei darauf, dass sich der Cursor innerhalb dieses Absatzes befindet und klicken Sie in der Gruppe *Formatvorlagen* (*Start*) auf die Schaltfläche *Weitere* ⊽. Klicken Sie dann auf *Formatvorlage erstellen*, geben Sie einen Namen für die Formatvorlage ein und klicken Sie auf *OK*.

*Neue Formatvorlage
aus Auswahl erstellen*

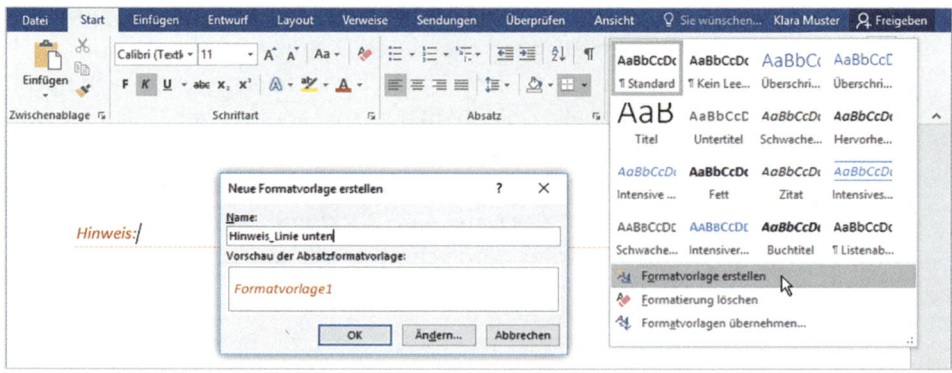

Die neue Formatvorlage ist automatisch vom Typ *Verknüpfte Formatvorlage*, d. h. sie kann für Zeichen oder Absätze verwendet werden und ist im Formatvorlagenkatalog (Schaltfläche *Weitere*) und im Aufgabenbereich *Formatvorlagen* verfügbar.

Eine Absatzformatvorlage von Grund auf neu erstellen

Umfangreiche und weitergehende Möglichkeiten finden Sie im Dialogfenster *Neue Formatvorlage erstellen*. Dieses Fenster öffnen Sie entweder im Aufgabenbereich *Formatvorlagen* mit einem Klick das Symbol *Neue Formatvorlage* 🔧, oder klicken Sie beim Eingeben des Namens (siehe oben) für die neue Formatvorlage auf die Schaltfläche *Ändern…*. Hier können Sie weitere Eigenschaften der neuen Formatvorlage festlegen und einen anderen Formatvorlagentyp auswählen.

> **Achtung:** Wenn beim Öffnen des Fensters *Neue Formatvorlage erstellen* eine Textstelle markiert ist oder sich der Cursor in einem formatierten Absatz befindet, dann verfügt die neue Formatvorlage bereits über alle Formatmerkmale dieses Absatzes. Möchten Sie dagegen mit einer neuen Formatvorlage ohne Vorgaben beginnen, dann sorgen Sie dafür, dass sich der Cursor in einem nicht formatierten Absatz mit der Formatvorlage *Standard* befindet.

1. Zunächst geben Sie einen Namen für die neue Formatvorlage ein. Jeder Name darf im Dokument bzw. der Dokumentvorlage nur einmal vorhanden sein, möglicherweise erhalten Sie daher eine Meldung, dass dieser Name bereits vorhanden oder für eine integrierte Formatvorlage reserviert ist.

2. Als Formatvorlagentyp wird standardmäßig *Absatz* vorgeschlagen, die übrigen Typen, *Zeichen* und *Verknüpft* wählen Sie über den Dropdown-Pfeil aus.

   Achtung: der Formatvorlagentyp kann nachträglich nicht mehr geändert werden!

3. *Unter Basiert auf* legen Sie fest, auf welcher Formatvorlage die neue Vorlage basieren soll. Basiert sie beispielsweise auf der Formatvorlage *Standard*, so enthält sie zusätzlich auch deren Formatierungen und nachträgliche Änderungen an der Formatvorlage *Standard*, z. B. das Ändern der Schriftart, wirken sich auch auf die

neue Formatvorlage aus. Möchten Sie dies ausschließen, so wählen Sie hier *keine Formatvorlage*.

4   Wenn Sie während der Eingabe einen Absatz beenden, erhält der nachfolgende Absatz automatisch dieselbe Formatvorlage. Im Feld *Formatvorlage für nachfolgenden Absatz* können Sie dem nächsten Absatz eine abweichende Formatvorlage zuweisen. Sinnvoll ist dies beispielsweise bei Überschriften, da für den Folgeabsatz normalerweise wieder eine Formatvorlage für Fließtext benötigt wird. Bei Aufzählungen sollte dagegen auch der nächste Absatz dieselbe Formatierung erhalten. Diese Einstellung dient nur der Arbeitserleichterung, Sie können jederzeit dem Folgeabsatz manuell eine andere Formatvorlage zuweisen.

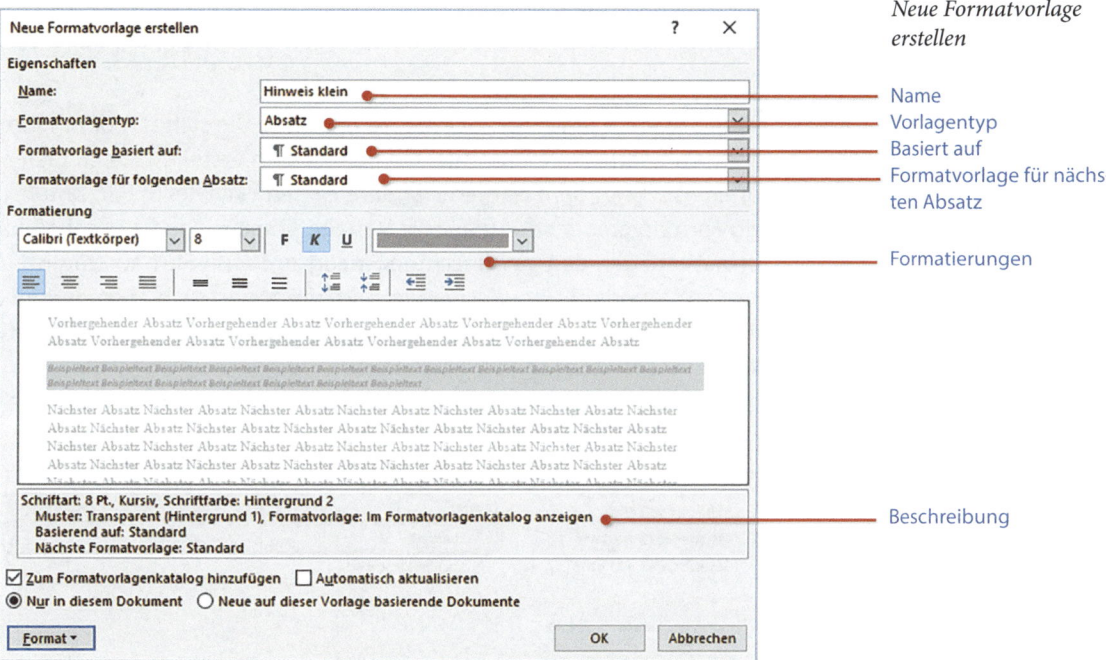

Neue Formatvorlage erstellen

Name

Vorlagentyp

Basiert auf

Formatvorlage für nächsten Absatz

Formatierungen

Beschreibung

5   Im Bereich *Formatierung* legen Sie wieder die Formate fest. Weitere, z. B. Rahmenlinien und Schattierung oder Tabstopps finden Sie über die Schaltfläche *Format*.

6   Aktivieren Sie das Kontrollkästchen *Zum Formatvorlagenkatalog hinzufügen*. Genaue Erläuterungen zu den übrigen Optionen finden Sie auf Seite 112.

> Viele benutzerdefinierte Formatvorlagen werden ausschließlich im aktuellen Dokument bzw. der Dokumentvorlage benötigt; die Standardeinstellung *Nur in diesem Dokument* sorgt dafür, dass die Liste der Formatvorlagen nicht zu umfangreich und damit unübersichtlich wird. Die Option *Neue auf dieser Vorlage basierende Dokumente* sollten Sie also nur in Ausnahmefällen aktivieren.

Zeichenformatvorlagen erstellen

Die Erstellung von Zeichenformatvorlagen unterscheidet sich nur wenig von der oben beschriebenen Vorgehensweise. Wählen Sie im Feld *Formatvorlagentyp* Zeichen aus und beachten Sie, dass dieser Vorlagentyp nur Zeichenformate, z. B. Schriftart und -größe, Schriftschnitt und -farbe zulässt.

Aufeinander basierende Formatvorlagen erstellen

Sehr praktisch ist in vielen Fällen die Möglichkeit, eine bestehende Formatvorlage als Ausgangsbasis für eine andere zu verwenden, siehe Bild unten, Feld *Formatvorlage Basiert auf*. Beachten Sie aber, dass sich Änderungen an der zugrundeliegenden Formatvorlage automatisch auch auf alle Formatvorlagen auswirken, die auf dieser Vorlage basieren.

Beispiel: Häufig werden eingerückte Absätze benötigt, die sich nur durch ihren Einzug von der Formatvorlage *Standard* unterscheiden. Dann erstellen Sie einfach eine neue Formatvorlage, z. B. mit dem Namen *Standard eingerückt*, wie im Bild unten, und wählen im Feld *Formatvorlage basiert auf* die Vorlage *Standard* aus. Anschließend weisen Sie der Formatvorlagen den gewünschten Einzug zu. Wenn Sie nachträglich die Schriftart der Formatvorlage *Standard* ändern, dann ändert sich automatisch auch die Schriftart der Formatvorlage *Standard eingerückt* und aller anderen Formatvorlagen, die auf der Formatvorlage *Standard* beruhen.

Eine Formatvorlage auf der Basis der Formatvorlage Standard erstellen

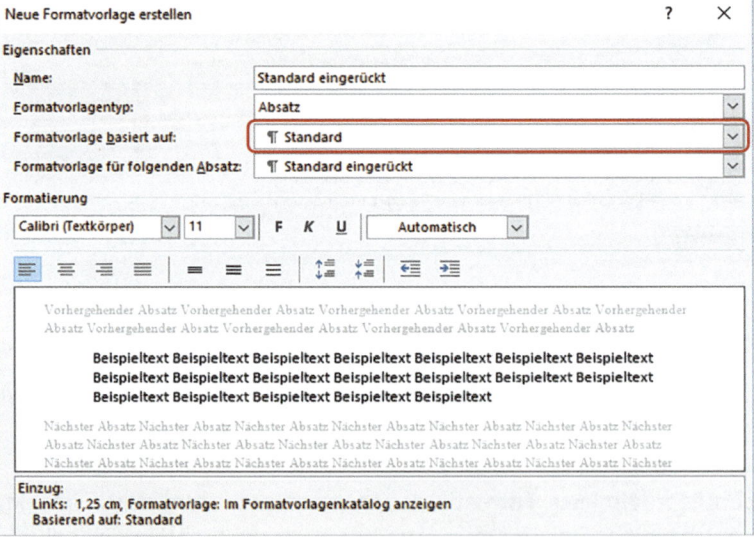

Beachten Sie: Nachträgliche Änderungen wirken sich nur auf Formate aus, die in beiden Formatvorlagen übereinstimmen, abweichende Formateinstellungen bleiben unverändert. Vereinbaren Sie beispielsweise für die Formatvorlage *Standard eingerückt* explizit eine bestimmte Schriftart, dann hat eine Änderung der Schriftart in der Formatvorlage *Standard* keinerlei Wirkung auf die Schriftart der darauf basierenden Vorlage.

Tipps zur Änderung der Formatvorlagen Standard und Überschriften

Viele Firmen verwenden eine besondere Schriftart und individuelle Farben als Teil der Corporate Identity. Man könnte nun die Formatvorlage *Standard* ändern, um die Firmenschriftart in jedem neuen Dokument zu verwenden. Nachteil dieser Vorgehensweise ist, dass neben *Standard* auch die Formatvorlagen *Kein Leerraum* und, falls verwendet, alle *Überschriftsebenen* einzeln angepasst werden müssten, da die Änderung der Standardschriftart nicht an die genannten Formatvorlagen vererbt wird. In diesem Fall kann es von Vorteil sein, die Anpassung über eine Änderung der Designschriftart vorzunehmen (siehe Punkt „Eigene Designs zusammenstellen" auf Seite 102)

Schnelle Formatierung mit Tastenkombinationen

Häufig verwendete Formatvorlagen können mit einer Tastenkombination noch schneller zugewiesen werden. Eine Tastenkombination kann gleich bei der Erstellung zugewiesen oder nachträglich hinzugefügt werden.

1 Öffnen Sie dazu das Fenster *Formatvorlage ändern*, entweder per Rechtsklick auf die Formatvorlage im Formatvorlagenkatalog und den Befehl *Ändern…*. Oder klicken Sie im Aufgabenbereich *Formatvorlagen* auf den Dropdown-Pfeil der Vorlage und auf *Ändern…*.

2 Klicken Sie im Dialogfenster *Formatvorlage ändern* auf die Schaltfläche *Format* und auf *Tastenkombination…*.

3 Das Fenster *Tastatur anpassen* wird geöffnet. Klicken Sie in das Feld *Neue Tastenkombination* und drücken Sie die gewünschten Tasten.

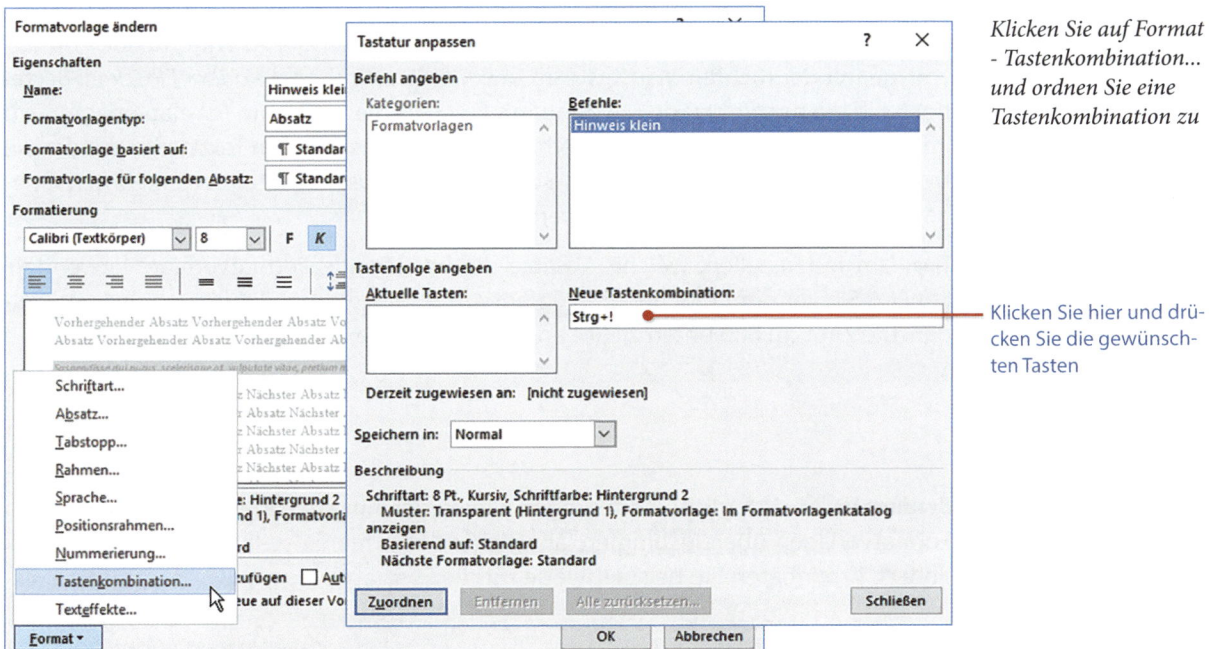

Klicken Sie auf Format - Tastenkombination... und ordnen Sie eine Tastenkombination zu

Klicken Sie hier und drücken Sie die gewünschten Tasten

- Vergeben Sie am besten eine Kombination in Verbindung mit den Tasten Strg +Umschalt (Shift) und einem Sonderzeichen, diese sind nur selten bereits vergeben. Sollte die gewählte Tastenkombination bereits anderweitig belegt sein, so erscheint dies unter *Derzeit zugewiesen an*.
- **Achtung:** Verwenden Sie keine der bekannten und wichtigen Tastenkombinationen wie beispielsweise Strg+C (Kopieren), da die ursprüngliche Tastenbelegung sonst überschrieben wird!

4   Im Feld *Speichern in* legen Sie fest, ob die Tastenkombination in allen neuen Dokumenten (Dokumentvorlage *Normal*) oder nur im aktuellen Dokument verfügbar sein werden soll. Handelt es sich beim aktuellen Dokument um eine benutzerdefinierte Dokumentvorlage; so steht die Tastenkombination in allen Word-Dateien zur Verfügung, die auf der Grundlage dieser Vorlage erstellt wurden. Zuletzt klicken Sie auf die Schaltfläche *Zuordnen*.

3.4   Formatvorlagen verwalten

Formatvorlage löschen

Formatvorlage aus dem Dokument löschen

Häufig sammeln sich, besonders in umfangreichen Dokumenten, schnell zahlreiche nicht verwendete oder benötigte benutzerdefinierte Formatvorlagen an. Um diese zu löschen klicken Sie im Aufgabenbereich *Formatvorlagen* die zu entfernende Formatvorlage mit der rechten Maustaste an und wählen *[Name der Vorlage] löschen*. Bestätigen Sie die nachfolgende Meldung mit *OK*. Falls die gelöschte Formatvorlage noch im Dokument verwendet wird, so erhalten die entsprechenden Textstellen wieder die Formatvorlage *Standard*. Beachten Sie außerdem, dass die integrierten Formatvorlagen, z. B. *Standard* nicht gelöscht werden können.

Tipp: Um festzustellen, welche Absätze die betreffende Formatvorlage verwenden, können Sie vor dem Löschen den Befehl *Alle Instanzen von [Zahl] markieren* verwenden. Die Zahl, im Bild unten 2, gibt an, um wie viele Textstellen es sich handelt.

Die ausgewählte Formatvorlage aus dem Dokument löschen

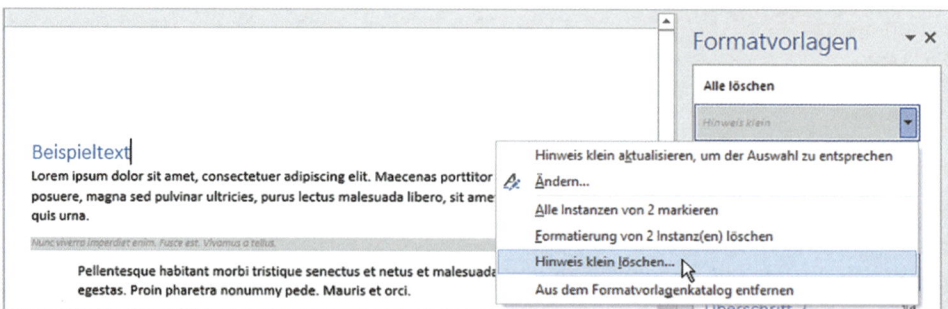

Diese Vorgehensweise löscht die Formatvorlage nur aus dem aktuellen Dokument. Wurde die Formatvorlage in der Dokumentvorlage *Normal* gespeichert (Option *Neue auf dieser Vorlage basierende Dokumente*), so ist sie trotzdem in jedem neuen Dokument wieder vorhanden.

Hinweis: Wenn Sie im Formatvorlagenkatalog mit der rechten Maustaste auf eine Formatvorlage klicken, dann erhalten Sie hier unter anderem den Befehl *Aus dem Formatvorlagenkatalog entfernen*. Dies bewirkt nur, dass die Vorlage nicht mehr im Katalog erscheint, im Aufgabenbereich ist sie trotzdem noch vorhanden.

Kopierter Text und Formatvorlagen

Wenn Sie mit einer Formatvorlage formatierten Text aus anderen Dokumenten kopieren und in das aktuelle Dokument einfügen, dann wird mit der Einfügeoption *Ursprüngliche Formatierung beibehalten* bzw. beim Einfügen mit Strg+V auch dessen Formatvorlage dem Dokument hinzugefügt und steht hier ab sofort zur Verfügung. Auf diese Weise können Sie schnell einzelne Formatvorlagen zwischen Dokumenten austauschen.

Verwenden Sie dagegen im Zieldokument gesonderte Formatvorlagen und möchten verhindern, dass die Liste der Formatvorlagen unnötig aufgebläht wird, dann sollten Sie beim Einfügen den kopierten Text nur als Text übernehmen. Klicken Sie dazu nach dem Einfügen an der Einfügestelle auf das kleine Symbol *Einfügeoptionen* und auf die Einstellung *Nur den Text übernehmen*.

Kopierten Text ohne Formatvorlage einfügen

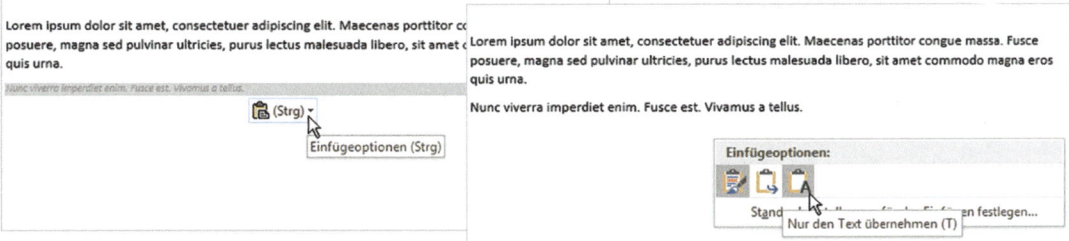

Was tun, um die Formatvorlage aus einer selbst erstellten Dokumentvorlage zu löschen?

Öffnen Sie die Dokumentvorlage selbst, nicht die Kopie der Dokumentvorlage. Löschen Sie anschließend die Formatvorlage indem Sie diese, wie oben beschrieben, im Fenster *Formatvorlagen* mit der rechten Maustaste anklicken und *[Name der Vorlage] löschen* auswählen.

Formatvorlage aus der globalen Dokumentvorlage Normal löschen

Wie bereits mehrfach erwähnt, ist es keine gute Idee, nur einmal benötigte benutzerdefinierte Formatvorlagen in der Dokumentvorlage *Normal* zu speichern. Wenn Sie aus dieser überflüssige Formatvorlagen entfernen möchten, dann gehen Sie so vor:

1 Klicken Sie im Aufgabenbereich *Formatvorlagen* auf das Symbol *Formatvorlagen verwalten* ⚇.

2 Im Dialogfenster *Formatvorlagen verwalten* klicken Sie unten links auf die Schaltfläche *Importieren/Exportieren…*.

Formatvorlagen verwalten

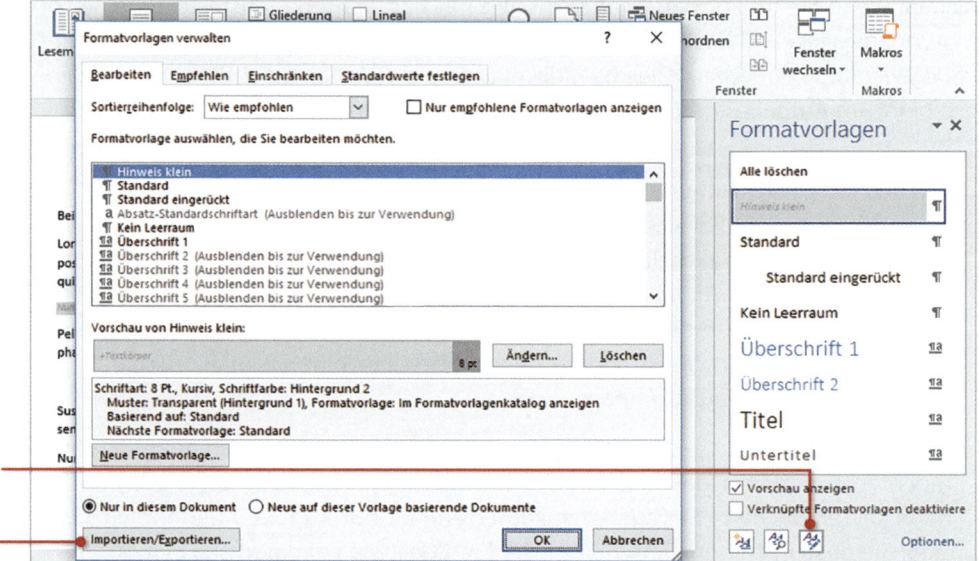

Symbol Formatvorlagen verwalten

Dialogfenster Organisieren öffnen

3 Das Dialogfenster *Organisieren* öffnet sich mit dem Register *Formatvorlagen* (Bild unten). Auf der rechten Seite sind Formatvorlagen aus der globalen Dokumentvorlage *Normal.dotm* aufgelistet. Markieren Sie hier die zu löschende Formatvorlage und klicken Sie auf die Schaltfläche *Löschen* und bestätigen Sie mit *Ja*. Falls die gelöschte Formatvorlage im aktuellen Dokument verwendet wurde, so ist sie ab sofort nur noch hier verfügbar. Im nächsten neuen leeren Dokument erscheint dagegen die Formatvorlage nicht mehr.

Markieren Sie die Benutzerdefinierte Formatvorlage und klicken Sie auf Löschen

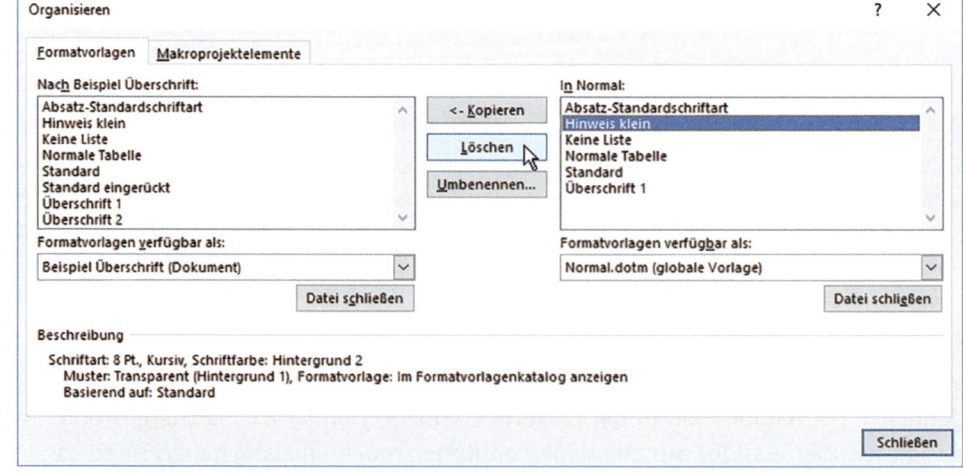

In der Dokumentvorlage *Normal* werden zwar integrierte Formatvorlagen wie z. B. *Standard* oder *Überschrift 1* aufgeführt, diese können aber nicht gelöscht werden.

Die Anzeige der Formatvorlagen im Aufgabenbereich steuern

Damit Sie bei einer Vielzahl von Formatvorlagen im Aufgabenbereich nicht den Überblick verlieren und die wichtigsten Vorlagen schnell zur Hand haben, hier einige Tipps.

Weitere Formatvorlagen anzeigen

Der Aufgabenbereich *Formatvorlagen* zeigt nur eine Auswahl integrierter Formatvorlagen an. Word verfügt aber tatsächlich über wesentlich mehr Formatvorlagen, diese sind allerdings in der Standardeinstellung nicht sichtbar und erscheinen nur, wenn Sie im Dokument verwendet wurden.

Verschiedene Anzeigemöglichkeiten erhalten Sie, wenn Sie im Aufgabenbereich *Formatvorlagen* unten auf den Link *Optionen...* klicken.

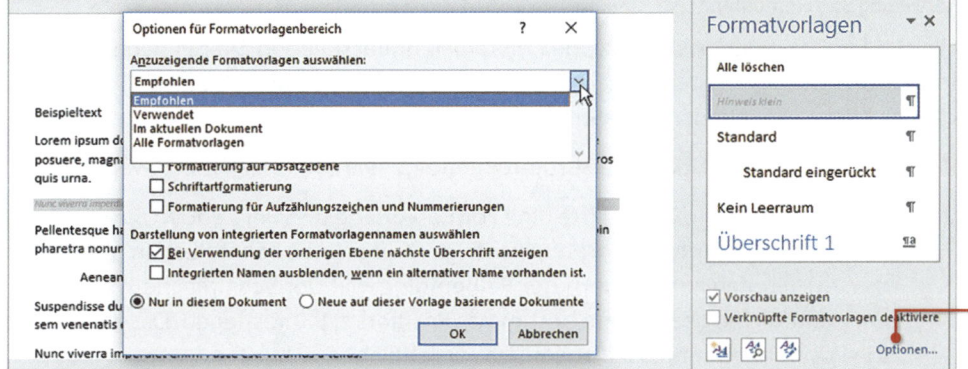

Wählen Sie den Umfang der anzuzeigenden Formatvorlagen aus

Das Fenster Optionen für Formatvorlagenbereich öffnen

▷ Im Feld *Anzuzeigende Formatvorlagen auswählen* (Bild oben) können Sie neben der Standardeinstellung *Empfohlen* entweder *Verwendet* oder *Im aktuellen Dokument* auswählen, um die Liste einzugrenzen. *Alle Formatvorlagen* zeigt dagegen alle integrierten Formatvorlagen an.

▷ Über die Optionen *Nur in diesem Dokument* und *Neue auf dieser Vorlage basierende Dokumente* legen Sie wieder fest, ob Ihre Einstellungen sich auf alle neuen Dokumente oder nur das aktuelle Dokument beziehen sollen.

Überschriftvorlagen anzeigen

Eine Sonderrolle nehmen die integrierten Überschriftformatvorlagen ein. Word unterstützt insgesamt 9 Überschriftsebenen und verfügt über entsprechende Formatvorlagen. Standardmäßig ist im Fenster *Optionen für Formatvorlagenbereich* (Bild oben) das Kontrollkästchen *Bei Verwendung der vorherigen Ebene nächste Überschrift anzeigen* aktiviert. Dies bedeutet, die nächsttiefere Ebene erscheint im Aufgabenbereich automatisch, sobald Sie eine Überschriftformatvorlage zugewiesen haben.

So legen Sie die Reihenfolge der Formatvorlagen fest

Im Fenster *Optionen für Formatvorlagenbereich* haben Sie über das Feld *Sortierung für Liste auswählen* auch die Möglichkeit, zwischen verschiedenen Sortierungen zu wählen. Statt *Wie empfohlen* kann bei einer Vielzahl von Formatvorlagen auch eine alphabetische Sortierung nützlich sein.

Sortierung Formatvorlagen

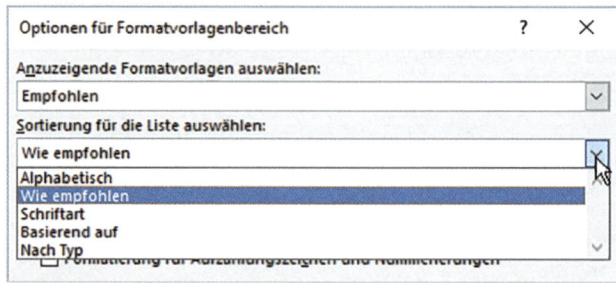

Sortierung und empfohlene Liste steuern

Welche Formatvorlagen die Anzeige *Empfohlen* umfasst, legen Sie bei Bedarf im Dialogfenster *Formatvorlagen verwalten* fest, das Sie über das gleichnamige Symbol 🎶 öffnen. Klicken Sie auf das Register *Empfehlen*.

1 Achten Sie darauf, dass die Sortierreihenfolge *Wie empfohlen* ausgewählt ist.

2 Markieren Sie dann in der Liste eine Formatvorlage und verwenden Sie unter *Priorität für die empfohlene Sortierreihenfolge festlegen* die Schaltflächen *Nach oben* bzw. *Nach unten* zum Ändern der Reihenfolge. Mit der Schaltfläche *Wert zuweisen...* können Sie gezielt eine bestimmte Position, z. B. 1 festlegen. Die gegenwärtige Positionsnummer ist aus der Liste ersichtlich.

Sortierreihenfolge und empfohlene Formatvorlagen verwalten

Alle vorhandenen Formatvorlagen, empfohlene sind mit dunkler Schrift hervorgehoben

Positionsnummer

Reihenfolge ändern

in der Liste Empfohlene Formatvorlagen anzeigen oder ausblenden

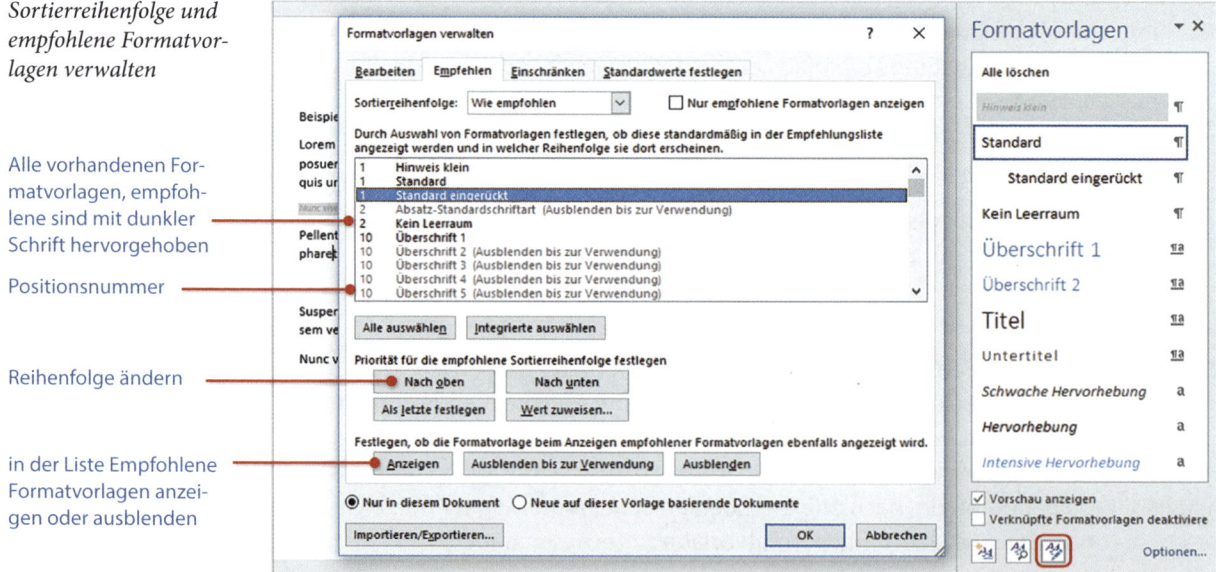

3 Ob eine Formatvorlage in der Liste der empfohlenen Formatvorlagen erscheint, steuern Sie über weitere Schaltflächen: Mit Klick auf *Anzeigen* fügen Sie die markierte Formatvorlage den empfohlenen Formatvorlagen hinzu (noch nicht in der Liste enthaltene Formatvorlagen sind ausgegraut), *Ausblenden* blendet die Formatvorlage aus und mit *Ausblenden bis zur Verwendung* erscheint die Formatvorlage erst, wenn Sie im Dokument verwendet wird.

Hinweis: Einige Formatvorlagen, beginnend ab Nummer 60, können weder sortiert noch in der Anzeige aktiviert bzw. deaktiviert werden. Bei diesen handelt es sich um Tabellenformatvorlagen, die im Register *Tabellentools - Entwurf* immer zur Verfügung stehen.

4 Zuletzt können Sie auch hier wieder festlegen, ob Ihre Einstellungen für das aktuelle Dokument oder alle neuen Dokumente gelten sollen.

Formatvorlagen im Dokument anzeigen

Wenn Sie im Dokument die verwendeten Formatvorlagen anzeigen möchten (Bild unten), dann gehen Sie so vor:

1 Klicken Sie im Register *Datei* auf *Optionen* und hier auf *Erweitert*.

2 Scrollen Sie dann nach unten bis zum Abschnitt *Anzeigen* und geben Sie im Feld *Breite des Formatvorlagenbereichs in Entwurfs- und Gliederungsansichten* statt der Standardbreite 0 cm die gewünschte Spaltenbreite, z. B. 3 cm ein.

3 Schließen Sie die *Word-Optionen* mit Klick auf die Schaltfläche *OK*.

4 Klicken Sie anschließend auf das Register *Ansicht* und wechseln Sie in der Gruppe Ansichten mit Klick auf *Entwurf* in die Entwurfsansicht.

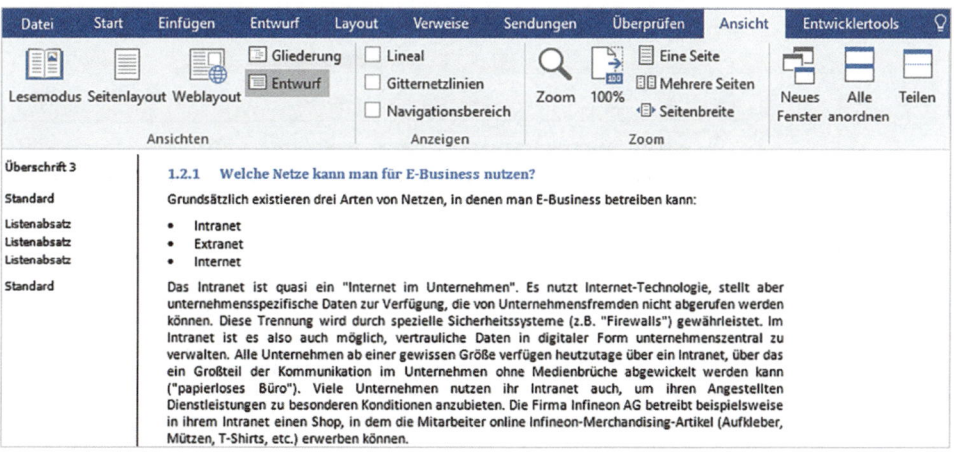

Formatvorlagen in der Ansicht Entwurf anzeigen

Achtung: Die Formatvorlagenspalte ist ausschließlich in den Ansichten *Gliederung* und *Entwurf* sichtbar und verschwindet automatisch, sobald Sie wieder zur Ansicht *Seitenlayout* wechseln.

3.5   Besondere Formatvorlagen

Eigene Listenformatvorlagen speichern

Listen erstellen und anpassen, siehe Kapitel 1.3, Absätze fortlaufend nummerieren

Im Gegensatz zu einfachen Nummerierungen und Aufzählungen erfordert die Anpassung von Listen mit mehreren Ebenen meist etwas mehr Aufwand. Daher kann es durchaus sinnvoll sein, eine benutzerdefinierte Liste auch gleich als Listenformatvorlage zu speichern. Als Ausgangsbasis kann eine vorhandene, bereits fertig angepasste Liste verwendet werden oder Sie beginnen mit der Standardliste von Word. So gehen Sie vor:

1   Klicken Sie im Register *Start* auf *Liste mit mehreren Ebenen* und anschließend auf *Neuen Listentyp definieren...*. Alternativ können Sie dem aktuellen Absatz oder, falls bereits vorhanden, auch der markierten Liste zunächst einen Listentyp zuweisen, der Ihren Vorstellungen am nächsten kommt und anschließend auf *Neuen Listentyp definieren* klicken.

Symbol Liste mit mehreren Ebenen

Neue Listenformatvorlage definieren

2   Im Fenster *Neue Listenformatvorlage definieren* geben Sie einen Namen für die Liste ein (siehe Bild unten) und legen fest, wo die Liste künftig verfügbar sein soll: *Nur in diesem Dokument* oder in allen *Neuen, auf derselben Vorlage basierenden Dokumenten*.

Nummerierung der Ebenen bearbeiten

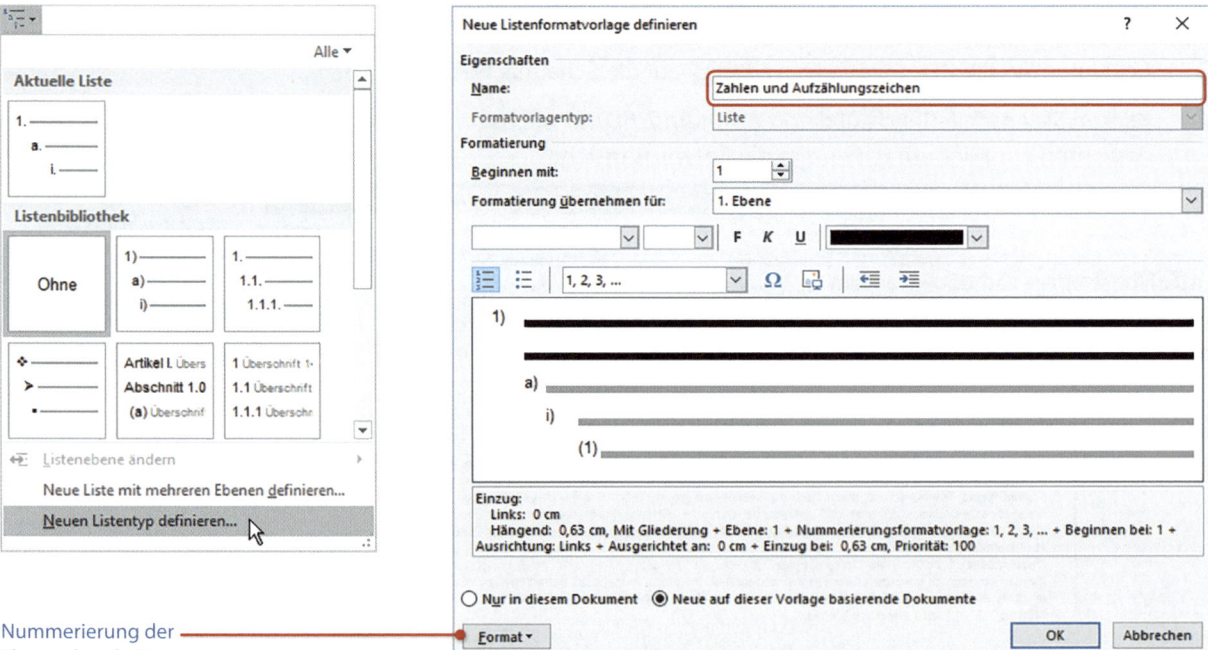

3   Klicken Sie anschließend auf die Schaltfläche *Format* und hier auf *Nummerierung...*.

4 Im Fenster *Neue Liste mit mehreren Ebenen ändern* bearbeiten Sie nun nacheinander die einzelnen Ebenen, wie in Kapitel 1.3 bereits ausführlich beschrieben.

5 Mit Klick auf *OK* kehren Sie wieder zurück zum Dialogfenster *Neue Listenformatvorlage definieren*. Klicken Sie auch hier auf *OK*, um die neue Listenformatvorlage zu speichern.

Bearbeiten Sie die einzelnen Ebenen

Die neue Listenformatvorlage steht ab sofort über das Symbol *Liste mit mehreren Ebenen* unter dem Abschnitt *Listenformatvorlagen* zur Verfügung.

Die benutzerdefinierte Listenformatvorlage

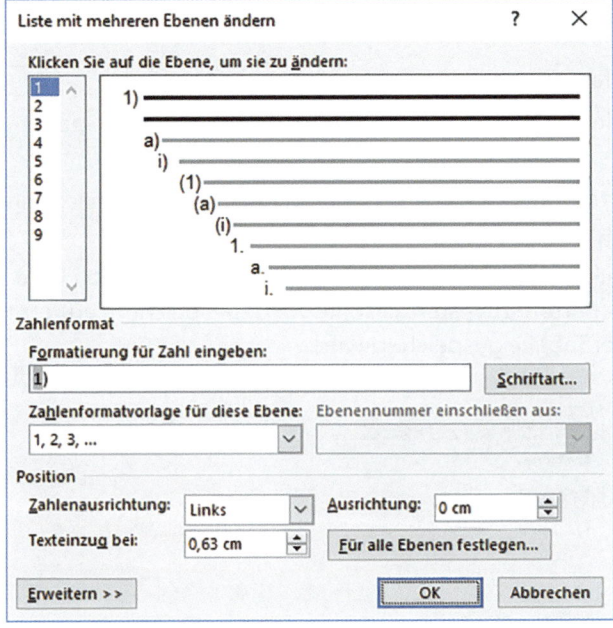

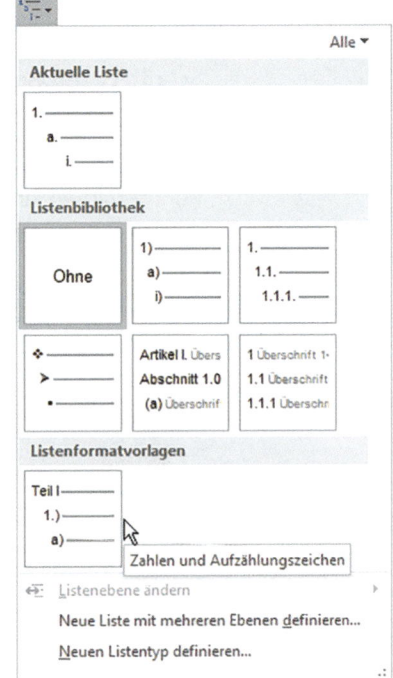

Listenformatvorlage nachträglich ändern

Falls Sie die Listenformatvorlage nachträglich ändern möchten, so klicken Sie auf das Symbol *Liste mit mehreren Ebenen*, anschließend mit der rechten Maustaste auf die betreffende Listenformatvorlage und hier auf *Ändern*. Das Fenster *Liste mit mehreren Ebenen* öffnet sich erneut und Sie können über die Schaltfläche *Format* und den Befehl *Nummerierung...* die Ebenen bearbeiten.

Tabellenformatvorlagen

Zum Formatieren von Tabellen bringt Word zwar einen umfangreichen Formatvorlagenkatalog mit, aber auch hier kann sich das Erstellen bzw. Speichern eigener Tabellenformatvorlagen lohnen, insbesondere dann, wenn Sie in längeren Dokumenten mehrere identische Tabellenformate benötigen. Word stellt Ihnen dazu die beiden folgenden Möglichkeiten zur Verfügung:

Als Schnelltabelle speichern

Das Speichern einer fertig formatierten Tabelle als Schnelltabelle stellt zwar keine Formatvorlage dar, ist aber die einfachste und schnellste Methode und wird daher an dieser Stelle trotzdem beschrieben.

1   Fügen Sie dazu im Dokument eine Tabelle mit der benötigten Anzahl Spalten und Zeilen ein und formatieren Sie diese Tabelle. Dazu verwenden Sie am besten eine geeignete Tabellenformatvorlage (Register *Tabellentools ▸ Entwurf ▸ Tabellenformatvorlagen*) und ändern diese nach Ihren Vorstellungen. Sie können ändern...

   ▪ Schriftart, -größe und -farbe

   ▪ Zelleneigenschaften wie z. B. vertikale Ausrichtung, Zeilenhöhe und Spaltenbreite

   ▪ Rahmenlinien und Hintergrund, für abwechselnde Zeilenfarben verwenden Sie am besten eine entsprechende Formatvorlage aus Ausgangsbasis.

Als Beispiel die Tabelle unten. **Achtung:** Der Text in der Tabelle dient nur zu Kontrollzwecken, um die Formatierung zu testen. Er sollte vor dem Speichern entfernt werden, da er sonst mit der Tabelle gespeichert wird.

Passen Sie die Formatierung der Tabelle Ihren Wünschen an

Überschrift	Überschrift
Spaltentext	**Spaltentext**
Spaltentext	**Spaltentext**
Spaltentext	**Spaltentext**

2   Im nächsten Schritt markieren Sie die gesamte Tabelle, klicken im Register *Einfügen* auf *Tabelle* und zeigen hier auf *Schnelltabellen*.

3   Klicken Sie dann auf *Auswahl im Schnelltabellenkatalog speichern....*

Auswahl im Schnelltabellenkatalog speichern

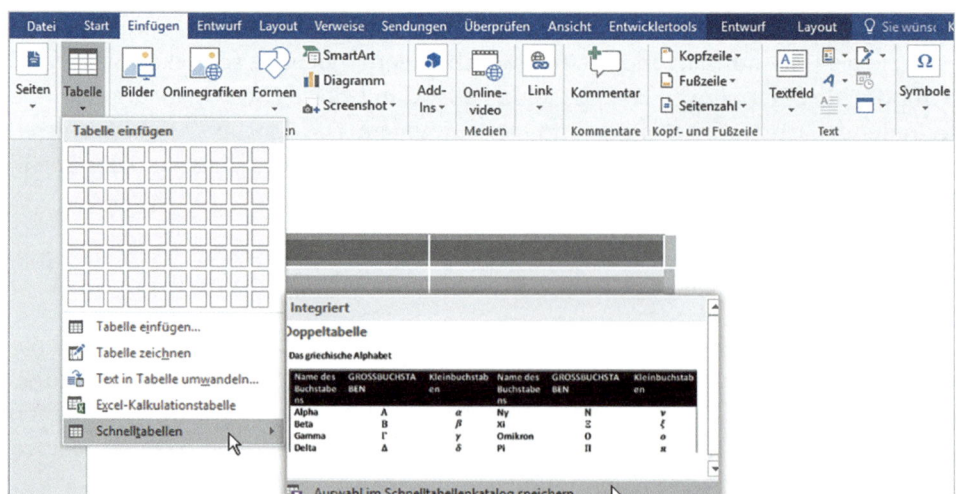

4 Geben Sie anschließend im Fenster *Neuen Baustein erstellen* einen Namen für die Schnelltabelle ein, optional kann auch eine kurze Beschreibung hinzugefügt werden und klicken Sie auf *OK*.

Schnelltabellen werden standardmäßig in der gesonderten Datei *Building Blocks* gespeichert und stehen somit unabhängig von der verwendeten Dokument- vorlage in allen Dokumenten zur Verfügung. Sie können allerdings auch im Feld *Speichern in* die Dokumentvorlage *Normal* auswählen.

Achtung: Beim Schließen werden Sie aufgefordert, auch Änderungen an der Datei Building Block zu speichern. Klicken Sie auf Ja, damit die Schnellta- belle auch künftig zur Verfügung steht.

Schnelltabelle einfügen

Zum Einfügen brauchen Sie nur im Register *Einfügen* auf *Tabelle* klicken. Zeigen Sie auf *Schnelltabellen* und klicken Sie auf Ihre benutzerdefinierte Tabelle.

Neuen Baustein erstellen

Schnelltabelle einfügen

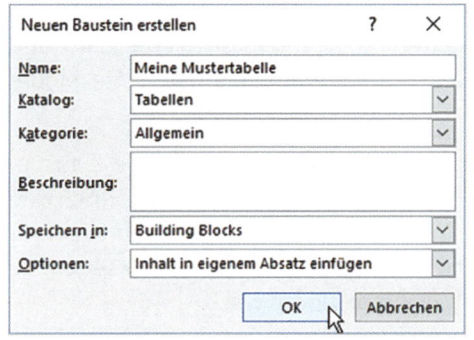

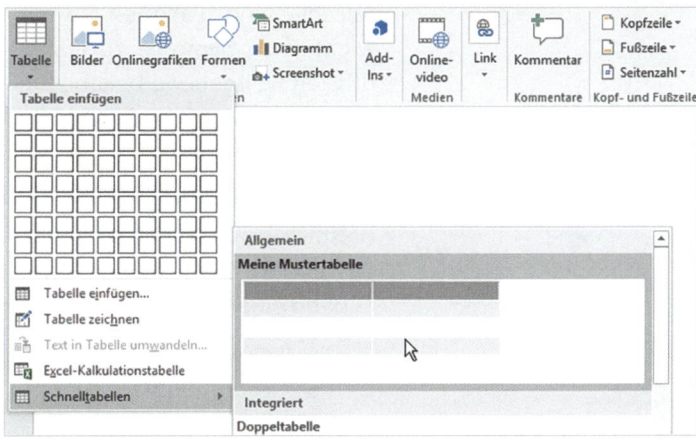

Eine benutzerdefinierte Tabellenformatvorlage erstellen und speichern

Tabellenformatvorlagen besitzen gegenüber den oben beschriebenen Schnellta- bellen den Vorteil dass sie, genau wie bei den integrierten Tabellenformatvorlagen, Sonderbereiche wie z. B. Kopf- oder Ergebniszeilen definieren und diese später auch ausblenden können.

> Tabellenformatvorlagen speichern alle Formatierungsmerkmale, also Kopfzeile, Hintergrund für gerade und ungerade Zeilen, Schriften und Rahmenlinien in einer einzigen Vorlage. Zum Zuweisen einer Vorlage genügt es, wenn sich der Cursor in- nerhalb der Tabelle befindet. Sonderformate wie Kopfzeilen oder Ergebniszeilen blenden Sie nachträglich über die *Tabellenformatoptionen* (Register *Tabellentools*, *Entwurf*, siehe Bild unten) aus oder ein.

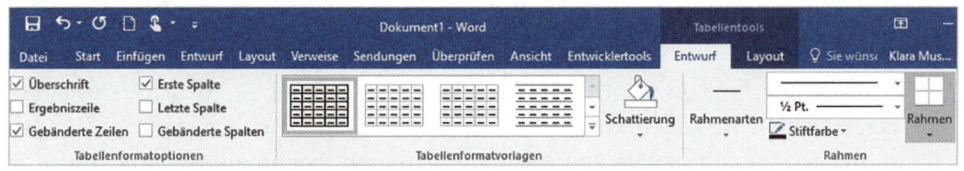

Tabellenoptionen bei Verwendung von Tabel- lenformatvorlagen

Die Vorgehensweise anhand eines kleinen Beispiels:

1 Klicken Sie im Arbeitsbereich *Formatvorlagen*, siehe „Eine Absatzformatvorlage von Grund auf neu erstellen" auf Seite 114 auf das Symbol *Neue Formatvorlage* ![Symbol].

2 Geben Sie im Fenster *Neue Formatvorlage,* Feld *Name* einen Namen für die Formatvorlage ein und wählen Sie den Formatvorlagentyp *Tabelle* aus.

3 Unter *Formatvorlage basiert auf* können Sie, falls gewünscht, eine integrierte Tabellenformatvorlage auswählen und einzelne Formate dann entsprechend anpassen. Im unten abgebildeten Beispiel wurde keine Vorlage bzw. *Normale Tabelle* gewählt.

Anschließend beginnen Sie mit der Auswahl und Zuweisung der Formate, die wichtigsten Symbole zur Tabellenformatierung befinden sich unterhalb und dürften weitgehend bekannt sein. Weitere Formatierungen erhalten Sie wieder über die Schaltfläche *Format*.

4 Im Feld *Formatierung übernehmen für* ist standardmäßig *Gesamte Tabelle* ausgewählt, das bedeutet, Ihre Formate gelten für die gesamte Tabelle. Sie können nun beispielsweise im ersten Schritt für die gesamte Tabelle eine bestimmte Schriftart und -größe festlegen, im Bild unten Schriftgröße 10. Unterhalb sehen Sie anhand einer Beispieltabelle eine Vorschau auf das Ergebnis.

Neue Tabellenformat-
vorlage erstellen

Vorlagentyp Tabelle

Vorlage als Ausgangsba-
sis wählen

Die ausgewählten For-
mate gelten für...

Formate festlegen

Beispieltabelle Vorschau

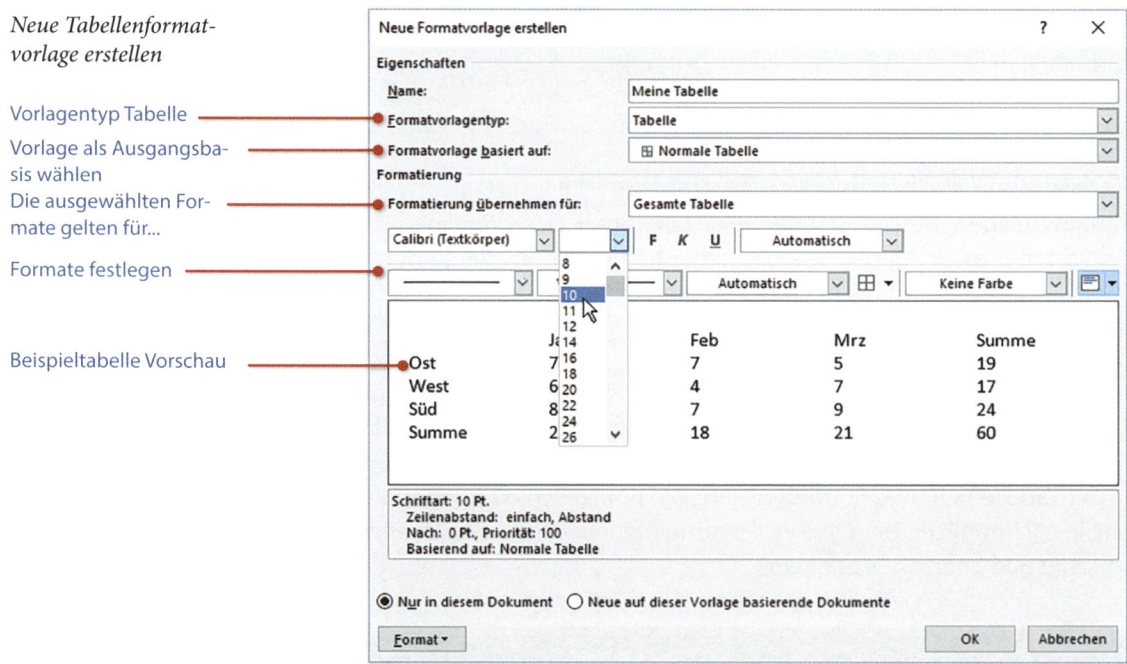

5 Anschließend soll die Kopfzeile eine Hintergrundfarbe und fette Schrift erhalten. Dazu wählen Sie zuerst im Feld *Formatierung übernehmen für* die *Kopfzeile* aus, d. h. alle Formate die Sie anschließend festlegen, gelten ausschließlich für die

Kopfzeile. Aktivieren Sie Fettdruck und klicken Sie auf den Dropdown-Pfeil des Feldes *Füllfarbe*, um den Hintergrund auszuwählen. In der Vorschautabelle müss te nun die Kopfzeile entsprechend formatiert erscheinen.

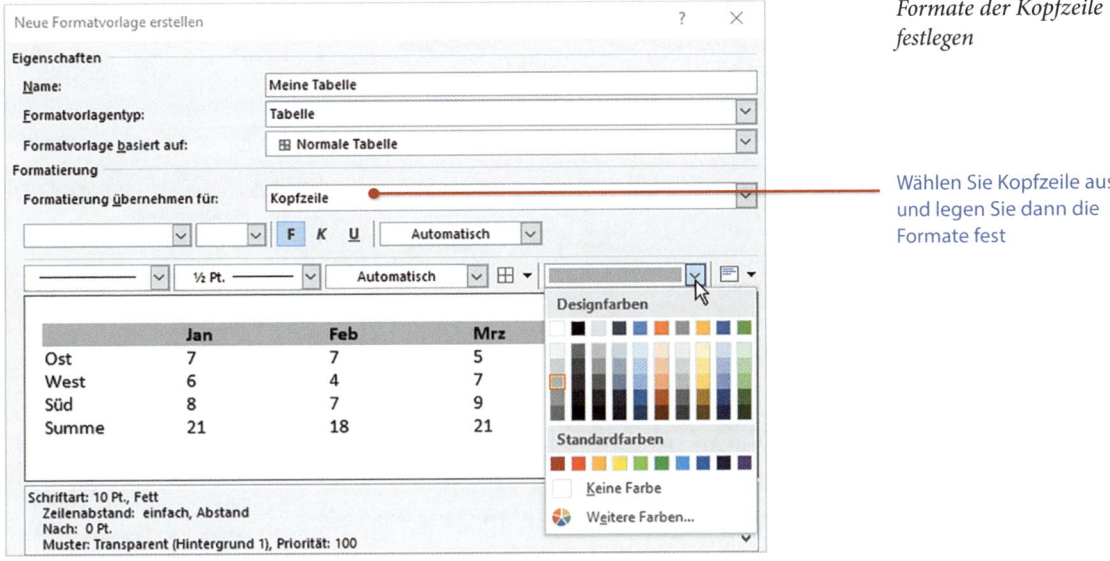

Formate der Kopfzeile festlegen

Wählen Sie Kopfzeile aus und legen Sie dann die Formate fest

6 Als Nächstes geht es an die abwechselnden Zeilenfarben. Wählen Sie *Ungerade gebänderte Zeilen aus* und legen Sie für diese eine Füllfarbe fest. Genauso verfahren Sie anschließend mit den *Geraden ungebänderten Zeilen*.

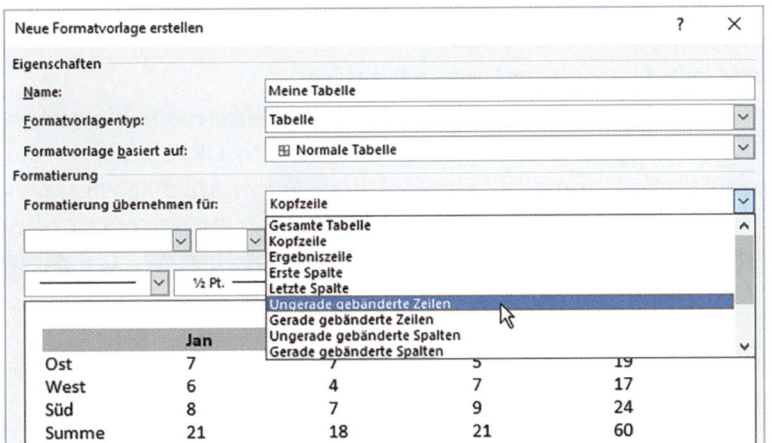

Ungerade und Gerade gebänderte Zeilen auswählen

7 Auf unterschiedliche Farben für Spalten verzichten wir in diesem Beispiel, dafür befassen wir uns noch mit den Rahmenlinien. Die gesamte Tabelle soll innen wei-ße Rahmenlinien erhalten. Wählen Sie daher nochmals *Gesamte Tabelle* aus und legen Sie die gewünschte Rahmenstärke und Rahmenfarbe fest. Dann klicken Sie auf den Dropdown-Pfeil des Symbols *Rahmenlinien* und wählen *Rahmenlinien innen*.

Rahmenlinien für die gesamte Tabelle festlegen

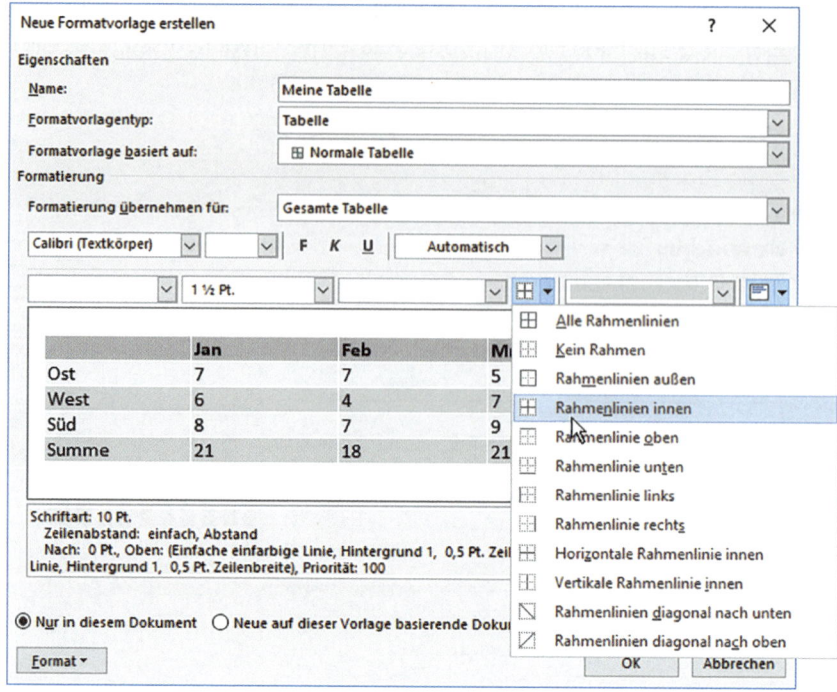

8   Zuletzt legen Sie noch fest, ob die Tabellenformatvorlage ausschließlich im aktuellen Dokument oder in allen künftigen neuen Dokumenten verfügbar sein soll und klicken auf *OK*.

Tabellenformatvorlage verwenden und nachträglich ändern

Die Tabellenformatvorlage ist ab sofort im Katalog *Tabellenformatvorlagen* unter *Benutzerdefiniert* verfügbar. Zum nachträglichen Ändern klicken Sie mit der rechten Maustaste auf die Vorlage und auf *Tabellenformat ändern*. Anschließend können Sie im Fenster *Formatvorlage ändern* das Tabellenformat, wie oben beschrieben, bearbeiten

Tabellenformatvorlage ändern

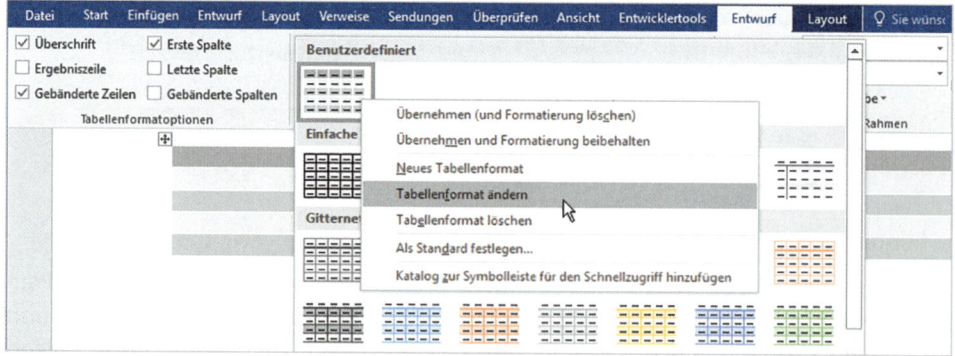

Tipps rund um benutzerdefinierte Tabellenformatvorlagen

▶ Neben den, im Beispiel verwendeten Formaten, können Sie außerdem alle Tabelleneigenschaften verwenden, z. B. die vertikale Ausrichtung. Diese stehen über die Schaltfläche *Format* zur Verfügung.

▶ Eine neue Tabellenformatvorlage können Sie auch erstellen, wenn Sie zunächst eine Tabelle einfügen, dann im Register *Tabellentools ▶ Entwurf* auf *Weitere* ⏷ klicken und hier *Neue Tabellenformatvorlage...* wählen. Der Formatvorlagentyp *Tabelle* ist in diesem Fall bereits ausgewählt.

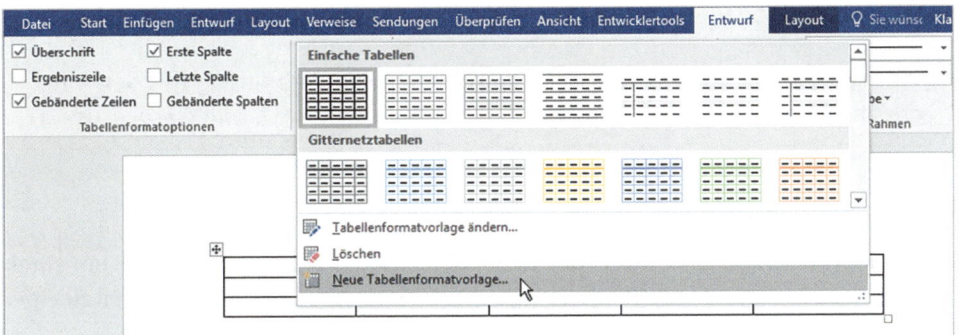

Fügen Sie eine beliebige Tabelle ein und klicken Sie auf Neue Tabellenformatvorlage...

▶ Falls Sie eine integrierte Tabellenformatvorlage als Ausgangsbasis verwenden möchten, ist es ratsam, diese zunächst anhand einer Tabelle im Dokument zu testen. Merken oder notieren Sie sich dann den Namen der Vorlage, z. B. *Gitternetztabelle 4 - Akzent 4* und wählen Sie dann im Fenster *Neue Formatvorlage erstellen* diese im Feld *Formatvorlage basiert auf* aus.

▶ Dagegen bringt es wenig, wenn Sie eine Tabelle im Dokument zuvor mit den gewünschten Formaten versehen, da diese nicht in die Formatvorlage übernommen werden.

Gehen Sie beim Festlegen der Formate im Fenster *Neue Formatvorlage erstellen* systematisch vor: Die Auswahl oder Änderung von Formaten bezieht sich immer auf den Tabellenbereich, der gerade im Feld *Formatierung bezieht sich auf* ausgewählt ist. Wählen Sie daher immer zuerst einen Tabellenbereich aus, bevor Sie diesem einzelne Formate zuweisen.

Rahmenlinien können sowohl der gesamten Tabelle als auch geraden/ungeraden Zeilen und/oder Spalten zugewiesen werden. Da sich diese dann überschneiden können, sollten Sie Rahmenlinien für die gesamte Tabelle immer im letzten Schritt festlegen.

3.6   Formatvorlagen für Überschriften

Die Vorteile von Formatvorlagen für Überschriften auf einen Blick

Wie bereits erwähnt, bringt die Verwendung der integrierten Formatvorlagen für Überschriften neben den bereits bekannten noch weitere Vorteile mit sich. Das Ändern bzw. die Bearbeitung dieser Formatvorlagen unterscheidet sich nicht von den übrigen Formatvorlagen und wurde in Punkt 3.3 bereits ausführlich beschrieben.

> **Achtung:** Die folgenden Features funktionieren nur in Verbindung mit den integrierten Formatvorlagen für Überschriften, z. B. *Überschrift 1*, *Überschrift 2*, usw. !

Schneller Überblick im Navigationsbereich

In umfangreichen Dokumenten können Sie den Navigationsbereich nutzen, um einen Überblick über Aufbau und Gliederung Ihres Dokuments erhalten und schnell zu einer bestimmten Überschrift zu gelangen.

Zum Einblenden des Navigationsbereichs aktivieren Sie im Register *Ansicht*, Gruppe *Anzeigen*, das gleichnamige Kontrollkästchen. Klicken Sie dann auf *Überschriften*, um im Navigationsbereich alle Überschriften bzw. Absätze, die mit einer Überschriftformatvorlage formatiert wurden, anzuzeigen. Um im Dokument schnell zu einer bestimmten Überschrift zu gelangen, genügt im Navigationsbereich ein Mausklick auf die betreffende Überschrift.

Anzeige der Überschriften im Navigationsbereich

Überschriften anzeigen ⟶

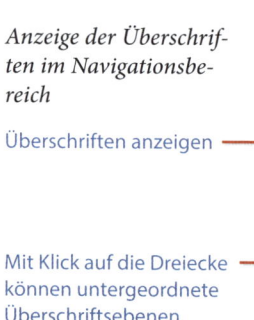

Mit Klick auf die Dreiecke können untergeordnete Überschriftebenen ein- und ausgeblendet werden

Leere Zeilen im Navigationsbereich: Enthält der Navigationsbereich eine unbeschriftete Zeile, so wurde an dieser Stelle im Dokument einem leeren Absatz ohne Text eine Formatvorlage für Überschriften zugewiesen.

Verschieben bzw. Vertauschen von Gliederungspunkten

Im Dokument selbst können Sie ebenfalls den, zu einer Überschrift gehörenden Text und untergeordnete Ebenen ausblenden. Dazu zeigen Sie mit der Maus auf die betreffende Überschrift: Links davon erscheint ein kleines, nach unten weisendes Dreieck und mit Klick auf dieses Dreieck werden alle dazugehörigen Ebenen samt Text ausgeblendet. Ein weiterer Klick auf das Dreieck blendet den Text wieder vollständig ein.

Um einen Gliederungspunkt zu verschieben, blenden Sie zunächst den Text unterhalb dieser Überschrift mit Klick auf das Dreieck aus. Dann markieren Sie die Überschrift und verschieben diese entweder mit der Maus an die gewünschte Position oder schneiden diese in die Zwischenablage aus und fügen sie an anderer Stelle wieder ein. Der ausgeblendete Text wandert automatisch mit und kann anschließend wieder eingeblendet werden.

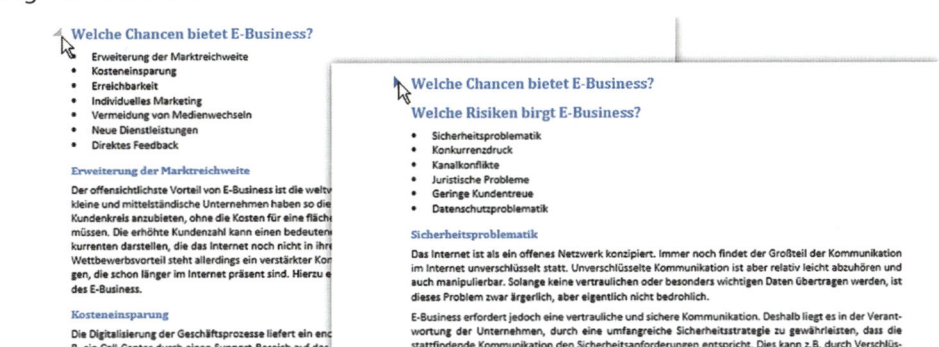

Untergeordneten Text im Dokument aus- und einblenden

In Verbindung mit den integrierten Überschriftenformatvorlagen können Sie auch die Ansicht *Gliederung* nutzen.

Siehe Kapitel 10.6

Inhaltsverzeichnis erstellen

Aus den Überschriften lässt sich schnell mit einem Mausklick ein Inhaltsverzeichnis erstellen, wenn Sie im Register *Verweise* auf *Inhaltsverzeichnis* klicken. Dies funktioniert zwar auch, wenn Sie Ihren Überschriften andere benutzerdefinierte Formatvorlagen zugewiesen haben, erfordert aber mehr Aufwand.

Überschriften nummerieren

Standardmäßig enthalten die integrierten Formatvorlagen für Überschriften keine Nummerierung. Diese lässt sich schnell hinzufügen, wenn Sie dabei einige Dinge beachten.

Einfaches Nummerieren jeder Überschrift über die entsprechenden Symbole der Menüleiste würde einen erheblichen Aufwand bedeuten, da Sie ja jede Überschrift einzeln formatieren müssten und funktioniert aus mehreren Gründen nicht: Meist benötigen Sie mehrere nummerierte Überschriftsebenen, d. h. Sie müssen mit einer Liste mit mehreren Ebenen arbeiten und die Nummerierung muss fester Bestandteil der Formatvorlage sein, damit die Nummerierung z. B. auch im Inhaltsverzeichnis berücksichtigt wird.

Details zum Thema Listen mit mehreren Ebenen, siehe Kapitel 1.3.

Ein Listenformat zuweisen

So gehen Sie vor:

1   Achten Sie darauf, dass sich der Cursor in einem Überschriftenabsatz befindet und klicken Sie im Menüband, Register *Start* auf das Symbol *Liste mit mehreren Ebenen*.

2   Klicken Sie dann auf ein Listenformat, dessen Ebenen mit dem Zusatz *Überschrift 1*, *Überschrift 2*, usw. versehen und damit mit den entsprechenden Formatvorlagen verknüpft sind. Im Gegensatz zu den normalen Listen sind hier alle Ebenen korrekt am linken Seitenrand ausgerichtet, d. h. mit keinem Einzug verbunden. Falls keine der Vorlagen Ihren Vorstellungen entspricht, so wählen Sie eine Liste, die diesen am nächsten kommt.

Wählen Sie eine Liste mit mehreren Ebenen

Mit Überschriftenformatvorlage verknüpfte Liste

Die ausgewählte Liste anpassen

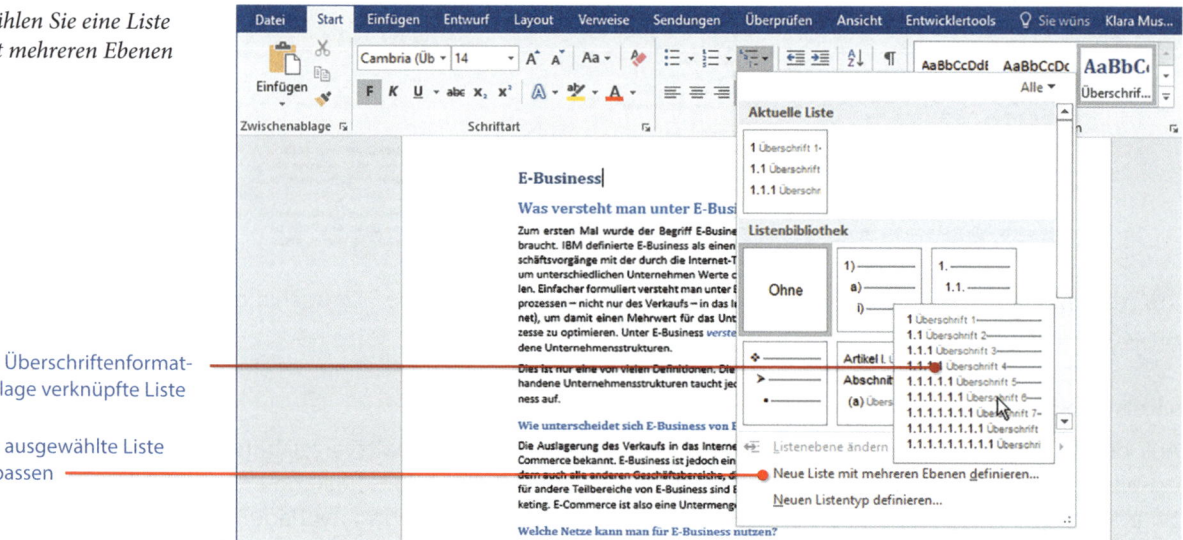

3   Im Dokument erhalten damit die Formatvorlagen aller Überschriftenebenen automatisch die ausgewählte Listennummerierung. Die Nummerierung und das Aussehen der Überschriften kann im Aufgabenbereich *Formatvorlagen* kontrolliert werden (Bild unten).

Im Dokument erhalten alle Überschriftebenen die ausgewählte Listennummerierung.

Listennummerierung anpassen

Falls Ihnen, wie bereits erwähnt, keine der Listen zusagt, so wählen Sie zunächst einen Typ, der Ihren Vorstellungen am nächsten kommt und passen die Liste anschließend an. Die genaue Vorgehensweise wird in Kapitel 1.3 beschrieben, daher hier nur eine kurze Zusammenfassung.

Siehe Kapitel 1.3.

1 Achten Sie darauf, dass sich im Dokument der Cursor in einer Überschrift beliebiger Ebene befindet, klicken Sie erneut auf das Symbol *Liste mit mehreren Ebenen* und hier auf *Neue Liste mit mehreren Ebenen definieren...*.

2 Im gleichnamigen Fenster bearbeiten Sie anschließend die einzelnen Ebenen: Klicken Sie links auf die Ebene, die Sie bearbeiten möchten, als Beispiel im Bild unten die Ebene 1.

3 Rechts sehen Sie eine Vorschau, die aktuell ausgewählte Ebene ist hervorgehoben. Unterhalb bearbeiten Sie die Nummerierung:

- Im Feld *Formatierung für Zahl eingeben* haben Sie die Möglichkeit, über die Schaltfläche *Schriftart...* abweichende Schriftattribute, z. B. eine andere Schriftgröße und/oder - farbe für die Nummerierung festzulegen.

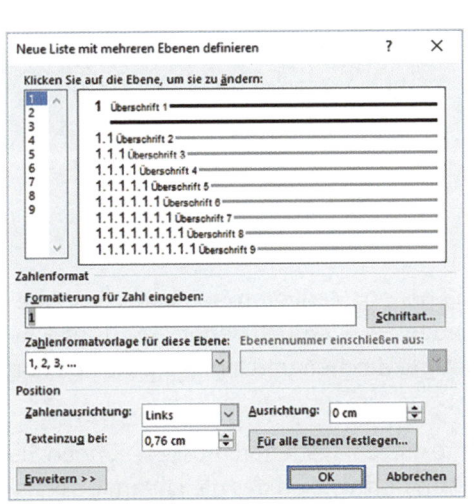
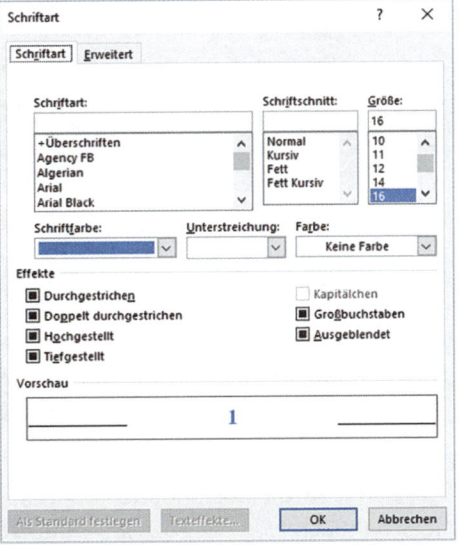

Neue Liste mit mehreren Ebenen definieren: Ebene 1 bearbeiten

Nummerierungsformat über die Schaltfläche Schriftart... ändern

- Zusätzliche Zeichen zur Nummerierung, z. B. Punkt, Klammer, Paragrafzeichen § oder beliebigen Text wie „Kapitel" oder „Absatz" geben Sie ebenfalls in diesem Feld vor oder nach der Nummer ein.

- **Achtung:** Die Nummer selbst (grau schattiert) darf nicht gelöscht bzw. überschrieben werden, da es sich um ein Feld handelt!

Felder, siehe Kapitel 5.

- Ein anderes Zahlenformat, z. B. Römische Zahlen oder Großbuchstaben, wählen Sie im Feld *Zahlenformatvorlage für diese Ebene*.

- Im Abschnitt *Position* wählen Sie unter *Zahlenausrichtung* die Ausrichtung zweistelliger Zahlen, standardmäßig werden diese links ausgerichtet. Das Feld *Ausrichtung* gibt den Einzug vom linken Seitenrand an, 0 bedeutet kein Einzug. Im Feld *Texteinzug* legen Sie fest, an welcher Position der eigentliche Text beginnen soll, alle Folgezeilen dieses Absatzes werden automatisch um dasselbe Maß eingerückt (Hängender Einzug).

4 Klicken Sie auf die Schaltfläche *Erweitern>>*. Hier sehen Sie, dass diese Listenebene mit der Formatvorlage *Überschrift 1* verbunden ist und somit für alle Absätze gilt, denen diese Formatvorlage zugewiesen wurde.

Listenebene 1 bearbeiten

Die markierte Ebene mit Vorschau

Mit Formatvorlage verknüpfen

Ev. Zusätze vor oder hinter der Zahl eingeben

Zahlenformat wählen

Position von Zahl und Text

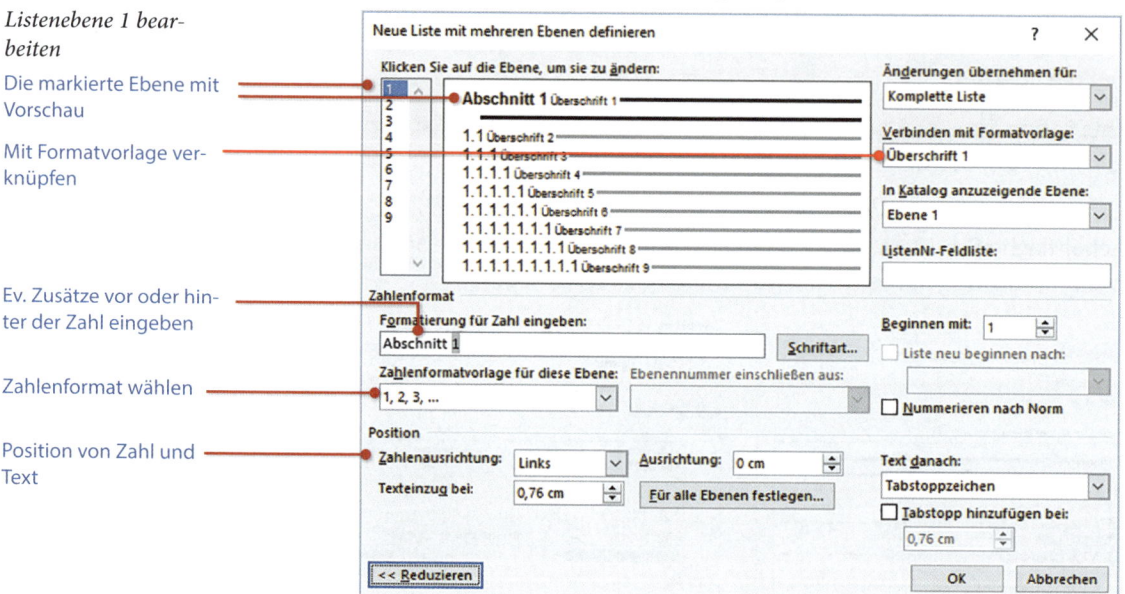

5 Genauso verfahren Sie mit den übrigen Ebenen: Markieren Sie die nächste Ebene, wählen Sie ein Zahlenformat und geben Sie eventuell benötigte zusätzliche Zeichen ein bzw. löschen Sie nicht benötigte Zeichen und legen Sie die Position von Zahl und Text fest.

Tipp: Damit Sie die Position nicht für jede Ebene einzeln festlegen müssen, können Sie die Schaltfläche *Für alle Ebenen...* benutzen. Damit öffnet sich das gleichnamige Fenster, in dem Sie die Position für die erste Ebene angeben sowie ein zusätzliches Maß, um das dann automatisch jede weitere Ebene zusätzlich eingerückt wird (linker Einzug).

Listenebene manuell mit Formatvorlage verknüpfen

Falls Sie für Ihre Überschriften nicht die integrierten Formatvorlagen verwenden, sondern Formatvorlagen mit abweichenden Namen erstellt haben, z. B, Ü1, Ü2 usw., dann müssen Sie jeder Ebene die entsprechende Formatvorlage manuell zuweisen. Dazu markieren Sie die betreffende Ebene, klicken auf die Schaltfläche *Erweitern>>* und wählen im Feld *Verbinden mit Formatvorlage* jeweils Ihre Überschriftenformatvorlage aus. Als Ausgangsbasis können Sie in diesem Fall jede beliebige Liste mit mehreren Ebenen wählen, diese muss nicht mit den Überschriftenformatvorlagen verknüpft sein.

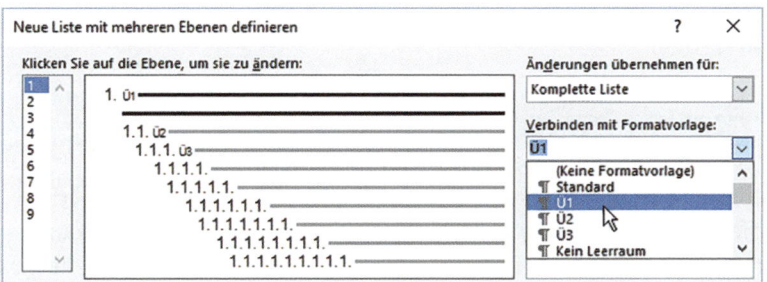

Beispiel: Gliederungs-ebene 1 mit der benut-zerdefinierten Format-vorlage Ü1 verbinden

Die Nummern übergeordneter Ebenen einschließen

Sollen, wie in wissenschaftlichen Arbeiten üblich, die Nummern der übergeordneten Gliederungspunkte eingeschlossen werden, dann wählen Sie natürlich am einfachsten ein entsprechendes Listenformat aus, siehe Beispiel oben. Falls Sie trotzdem einmal die Nummern übergeordneter Ebenen manuell einschließen müssen, z. B. wenn Sie ein anderes Listenformat verwenden bzw. oder ein vorhandenes anpassen möchten, dann gehen Sie so vor. Als Beispiel das zweite Listenformat für Überschriften, das in der Standardeinstellung keine weiteren Überschriftsebenen einschließt. Der Überschriftsebene 3 soll die Nummerierung der Ebene 2 vorangestellt werden.

1 Markieren Sie im Fenster *Neue Liste mit mehreren Ebenen definieren* die Ebene 3.

2 Klicken Sie dann im Feld *Ebenennummer einschließen aus* auf den Pfeil und auf *Ebene 2* (Bild unten links). Ein Trennzeichen zwischen den beiden Ebenen, z. B. einen Punkt fügen Sie im Feld *Formatierung für Zahl eingeben* hinzu (Bild rechts).

Ebenennummer einschließen

Einzug für alle Ebenen

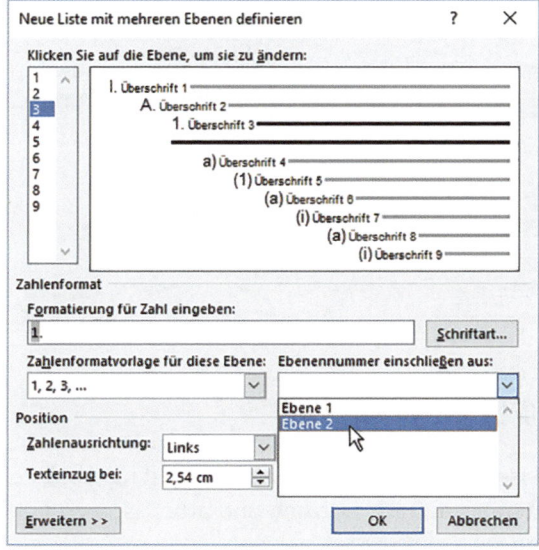

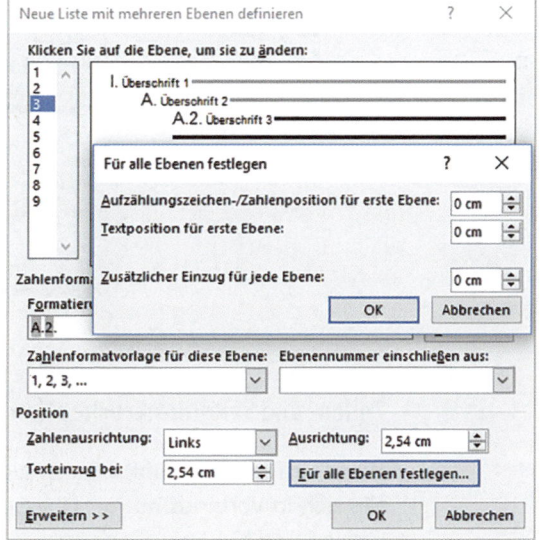

3   Dieses Listenformat beinhaltet außerdem Einzüge für untergeordnete Ebenen. Diese sind allerdings in Überschriften nur selten erwünscht. Um alle Überschriftsebenen am linken Rand auszurichten, klicken Sie auf die Schaltfläche *Für alle Ebenen festlegen...* und geben unter *Zusätzlicher Einzug für jede Ebene* 0 cm ein (Bild oben rechts).

Nummerierung mit jeder Ebene neu beginnen oder Nummerierung fortführen?

In der Standardeinstellung beginnt die Nummerierung mit jeder untergeordneten Ebene neu, siehe im Bild unten die Ebene 3. Sollte dies einmal nicht der Fall sein oder falls Sie die Nummerierung über mehrere Unterpunkte hinweg fortsetzen möchten, so klicken Sie im Fenster *Neue Liste mit mehreren Ebenen definieren* auf die Schaltfläche *Erweitern>>*.

Das Feld *Beginnen mit* legt fest, mit welcher Nummer die markierte Ebene beginnt, standardmäßig 1. Für untergeordnete Ebenen ist normalerweise das Kontrollkästchen *Liste neu beginnen nach* aktiviert und im Feld darunter erscheint die nächsthöhere Ebene. Im Bild unten wird für die markierte Ebene 3 die *Ebene 2* angezeigt. Das bedeutet, mit jedem Unterpunkt der Ebene 2 beginnt die Nummerierung der Ebene 3 neu, wie im Bild unten.

Soll die Nummerierung dagegen fortgesetzt werden, dann brauchen Sie nur das Kontrollkästchen *Liste neu beginnen nach* deaktivieren.

Nummerierung nach der übergeordneten Ebene neu beginnen

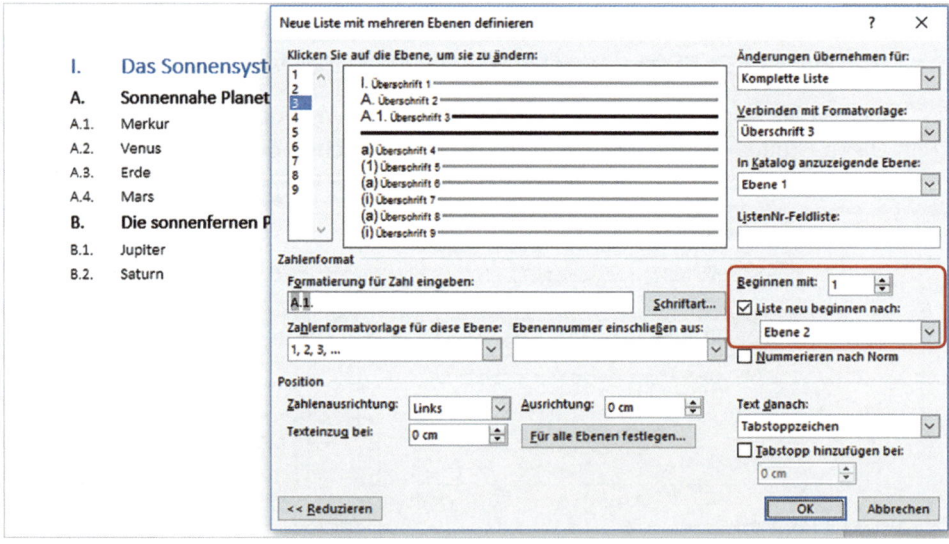

Zeilen- und Seitenumbruchoptionen für Überschriften

Word verfügt über einige, normalerweise wenig beachtete Einstellungen für Absätze, die sich in Verbindung mit Überschriften als äußerst nützlich und arbeitssparend erweisen und für ein optisch ansprechendes Layout sorgen.

Dazu klicken Sie mit der rechten Maustaste auf die betreffende Formatvorlage, entweder im Arbeitsbereich *Formatvorlagen* oder im Katalog und klicken auf *Ändern*….
Klicken Sie dann im Fenster *Formatvorlage ändern* auf die Schaltfläche *Format* und hier auf *Absatz*…. Wählen Sie im Fenster *Absatz* das Register *Zeilen- und Seitenumbruch*.

▶ **Jedes Kapitel mit einer neuen Seite beginnen**
Wenn jedes Kapitel bzw. jede Überschrift der Ebene 1 automatisch auf einer neuen Seite beginnen soll, dann aktivieren Sie das Kontrollkästchen S*eitenumbruch oberhalb*.

▶ **Überschrift und Folgeabsatz nicht trennen**
Um zu verhindern, dass Überschrift und Folgeabsatz durch einen automatischen Seitenumbruch getrennt werden, sollten Sie das Kontrollkästchen *Nicht vom nächsten Absatz trennen* aktivieren.

▶ **Keine Silbentrennung**
Wenn Sie die automatische Silbentrennung verwenden (Register *Layout* ▶ *Silbentrennung*), dann bezieht diese normalerweise das gesamte Dokument mit ein. Um die Überschriften von der Silbentrennung auszuschließen, aktivieren Sie das Kontrollkästchen *Keine Silbentrennung*.

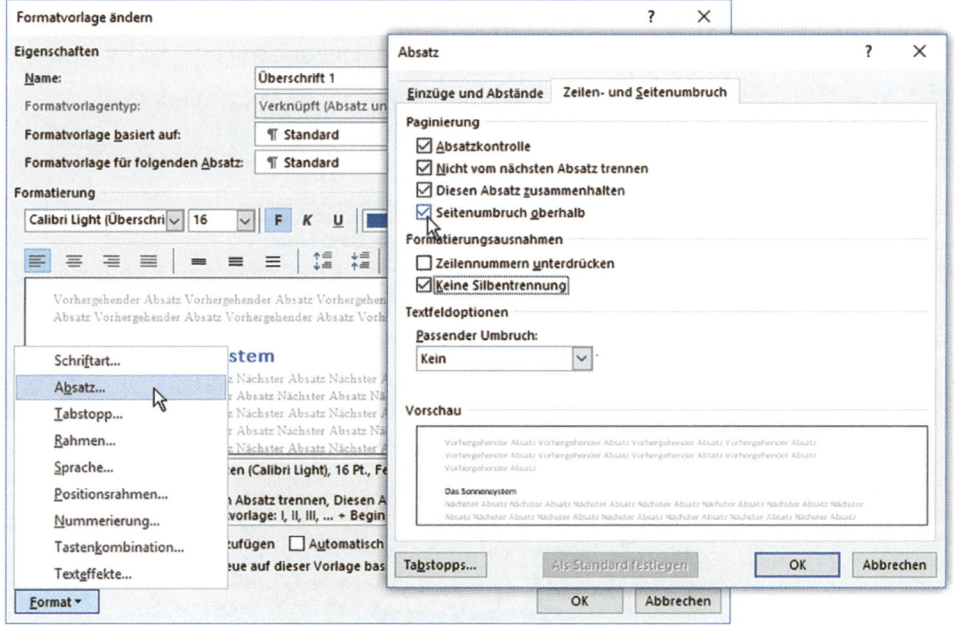

Formatvorlage für Überschrift ändern

Zeilen- und Seitenumbruch steuern

3.7   Dokument mit einer anderen Dokumentvorlage verbinden

Wie Sie in diesem Kapitel gesehen haben, werden Formatvorlagen entweder zusammen mit dem Dokument oder in einer Dokumentvorlage gespeichert. Wenn Sie beim Erstellen des Dokuments keine bestimmte Dokumentvorlage ausgewählt haben, dann beruht Ihr Dokument auf der Vorlage *Normal* und verwendet deren Formatvorlagen.

Falls Sie nachträglich Formatvorlagen aus einer anderen Dokumentvorlage benötigen, dann müssen Sie Ihr Dokument mit dieser verbinden. Gleichzeitig sind auch alle Auto-Text-Einträge dieser Dokumentvorlage im aktuellen Dokument verfügbar.

AutoText, siehe Kapitel 1.4, Wiederverwendbare Elemente als Bausteine speichern

> **Beachten Sie beim nachträglichen Verbinden mit einer anderen Dokumentvorlage**
>
> Übernommen werden alle Formatvorlagen und AutoText-Einträge, nicht aber das Seitenlayout, also Ausrichtung, Seitenränder, Kopf- und Fußzeilen sowie eventuell bereits in der Dokumentvorlage vorhandene Texte und andere Elemente.

So gehen Sie vor:

1   Klicken Sie im Register *Datei* auf *Optionen* und hier auf *Add-Ins*.

2   Wählen Sie beim Feld *Verwalten* mit Klick auf den Dropdown-Pfeil *Vorlagen* aus und klicken Sie auf *Los...*.

Klicken Sie auf Add-Ins und wählen Sie Vorlagen aus

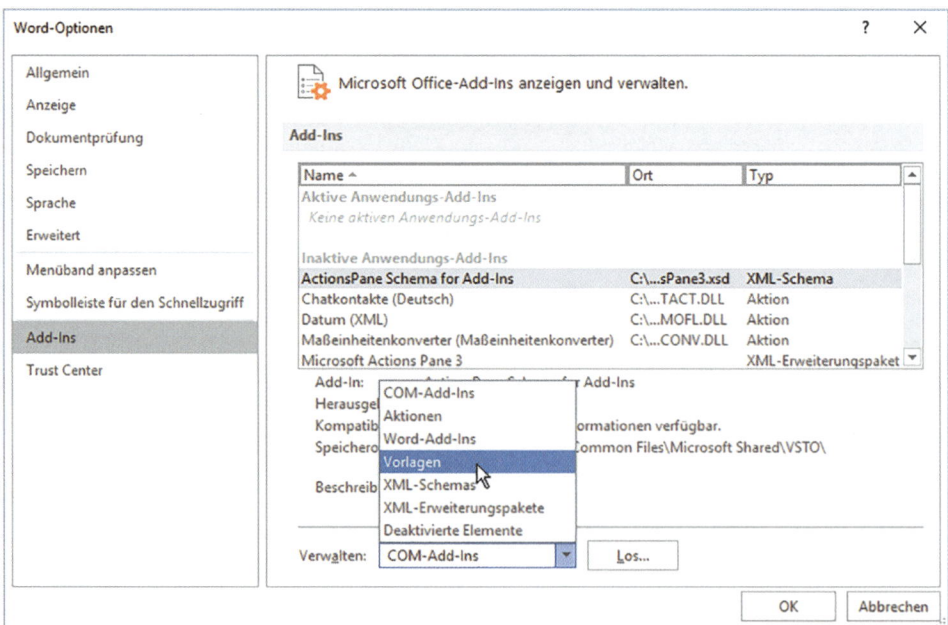

3 Klicken Sie im Fenster *Dokumentvorlagen und Add-Ins* (Bild unten) auf das Register *Vorlagen*. Im Feld *Dokumentvorlage* sehen Sie die aktuell verwendete Dokumentvorlage, im Bild unten *Normal*. Klicken Sie auf die Schaltfläche *Anfügen...* und wählen Sie die gewünschte Dokumentvorlage aus.

4 Damit die Formatvorlagen übernommen werden, müssen Sie das Kontrollkästchen *Dokumentformatvorlagen automatisch aktualisieren* aktivieren. Klicken Sie dann auf *OK*.

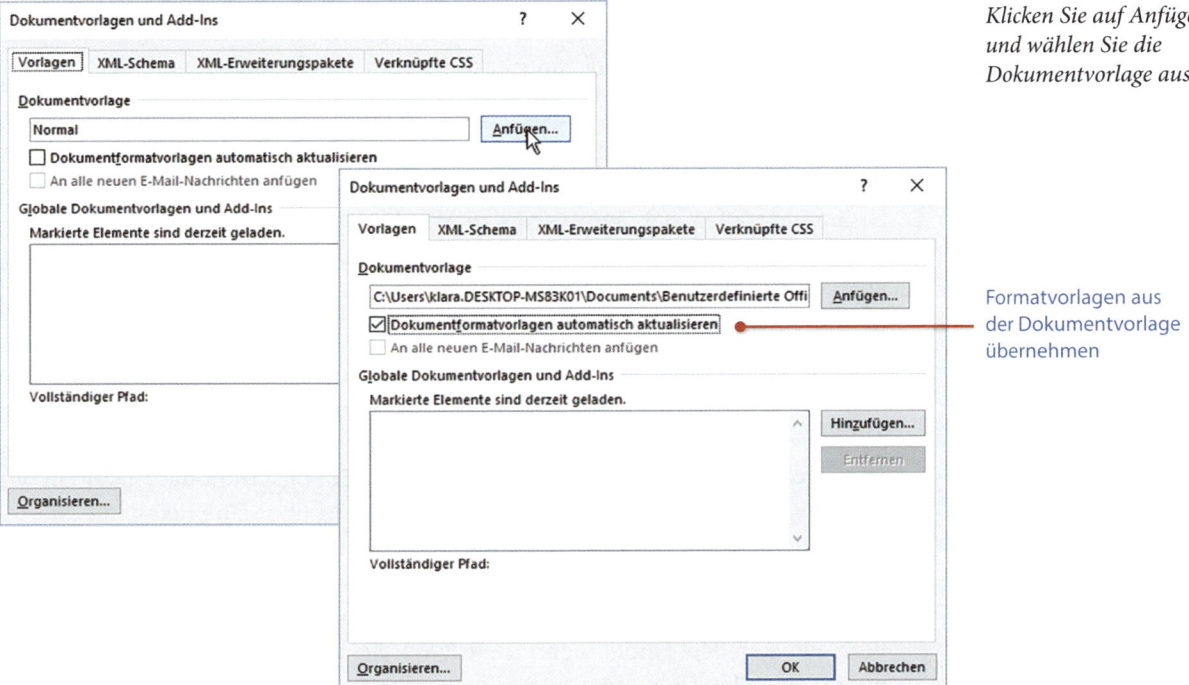

Klicken Sie auf Anfügen und wählen Sie die Dokumentvorlage aus

Formatvorlagen aus der Dokumentvorlage übernehmen

Tipp: Wenn im Menüband das Register *Entwicklertools* sichtbar ist bzw. Sie dieses Register aktiviert haben, dann geht's schneller, wenn Sie auf *Vorlagen* ▶ *Dokumentvorlage* klicken.

Register Entwicklertools, siehe Kap. 8.2, Eigene Formulare - Vorbereitungen

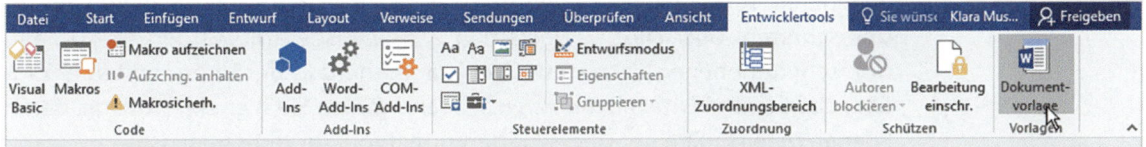

3.8   Zusammenfassung

▸ Dokumentvorlagen geben die Standardeinstellungen für neue Dokumente vor und lassen sich am besten mit Vordrucken vergleichen, die beliebig oft zur Erstellung neuer Dokumente verwendet werden können. Dokumentvorlagen werden als eigener Dateityp mit der Erweiterung .dotx oder .dotm (Dokumentvorlagen mit Makros) gespeichert. Die wichtigste Dokumentvorlage ist die globale Vorlage *Normal.dotm*, die als Ausgangsbasis für leere Dokumente dient.

▸ Farben, Schriftarten und Effekte eines Dokuments werden durch das Design festgelegt. Sie können entweder ein komplettes Design verwenden oder durch Auswahl von Designfarben, Designschriftarten und -effekten ein eigenes Design zusammenstellen, das Sie zur späteren Wiederverwendung auch speichern können. Beim nachträglichen Wechsel eines Designs erhält ein Dokument ein völlig anderes Aussehen, daher sollten Sie Designänderungen am besten vor Beginn der Arbeit vornehmen.

▸ Mit der Verwendung von Formatvorlagen weisen Sie schnell einheitliche Formate zu, äußerst nützlich in längeren Dokumenten. Word unterstützt neben Formatvorlagen für Text auch Vorlagen für Listen und Tabellen. Die wichtigste Formatvorlage für Text ist die Vorlage *Standard*. Sie bestimmt das Aussehen des normalen Fließtexts. Darüber hinaus verfügt Word über eine Reihe integrierter Formatvorlagen. Diese basieren auf dem aktuellen Design und stehen als *Formatvorlagensätze* in mehreren Varianten zur Auswahl. Sie können die integrierten Formatvorlagen nach Belieben ändern und neue benutzerdefinierte Formatvorlagen erstellen. Ferner legen Sie fest, ob die neue/geänderte Formatvorlage nur im aktuellen Dokument oder allen künftigen neuen Dokumenten verfügbar sein soll.

▸ Für die Überschriften eines Dokuments sollten Sie auf jeden Fall Formatvorlagen verwenden. Nur dann können Sie nämlich ein automatisches Inhaltsverzeichnis generieren. Am einfachsten benutzen Sie die integrierten Formatvorlagen für Überschriften, *Überschrift 1*, *Überschrift 2*, usw. Insgesamt werden bis zu neun Überschriftenebenen unterstützt. Die Nummerierung der Überschriften erfolgt über das Symbol *Liste mit mehreren Ebenen*. Wählen Sie hier eine Vorlage, deren Ebenen bereits mit einer Überschriftenformatvorlage verbunden ist.

4 Bilder und Objekte einfügen

In diesem Kapitel lernen Sie...

- Bilder und grafische Objekte einfügen und mit Beschriftungen versehen
- Objekte im Text und auf der Seite positionieren
- Hilfen zur Ausrichtung
- Textfelder verwenden
- Diagramme erstellen oder aus Excel einfügen
- eine Excel-Tabelle als Objekt einfügen und bearbeiten

Das sollten Sie bereits wissen

- Grundlagen der Textformatierung
- Druckseite einrichten
- einfache Word-Tabellen einfügen und formatieren

Dieses Kapitel befasst sich mit Objekten. Bei den meisten dazugehörigen Werkzeugen, z. B. Größenänderung, Einbinden in das Seitenlayout, Rahmen usw. unterscheidet Word nicht zwischen Bildern, Formen, Textfeldern oder Excel-Objekten. Für Bilder stellt Word noch zusätzliche Bildbearbeitungstools, z. B. Korrekturen und Farbeffekte, zur Verfügung. Diese werden hier jedoch nicht näher beschrieben, da in professionellen Dokumenten die Bilder ohnehin in entsprechender Qualität vorliegen und daher besser mit einem Bildbearbeitungsprogramm aufbereitet werden sollten.

4.1 Ausrichtungshilfen für Objekte

Intelligente Ausrichtungslinien verwenden

Zur Ausrichtung von grafischen Objekten stellt Word 2016 intelligente Führungslinien zur Verfügung, die auf dem Bildschirm erscheinen, sobald Sie ein Objekt mit der Maus verschieben. Diese Ausrichtungshilfen müssen allerdings aktiviert werden, da sie in der Standardeinstellung nicht verfügbar sind.

Aktivieren Sie die Ausrichtungslinien

Klicken im Register *Layout* ▸ *Anordnen* auf *Ausrichten* und hier auf *Ausrichtungslinien verwenden* (Häkchen). Denselben Befehl erhalten Sie auch, wenn Sie ein Bild markiert haben und im Register *Bildtools - Format* ▸ *Anordnen* auf *Ausrichten* klicken.

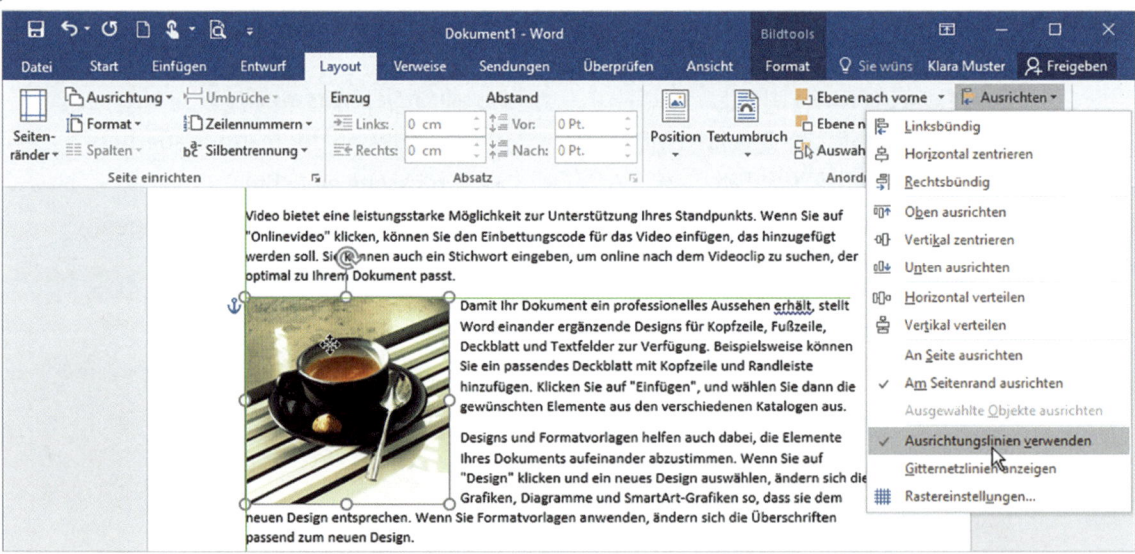

Die Ausrichtungslinien bieten Orientierung an den Seitenrändern, der Seitenmitte sowie an der Oberkante des verbundenen Absatzes, siehe im Bild oben.

Achtung: Wenn Sie die Ausrichtungslinien aktiviert haben, dann wird diese Einstellung beim Beenden von Word gespeichert und steht auch künftig zur Verfügung.

Gitternetzlinien einblenden

Eine weitere Ausrichtungshilfe stellen Gitternetzlinien dar, die Sie statt der Ausrichtungslinien verwenden können. Zum Anzeigen aktivieren Sie entweder im Register *Ansicht ▶ Anzeigen* das Kontrollkästchen *Gitternetzlinien* oder klicken Sie im Register *Layout ▶ Anordnen* auf *Ausrichten* und hier auf *Gitternetzlinien*.

Nicht zu verwechseln mit den Gitternetzlinien von Tabellen!

Wenn nichts anderes festgelegt wurde, dann werden beim Verschieben alle Objekte automatisch an den Linien ausgerichtet.

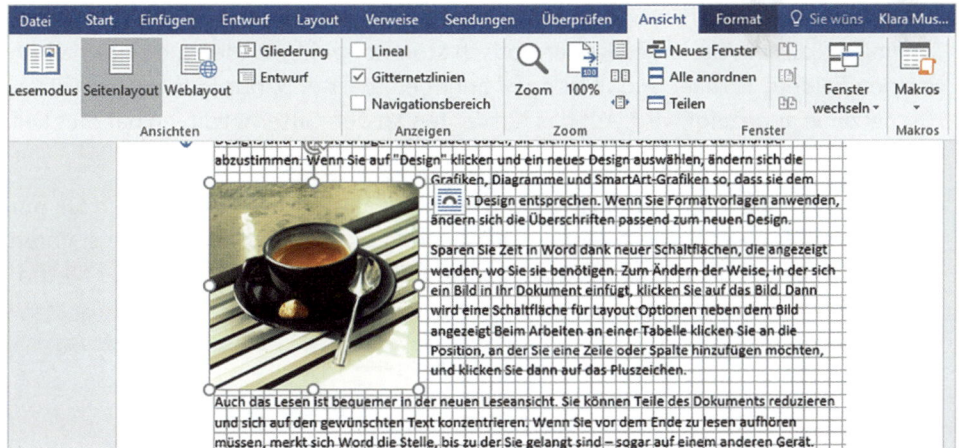

Die eingeblendeten Gitternetzlinien

Auch wenn sie nicht gedruckt werden, sind die Gitternetzlinien während der Texteingabe eher störend und sollten daher ausschließlich zur Ausrichtung von Objekten eingesetzt werden. Ein weiterer Klick auf *Ansicht ▶ Anzeigen ▶ Gitternetzlinien* blendet das Gitternetz schnell wieder aus.

> Die Anzeige von Ausrichtungslinien oder Gitternetzlinien beschränkt sich nicht auf das aktuelle Dokument und wird auch nach dem Beenden von Word beibehalten. Die Gitternetzlinien sollten daher wieder ausgeblendet werden, wenn sie nicht mehr benötigt werden.
>
> Beachten Sie außerdem, dass Word Ausrichtungslinien und Gitternetzlinien nicht gleichzeitig anzeigen kann. Wenn Sie zuletzt die Gitternetzlinien verwendet hatten, dann müssen Sie anschließend ggf. die Ausrichtungslinien wieder aktivieren.

Einstellungen zu Gitternetz und Ausrichtungslinien

Den Abstand der Gitternetzlinien kontrollieren und ändern Sie im Dialogfenster *Gitternetz und Führungslinien*, das Sie über *Layout ▶ Anordnen ▶ Ausrichten* und den Befehl *Rastereinstellungen...* öffnen.

▶ Im Abschnitt *Ausrichtungslinien* können Sie neben *Ausrichtungslinien anzeigen* über weitere Kontrollkästchen den Bezug der Linien auswählen.

▶ Bei aktiviertem Kontrollkästchen *Objekte an anderen Objekten ausrichten* docken Objekte beim Verschieben automatisch an anderen Objekten an.

▶ Unter *Rastereinstellungen* können Sie bei Bedarf die horizontalen und vertikalen Rasterabstände ändern. Als Ausgangspunkt für die Rasterlinien dienen standardmäßig der linke und obere Seitenrand. Möchten Sie eigene Ausgangspunkte festlegen, dann deaktivieren Sie unter *Rasterquelle* das Kontrollkästchen *Seitenränder verwenden* und geben den horizontalen und vertikalen Nullpunkt an.

▶ Mit *Gitternetzlinien am Bildschirm anzeigen* aktivieren Sie ebenfalls die Gitternetzlinien. Falls ein zu enges Raster optisch störend wirkt, können Sie unterhalb in den Feldern *Vertikal* und *Horizontal* angeben, dass z. B. nur jede zweite Gitternetzlinie angezeigt wird. Auf das Ausrichten an den Gitternetzlinien hat dies keinerlei Auswirkungen.

Tipp: Wenn Sie das Kontrollkästchen *Vertikal* deaktivieren, dann erhalten Sie nur horizontale Zeilen. Diese eignen sich allerdings ebenfalls nur zum Ausrichten von Objekten, nicht aber für Text. Registerhaltigkeit lässt sich mit dieser Methode also nicht herstellen.

Einstellungen zu Gitternetz und Führungslinien

Anmerkung: Registerhaltigkeit stellt sicher, dass sich alle Zeilen des gesamten Dokuments immer auf gleicher Höhe befinden. Wichtig z.B. sich Text in Spalten nebeneinander befindet oder beim beidseitigen Druck.

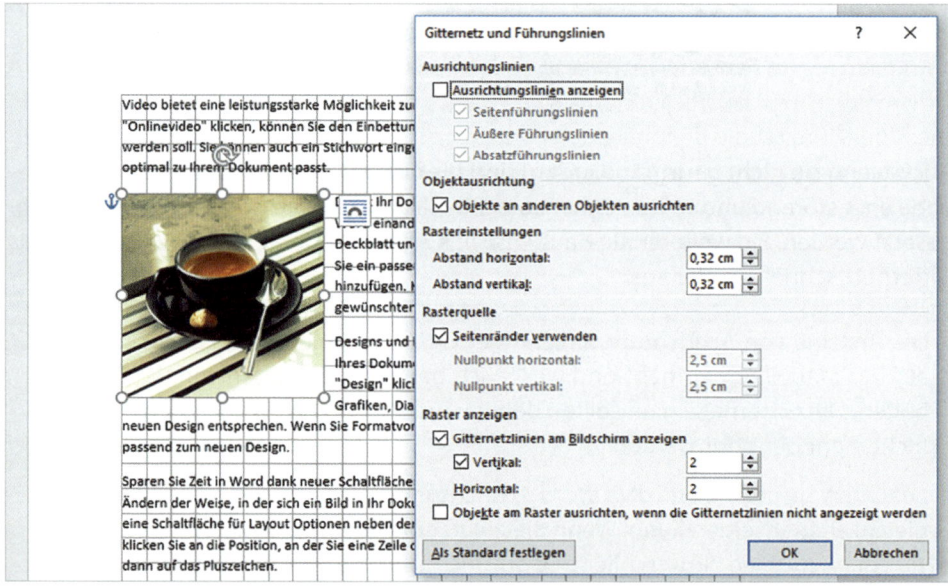

▶ Normalerweise funktioniert das Ausrichten an den Gitternetzlinien nur, wenn diese sichtbar sind. Wenn Sie häufig grafische Objekte ausrichten, das Gitternetz aber als störend empfinden, dann kann das Kontrollkästchen *Objekte am Raster ausrichten, wenn die Gitternetzlinien nicht angezeigt werden* nützlich sein.

▶ Wenn die hier festgelegten Rastereinstellungen in jedem Dokument verfügbar sein sollen, dann klicken Sie zum Schluss auf die Schaltfläche *Als Standard festlegen*.

4.2   Bilder einfügen und bearbeiten

Bild einfügen

Bilder und Objekte sind schnell in ein Word-Dokument eingefügt, zuvor sollten Sie aber einige Punkte zur Positionierung wissen.

> Dies gilt nicht nur für Bilder, sondern auch für alle anderen Objekte. Lediglich die Standardposition beim Einfügen kann sich unterscheiden

▶ Ein Bild kann wie Text behandelt werden, d. h. es befindet sich zusammen mit dem übrigen Text in einer Zeile und der Zeilen- oder Absatzabstand vergrößert sich entsprechend. Dies ist auch die Standardposition beim Einfügen. Wenn Sie diese Position beibehalten möchten, dann sollte das Bild in einen leeren Absatz eingefügt werden. Anschließend kann es wie ein Absatz linksbündig, rechtsbündig oder zentriert ausgerichtet werden.

▶ Wenn der übrige Text das Bild umfließen soll, dann weisen Sie dem Bild nach dem Einfügen den gewünschten Textumbruch zu. Details dazu lesen Sie ab Seite 151. Die genaue Position des Cursor ist in diesem Fall beim Einfügen unwichtig.

Zum Einfügen klicken Sie im Menüband, Register *Einfügen* ▶ *Illustrationen* auf *Bilder*. Markieren Sie im Fenster *Grafik einfügen* die gewünschte Bilddatei und klicken Sie auf *Einfügen*. Das Bild wird an der Cursorposition in der Originalgröße eingefügt. Ausnahme: Überschreitet die Bildbreite den Satzspiegel, d. h. den verfügbaren Platz zwischen linkem und rechtem Seitenrand, dann wird das Bild entsprechend verkleinert.

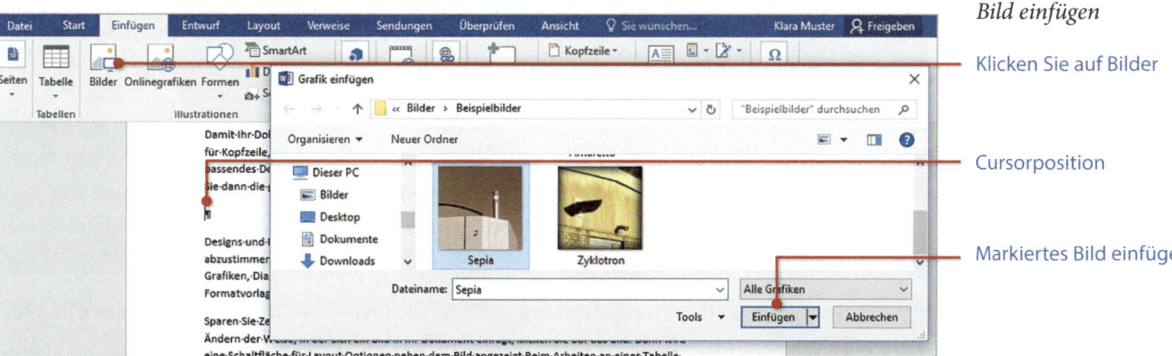

Bild einfügen

Klicken Sie auf Bilder

Cursorposition

Markiertes Bild einfügen

Bild markieren/löschen

Um ein Bild oder ein Objekt aus dem Dokument zu entfernen, markieren Sie es mit einem Klick und löschen es anschließend mit der Entf-Taste.

> Ein markiertes Bild oder Objekt erkennen Sie an den Markierungspunkten in den Ecken und in der Mitte jeder Seite.

Größe ändern

Optimale Bildqualität erhalten Sie selbstverständlich nur, wenn Sie ein Bild in der Originalgröße oder kleiner verwenden, nicht aber durch Vergrößern. Wenn das Bild nicht zuvor bereits mit einem Bildbearbeitungsprogramm auf die gewünschte Größe verkleinert wurde, dann erledigen Sie dies in Word. Klicken Sie in das Bild, um es zu markieren und zeigen Sie dann mit der Maus auf einen beliebigen Eckpunkt des Markierungsrahmens: Der Mauszeiger erscheint als Doppelpfeil und durch Ziehen mit gedrückter Maustaste verkleinern Sie das Bild (Bild unten).

Als Alternative oder zur Angabe exakter Maße markieren Sie das Bild mit einem Klick und geben im Menüband, Register *Bildtools - Format* ▶ *Größe* die benötigte Höhe oder Breite in die Felder ein.

Höhe oder Breite ein-
geben

Größenänderung durch
Ziehen mit der Maus

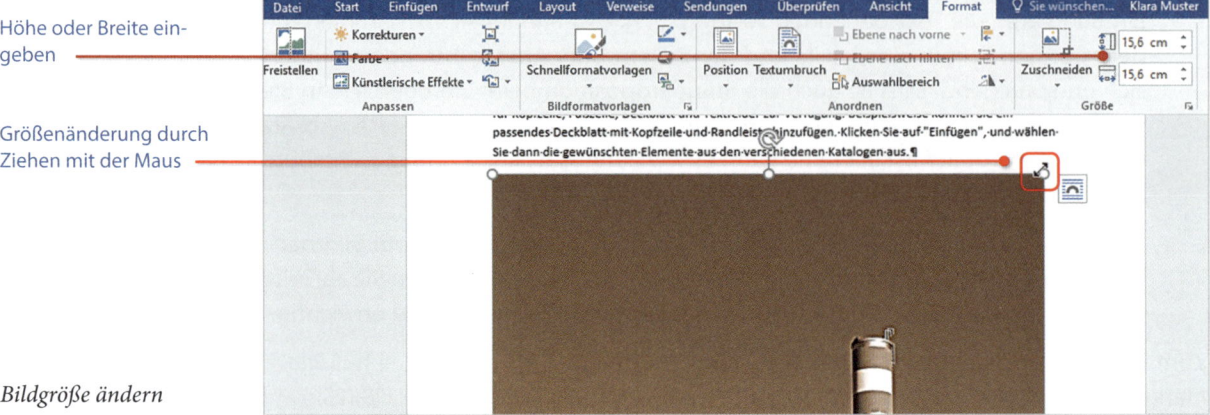

Bildgröße ändern

> **Achtung bei Größenänderungen mit der Maus**
> Wenn Sie ein Bild an den Eckpunkten verkleinern, dann wird das Seitenverhältnis automatisch beibehalten, nicht aber, wenn Sie dazu die Markierungspunkte in der Mitte jeder Seite benutzen.

Weitergehende Möglichkeiten erhalten Sie im Dialogfenster *Layout*, das Sie mit einem Mausklick auf das Pfeilsymbol ⌐ der Gruppe *Größe* (Register *Bildtools - Format*) oder über den Befehl *Größe und Position…* im Kontextmenü der rechten Maustaste öffnen. Klicken Sie auf das Register *Größe*.

▶ Unter *Höhe* und *Breite* geben Sie in den Feldern *Absolut* die Maße in cm ein. Oder wählen Sie unter *Skalierung* eine prozentuale Größenänderung. In beiden Fällen sorgt das aktivierte Kontrollkästchen *Seitenverhältnis sperren* dafür, dass das ursprüngliche Verhältnis von Breite und Höhe beibehalten wird.

▶ Prozentuale Änderungen gehen normalerweise von der aktuellen Größe aus. Ist dagegen das Kontrollkästchen *Relativ zur Originalgröße* aktiviert, so beziehen sich alle prozentualen Änderungen auf die ursprüngliche Bildgröße.

▶ Relative Angaben zu Höhe und Breite und eine entsprechende Bezugsangabe sind nur für Zeichnungselemente bzw. Formen verfügbar.

▶ Die Schaltfläche *Zurücksetzen* nimmt alle Änderungen zurück und das Bild erhält wieder die Originalgröße.

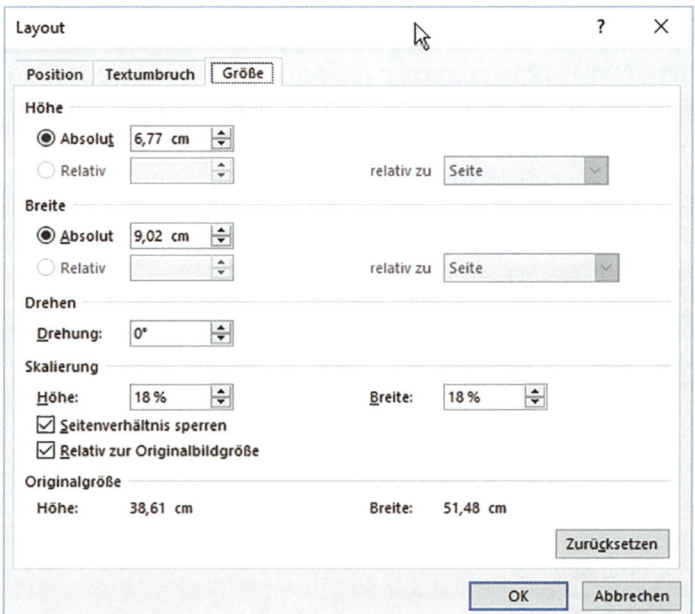

Bildgröße ändern

Bildbereiche wegschneiden

Nicht benötigte Bildbereiche entfernen Sie durch Zuschneiden. Dazu klicken Sie im Menüband, *Bildtools - Format* ▸ *Größe* auf *Zuschneiden*. Der Mauszeiger nimmt eine andere Form an und Sie können durch Ziehen an den gekennzeichneten Stellen Bildbereiche wegschneiden. Die entfernten Bereiche erscheinen zunächst grau und verschwinden erst, wenn Sie an eine andere Stelle des Dokuments klicken.

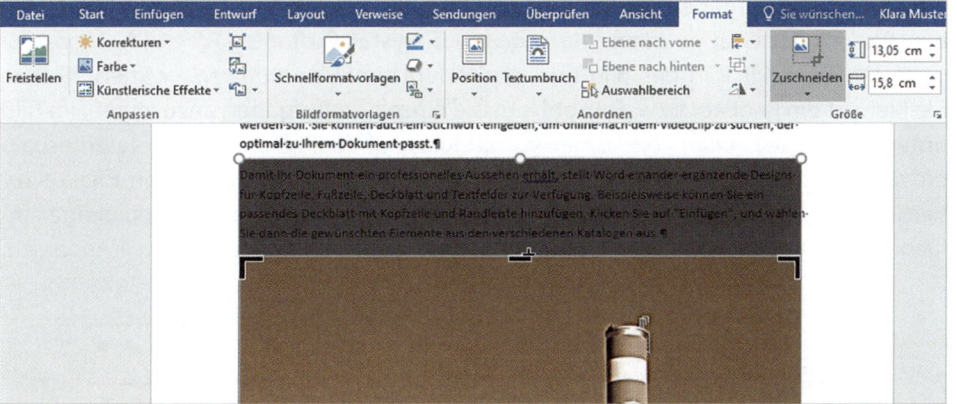

Bild zuschneiden

Tipp: Mit Klick auf den Pfeil der Schaltfläche *Zuschneiden* erhalten Sie die Möglichkeit, das Bild auf eine Form oder in einem bestimmten Seitenverhältnis zuzuschneiden, ohne dass dabei die Originalproportionen geändert werden. Welcher Bildbereich beibehalten werden soll, legen Sie durch Verschieben des Bildausschnitts fest.

Bilder mit Rahmen versehen

Soll ein Bild mit einem Rahmen versehen werden, so markieren Sie das Bild und klicken im Register *Bildtools - Format* ▶ *Bildformatvorlagen* auf die Schaltfläche *Bildrahmen*. Anschließend wählen Sie Farbe, Linienstärke und Strichart aus (Bild unten). Ein Klick auf *Keine Kontur* entfernt eventuell vorhandene Rahmenlinien. In derselben Gruppe steht auch ein Katalog fertiger Rahmenvorlagen mit Schatten-, Spiegel- und 3D-Effekten zur Verfügung, den Sie mit einem Klick auf *Weitere* ⊡ öffnen. Individuelle Effekte stellen Sie über die Schaltfläche *Bildeffekte* zusammen.

Bild mit Rahmen versehen

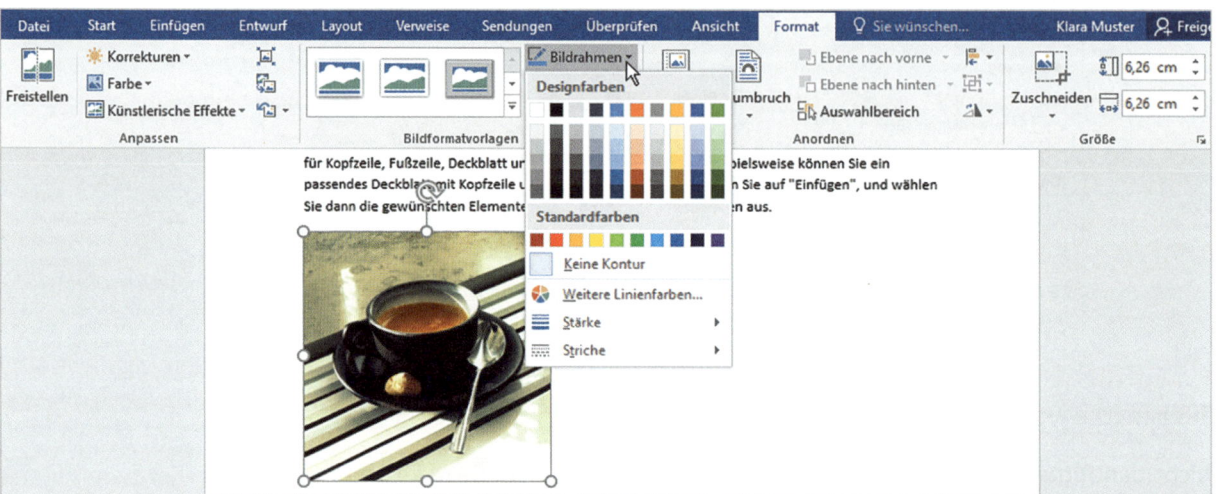

Der Aufgabenbereich Grafik formatieren

Sämtliche Möglichkeiten der Formatierung mit Rahmenlinien und sonstigen Effekten erhalten Sie im Aufgabenbereich *Grafik formatieren* (Bild unten), den Sie mit Klick auf den Pfeil ⌐ der Gruppe *Bildformatvorlagen* (Register *Bildtools - Format* ▶ *Anpassen*) oder per Rechtsklick in das Bild und den Befehl *Grafik formatieren...* öffnen. Klicken Sie hier auf ein Register bzw. Symbol, um die einzelnen Aufgaben anzuzeigen, im Bild unten als Beispiel *Füllung und Linie* ⬧. Mit Klick auf die Pfeile blenden Sie unterhalb die dazugehörigen Optionen ein und aus. Die weiteren Symbole stellen Effekte zur Verfügung ⬠, steuern das Layout (nur bei Textfeldern) 🖽 oder erlauben einige einfache Bildbearbeitungen 🖼. Letztere finden Sie auch im Register *Format* ▶ *Anpassen*.

Klicken Sie auf ein Register

Optionen anzeigen

Der Aufgabenbereich Grafik formatieren

4.3   Bilder und Objekte im Text positionieren

Text um das Bild herumfließen lassen

Wie sich Bild und Text zueinander verhalten, steuern Sie in den *Layoutoptionen* (Bild unten), die Sie mit Klick auf das Symbol *Layoutoptionen* öffnen. Dieses Symbol erscheint im Dokument in der rechten oberen Ecke des markierten Bildes, dasselbe Symbol mit der Beschriftung *Textumbruch* finden Sie auch im Register *Bildtools - Format ▶ Anordnen*. Neben der Standardeinstellung *Mit Text in Zeile* stehen auch verschiedene Varianten des Textumbruchs zur Verfügung. Der häufigste Textumbruch dürfte *Quadrat* sein, das bedeutet, der Text umfließt das Bild oder Objekt in Rechteckform. Eine Übersicht über die weiteren Möglichkeiten finden Sie in der Tabelle unten.

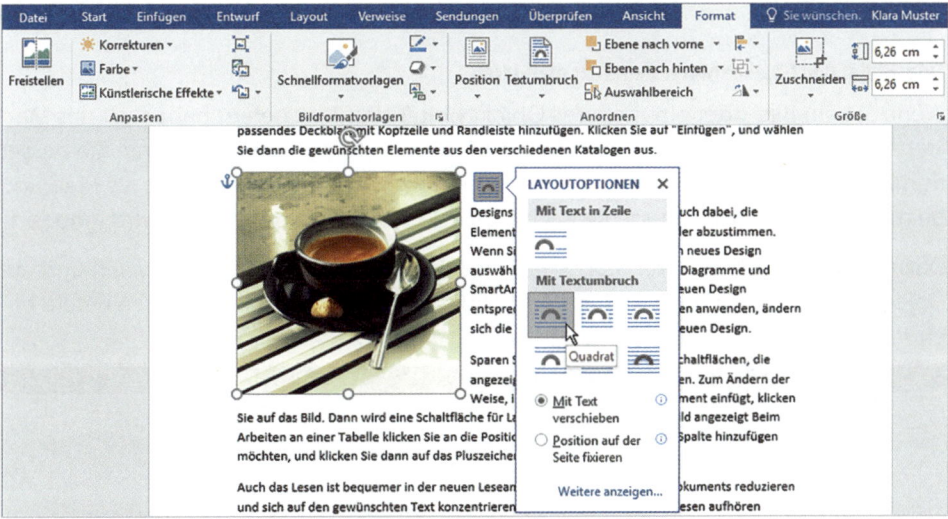

Layoutoptionen: Textumbruch festlegen

Beim Textumbruch passt sich der Text automatisch neu an, wenn Sie das Bild mit der Maus verschieben.

Symbol	Bedeutung	Beispiel
≈	**Mit Text in Zeile:** Das Bild wird in einer Zeile ausgerichtet und wie Text behandelt. Diese Einstellung eignet sich, wenn Sie ein Bild in einer Tabellenzelle positionieren möchten.	müssen, merkt sich Word die Stelle, bis zu der Sie gelangt sind — […] Video bietet eine leistungsstarke Mögli Standpunkts. Wenn Sie auf "Onlinevideo" klicken, können Sie de einfügen, das hinzugefügt werden soll. Sie können auch ein Stich
⊡	**Quadrat:** Der Text fließt in Rechteckform um das Bild herum.	müssen, merkt sich Word die Stelle, bis zu der Sie gelangt sind — […] Video bietet eine leistungsstarke Mög Standpunkts. Wenn Sie auf "Onlinevi Einbettungscode für das Video einfü können auch ein Stichwort eingeben, suchen, der optimal zu ihrem Dokum Damit ihr Dokument ein professionelles Aussehen erhält, st für Kopfzeile, Fußzeile, Deckblatt und Textfelder zur Verfügung.
⊡	**Eng / Transparent:** Bei entsprechender Grafik passt sich der Text an die Konturen an. Dies gilt auch, wenn Sie das Bild drehen.	müssen, merkt sich Word die Stelle, bis zu der Sie gelangt sind — […] Video bietet eine leistungsstarke Möglichkeit Standpunkts. Wenn Sie auf "Onlinevideo" k Einbettungscode für das Video einfügen, können auch ein Stichwort eingeben, u suchen, der optimal zu ihrem Dokume Damit ihr Dokument ein professionelles Aussehen erhält, st für Kopfzeile, Fußzeile, Deckblatt und Textfelder zur Verfügung.

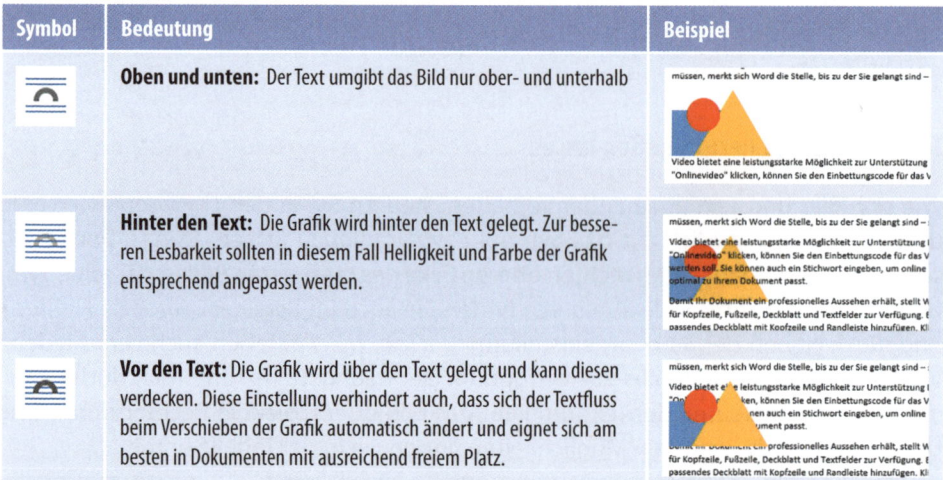

Symbol	Bedeutung	Beispiel
	Oben und unten: Der Text umgibt das Bild nur ober- und unterhalb	
	Hinter den Text: Die Grafik wird hinter den Text gelegt. Zur besseren Lesbarkeit sollten in diesem Fall Helligkeit und Farbe der Grafik entsprechend angepasst werden.	
	Vor den Text: Die Grafik wird über den Text gelegt und kann diesen verdecken. Diese Einstellung verhindert auch, dass sich der Textfluss beim Verschieben der Grafik automatisch ändert und eignet sich am besten in Dokumenten mit ausreichend freiem Platz.	

Tipp: Bilder und Objekte hinter dem Text markieren

Wenn Sie ein Bild oder ein anderes Objekt hinter den Text gelegt haben, ist das Markieren per Mausklick nicht immer ganz einfach. In solchen Fällen aktivieren Sie besser den Modus *Objekte markieren*, das bedeutet, der Mauszeiger erscheint als Pfeil und beim Anklicken werden ausschließlich Objekte markiert, Text dagegen wird ignoriert.

Dazu klicken Sie im Register *Start ▶ Bearbeiten* auf die Schaltfläche *Markieren* und auf *Objekte markieren*. Drücken der Esc-Taste oder ein erneuter Klick auf diesen Befehl beenden den Modus wieder.

Objekte markieren - Text wird ignoriert

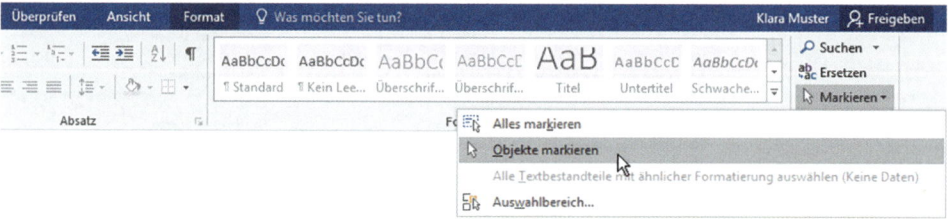

Bild mit Absatz verschieben oder feste Position auf der Seite?

Haben Sie für ein Bild einen Textumbruch, z. B. Quadrat, gewählt, dann können Sie außerdem festlegen, wie sich das Bild verhalten soll, wenn der dazugehörige Absatz durch nachträgliches Hinzufügen oder Löschen von Text verschoben wird.

> Mit Zuweisen eines Textumbruchs wird das Bild automatisch mit dem Absatz verbunden, in dem es sich gerade befindet. Wenn Sie das Bild anklicken bzw. markieren, dann erscheint links vom Beginn des verbundenen Absatzes ein Ankersymbol. Wenn Sie das Bild mit gedrückter Maustaste in einem anderen Absatz verschieben, dann wandert auch der Anker mit und das Bild ist nun mit diesem Absatz verbunden.

Klicken Sie auf das Symbol *Layoutoptionen* bzw. auf *Textumbruch* im Menüband und wählen Sie zwischen *Mit Text verschieben* und *Position auf der Seite fixieren* (Bild unten).

Der Anker am Absatzbeginn bedeutet, das Bild ist mit diesem Absatz verbunden.

Wählen Sie eine der beiden Option

▷ **Bild mit Text verschieben**

Wenn das Bild zusammen mit dem verbundenen Absatz (Ankersymbol) verschoben werden soll, dann wählen Sie die Option *Mit Text verschieben*. Ändert sich die Position des Absatzes, so wandert auch das Bild mit.

▷ **Position auf der Seite beibehalten**

Soll das Bild auch bei nachträglichen Textänderungen an der zuvor festgelegten Position bleiben, dann wählen Sie die zweite Option, *Position auf der Seite fixieren*. Wird bei Textänderungen allerdings der Anker bzw. der verbundene Absatz auf die nächste Seite verschoben, so wandert auch das Bild auf die nächste Seite.

Position und Textumbruch genauer steuern

Wenn Sie sich für eine feste Position auf der Seite entschieden haben, dann haben Sie mit der Schaltfläche *Position* (*Bildtools - Format*) verschiedene Positionierungsmöglichkeiten. Das Bild bleibt aber nach wie vor mit dem ursprünglichen Absatz verbunden.

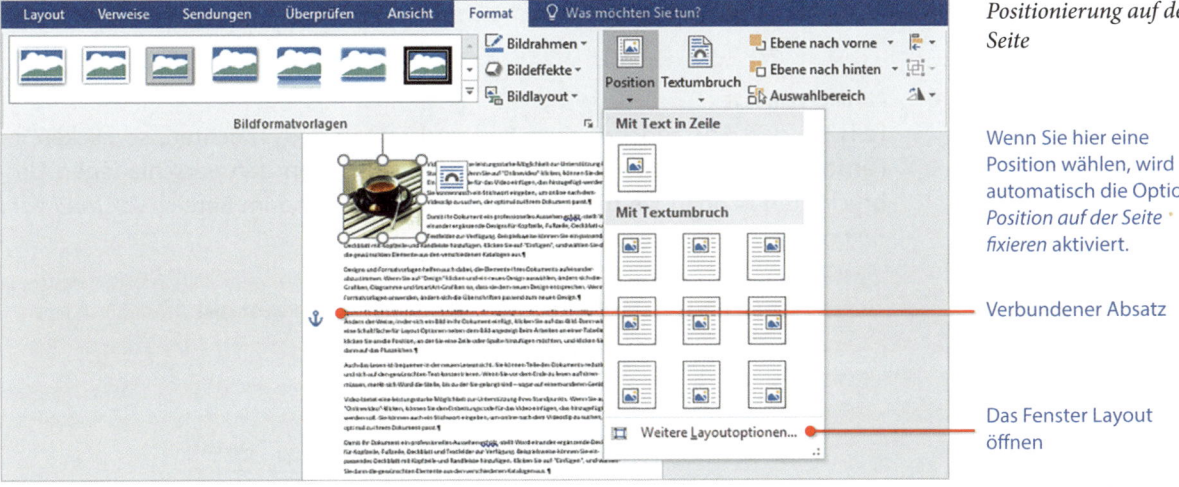

Positionierung auf der Seite

Wenn Sie hier eine Position wählen, wird automatisch die Option *Position auf der Seite fixieren* aktiviert.

Verbundener Absatz

Das Fenster Layout öffnen

Weitere Optionen im Dialogfenster Layout

Genaue Positionsangaben erlaubt das Dialogfenster *Layout*, das Sie in den *Layoutoptionen* mit Klick auf *Weitere Layoutoptionen...* oder einen Rechtsklick und den Befehl *Größe und Position...* öffnen. Im Register *Position* legen Sie die horizontale und vertikale Position auf der Seite fest.

▷ Die Optionen *Ausrichtung* und *Buchlayout* lassen nur *Links*, *Zentriert* und *Rechts* bzw. *Innen* oder *Außen* zu. Zur Angabe einer genauen Position in cm benötigen Sie die Option *Absolute Position*.

▷ Im dazugehörigen Feld rechts daneben legen Sie den Bezug fest z. B. Seitenrand, mit Seite ist dagegen das Blatt gemeint.

▷ Wenn das Bild dauerhaft mit dem aktuellen Absatz verbunden werden soll, dann aktivieren Sie das Kontrollkästchen *Verankern*. Dadurch wird verhindert, dass beim Verschieben des Bildes auch der Anker verschoben und damit das Bild mit einem anderen Absatz verbunden wird. Im Dokument ist dann der Anker des Bildes zusätzlich mit einem Schloss gekennzeichnet. Das Kontrollkästchen *Objekt mit Text verschieben* entspricht der Option *Mit Text verschieben* (siehe oben).

Wählen Sie die Art der Position

Bezug

Exakte Positionsangaben im Dialogfenster Layout, Register Position

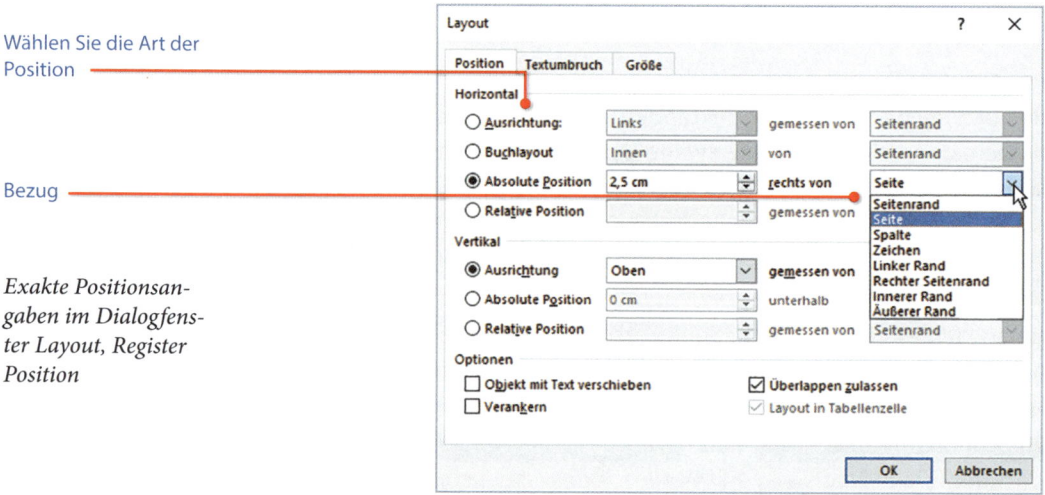

▷ **Abstand zum Text**
Falls Sie den Abstand zwischen Bild und Text ändern möchten, so klicken im Fenster *Layout* auf das Register *Textumbruch*. Neben den verschiedenen Umbrucharten können Sie hier den Textfluss steuern und im Bereich *Abstand vom Text* die Abstände eingeben.

Legen Sie im Register Textumbruch den Abstand zum Text fest.

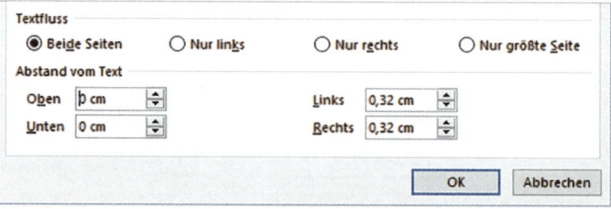

Bild drehen und spiegeln

Die Möglichkeit, ein Bild oder Objekt mithilfe des Pfeilsymbols und der Maus frei zu drehen, dürfte bekannt sein. Für eine exakte Drehung oder seitenverkehrte Spiegelung klicken Sie im Register *Format* ▶ *Anordnen* auf *Objekte drehen* und wählen zwischen Links- und Rechtsdrehung um 90 Grad oder einer Spiegelung. Einen exakten Winkel können Sie angeben, wenn Sie auf *Weitere Drehungsoptionen...* klicken.

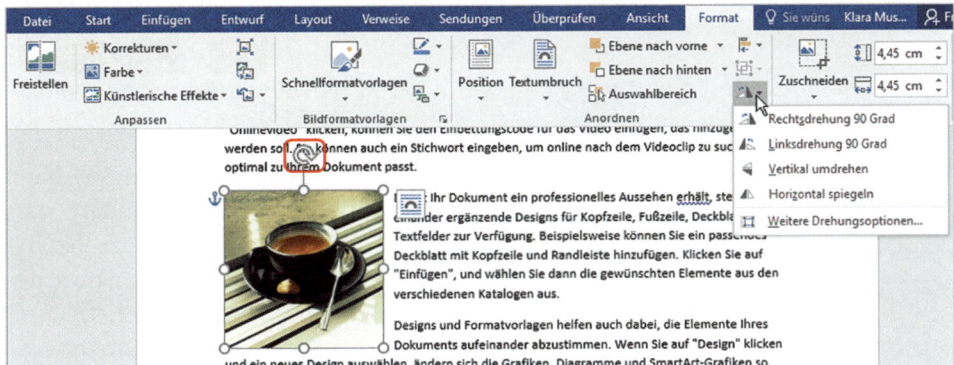

Bild drehen oder spiegeln

4.4   SmartArt-Layouts und Formen einfügen

SmartArt einfügen

Unter der Bezeichnung *SmartArt* stellt Microsoft Office und damit auch Word eine Sammlung grafischer Textlayouts, z. B. zur Darstellung von Abläufen oder Hierarchien, Stichwort Organigramm, zur Verfügung. Diese werden wie alle übrigen Objekte im Dokument platziert und können beliebig beschriftet werden. Zur Gestaltung sind im Menüband im dazugehörigen Register *SmartArt-Tools - Entwurf* verschiedene Vorlagen verfügbar sowie Schaltflächen, über die Sie weitere Formen hinzufügen können.

Dieselben SmartArt-Grafiken finden Sie auch in Excel und PowerPoint

1   Zum Einfügen klicken Sie im Menüband, Register *Einfügen* ▶ *Illustrationen* auf *SmartArt*.

2   Wählen Sie im Fenster *SmartArt-Grafik auswählen* das gewünschte Layout. Am besten klicken Sie zunächst links auf eine Kategorie, z. B. *Prozess*. In der Mitte erscheinen alle dazugehörigen Layouts; rechts erhalten Sie eine Vorschau auf das markierte Layout.

Ein Ändern des Layouts ist auch nach dem Einfügen noch möglich.

3   Mit Klick auf *OK* wird das ausgewählte SmartArt-Objekt an der Cursorposition im Dokument eingefügt.

SmartArt einfügen

Wählen Sie eine Kategorie

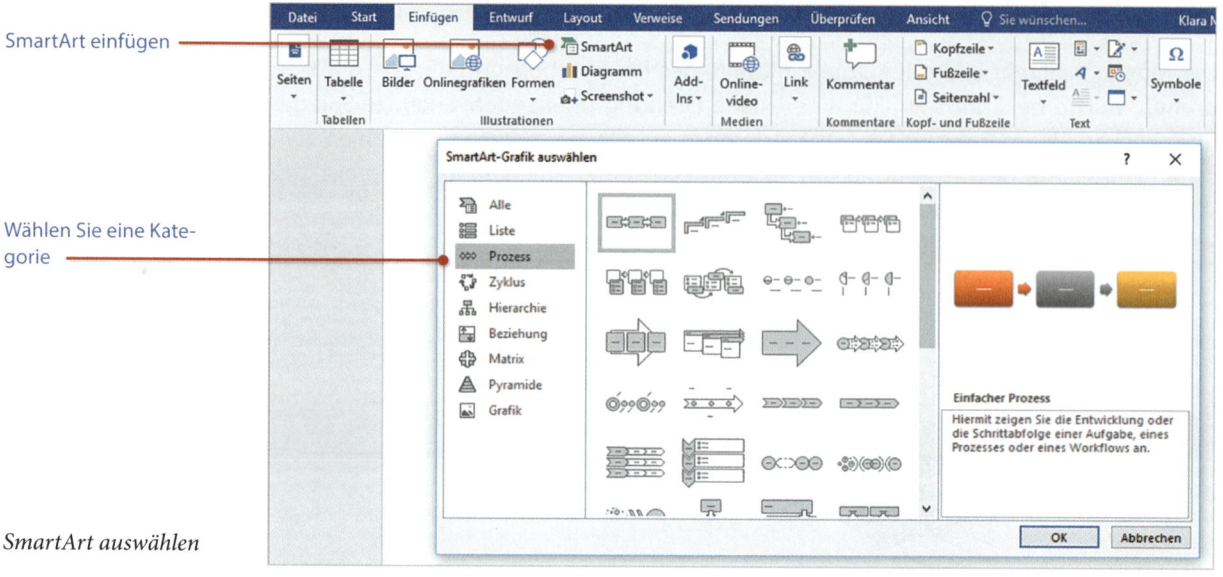

SmartArt auswählen

Elemente beschriften

Die Beschriftung erfolgt entweder direkt im Element - klicken Sie auf die betreffende Form und geben Sie Ihren Text ein - oder verwenden Sie zur Eingabe einen gesonderten Textbereich (Bild unten). Dieser Bereich kann über das Symbol *Schließen* in der rechten oberen Ecke wieder geschlossen werden, zum Öffnen klicken Sie am linken Rand des Markierungsrahmens auf die kleine Schaltfläche oder benutzen die Schaltfläche *Textbereich* im Menüband (*Entwurf ▶ Grafik erstellen*).

Textbereich öffnen

Textbereich schließen

Textbereich öffnen

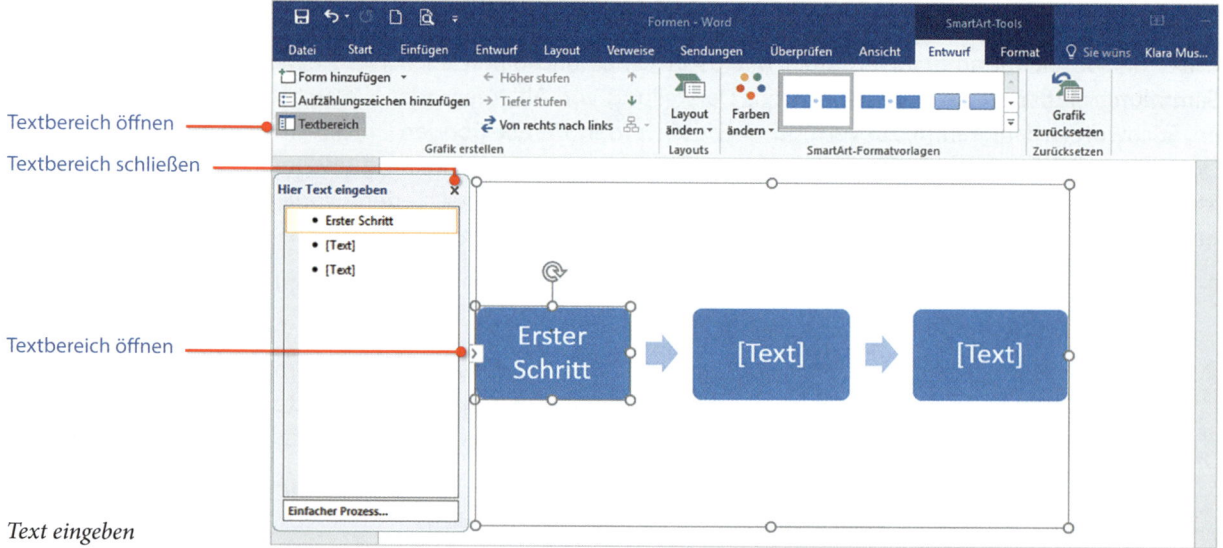

Text eingeben

Die Schriftgröße passt sich automatisch an die Form an. Für eine individuelle Schriftgestaltung benutzen Sie entweder die rechte Maustaste oder die Schaltflächen im Register *Start*. **Achtung**: Ihre Änderungen beziehen sich ausschließlich auf das markierte Element, mehrere Elemente markieren Sie, indem Sie diese nacheinander mit gedrückter Strg-Taste anklicken (Mehrfachmarkierung).

Formen hinzufügen

Wenn Sie weitere Elemente hinzufügen möchten, dann klicken Sie im Menüband, Register *SmartArt-Tools - Entwurf* in der Gruppe *Grafik erstellen* auf den Pfeil der Schaltfläche *Form hinzufügen* und wählen eine Position aus. Beachten Sie, dass Formen grundsätzlich an das markierte Element angefügt werden und die verfügbaren Positionen, im Bild unten *Form danach* und *Form davor*, abhängig sind vom Layout.

Überzählige Formen markieren Sie und löschen diese mit der Entf-Taste.

Form hinzufügen

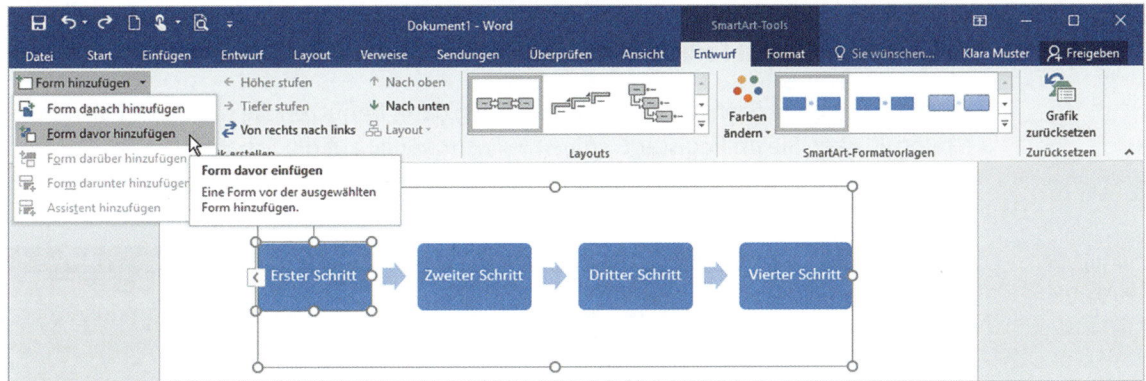

Mit jedem weiteren Element werden die vorhandenen Formen verkleinert und passen sich automatisch an die Größe des SmartArt-Objekts an. Das Smart-Objekt selbst vergrößern oder verkleinern Sie mit der Maus an den Markierungspunkten.

SmartArt formatieren

Zur Formatierung verwenden Sie eine der SmartArt-Formatvorlagen im Register *Entwurf*, über die Schaltfläche *Farben ändern* wählen Sie eine andere Farbgestaltung.

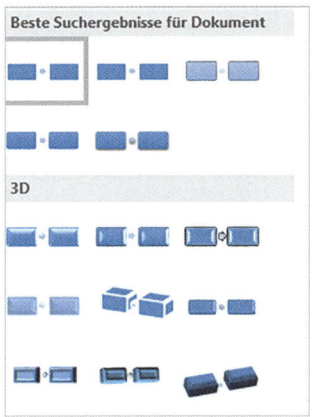

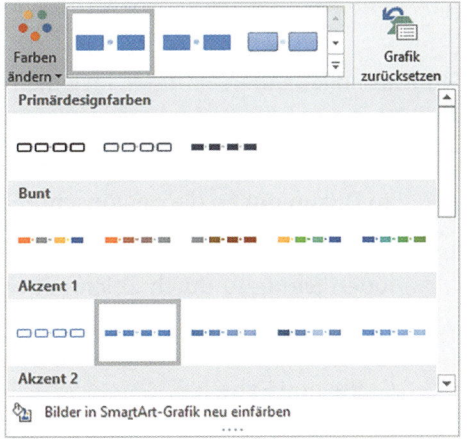

SmartArt-Formatvorlagen

Farben ändern

Einzelne Elemente formatieren

Falls Sie bestimmte Farben und Effekte benötigen, so wechseln Sie in das *Smart-Art-Tools* Register *Format*. Hier können Sie jedem markierten Element ein individuelles Format zuweisen, die Möglichkeiten unterscheiden sich nicht von den Formen.

> **SmartArt zurücksetzen**
>
> Die Schaltfläche *Grafik zurücksetzen* (*SmartArt-Tools - Entwurf*) entfernt alle nachträglich vorgenommenen Formatänderungen und das gesamte SmartArt-Objekt erhält wieder das ursprüngliche Aussehen. Nachträglich hinzugefügte Formen und sämtliche Beschriftungen bleiben erhalten.

Eigene Grafiken mit Formen erstellen

Wenn Sie eigene Grafiken erstellen möchten, dann benutzen Sie dazu den Formenkatalog. Klicken Sie im Register *Einfügen* ▶ *Illustrationen* auf die Schaltfläche *Formen* und dann auf die gewünschte Form, z. B. *Abgerundetes Rechteck*. Im Gegensatz zu Bildern brauchen Sie nicht auf die Cursorposition achten.

Klicken Sie auf die gewünschte Form

Zeichenbereich einfügen

Zum anschließenden Einfügen im Dokument verwenden Sie eine der folgenden Möglichkeiten.

▶ Um die Form in Originalgröße und -proportionen einzufügen, klicken Sie einfach im Dokument an die gewünschte Stelle.

▶ Wenn Sie die Form in beliebiger Größe und Proportion einfügen möchten, dann fügen Sie diese durch Zeichnen ein. Der Mauszeiger nimmt im Dokument die Form ein Fadenkreuzes an. Beginnen Sie an einem der Eckpunkte und ziehen Sie mit gedrückter Maustaste in diagonaler Richtung, bis das Objekt die gewünschte Größe und Form hat.

▶ Möchten Sie anstatt einer Ellipse einen exakten Kreis zeichnen oder anstelle eines Rechtecks mit beliebigen Proportionen ein Quadrat, dann halten Sie zusätzlich während des Zeichnens die Umschalt-Taste der Tastatur gedrückt.

Mehrere Formen in einem Zeichenbereich zusammenfassen

Meist bestehen eigene Grafiken aus mehreren Formen. In diesem Fall wird die spätere Positionierung im Dokument erheblich erleichtert, wenn Sie zuerst einen Zeichenbereich erstellen und in diesen die Formen einfügen.

1 Den Befehl *Neuer Zeichenbereich* finden Sie ganz am Ende des Formenkatalogs (siehe Bild oben). Da außerdem der Zeichenbereich in einen eigenen Absatz eingefügt werden sollte, positionieren Sie zuvor den Cursor in einem leeren Absatz. Klicken Sie dann auf *Einfügen* ▶ *Formen* und auf *Neuer Zeichenbereich*.

2 Der Zeichenbereich nimmt automatisch die gesamte Breite des Satzspiegels ein, kann aber wie jedes Objekt beliebig vergrößert oder verkleinert werden, zur Positionierung verwenden Sie das Symbol *Layoutoptionen*, siehe Seite 151.

3 Anschließend fügen Sie die weiteren Formen in den Zeichenbereich ein und formatieren und beschriften diese, siehe weiter unten.

Tipp: Wenn Sie eine Form mehrmals benötigen, dann benutzen Sie die Tastenkombination Strg+D zum Duplizieren der markierte Form.

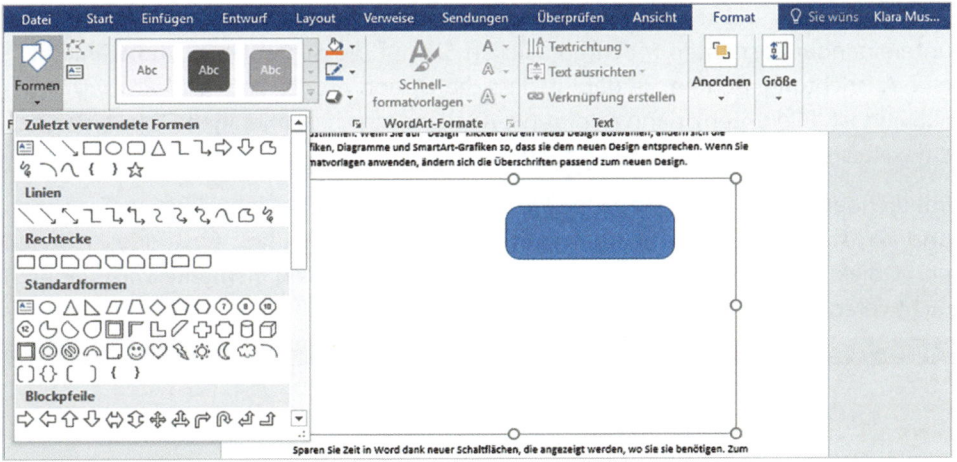

Fügen Sie die weiteren Formen in den Zeichenbereich ein

Formen beschriften

Das Beschriften von Formen ist einfach: Markieren Sie mit einem Klick die Form und geben Sie Ihren Text über die Tastatur ein. Oder klicken Sie mit der rechten Maustaste in die Form und wählen Sie den Befehl *Text hinzufügen*. Anschließend formatieren Sie die Schrift nach Ihren Vorstellungen; wenn Sie den Text vertikal in der Form zentrieren möchten, dann verwenden Sie dazu im Register *Format* ▶ *Text* die Schaltfläche *Text ausrichten* (Bild unten).

Tipp: Falls der Text trotzdem nicht vertikal in der Mitte ausgerichtet wird, dann müssen Sie den *Abstand nach Absatz* entfernen (Register *Start*, *Zeilen- und Absatzabstand*).

Form beschriften und Text vertikal in der Mitte ausrichten

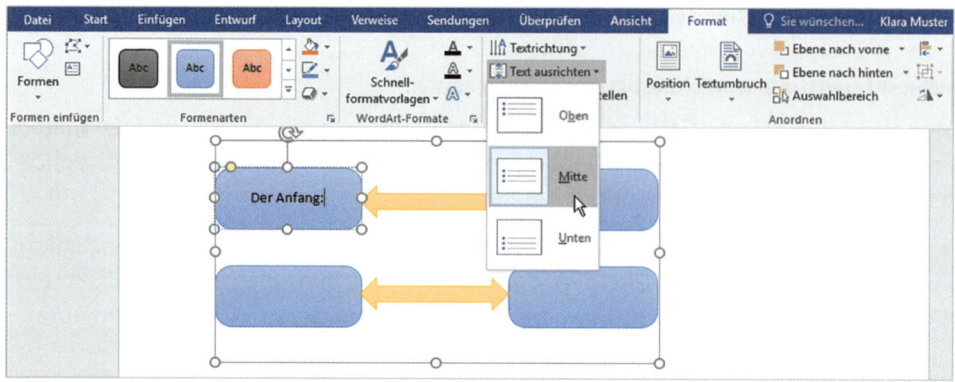

Formen formatieren und ausrichten

Gestaltungsmöglichkeiten für Formen finden Sie in der Gruppe *Formenarten* (*Zeichentools - Format*). Verwenden Sie entweder eine der Vorlagen oder stellen Sie Ihre Formate mit den Schaltflächen *Fülleffekt*, *Formkontur* und *Formeffekte* zusammen.

Mehrfachmarkierung: Klicken Sie mit gedrückter Strg-Taste

Gute Dienste beim Platzieren und Ausrichten von Formen leisten neben den, auf Seite 144 beschriebenen Gitternetzlinien, auch die Befehle der Schaltfläche *Objekte ausrichten* (*Bildtools - Format* ▸ *Anordnen*). Markieren Sie die Formen, die Sie neben- oder untereinander ausrichten möchten, klicken Sie auf die Schaltfläche und wählen Sie eine Ausrichtung. Achten Sie darauf, dass die Option *Ausgewählte Objekte ausrichten* aktiviert ist (Bild unten), dann erfolgt die Ausrichtung an demjenigen Objekt, das sich am weitesten links, rechts, oben oder unten befindet.

Alternativ können Sie die markierten Objekte auch am Seitenrand oder Blattrand (Seite) ausrichten.

Bei drei oder mehr markierten Objekten stehen auch die Befehle *Horizontal verteilen* und *Vertikal verteilen* zur Verfügung, über die Sie gleichmäßige Abstände zwischen den Objekten herstellen können. Die Position der äußersten Elemente wird dadurch nicht verändert.

Markierte Objekte ausrichten

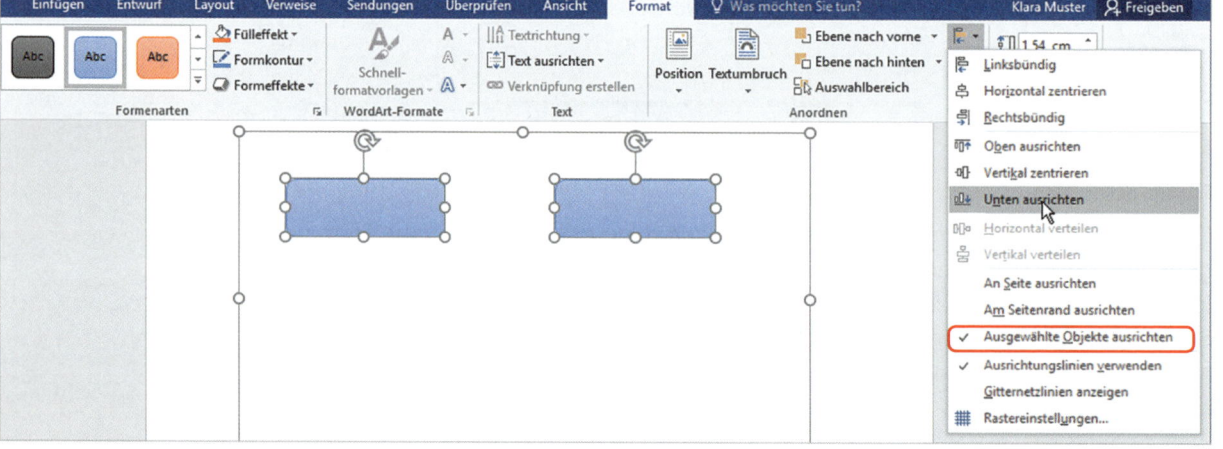

Zeichenbereich verschieben/positionieren

Wenn Sie einen Zeichenbereich mit der Maus verschieben, dann schließt dies auch alle Elemente des Zeichenbereichs ein, vorheriges Gruppieren ist nicht nötig. **Achtung**: es darf nur der Zeichenbereich markiert sein. Klicken Sie also zum Markieren an eine leere Stelle des Zeichenbereichs. Haben Sie dagegen versehentlich eine Form mit markiert, so wird ausschließlich diese verschoben.

Über die *Layoutoptionen* legen Sie die Art des Textumbruchs fest. Die Vorgehensweise unterscheidet sich nicht von Bildern.

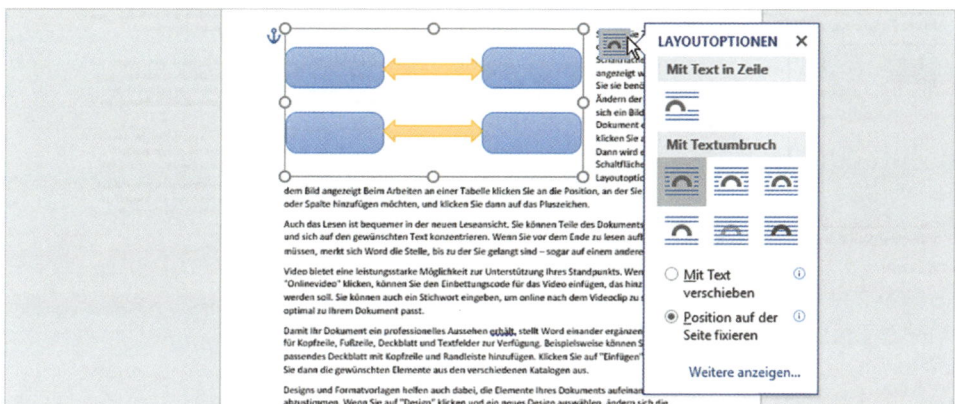

Wählen Sie eine Layoutoption und ziehen Sie den Zeichenbereich im Dokument an die gewünschte Stelle

4.5   Textfelder

Textfeld einfügen

Wenn Text wie ein grafisches Objekt auf der Seite frei platziert werden soll, dann benötigen Sie dazu ein Textfeld. Zum Einfügen klicken Sie im Register *Einfügen* ▶ *Text*, auf die Schaltfläche *Textfeld*. Word öffnet einen Katalog von Vorlagen, durch Anklicken wird das Textfeld eingefügt und Sie brauchen nur noch Text eingeben.

Vorlage verwenden

Auf einer Vorlage basierende Textfelder werden an ihrer vorgegebenen Position, z. B. am rechten Rand oder in der Mitte zentriert, eingefügt, können aber jederzeit mit der Maus verschoben, vergrößert und verkleinert werden. Auch die Schaltfläche *Layoutoptionen* ist verfügbar, siehe Punkt 4.3 auf Seite 151 .

Ein Textfeld kann Text Grafiken und Tabellen enthalten. Der Platzhaltertext wird beim Anklicken automatisch markiert und kann anschließend überschrieben werden. Die Höhe des Textfeldes passt sich während der Eingabe automatisch an.

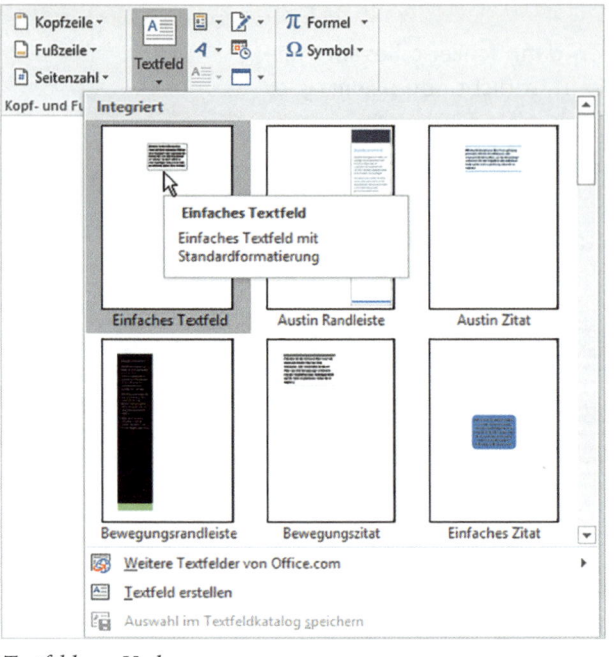

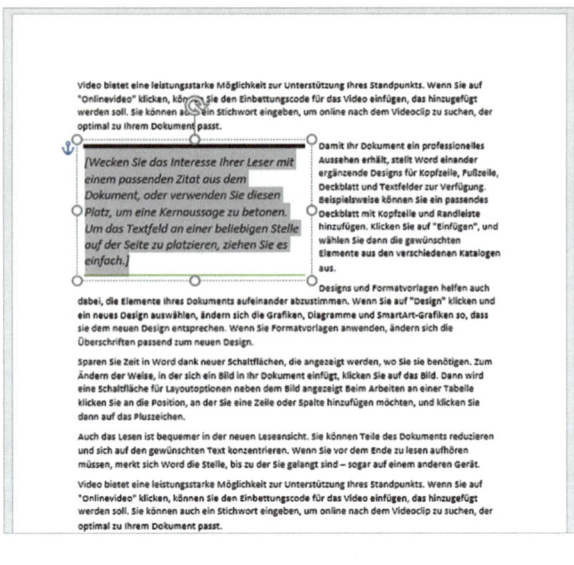

Textfeld aus Vorlage erstellen

Ein benutzerdefiniertes Textfeld einfügen

Wenn Sie ein benutzerdefiniertes Textfeld einfügen möchten, dann klicken Sie auf *Textfeld* und auf *Textfeld erstellen*. Anschließend zeichnen Sie durch Ziehen mit der Maus an der gewünschten Stelle des Dokuments ein rechteckiges Textfeld. Im Gegensatz zu den Vorlagen erhält dieses zunächst den Textumbruch *Vor den Text*. Bei der Texteingabe erfolgt kein automatisches Anpassen der Höhe, Sie müssen also selbst darauf achten, dass keine Inhalte abgeschnitten werden.

Textfeld durch Ziehen erstellen

Keine automatische Anpassung an den Inhalt

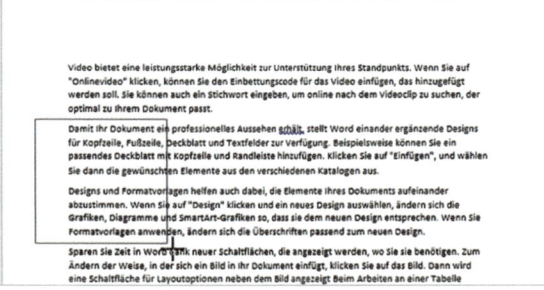

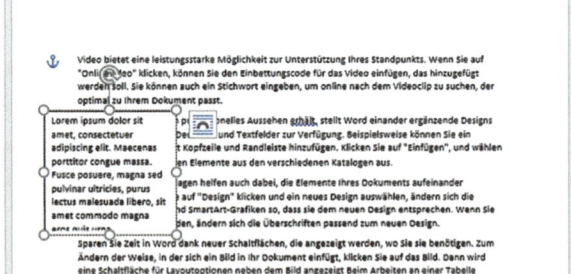

Textfelder verknüpfen

Wenn die Größe eines Textfeldes nicht ausreicht, können Sie zwei oder mehr Textfelder miteinander verknüpfen um den Überlauftext in das nächste Textfeld fließen zu lassen. So geht's:

1 Fügen Sie ein zweites Textfeld ein.

2 Markieren Sie dann das erste Textfeld, dessen Überlauf Sie in das zweite Textfeld fließen lassen möchten und klicken Sie im Menüband, Register *Zeichentools - Format ▸ Text* auf *Verknüpfung erstellen*.

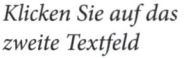

3 Der Mauszeiger nimmt die Form einer Tasse 🏺 an. Klicken Sie mit dieser auf das zweite Textfeld, um hier den Überlauftext einzufügen.

Klicken Sie auf das zweite Textfeld

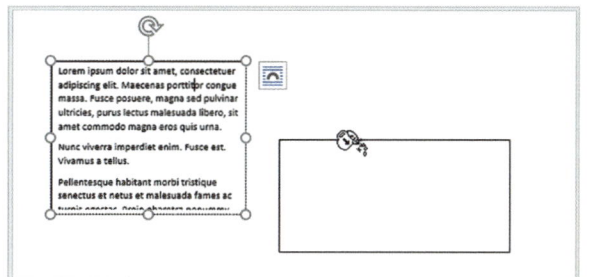 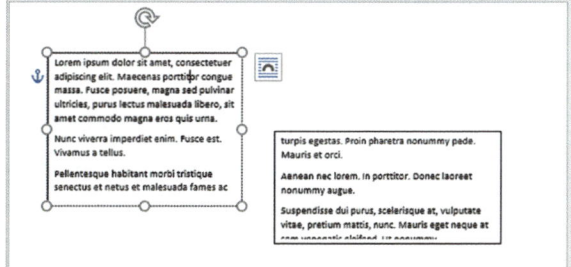

Tipp: Automatisches Anpassen der Höhe

Soll sich die Höhe des Textfeldes automatisch an den Inhalt anpassen, dann klicken Sie mit der rechten Maustaste in das Textfeld und auf *Form formatieren…*.

Klicken Sie dann im gleichnamigen Aufgabenbereich auf das Register *Layout und Eigenschaften* 🔲 und aktivieren Sie im Abschnitt *Textfeld* das Kontrollkästchen *Größe der Form dem Text anpassen*.

Füllfarbe und Rahmen

Die Formatierungsmöglichkeiten im Register *Zeichentools - Format ▸ Formenarten* lassen sich auch auf Textfelder anwenden. Sie können also entweder eine Vorlage verwenden oder über *Formkontur* Linienfarbe und Strichstärke und mit der Schaltfläche *Füllfarbe* eine Hintergrundfarbe auswählen. Zum Entfernen eines Rahmens klicken Sie auf *Formkontur* und wählen *Keine Kontur*.

Text in die Marginalspalte setzen

Mit Textfeldern lassen sich auch, wie in diesem Buch, Anmerkungen und Hinweise in eine Marginalspalte am linken oder rechten Seitenrand setzen, vorausgesetzt hier ist ausreichend Platz vorhanden. Die Seitenränder müssen also über *Seite einrichten* zuerst entsprechend angepasst werden. Als Beispiel ein Textfeld in der Marginalspalte am rechten Seitenrand.

1 Fügen Sie ein Textfeld ein und geben Sie über die Felder der Gruppe *Größe* die erforderliche Breite an. Die Höhe kann dagegen auch später an den Inhalt angepasst werden.

2 Klicken Sie auf das Symbol *Layoutoptionen* und wählen Sie einen beliebigen Textumbruch. z. B. *Quadrat* oder *Vor den Text*. Wenn das Textfeld zusammen mit dem verbundenen Absatz verschoben werden soll, dann muss die Option *Mit Text verschieben* ausgewählt sein.

3   In diesem Fall wird eine genaue Position benötigt, klicken Sie daher in den Layoutoptionen auf *Weitere Layoutoptionen…*.

4   Im Dialogfenster *Layout* wählen Sie die Option *Absolute Position* und als horizontalen Bezug *rechts von* geben Sie an *Rechter Seitenrand*. Den Abstand zwischen Seitenrand und Textfeld, im Beispiel unten 0,7 cm, geben Sie im Feld *Absolute Position* ein. Da das Textfeld mit der Oberkante des verbundenen Absatzes abschließen soll, legen Sie als vertikale absolute Position 0 cm fest, *unterhalb Absatz*.

Hinweis: Wenn das Dokument beidseitig gedruckt werden soll und sich die Marginalspalte entsprechend außen befindet, dann wählen Sie als Bezug für die horizontale Position *rechts von Äußerer Rand*.

5   Zuletzt formatieren Sie das Textfeld, z. B. mit oder ohne Rahmen und/oder mit einer Füllfarbe.

Legen Sie im Dialogfenster Layout die Position des Textfeldes fest

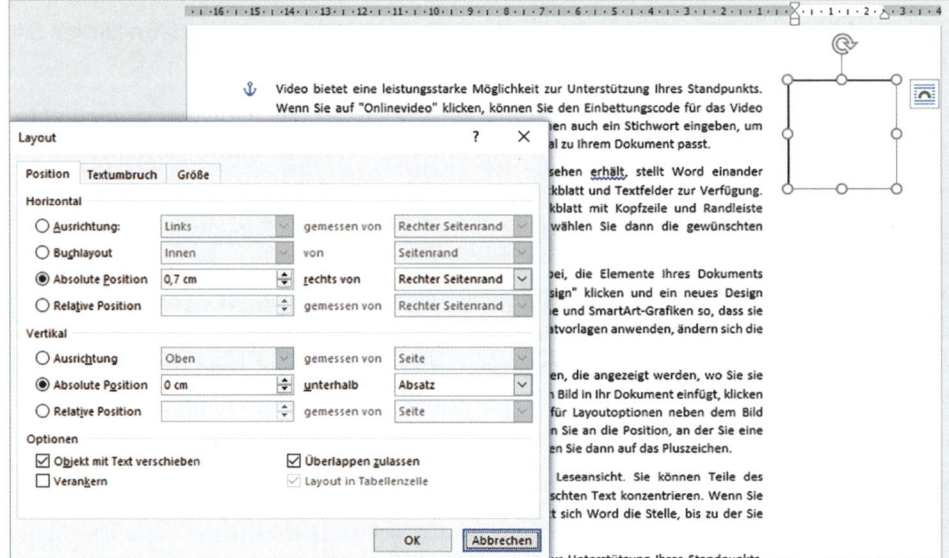

Textfeld als Vorlage speichern

Näheres zum Thema Bausteine lesen Sie in Kapitel 1.4.

Da ein solches Textfeld in der Marginalspalte meist mehrfach benötigt wird, sparen Sie Arbeit, wenn Sie das fertige Textfeld anschließend als Baustein im Textfeldkatalog speichern. Hier steht es anschließend über die Schaltfläche *Einfügen ▶ Textfeld* zusammen mit den übrigen Vorlagen in der Kategorie *Allgemein* zur Verfügung und kann im aktuellen Dokument und in allen anderen Dokumenten verwendet werden.

1   In diesem Fall sollten Sie vorher eventuell vorhandenen Text aus dem Textfeld entfernen. Markieren Sie dann das Textfeld, klicken Sie im Register *Einfügen* auf *Textfeld* und hier auf *Auswahl im Textfeldkatalog speichern*.

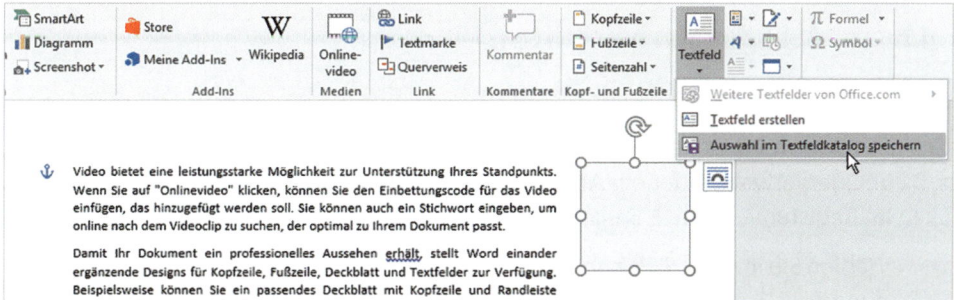

Markiertes Textfeld als Vorlage speichern

2 Geben Sie im Fenster *Neuen Baustein erstellen* einen Namen für die Vorlage ein, der Katalog *Textfelder* ist bereits ausgewählt und die Option *Nur Inhalt einfügen* kann beibehalten werden. Klicken Sie zum Speichern auf *OK*.

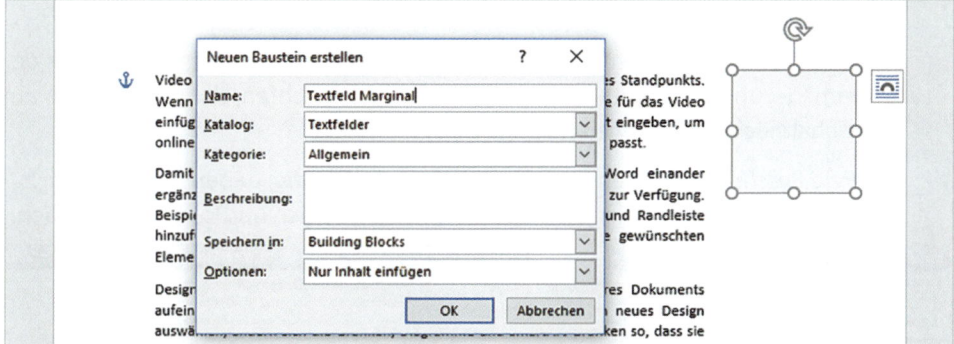

Neuen Baustein erstellen

Achtung: Der Textfeld-baustein wird in der Datei *Building Blocks* gespeichert. Damit das Textfeld auch in anderen Dokumenten verfügbar ist, müssen Sie beim Beenden von Word auch Änderungen in dieser Datei speichern.

Der Textfeldbaustein erscheint anschließend im Katalog, wenn Sie auf *Einfügen* ▶ *Textfeld* klicken. Er wird mit einem Mausklick im Randbereich eingefügt und ist mit dem aktuellen Absatz verbunden.

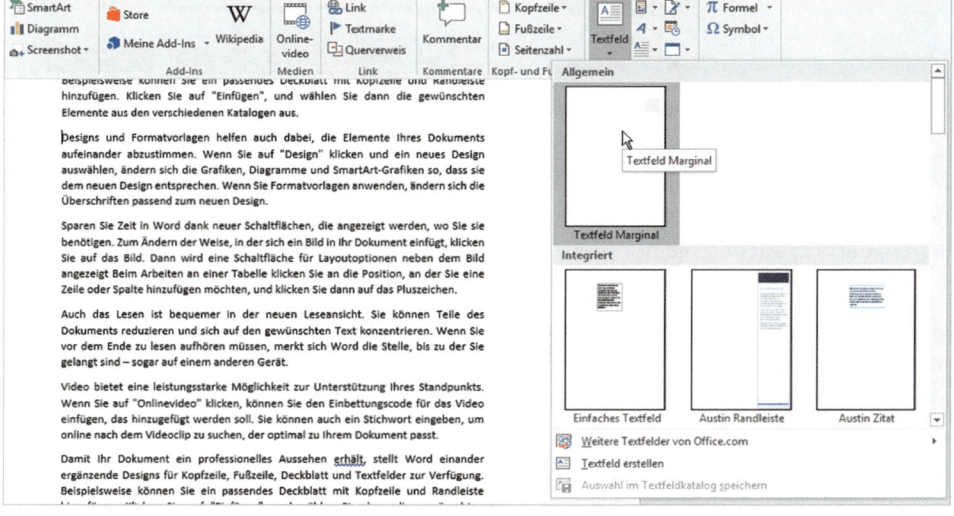

Textfeldbaustein einfügen

4.6   Abbildungen beschriften

Auch die Nummerierung von Bildbeschriftungen ist ein Feld und muss eventuell mit F9 aktualisiert werden!

Um ein Bild mit einer Beschriftung bzw. fortlaufenden Nummerierung zu versehen, z. B. für Querverweise oder ein Abbildungsverzeichnis, markieren Sie das Bild und klicken im Register *Verweise* ▶ *Beschriftungen* auf *Beschriftung einfügen*.

▶ Wählen Sie im Feld *Bezeichnung* eine passende Bezeichnung, im Bild unten *Abbildung*. Falls Sie stattdessen eine andere Bezeichnung, z. B. Bild verwenden möchten, dann klicken Sie auf *Neue Bezeichnung...* und geben diese hier ein.

Wenn die Bezeichnung nicht in der Bildbeschriftung erscheinen soll, dann aktivieren Sie das Kontrollkästchen *Bezeichnung nicht in der Beschriftung verwenden*.

▶ Das Feld *Position* legt fest, ob die Beschriftung ober- oder unterhalb erscheint.

▶ Wenn Sie statt arabischer Zahlen ein anderes Zahlenformat benötigen oder der Nummerierung die Kapitelnummer voranstellen möchten, dann klicken Sie auf die Schaltfläche *Nummerierung...*.

▶ Im Feld *Beschriftung* sehen Sie eine Vorschau. Falls nötig, geben Sie hier noch zusätzlichen Text ein. Dies ist aber auch nachträglich noch im Dokument möglich.

Beschriftung einfügen

Näheres zum Umgang mit Formatvorlagen siehe Kapitel 3.3, Formatvorlagen zur Textformatierung nutzen.

Mit *OK* wird die Beschriftung im Dokument eingefügt. Ihr Aussehen (Schriftart und -farbe) beruht auf der Formatvorlage *Beschriftung*. Falls Sie eine andere Schrift wünschen, dann brauchen Sie nur diese Formatvorlage ändern.

Bild und Bildbeschriftung im Dokument. Geben Sie einfach zusätzlichen Text ein

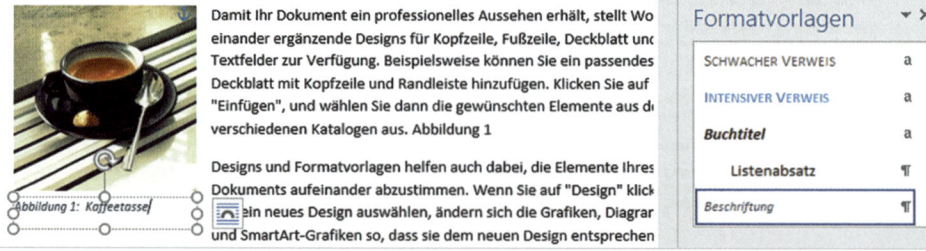

Bild zusammen mit Beschriftung verschieben

Wenn der Text um das Bild herumfließt, wie im Beispiel unten, oder Sie das Bild nachträglich verschieben möchten, dann müssen Sie sicherstellen, dass die Bildbeschriftung zusammen mit dem Bild verschoben wird. Dazu fassen Sie beide Elemente zu einer Gruppe zusammen: Markieren Sie das Bild und mit gleichzeitig gedrückter Strg-Taste die Bildbeschriftung und klicken im Register *Bildtools* oder *Zeichentools* - *Format* ▶ *Anordnen* auf *Objekte gruppieren*. Oder klicken Sie mit der rechten Maustaste und auf den Befehl *Gruppieren*. Anschließend werden Bild und Bildbeschriftung als Einheit behandelt und zusammen verschoben.

Mit dem Befehl *Gruppierung aufheben* können Sie die Gruppierung jederzeit wieder aufheben.

Markieren Sie Bild und Bildbeschriftung und klicken Sie auf Gruppieren

Querverweise auf Bildbeschriftungen

Um einen Querverweis auf ein Bild bzw. eine Bildbeschriftung einzufügen, klicken Sie im Register *Verweise* auf *Querverweis*. Wählen Sie den Verweistyp *Abbildungen* und klicken Sie auf die gewünschte Bildbeschriftung. Im Feld *Verweisen auf* legen Sie den Inhalt, z. B. Gesamte Beschriftung oder Seitenzahl fest.

Querverweise, siehe Kapitel 1.5

Querverweis auf Bildbeschriftung einfügen

4.7   Diagramme und Excel-Objekte einfügen

Es gibt zwei Wege, wie Sie ein Diagramm in ein Word-Dokument einfügen können. Welchen Sie wählen oder verwenden können, hängt von verschiedenen Faktoren ab.

▶ Sie erstellen Ihr Diagramm mit Microsoft Excel und fügen es dann über die Zwischenablage in das Dokument ein. Dies setzt Excel-Kenntnisse voraus und Excel muss natürlich auf dem Gerät installiert sein.

▶ Sie erstellen ein Diagramm im Word-Dokument. In der einfachsten Version geben Sie dazu die erforderlichen Daten in ein Datenblatt ein, Excel wird dazu nicht benötigt. Wenn allerdings Excel auf dem PC vorhanden ist, dann können die Werte auch mit Excel erfasst und berechnet werden.

Ein Excel-Diagramm über die Zwischenablage einfügen

Ist das benötigte Diagramm bereits in einer Excel-Arbeitsmappe vorhanden, dann stellt der Weg über die Zwischenablage den einfachsten Weg dar. Dazu müssen Quell- und Zieldatei geöffnet sein. Markieren Sie in der Excel-Arbeitsmappe das Diagramm und kopieren Sie es mit Strg+C oder einen Rechtsklick und den Befehl *Kopieren* in die Zwischenablage. Wechseln Sie dann über die Taskleiste in das Word-Dokument, positionieren Sie den Cursor an der gewünschten Stelle und verwenden Sie die Tasten Strg+V oder aus dem Kontextmenü den Befehl *Einfügen*.

Unmittelbar nach dem Einfügen erscheint im Dokument an der Einfügestelle das Symbol *Einfügeoptionen* (Bild unten). Klicken Sie auf das Symbol oder drücken Sie die Strg-Taste, um die einzelnen Optionen in Form von Symbolen anzuzeigen. Dieselben Optionen erhalten Sie auch, wenn Sie zum Einfügen statt der Tastenkombination auf den Dropdown-Pfeil der Schaltfläche *Einfügen* (Register *Start* ▶ *Zwischenablage*) klicken.

Klicken Sie auf das Symbol Einfügeoptionen oder drücken Sie die Strg-Taste

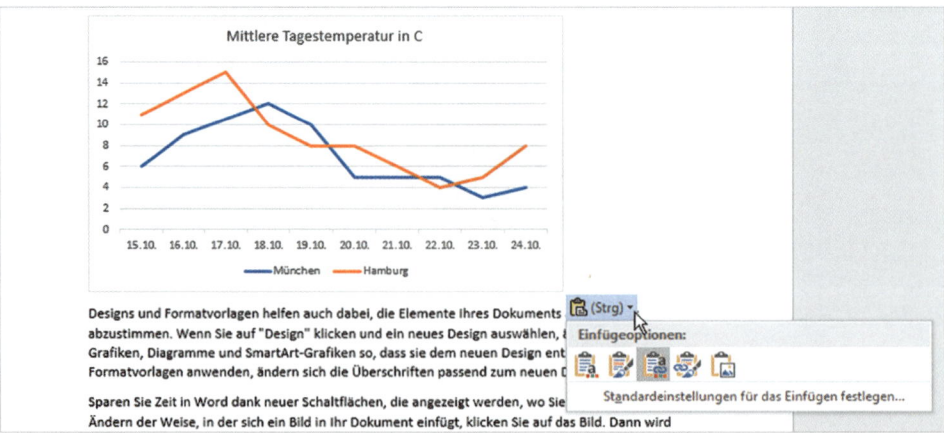

> **Tipp:** Die Symbole allein sind wenig aussagekräftig, aber Sie erhalten beim Zeigen einen kurzen Infotext und, noch wichtiger, eine Vorschau im Dokument.

Design, siehe Kapitel 3.2, Designs als Ausgangsbasis für die Dokumentgestaltung

Symbol	Beschreibung
	Zieldesign verwenden und Arbeitsmappe einbetten Das Diagramm erhält die Schriften und Farben des Word-Dokuments und wird als Kopie zusammen mit dem Dokument gespeichert.
	Ursprüngliche Formatierung beibehalten und Arbeitsmappe einbetten Das Diagramm behält das ursprüngliche Aussehen. Es wird als ebenfalls Kopie eingefügt und zusammen mit dem Word-Dokument gespeichert.
	Zieldesign verwenden und Daten verknüpfen Das Diagramm erhält die Schriften und Farben des Word-Dokuments, aber alle nachträglichen Änderungen erfolgen in der Originaldatei und die Daten werden nicht im Word-Dokument gespeichert. Dies ist auch die Standardeinstellung, wenn nichts anderes angegeben wird.
	Ursprüngliche Formatierung beibehalten und Daten verknüpfen Das Diagramm behält das ursprüngliche Aussehen. Nachträgliche Änderungen erfolgen ausschließlich in der Originaldatei.
	Grafik Das Diagramm wird als Bild eingefügt und beim Formatieren als solches behandelt. Änderungen am Diagramm slelbst sind mehr möglich.

Verknüpfen oder einbetten?

Im wesentlichen entscheiden Sie in den Einfügeoptionen, ob die ursprüngliche Formatierung beibehalten oder das Design des Word-Dokuments verwendet wird und ob die Arbeitsmappe zusammen mit dem Dokument gespeichert wird (Einbetten) oder eine Verknüpfung zu den Daten der Excel-Arbeitsmappe erstellt wird. Beide Möglichkeiten haben Vor- und Nachteile.

▶ **Excel-Arbeitsmappe einbetten**
   Mit der Auswahl *Arbeitsmappe einbetten* wird eine Kopie der Arbeitsmappe zusammen mit dem Word-Dokument gespeichert und erhöht natürlich den Dateiumfang entsprechend. Nachträgliche Änderungen an der Originaldatei erscheinen nicht in Word.

▶ **Excel-Arbeitsmappe verknüpfen**
   Wenn Sie *Daten verknüpfen* wählen, dann wird im Word-Dokument nur eine Verknüpfung zur Excel-Arbeitsmappe gespeichert und nachträgliche Änderungen in der Excel-Arbeitsmappe erscheinen auch im Word-Dokument. **Nachteil:** Bei einer eventuellen Weitergabe des Dokuments müssen Sie auch die Excel-Arbeitsmappe mit kopieren. In solchen Fällen sollte sich die Arbeitsmappe am besten im selben Ordner wie das Word-Dokument oder in einem Unterordner befinden.

Ein Diagramm mit Word erstellen

Diagramme erhalten beim Einfügen zunächst das Layout *mit Text in Zeile* und sollten daher in einen leeren Absatz eingefügt werden. Klicken Sie dann im Register *Einfügen* ▸ *Illustrationen* auf *Diagramm*.

Klicken Sie auf Diagramm

Im nachfolgenden Fenster *Diagramm einfügen* wählen Sie den gewünschten Diagrammtyp aus. Klicken Sie in der Spalte links auf einen grundlegenden Typ, z. B. Säule oder Kreis, so erhalten Sie rechts daneben mehrere Untertypen zur Auswahl. Unter anderem können Sie hier zwischen 2D- und 3D-Darstellung wählen. Wenn Sie einen Untertyp markieren, so erhalten Sie unterhalb eine Vorschau. Für weitere Details bzw. zum Vergrößern zeigen Sie in die Vorschau. Mit *OK* übernehmen Sie das Diagramm.

Untertypen des markierten Diagrammtyps

Diagrammtypen

Vorschau

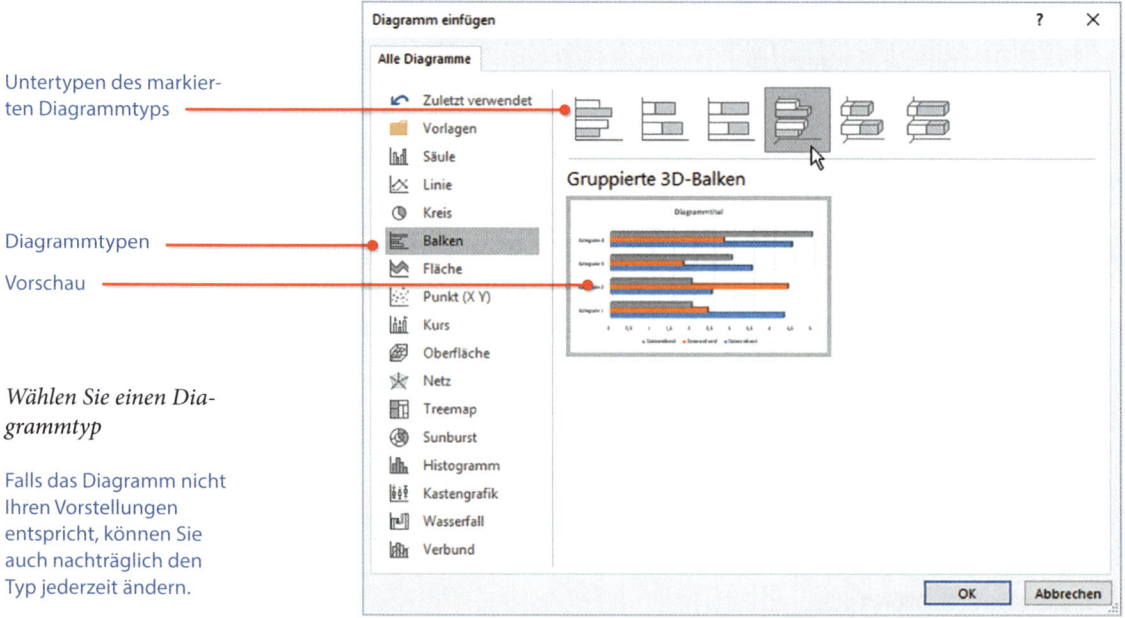

Wählen Sie einen Diagrammtyp

Falls das Diagramm nicht Ihren Vorstellungen entspricht, können Sie auch nachträglich den Typ jederzeit ändern.

Das Diagramm wird an der Cursorposition eingefügt, gleichzeitig erscheint in einem gesonderten Fenster ein Tabellenblatt mit den, im Diagramm verwendeten Beispieldaten. Diese Daten, einschließlich der Zeilen- und Spaltenbeschriftungen, überschreiben Sie nun mit Ihren Werten. Das Diagramm im Dokument passt sich bereits während der Eingabe automatisch an.

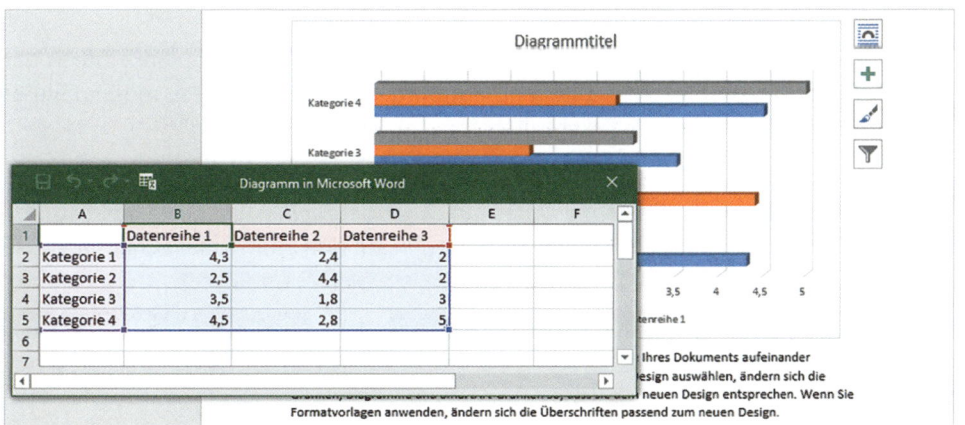

Das Diagramm mit dem Datenblatt und den Beispieldaten

Daten im Datenblatt eingeben und Datenbereich ändern

Wenn Sie mehr Zeilen und/oder Spalten benötigen, als Beispieldaten vorhanden sind, dann ist dies kein Problem, der Datenbereich wird während der Eingabe automatisch erweitert. Der verwendete Datenbereich ist an der farbigen Markierung leicht zu erkennen.

Brauchen Sie dagegen weniger Zeilen und/oder Spalten, dann genügt das Löschen überflüssiger Daten nicht. Damit das Diagramm keine Lücken aufweist, müssen Sie den Datenbereich manuell verkleinern. Dazu zeigen Sie mit der Maus in die rechte untere Ecke des Datenbereichs. Als Mauszeiger erscheint ein Doppelpfeil, verkleinern Sie nun durch Ziehen den Datenbereich. Auf diese Weise brauchen Sie nicht benötigte Daten nicht extra löschen.

Als Alternative löschen Sie die gesamte Zeile oder Spalte, indem Sie diese mit Klick in die Nummer (1, 2, 3,... bzw. A, B, C, ...) markieren und anschließend die Entf-Taste betätigen

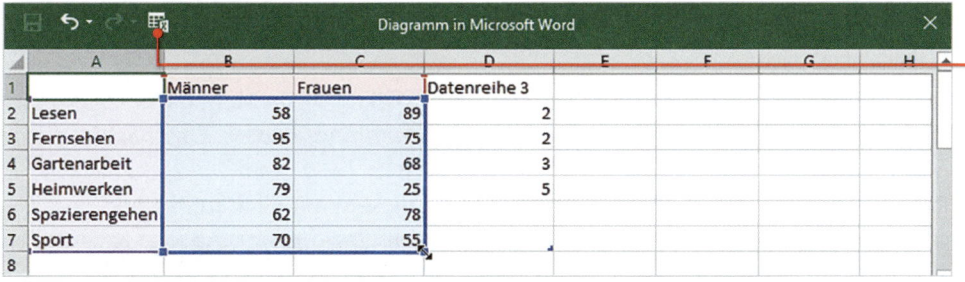

Tabelle mit Microsoft-Excel öffnen

Datenbereich verkleinern

Daten mit Excel eingeben und bearbeiten

Wenn Excel auf dem Gerät installiert ist, dann können Sie die Diagrammwerte auch mit Excel eingeben und bearbeiten. Der Vorteil: Im Gegensatz zum Datenblatt sind hier auch Berechnungen möglich und Sie können die Werte sortieren.

Klicken Sie in der Titelleiste des Datenblatt-Fensters auf das Symbol *Bearbeiten Sie Daten in Microsoft-Excel* (siehe Bild oben). Die Tabelle mit den Diagrammwerten wird mit Excel geöffnet und Sie können die Bearbeitung fortsetzen.

Daten erneut bearbeiten

Wird das Datenblatt bzw. Excel nicht mehr benötigt, dann schließen Sie einfach das Fenster. **Achtung**: Wenn Sie ein weiteres Diagramm einfügen möchten, müssen Sie es zuvor in jedem Fall schließen, Sie erhalten sonst eine Fehlermeldung.

Daten im Datenblatt oder mit Excel bearbeiten

Zum erneuten Öffnen klicken Sie in das Diagramm und anschließend im Menüband, Register *Diagrammtools - Entwurf ▸ Daten* auf *Daten bearbeiten*. Ein Klick direkt auf das Symbol öffnet das Datenblatt, klicken Sie dagegen auf den Pfeil dieser Schaltfläche, so haben Sie die Wahl zwischen Datenblatt (*Daten bearbeiten*) und Excel.

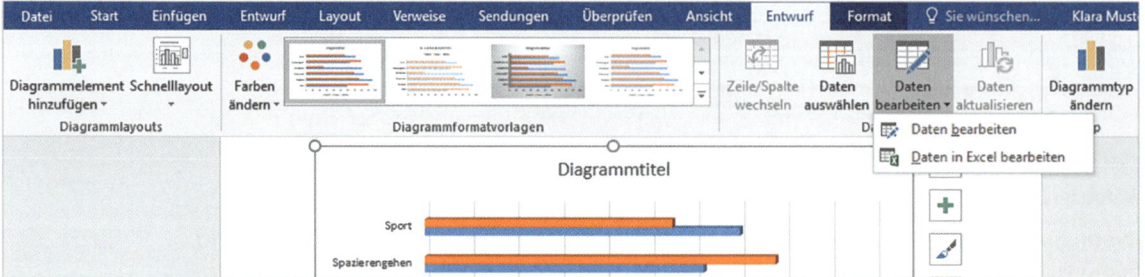

Egal, ob Sie Ihre Werte im Datenblatt oder mit Excel eingeben. Die Daten werden zusammen mit dem Word-Dokument gespeichert, daher erhalten Sie auch beim Schließen von Excel keine Rückfrage, ob Sie Änderungen speichern möchten.

Tipp: Daten kopieren

Liegen die Daten bereits als Tabelle vor, egal ob in Word oder Excel, dann können Sie diese auch auf dem Weg über die Zwischenablage in das Datenblatt einfügen.

Diagrammtyp ändern

Klicken Sie auf Diagrammtyp ändern

Zum nachträglichen Ändern des Diagrammtyps klicken Sie im Menüband, *Diagrammtools - Entwurf ▸ Typ* auf die Schaltfläche *Diagrammtyp ändern*. Das nachfolgende gleichnamige Fenster ist identisch mit dem Fenster *Diagramm einfügen*. Klicken Sie auf den gewünschten Typ und übernehmen Sie diesem mit Klick auf *OK*.

Datenreihen umstellen

Einige Diagrammtypen, z. B. Säulen-, Balken- und Liniendiagramme können mehrere Datenreihen darstellen. Standardmäßig werden die Datenreihen aus den Spalten gebildet und die Zeilenbeschriftungen werden auf der Achse abgebildet (Kategorie).

Stellen Sie erst nachträglich fest, dass es sinnvoller wäre, die Datenreihen aus den Zeilen der Tabelle zu bilden, dann brauchen Sie die Daten nicht neu eingeben, sondern vertauschen einfach Zeilen und Spalten im Diagramm.

Sorgen Sie dafür, dass das Datenblatt bzw. Excel geöffnet ist, klicken Sie an eine beliebige Stelle des Diagramms und dann im Register *Diagrammtools- Entwurf* ▶ *Daten* auf die Schaltfläche *Zeile/Spalte wechseln*.

Diagrammelemente beschriften

Standardmäßig verfügt jedes Diagramm bereits über einen Diagrammtitel und eine Legende, diese wird automatisch aus den Beschriftungen der Datenreihen gebildet, im Diagrammtitel fehlt dagegen der passende Text. Zum Ändern eines Beschriftungselements markieren Sie dieses mit einem Klick und geben anschließend Ihren Text ein.

Weitere Beschriftungs- und Diagrammelemente fügen Sie hinzu, indem Sie im Register *Diagrammtools- Entwurf* ▶ *Diagrammlayouts* auf *Diagrammelement hinzufügen* klicken, anschließend auf das benötigte Element zeigen und die gewünschte Position wählen. Als Alternative stehen über die Schaltfläche *Schnelllayouts* einige vorgefertigte Diagrammlayouts zur Auswahl.

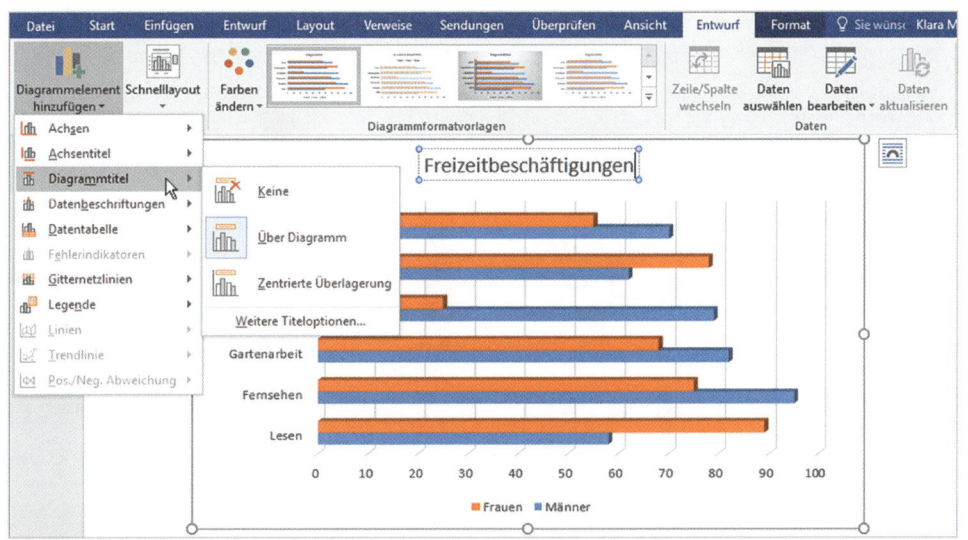

Diagrammelemente hinzufügen, Beispiel Diagrammtitel

Diagramm formatieren

Zur schnellen Formatierung wählen Sie eine der Diagrammformatvorlagen (Register *Entwurf*), über die Schaltfläche *Farben ändern* erhalten Sie einige Farbvarianten der verwendeten Designfarben.

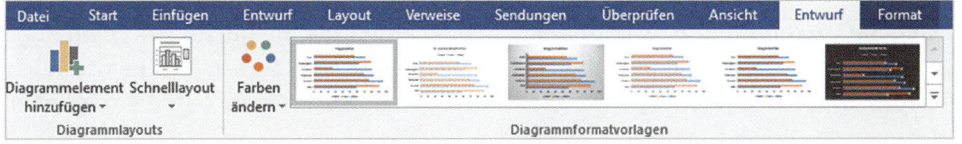

Diagrammformatvorlagen

Falls Sie einzelne Diagrammelemente individuelle formatieren möchten, dann benutzen Sie dazu die Werkzeuge des Registers *Format*.

> Im Gegensatz zu den Diagrammformatvorlagen, die automatisch das gesamte Diagramm einbeziehen, müssen Sie hier das Element zuerst markieren.
>
> **Beachten Sie beim Markieren von Datenreihen:** Der erste Klick markiert die gesamte Reihe, mit einem zweiten Klick kann dann gezielt ein einzelner Datenpunkt dieser Reihe markiert werden.

Diagramme beschriften und fortlaufend nummerieren

Wie Sie ein Diagrammverzeichnis erstellen, lesen Sie in Kapitel 6.2.

Genau wie Bilder lassen sich auch Diagramme beschriften und mit einer fortlaufenden Nummerierung versehen. Die Vorgehensweise wurde bereits auf Seite 166 beschrieben. Allerdings existiert die Bezeichnung Diagramm standardmäßig nicht, sondern muss erst mit Klick auf die Schaltfläche *Neue Bezeichnung...* erstellt werden.

Die neue Bezeichnung ist anschließend auch für Querverweise und beim Erstellen von Verzeichnissen verfügbar.

Diagramm beschriften

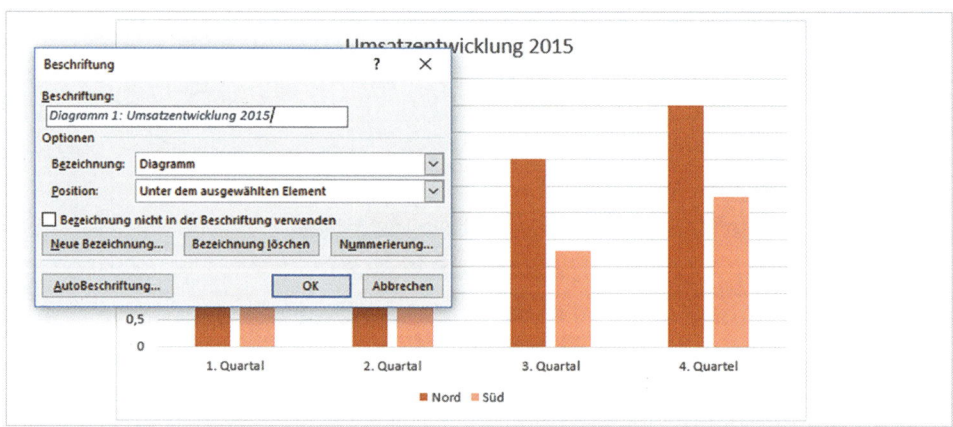

Eine Excel-Tabelle einfügen

Excel-Tabelle aus der Zwischenablage einfügen

Auch beim Einfügen einer Excel-Tabelle über die Zwischenablage stehen mit den Einfügeoptionen verschiedene Möglichkeiten zur Verfügung: Als Word-Tabelle oder als Verknüpfung zusammen mit der Frage, ob die ursprüngliche Formatierung beibehalten oder an das Format des Dokuments angepasst werden soll.

Wenn Sie Verknüpfung gewählt haben, dann werden die Inhalte als Feld eingefügt und alle Änderungen, die Sie mit Excel an der Tabelle vornehmen, erscheinen auch in Word. In Word können Sie zwar die Feldinhalte überschreiben, damit erfolgt aber keine automatische Neuberechnung eventuell vorhandener Formeln und nach der nächsten Aktualisierung erscheinen wieder die Excel-Inhalte.

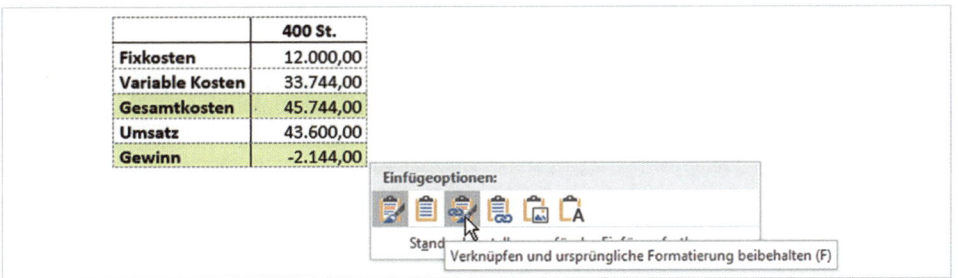

Excel-Tabelle über die Zwischenablage einfügen

Excel-Tabelle als Objekt einfügen

Wenn Sie dagegen die Excel-Tabelle als Objekt in das Word-Dokument einfügen, dann ist auch aus Word heraus eine Bearbeitung der Tabelle möglich und gleichzeitig stehen alle Werkzeuge von Excel zur Verfügung.

1 Diese Möglichkeit ist leider unter den Einfügeoptionen nicht verfügbar. Klicken Sie daher zum Einfügen aus der Zwischenablage als Objekt auf den Pfeil der Schaltfläche *Einfügen* (*Start* ▸ *Zwischenablage*) und hier auf *Inhalte einfügen...*.

2 Das Fenster *Inhalte einfügen* öffnet sich. Klicken Sie auf *Microsoft Excel-Arbeitsmappe-Objekt* und wählen Sie zwischen *Einfügen*, d. h. als Objekt einbetten und zusammen mit dem Dokument speichern und *Verknüpfung einfügen*.

3 Klicken Sie zuletzt auf *OK*. Die Tabelle wird mit der Originalformatierung eingefügt und erhält im Gegensatz zu normalen Word-Objekten beim Anklicken bzw. Markieren viereckige Markierungspunkte.

Einfügen - Inhalte einfügen

Wählen Sie Microsoft Excel-Arbeitsmappe-Objekt

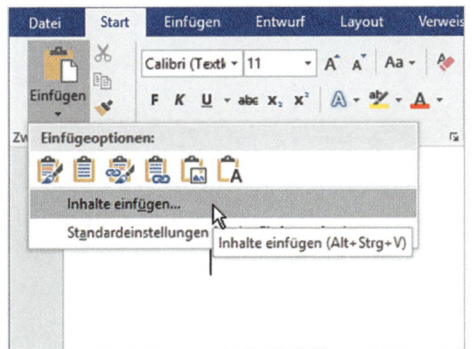

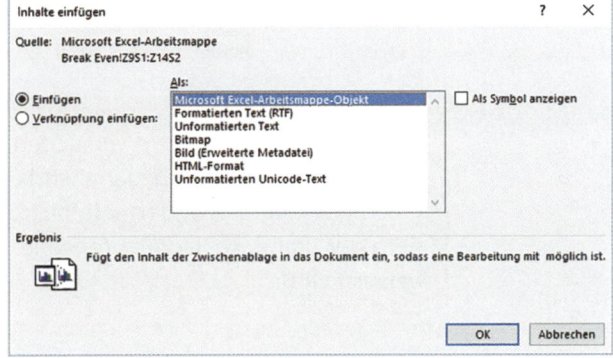

Excel-Objekt bearbeiten

Zum Bearbeiten der Tabelleninhalte doppelklicken Sie in die Tabelle. Es erscheint das Menüband von Excel zusammen mit der Bearbeitungsleiste und Sie können nun die Tabelle in der Excel-Umgebung bearbeiten. Falls Sie weitere Spalten und/oder Zeilen hinzufügen möchten, so zeigen Sie auf einen der Punkte in der schraffierten Umrandung. Als Mauszeiger erscheint ein Doppelpfeil, ziehen Sie nun in die gewünschte Richtung, über die Bildlaufleisten können Sie den sichtbaren Ausschnitt verschieben.

Tabelleninhalte mit
Excel bearbeiten

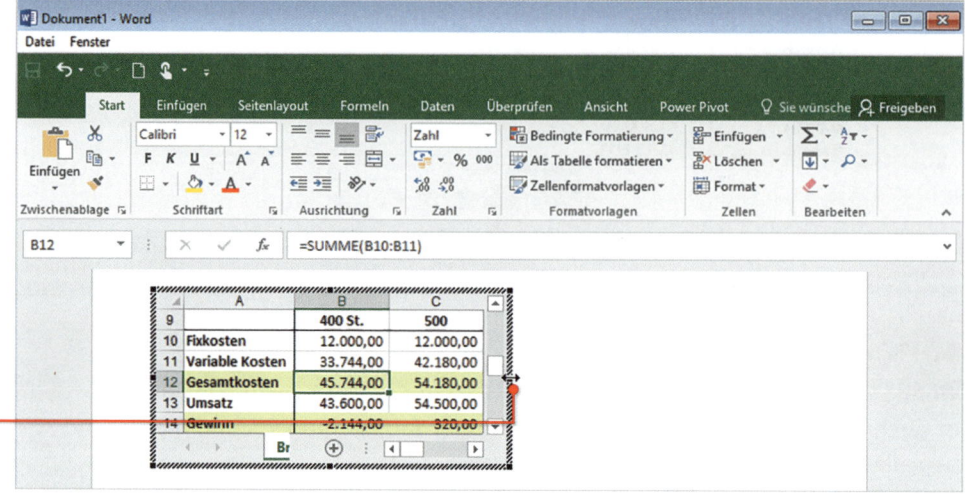

Weitere Spalten hinzu-
fügen, Tabellenbereich
vergrößern/verkleinern

Die Excel-Umgebung verschwindet, sobald Sie an eine beliebige Stelle des Dokuments außerhalb der Tabelle klicken. In Word wird die Tabelle als einzelnes Objekt behandelt, und kann markiert und anschließend mit der Entf-Taste gelöscht werden.

Die markierte Excel-Ta-
belle im Dokument

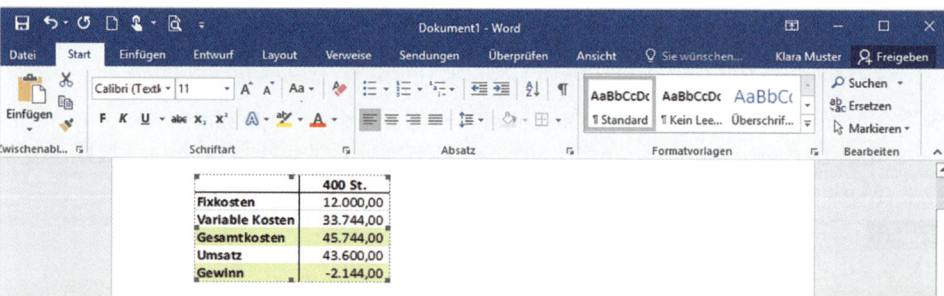

> **Achtung**: Wenn Sie in Word versuchen, das Excel-Objekt mit der Maus zu vergrö-
> ßern oder zu verkleinern, dann wird es ähnlich wie ein Bild behandelt, die Schrift-
> größe des Originals ändert sich nicht. Beachten Sie auch, dass hier, z. B. beim Än-
> dern der Breite, keine weitere Spalte hinzugefügt, sondern die gesamte Tabelle
> verzerrt wird.

Und noch ein Hinweis: Im Dokument und in der Seitenansicht bzw. Druckvorschau sind zwar die Gitternetzlinien von Excel sichtbar, diese werden aber, genau wie in Excel, nicht gedruckt und auch beim Export in eine PDF-Datei nicht berücksichtigt.

Eine neue Tabelle als Excel-Objekt erstellen

Berechnungen zählen bekanntlich nicht zu den Stärken von Word. Ein einfaches Beispiel finden Sie in Verbindung mit Feldern in Kapitel 5.4. Wenn Sie mit Excel vertraut sind und in einem Word-Dokument eine Tabelle mit Berechnungen benötigen, dann fügen Sie einfach statt einer normalen Word-Tabelle eine neue Excel-Tabelle als Objekt ein. Die anschließenden Bearbeitungsmöglichkeiten sind dieselben, wie oben beschrieben. So gehen Sie vor:

1 Setzen Sie den Cursor in einen leeren Absatz und klicken Sie im Register *Einfügen* ▶ *Text* auf die Schaltfläche *Objekt*.

2 Klicken Sie im Fenster *Objekt* auf das Register *Neu erstellen* und hier auf den gewünschten Objekttyp, in diesem Fall *Microsoft Excel-Arbeitsblatt*.

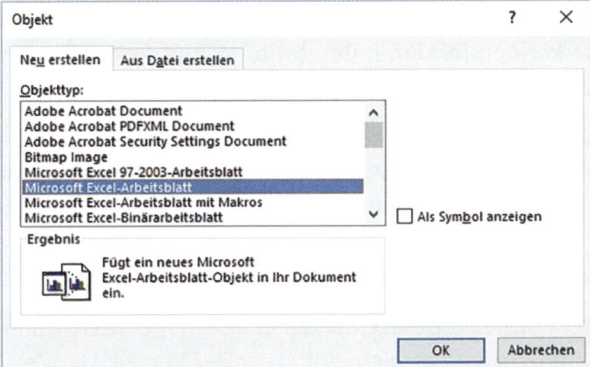

Wählen Sie den gewünschten Objekttyp

Statt auf dem Weg über die Zwischenablage können Sie auch im Register *Aus Datei erstellen* und mit Klick auf *Durchsuchen* eine bestehende Excel-Mappe auswählen und entweder einbetten oder als Verknüpfung einfügen.

3 Mit Klick auf *OK* wird im Dokument eine Excel-Tabelle eingefügt, gleichzeitig erscheint die Excel-Arbeitsumgebung und Sie können Ihre Daten eingeben. Zum Vergrößern und Verkleinern der Tabelle benutzen Sie wieder die Markierungspunkte im schraffierten Rahmen.

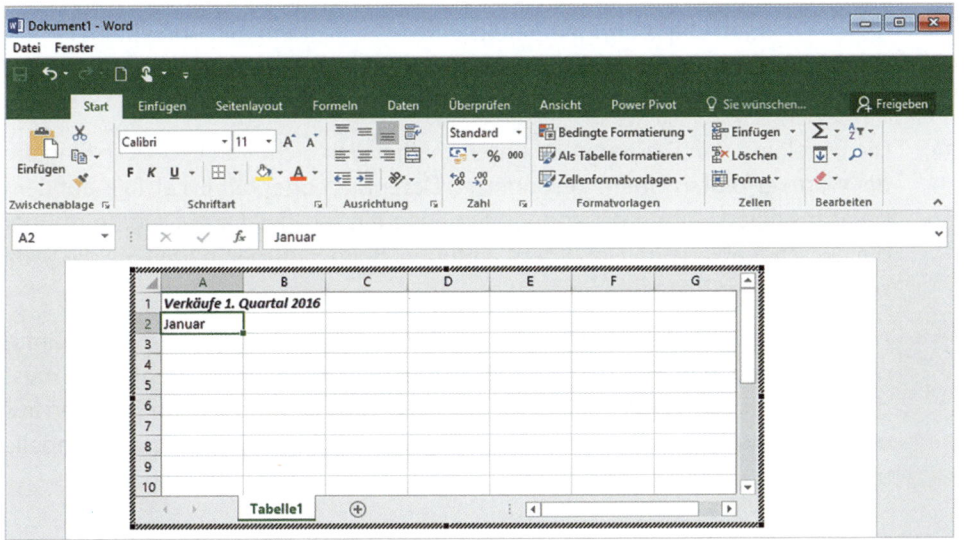

Geben Sie Ihre Daten in die neue Excel-Tabelle ein

4.8 Zusammenfassung

▶ Wie Bilder und andere Objekte, z. B. Formen oder Textfelder, in Dokumenten positioniert werden, steuern Sie in den Layoutoptionen. Diese öffnen Sie entweder mit Klick auf das Symbol im Dokument oder im Menüband, Register *Bildtools - Format* mit der Schaltfläche *Textumbruch*. Aus Wahl stehen *Mit Text in Zeile* und *Textumbruch* mit verschiedenen Umbrucharten. Bei der Auswahl eines Textumbruchs wird das Bild mit den aktuellen Absatz verbunden, erkennbar am Ankersymbol. Wählen Sie zwischen einer festen Position auf der Seite oder ob das Bild zusammen mit dem Absatz verschoben werden soll, z. B. wenn der verbundene Absatz auf die nächste Seite wandert.

▶ Alle Objekte können mit einer Beschriftung und fortlaufenden Nummerierung versehen werden, z. B. für Querverweise oder Verzeichnisse.

▶ Als SmartArt-Grafik bezeichnet Microsoft grafische Textlayouts z. B. zur Darstellung von Abläufen oder Organisationshierarchien. Diese werden wie Bilder im Dokument eingefügt und können beliebig beschriftet werden. Werkzeuge zur Gestaltung finden Sie in den dazugehörigen Registern *SmartArt-Tools - Entwurf* und *Format*.

▶ Wenn Sie mit Formen eigene Grafiken erstellen möchten, dann sollten Sie dazu zunächst einen Zeichenbereich einfügen. Der Vorteil: Der Zeichenbereich wird als Objekt behandelt und kann beliebig verschoben und platziert werden. Bei der Ausrichtung von Formen leisten die Gitternetzlinien und die Befehle der Schaltfläche *Objekte ausrichten* gute Dienste.

▶ Textfelder ermöglichen das beliebige Platzieren von Text im Dokument, da sie ebenfalls als Objekte behandelt werden. Sie haben die Wahl zwischen verschiedenen Vorlagen, diese bringen bereits eine feste Position mit, und einem benutzerdefinierten Textfeld. Häufig benötigte Textfelder können als Baustein gespeichert und dem Vorlagenkatalog hinzugefügt werden.

▶ Die Erstellung von Diagrammen unterscheidet sich nicht von Excel. Die Eingabe der Werte erfolgt in einem gesonderten Datenblatt oder mit Excel, falls auf dem Gerät installiert. Alternativ können Sie auch ein fertiges Excel-Diagramm über die Zwischenablage im Dokument einfügen. Beim Einfügen haben Sie die Wahl zwischen Verknüpfen und Einbetten.

▶ Auf dem Weg über die Zwischenablage können Sie auch eine Excel-Tabelle einfügen. Damit allerdings eine nachträgliche Bearbeitung mit Excel möglich ist, muss die Tabelle als Excel-Objekt eingefügt werden. Dies ist sowohl beim Einfügen aus der Zwischenablage als auch beim Einfügen und Erstellen einer neuen Tabelle möglich.

5 Dokumente mit Feldern automatisieren

In diesem Kapitel lernen Sie...

- Felder einfügen und bearbeiten
- den Aufbau einer Feldfunktion
- Umgang mit Feldern in Dokument
- Felder aktualisieren
- Beispiele für besonders nützliche Felder
- Berechnungen mit Feldern

Das sollten Sie bereits wissen

- Formatvorlagen erstellen, anpassen und verwenden
- Kopf- und Fußzeilen
- Tabellen einfügen

Werden im Dokument variable Informationen benötigt, dann erweisen sich Felder als äußerst nützlich. Beispiele für häufig verwendete Felder sind ein Datum, das sich automatisch aktualisiert, Seitenzahlen, die die Seiten Ihres Dokuments automatisch durchnummerieren, Seriendruckfelder in Serienbriefen, ein Inhaltsverzeichnis oder ein Index. In vielen Fällen bemerken Sie nicht einmal, dass es sich um ein Feld handelt.

5.1   Datumsfelder einfügen

Ein aktualisierbares Datum einfügen

Wenn im Dokument oder in einer Dokumentvorlage automatisch das aktuelle Datum erscheinen soll, dann benötigen Sie dazu ein Feld, im einfachsten Fall als aktualisierbares Datum.

Klicken Sie zum Einfügen an der Cursorposition im Register *Einfügen ▸ Text* auf *Datum und Uhrzeit* und wählen Sie anschließend im gleichnamigen Dialogfenster die gewünschte Schreibweise aus (Bild unten). Damit stets das aktuelle Datum angezeigt wird, müssen Sie das Kontrollkästchen *Automatisch aktualisieren* aktivieren, bevor Sie das Feld mit Klick auf *OK* in das Dokument übernehmen.

Datum als Feld einfügen

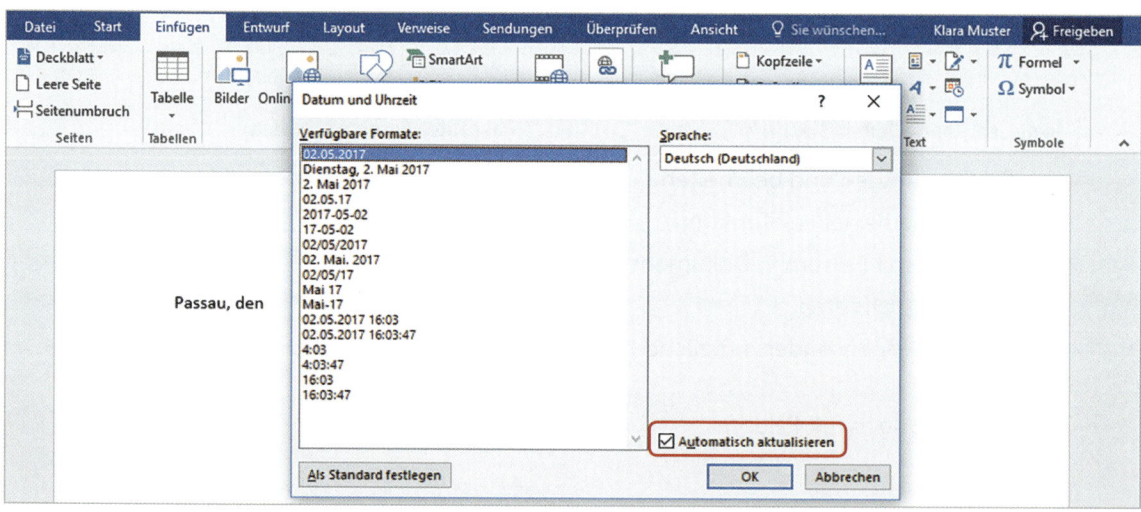

Im Dokument erkennen Sie in der Standardeinstellung ein Feld an der grauen Schattierung; diese wird sichtbar, wenn sich der Cursor im Feld befindet.

Ein Feld wird grau hervorgehoben, wenn sich der Cursor im Feld befindet

Nachteil eines solchen Datumsfeldes

In Briefen ist beim späteren Öffnen des fertigen und gespeicherten Briefes nicht mehr ersichtlich, wann der Brief erstellt bzw. gedruckt wurde, da das Datumsfeld ja immer das aktuelle Datum anzeigt.

Weitere Datumsfelder

Besser geeignet ist in vielen Fällen das Datum, an dem das Dokument erstellt oder gedruckt wurde, vor allem in Dokumentvorlagen für Briefe. Diese Datumsfelder fügen Sie über das Dialogfenster *Feld* in Ihr Dokument ein.

Siehe Kapitel 11.3

1 Klicken Sie im Register *Einfügen* auf *Schnellbausteine* und hier im Menü auf *Feld*.

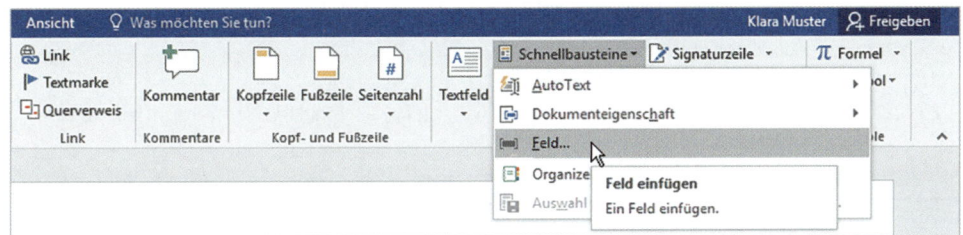

Register Einfügen, Gruppe Text

2 Das Fenster *Feld* öffnet sich und unter *Feld auswählen* erhalten Sie eine Liste aller verfügbaren Felder. Da die Liste recht lang und alphabetisch geordnet ist, sollten Sie zunächst die Kategorie *Datum und Uhrzeit* auswählen.

3 Unterhalb erscheinen nun ausschließlich Datumsfelder. Klicken Sie auf das Feld *CreateDate* (Erstelldatum). Im mittleren Bereich, unter *Feldeigenschaften*, können Sie anschließend die gewünschte Schreibweise auswählen und mit *OK* das Datumsfeld in das Dokument übernehmen.

Weitere Datumsfelder über das Fenster Feld einfügen

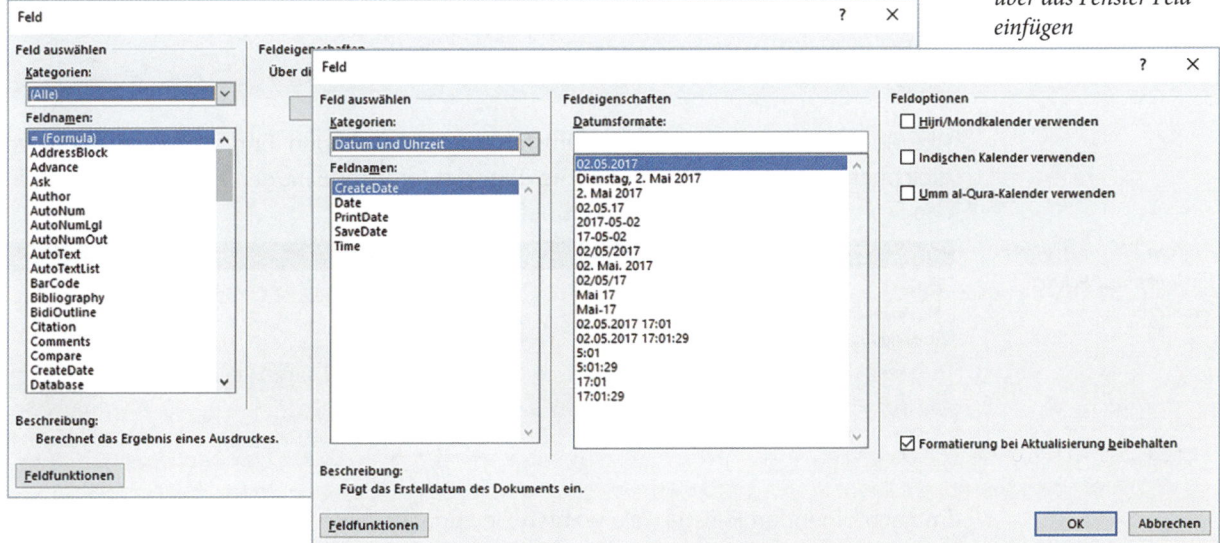

> **Tipp:** Leider verwendet Word ausschließlich englische Feldbezeichnungen. Sie erhalten jedoch unterhalb der Liste eine kurze Beschreibung des markierten Feldes auf deutsch.

Alternativ eignet sich auch das Feld PrintDate (Druckdatum).

Das Feld *CreateDate* (Erstelldatum) ist für Dokumentvorlagen, insbesondere Briefvorlagen äußerst nützlich, da das Datum nur aktualisiert wird, wenn aus der Vorlage ein neues Dokument erstellt wird, nicht aber beim späteren Öffnen des Dokuments. Eine Übersicht über die übrigen Datumsfelder finden Sie in der nachfolgenden Tabelle.

Feld	Funktionsweise
SaveDate	Fügt das Datum ein, an dem die Datei das letzte Mal gespeichert wurde. So können Sie beispielsweise den Aktualitätsgrad dokumentieren.
PrintDate	Fügt das Datum ein, an dem das Dokument das letzte Mal ausgedruckt wurde. Wenn noch kein Ausdruck erfolgt ist, dann erscheinen Nullen, 00.00.0000.
Date	Das Datum wird bei jedem Öffnen des Dokuments automatisch aktualisiert.
Time	Fügt Datum und Uhrzeit ein, die tatsächliche Anzeige richtet sich nach dem vorgegebenen Datumsformat, z. B. TIME \@ "dd.MM.yyyy HH:mm". Dieses Feld wird auch von der Schaltfläche Einfügen - Datum und Uhrzeit eingefügt (siehe oben).

Hinweis: Sollten als Datumsformate z. B. nur englische Formate verfügbar sein, dann kann dies daran liegen, dass an der Cursorposition die Sprache Englisch ausgewählt wurde.

5.2 Das Dialogfenster Feld

Wie Sie oben am Beispiel der Datumsfelder gesehen haben, finden Sie alle Felder im gleichnamigen Dialogfenster, das Sie über das Register *Einfügen* ▶ *Text*, die Schaltfläche *Schnellbausteine* und den Menübefehl *Feld...* öffnen.

Klicken Sie im Register Einfügen auf Schnellbausteine

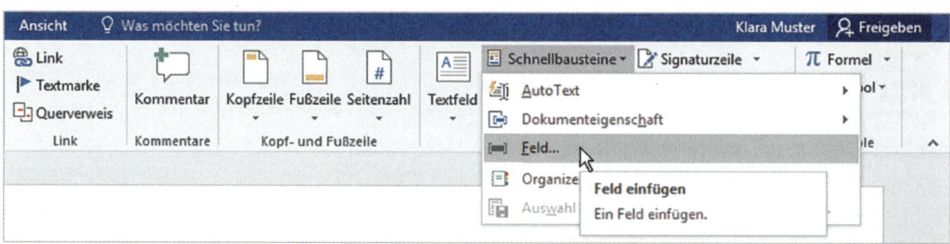

Im nachfolgenden Fenster *Feld* wählen Sie zunächst eine Kategorie und klicken dann auf das gewünschte Feld, um unterhalb eine kurze Beschreibung zu erhalten. Im Bild unten wurde als Beispiel die Kategorie *Dokumentinformationen* ausgewählt, das markierte Feld *FileName* fügt den Dateinamen und -pfad ein.

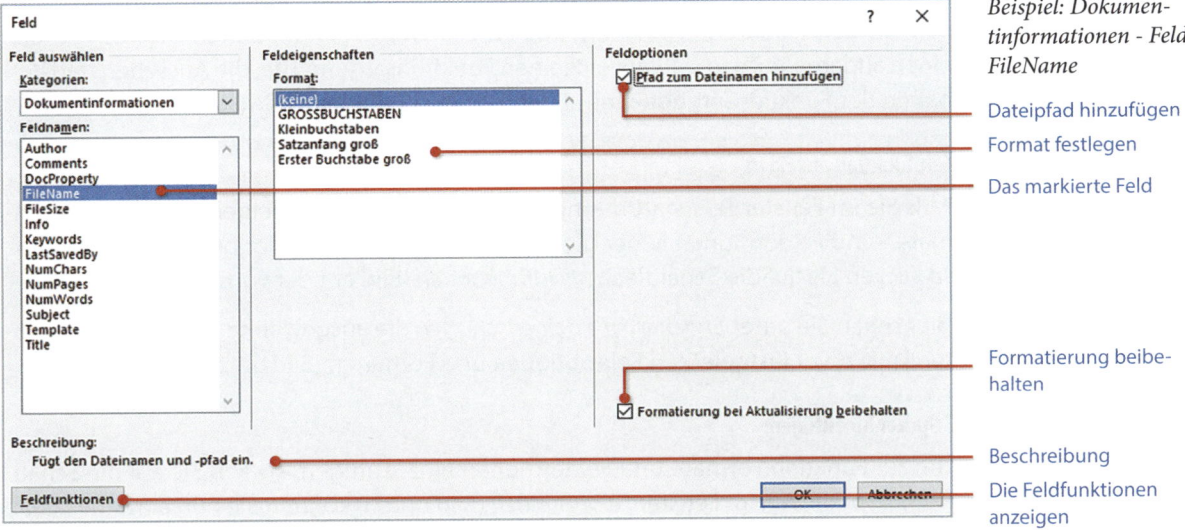

Beispiel: Dokumentinformationen - Feld FileName

Dateipfad hinzufügen

Format festlegen

Das markierte Feld

Formatierung beibehalten

Beschreibung

Die Feldfunktionen anzeigen

Feldoptionen und Feldeigenschaften festlegen

Allerdings liefert das Feld *FileName* in der Grundeinstellung nur den Dateinamen; wenn Sie zusätzlich auch den Dateipfad benötigen, dann müssen Sie im Bereich *Feldoptionen* das Kontrollkästchen *Pfad zum Dateinamen hinzufügen* aktivieren (Bild oben). Beachten Sie dabei, dass die verfügbaren Feldoptionen vom ausgewählten Feld abhängig sind.

Im Bereich *Feldeigenschaften* können Sie bei Bedarf, abhängig vom markierten Feld, ein Text- Zahlen- oder Datumsformat wählen.

> Die Formate der Feldeigenschaften steuern die Anzeige des Feldinhalts, beispielsweise die Datumsschreibweise und dürfen nicht verwechselt werden mit den bekannten Textformaten im Dokument, z. B. Fett oder Unterstrichen.

Textformate beibehalten

Felder können im Dokument wie jeder andere Text formatiert werden, z. B. in anderer Schriftfarbe. Damit diese Formatierung auch nach einer Aktualisierung des Feldes beibehalten wird, sollten Sie in jedem Fall das Kontrollkästchen *Formatierung bei Aktualisierung beibehalten* aktivieren (Bild oben). Dies bezieht sich jedoch nicht auf die Formate, die Sie in den *Feldeigenschaften* festlegen.

Damit sind alle erforderlichen Angaben gemacht und das Feld kann mit *OK* in das Dokument übernommen werden.

Feldfunktionen einblenden und bearbeiten

Genauer betrachtet, liefert ein Feld eigentlich das Ergebnis einer Funktion, vergleichbar mit den Funktionen von Microsoft-Excel. Word-Feldfunktionen besitzen jedoch einen anderen Aufbau und die einzelnen Funktionsargumente, die Aussehen und Verhalten des Funktionsergebnisses näher definieren, werden als Schalter bezeichnet.

Feldfunktion anzeigen

Um wieder zurück zur vorherigen Anzeige zu gelangen, klicken Sie auf die Schaltfläche *Feldfunktionen ausblenden*.

Falls Sie im Fenster *Feld* statt der normalen Anzeige von Feldeigenschaften bzw. Formaten und Feldoptionen lieber die Feldfunktion anzeigen oder bearbeiten möchten, so klicken Sie auf die Schaltfläche *Feldfunktionen* (Bild auf der vorherigen Seite).

Hier sehen Sie unter *Erweiterte Feldeigenschaften* die ausgewählte Feldfunktion, eventuell mit zuvor festgelegten Feldoptionen und Formaten (Bild unten).

Schalter hinzufügen

Um zur Funktion Formate und Feldoptionen hinzuzufügen, klicken Sie auf die Schaltfläche *Optionen...*. Im Fenster *Feldoptionen* (Bild unten) können Sie nun einzelne Schalter markieren und mit der Schaltfläche *Hinzufügen* in die Feldfunktion aufnehmen.

Beispiel Dateiname und -pfad:

▶ Wählen Sie für das Feld *FileName*, wie im Bild unten, im Fenster *Feldoptionen*, Register *Allgemeine Schalter* das Format *GROSSBUCHSTABEN* und klicken Sie auf *Hinzufügen*. In der Zeile *Feldfunktionen* erscheint der entsprechende Schalter und die vollständige Feldfunktion lautet: FILENAME * Upper.

▶ Falls Sie im Register *Spezifische Schalter* noch den Dateipfad mit dem Schalter \p hinzufügen, so lautet der vollständige Ausdruck: FILENAME * Upper \p.

▶ Nicht mehr benötigte bzw. versehentlich hinzugefügte Schalter können Sie in der Zeile *Feldfunktionen* markieren und per Tastatur löschen.

Feldfunktionen über die Feldoptionen bearbeiten

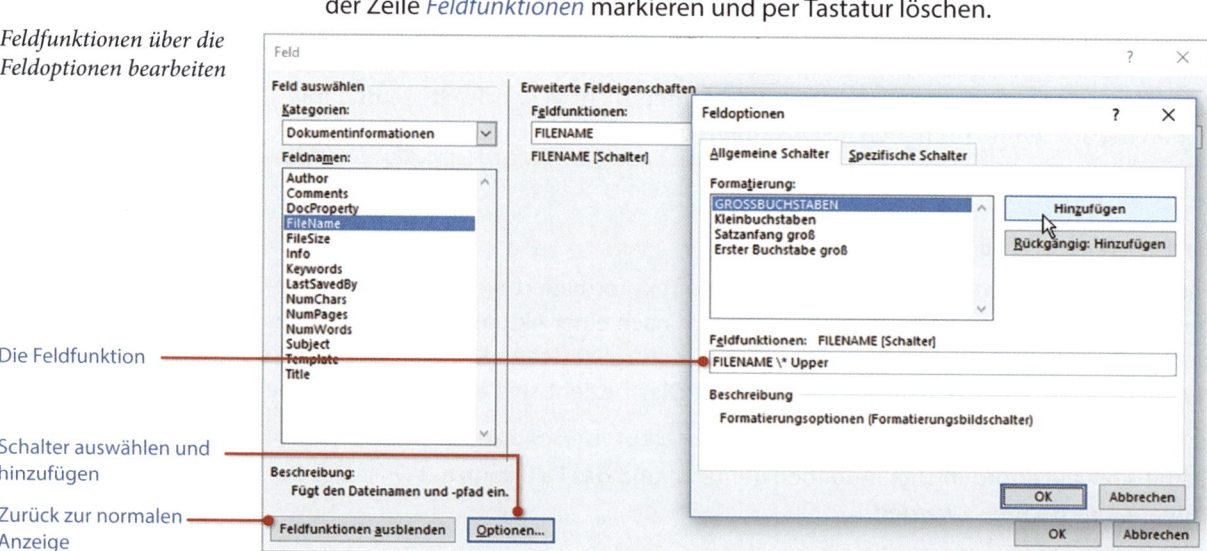

Die Feldfunktion

Schalter auswählen und hinzufügen

Zurück zur normalen Anzeige

Aufbau einer Feldfunktion

▶ **Feldname**

Zunächst kommt der Name der Feldfunktion, z. B. *FileName* oder *Date*. Teilweise schließen sich daran weitere Argumente an, etwa bei *DocProperty* (Dokumenteigenschaften) die ausgewählte Dokumenteigenschaft, beispielsweise *Company*. (Firma). Groß- und Kleinschreibung von Feldnamen ist irrelevant, Word selbst benutzt Großbuchstaben.

▶ **Schalter**

Danach folgen meist noch ein oder mehrere Schalter zur näheren Spezifizierung der Funktion, siehe Tabelle unten. **Wichtig:** Zwischen Funktionsname und Schalter muss sich mindestens ein Leerzeichen befinden.

Lassen Sie sich nicht davon Irritieren, dass Word die Feldfunktionen manchmal in Großbuchstaben schreibt. Die Groß- und Kleinschreibung spielt bei Feldnamen keine Rolle.

Wissenswertes über Schalter

▶ Jeder Schalter beginnt mit dem Backslash \ (Taste Alt Gr+ß).

▶ Handelt es sich um ein Format, so folgt ein weiteres Zeichen, das festlegt, ob es sich um ein Text-, Zahlen- oder Datumsformat handelt, gefolgt vom eigentlichen Zahlen- oder Datumsformat, das in Anführungszeichen " " angegeben wird.

▶ Eine Feldfunktion kann, getrennt durch mindestens ein Leerzeichen, auch mehrere Schalter umfassen. Beispielsweise können Sie der Feldfunktion im Bild oben noch den spezifischen Schalter \p (Dateipfad) hinzufügen.

▶ Der Schalter * *MERGEFORMAT* sorgt dafür, dass Textformate nach dem Aktualisieren beibehalten werden. Dieser wird bei aktiviertem Kontrollkästchen automatisch hinzugefügt.

In der Tabelle finden Sie die Schalter für Text- Zahlen- und Datumsformate. Alle weiteren Schalter sind abhängig von der jeweiligen Feldfunktion.

Schalter	Wird verwendet für...	Beispiel Feldfunktion	Beispiel Anzeige
*	Texte	FILENAME * Upper	BERICHT.DOCX
\#	Zahlenformate, das eigentliche Zahlenformat wird dahinter in Anführungszeichen " " angegeben. Auch Zusätze wie z. B. Währungsangaben sind erlaubt.	FILESIZE \# "0,00" FILESIZE \# "#.##0 Byte"	18630,20 15.319 Byte
\@	Datumsformate, auch hier muss danach das eigentliche Datumsformat in Anführungszeichen angegeben werden.	DATE \@ "dd.MM.yyyy"	01.08.2017

Bei der Definition des eigentlichen Zahlen- oder Datumsformats unterscheiden sich Feldfunktionen in Word nur geringfügig von benutzerdefinierten Formaten in Microsoft Excel. Das Format muss in Anführungszeichen angegeben werden, als Dezimalzeichen wird standardmäßig das Komma und als Tausendertrennzeichen der Punkt verwendet. Zusätzliche Zeichen, z. B. Leerzeichen oder Währungsangaben sind erlaubt. Für negative Zahlen können Sie, getrennt durch Semikolon (;) ein zweites Zahlenformat mit negativem Vorzeichen angeben, z. B. "0,00;-0,00".

Bei Datumsangaben legt die Anzahl der Platzhalterzeichen, beispielsweise d für day (Tag) fest, ob der Tag als ein- oder zweistellige Zahl (d bzw. dd), als Wochentag abgekürzt (ddd = Mo) oder vollständig (dddd = Montag) angezeigt wird. Dasselbe gilt auch für Monate (M). In der Tabelle unten einige Beispiele:

Achtung: Der Platzhalter für den Monat muss unbedingt in Großbuchstaben M angegeben werden, da der Kleinbuchstabe m für Minuten bei einer Zeitangabe steht.

Format	Ausgangswert	Ergebnis
\# "0"	1234,2	1234
\# "0,00"	1234	1234,00
\# "#.##0,0"	1234	1.234,0
\# "#.##0,00 EUR"	1234	1.234,00 EUR
\# "0,0"	-35	35,0
\# "0,00;-0,00"	-35	-35
* ALPHABETIC	2	**B**
*alphabetic	3	c
* ROMAN	2	II
* roman	3	iii
\@ "dd.MM.yyyy"	01.04.2017	01.04.2017
\@ "ddd, d. MMM. yyyy	01.04.2017	Sa, 1. Apr. 2017
\@ "dddd, dd.MMMM yyyy"	01.04.2017	Samstag, 01. April 2017

Es macht keinen Unterschied, ob Sie beim Einfügen eines Feldes einfach die Feldeigenschaften und -optionen auswählen oder die Feldfunktion einblenden und hier die entsprechenden Schalter hinzufügen. Die verfügbaren Möglichkeiten sind in beiden Fällen gleich.

Tipp: Enthält ein Seriendruckfeld eine Zahl oder ein Datum, dann benötigen Sie in der Regel dafür ein Zahlen- oder Datumsformat. In solchen Fällen können Sie ein beliebiges Datumsfeld oder mit Zahleninhalt, z. B. *FileSize* (Dateigröße) auswählen, zusammen mit der Feldfunktion den passenden Schalter anzeigen lassen und diesen über die Zwischenablage direkt im Dokument in die Funktion kopieren.

5.3   Felder im Dokument

Felder schnell erkennen

Felder erkennen Sie im Dokument an der grauen Schattierung, diese wird allerdings in der Standardeinstellung erst sichtbar, wenn sich der Cursor im Feld befindet. Enthält ein Dokument sehr viele Felder, dann kann es zur besseren Übersicht sinnvoll sein, grundsätzlich alle Felder hervorzuheben. Die Schattierung ist nur am Bildschirm sichtbar, nicht aber auf dem Ausdruck.

Passau, den 02.05.2017

Felder werden schattiert hervorgehoben

Die Schattierung von Feldern steuern Sie in den Word-Optionen. Klicken Sie im Register *Datei* auf *Optionen* und hier auf *Erweitert*. Scrollen Sie dann nach unten bis zum Abschnitt *Dokumentinhalt anzeigen*.

▶ Wählen Sie im Feld *Feldschattierung* zwischen *Nie*, *Immer* und *Wenn ausgewählt* (Standardeinstellung).

▶ Das Kontrollkästchen *Feldfunktionen anstelle von Werten anzeigen* erlaubt auch die Anzeige von Feldfunktionen als Standardanzeige, dies dürfte jedoch nur in Ausnahmefällen sinnvoll sein. Zudem können Sie auch im Dokument mit der Tastenkombination Alt+F9 schnell zwischen den beiden Anzeigearten wechseln.

Feldschattierung steuern

Tipp: Eine Möglichkeit zum schnellen Bewegen zwischen Feldern bietet die Funktionstaste F11: Mit F11 markieren Sie automatisch das nächste Feld, Umschalt+F11 markiert dagegen das vorherige Feld.

Felder aktualisieren

Felder werden nicht automatisch aktualisiert!

Felder müssen mit wenigen Ausnahmen, siehe unten, nach Änderungen manuell aktualisiert werden. So verhält sich beispielsweise das Feld *Time* zur Anzeige der Uhrzeit in einem geöffneten Dokument nicht wie eine Digitaluhr, sondern zeigt erst nach dem Aktualisieren wieder die aktuelle Uhrzeit an. Auch Inhaltsverzeichnisse reagieren nicht automatisch auf Änderungen der Überschriften. Hier einige Möglichkeiten zum Aktualisieren von Feldern:

▷ Klicken Sie mit der rechten Maustaste in das Feld und wählen Sie *Felder aktualisieren*. Befindet sich das Feld in einem Platzhalter, so erscheint der Befehl *Aktualisieren* zusammen mit dem Rahmen des Platzhalters automatisch, sobald Sie in das Feld klicken.

Feld über das Kontextmenü aktualisieren

Platzhalter aktualisieren

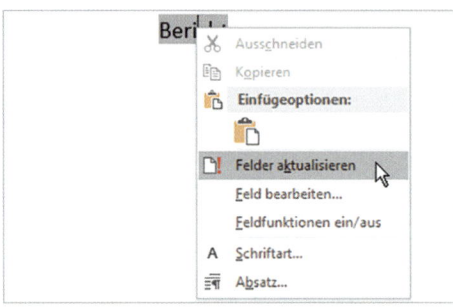 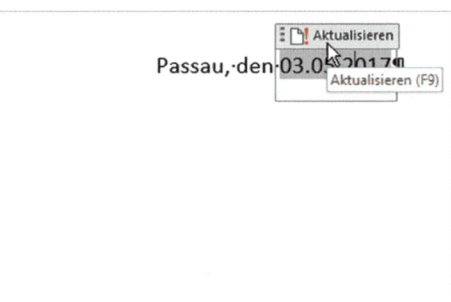

Feld aktualisieren: F9

▷ Markieren Sie das Feld oder setzen Sie den Cursor in das Feld und drücken Sie die Funktionstaste F9.

▷ Für einige Felder besteht auch im Menüband die Möglichkeit der Aktualisierung, z. B. Register *Verweise* ▸ Gruppe *Inhaltsverzeichnis*, Schaltfläche *Inhaltsverzeichnis aktualisieren*.

▷ Alle Felder aktualisieren Sie, indem Sie mit Strg+A das gesamte Dokument markieren und dann F9 drücken.

Keine Regel ohne die entsprechenden Ausnahmen

▷ Einige Felder werden automatisch aktualisiert. Hierzu zählt beispielsweise das Feld *PrintDate*, welches das Datum des letzten Ausdrucks anzeigt.

▷ Andere Felder werden aktualisiert, wenn das Dokument erneut geöffnet wird. Hierzu gehören beispielsweise die Felder *Time* und *Date*.

▷ Bei einigen Feldern ist die Aktualisierung abhängig von ihrer Position. *Page* (Seitenzahl) oder *StyleRef* (zur Anzeige von Inhalten einer bestimmten Formatvorlage) werden in der Kopf-/Fußzeile automatisch aktualisiert. Außerhalb dieser Bereiche müssen die Felder manuell aktualisiert werden.

Felder vor dem Drucken aktualisieren

Sollen Felder beim Drucken automatisch aktualisiert werden, dann steuern Sie dies in den Word-Optionen. Klicken Sie im Register *Datei* auf *Optionen* und im Fenster *Word-Optionen* auf *Anzeige*. Im Abschnitt *Druckoptionen* können Sie nun das Kontrollkästchen *Felder vor dem Drucken aktualisieren* aktivieren.

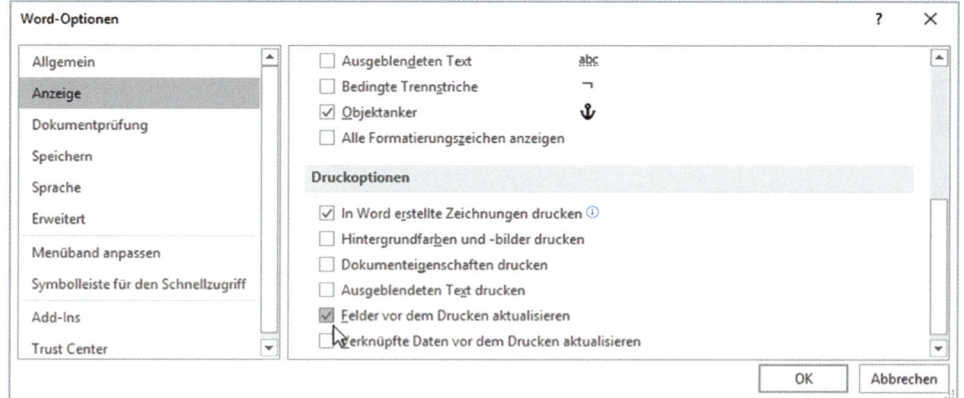

Aktivieren Sie das Kontrollkästchen Felder vor dem Drucken aktualisieren.

Felder sperren/entsperren

Falls Sie in Ausnahmefällen verhindern möchten, dass ein einzelnes Feld aktualisiert wird, so erreichen Sie dies durch Sperren des Feldes: Klicken Sie in das Feld und verwenden Sie die Tastenkombination Strg+F11 (oder Strg+3). Mit den Tasten Umschalt+Strg+F11 oder Strg+4 heben Sie die Sperre wieder auf.

Feld sperren: Strg+F11

Feldfunktionen im Dokument anzeigen und bearbeiten

▶ Im Dokument kann ein Feld entweder die Feldfunktion anzeigen,

▶ oder das Ergebnis der Feldfunktion, dies ist auch die Standardanzeige.

Zwischen diesen beiden Anzeigearten wechseln Sie entweder, indem Sie mit der rechten Maustaste in das Feld und auf den Befehl *Feldfunktionen ein/aus* klicken oder mit der Tastenkombination Alt+F9.

Feldfunktion anzeigen: Alt+F9

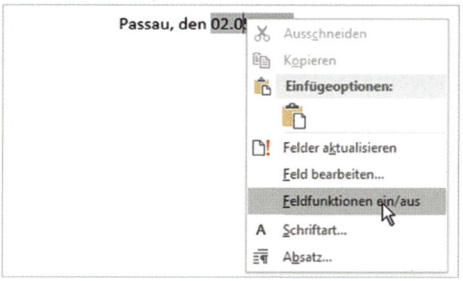 

Feldfunktionen ein/aus

Das Datum als Feldfunktion

Im Dokument ist eine Feldfunktion in geschweifte Klammern eingeschlossen. Dabei handelt es sich allerdings nicht um normale geschweifte Klammern. Falls Sie eine Feldfunktion per Tastatur eingeben möchten, dürfen Sie die Klammern daher auch nicht einfach über die Tastatur eingeben, sondern müssen diese in jedem Fall mit der Tastenkombination Strg+F9 einfügen.

Bei sichtbaren Steuerzeichen unterscheiden sich die Klammern deutlich

Dokument·wurde·zuletzt·gedruckt·am:·{·PRINTDATE··\@·"dd.MM.yyyy"··*·MERGEFORMAT·}¶

¶

¶

Details zum Aufbau einer Feldfunktion und zur Bedeutung der einzelnen Schalter lesen Sie auf Seite 185.

Tipp: Feldfunktion drucken

Enthält ein Dokument bzw. eine Dokumentvorlage zahlreiche Felder, dann kann es in Ausnahmefällen sinnvoll sein, anstelle der Ergebnisse die Feldfunktionen zu drucken. Dazu klicken Sie im Register *Datei* auf *Optionen* und hier auf *Erweitert*. Scrollen Sie dann nach unten bis zum Abschnitt *Drucken* und aktivieren Sie das Kontrollkästchen *Feldfunktionen anstelle von Werten drucken*. **Achtung**: Nach dem Drucken wieder deaktivieren!

Feldfunktion nachträglich ändern

Sie können das Ergebnis einer Feldfunktion zwar im Dokument ändern, diese Änderung geht jedoch bei der nächsten Aktualisierung wieder verloren. Haben Sie beispielsweise versehentlich ein Datumsformat mit einer zweistelligen Jahresangabe gewählt, benötigen das Jahr aber vierstellig, dann könnten Sie theoretisch die fehlenden Ziffern auch einfach in das Feldergebnis hineinschreiben. In der Praxis hat diese Vorgehensweise aber einen gravierenden Nachteil: Sobald das Feld aktualisiert wird, erscheint wieder die alte Schreibweise. Sie müssen also in einem solchen Fall die Feldfunktion ändern, dazu haben Sie zwei Möglichkeiten:

▶ Klicken Sie mit der rechten Maustaste in das Feld und wählen Sie im Kontextmenü *Feld bearbeiten* aus. Das Dialogfenster *Feld* wird wieder angezeigt und die Feldeigenschaften wie Datumsformate etc. können hier geändert werden.

▶ Oder blenden Sie anstelle des Feldergebnisses die Feldfunktion ein (z. B. mit Alt+F9) und ändern Sie, wie im Bild unten, das Datumsformat direkt im Dokument. Dies setzt allerdings voraus, dass Ihnen der Aufbau einer Feldfunktion und die Bedeutung der Schalter sowie die Verwendung von Zahlen- und Datumsformaten bekannt sind (siehe Seite 185).

Feldfunktion im Dokument ändern

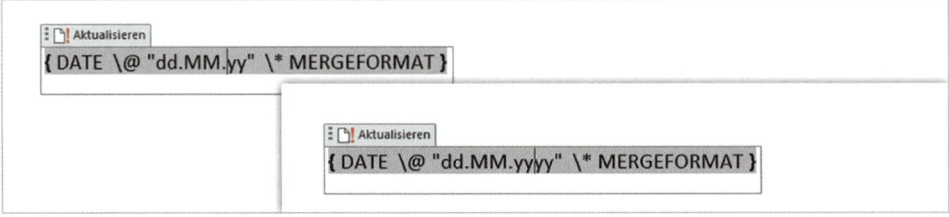

Feld löschen

Um ein Feld zu löschen, setzen Sie den Cursor an den Beginn des Feldes und drücken die Entf-Taste. Dadurch wird das Feld markiert und erst nochmaliges Drücken der Entf-Taste löscht das gesamte Feld. Alternativ setzen Sie den Cursor an das Ende des Feldes und verwenden Sie die Korrektur-Taste (Backspace).

Wird die Feldfunktion in einem Platzhalter angezeigt, dann markieren Sie den Platzhalter durch Anklicken der drei senkrechten Punkte und drücken die Entf-Taste.

Achtung: Manchmal wird mit der Entf-Taste oder Korrektur-Taste versehentlich nur ein Teil des Feldes gelöscht. Dann erscheint nach der Aktualisierung wieder das gesamte Feld oder Sie erhalten statt des Feldergebnisses einen Fehler. Achten Sie also darauf, das gesamte Feld zu markieren, bevor Sie es löschen.

Feldinhalt in normalen Text umwandeln

In manchen Fällen kann es auch sinnvoll sein, ein Feld in normalen Text umzuwandeln, um spätere ungewollte Aktualisierungen zu vermeiden. Dazu markieren Sie das Feld und betätigen die Tastenkombination Strg+Umschalt+F9.

Feld in Text umwandeln: Strg+Umschalt+F9

Ein späteres Zurückverwandeln in ein Feld ist dann allerdings nicht mehr möglich!

Übersicht Tastenkombinationen für Felder

Nicht alle Befehle zum Umgang mit Feldern sind über das Menüband oder das Kontextmenü der rechten Maustaste verfügbar, daher an dieser Stelle eine Zusammenfassung aller wichtigen Tastenkombinationen in Verbindung mit Feldern.

Bedeutung	Tasten
Das aktuelle bzw. markierte Feld aktualisieren	F9
Umschalten zwischen der Anzeige der Feldfunktion und dem Feldergebnis (Alle Felder)	Alt+F9
Umschalten zwischen der Anzeige der Feldfunktion und dem Feldergebnis (Aktuelles Feld)	Umschalt+F9
Feld einfügen (Nur die geschweiften Klammern)	Strg+F9
Feldfunktion durch das Ergebnis ersetzen, das Feld wird in normalen Text umgewandelt	Umschalt+Strg+F9
Nächstes Feld markieren Vorheriges Feld markieren	F11 Umschalt+F11
Feld sperren, keine Aktualisierung möglich	Strg+F11
Sperre wieder aufheben	Umschalt+Strg+F11

5.4   Nützliche Feldfunktionen

Überschriften in der Kopfzeile wiederholen

StyleRef fügt Text ein, der mit der angegebenen Formatvorlage formatiert wurde.

In längeren Dokumenten, z. B. Fach- und Hausarbeiten oder Dokumentationen soll häufig oberhalb des eigentlichen Textes die jeweilige Kapitelüberschrift in der Kopfzeile als „lebender Kolumnentitel" wiederholt werden. Damit Sie diese nicht einzeln eintippen müssen, verwenden Sie das Feld *StyleRef*. Da diese Feldfunktion Bezug auf eine bestimmte Formatvorlage nimmt, müssen als Voraussetzung natürlich die Überschriften entsprechend formatiert sein. So geht's:

1   Öffnen Sie den Bereich Kopfzeile, positionieren Sie den Cursor an der gewünschten Stelle und klicken Sie im Menüband auf *Einfügen* ▶ *Schnellbausteine* ▶ *Feld*.

2   Wählen Sie die Kategorie *Verknüpfungen und Verweise* aus und klicken Sie auf das Feld *StyleRef*.

3   Im Bereich *Feldeigenschaften* können Sie nun eine Formatvorlage wählen. Klicken Sie auf *Überschrift 1* und übernehmen Sie mit *OK* das Feld in die Kopfzeile.

StyleRef markieren und Formatvorlage auswählen

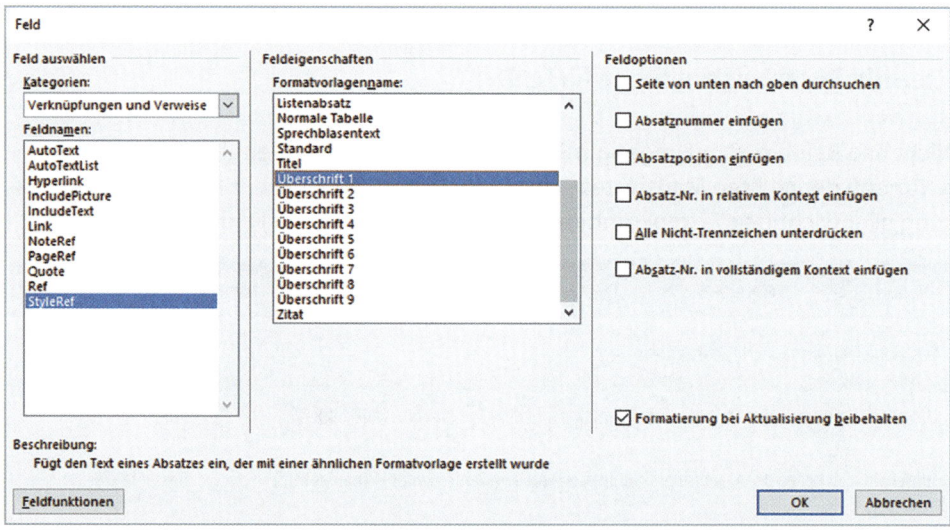

Das Ergebnis in der Kopfzeile

In der Kopfzeile kann dann das Feld beliebig formatiert werden.

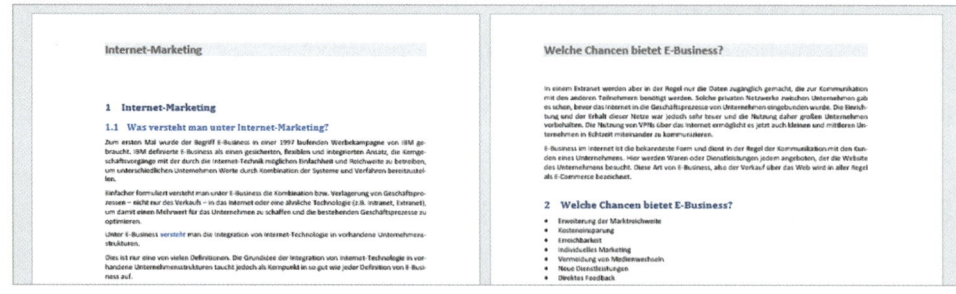

Funktionsweise und Feldoptionen

Die Feldfunktion *StyleRef* greift auf den ersten Absatz mit der angegebenen Formatvorlage auf der Seite zu und wiederholt den Absatztext für alle weiteren Seiten bis der nächste Absatz mit dieser Formatvorlage gefunden wird. Befindet sich auf einer Seite eine zweite Überschrift mit derselben Formatvorlage, wird diese nicht berücksichtigt. Unter *Feldoptionen* steht Ihnen jedoch die Option *Seite von unten nach oben durchsuchen* zur Verfügung. Damit wird die unterste Überschrift einer Seite angezeigt.

Kapitelnummerierungen anzeigen

StyleRef fügt nur den Inhalt des Absatzes ein, berücksichtigt aber keinerlei Formatierungen. Dies gilt leider auch für die Nummerierung von Überschriften. Wird die Kapitelnummer ebenfalls benötigt, dann müssen Sie das Feld *StyleRef* ein zweites Mal einfügen. Dazu wählen Sie wieder dieselbe Formatvorlage und aktivieren diesmal unter *Feldoptionen* das Kontrollkästchen *Absatznummer einfügen*.

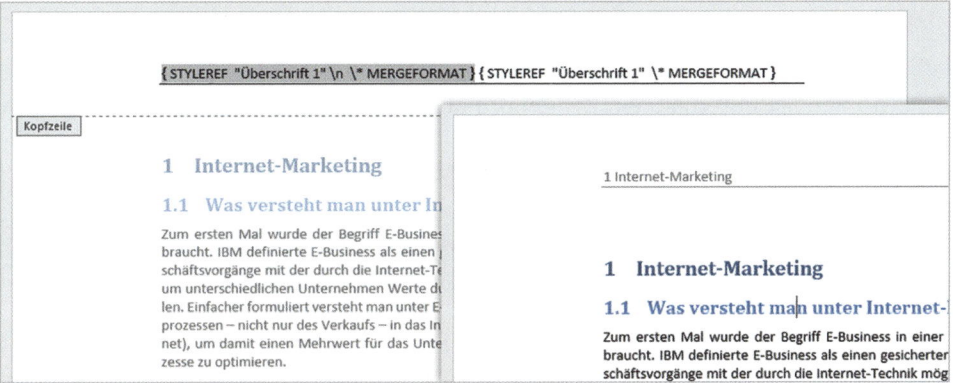

Zur Anzeige der Kapitelnummer benötigen Sie StyleRef ein zweites Mal mit dem Schalter \n

> **Hinweis:** Wird im Dokumenttext ein Verweis auf eine bestimmte Überschrift bzw. Formatvorlage benötigt, dann fügen Sie diesen besser über das Register *Verweise ▸ Beschriftungen ▸ Querverweis* ein. Querverweise basieren zwar ebenfalls auf einer Feldfunktion, bieten aber im Fenster *Querverweis* erheblich mehr Varianten zur Auswahl, z. B. die gezielte Auswahl einer bestimmten Überschrift oder die Seitenzahl. Siehe Kapitel 1.5, Verweise.

Weitere Tipps

StyleRef bezieht auch Zeichenformatvorlagen ein. Beispiel: In der Kopfzeile eines Telefonnummernverzeichnisses sollen jeweils der erste und der letzte Nachname auf der Seite angezeigt werden. Dazu erstellen Sie im ersten Schritt eine Zeichenformatvorlage, mit der Sie dann jeden Nachnamen formatieren. Anschließend fügen Sie in die Kopfzeile das Feld *StyleRef* zweimal ein. Das zweite Feld erhält zusätzlich den Schalter \l (Seite von unten nach oben durchsuchen). Die Feldfunktionen sehen damit aus wie folgt, wobei *NachnameFett* der Name der Zeichenformatvorlage ist.

{STYLEREF "NachnameFett"} - {STYLEREF "NachnameFett" \l}

Das Ergebnis könnte so aussehen: Abel - Dobermann

Berechnungen in Feldern

Werden in einem Word-Dokument Berechnungen benötigt, dann fügen Sie dazu das Feld *= (Formula)* ein. Im einfachsten Fall geben Sie, wie im Beispiel unten, die Zahlen direkt zusammen mit der Formel ein.

Achtung: Dieses Feld darf nicht verwechselt werden mit der Schaltfläche *Formel* im Register *Einfügen*, die Sie bei der Eingabe mathematischer Formeln mit den entsprechenden Sonderzeichen unterstützt.

Siehe Kapitel 9.1

1 Wählen Sie im Dialogfenster *Feld* die Kategorie *Formeln und Ausdrücke* und klicken Sie auf das Feld *= (Formula)*.

2 Um anschließend die eigentliche Formel einzugeben, klicken Sie auf die Schaltfläche *Formeln...*.

3 Das Fenster *Formel* öffnet sich. Geben Sie im Feld *Formel* die gewünschte Rechenoperation ein, im einfachsten Fall wie im Bild unten = 100*6. **Achtung:** das Gleichheitszeichen vor der Formel ist zwingend erforderlich!

4 Wählen Sie unterhalb ein Zahlenformat für das Ergebnis aus und übernehmen Sie mit *OK* die Formel in das Dokument.

Feld für Berechnungen einfügen

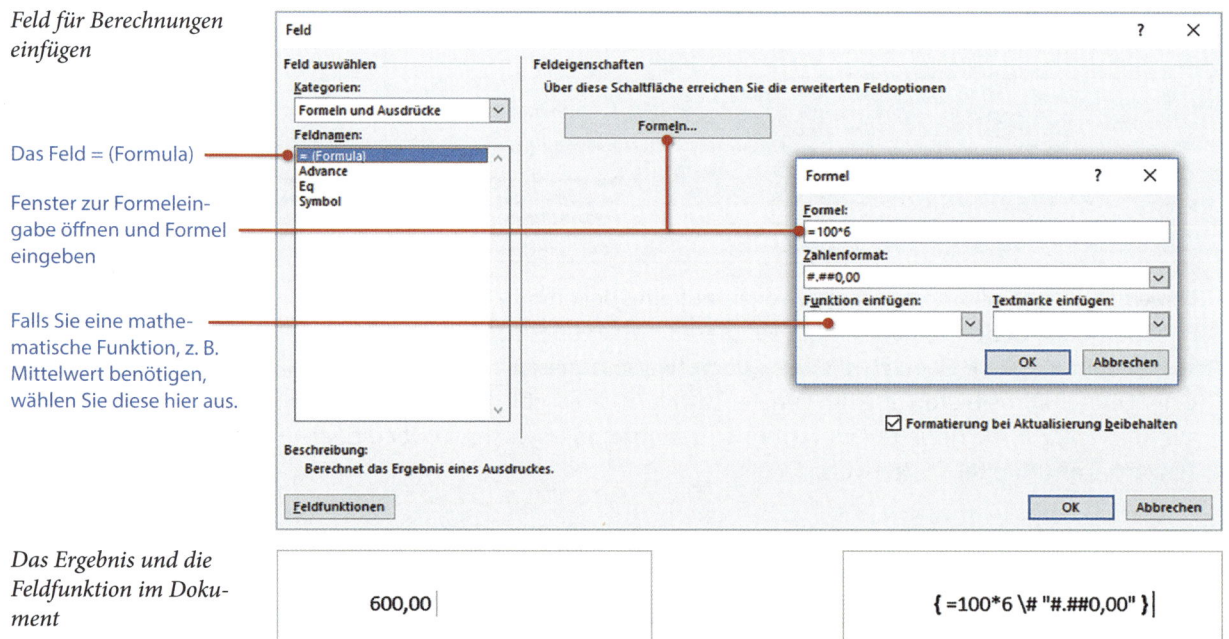

Das Ergebnis und die Feldfunktion im Dokument

Achtung: Falls sich die Zahlen einer Formel ändern, müssen Sie das Feld manuell aktualisieren, z. B. mit F9!

Leider lässt sich mit Zahlen in der Formel, wie im Beispiel oben, in der Praxis wenig anfangen, interessant werden erst Berechnungen mit Zahlen, die sich an anderer Stelle im Dokument befinden und/oder beispielsweise vom Benutzer in ein Formularfeld eingegeben werden. Dazu müssen Sie etwas mehr Arbeit investieren, da sich Formeln in Word nur auf Textmarken oder Tabellenzellen beziehen können.

Textmarken in Formelfeldern verwenden

Die Verwendung von Textmarken in Formelfeldern bringt zwei Nachteile mit sich: Sie müssen im Dokument zuerst an den entsprechenden Stellen jeweils eine Textmarke einfügen und häufig wird bei der Eingabe oder beim Überschreiben einer Zahl auch gleichzeitig die Textmarke gelöscht.

Details zum Umgang mit Textmarken lesen Sie in Kapitel 1.5, Verweise.

Als Beispiel ein Feld, das im Dokument aus dem jährlichen Verbrauch und dem durchschnittlichen Preis die jährliche Investitionssumme berechnet.

1 Markieren Sie die erste, in der Formel benötigte Zahl, im Beispiel im Bild unten den Verbrauch, und klicken Sie auf *Einfügen ▶ Textmarke*. Geben Sie dann einen aussagefähigen Textmarkennamen ein und klicken Sie auf *Hinzufügen*.

2 Wiederholen Sie diesen Schritt für die zweite Zahl, den Anschaffungspreis.

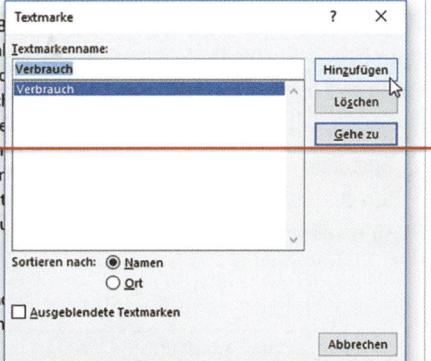

Fügen Sie für alle benötigten Formelbestandteile Textmarken hinzu

Der durchschnittliche Anschaffungspreis

3 Anschließend fügen Sie an der Stelle, an der Sie das Ergebnis berechnen möchten, ein Feld ein. Klicken Sie auf *= (Formula)* und anschließend auf *Formeln...*.

4 Geben Sie dann die Formel ein und benutzen Sie das Feld *Textmarke einfügen*, um die Textmarken in die Formel einfügen. Wählen Sie außerdem aus, welches Zahlenformat das Formelergebnis erhalten soll.

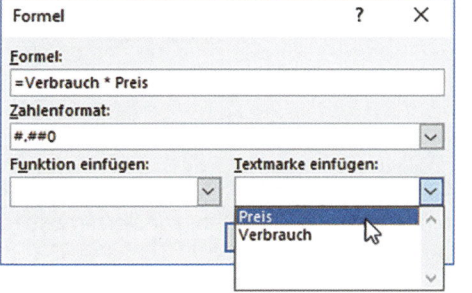

Textmarken in die Formel einfügen

Berechnungen mit Tabellenzellen

In den meisten Fällen erfolgen Berechnungen ohnehin in Tabellen, da sich hier die Inhalte besser ausrichten lassen. Daher ist es naheliegend, in solchen Fällen statt einer Textmarke Bezüge auf Tabellenzellen zu verwenden. Ohne Textmarke lassen sich die Zahlen problemlos eingeben und wieder ändern. Als Beispiel ein Bestellformular:

Ein Bestellformular als Tabelle

Bestellformular

Anzahl	Bestell-Nr.	Titel	Einzelpreis	Gesamtpreis
5	RP-0140	Windows für Senioren	14,90	
3	RP-0192	Word Basiswissen für Einsteiger	9,90	

Die Adressierung einer Tabellenzelle unterscheidet sich nicht von Excel, nur sind die Bezeichnungen in Word nicht sichtbar. Die Tabellenspalten werden mit Buchstaben von links nach rechts adressiert, die erste Spalte links hat also die Bezeichnung A, die zweite B, usw.. Die Tabellenzeilen werden dagegen mit Zahlen durchnummeriert und die Adresse einer einzelnen Zelle wird in der Schreibweise ZeileSpalte angegeben.

Im oben abgebildeten Bestellformular befindet sich also die Anzahl des ersten Artikels in der Tabellenzelle A2, da auch die Überschriftzeile dazugerechnet werden muss. Der Einzelpreis befindet sich in D2.

Nun fügen Sie in der Spalte Gesamtpreis ein Feld ein und berechnen hier den Gesamtpreis mit folgender Formel: = A2 * D2.

Tipp: Zum Einfügen eines Formelfeldes in eine Tabelle benutzen Sie am einfachsten die Schaltfläche *Formel* im Register *Tabellentools: Layout ▶ Daten*. Damit öffnet sich sofort das Fenster *Formel* ohne Umweg über das Dialofgenster *Feld*.

Beispiel: Tabellenzellen in Formelfeld verwenden

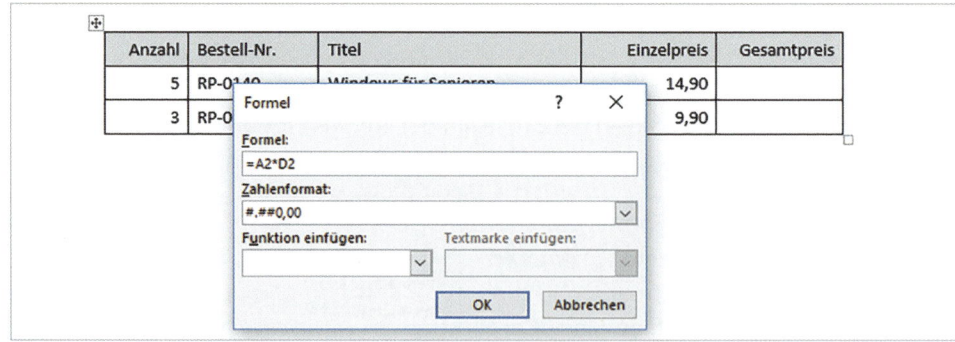

Beachten Sie außerdem: In Word-Tabellen kann eine Formel, im Gegensatz zu Excel nicht einfach kopiert werden, sondern muss für jede Tabellenzeile einzeln eingegeben werden.

Summen berechnen

Die Berechnung von Summen gestaltet sich in einer Tabelle dagegen relativ einfach. Meist schlägt Word bereits die passende Funktion *= SUM* bereits vor, wenn Sie im Register *Tabellentools: Layout* ▶ *Daten auf Formel* klicken. Mit =SUM(ABOVE) werden alle Zellen oberhalb der aktuellen Zelle addiert.

Die Funktion SUM (Summe) unterstützt neben dem Parameter ABOVE auch noch die Berechnung von Zeilensummen mit der Angabe von LEFT (Links) oder RIGHT (Rechts).

Bestellformular

Anzahl	Bestell-Nr.	Titel	Einzelpreis	Gesamtpreis
5	RP-0140	Windows für Senioren	14,90	{ =A2*D2 \# "#.##0,00" }
3	RP-0192	Word Basiswissen für Einsteiger	9,90	{ =A3*D3 \# "#.##0,00" }
			Summe	{ =SUM(ABOVE) \# "#.##0,00" }

Das Bestellformular mit eingeblendeten Funktionen

Die beste Lösung für Berechnungen in Word: Verwenden Sie Formularfelder zur Eingabe der Werte und weisen Sie anschließend den Formularfeldern, die zur Berechnung benötigt werden, eine Textmarke zu. Wenn außerdem das Ergebnis sofort nach der Eingabe automatisch aktualisiert werden soll, dann verwenden Sie statt der Inhaltssteuerelemente die Formularfelder aus Vorversionen.

Näheres zum Thema Formulare und Formularfelder lesen Sie in Kapitel 8.

Bedingungen mit der Funktion IF prüfen

Excel-Anwender kennen sicher die Funktion WENN mit dem Aufbau Wenn... Dann... Sonst... (oder in der Programmierung If... Then... Else). Mit ihr können Formeln abhängig von einer Bedingung berechnet werden. Eine solche Funktion steht in Word unter dem Namen *IF* ebenfalls in einer Formel zur Verfügung.

Als Beispiel die Berechnung eines Rabatts, abhängig vom Bestellwert. Ab einem Bestellwert von 200 EUR Netto werden 2% Rabatt gewährt, sonst soll kein Rabatt ausgewiesen werden. Das Bestellformular wurde zu diesem Zweck um eine weitere Zeile zur Berechnung des Rabatts erweitert. Der Zwischensumme wurde die Textmarke *Summe* zugewiesen, der Vergleichsumsatz erhielt die Textmarke *Umsatz* und der Rabatt den Textmarkennamen *Rabatt*.

Bestellformular

Anzahl	Bestell-Nr.	Titel	Einzelpreis	Gesamtpreis
5	RP-0140	Windows für Senioren	14,90	74,50
3	RP-0192	Word Basiswissen für Einsteiger	9,90	29,70
		Zwischensumme		104,20
	ab 200 EUR Netto 2%		Rabatt	

Rabatt, abhängig vom Umsatz ausweisen

1   Zur Berechnung des Rabatts klicken Sie im ersten Schritt im Register *Tabellen-tools - Layout* auf das Symbol *Formel*. Das Fenster *Formel* zur Formeleingabe wird geöffnet.

2   Sollte sich hier bereits eine Formel befinden, z. B. SUM(ABOVE), so löschen Sie diese, das Gleichheitszeichen muss allerdings unbedingt stehen bleiben.

3   Klicken Sie dann im Feld *Funktion einfügen* auf den Dropdown-Pfeil und wählen Sie die Funktion *IF* aus.

4   Geben Sie dann innerhalb der runden Klammern zuerst die Bedingung und da-nach den Dann-Teil ein, durch Semikolon (;) getrennt. Da andernfalls kein Rabatt gewährt wird, entfällt der Sonst-Teil.

=IF(Summe >= Umsatz;Rabatt*100;0)

5   Weisen Sie zuletzt dem Ergebnis das Zahlenformat 0% zu und übernehmen Sie die Formel mit *OK*.

Fügen Sie in die Formel die Funktion IF ein

und geben Sie anschlie-ßend Bedingung, Dann-Teil und Sonst-Teil ein

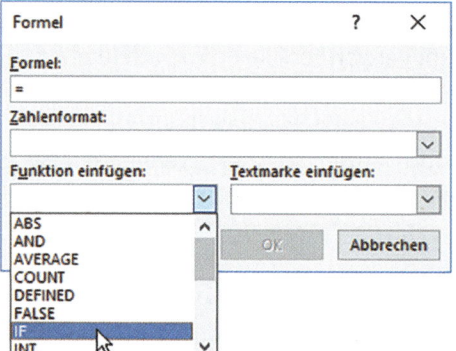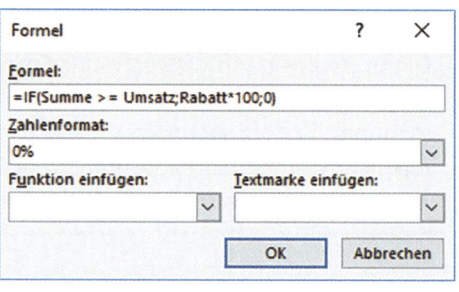

Im Bild unten das Ergebnis in der Tabelle. Testen Sie die Formel und geben Sie in der Spalte Anzahl eine größere Bestellmenge ein. **Achtung**: anschließend mit Strg+A alles markieren und dann mit F9 die Felder aktualisieren!

Das Ergebnis in der Tabelle

Bestellformular

Anzahl	Bestell-Nr.	Titel	Einzelpreis	Gesamtpreis
5	RP-0140	Windows für Senioren	14,90	74,50
3	RP-0192	Word Basiswissen für Einsteiger	9,90	29,70
			Zwischensumme	104,20
		ab 200 EUR Netto 2%	Rabatt	0%

Beispiele für das Feld IF finden Sie im Kapitel Seriendruck.

Achtung: Die Funktion *IF* wird in Formeln verwendet und darf nicht verwechselt werden mit dem Feld *IF*, das Sie im Fenster *Feld* in der Kategorie *Seriendruck* fin-den. Das Feld *IF* kommt in Verbindung mit Seriendruckfeldern zum Einsatz und kann nicht für Berechnungen und Formeln verwendet werden.

Bilder als verknüpfte Dateien einfügen

Mit dem Feld *IncludePicture* können Sie anstelle eines Bildes eine Verknüpfung zur Bilddatei einfügen und so in umfangreichen Dokumenten die Dateigröße erheblich reduzieren. Als Beispiel im Bild unten das verknüpfte Bild und die dazugehörige Feldfunktion. Eine ausführliche Beschreibung der Verwendung dieses Feldes finden Sie in Kapitel 10.5.

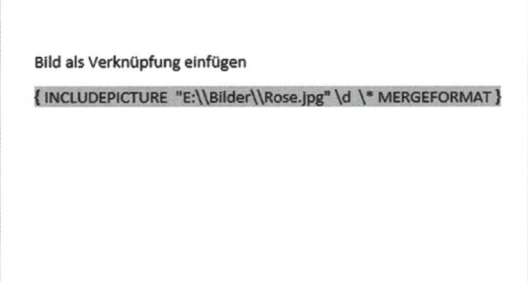

Das Bild Rose.jpg im Dokument und als Verknüpfung in der Feldfunktion

Die Dokumenteigenschaften verwenden

Die Dokumenteigenschaften, z. B. der Name des Autors werden im Register *Datei* ▶ *Informationen* angezeigt und können hier auch bearbeitet werden. Einige der Eigenschaften werden automatisch erfasst, z. B. Dateigröße, Anzahl der Wörter, Änderungsdatum usw., andere können Sie selbst hinzufügen.

Beispiel: Dokumenttitel

Benötigen Sie beispielsweise an verschiedenen Stellen den Titel des Dokuments, dann benutzen Sie dazu die Eigenschaft *Titel*, legen zunächst den Inhalt fest und fügen später die Dokumenteigenschaft *Titel* an den gewünschten Stellen ein. Um den Titel festzulegen, haben Sie verschiedene Möglichkeiten.

Die Eigenschaft Titel ist nicht zu verwechseln mit dem Dateinamen!

▶ Klicken Sie im Register Datei ▶ *Informationen* unter Eigenschaften auf *Titel hinzufügen* und geben Sie hier den gewünschten Titel ein (Bild unten).

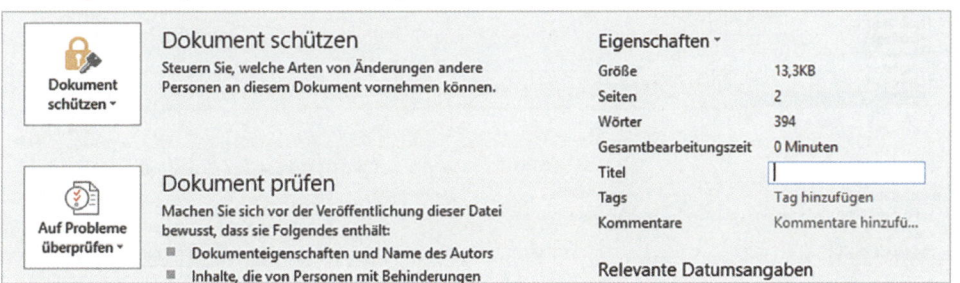

Titel des Dokuments unter Eigenschaften erfassen

▶ Als Alternative fügen Sie über die Schaltfläche *Schnellbausteine* und die Auswahl *Dokumenteigenschaften* den zunächst leeren Titel an der Cursorposition in das

Dokument ein und können den Titel anschließend direkt im Dokument eingeben. Der Rahmen verschwindet automatisch, sobald Sie an eine andere Stelle
klicken. Sie können außerdem den Titel anschließend beliebig formatieren, die
Formatierung ist nicht Teil der Eigenschaft.

Titel über die Schalt-
fläche Schnellbausteine
einfügen und anschlie-
ßend bearbeiten

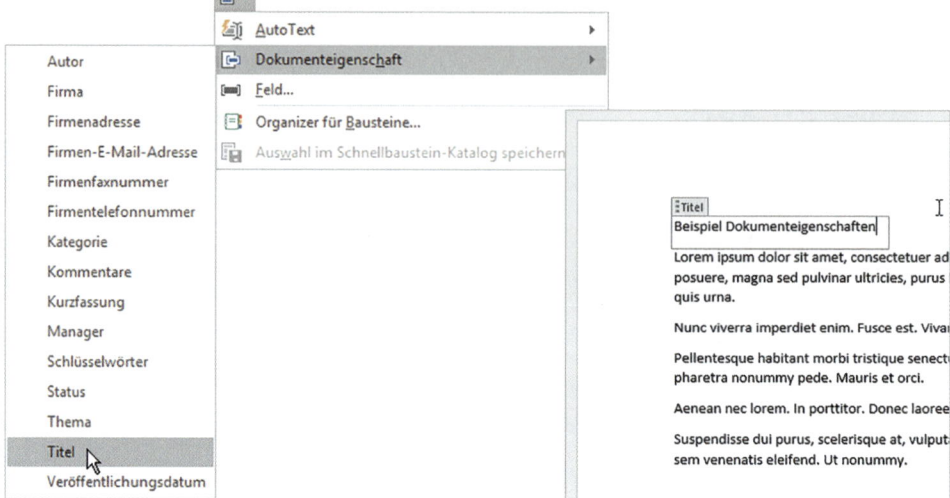

▶ Als dritte Möglichkeit hinterlegen Sie den Titel beim Einfügen im Fenster *Feld*.
Dazu klicken Sie auf die Schaltfläche *Schnellbausteine* und hier auf *Feld...*. Wählen Sie die Kategorie *Dokumentinformationen* und klicken Sie auf *Title*. Geben Sie
dann unter *Feldeigenschaften*, *Neuer Titel* den gewünschten Titel ein und fügen
Sie ihn anschließend mit der Schaltfläche *OK* ein.

Titel im Fenster Feld
festlegen und einfügen

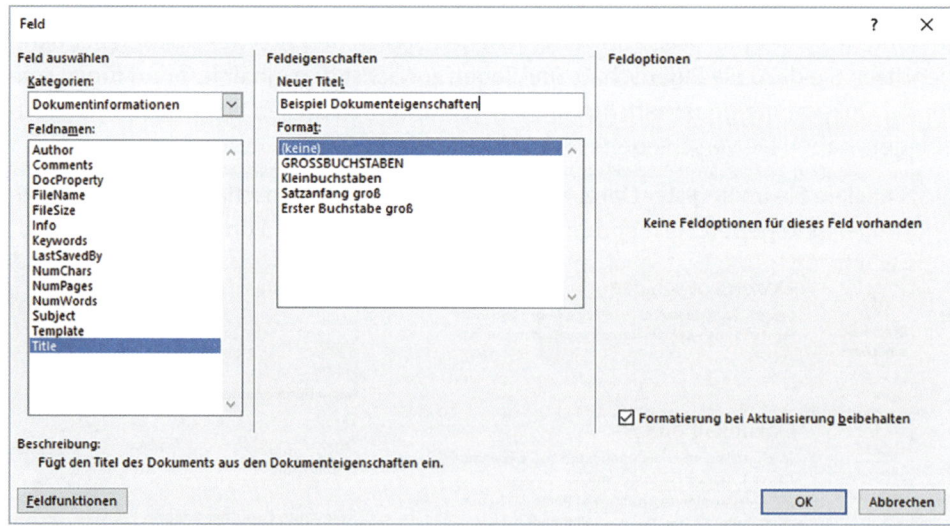

Nun können Sie den Dokumenttitel an beliebigen Stellen des Dokuments, z. B. in der
Kopfzeile einfügen und nach Ihren Vorstellungen formatieren. Ob Sie den Titel über
den Befehl *Dokumenteigenschaften* oder das Fenster *Feld* einfügen, spielt keine Rolle.

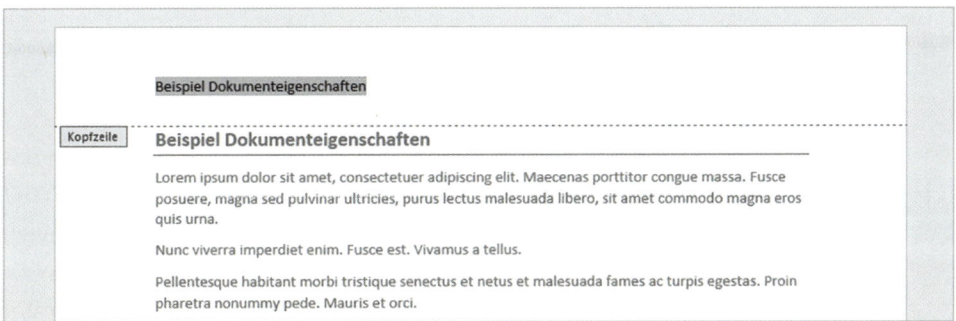

Der Titel im Dokument und in der Kopfzeile

Ein weiterer Vorteil der Verwendung der Dokumenteigenschaft Titel: Bei nachträglichen Änderungen des Titels wird das Feld im gesamten Dokument automatisch entsprechend aktualisiert.

Falls Sie die Anzahl der Wörter des Dokuments benötigen, so verwenden Sie dazu *NumWords*, *NumChars* liefert die Anzahl der Zeichen im Dokument.

Tipp: Weitere Dokumenteigenschaften

Im Fenster *Feld* erhalten Sie mit der Auswahl *DocProperty* unter *Feldeigenschaften* eine umfangreiche Liste weiterer Dokumenteigenschaften, z. B. wann das Dokument zuletzt gedruckt wurde (*LastPrinted*) oder von wem das Dokument zuletzt gespeichert wurde (*LastSavedBy*).

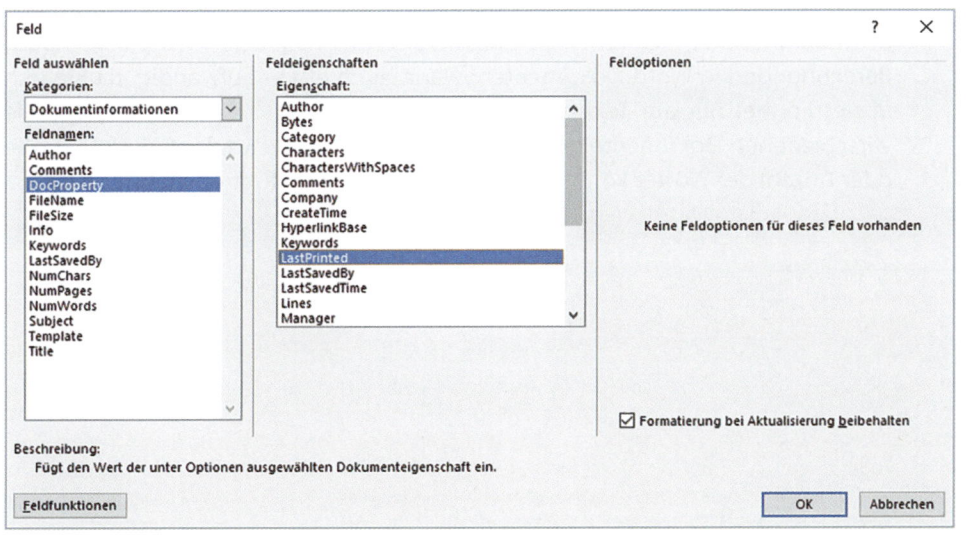

Weitere Dokumenteigenschaften finden Sie beim Feld DocProperty

5.5 Zusammenfassung

▶ Felder sind Textelemente mit variablen Inhalten, zu den wichtigsten zählen das Datum (aktualisierbar), Seitenzahlen und Seriendruckfelder. Mit Ausnahme der Seitenzahlen werden meisten Felder bei Änderungen nicht automatisch aktualisiert, dies nehmen Sie mit der Taste F9 manuell vor.

▶ Eine Übersicht über alle verfügbaren Felder erhalten Sie, wenn Sie im Register *Einfügen* auf die Schaltfläche *Schnellbausteine* und hier auf *Feld...* klicken. Word ordnet die Felder bestimmten Kategorien zu; um ein bestimmtes Feld schneller aufzufinden, sollten Sie daher im Fenster *Feld* zunächst eine Kategorie wählen. Unter *Feldeigenschaften* legen Sie weitere Optionen fest, z. B. die Schreibweise eines Datums. Das Kontrollkästchen *Formatierung bei Aktualisierung beibehalten* sollte aktiviert sein, damit auch nach der Aktualisierung die Textformatierung nicht verlorengeht.

▶ Eigentlich fügen Sie mit einem Feld eine Funktion ein, die ein bestimmtes Ergebnis liefert, vergleichbar mit einer Excel-Funktion. Standardmäßig zeigt das Dokument das Ergebnis an, mit der Tastenkombination Alt+F9 können Sie jedoch stattdessen auch die Funktion anzeigen und wieder ausblenden. Auf diese Weise lässt sich eine Feldfunktion auch nachträglich bearbeiten. Die Feldeigenschaften werden in der Funktion durch sogenannte Schalter festgelegt.

▶ Um in längeren Dokumenten die Überschriften in die Kopfzeile zu holen (lebender Kolumnentitel), verwenden Sie das Feld *StyleRef*. Das Feld *= (Formula)* erlaubt Berechnungen in Word-Dokumenten, wenn auch etwas aufwändig, da Sie sich in der Formel nur auf Textmarken oder Tabellenzellen beziehen können. Die verschiedenen Dokumenteigenschaften, z. B. Dateiname und -pfad, Dateigröße oder Anzahl der Wörter können ebenfalls als Feld eingefügt werden.

6 Verzeichnisse und Indizes

In diesem Kapitel lernen Sie...

- wie Sie ein Inhaltsverzeichnis und Abbildungsverzeichnis erstellen und hinzufügen
- wie Sie Stichworte vereinbaren und einen Index generieren
- wie Sie ein komplettes Literaturverzeichnis zusammenstellen

Das sollten Sie bereits wissen

- Listen mit mehreren Ebenen erstellen und Überschriften damit versehen
- Formatvorlagen anzeigen und verändern
- Umgang mit Feldern
- Textmarken einfügen

In umfangreichen Dokumenten, wie Handbüchern, Dokumentationen, wissenschaftliche Arbeiten, Protokollen oder Broschüren, benötigen Sie Helfer die für Übersicht sorgen und den Zugriff auf Inhalte erleichtern. Die Rede ist von Inhalts-, Abbildungs- oder Stichwortverzeichnissen, die in Word mit etwas Vorbereitung und wenigen Handgriffen leicht automatisiert werden können und niemals von Hand eingetragen werden müssen! Die Vorteile sind: Nummerierungen werden automatisch und wunschgemäß generiert, Seitenzahlen und andere Verweise auf Mausklick aktualisiert. So muss man sich am Ende nicht fragen: „Ist das wirklich Gliederungspunkt 3.1.2" oder „Steht diese Überschrift tatsächlich auf Seite 36?"

Sämtliche Verzeichnisse basieren auf Feldern, die in diesem Buch bereits im Kapitel 5 ausführlich behandelt wurden.

Formatvorlagen steuern das Aussehen aller Verzeichnisse und sind Bezugsgrundlage für die Erstellung von Inhalts- und Abbildungsverzeichnissen. Der Umgang mit Formatvorlagen sollte Ihnen geläufig sein, bevor Sie mit diesem Kapitel beginnen.

6.1   Inhaltsverzeichnis

Das Inhaltsverzeichnis bietet eine Zusammenstellung der Überschriften im Dokument unter Angabe von Seitenzahlen. Dabei müssen nicht alle Überschriftsebenen des Dokuments auch im Inhaltsverzeichnis angezeigt werden. Um ein Inhaltsverzeichnis zu erstellen, muss das Dokument Überschriften enthalten, die mit den Formatvorlagen *Überschrift 1*, *Überschrift 2* etc. formatiert worden sind. Die Verwendung genau dieser Formatvorlagen ist nicht zwingend notwendig, erleichtert den Vorgang allerdings sehr.

Die Überschrift „Vorwort" wurde hier mit der Formatvorlage „Überschrift 1" versehen

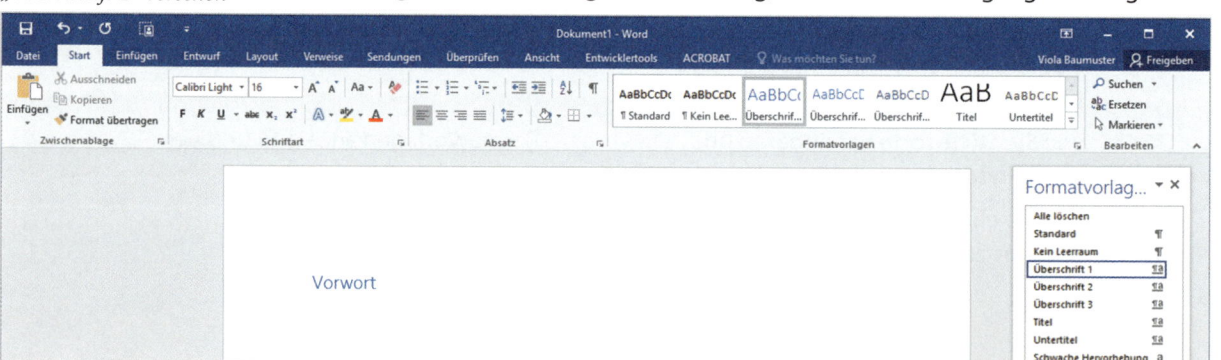

Um ein Inhaltsverzeichnis zu erstellen, müssen die Überschriften im Text mit Überschriftsformatvorlagen versehen sein, z. B. Überschrift1, Überschrift 2 etc. Sonst kann kein Inhaltsverzeichnis generiert werden.

Schnelles Einfügen eines Inhaltsverzeichnisses

Die notwendigen Befehle zur Erstellung eines Inhaltsverzeichnisses finden Sie im Register *Verweise*. Für das Inhaltsverzeichnis stehen zwei Bausteine zur Verfügung, die das Verzeichnis automatisch gestalten. Die beiden Vorlagen *Automatische Tabelle 1* und *Automatische Tabelle 2* unterscheiden sich kaum. Beide generieren ein Inhaltsverzeichnis, welches drei Überschriftsebenen anzeigt. Lediglich in der Wahl der Überschrift für das Verzeichnis - *Inhalt* bzw. *Inhaltsverzeichnis* - unterscheiden sich die beiden Vorlagen. So fügen Sie ein Inhaltsverzeichnis ein:

Mehr zu Bausteinen erfahren Sie in Kapitel 1.4

▶ Setzen Sie den Cursor an die Stelle im Dokument, an der Sie das Inhaltsverzeichnis einfügen möchten. Inhaltsverzeichnis und Text befinden sich in demselben Dokument.

▶ Wählen Sie *Verweise* ▶ Gruppe *Inhaltsverzeichnis* ▶ *Inhaltsverzeichnis* ▶ *Automatische Tabelle 1* oder *Automatische Tabelle 2* aus. Das Inhaltsverzeichnis wird in einem Platzhalter eingefügt.

▶ Tipp: In der Regel soll das Inhaltsverzeichnis vom restlichen Text getrennt werden. Fügen Sie dazu am Ende des Verzeichnisses beispielsweise einen Seitenumbruch mit Strg + Enter ein.

Als weitere Vorlage für ein Inhaltsverzeichnis steht die *Manuelle Tabelle* zur Verfügung. Hier müssten die gewünschten Informationen von Hand eingegeben und bei Änderungen auch manuell aktualisiert werden. Die anderen Bausteine sind daher vorzuziehen.

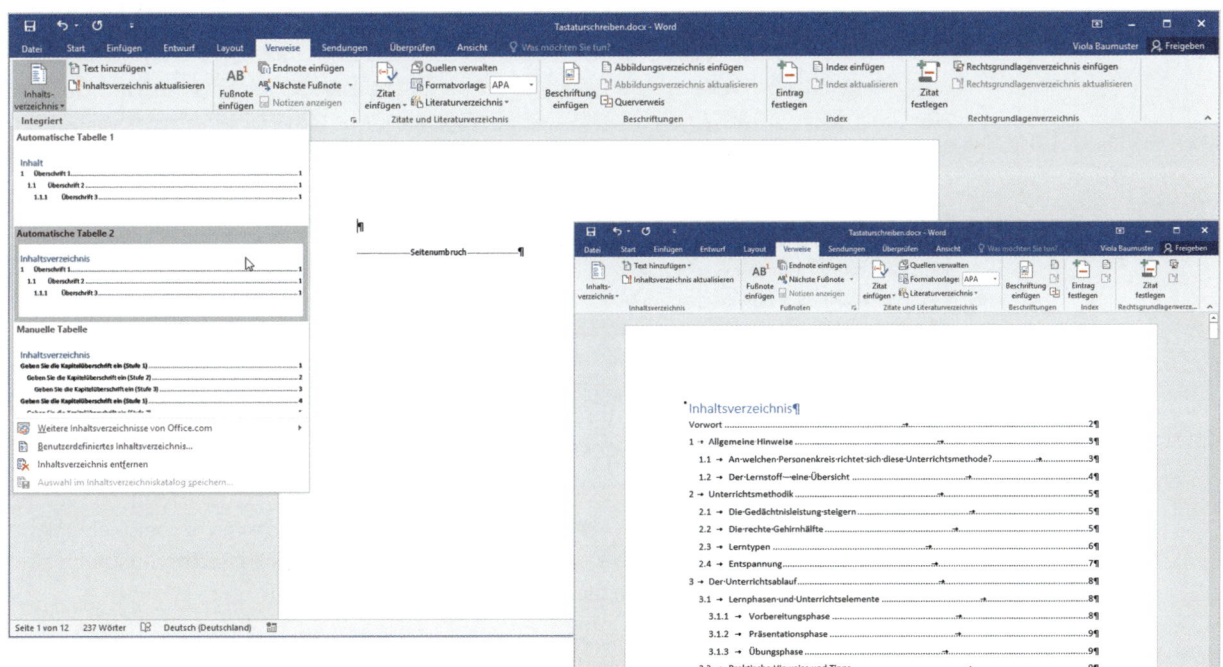

Inhaltsverzeichnis einfügen

> Das Inhaltsverzeichnis ermöglicht eine schnelle Navigation zu den einzelnen Überschriften im Text. Halten Sie die Strg-Taste gedrückt und klicken Sie die entsprechende Überschrift an.

Inhaltsverzeichnis aktualisieren & löschen

Ändern sich Überschriften, Seitenzahlen oder werden im Text neue Überschriften hinzugefügt, muss das Inhaltsverzeichnis aktualisiert werden:

▷ Klicken Sie auf das Inhaltsverzeichnis, um das Register des Platzhalters anzuzeigen. Klicken Sie auf *Inhaltsverzeichnis aktualisieren* ❶.

▷ Alternativ wählen Sie im Menüband *Verweise* ▸ Gruppe *Inhaltsverzeichnis* ▸ *Inhaltsverzeichnis aktualisieren* ❷ aus.

Inhaltsverzeichnis aktualisieren

▷ Als weitere Alternative klicken Sie auf einen Eintrag des Inhaltsverzeichnisses mit der rechten Maustaste und wählen im Kontextmenü *Felder aktualisieren* ❸ aus oder drücken die Taste F9.

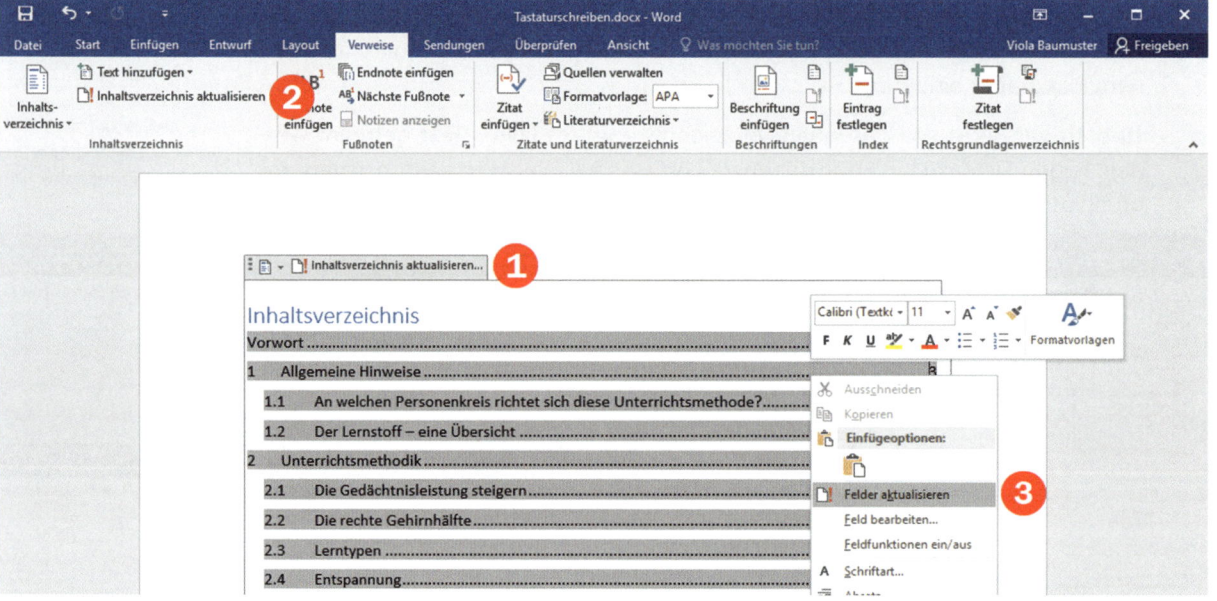

Unter Umständen wird ein weiteres Dialogfenster angezeigt: Hier entscheiden Sie, ob nur die Seitenzahlen oder das gesamte Verzeichnis aktualisiert werden sollen.

> Nehmen Sie keine manuellen Berichtigungen im Inhaltsverzeichnis vor, beispielsweise eine Erhöhung des Zeilenabstand oder eine Ausbesserung eines Rechtschreibfehlers. Durch die Aktualisierung gehen diese Änderungen verloren.
>
> ▷ Rechtschreibfehler korrigieren Sie in der Überschrift im Fließtext.
>
> ▷ Abstände beeinflussen Sie über die Formatvorlagen für das Inhaltsverzeichnis. Dazu gleich mehr.

Um ein Inhaltsverzeichnis zu löschen, wählen Sie im Menüband *Verweise* ▸ Gruppe *Inhaltsverzeichnis* ▸ *Inhaltsverzeichnis* ▸ *Inhaltsverzeichnis entfernen* aus.

Das Aussehen des Inhaltsverzeichnisses verändern

Die Darstellung des Inhaltsverzeichnisses wird bestimmt durch die Formatvorlagen *Verzeichnis 1* bis *9*. Damit steht für jede Standardüberschriftsebene auch eine Formatvorlage zur Verfügung, die das Aussehen der Überschrift im Inhaltsverzeichnis bestimmt. Zusätzlich benötigen Sie noch die Formatvorlage *Inhaltsverzeichnisüberschrift*. Dabei handelt es sich um die Formatvorlage für die Überschrift des Inhaltsverzeichnisses.

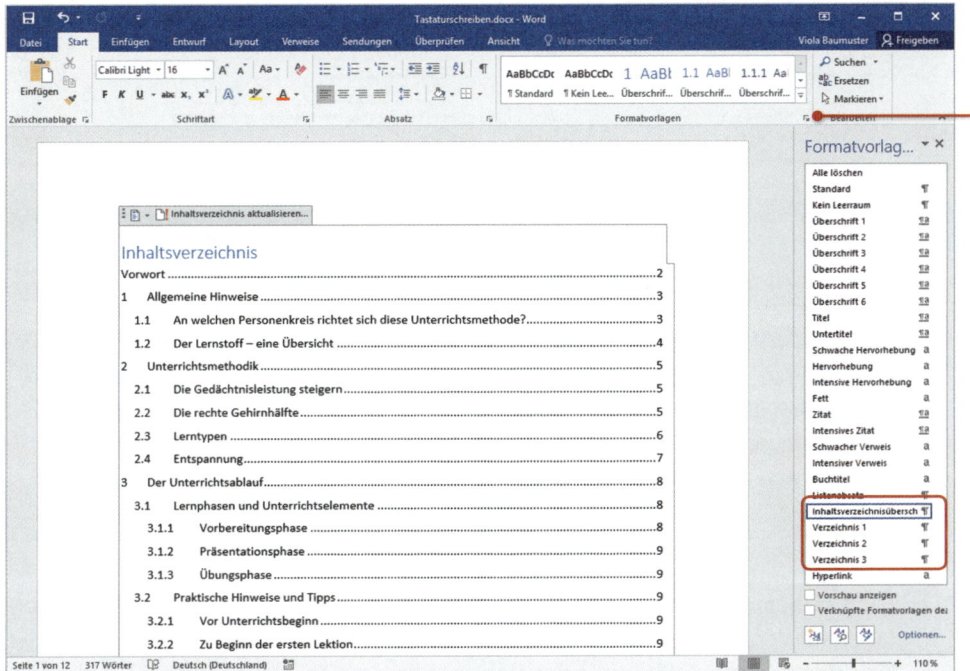

Inhaltsverzeichnis formatieren

Erinnerung: Zur Anzeige des Fensters *Formatvorlagen* klicken Sie entweder auf ⬒ oder verwenden die Tastenkombination STRG + Alt + Umschalt + S

Im Grunde unterscheidet sich die Bearbeitung der Formatvorlagen *Verzeichnisse* nicht von der Bearbeitung von Formatvorlagen, wie Sie sie bereits in Kapitel 3 kennengelernt haben. Deshalb möchte ich im Folgenden nur auf einige wenige Besonderheiten eingehen.

▶ Formatieren Sie *Verzeichnis 1* mit dem Attribut *Fett*, verwenden Sie einen höheren Schriftgrad oder geben Sie dieser Ebene eine Farbe. Das hebt die oberste Überschriftsebene hervor. Klicken Sie dazu im Aufgabenbereich *Formatvorlagen* mit der rechten Maustaste auf *Verzeichnis 1* und wählen Sie *Ändern* aus. Jetzt können Sie eine andere Schriftfarbe auswählen (siehe Grafik nächste Seite).

▶ Zusätzlich zum Zeilenabstand können Sie *Abstände Vor* und *Nach* einfügen und so mit unterschiedlichen Abständen die einzelnen Kapitel voneinander abheben. Sie finden die Abstände im Fenster *Formatvorlage ändern*, Schaltfläche *Format* (links unten) und Auswahl von *Absatz*.

Schriftfarbe für das Ver-
zeichnis verändern

Abstände zwischen den
einzelnen Verzeich-
nisseinträgen erhöhen

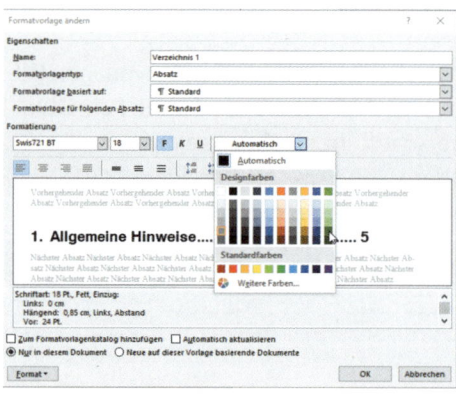
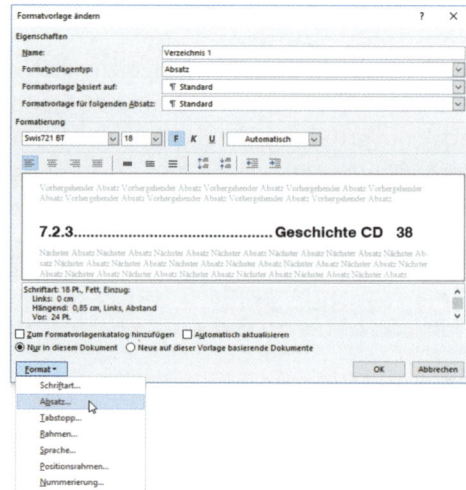

> **Tipp:** Möchten Sie, dass zwischen der Überschrift *Inhaltsverzeichnis* und *Vorwort* ein Ab-
> stand angezeigt wird, so ist es nicht sinnvoll einfach nur manuell eine Zeilenschaltung ein-
> zufügen. Diese geht durch die Aktualisierung des Inhaltsverzeichnisses wieder verloren.
> Besser ist es, wenn Sie die Formatvorlage *Inhaltsverzeichnisüberschrift* ändern und hier bei
> *Absatz* einen *Abstand nach* 12pt vereinbaren.

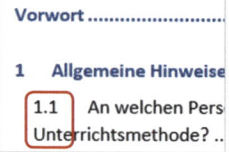

▷ Lange Überschriften benötigen manchmal zwei Zeilen. Die Standardformatvor-
lagen für Verzeichnisse berücksichtigen diesen Umstand nicht. Deshalb wird der
Text der zweiten Zeile unter der Nummerierung angezeigt. Ändern Sie die Formatvorlage der Verzeichnisebene und wählen Sie im Fenster *Absatz* bei *Sonde-*
reinzug einen Einzug *Hängend* ❶. Der Wert, der automatisch bei *Um* angezeigt
wird, ist die erste Tabstoppposition. Nicht immer sorgt diese dafür, dass der Text
korrekt untereinander angezeigt wird. Gegebenenfalls müssen Sie hier ein paar
Werte ausprobieren.

▷ Je tiefer die Verzeichnisebene, umso weiter wird die Überschrift im Inhaltsverzeichnis eingerückt. Wer diese Treppendarstellung vermeiden möchte, verändert
die Einzüge, was für jedes Verzeichnis einzeln über die Schaltfläche *Format* und
Auswahl von *Absatz* geschieht. Im Fenster *Absatz* verkleinern Sie den Wert bei
Einzug links ❷. Unter Umständen muss dann auch ein neuer, niedriger Tabstopp
festgelegt werden ❸, da sonst der Abstand von Nummerierung und Text zu groß
ist.

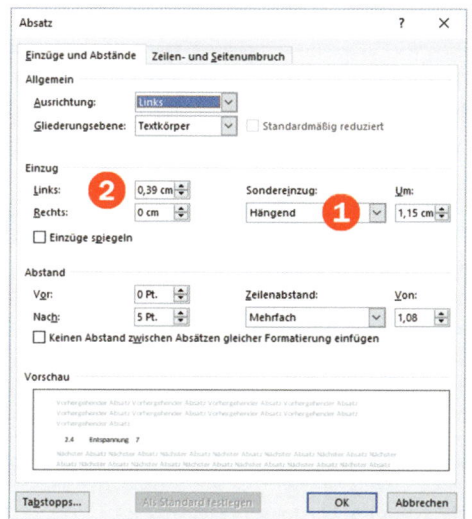

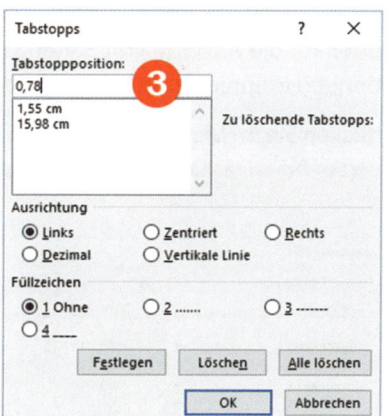

Einzüge für Überschriften anpassen

Ergebnis

Inhaltsverzeichnisüberschrift:
Schrift: 16pt, fett, blau
Abstand: Vor 12pt, Nach 12pt

Verzeichnis 1
Schrift: 14pt, fett, blau
Abstand: Vor 24pt, Nach 6pt

Verzeichnis 2
Schrift: 12pt
Einzug: Links 0
Abstand: Vor 8pt, Nach 0pt
Tabstopp: 0,78 cm

Verzeichnis 3
Schrift: 11pt
Abstand: Vor 2pt, Nach 5pt

Benutzerdefiniertes Inhaltsverzeichnis erstellen

Sollen mehr als drei Überschriftsebenen im Inhaltsverzeichnis angezeigt werden, möchten Sie zwischen Bezeichnung und Seitenzahl einen Strich anstelle von Punkten oder auf die Anzeige von Seitenzahlen ganz verzichten, dann erstellen sie einfach ein benutzerdefiniertes Inhaltsverzeichnis.

Klicken Sie im Menüband auf *Verweise* ▶ *Inhaltsverzeichnis* ▶ *Benutzerdefiniertes Inhaltsverzeichnis*. Das Dialogfenster *Inhaltsverzeichnis* wird angezeigt.

Inhaltsverzeichnis nach eigenen Vorstellungen zusammenstellen

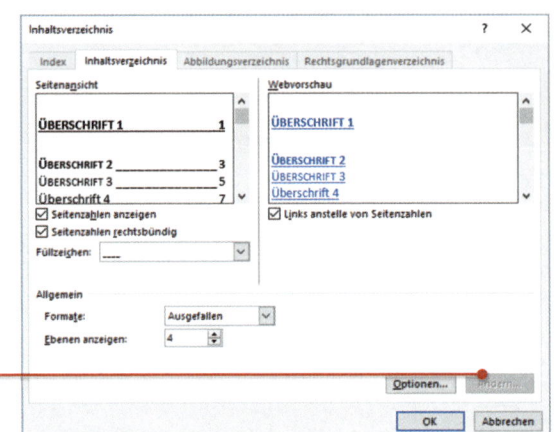

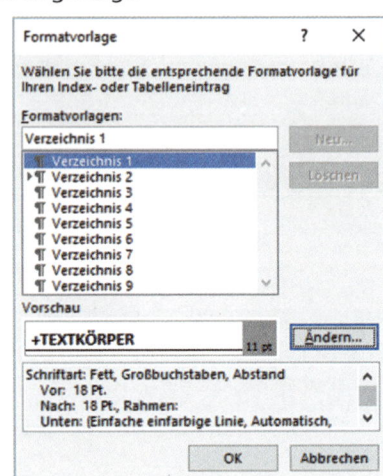

Die Schaltfläche *Ändern* zur Bearbeitung der Formatvorlagen ist nur aktiv, wenn bei *Formate* die Option *Von Vorlage* ausgewählt ist.

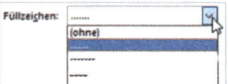

▶ Legen Sie die Anzeige der Seitenzahl und die Art der Füllzeichen zwischen Überschrift und Seitenzahl fest.

▶ Bei *Ebenen anzeigen* bestimmen Sie, wie viele Überschriftsebenen in das Inhaltsverzeichnis aufgenommen werden. In der aktuellen Einstellung würde eine Überschrift vierter Ebene (1.1.1.1) nicht im Inhaltsverzeichnis erscheinen, auch wenn Sie im Dokument korrekt formatiert existiert.

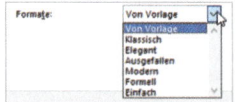

▶ Unter *Formate* legen Sie das Aussehen des Inhaltsverzeichnisses fest. Dazu können Sie einerseits über die Dropdown-Liste eine fertige Formatierung auswählen, z. B. *Elegant*, oder die Auswahl auf *Von Vorlage* belassen und über die Schaltfläche *Ändern* eigene Einstellungen für die einzelnen Verzeichnisformatvorlagen vornehmen. Um die Formatierung eines Verzeichnisses zu ändern, markieren Sie das Verzeichnis und klicken auf die Schaltfläche *Ändern*. Sie erhalten das Fenster *Formatvorlagen ändern*, und können hier wie gewohnt das Aussehen des Inhaltsverzeichnisses anpassen.

Andere bzw. weitere Formatvorlagen im Inhaltsverzeichnis anzeigen

Das Inhaltsverzeichnis zeigt standardmäßig die Überschriften an, die mit den Formatvorlagen Überschrift1 bis Überschrift 9 formatiert wurden. Eine Verbindung mit anderen Formatvorlagen ist jedoch möglich. Klicken Sie dazu auf die Schaltfläche *Optionen* im Dialogfenster *Inhaltsverzeichnis* (siehe Bild vorherige Seite). Hier finden Sie links die verfügbaren Überschrift-Formatvorlagen und rechts die entsprechende Verzeichnisebene dargestellt durch eine Zahl.

▶ Zur Verwendung einer anderen Formatvorlage tragen Sie die entsprechende Verzeichnisnummer in das Feld hinter der neuen Formatvorlage ein und löschen die Nummer hinter der nicht mehr benötigten Überschrift-Formatvorlage.

▶ Mit dieser Funktion können aber auch weitere Überschriftsebenen zusätzlich zu den Standardüberschriften (Überschrift 1 bis Überschrift 9) aufgenommen werden.

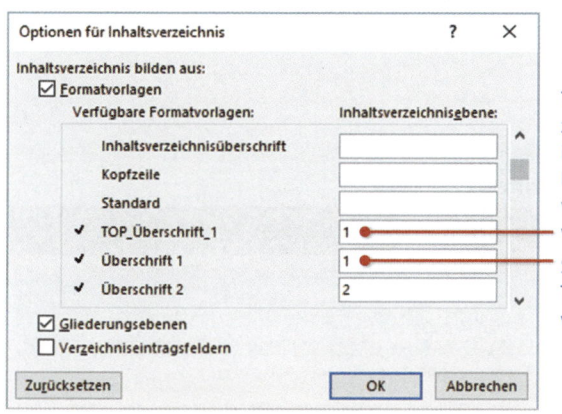

TOP_Überschrift_1 ist die neue benutzerdefinierte Formatvorlage. Wenn Sie im Inhaltsverzeichnis mit derselben Formatierung wie Überschrift 1 angezeigt werden soll, muss hier eine 1 eingetragen werden.

Soll Überschrift 1 zugunsten von TOP_Überschrift_1 nicht mehr angezeigt werden, muss hier die 1 gelöscht werden.

Bei Optionen für Inhaltsverzeichnis entscheiden Sie, welche Formatvorlagen (genauer gesagt, der Text, der mit dieser Vorlage formatiert ist), wie im Inhaltsverzeichnis angezeigt werden.

> Wenn Sie auf Grundlage einer Standardformatvorlage für Überschriften, z. B. *Überschrift 1* eine neue Formatvorlage erstellen, so wird automatisch die Inhaltsverzeichnisebene übernommen, z. B. hier die *1*. Überschriften, die mit dieser neuen Formatvorlage formatiert sind, werden dann automatisch im Inhaltsverzeichnis angezeigt.

Überschrift ohne Nummerierung

Kleiner Workshop: Überschriften ohne Nummerierung

Überschriften wie z. B. Stichwortverzeichnis oder Vorwort sollen oft ohne Nummerierung aber ansonsten wie die Formatvorlage *Überschrift 1* im Dokument angezeigt werden. So gehen Sie vor:

1 Erstellen Sie eine neue Formatvorlage die auf Überschrift 1 basiert und geben Sie der Formatvorlage einen Namen.

2 Klicken Sie auf die Schaltfläche *Format*, wählen Sie *Nummerierung* aus und klicken auf *Ohne*. Damit entfernen Sie die Nummerierung. Bestätigen Sie dann alle Fenster mit *Ok*.

Da das neue Überschriftsformat auf der Formatvorlage *Überschrift 1* basiert, wird es automatisch in das Inhaltsverzeichnis übernommen.

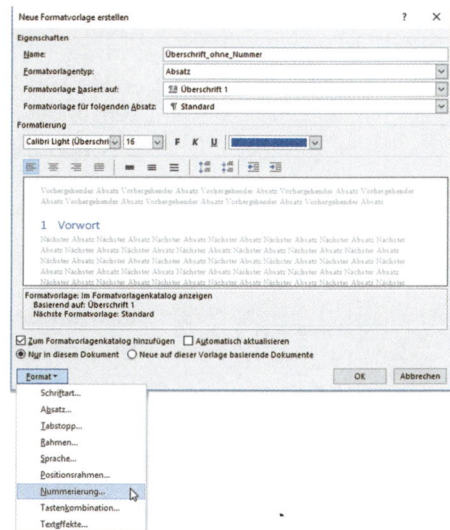

6.2   Abbildungsverzeichnis

In längeren Texten werden Fotos, Grafiken, Tabellen, Diagramme oder Formeln durchnummeriert, benannt und in einem Abbildungsverzeichnis mit Nummer, Name und Seitenzahl aufgeführt. Auch mehrere gesonderte Verzeichnisse, beispielsweise getrennt für Bilder und Tabellen, sind möglich. Voraussetzung ist, dass die einzelnen Objekte (Tabellen, Diagramme etc.) eine Beschriftung erhalten. Diese werden dann in einem Abbildungsverzeichnis zusammengefasst und mit der entsprechenden Seitenzahl versehen. Das Abbildungsverzeichnis wird in der Regel im Anschluss an das Inhaltsverzeichnis eingefügt.

Zur Beschriftung von Abbildungen siehe auch Kapitel 5.6

Beschriftung einfügen

Abbildungen mit durchnummerierten Beschriftung versehen

Beschriftung einrichten und erstes Bild beschriften

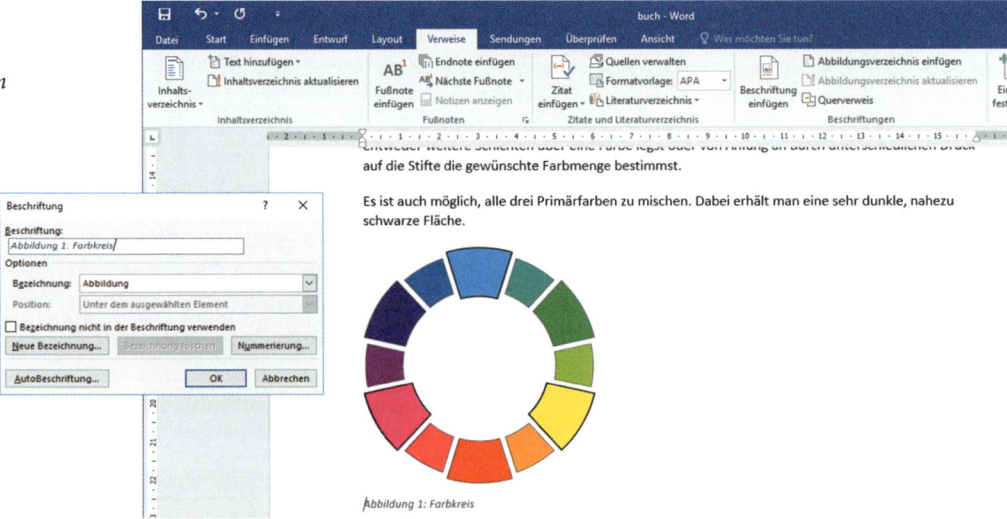

Abbildung 1: Farbkreis

1   Setzen Sie den Cursor an die Stelle an der Sie eine Beschriftung einfügen möchten; in der Regel unter der Abbildung. Wählen Sie im Register *Verweise* ▶ Gruppe *Beschriftungen* ▶ *Beschriftung einfügen*.

2   Tragen Sie im Feld *Beschriftung* einen Namen für das Foto, die Tabelle, das Diagramm etc. ein. Auch ein Trennzeichen, z. B. ein Doppelpunkt, kann eingegeben werden. Eine nachträgliche Änderung des vergebenen Namens ist möglich.

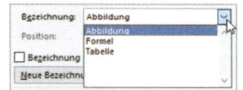

3   Im Feld *Bezeichnung* wählen Sie einen Eintrag. Jede Bezeichnung bildet eine Gruppe, die gesondert durchnummeriert und in unabhängigen Verzeichnissen zusammengefasst wird.

   ▪ Ist keine passende Bezeichnung in der Dropdown-Liste vorhanden, kann über die Schaltfläche *Neue Bezeichnung* eine erstellt werden, z. B. für Diagramme.

   ▪ Über die Schaltfläche *Bezeichnung löschen* wird die angezeigte Bezeichnung aus der Auswahlliste entfernt.

4 Die Nummerierung erfolgt automatisch. Standardmäßig sind arabische Ziffern vereinbart, z. B. Abbildung 1, Abbildung 2 etc. Eine andere Nummerierungsart wird über die Schaltfläche *Nummerierung* ausgewählt.

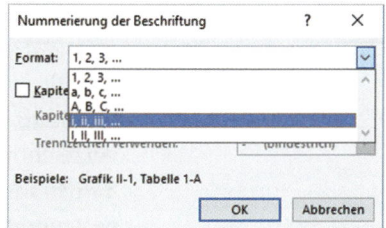

Nächste Abbildung beschriften

Weitere Beschriftungen mit derselben Bezeichnung werden fortlaufend nummeriert. Für die nächste Beschriftung klicken Sie wieder auf die Schaltfläche *Beschriftung einfügen*. Im Fenster *Beschriftung* tragen Sie den Namen für die neue Abbildung ein, die Nummerierung wurde bereits angepasst.

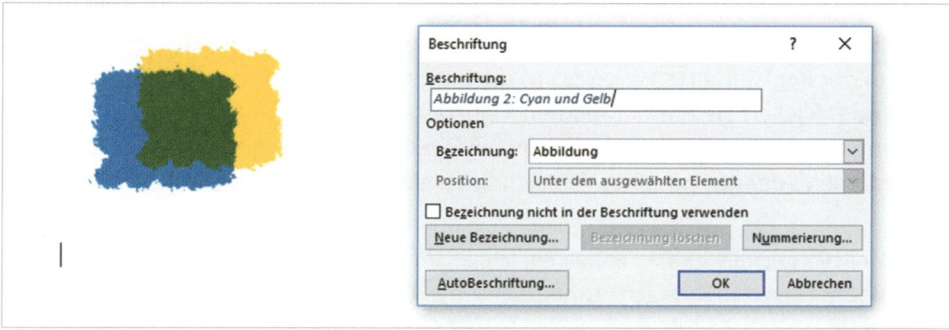

Zweites Bild beschriften

Beschriftung korrigieren

▷ Eine Änderung der Beschriftung nehmen Sie einfach im Dokument vor. Die Nummerierung wird als Feld eingefügt. Diese sollten Sie nicht überschreiben.

▷ Abbildungen können zusammen mit der Beschriftung verschoben werden, dabei passt sich die Nummerierung automatisch an.

Abbildungsverzeichnis einfügen und aktualisieren

Das Abbildungsverzeichnis wird an der Cursorposition eingefügt. Klicken Sie im Menüband auf *Verweise* ▶ Gruppe *Beschriftungen* ▶ *Abbildungsverzeichnis einfügen*.

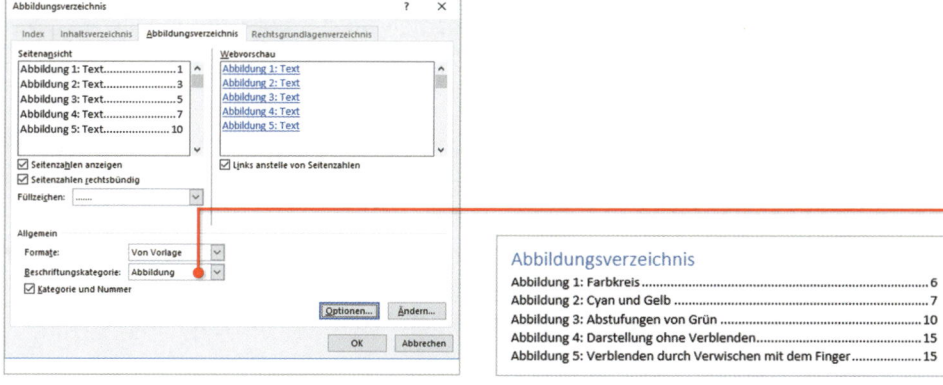

Abbildungsverzeichnis erstellen und Ergebnis

Beschriftungskategorie auswählen, z. B. Abbildung

Das Dialogfenster *Abbildungsverzeichnis* wird angezeigt. Dieses gleicht in der Bearbeitung dem Dialogfenster *Inhaltsverzeichnis*, welches Sie bereits kennengelernt haben. Wichtig ist, dass Sie die *Beschriftungskategorie* (Abbildung, Tabelle etc.) auswählen, für die das Abbildungsverzeichnis erstellt werden soll. Wird anstelle des Abbildungsverzeichnisses die Meldung *Es konnten keine Einträge für ein Abbildungsverzeichnis gefunden werden* im Dokument eingefügt, dann haben Sie unter Umständen die falsche *Beschriftungskategorie* gewählt.

Abbildungsverzeichnis aktualisieren

Werden nach Einfügen eines Abbildungsverzeichnisses noch Änderungen am Text vorgenommen, z. B. Hinzufügen eines weiteren Bildes, Einfügen weiterer Seiten, Berichtigungen am Text der Beschriftung etc., so muss das Verzeichnis aktualisiert werden. Klicken Sie dazu zunächst das Abbildungsverzeichnis in Ihrem Dokument an und dann in der Registerkarte *Verweise* auf die Schaltfläche *Abbildungsverzeichnis aktualisieren* oder klicken Sie mit der rechten Maustaste auf das Abbildungsverzeichnis und wählen *Felder aktualisieren* aus. Im nächsten Fenster entscheiden Sie, entweder nur die Seitenzahlen oder das gesamte Verzeichnis zu aktualisieren.

> Fehler in Verzeichnissen sind immer auf fehlerhafte Einträge im Dokument zurückzuführen und müssen dort korrigiert werden. Danach aktualisieren Sie das Verzeichnis. Änderungen im Verzeichnis selbst verschwinden bei der nächsten Aktualisierung.

Ein weiteres Abbildungsverzeichnis erstellen

Soll zu einem neuen Element eine separate Beschriftung erstellt werden, wählen Sie im Dialogfenster *Beschriftung* eine neue Bezeichnung aus, z. B. *Tabelle*. Dadurch erhalten Sie eine separate Nummerierung und auch ein zusätzliches Abbildungsverzeichnis.

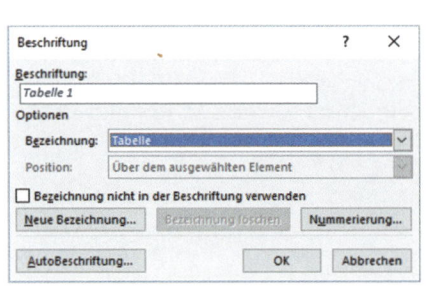
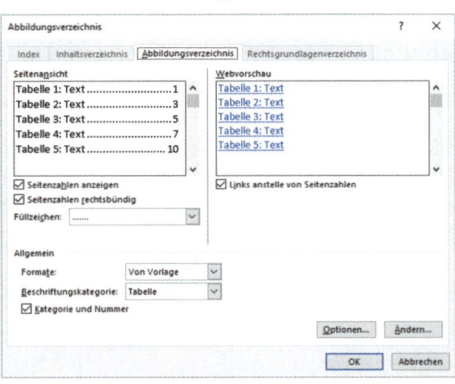

Weitere Beschriftung für ein separates Abbildungsverzeichnis erstellen

Zur Erstellung eines zweiten Abbildungsverzeichnis wählen Sie erneut auf *Verweise* ▸ Gruppe *Beschriftungen* ▸ *Abbildungsverzeichnis einfügen*. Wichtig ist, dass Sie bei *Beschriftungskategorie* das korrekte Element wählen in unserem Beispiel *Tabelle*.

6.3   Index

Der Index oder auch Stichwortverzeichnis ist eine alphabetisch sortierte Liste aller wichtigen Begriffe im Dokument unter Angabe der Seitenzahlen. Dem Leser wird damit der Zugriff auf bestimmte Inhalte erleichtert. Der Index befindet sich am Ende des Dokuments, wird häufig in zwei Spalten angeordnet und trägt die Kapitelbezeichnung Index oder Stichwortverzeichnis. Als Formatierung wird in der Regel die Darstellung der Überschriftsebene1 verwendet.

Stichwort festlegen

Damit ein Index generiert werden kann, müssen im Dokument Indexeinträge festgelegt werden. Der Indexeintrag enthält das Stichwort, auf welches verwiesen werden soll. Die Position des Eintrags im Dokument bestimmt die Seitenzahl im Index.

Werden im Text mehrere Einträge mit derselben Bezeichnung hinterlegt, so erscheinen später im Stichwortverzeichnis diese Einträge gesammelt unter einer Bezeichnung mit mehreren Seitenzahlen.

Achtung: Jede Abweichung z. B. Rechtschreibfehler, die abweichende Verwendung von Einzahl und Mehrzahl, von Leerzeichen, von Bindestrichen oder von Klein- und Großbuchstaben erzeugt einen neuen Eintrag und sorgt für ein Durcheinander.

Die Indexeinträge HDMI-Anschluss, HDMI-Anschluß, HDMI Anschluss, HDMi-Anschluss erzeugen jeweils einen neuen Eintrag im Stichwortverzeichnis. Das ist sicher nicht gewünscht. Aus diesem Grund sollten Sie für Ihren Index einige Regeln festlegen. Diese sind natürlich sehr themenbezogen; ich versuche z. B. alle Einträge im Singular einzufügen.

Haupteintrag und Untereintrag

Der Fachbegriff wird als Haupteintrag im Dokument festgelegt. Bei Bedarf kann der Haupteintrag spezifiziert werden, z. B. *Liste, alphabetisch sortiert*. Wenn in Ihrem Dokument mehrere Teilaspekte eines Haupteintrags beleuchtet werden, so können Sie das im Index durch Untereinträge abbilden.

Der Untereintrag wird im Index unter dem Haupteintrag eingerückt angezeigt. Für jeden Haupteintrag können verschiedene Untereinträge festgelegt werden. Die Seitenzahl wird beim jeweiligen Untereintrag angezeigt.

Indexeintrag festlegen: Hier wurde anstelle von „Farben" nur „Farbe" markiert, um den Haupteintrag im Singular festzulegen. Der Untereintrag wurde von Hand eingetragen.

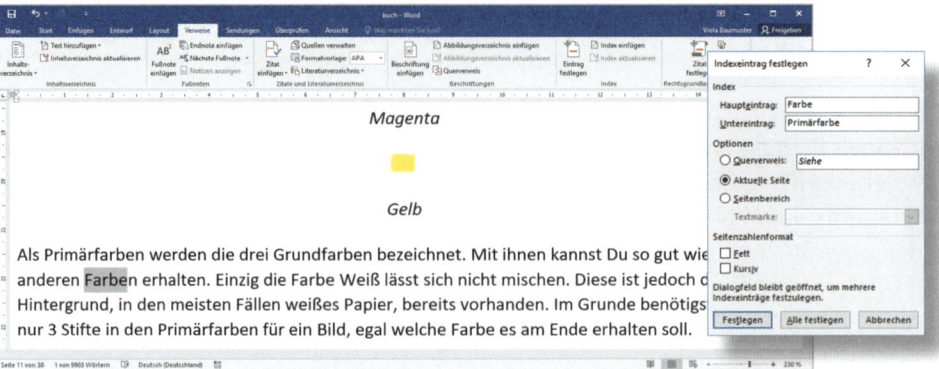

1 Markieren Sie das Wort, welches im Index aufgeführt werden soll. Auch mehrere Worte können markiert werden. Falls sich das gewünschte Wort nicht im Textabschnitt befindet, setzen Sie den Cursor in den Textabschnitt, auf den Sie mit dem Indexeintrag Bezug nehmen wollen.

> **Tipp!** Setzen Sie bei längeren Textpassagen den Indexeintrag immer an den Anfang des Abschnitts, auf den Sie verweisen möchten. So verhindern Sie, dass der Indexeintrag auf die Folgeseite rutscht und damit die falsche Seitenzahl im Index angezeigt wird.

2 Rufen Sie das Dialogfenster *Indexeintrag festlegen* über das Register *Verweise* ▸ Gruppe *Index* ▸ *Eintrag festlegen* auf oder benutzen Sie die Tastenkombination Alt + Umschalt + X.

3 Der markierte Text wird im Feld *Haupteintrag* übernommen. Wurde kein Wort markiert, tragen Sie die gewünschte Bezeichnung bei *Haupteintrag* ein. Selbstverständlich kann der Text im Haupteintrag ergänzt werden. Falls gewünscht, wechseln Sie zum Feld *Untereintrag* z. B. mittels Tab-Taste. Standardmäßig werden die Einträge mit Seitenzahl im Stichwortverzeichnis angezeigt. Dafür sorgt die gewählte Option *Aktuelle Seite*.

4 Klicken Sie dann auf *Festlegen*. Ist der Text des Haupteintrags mehrfach im Dokument vorhanden, können über die Schaltfläche *Alle festlegen* sämtliche Indexeinträge für dieses Wort vereinbart werden.

5 Schließen Sie dann das Dialogfenster. Oder setzen Sie den Cursor an eine neue Position im Text bzw. markieren Sie ein neues Wort zur Festlegung eines weiteren Eintrags. Klicken Sie in das Eingabefeld bei *Haupteintrag*, um das neue Wort in diesem Feld anzuzeigen.

Durch das Einfügen eines Indexeintrags werden im Dokument automatisch alle Formatierungssymbole angezeigt. Dadurch ist auch der Indexeintrag in geschweiften Klammern sichtbar. Zum Ausblenden der Indexeinträge klicken Sie im Register *Start* auf die Schaltfläche *Alle anzeigen*.

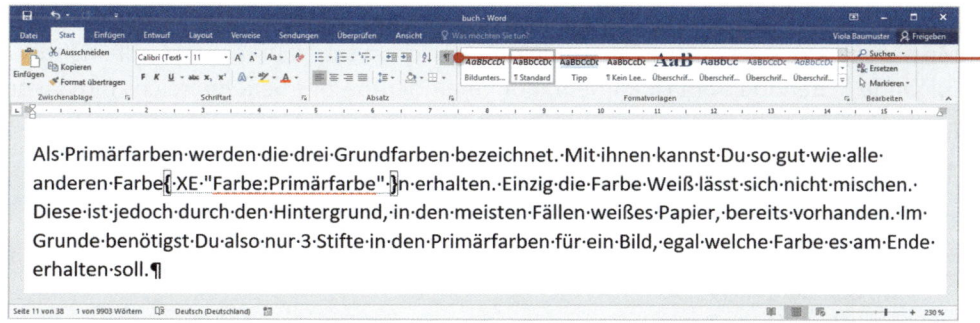

Indexeinträge im Text ein- und ausblenden mit der Schaltfläche Alle anzeigen.

Indexeintrag mit Haupt- und Untereintrag

> **Achtung bei speziellen Formatierungen im Dokument!** Trägt der markierte Text, auf dem der Haupteintrag beruht, eine Formatierung, wie z. B. Fett, Schriftfarbe oder ist er in Großbuchstaben geschrieben, wird diese Formatierung im Index übernommen, was meist nicht gewünscht ist. Tippen Sie in diesem Fall den Eintrag in das Feld ein.

Unter-Untereintrag

Durch händische Eingabe eines Doppelpunkts können Indexeinträge noch weiter untergliedert werden. Sie können einen weiteren Untereintrag entweder direkt im Dialogfenster eingeben oder nachträglich innerhalb der Feldfunktion eine Ergänzung vornehmen.

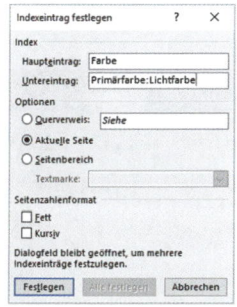

Option Querverweis

Verwenden Sie in Ihrem Dokument synonyme Fachbegriffe, so sollten Sie sich für einen Begriff entscheiden und auf diesen mittels Seitenzahlen im Index verweisen. Den zweiten Begriff können Sie ebenfalls im Stichwortverzeichnis anzeigen, allerdings mit einem Verweis auf den ersten. Wählen Sie beim Festlegen des Eintrags die Option *Querverweis* und tragen Sie hinter *Siehe* den ersten Fachbegriff ein, z. B. *See, siehe Gewässer*.

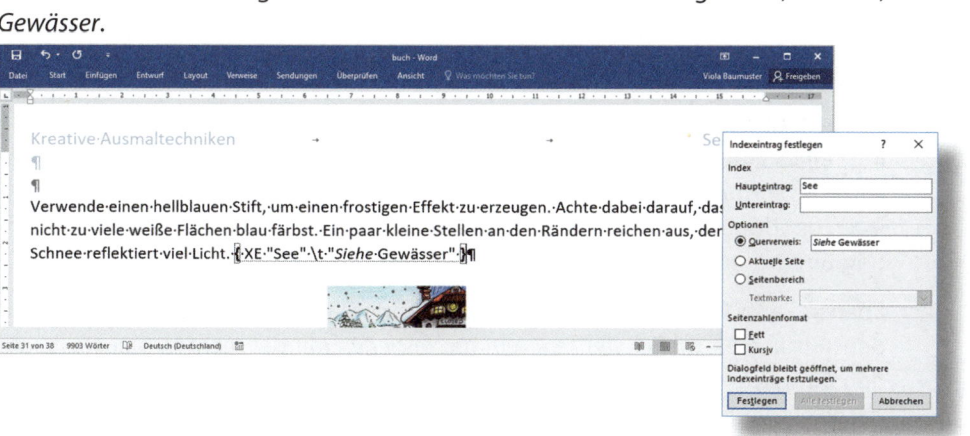

Indexeintrag mit Querverweis

Mehr zu Textmarken erfahren Sie auf Seite 53

Option Seitenbereich

Mit *Seitenbereich* verweisen Sie, wie der Name schon sagt, auf mehrere aufeinanderfolgende Seiten in Ihrem Dokument. Zur Vereinbarung des Seitenbereichs muss, vor Festlegung eines Indexeintrags, eine Textmarke gesetzt werden.

1 Markieren Sie den Bereich im Text, auf den Sie verweisen möchten.

2 Wählen Sie im Register *Einfügen* ▶ Gruppe *Link* ▶ Schaltfläche *Textmarke* und geben Sie im Feld *Textmarkennamen* eine Bezeichung ein. Klicken Sie dann auf *Hinzufügen*.

3 Setzen Sie den Cursor in den festgelegten Bereich und rufen das Fenster *Indexeintrag festlegen* auf.

4 Geben Sie im Feld *Haupteintrag* einen Namen für den Indexeintrag ein. Dieser muss selbstverständlich nicht mit dem Textmarkennamen übereinstimmen. Es ist aber aus Gründen der Übersichtlichkeit ratsam, bei der Auswahl der Bezeichnung für den Textmarkennamen einen Begriff zu wählen, der mit dem Haupteintrag korrespondiert.

Textmarke und Indexeintrag für Seitenbereich

5 Wählen Sie bei *Seitenbereich* im Listenfeld die festgelegte Textmarke aus und klicken Sie auf *Festlegen*.

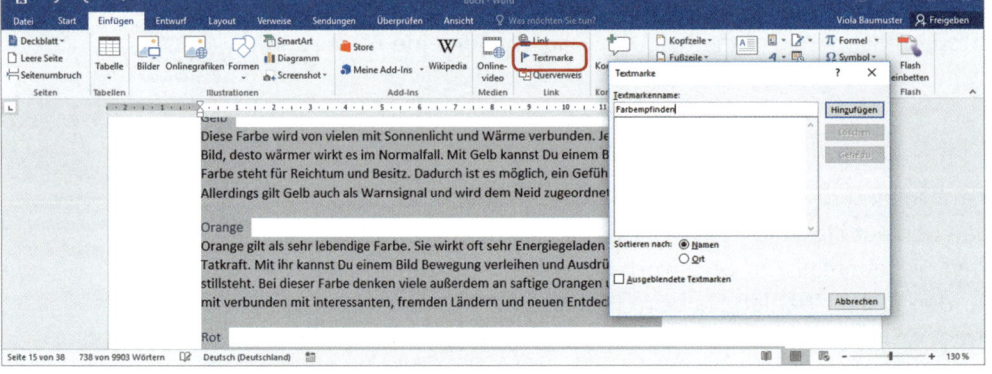
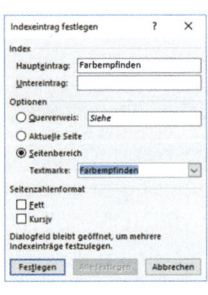

Besondere Formatierung einzelner Einträge

▶ **Seitenzahlenformat:** Eine abweichende Formatierung der Seitenzahl (kursiv oder fett) eines Eintrags kann beim Festlegen der einzelnen Einträge im Bereich *Seitenzahlenformat* vereinbart werden. Sofern das Dialogfenster *Indexeintrag festlegen* geöffnet bleibt, werden auch die Eintragungen für den nächsten Indexeintrag übernommen.

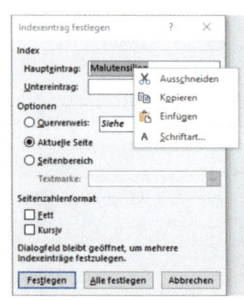

▶ Ebenso kann für besondere Indexeinträge eine andere Schrift vereinbart werden. Klicken Sie im Fenster *Indexeintrag festlegen* mit der rechten Maustaste auf den Eintrag und wählen Sie *Schriftart* aus. Formatieren Sie Schriftart, -schnitt, -farbe etc. Veränderungen des Schriftgrads werden nicht im Index übernommen.

Formatieren Sie nie Elemente im Stichwortverzeichnis selbst. Die Formatierung wird zwar vorübergehend angezeigt, verschwindet aber nach jeder Aktualisierung wieder. Wollen Sie die Formatierung für den gesamten Index verändern, so steuern Sie dies über die Formatvorlagen für den Index.

Indexeintrag suchen, berichtigen und löschen

Zunächst müssen die Feldfunktionen der Indexeinträge mit der Tastenkombination Strg + Umschalt + ⊞ im Dokument angezeigt werden.

▶ Sie entfernen einen Index-Eintrag, indem Sie diesen einschließlich der geschweiften Klammern aus dem Text löschen.

▶ Rechtschreibfehler oder falsche Bezeichnungen können Sie auch innerhalb der Feldfunktion berichtigen.

▶ Falls Sie den gewünschten Eintrag gerade nicht finden können, rufen Sie mit Strg + ⃞F das Suchfeld auf, welches links im Navigationsbereich angezeigt wird. Geben Sie dann *XE* ein. Die Suchergebnisse werden im Navigationsbereich untereinander aufgelistet, im Dokument ist der gesuchte Text gelb markiert.

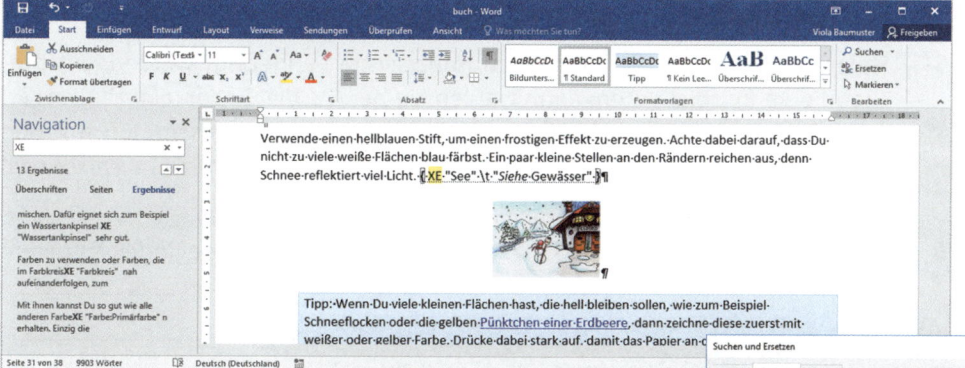

Indexeinträge suchen

▶ Sollen eine ganze Reihe von Indexeinträge gelöscht werden, verwenden Sie die Funktion *Suchen und Ersetzen* im Register *Start*. Klicken Sie in das Feld *Suchen nach* und wählen Sie dann über die Schaltfläche *Sonderformat* die Option *Feld* aus. Anschließend geben Sie in das Feld *Suchen nach* ein Leerzeichen und *XE* ein, um sicherzustellen, dass nur Indexeinträge und keine anderen Felder ersetzt werden. Bei *Ersetzen durch* fügen Sie nichts ein.

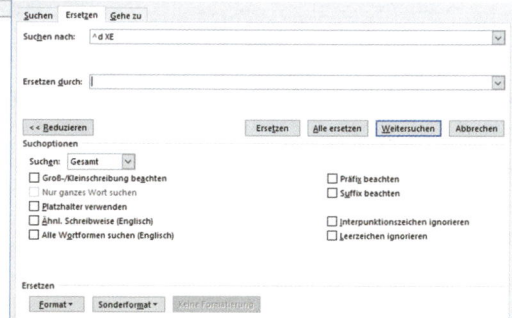

Indexeinträge können natürlich auch aus Versehen beim Löschen von Text mit entfernt werden. Deshalb ist es sinnvoll, die Indexeinträge erst dann zu setzen, wenn der Inhalt nicht mehr überarbeitet wird.

Stichwortverzeichnis einfügen

Das Stichwortverzeichnis wird in der Regel am Ende des Dokuments eingefügt. Es zeigt alle Indexeinträge gefolgt von der Seitenzahl an. Abgesehen vom Festlegen der Indexeinträge sind keine weiteren Vorbereitungen zwingend notwendig. Da das Stichwortverzeichnis auf einer neuen Seite beginnen sollte, fügen Sie einen Seitenumbruch auf der vorherigen Seite ein.

1 Geben Sie zunächst die Überschrift *Stichwortverzeichnis* oder *Index* ein und formatieren Sie diese.

2 Der Index wird an der Cursorposition eingefügt. Rufen Sie mit *Verweise* ▶ Gruppe *Index* ▶ *Index einfügen* das Dialogfenster *Index* auf.

3 Bestimmen Sie bei *Formate* das Aussehen Ihres Index. Dazu können Sie entweder über das Listenfeld eine Gestaltung auswählen, z. B. *Modern*, oder die Auswahl *Von Vorlage* belassen und über die Schaltfläche *Ändern* eigene Einstellungen festlegen. In der Abbildung unten haben wir uns für das Format *Klassisch* entschieden.

4 Aktivieren Sie die Option *Seitenzahlen rechtsbündig* und wählen Sie bei Füllzeichen Punkte oder eine Linie aus, die zwischen Indexeintrag und Seitenzahl eingefügt werden. Bei Verzicht auf diese Option werden die Seitenzahlen unmittelbar hinter dem Eintrag angezeigt.

5 Sollen die Untereinträge unter dem Haupteintrag angezeigt werden, entsprechend dem Beispiel unten, dann wählen Sie bei *Typ* die Option *Eingezogen*. Bei Auswahl von Typ Fortlaufend werden die Untereinträge zusammen mit den Haupteinträgen in einer Zeile angezeigt. Die Option *Seitenzahlen rechtsbündig* steht dann nicht zur Verfügung.

Stichwortverzeichnis im Format „Klassisch".

6 Legen Sie zu guter Letzt bei Spalten fest auf wie viele Spalten der Index aufgeteilt werden soll.

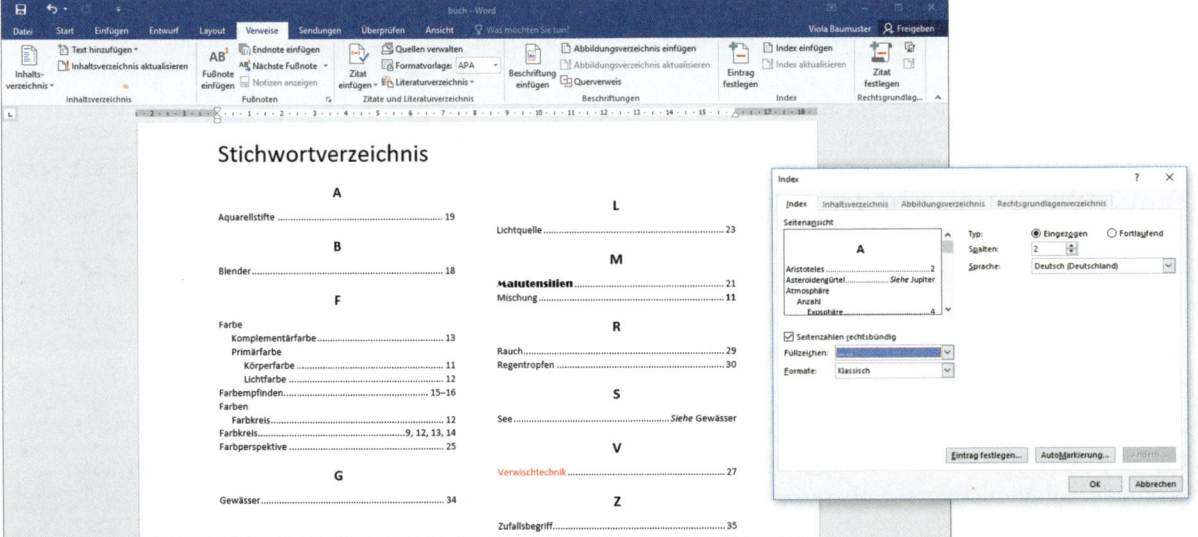

- Der Haupteintrag *Farbe* hat zwei Untereinträge. Der Untereintrag *Primärfarbe* hat nochmal zwei Untereinträge.

- Durch die Verwendung des Plurals im Haupteintrag *Farben* wird der Untereintrag *Farbkreis* nicht zusammen mit den anderen Einträgen bei Farbe angezeigt. Dieser Fehler sollte berichtigt werden.

- Der Indexeintrag *Farbempfinden* verweist auf einen Seitenbereich.

- Der Eintrag *Malutensilien* wurde beim Festlegen des Indexeintrags in einer anderen Schrift formatiert.

- Für die Seitenzahl des Eintrags *Malutensilien* wurde beim Festlegen des Indexeintrags der Schriftschnitt *Fett* vereinbart.

- Für den Eintrag *See* wurde mit einem Querverweis auf einen anderen Eintrag verwiesen.

- Der Indexeintrag *Verschwischtechnik* wurde durch Markierung des Wortes im Dokument erstellt. Das Wort war im Text mit Schriftfarbe rot formatiert. Das wird im Index übernommen.

Darstellung des Stichwortverzeichnis anpassen

Die Darstellung des Index beruht auf den Formatvorlagen *Indexüberschrift* und *Index 1 bis 9*, dabei dient die Formatvorlage *Indexüberschrift* der Formatierung der alphabetischen Bereichsbezeichnungen im Index. Die Formatvorlage *Index 1* gestaltet die Haupteinträge, *Index 2* ist für die Untereinträge zuständig. Die weiteren Formatvorlagen stehen für Unter-Untereinträge zur Verfügung. Sie können die Formatvorlagen im Register *Start* über die Gruppe *Formatvorlagen* bearbeiten.

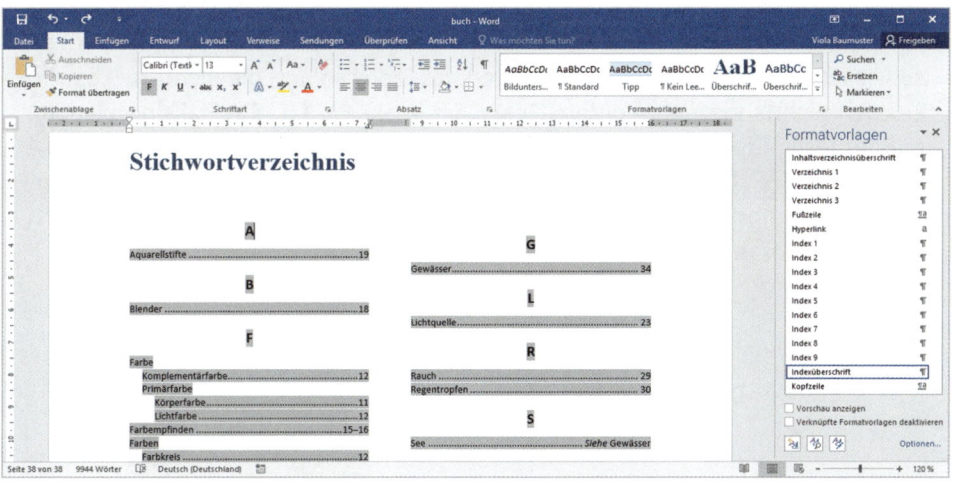

Stichwortverzeichnis gestalten

Alternativ können Sie bei der Erstellung des Stichwortverzeichnisses bei Formate die Option von Vorlage auswählen und durch Anklicken der Schaltfläche *Ändern* die Index-Formatvorlagen anzeigen. Markieren Sie die gewünschte Formatvorlage und klicken Sie erneut auf *Ändern*.

Stichwortverzeichnis Format „von Vorlage" Index ohne alphabetische Einteilung.

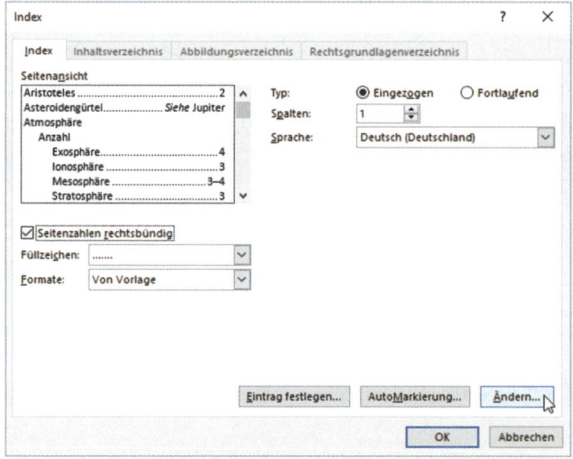

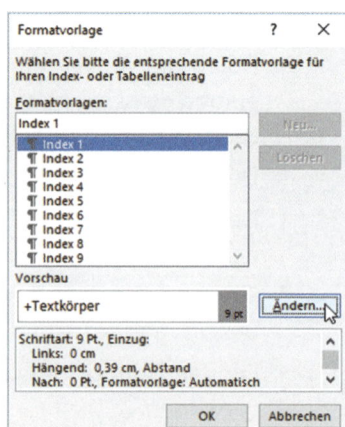

> Der Index *von Vorlage* enthält keine Einteilung nach Buchstaben. Die übrigen Vorlagen gliedern den Index alphabetisch.

Index aktualisieren

Bei Veränderungen aktualisieren Sie den Index durch Anklicken der Schaltfläche *Index aktualisieren* im Register *Verweise*, Gruppe *Index.* Die Schaltfläche ist nur aktiv, sofern sich der Cursor im Index befindet.

> **Achtung!** Beim Erstellen bzw. Aktualisieren des Index sollten die nichtdruckbaren Zeichen nicht angezeigt werden. Deaktivieren Sie die Anzeige, falls notwendig, mit der Tastenkombination Strg + Umschalt + ⊕ oder im Register *Start* über die Schaltfläche ¶ . Grund hierfür ist, dass durch die Anzeige der Feldfunktionen andere Seitenumbrüche entstehen können und das Stichwortverzeichnis dadurch falsche Seitenzahlen aufweist.

Zwei getrennte Stichwortverzeichnisse in einem Dokument erstellen

Möchten Sie Stichworte in zwei getrennten Indizes anzeigen, bietet Word auch hierfür eine Lösung. Im folgenden Beispiel soll ein Index durch die Anzeige wichtiger Begriffe (Sachregister) den Zugriff auf das Dokument erleichtern, und in einem zweiten Index sollen, die im Text vorkommenden wichtigen Personen (Personenregister) namentlich aufgeführt werden. So geht's:

1 Vereinbaren Sie für das Sachregister die Indexeinträge wie gewohnt.

2 Für das Personenregister erstellen Sie ebenfalls wie gewohnt Indexeinträge. Die Feldfunktion dieser Einträge muss allerdings um eine Zuordnung zu einem zweiten Index in Form eines Schalters erweitert werden.

Indexeintrag

Geben Sie in die Feldfunktion nach dem Namen und den oberen Anführungszeichen folgenden Text ein

\f "Personenregister"

- Verwenden Sie unbedingt gerade obere Anführungszeichen. Kopieren Sie dazu einfach die Anführungszeichen, die in der Feldfunktion bereits zur Verfügung stehen.
- Zwischen f und " muss ein Leerzeichen eingegeben werden.
- Die Bezeichnung „Personenregister" ist frei wählbar und kann auch beispielsweise auf einen Buchstaben reduziert werden.
- Die geschweifte Klammer darf nicht überschrieben werden.
- Tipp: Wenn Sie den Zusatz einmal vereinbart haben, kopieren Sie diesen Teil und fügen diesen in die weiteren Feldfunktionen ein.

Indexeintrag mit Schalter ergänzt zur Anzeige in einem separaten Stichwortverzeichnis

3 Geben Sie eine Überschrift für das erste Stichwortverzeichnis ein, z. B. Sachregister und generieren Sie dieses wie gewohnt.

4 Geben Sie eine Überschrift für das zweite Stichwortregister ein, z. B. Personenregister und generieren Sie auch dieses wie gewohnt über das Register *Verweise ▸ Index einfügen*. Word versucht jetzt den ersten Index zu ersetzen. Klicken Sie für diese Meldung auf die Schaltfläche *Nein*. Dadurch wird ein zweiter Index desselben Inhalts eingefügt.

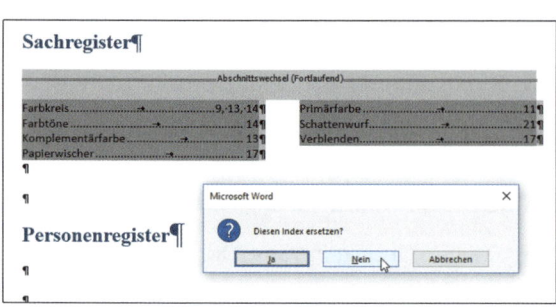

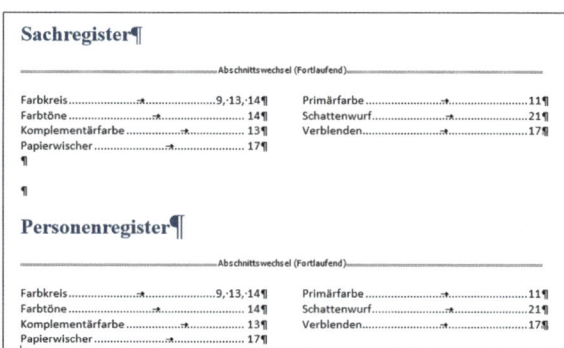

Zweites Stichwortverzeichnis generieren

5 Klicken Sie mit der rechten Maustaste auf das zweite Stichwortverzeichnis und wählen Sie *Feldfunktionen ein/aus*. Fügen Sie auch in diese Feldfunktion den Schalter \f „Personenregister" ein und zwar hinter *INDEX*.

Zweites Stichwortverzeichnis mit Schalter versehen

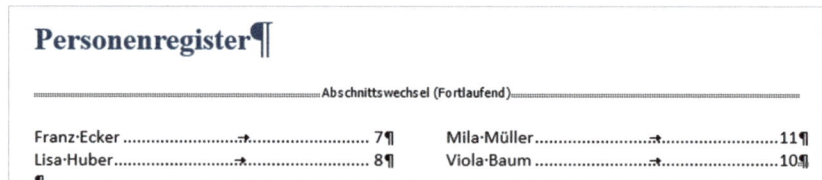

6 Klicken Sie mit der rechten Maustaste auf die Feldfunktion und wählen Sie *Feldfunktionen ein/aus*. Der Index wird nun wieder angezeigt, allerdings noch mit den Einträgen des Sachregisters. Klicken Sie mit der rechten Maustaste auf den Index und wählen Sie *Felder aktualisieren* aus.

Stichwortverzeichnis aktualisieren

Franz Ecker	7
Lisa Huber	8
Mila Müller	11
Viola Baum	10

Selbstverständlich könnten Sie das zweite Stichwortverzeichnis auch über *Einfügen ▸ Schnellbausteine ▸ Feld ▸ Feldname Index* einfügen und hier dem Index den notwendigen Schalter hinzufügen. Allerdings haben Sie in diesem Fall keinen Zugriff auf Formate und müssen beispielsweise auf die zweispaltige Anordnung, die Füllzeichen und rechtsbündige Seitenzahlen verzichten. Aus diesem Grund wurde hier ein anderer Weg gewählt.

6.4 Quellenangaben und Literaturverzeichnis

In wissenschaftlichen Arbeiten müssen direkte und indirekte Zitate durch die Angabe der Quelle belegt werden. Die Quellenangabe kann entweder direkt im Fließtext stehen (Mustermann, 2009: S. 233) oder als Fußnote eingefügt werden. Am Ende der Arbeit, allerdings noch vor dem Stichwortverzeichnis (falls vorhanden) wird ein Literaturverzeichnis erstellt, dass alle Lehrbücher, Zeitschriftenbeiträge, Internetseiten etc. auflistet, auf die in der wissenschaftlichen Arbeit durch Quellenangabe Bezug genommen wurde.

Leider gibt es keine allgemeinverbindliche Regel für die Zitierweise in wissenschaftlichen Arbeiten, dafür aber eine Reihe von Normen, z. B. ISO 690 (Information und Dokumentation – Richtlinien für Titelangaben und Zitate von Informationsressourcen), die Richtlinien der MLA (Modern Language Association of America) oder die Harvard-Methode, die in verschiedenen Fachbereichen Anwendung finden. Die für Sie verbindliche Zitierregel sollten Sie an Ihrem Lehrstuhl erfragen.

Quelle erstellen und einfügen

Die Befehle zum Einfügen von Quellenangaben und Literaturverzeichnis befinden sich im Register *Verweise* in der Gruppe *Zitate und Literaturverzeichnis*.

Zitatformat auswählen

Zunächst müssen Sie eine Formatvorlage auswählen, die das Aussehen der Quellenangabe im Text und die Darstellung der Quelle im Literaturverzeichnis bestimmt.

Öffnen Sie das Dropdown-Menü bei *Formatvorlage*. Da, wie schon erwähnt, keine einheitliche Regel für die Zitierweise existieren, erhalten Sie eine Auswahl möglicher Darstellungsnormen: Die Quellenangabe im Text wird bei allen Formatvorlagen in Klammern dargestellt, meist mit Nennung des Namens und der Jahreszahl. z. B. (Mayer, 2002). Die Darstellung im Literaturverzeichnis unterscheidet sich durch Verwendung unterschiedlicher Satzzeichen zwischen den Einträgen Auto, Titel, Ort, etc., unterschiedlicher Position des Erscheinungsjahrs und verschiedener Schriftschnitte.

Die Quellenangabe im Text kann durch eine Seitenangabe erweitert werden.

Norm	Quellenangabe	Literaturverzeichnis, Darstellung für Quellentyp Buch
APA	(Musterfrau, 1999)	Musterfrau, S. (1999). *Beispielbuch*. Berlin: Musterverlag.
Chicago	(Musterfrau 1999)	Musterfrau, Susanne. *Beispielbuch*. Berlin: Musterverlag, 1999.
Harvard - Anglia	(Musterfrau, 1999)	Musterfrau, S., 1999. *Beispielbuch*. Berlin: Musterverlag.
ISO 690 - Erstes Element und Datum	(Musterfrau, 1999)	**Musterfrau, Susanne. 1999.** *Beispielbuch*. Berlin : Musterverlag, 1999.
ISO 690 - Nummerische Referenz	(1)	1. **Musterfrau, Susanne.** *Beispielbuch*. Berlin : Musterverlag, 1999.

Quelle im Text einfügen und bibliographische Angaben speichern

Setzen Sie den Cursor an die Position, an der die Quellenangabe im Text eingefügt werden soll. Klicken Sie dann auf die Schaltfläche *Zitat einfügen* und wählen *Neue Quelle hinzufügen* aus. Bestimmen Sie den *Quellentyp*, z. B. *Buch*, *Elektronische Quelle* etc. und tragen Sie dann die Informationen in die Felder ein. Weitere Eingabefelder stehen Ihnen über *Alle Literaturverzeichnisfelder anzeigen* zur Verfügung.

Quellenangabe im Text

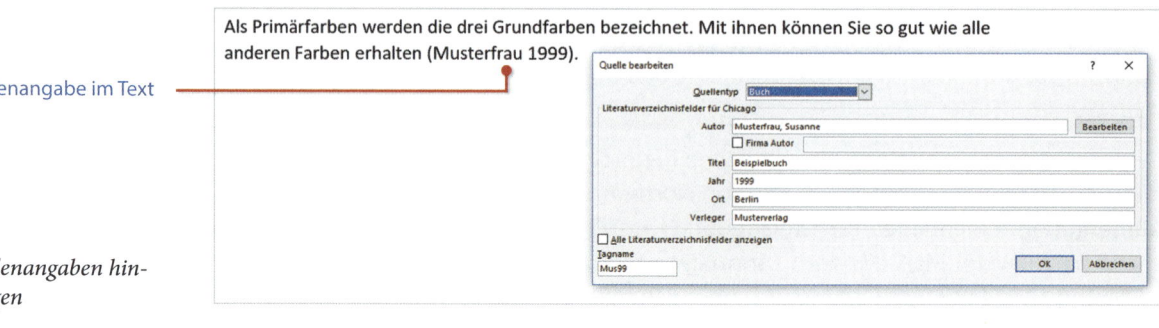

Quellenangaben hinterlegen

Im Text wird die Quellenangabe, in einem Platzhalter eingefügt, angezeigt. Technisch könnten Sie eine Quellenangabe auch als Fußnote setzen. Allerdings erweisen sich hier die Klammern, die zur Feldfunktion gehören und nicht entfernt werden können, als störend.

Ab jetzt steht die Quelle über die Schaltfläche *Zitat einfügen* für die nächste Quellenangabe zur Verfügung.

Quelle im Text bearbeiten

Oft ist es gewünscht, dass hinter dem Kurzbeleg angegeben wird, auf welcher Seite im Buch das direkte oder indirekte Zitat entnommen wurde. Markieren Sie dazu den Platzhalter der Quellenangabe, öffnen Sie das Menü und wählen Sie *Zitat bearbeiten* aus. Im nächsten Fenster können Sie bei Seiten eine Seitenzahl eingeben. Ob Sie die Abkürzung S. für Seite hinzufügen müssen, hängt vom gewählten Zitatformat ab. Beispielsweise muss für *Chicago* S. eingefügt werden, für *ISO 690* nicht. Sollte eine der Optionen Autor, Jahr oder Titel von der Anzeige im Kurzbeleg ausgeschlossen werden, aktivieren Sie das entsprechende Kontrollkästchen. Das muss dann für jeden Kurzbeleg einzeln vereinbart werden.

Kurzbeleg der Quelle im Text bearbeiten und Seitenzahl hinzufügen

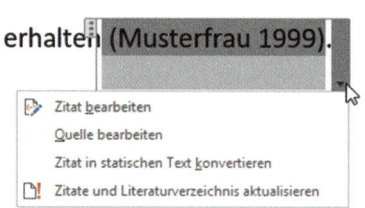 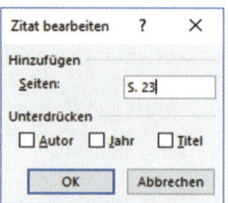

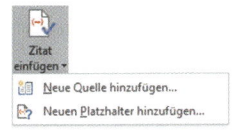

Platzhalter als Erinnerung einfügen

Wer kennt das nicht, das Zitat steht schon im Text, aber das Buch zur Eingabe der korrekten Quellenangaben ist gerade nicht zur Hand. Jetzt können Sie über *Zitat einfügen* ▸ *Neuen Platzhalter hinzufügen* sozusagen eine Erinnerung einfügen, dass hier die korrekten Angaben noch fehlen. Für den Platzhalter darf nur ein Wort eingetragen werden, Zeichen wie z. B. Unterstrich oder Bindestrich sind nicht erlaubt.

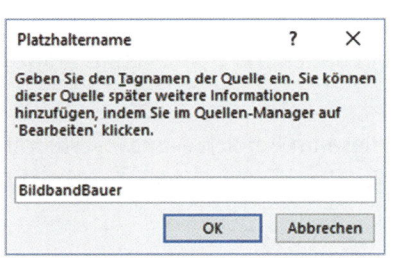

Platzhalter einfügen

Versuchen Sie aber auch hier eine eindeutige Bezeichnung zu finden. Auch dieser Begriff wird jetzt durch Anklicken der Schaltfläche *Zitat einfügen* angezeigt und kann für weitere Zitate aus demselben Buch als Platzhalter eingefügt werden. Wie Sie den Platzhalter mit korrekten Quellenangaben ersetzen, erfahren Sie gleich im Anschluss.

Quellen verwalten

Der Quellenmanager bietet eine Übersicht Ihrer Quellen, ermöglicht Quellenangaben zu bearbeiten oder diese zu löschen. Sie rufen den Quellenmanager über die Schaltfläche *Quellen verwalten* auf.

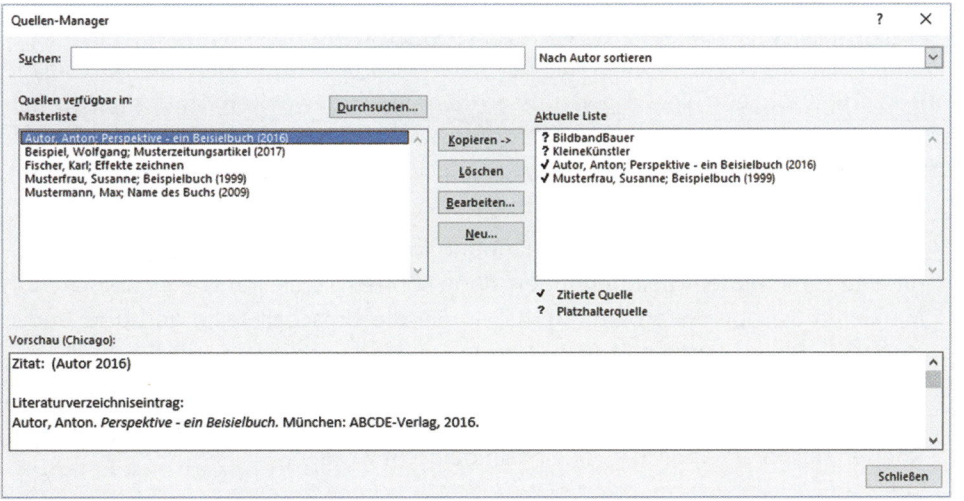

Quellen-Manager

Masterliste und Aktuelle Liste

Jede neue Quelle, die Sie im aktuellen Word-Dokument speichern, wird sowohl in der *Masterliste* als auch in der *Aktuellen Liste* angezeigt. Die *Masterliste* bietet darüber hinaus Zugriff auf alle Quellen, die jemals in Word an Ihrem Computer gespeichert wurden. Dabei ist der *Quellentyp* unerheblich, d. h. dass Sie in der *Masterliste* neben hinterlegten Büchern auch Webseiten oder Zeitungsartikel finden werden.

Alle Bücher, Zeitschriftenartikel, Webseiten, für die im Fließtext ein Kurzbeleg als Quellenangabe hinterlegt wurde, sind in der *Aktuellen Liste* mit einem Häkchen versehen , als *zitierte Quelle* aufgeführt. Diese Quellen werden in das Literaturverzeichnis aufgenommen.

Befinden sich Platzhalter in Ihrem Text, dann sind diese im Bereich *Aktuelle Liste* mit einem Fragezeichen versehen. Sie werden nicht in der *Masterliste* angezeigt und nicht ins Literaturverzeichnis aufgenommen.

Inhalte aus der Masterliste übernehmen bzw. löschen

Verfassen Sie mehrere Arbeiten zu ähnlichen Themen dann enthält die *Masterliste* unter Umständen Bücher, die Sie schon einmal verwendet haben und die Sie in der vorliegenden Arbeit wieder als Quelle einbeziehen möchten. Um eine Quelle von der *Masterliste* in die *Aktuelle Liste* zu übernehmen, markieren Sie diese und klicken dann auf *Kopieren*. Die Quelle steht dadurch auch bei *Zitat einfügen* zur Verfügung und kann sofort verwendet werden.

Werke, die aus der Masterliste in die Aktuelle Liste übernommen wurden, sind dadurch auch bei Zitat einfügen verfügbar.

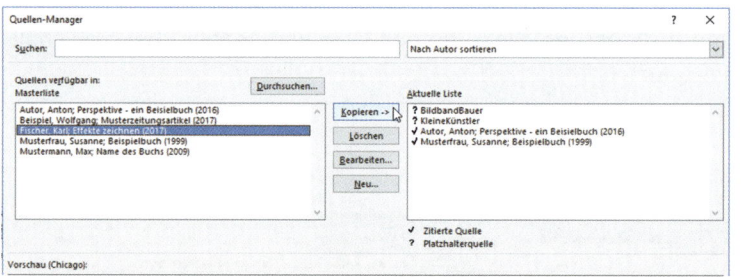 

> Wenn Sie sicher sind, dass Sie die Einträge in der *Masterliste* weder jetzt noch für eine kommende Arbeit benötigen, dann können Sie die Inhalte auch löschen. Markieren Sie den ersten Eintrag, halten Sie die Umschalt-Taste gedrückt und markieren Sie den letzten Eintrag. Klicken Sie dann auf die Schaltfläche *Löschen*. Einträge die sowohl in der *Masterliste* als auch in der *Aktuellen Liste* hinterlegt waren, werden durch diese Aktion nicht aus der *Aktuellen Liste* entfernt. Die Einträge können selbstverständlich auch einzeln gelöscht werden.

Quellen finden und bearbeiten

▶ Markieren Sie die Quelle und klicken Sie auf die Schaltfläche *Bearbeiten*. Im Dialogfenster Quelle bearbeiten können Sie jetzt weitere bibliographische Angaben hinzufügen. Schließen Sie die Bearbeitung mit *Ok* ab.

▶ Inhalte der *Masterliste* bzw. der *Aktuellen Liste* werden standardmäßig nach Autor sortiert angezeigt. Andere Sortierungen, z. B. nach Titel stehen über das Listenfeld zur Verfügung. Außer in der *Sortierung nach Tag* werden in der *Aktuellen Liste* die Platzhalter getrennt von den Quellen angezeigt.

▶ Durch Eingabe eines Begriffs in das Feld *Suchen* werden beide Listen durchsucht. Sie können nach Titel, Autor, Jahreszahl etc. suchen. Die Suche bezieht alle Literaturverzeichnisfelder ein.

Quellen löschen

Quellen, für die eine Quellenangabe im Fließtext vorhanden ist, können über den Quellen-Manager nicht gelöscht werden. So wird verhindert, dass im Literaturverzeichnis Angaben fehlen. Wird also eine Quellenangabe nicht mehr benötigt, muss zunächst der Kurzbeleg im Text gelöscht werden. Dann wird diese Quelle in der *Aktuellen Liste* ohne Häkchen angezeigt und kann über die Schaltfläche *Löschen* entfernt werden. Wenn Sie eine Quelle aus der *Aktuellen Liste* löschen bleibt diese dennoch in der Masterliste bestehen.

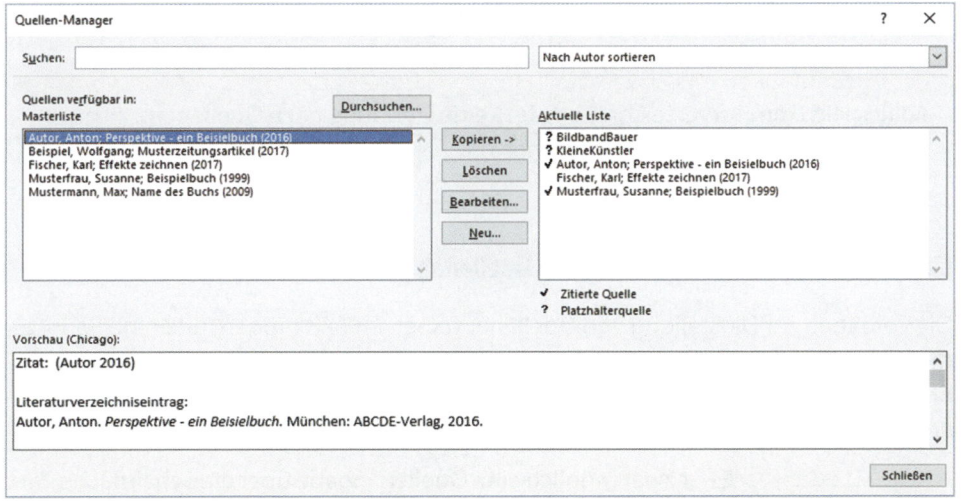

Quellen, die mit einem Häkchen versehen sind, wurden im Dokument zitiert. Auf Quellen ohne Häkchen wurde im Text nicht verwiesen. Zitat und die dazugehörige Quellenangabe wurden wahrscheinlich im Text entfernt.

Achtung! Quellenangaben ohne Häkchen werden im Literaturverzeichnis angezeigt. Sie sollten also beim Fertigstellen der Arbeit diese Angaben nochmals durchgehen und sie ggf. löschen, da im Literaturverzeichnis nur auf Werke verwiesen werden darf, auf die in der Arbeit Bezug genommen wird.

Wenn Sie den Platzhalter im Fließtext löschen, so bleibt dieser dennoch in der *Aktuellen Liste* vorhanden. Benötigen Sie diesen nicht mehr, sollten Sie ihn dort auch entfernen. Sonst kommen Sie beim Fertigstellen der Arbeit in Schwierigkeiten, da Sie nicht mehr wissen, ob der Platzhalter noch mit korrekten Quellenangaben hinterlegt werden muss oder nur vergessen wurde zu löschen. Wie bei Quellen gilt auch für Platzhalter, solange noch ein Verweis im Fließtext ist, kann der Platzhalter nicht aus der *Aktuellen Liste* entfernt werden.

Literaturverzeichnis einfügen

Setzen Sie den Cursor an die Position, an der das Literaturverzeichnis eingefügt werden soll. Klicken Sie auf die Schaltfläche *Literaturverzeichnis* und wählen Sie eine der Vorlagen aus.

Um das Literaturverzeichnis zu aktualisieren, klicken Sie es an und wählen *Zitate und Literaturverzeichnis aktualisieren* aus.

Literaturverzeichnis in alphabetischer Sortierung nach Autor

> **Achtung!** Im Literaturverzeichnis erfolgt keine Trennung nach Quellentyp, also z. B. Lehrbücher, Webseiten oder Zeitschriften.

Literaturverzeichnis verwenden ohne Quellenangaben

Die Vorgaben zur Darstellung von Quellenangaben im Text mögen für einige Benutzer nicht ausreichend sein. Beispielsweise ist eine korrekte Darstellung der Quellenangabe in der Fußnote ohne Klammer in Word nicht vorgesehen. Auch Zusätze zur Quellenangabe wie z. B. „vgl." oder „ebd." können nicht eingetragen werden.

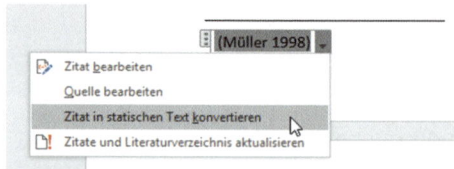

Es ist zwar möglich eine Quellenangabe über die Schaltfläche *Zitat einfügen* in die Fußnote zu integrieren und diese dann über das Menü in Text zu konvertieren. Diese Art der Bearbeitung erscheint allerdings für eine Vielzahl von Fußnoten zu aufwendig.

Außerdem wird durch die Konvertierung die Quelle in der *Aktuellen Liste* nicht mehr als zitierte Quelle aufgeführt. Damit gehen auch die Vorteile einer Verbindung zwischen Literaturverzeichnis und Quellenangabe verloren.

Falls Sie speziellere Angaben und Darstellungen benötigen, müssen Sie die Quellenangaben im Text von Hand eintragen. Dennoch können Sie das Literaturverzeichnis nutzen.

Zum Eintragen der bibliographischen Angaben klicken Sie auf die Schaltfläche *Quellen verwalten* und dann auf *Neu*. Tragen Sie in das nächste Fenster die nötigen Informationen ein. Durch diese Vorgehensweise wird keine Quellenangabe im Fließtext erstellt. Dennoch haben Sie bibliographische Angaben hinterlegt, die sie in einem Literaturverzeichnis darstellen können.

6.5 Zusammenfassung

▷ Im Inhaltsverzeichnis werden die Überschriften des Textes unter Angabe der Seitenzahl wiederholt. Das Inhaltsverzeichnis wird auf der Grundlage der Formatvorlagen Überschrift 1-9 erstellt. Diese sollten im Text verwendet werden. Standardmäßig werden in einem Inhaltsverzeichnis nur die Überschriften der ersten drei Ebenen angezeigt. Das und die komplette Formatierung des Inhaltsverzeichnisses kann geändert werden.

▷ Das Abbildungsverzeichnis wird aufgrund von speziellen Beschriftungen unter Graphiken, Formeln Tabellen etc. erstellt, die automatisch durchnummeriert werden. Ein Text kann mehrere verschiedene Beschriftungen enthalten, z. B. Abbildungen und Diagramme. Dann müssen zwei gesonderte Abbildungsverzeichnisse erstellt werden.

▷ Der Index oder das Stichwortverzeichnis wird zusammengestellt auf Grundlage von Einträgen im Text. Diese Indexeinträge müssen vom Benutzer eingefügt werden und sind nur sichtbar, wenn die nichtdruckbaren Zeichen angezeigt werden. Setzen Sie den Index-Eintrag möglichst an den Anfang des Inhalts, auf den Sie verweisen möchten. So stellen Sie sicher, dass die Seitenzahl im Index korrekt ist. Mit ein bisschen Mühe können auch unabhängige Indizes zusammengestellt werden.

▷ Zusammen mit Quellenangaben im Text können Sie in Word gleich die gesamten bibliographischen Angaben zu einem Lehrbuch, einem Zeitschriftenartikel oder einer Webseite hinterlegen und dann in einem Literaturverzeichnis zusammenfassen. Wenn die angebotenen Zitierformate zu den Vorgaben Ihres Lehrstuhls passen, ist das eine tolle Funktion mit der Sie viel Ordnung in den Schreibprozess bringen.

▶ Für alle Verzeichnisse gilt: Bei Problemen sollten Sie zunächst das Verzeichnis aktualisieren. Besteht der Fehler weiter, müssen Sie die fehlerhafte Überschrift, Beschriftung, Quellenangabe oder den falschen Index-Eintrag lokalisieren und berichtigen. Das Verzeichnis bildet Inhalte nur ab. Es verändert sie nicht.

▶ Eine gängige Abfolge der einzelnen Verzeichnisse ist: Titelblatt, Vorwort, Inhaltsverzeichnis, Abbildungsverzeichnis, Tabellenverzeichnis etc., Text, Literaturverzeichnis, Stichwortverzeichnis.

7 Seriendruck

In diesem Kapitel lernen Sie...

- einfache Serienbriefe zu erstellen
- Etiketten zu drucken, Umschläge und Telefonlisten zu erstellen
- wie Sie E-Mails mit Seriendruckinformationen versehen
- Adressen für den Serienbrief sortieren und filtern
- mit Bedingungen arbeiten und das Adressfeld gestalten
- den Doktortitel im Adressfeld und in der Briefanrede zu meistern

Das sollten Sie bereits wissen

- Text eingeben und formatieren
- Umgang mit Feldern
- Grundlegende Kenntnisse des Programms (Excel, Access etc.), welches die Adressinformationen enthält

Im Seriendruck erstellen Sie **Briefe** mit unterschiedlichen Empfängeradressen, persönlichen Anreden oder individuellen Kundennummern. Im Word-Dokument fügen Sie dazu lediglich Platzhalter für die personalisierten Informationen ein.

Die spezifischen Daten stammen aus einer der folgenden Quellen: Excel-Arbeitsmappe, Outlook-Kontaktdaten, Datenbank, z. B. Access, oder aus einem Word-Dokument.

Bei der Umwandlung in Serienbriefdokumente bzw. beim Ausdruck erhalten Sie für jeden Empfänger einen Brief. Der Seriendruck bietet auch die Möglichkeit, individualisierte **Umschläge** oder **Etiketten** zu erstellen.

Alle Befehle für Seriendruck finden Sie im Register Sendungen.

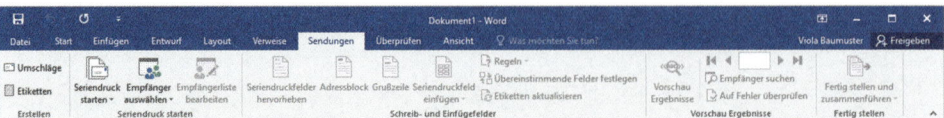

Voraussetzung für die Verwendung des Seriendrucks sind folgende Dateien:

▶ ein Word-Dokument, welches den Brieftext enthält (**Hauptdokument**)

▶ eine Datei mit spezifischen Informationen, z. B. Adressen (**Datenquelle**). Häufig wird als Datenquelle eine Microsoft Excel Tabelle oder eine Datenbank-Abfrage bzw. -tabelle verwendet.

Kleine Begriffskunde

Begriff	Bedeutung
Datensatz	Als Datensatz bezeichnet man alle in einer Datenbank gesammelten Informationen zu einer Person oder Firma z.B. Name, Firma, Adresse, Telefonnummer, Kundennummer, Umsätze etc. In einer Tabelle entspricht ein Datensatz einer Zeile.
Datenfeld	Als Datenfelder bezeichnet man die Spalten der Tabelle einer Datenbank.
Feldname	Die erste Zeile der Tabelle enthält die Spaltenüberschriften, z. B. Vorname	Nachname	Ort etc. Diese Spaltenüberschriften werden Feldnamen genannt.
Seriendruckfeld	Das Seriendruckfeld ist der Platzhalter im Word-Dokument für Informationen aus der Datenquelle. Beispielsweise gibt es standardmäßig das Seriendruckfeld <<Anrede>>, welches die Anfangsgrußformel „Sehr geehrte Frau Muster" enthält.

7.1 Einfachen Serienbrief erstellen und drucken

Im Folgenden führe ich Sie exemplarisch durch die Erstellung eines Briefs an verschiedene Adressaten, der ausgedruckt werden soll. Name und Anschrift der einzelnen Empfänger werden aus einer Excel-Tabelle bezogen. Die Verwendung anderer Datenquellen, mögliche Probleme und alternative Vorghensweisen werden in weiteren Kapiteln besprochen. Wenn Sie schon mit den Grundlagen des Serienbriefs vertraut sind, können Sie diese Lektion überspringen.

Dokument vorbereiten und mit Datenquelle verbinden

Die häufigste Form des Seriendrucks sind Briefe mit einer individuellen Anschrift und Anrede. Sie können dazu mit einem neuen, leeren Dokument beginnen oder ein bereits vorhandenes Dokument bzw. eine Dokumentvorlage verwenden.

1 Schreiben und formatieren Sie den Brieftext. Die Anschrift sowie individuelle Bestandteile des Briefs, beispielsweise eine persönliche Anrede, lassen Sie vorerst leer. Speichern Sie das Dokument, bevor Sie mit dem eigentlichen Seriendruck beginnen.

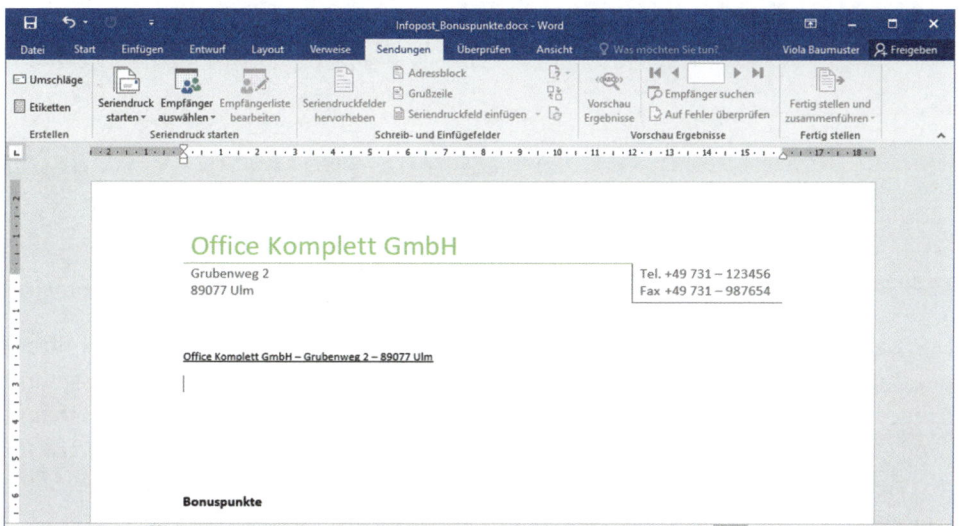

Briefdokument vorbereiten und speichern

2 Im nächsten Schritt verbinden Sie das Word-Dokument mit der Excel-Tabelle. Um Probleme zu vermeiden, sollte die Excel-Tabelle folgende Voraussetzungen erfüllen:

- Die erste Zeile der Excel-Tabelle muss Spaltenüberschriften enthalten.

- Die Spaltenüberschriften, die Bestandteile der Adresse sind, müssen dieselben Bezeichnungen, wie in der Tabelle unten, aufweisen: Für die Anrede (*Frau*, *Herr* verwenden Sie als Spaltenüberschrift *Anrede* und für Strasse und Hausnummer vergeben Sie *Adresse 1* (mit Leerzeichen zwischen *Adresse* und *1*) usw.

Datenquelle vorbereiten

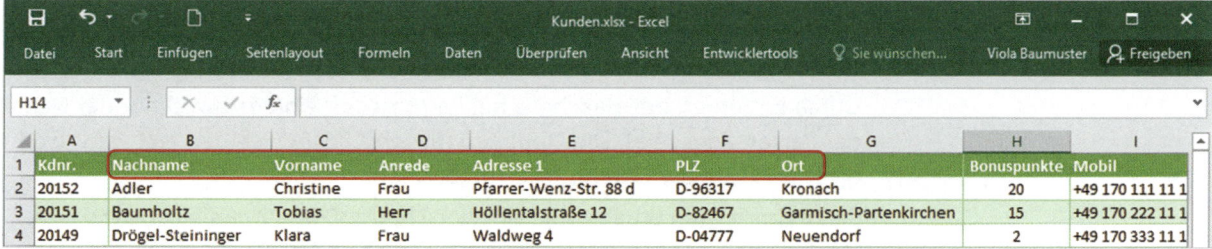

3 Klicken Sie in Word auf *Sendungen ▸ Empfänger auswählen ▸ Vorhandene Liste verwenden*. Falls mehrere Tabellenblätter in Excel vorhanden sind, klicken Sie das Tabellenblatt an, welches die Adressdaten enthält. Falls nur ein Tabellenblatt angezeigt wird, klicken Sie auf *Ok*.

Seriendruckfelder einfügen

Seriendruckfelder sind Platzhalter für Inhalte aus der Datenquelle. Wo später wechselnde Inhalte eingefügt werden sollen, muss das entsprechende Seriendruckfeld vereinbart werden. Die Seriendruckfelder stehen, nachdem das Word-Dokument und die Datenquelle verbunden wurden, zur Verfügung.

Vorhandene Serien-druckfelder nachdem das Word-Dokument mit der Datenquelle verbunden wurde

Der Name des Seriendruckfeldes entspricht den Feldnamen (Spaltenüberschriften) der Datenquelle. Zum schnellen Einfügen der Platzhalter für Empfängeradresse und Anrede (Sehr geehrter Herr Mustermann), dienen die Schaltflächen *Adressblock* und *Grußzeile*. Alle anderen Platzhalter stehen über die Schaltfläche *Seriendruckfeld einfügen* zur Verfügung. Mit diesen kann die Empfängeradresse auch individuell gestaltet werden.

Adressblock einfügen

4 Über *Sendungen* ▸ *Adressblock* fügen Sie den kompletten Platzhalter für die Empfängeradresse an der Cursorposition ein. Im Dialogfenster *Adressblock einfügen* legen Sie fest:

- Anzeige des Namens des Empfängers: Bei *Empfängernamen in diesem Format einfügen* können Sie beispielsweise vereinbaren, dass keine Anrede (Frau/ Herr) im Adressfeld verwendet wird.

- Sofern eine Firmenanschrift in der Datenquelle hinterlegt ist, entscheiden Sie bei *Firmennamen einfügen*, ob diese Teil der Adresse wird.

- Durch Entfernen des Häkchens bei *Postanschrift einfügen* wird nur der Name der Person angezeigt. Die Optionen für *Land/Region* werden erst aktiv, wenn diese Felder in der Datenquelle vorkommen.

- Rechts im Fenster erhalten Sie eine Vorschau auf das Adressfeld. Über die Pfeilsymbole zeigen Sie weitere Datensätze in der Adressvorschau an. Mit *Ok* bestätigen Sie die Auswahl.

Im Hauptdokument wird das Feld *<<Adresse>>* angezeigt, welches die gesamten Adressinformationen enthält.

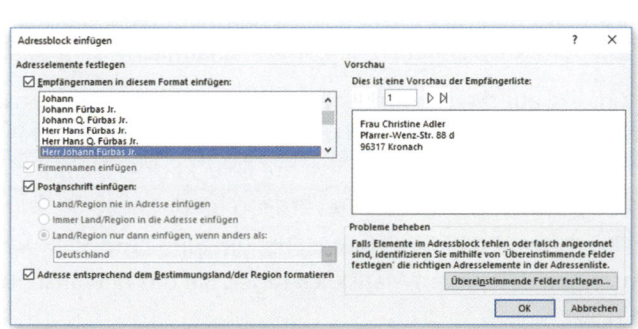

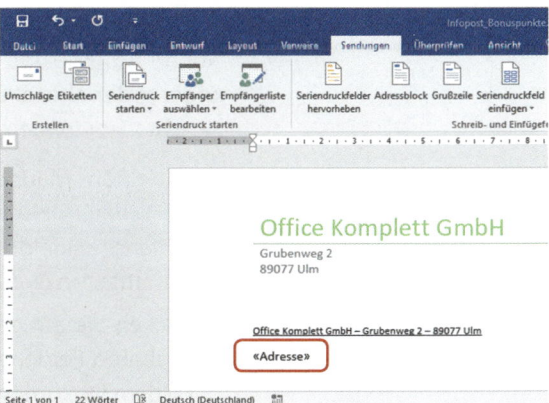

Links: Adressblock einfügen

Rechts: eingefügtes Seriendruckfeld für die Adresse

> Sollte die Adresse nicht korrekt abgebildet werden, liegt das meist an den Spaltenüberschriften der Datenquelle. Wie Sie diese Probleme lösen, erfahren Sie auf Seite 256.

Grußzeile einfügen

5 Fügen Sie über die Schaltfläche *Grußzeile* an der Cursorposition eine individuelle Briefanrede ein, beispielsweise „Sehr geehrte Frau Muster", bzw. „Sehr geehrter Herr Sowieso". Soll anstelle des Kommas ein Ausrufezeichen eingefügt werden, löschen Sie das Komma aus diesem Feld ❶ und tragen ein Ausrufezeichen ein.

Im Word-Dokument wird ein Feld mit der Bezeichnung *<<Anrede>>* angezeigt. Sollte die Anrede nicht korrekt dargestellt werden, ist das, wie oben bereits erwähnt auf die Spaltenüberschriften in der Excel-Tabelle zurückzuführen.

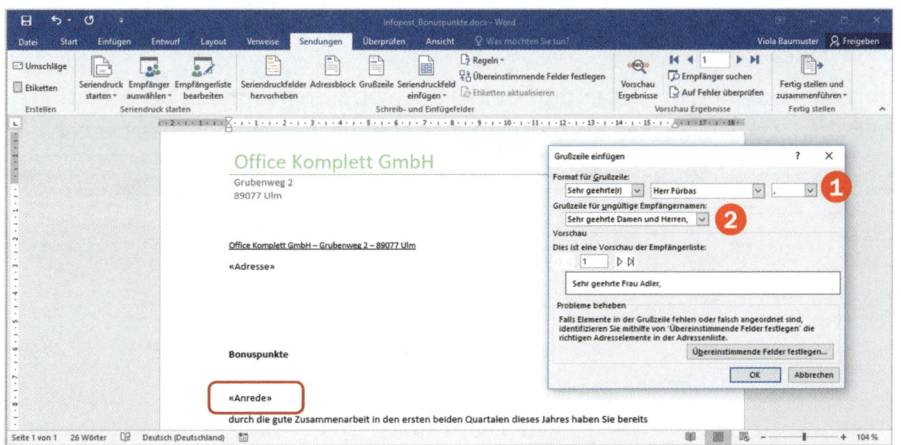

Grußzeile für die individuelle Anrede des Briefempfängers einfügen

> Ein großer Vorteil des Seriendruckfelds *Grußzeile* ist, dass für den Fall des fehlenden Ansprechpartners „Sehr geehrte Damen und Herren" ❷ angezeigt wird und dass die Flexion (geehrte/ geehrter) automatisch vorgenommen wird. Diese Ergebnisse können auch auf anderem Wege erreicht werden. Dazu ist allerdings ein wesentlich höherer Aufwand von nöten.

Weitere Seriendruckfelder einfügen

6 Nur für Adresse und Anrede stehen gesonderte Schaltflächen zur Verfügung, alle anderen Inhalte, z. B. Eintrittsdatum, Bonuspunkte, Kundennummer etc., fügen Sie über *Sendungen* ▸ *Seriendruckfeld einfügen* hinzu. Die Schaltfläche ist geteilt:

- Mit einem Mausklick direkt auf die Schaltfläche öffnet Word das Dialogfenster *Seriendruckfeld einfügen*. Hier fügen Sie nacheinander die erforderlichen Seriendruckfelder ein. Markieren Sie das gewünschte Feld, klicken Sie auf die Schaltfläche *Einfügen* und wiederholen Sie den Vorgang für das nächste Feld.

- Klicken Sie auf den DropDown-Pfeil der Schaltfläche, um eine Liste aller verfügbaren Felder anzuzeigen. Mit einem Mausklick fügen Sie das gewünschte Feld im Dokument ein.

Seriendruckfelder einfügen DropDown-Liste

Dialogfenster Seriendruckfeld einfügen

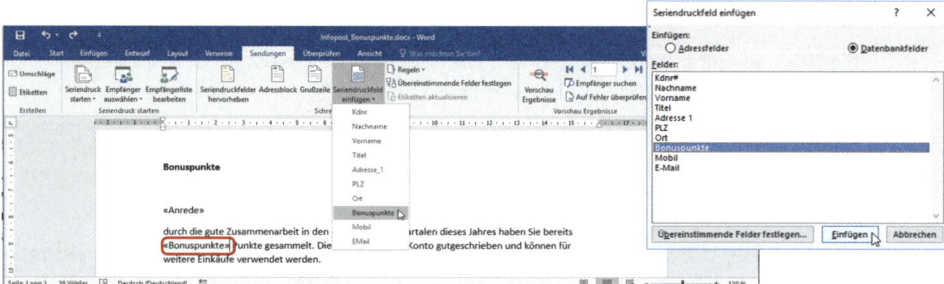

Das Seriendruckfeld wird an der Cursorposition angezeigt. Leerzeichen und Zeilenumbrüche zwischen den Seriendruckfeldern müssen manuell eingefügt werden. Dazu setzen Sie den Cursor zwischen zwei Felder: Dabei wird das hintere Feld grau hinterlegt. Dieses ist dadurch nicht markiert und das Leerzeichen oder der Zeilenumbruch können problemlos eingefügt werden.

Seriendruckfelder hervorheben

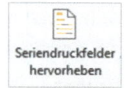

Bei Bedarf können die Seriendruckfelder auch optisch mit grauer Schattierung hervorgehoben werden, klicken Sie dazu auf die Schaltfläche *Seriendruckfelder hervorheben*.

Hervorgehobene Seriendruckfelder

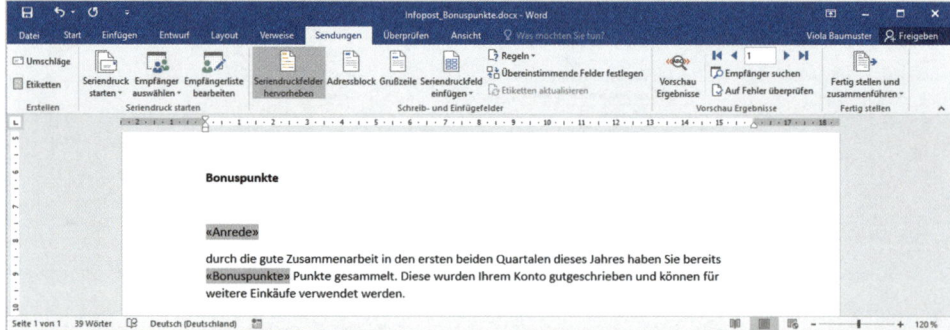

> **Achtung!** Die Hervorhebung sollte vor dem Drucken wieder entfernt werden, da die graue Schattierung mitgedruckt wird. Klicken Sie dazu nochmals auf die Schaltfläche.

Seriendruckfeld löschen

Zum Löschen eines Feldes setzen Sie den Cursor hinter das Feld und drücken zweimal die Löschen-Taste, einmal um das Feld zu markieren und nochmals, um das Seriendruckfeld zu entfernen. Analog verwenden Sie die Entf-Taste.

Kontrollieren und Drucken

Nach Einfügen der Seriendruckfelder kann nun kontrolliert werden, wie die Informationen der Datenquelle im Dokument angezeigt werden.

7   Klicken Sie dazu auf die Schaltfläche *Vorschau Ergebnisse*. Im Dokument werden anstelle der Seriendruckfelder die Inhalte der Datenquelle angezeigt.

Klicken Sie auf die Pfeil-Schaltfläche ▶ (nächster Datensatz) oder ▶❙ (letzter Datensatz), um einzelne Adressen oder andere Daten der Datenquelle anzuzeigen. Die Datensätze werden in der Reihenfolge angezeigt, wie sie in der Datenquelle hinterlegt sind. Prüfen Sie, ob alle Informationen korrekt eingefügt werden. Eventuell fehlende Leerzeichen oder Zeilenumbrüche können auch in der Vorschau korrigiert werden. Rechtschreibfehler, wie im Beispiel unten, sind dagegen Fehler in der Datenquelle und müssen dort berichtigt werden.

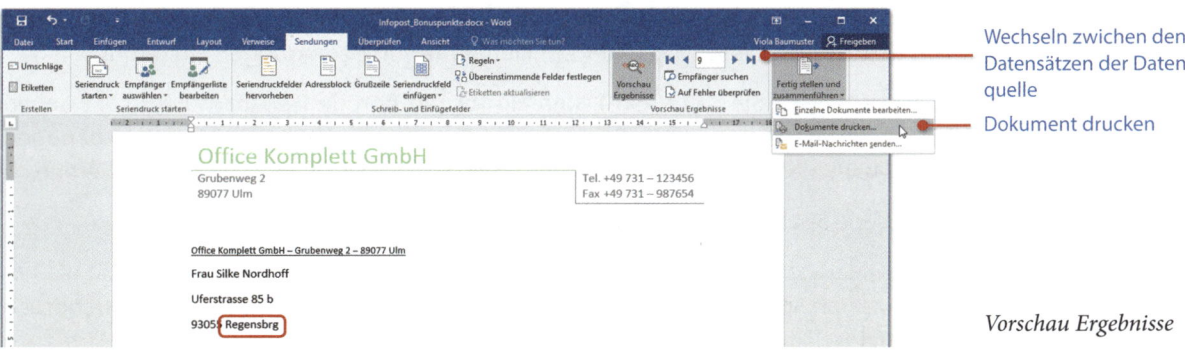

Wechseln zwichen den Datensätzen der Datenquelle

Dokument drucken

Vorschau Ergebnisse

> **Tipp:** Im Beispiel oben ist die Adresse mit der Formatvorlage *Standard* formatiert. Dadurch wird ein zusätzlicher Abstand zwischen den Zeilen eingefügt. Verwenden Sie für die Adresse die Formatvorlage *Kein Leerraum*, um diese Abstände zu vermeiden.

8   Zur Ausgabe des Dokuments klicken Sie auf *Fertig stellen und zusammenführen*:

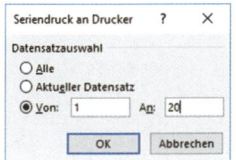

- Mit dem Befehl *Dokumente drucken…* werden die Serienbriefe an den Drucker übergeben. Geben Sie im nachfolgenden Dialogfenster eventuell noch an, welche Datensätze gedruckt werden sollen, z. B. 1 bis 20.

- Mit *Einzelne Dokumente bearbeiten…* werden die Briefe in ein neues, nicht gespeichertes Dokument ausgegeben. Sie können nun einzelne Briefe nachträglich bearbeiten und wie ein normales Dokument drucken. Die Anzahl der Seiten im neuen Dokument entspricht der Anzahl der Adressen (bei einem einseitigen Serienbrief).

7.2 Datenquelle im Griff

Die Adressen für den Seriendruck sind im Normalfall bereits vorhanden: Häufig als Microsoft Excel-Tabelle oder als Abfrage bzw. Tabelle aus einer Datenbank. Neben den Office-Anwendungen unterstützt Word auch andere gängige Dateiformate, im einfachsten Fall können die Daten auch als Textdatei, mit Tabstopp oder Semikolon (;) getrennt, vorliegen.

Anforderungen an die Datenquelle

▷ Beim Anlegen einer Datenquelle sollten Sie für jede Information ein eigenes Datenfeld verwenden. Beispielsweise ist es unvorteilhaft Vorname und Nachname in eine Spalte einzutragen, da Sie in der Briefanrede (Sehr geehrter Herr Müller) nur den Nachnamen benötigen. Von dieser Regel ausgenommen sind normalerweise Straße und Hausnummer. Diese können in ein Datenfeld eingetragen werden.

▷ Sollten die Datensätze Doktoren mit einem weiteren Professorentitel enthalten, müssen diese in separaten Spalten untergebracht werden, da der Dr. zwar im Anschriftenfeld genannt wird (Frau Prof. Dr. Eva Müller), bei der Anrede aber entfällt (Sehr geehrte Frau Professor Müller). Für die Abkürzung Prof. benötigen Sie kein extra Feld. Diese wird unter Zuhilfenahme von Bedingungen eingefügt.

▷ Vergessen Sie nicht, ein Datenfeld für die Anrede Herr bzw. Frau vorzusehen. Grundsätzlich würde auch ein Feld Geschlecht (männlich/weiblich) genügen. Auch hier könnten über Bedingungen die korrekten Anreden erstellt werden.

▷ Jede Spalte benötigt eine Spaltenüberschrift.

▷ Die erste Zeile der Datenquelle muss in jedem Fall die Überschriften für die einzelnen Spalten enthalten. Diese bezeichnen später die Platzhalter (Seriendruckfelder) im Word-Dokument. Verzichten Sie auf Überschriften in der Datei wie z. B. *Newsletter September 2017* oder ähnliches.

▷ Formatierungen in der Datenquelle werden im Hauptdokument zunächst nicht übernommen. Wenn Sie beispielsweise in der Excel-Arbeitsmappe einen Preis mit zwei Nachkommastellen und dem Eurosymbol formatieren, wird im Worddokument nur die Zahl angezeigt. Im Laufe dieses Kapitels werden Sie hierzu auch eine Problemlösung kennenlernen.

▷ Zahlen (z. B. Postleitzahl), die Sie im Hauptdokument verwenden möchten, dürfen in Excel nicht das Zellenformat *Text* tragen; sonst werden diese in Word nur als 0 eingefügt.

▷ Wenn Sie die Adressen in einem Word-Dokument erfassen und speichern möchten, so verwenden Sie dazu am besten eine Tabelle. Als einfache Alternative können Sie die einzelnen Felder wie Name, PLZ und Ort auch mit Tabstopps oder Semikolon (;) trennen und in einer einfachen Textdatei (.txt oder .csv) speichern.

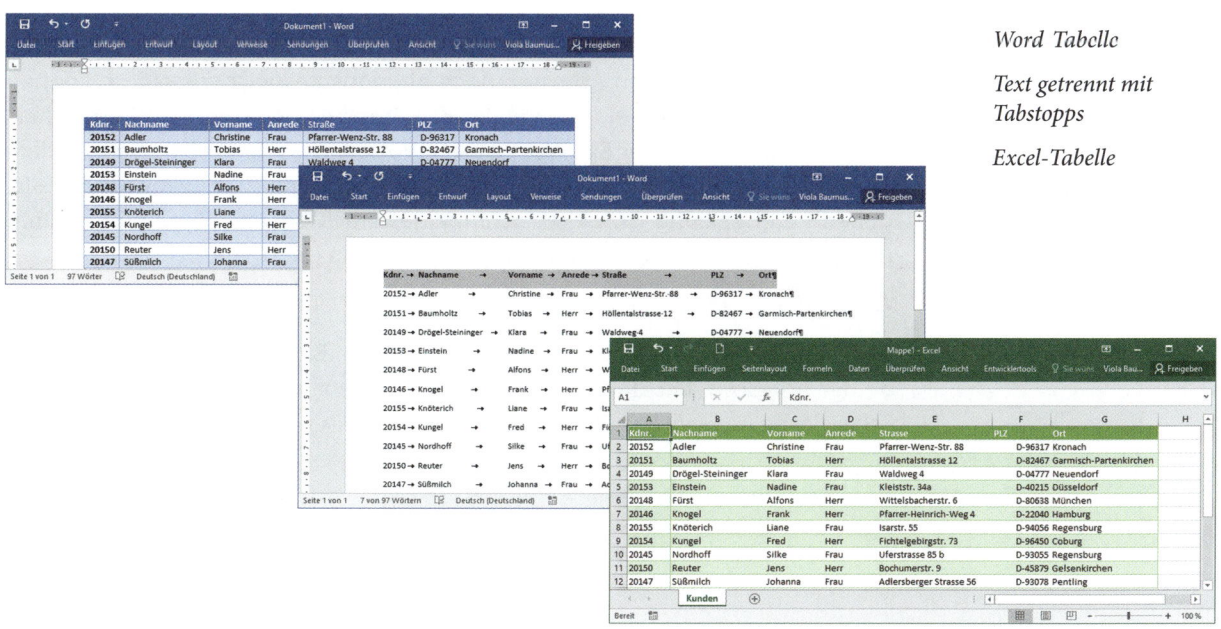

Word Tabelle

Text getrennt mit Tabstopps

Excel-Tabelle

Besonderheiten beim Verbinden der Datenquelle

▶ Stammen Ihre Adressen aus einer Datenquelle wie z. B. einer Excel-Tabelle, Access-Abfrage etc., dann klicken Sie auf *Vorhandene Liste verwenden…* und wählen die Datei aus.

▶ Verwenden Sie Microsoft Outlook, so können über die Schaltfläche *Aus Outlook-Kontakten auswählen…* die Kontaktdaten von Microsoft Outlook für Serienbriefe genutzt werden.

▶ Zur Eingabe einer neuen Liste lesen Sie gleich mehr auf der nächsten Seite.

▶ Sind bei einer Excel-Arbeitsmappe als Datenquelle mehrere Tabellenblätter vorhanden, muss das Tabellenblatt ausgewählt werden. Achten Sie dabei auf das Kontrollkästchen *Erste Datenreihe enthält Spaltenüberschriften*. Gleiches gilt für die Verwendung einer Datenbank (z. B. Access). Hier entscheiden Sie sich für eine Tabelle oder Abfrage. Falls Sie auf Ihre Outlookkontaktdaten zugreifen und diese in mehreren Kontaktordnern organisiert sind, muss der passende ausgewählt werden.

Die Excel-Tabellenblätter, die zur Auswahl angeboten werden, sind alphabetisch und nicht nach der Abfolge in Excel sortiert.

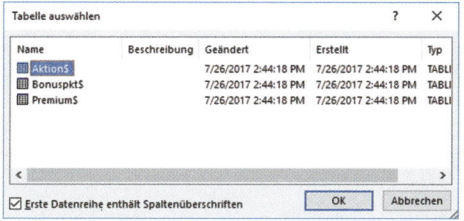

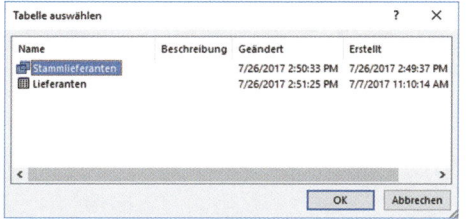

Excel Tabellenblatt auswählen

Access Tabelle oder Abfrage auswählen

Neue Liste in Word eingeben

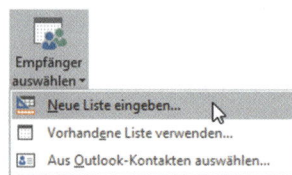

Sollten die notwendigen Adressen noch nirgends gespeichert sein, so können sie auch bei Erstellung eines Serienbriefs schnell eingegeben und gespeichert werden. Diese Form der Eingabe hat den Vorteil, dass Ihnen eine vollständige Tabelle mit allen Datenfeldern für Adressen zur Verfügung gestellt wird. Für alle, denen Excel geläufig ist, bietet sich, meines Erachtens mit diesem Programm eine bessere Alternative zur schnellen Eingabe von Informationen.

1   Wählen Sie *Sendungen* ▸ *Empfänger auswählen* ▸ *Neue Liste eingeben…*.

2   Word öffnet ein Fenster mit einer leeren Tabelle. Beginnen Sie mit der Eingabe der Adressen. Mit der Tab-Taste gelangen Sie zur nächsten Spalte, mit der Schaltfläche *Neuer Eintrag* fügen Sie weitere Adressen hinzu.

Neuen Datensatz eingeben

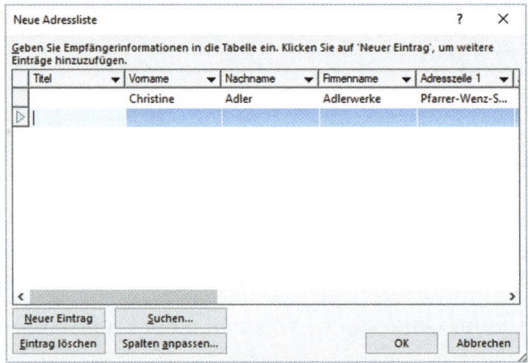

3   Natürlich kann die vorgegebene Tabelle an Ihre Wünsche angepasst werden:

▪ Wenn Sie zusätzliche Spalten benötigen, beispielsweise für eine Kundennummer, klicken Sie auf die Schaltfläche *Spalten anpassen…*. Im Dialogfenster *Adressliste anpassen* fügen Sie durch Anklicken der Schaltfläche *Hinzufügen…* weitere Spalten hinzu. Achten Sie darauf, dass die Bezeichnung des neuen Felds eine Reihe von Zeichen nicht enthalten darf, z. B. Punkt, Ausrufezeichen, Klammer. Bindestrich oder Unterstrich dürfen verwendet werden. Das neue Feld wird unterhalb des markierten Felds eingefügt.

Weitere Spalte hinzufügen

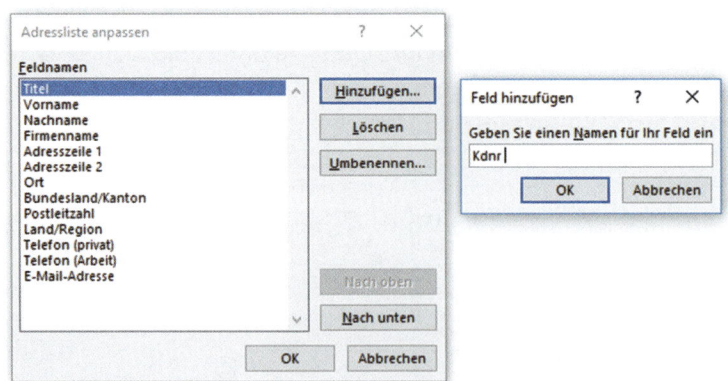

- Zur Anpassung der Spaltenreihenfolge markieren Sie einen Eintrag und verschieben diesen durch Anklicken der Schaltflächen *Nach oben* oder *Nach unten* an die gewünschte Position.

- Spalten in die Sie keine Informationen eintragen möchten, z. B. *Bundesland/Kanton* können markiert und mit der Schaltfläche *Löschen* aus der Tabelle entfernt werden.

4 Mit der Schaltfläche *OK* beenden Sie die Eingabe und speichern die Adressen als *Microsoft Office Adressliste*. Als Speicherort wird in der Regel der Ordner *Meine Datenquellen* (Unterordner des Ordners *Dokumente*) vorgeschlagen. Sie können aber auch einen anderen Speicherort wählen. Tragen Sie dann bei *Dateinamen* eine Bezeichnung für die Datenquelle ein. Die Adressliste wird als Microsoft Access Datenbank abgespeichert.

Standardspeicherort

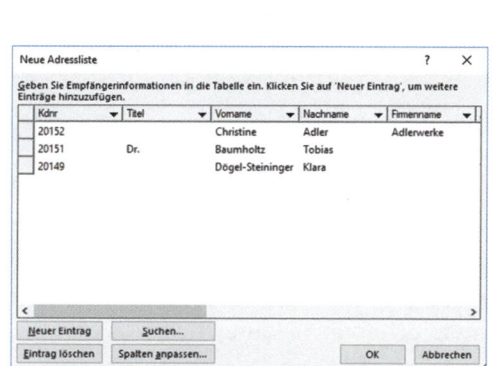

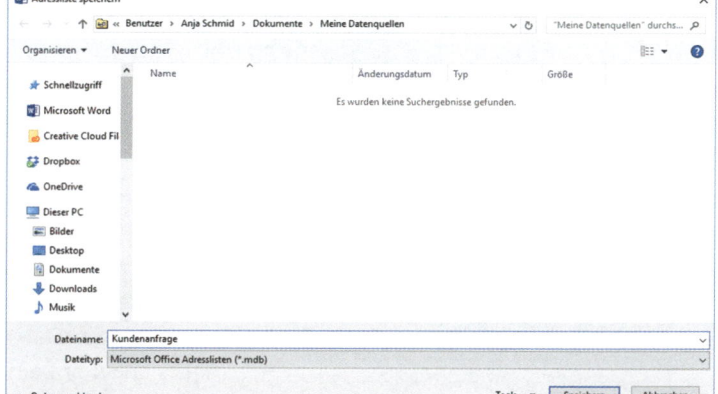

Adressliste speichern

5 Damit ist die Datenquelle mit dem Hauptdokument verbunden und Sie können jetzt fortfahren und Seriendruckfelder einfügen.

Datenquelle ändern und trennen

Fehler in der Datenquelle beheben

Im Beispiel auf Seite 239 wurde ein Fehler in einer Adresse gefunden, der auf einem falschen Eintrag in der Datenquelle beruht. Dieser Fehler muss in der Datenquelle behoben werden. Ist das Word-Dokument mit einer Excel-Arbeitsmappe verbunden, kann die Arbeitsmappe nur schreibgeschützt geöffnet werden, solange das Word-Dokument geöffnet ist. Schließen Sie also zunächst das Word-Dokument.

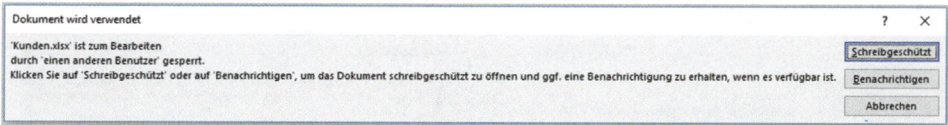

Alternativ wählen Sie in Word *Empfängerliste bearbeiten* und wählen links unten bei *Datenquelle* Ihre Datenquelle aus. Dabei muss es sich nicht notwendigerweise um eine Excel-Arbeitsmappe handeln, auch andere Datenquellen können auf diese Weise bearbeitet werden. Klicken Sie dann auf *Bearbeiten*. In nächsten Fenster scrollen Sie entweder durch die Liste der Einträge oder verwenden die Schaltfläche *Suchen*. Klicken Sie in das Feld, welches den Fehler enthält und bessern Sie diesen aus. Dann bestätigen Sie mit *Ok*. Bestätigen Sie die Änderung und die Speicherung in der Datenquelle erneut durch Anklicken von *Ja* und schließen Sie das Fenster mit *Ok*.

Fehlerhafte Datenquelle berichtigen

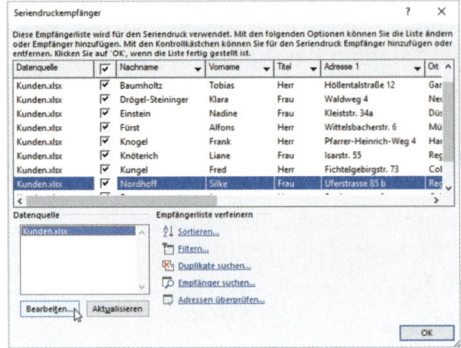
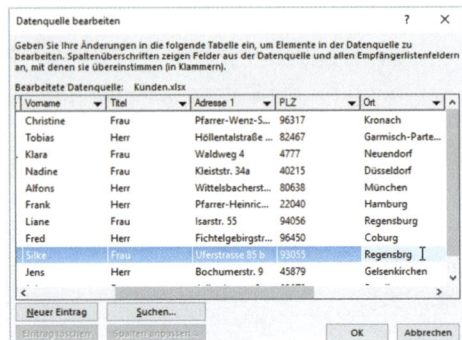

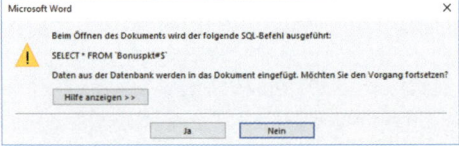

Datenquelle bestätigen oder trennen

Zusammen mit dem Seriendruckdokument wird auch die Verknüpfung zur Datenquelle gespeichert. Beim Öffnen des Dokuments erscheint eine entsprechende Meldung.

▶ Bestätigen Sie mit der Schaltfläche *Ja*, wenn Sie erneut mit den verknüpften Daten arbeiten möchten.

▶ Mit der Schaltfläche *Nein* wird das Dokument geöffnet, es besteht allerdings kein Zugriff auf die Informationen der Datenquelle. Wenn Sie das Dokument bearbeiten und speichern, ist die Datenquelle nicht mehr mit dem Dokument verbunden und muss beim nächsten Öffnen erneut ausgewählt werden.

Alternativ können Hauptdokument und Datenquelle auch im geöffneten Word-Dokument getrennt werden. Wählen Sie *Sendungen* ▶ *Seriendruck starten* ▶ *Normales Word-Dokument*.

Datenquelle suchen

Wurde die Datenquelle inzwischen gelöscht, verschoben oder umbenannt, so erhalten Sie beim Öffnen eine Fehlermeldung. Bestätigen Sie alle Meldungen mit *OK*, bis Sie die Möglichkeit erhalten, die Datenquelle zu suchen.

Datenquelle erneut verbinden

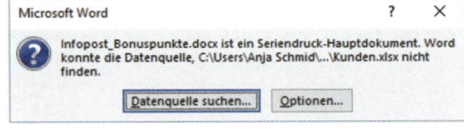

Datenquelle ersetzen

Sie können jederzeit das Hauptdokument mit einer anderen Datenquelle verbinden. Wählen Sie *Sendungen* ▸ *Empfänger auswählen* ▸ *Vorhandene Liste verwenden*, navigieren Sie zur neuen Datenquelle und wählen Sie diese aus. Die alte Datenquelle wird entfernt. Enthält Ihr Hauptdokument bereits Seriendruckfelder und stimmen die Feldnamen der alten und neuen Datenquelle nicht überein, werden die ungültigen Seriendruckfelder, sobald Sie auf die Schaltfläche *Vorschau Ergebnisse* klicken, angezeigt und können neu zugeordnet werden.

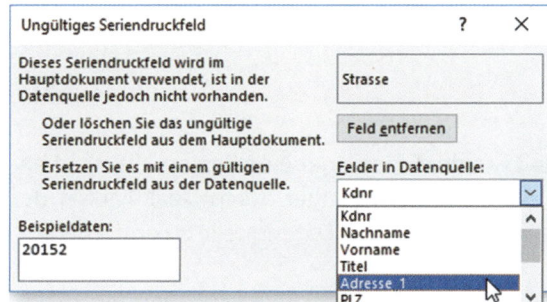

Seriendruckfeld neu zuordnen

In diesem Beispiel enthielt die alte Datenquelle ein Feld namens *Strasse*. Dieses Feld existiert in der neuen Datenquelle nicht. Die Informationen des Felds *Strasse* sind hier im Feld *Adresse1* enthalten. Dieses Feld wird im DropDown-Menü von *Felder in Datenquelle* ausgewählt. Falls Datenfelder der alten Datenquelle nicht mehr benötigt werden, klicken Sie auf *Feld entfernen*.

Datensätze sortieren und filtern

Adressen nach Postleitzahlen sortieren

Für den Versand von Serienbriefen ist meist eine Sortierung nach Postleitzahlen erforderlich. Falls die Empfängeradressen noch nicht sortiert sind, können Sie dies auch in Word vornehmen. Klicken Sie dazu im Register *Sendungen* auf die Schaltfläche *Empfängerliste bearbeiten*, um das Fenster *Seriendruckempfänger* zu öffnen.

▸ Für einfache Sortierungen, z. B. nach Postleitzahlen öffnen Sie das DropDown-Menü der Spaltenüberschrift und wählen die gewünschte Sortierfolge.

▸ Benötigen Sie dagegen eine Sortierung nach zwei oder mehr Spalten, so klicken Sie unter *Empfängerliste verfeinern* auf *Sortieren…*. Wählen Sie anschließend im Dialogfenster *Filtern und Sortieren* diejenigen Felder aus, nach denen Sie sortieren möchten, im Beispiel erfolgt zuerst eine Sortierung nach Ländern und anschließend nach der Postleitzahl. Maximal drei Felder können verwendet werden.

Adressen sortieren nach Postleitzahl

Adressen zunächst sortieren nach Land z. B. Deutschland und Österreich getrennt und dann nach PLZ.

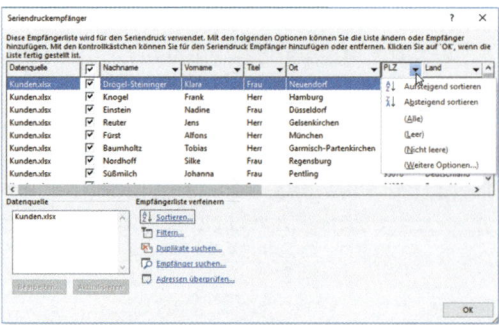
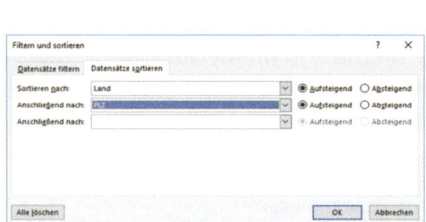

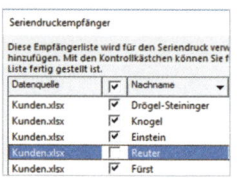

Bestimmte Datensätze ausschließen

Entdecken Sie beim Scrollen durch die Liste der Empfänger eine Person, die nicht angeschrieben werden soll, so können Sie diesen Empfänger durch Deaktivieren des Kontrollkästchens ausschließen, ohne ihn damit aus der Datenquelle zu entfernen.

Nur bestimmte Datensätze anzeigen

Soll nur ein bestimmter Teil der Datensätze verwendet werden, müssen Sie einen Filter einsetzen. Einige Filter stehen schon im DropDown-Menü der Spalte zur Verfügung.

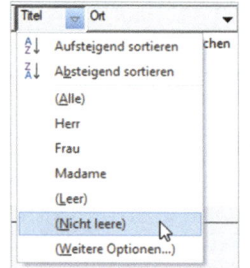

▸ Enthält Ihre Datenquelle in einer Spalte viele leere Felder, öffnen Sie das Drop-Down-Menü und wählen *(Nicht leere)* aus. Dadurch werden nur Datensätze in den Seriendruck einbezogen, die vollständig sind.

▸ Mehr Möglichkeiten erhalten Sie über den Befehl 🔍 Filtern.... Ein Dialogfenster wird angezeigt, in das Sie Ihre Kriterien eintragen. Sie können auch zwei (oder mehr) Filterkriterien miteinander verknüpfen. Eine Verknüpfung mit *Und* bedeutet, dass jeder Datensatz beide Bedingungen erfüllen muss. Verwenden Sie dagegen *Oder*, so genügt es, wenn eine der beiden Bedingungen erfüllt ist.

Das Beispiel liefert alle Adressen, deren Postleitzahl mit 4 beginnt. Da die Datenquelle auch ausländische Adressen enthält und diese nicht verwendet werden sollen, wird die Auswahl der Empfängeradressen mit einer weiteren UND-Verknüpfung auf Deutschland begrenzt.

> **Achtung!** Filter werden zusammen mit dem Serienbrief gespeichert, vergessen Sie nicht, die Filter mit der Schaltfläche *Alle löschen* zu entfernen, wenn wieder alle Adressen benötigt werden.

7.3 Andere Formate mit Seriendruckinformationen versehen

Listen erstellen

Über die Option *Verzeichnisse* erstellen Sie schnell eine Teilnehmerliste, eine Telefonliste zum Abheften im Terminplaner oder eine Aufstellung von Produkten und Preisen. *Brief* und *Verzeichnis* unterscheiden sich durch die Positionierung der Informationen im Seriendruckdokument. Erstellen Sie einen *Brief*, so wird jeder Datensatz auf einer neuen Seite ausgegeben; also automatisch ein Seitenwechsel eingefügt. Verwenden Sie dagegen die Option *Verzeichnis*, werden die Datensätze nacheinander auf derselben Seite abgebildet.

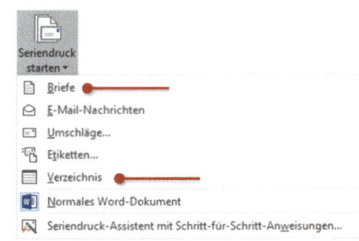

In diesem Beispiel sollen alle Teilnehmer eines Kurses mit Telefonnummer untereinander ausgedruckt werden: Klicken Sie im Register *Sendungen* auf die Schaltfläche *Seriendruck starten* und wählen *Verzeichnis*. Verbinden Sie dann das Dokument mit der Datenquelle über die Schaltfläche *Empfänger auswählen*. Fügen Sie die gewünschten Seriendruckfelder und Abstände ein. In unserem Beispiel wurde zwischen dem Seriendruckfeld *Vorname* und dem Feld *Mobil*, welches die Telefonnummer enthält, ein Linkstabstopp bei 8 cm eingefügt, damit die Telefonnummern auch bei längeren Namen schön untereinander stehen. Was Sie unbedingt einfügen sollten, ist die Zeilenschaltung. Diese sorgt dafür, dass jeder Datensatz später in einer neuen Zeile beginnt. Fügen Sie keine Überschriften oder ähnliches ein. Dies können Sie später noch ergänzen.

Klicken Sie dann auf *Fertig stellen und zusammenführen* und wählen Sie *Einzelne Dokumente bearbeiten* aus.

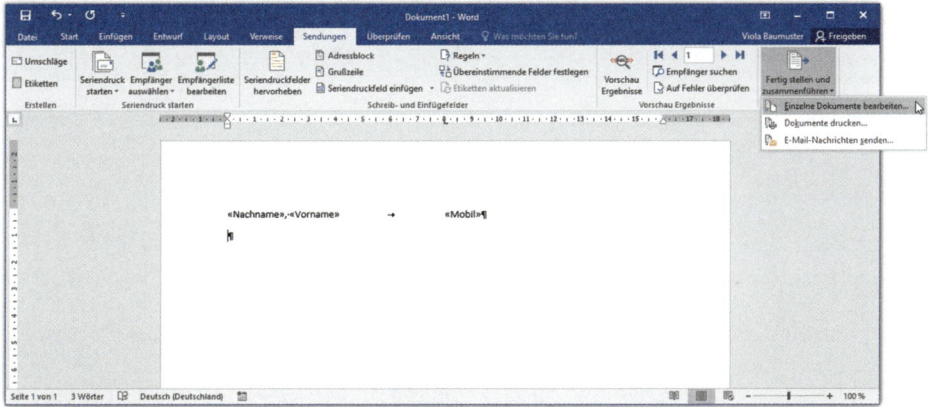

Sie erhalten ein Dokument mit einer Liste aller Namen und Telefonnummern, die in der Datenquelle gespeichert sind. Dieses Dokument können Sie nun nach Ihren Vorstellungen gestalten. Kontrollieren Sie zunächst den Inhalt, sind alle Informationen enthalten? Wenn ja, speichern Sie das Dokument zunächst ab.

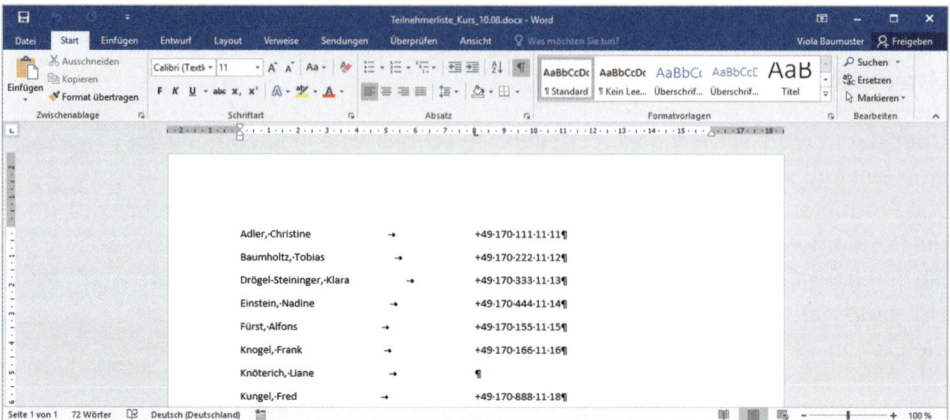

Vorschläge für die Weiterbearbeitung

▶ Fügen Sie eine Überschrift ein.

▶ Fügen Sie die Informationen in eine Tabelle ein: Markieren Sie den Text und wählen Sie *Einfügen* ▶ *Tabelle* ▶ *Text in Tabelle umwandeln*. In diesem Beispiel haben wir bei *Spaltenanzahl* anstatt der benötigten 2 Spalten *3* ausgewählt. Die Informationen werden am *Tabstopp* getrennt. Nach Verkleinerung der letzten, leeren Spalte, einer Erhöhung der Tabellenzeilenhöhe, dem Ausblenden einiger vertikaler Rahmenlinien und der Ausrichtung des Texts *mitte links* erhalten Sie folgende Liste in der der Dozent am Ende die Anwesenheit der einzelnen Teilnehmer ankreuzen kann.

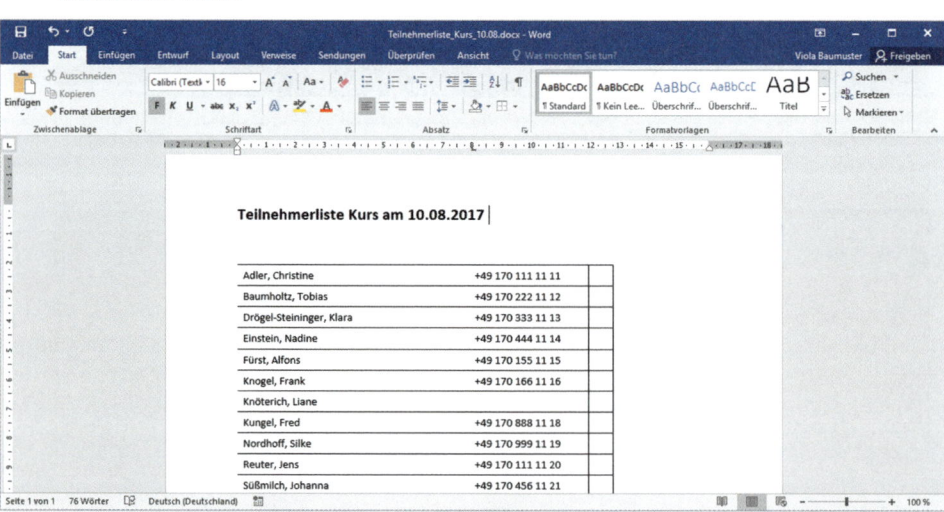

E-Mails versenden

Soll eine E-Mail an mehrere Personen versendet werden, z. B. an eine Auswahl von Kunden, alle Vereinsmitglieder etc., ist es von Vorteil auch hier die Seriendruckfunktion von Word zu nutzen. So können Sie die E-Mail nicht nur mit einer persönlichen Anrede personalisieren, sondern verzichten auch darauf, in eine E-Mail eine größere Anzahl von Empfängern einzutragen.

Dies ist aus verschiedenen Gründen nicht zu empfehlen: Sie sollten in einer E-Mail nicht in das Empfängerfeld *Von* mehrere Adressen eintragen, da diese dort für alle Empfänger sichtbar sind und so der eine Kunde vom anderen erfährt. Einige behelfen sich damit die Adressen dann in das Feld *Bcc* einzufügen. Allerdings beschränken viele E-Mail-Provider die Empfängerzahl einer E-Mail-Nachricht; bei manchen Freemail-Anbietern kann eine E-Mail beispielsweise an nicht mehr als 5 Personen versendet werden.

Wählen Sie *Sendungen* ▸ *Seriendruck starten* ▸ *E-Mail-Nachrichten*. Verbinden Sie dann über die Schaltfläche *Empfänger auswählen* das Seriendruckdokument mit der Datenquelle. Es versteht sich von selbst, dass in dieser die entsprechenden E-Mail-Adressen hinterlegt sein müssen. Fügen Sie nun eine *Grußzeile* (Anrede) ein und geben den Nachrichtentext ein.

Die Möglichkeit einen Serienbrief via E-Mail zu versenden, kann auch ausgewählt werden, wenn Sie zunächst bei *Seriendruck starten* die Option *Briefe* gewählt haben.

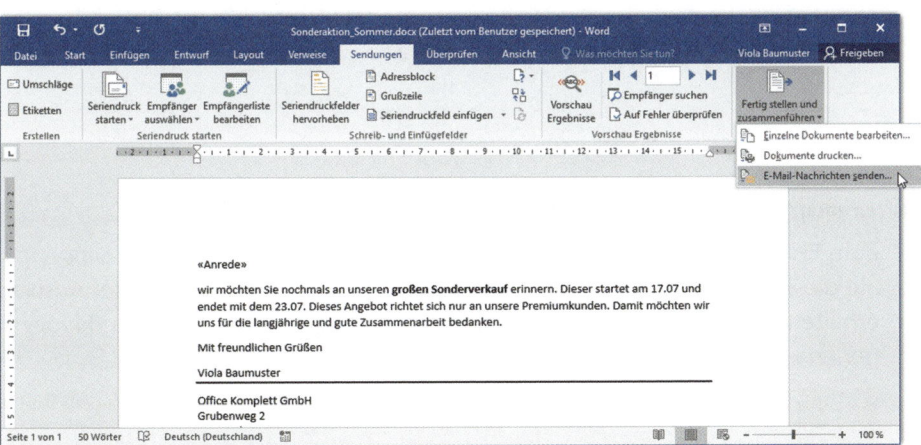

> Beachten Sie, dass eine in Outlook hinterlegte Signatur, die die Grußformel, Ihren Namen, Firmenanschrift, Telefonnummer etc. enthält, nicht in die Seriendruck-E-Mail eingefügt wird. Diese Informationen sollten Sie ebenfalls in Word eintragen.

Wählen Sie dann *Fertig stellen und zusammenführen* ▸ *E-Mail-Nachrichten senden*. Im nächsten Fenster tragen Sie folgende Informationen ein:

▷ Im Feld *Zu* wählen Sie den Feldnamen der Datenquelle aus, in dem sich die E-Mail-Adresse befindet (in unserem Beispiel ist die Spaltenüberschrift *E-Mail*).

▷ Geben Sie im Feld *Betreffzeile* einen Betreff für die E-Mail ein.

▷ Das *E-Mail-Format HTML* ermöglicht, Formatierungen im Text anzuzeigen. Bei Auswahl von *Nur Text* wird die Nachricht ohne vorgenommene Formatierungen und ohne Grafiken z. B. ein eingefügtes Logo versendet. Außerdem ist es möglich, dass im versendeten Nachrichtentext anstelle von Umlauten Platzhalter erscheinen.

▷ Für jeden Datensatz wird eine E-Mail-Nachricht erzeugt und versendet. Viele E-Mail-Provider beschränken die Anzahl der E-Mails, die an einem Tag versendet werden können, bei manchen kostenlosen Angeboten z. B. auf 100 Stück pro Tag. Wählen Sie dann bei *Datensatzauswahl* anstelle von *Alle* die Option *Von* / *An* und versenden Ihre Nachricht häppchenweise.

Etiketten drucken

Etiketten unterschiedlichen Inhalts erstellen

▷ Zum Erstellen von personalisierten Etiketten klicken Sie im Register *Sendungen* auf die Schaltfläche *Seriendruck starten* und wählen *Etiketten*. Mit dieser Auswahl erhalten Sie die Möglichkeit, eine passende Vorlage für Ihre Etikettaufkleber zu generieren.

Seriendruck-Etikett starten

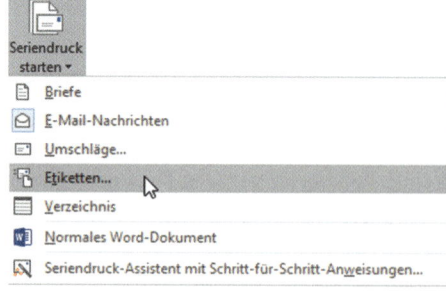

Achtung: Verwechseln Sie dies nicht mit der Schaltfläche *Etiketten*, ebenfalls im Register *Sendungen*. Hier erstellen Sie ein einfaches Etikett mit einer einzigen Adresse.

▶ Zur Auswahl des korrekten Etikettenformats wählen Sie zunächst den Etiketten-
hersteller, z. B. Avery Zweckform, und darunter die Etikettennummer (Bestellnummer). Falls Sie Endlosetiketten verwenden wollen oder sich die Etiketten in
einem anderen Papierschacht befinden, so geben Sie dies unter *Druckerinforma-
tionen* an.

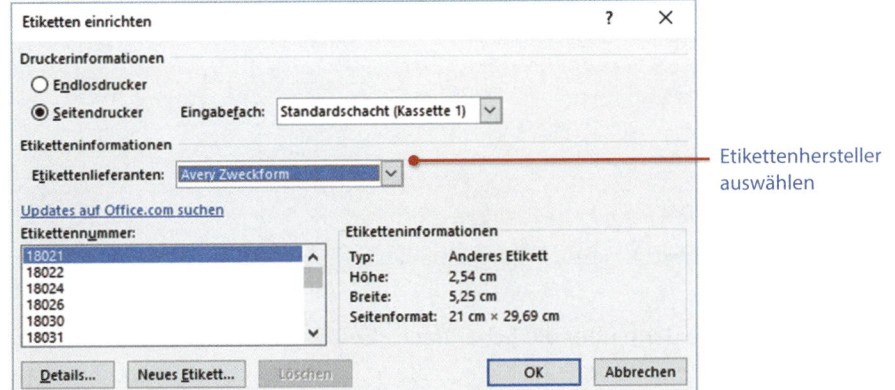

Etiketten einrichten

▶ Sollten Hersteller und Bestellnummer nicht in der Liste aufgeführt sein, so können Sie über die Schaltfläche *Neues Etikett* unter Eingabe der Maße eigene Eti-
kettenformate definieren und unter einem Namen für spätere Verwendung speichern. Bestätigen Sie mit der Schaltfläche *OK*.

Wenn Sie das erstellte Etikett zu einem späteren Zeitpunkt erneut benötigen,
finden Sie es im DropDown-Menü von *Etikettenlieferanten* bei *Andere/Benutzer-
definiert*.

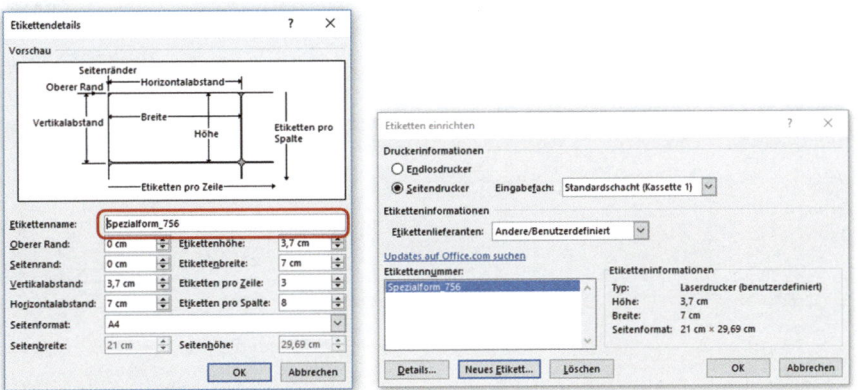

Neues Etikett erstellen

▶ Word erstellt im Dokument eine Tabelle nach den angegebenen Maßen. Sollten
die Tabellenbegrenzungslinien nicht angezeigt werden, wählen Sie das Register
Tabellentools - Layout aus und klicken in der Gruppe *Tabelle* auf die Schaltfläche
Gitternetzlinien anzeigen.

Gitternetzlinien der Tabelle anzeigen

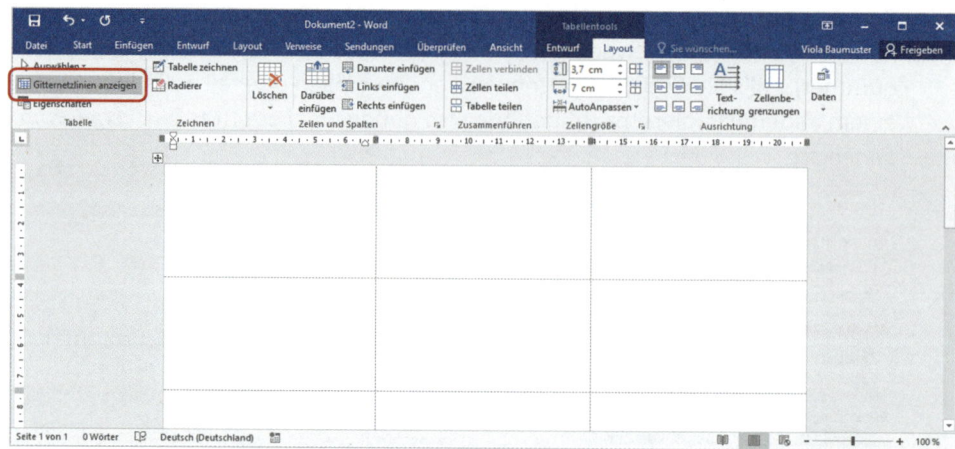

▶ Verbinden Sie dann über die Schaltfläche *Empfänger auswählen* das Hauptdokument mit einer Datenquelle. Klicken Sie in das erste Etikett, bzw. die erste Zelle der Tabelle, und fügen Sie hier alle benötigten Seriendruckfelder ein. Formatieren Sie die Seriendruckfelder, falls erforderlich.

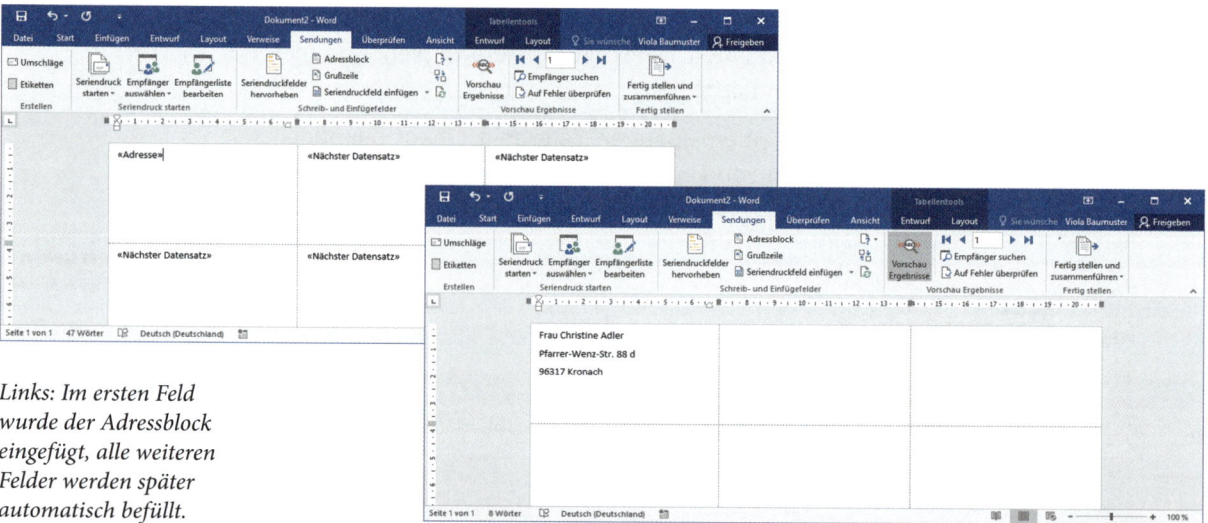

Links: Im ersten Feld wurde der Adressblock eingefügt, alle weiteren Felder werden später automatisch befüllt.

Rechts: Anzeige nachdem die Schaltfläche Vorschau Ergebnisse aktiviert wurde.

▶ Nun müssen Sie nur noch die übrigen Etiketten entsprechend aktualisieren. Klicken Sie dazu auf die Schaltfläche *Etiketten aktualisieren*. Damit werden die Seriendruckfelder automatisch in die weiteren Felder übertragen und Sie können nun über die Schaltfläche *Vorschau Ergebnisse* alle Adressinhalte anzeigen und kontrollieren.

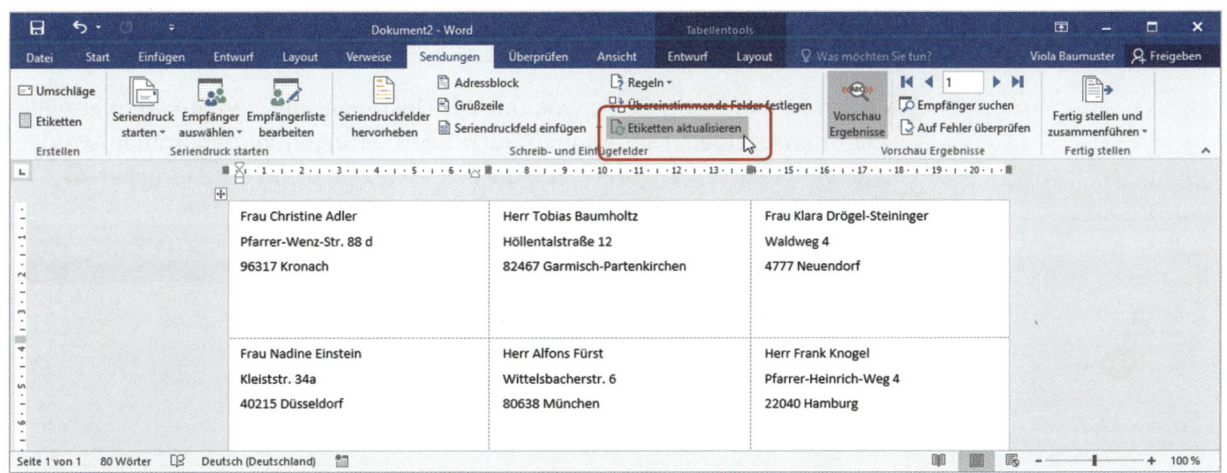

Aktualisieren Sie die übrigen Etiketten

> Sollten nachträgliche Änderungen erforderlich sein, so nehmen Sie diese immer am ersten Etikett in der linken oberen Ecke vor und aktualisieren anschließend erneut alle übrigen Etiketten.

▶ Zum Drucken verwenden Sie wieder die Schaltfläche *Fertigstellen und zusammenführen*.

Etiketten desselben Inhalts erstellen

Adressaufkleber, z. B. für Absenderinformationen oder für einen einzelnen Brief werden ebenfalls im Register *Sendungen* erstellt. Allerdings kommt hier der Seriendruck nicht zum Einsatz, sondern auf jedes Etikett wird derselbe Inhalt gedruckt.

▶ Klicken Sie dazu im Register *Sendungen*, Gruppe *Erstellen*, auf die Schaltfläche *Etiketten*.

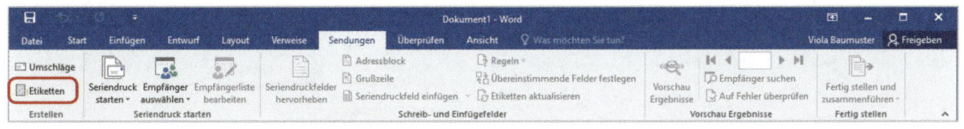

Mehrere Etiketten mit demselben Inhalt drucken

▶ Geben Sie die Adresse ❶ ein.

> **Tipp:** Sie können in Word Ihre Postanschrift hinterlegen. Öffnen Sie *Datei* ▸ *Optionen* ▸ *Erweitert* und scrollen Sie zum Bereich *Allgemein*. Hier tragen Sie bei *Postanschrift* Ihre Adresse ein. Sofern Sie von dieser Möglichkeit Gebrauch machen, können Sie zur Eingabe Ihrer Adresse das Kästchen vor *Absenderadressen verwenden* ❷ aktivieren.

▶ Über die Schaltfläche *Optionen* ❸ gelangen Sie zur Auswahl des Etikettenformats.

▶ Klicken Sie auf *Neues Dokument*, um das Dokument mit den Etiketten am Bildschirm anzuzeigen. Hier können auch Bearbeitungen vorgenommen werden. Oder verwenden Sie *Drucken*, um die Etikettenseite sofort auszudrucken ❹.

Etikettenseite mit einer einzigen Adresse

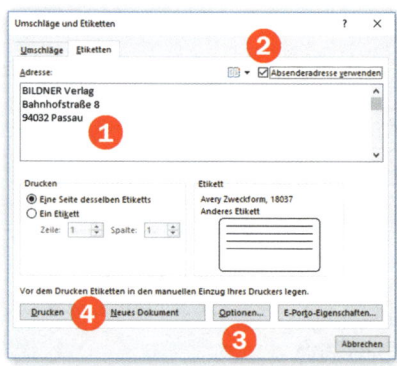

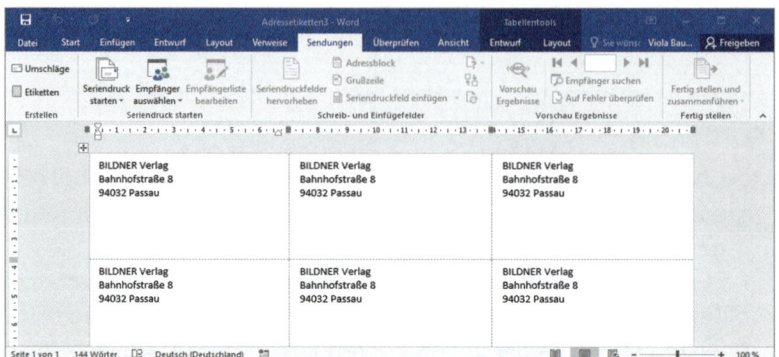

Umschläge mit Adressen versehen

Auch Umschläge können mit Seriendruckinformationen versehen und individualisiert ausgedruckt werden.

▶ Klicken Sie dazu im Register *Sendungen* auf die Schaltfläche *Seriendruck starten* und wählen Sie *Umschläge* aus. Im Dialogfenster *Umschlagoptionen* legen Sie anschließend die Maße des Briefkuverts sowie die Positionen und Schriftart für Empfänger- und Absenderadresse fest. Im zweiten Register *Druckoptionen* treffen Sie Einstellungen für die Art des Einzugs der einzelnen Briefumschläge im Drucker.

Seriendruck für Umschläge starten

Umschlagformat festlegen

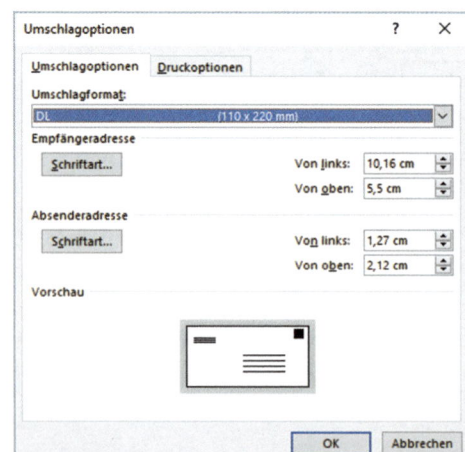

▶ In Word wird ein Umschlag angezeigt. Geben Sie zunächst die Absenderinformationen in das Feld links oben ein. Sollten Sie, wie auf Seite 253 beschrieben, Ihre Absenderinformationen in Word hinterlegt haben, dann werden diese automatisch auf dem Umschlag angezeigt.

▶ Klicken Sie dann auf die Schaltfläche *Empfänger auswählen*, um den Seriendruck mit der Datenquelle zu verbinden.

▶ Das Feld für die Empfängeradresse ist nicht schattiert oder umrandet und deshalb etwas schwierig zu finden. Klicken Sie auf die ungefähre Position der Anschrift (Mitte unten) und ein Rahmen erscheint. Hier geben Sie die Seriendruckfelder für die Adresse ein. Auch Formatierungen sind möglich.

▶ Über die Schaltfläche *Fertig stellen und zusammenführen* übergeben Sie den Seriendruck entweder sofort an den Drucker oder geben zur Kontrolle die Umschläge in ein neues Dokument aus.

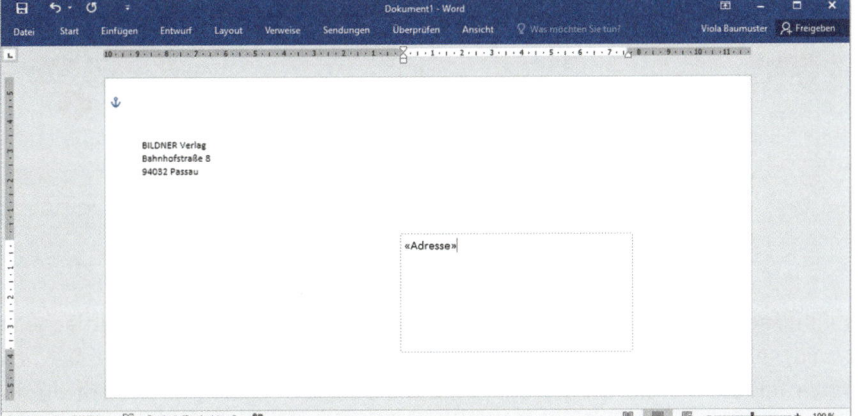

Seriendruck: Umschläge

Einzelnen Umschlag bedrucken

Tipp: Über *Sendungen* ▸ Gruppe *Erstellen* ▸ *Umschläge* erhalten Sie eine schnelle Möglichkeit zur Beschriftung und Ausdruck eines einzelnen Kuverts. Bei Einzug legen Sie fest, wie das Kuvert in den Druckerschacht eingelegt wird. Zum Ausdruck klicken Sie auf *Drucken*.

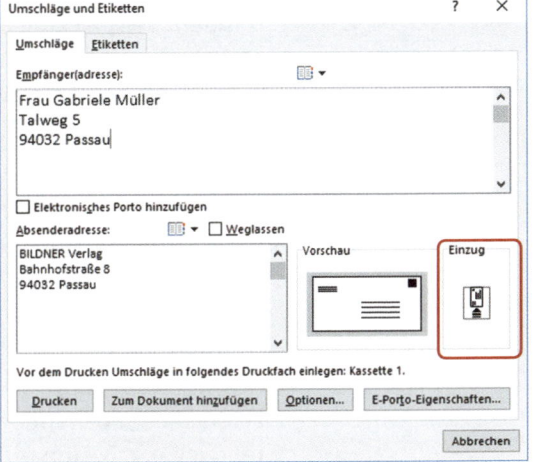

7.4 Probleme mit Adressblock und Grußzeile beheben

Nicht übereinstimmende Feldnamen zuordnen

Adressblock

Der Adressblock basiert auf folgenden notwendigen Feldnamen für die Erstellung einer Adresse, anders gesagt, die Datenquelle muss diese Spaltenüberschriften enthalten. Andernfalls kann zunächst keine korrekte Adresse im Serienbrief angezeigt werden.

Anrede | Vorname | Nachname | Suffix | Firma | Adresse1 | Adresse 2 | Ort | PLZ | Land oder Region

Datenquelle

Dialogfenster Adressblock einfügen in Word

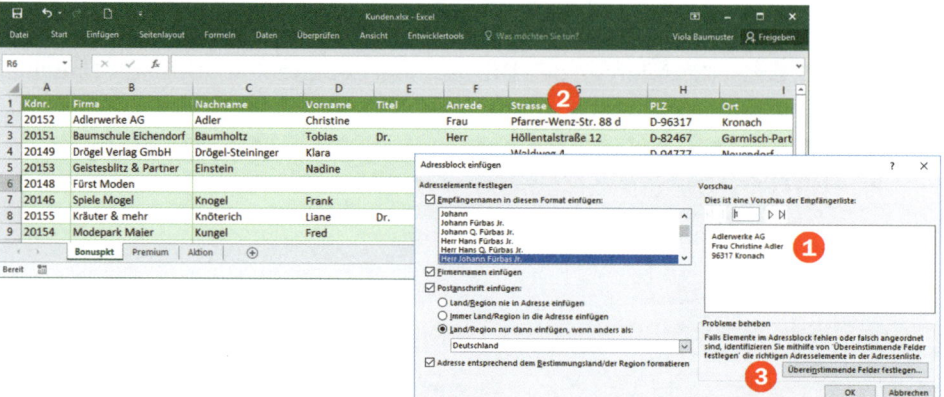

Zum Einfügen der Adresse in den Serienbrief klicken Sie auf die Schaltfläche *Adressblock*. Sie sehen in der Vorschau ❶ bereits, dass in diesem Beispiel Strasse und Hausnummer fehlen. Um sicherzustellen, dass die Strassenbezeichnung nicht nur für diesen Datensatz in der Datenbank fehlt, zeigen Sie weitere Datensätze an.

Mit einem Blick auf die Datenquelle, in unserem Beispiel eine Excel-Arbeitsmappe, erkennen Sie, dass anstelle des Feldnamens *Adresse 1* die Bezeichnung *Strasse* ❷ gewählt wurde.

Das Problem kann durch Anklicken der Schaltfläche *Übereinstimmende Felder festlegen* ❸ behoben werden. Fehlende Übereinstimmungen sind durch die Angabe *(nicht übereinstimmend)* gekennzeichnet. Ordnen Sie den erforderlichen Feldern (z. B. *Adresse 1*) den passenden Feldnamen (Spaltenüberschrift Ihrer Datenquelle), z. B. *Strasse* zu ❹.

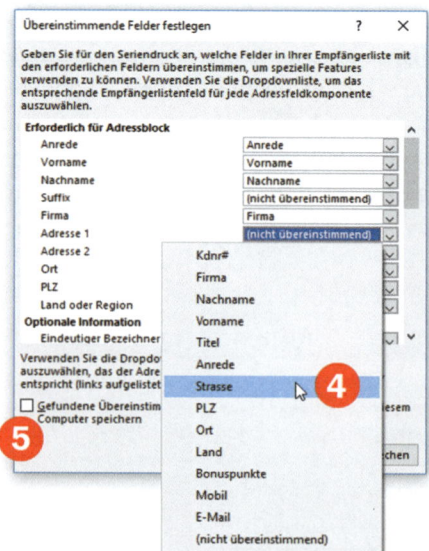

Bei der nächsten Erstellung eines Serienbriefs auf Grundlage dieser Datenquelle müssen Sie erneut eine Zuordnung der Felder vornehmen. Für die Zukunft können Sie entweder die Feldnamen in der Datenquelle ändern oder Sie aktivieren im Dialogfenster die Option *Gefundene Übereinstimmungen für diesen Datenquellsatz auf diesem Computer speichern* ❺. Für dieses Beispiel würde das bedeuten, dass für jede Datenquelle, die den Feldnamen *Strasse* enthält, automatisch eine Zuordnung zu *Adresse 1* vorgenommen wird.

Bei Problemen in der Grußzeile gehen Sie analog vor. Auch hier haben Sie die Möglichkeit über die Schaltfläche *Übereinstimmende Felder festlegen* Feldnamen zuzuordnen.

Grußzeile

Adressblock oder Seriendruckfelder verwenden?

Adressblock	Seriendruckfelder	
Office·Komplett·GmbH—Grubenweg·2—89077·Ulm¶ ¶ «Adresse»¤	Office·Komplett·GmbH—Grubenweg·2—89077·Ulm¶ ¶ «Firma»¶ «Anrede»·«Vorname»·«Nachname»¶ «Strasse»¶ «PLZ»·«Ort»¤	*Gegenüberstellung von Adressblock und Seriendruckfeldern*
Office Komplett GmbH – Grubenweg 2 – 89077 Ulm Baumschule Eichendorf Herr Tobias Baumholtz Höllentalstraße 12 82467 Garmisch-Partenkirchen	Office Komplett GmbH – Grubenweg 2 – 89077 Ulm Baumschule Eichendorf Herr Tobias Baumholtz Höllentalstraße 12 82467 Garmisch-Partenkirchen	Kein Unterschied bei vollständigen Informationen
Office·Komplett·GmbH—Grubenweg·2—89077·Ulm¶ ¶ Drögel·Verlag·GmbH¶ Frau·Drögel-Steininger¶ Waldweg·4¶ 4777·Neuendorf¤	Office·Komplett·GmbH—Grubenweg·2—89077·Ulm¶ ¶ Drögel·Verlag·GmbH¶ Frau··Drögel-Steininger¶ Waldweg·4¶ 4777·Neuendorf¤	Ein fehlender Vorname erzeugt bei Verwendung von einzelnen Seriendruckfeldern zwei aufeinanderfolgende Leerzeichen
Office Komplett GmbH – Grubenweg 2 – 89077 Ulm Fürst Moden Wittelsbacherstr. 6 80638 München	Office Komplett GmbH – Grubenweg 2 – 89077 Ulm Fürst Moden Wittelsbacherstr. 6 80638 München	Ein fehlender Ansprechpartner erzeugt im Adressblock eine leere Zeile
Office Komplett GmbH – Grubenweg 2 – 89077 Ulm Herr Paul Bronn Marktplatz 4 4780 Schärding Österreich	Office Komplett GmbH – Grubenweg 2 – 89077 Ulm Herr Paul Bronn Marktplatz 4 4780 Schärding	Der Adressblock reagiert automatisch auf ausländische Adressen und stellt diese korrekt dar.

Sie sehen, dass unvollständige Datensätze für Lücken im Adressfeld sorgen. Dabei reagieren *Adressblock* und die Zusammenstellung von Seriendruckfelder unterschiedlich.

Achtung! Auch die Absatzformatierung des Adressfelds bewirkt Unterschiede. Setzt sich ein Adressfeld aus einzelnen Seriendruckfeldern zusammen, werden Leerzeilen bei fehlenden Informationen nur dann ausgeblendet, wenn das Adressfeld keine Absatzformate in Form von *Abstand Vor* oder *Nach* enthält.

Der Adressblock bietet den Vorteil, dass die korrekte Anzeige ausländischer Adressen automatisch erfolgt. Verwenden Sie einzelne Seriendruckfelder, erhalten Sie dieselben Ergebnisse nur unter Zuhilfenahme von Bedingungen. Unter Umständen ist es ratsam, für Sendungen nach Deutschland und ins Ausland getrennte Serienbriefe zu erstellen.

Arbeiten Sie mit Outlook-Kontakten als Datenquelle, ist die Verwendung des Adressblocks von Vorteil, da Outlook mit übereinstimmenden Feldnamen arbeitet.

Der größte Nachteil des Adressblocks ist, dass er kein Standardfeld für Titel, wie z. B. Doktor, Professor etc. berücksichtigt. Es gibt verschiedene Ansätze, diese Titel dennoch im Adressblock unterzubringen, manche erfordern auch eine Überarbeitung der Datenquelle. Ich bevorzuge in diesen Fällen eine Zusammenstellung des Adressfelds und der Briefanrede mittels einzelner Seriendruckfelder und den Einsatz von Bedingungen.

7.5   Mit Bedingungen mehr Individualität und weniger Fehler

Mit Regeln ist es möglich, in Abhängigkeit von Einträgen in Ihrer Datenquelle eine Aktion auszuführen, z. B. Text einzufügen. Hier kommt am Häufigsten die Wenn-Dann-Sonst-Bedingung zum Einsatz. Mit ihr erzeugen Sie beispielsweise die Angleichung des Adjektivs an das Geschlecht, fügen optionale Leerzeichen ein und vieles mehr.

Individuelle Grußzeile gestalten

Einfache Bedingung einfügen

Wer anstelle der formellen Briefanrede, die die Schaltfläche *Grußzeile* zur Verfügung stellt, eine etwas zwanglosere Anrede verwenden möchte, muss diese selbst zusammenstellen. Im Beispiel unten zeigen ich Ihnen, wie Sie die Anrede *Guten Tag liebe Frau Müller* bzw. *Guten Tag lieber Herr Muster* selbst erstellen. Das Problem, welches zu lösen ist, besteht in der Angleichung des Adjektivs *liebe* bzw. *lieber*. Es werden also für eine Frau bzw. einen Herrn unterschiedliche Grußzeilen benötigt. In diesem Beispiel enthält das Datenfeld *Anrede* die Information Frau bzw. Herr.

1   Setzen Sie zunächst den Cursor an die Stelle Ihres Serienbriefs, an der Sie die Grußzeile einfügen möchten und geben Sie über die Tastatur den ersten Teil der Anrede, *Guten Tag* gefolgt von einem Leerzeichen ein.

2 Klicken Sie im Register *Sendungen* auf die Schaltfläche *Regeln* und wählen Sie *Wenn… Dann… Sonst…*, um das Fenster *Bedingungsfeld einfügen* zu öffnen. Definieren Sie dann die zu überprüfende Bedingung und geben Sie ein, welcher Text bei erfüllter und nichterfüllter Bedingung eingetragen werden soll:

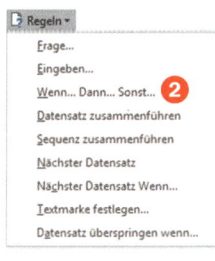

Feldname	Wählen Sie unter Feldname dasjenige Feld aus, dessen Inhalt überprüft werden soll. In diesem Beispiel befindet sich die Information *Frau / Herr* in der Datenquelle in der Spalte mit dem Feldnamen *Anrede*. Deshalb wählen Sie hier *Anrede* aus.
Vergleich	Hier stehen verschiedene Vergleichsoperatoren zur Auswahl. Verglichen wird der Inhalt der vorher ausgewählten Spalte der Datenquelle mit dem nachfolgenden Eintrag bei *Vergleichen mit*. Für unsere Zwecke wählen wir *Gleich* aus, d.h. der Inhalt muss mit dem vorgegebenen Text übereinstimmen.
Vergleichen mit	Hier geben Sie das Vergleichskriterium über die Tastatur ein. In diesem Beispiel geben wir *Frau* ein. Die zu prüfende Bedingung lautet somit: „Wenn der Inhalt des Feldes *Anrede gleich Frau*".
Dann diesen Text einfügen	Geben Sie an, welcher Text im Serienbrief eingefügt werden soll, wenn die Bedingung erfüllt ist. In dieses Feld geben Sie *liebe Frau* gefolgt von einem Leerzeichen ein.
Sonst diesen Text einfügen	Geben Sie an, welcher Text eingefügt werden soll, wenn die Bedingung nicht erfüllt ist. In dieses Feld tragen Sie *lieber Herr* gefolgt von einem Leerzeichen ein.

Das Leerzeichen geben Sie ein, um einen Abstand zum Nachnamen zu generien. Sie könnten auch ein Leerzeichen zwischen Bedingungsfeld und Seriendruckfeld im Brief selbst eingeben.

Bedingungsfeld einfügen, um eine Angleichung des Adjektivs an das Geschlecht zu vereinbaren.

Office Komplett GmbH

Grubenweg 2
89077 Ulm

Tel. +49 731 – 123456
Fax +49 731 – 987654

Office Komplett GmbH – Grubenweg 2 – 89077 Ulm

«Adresse»

Bonuspunkte

Guten Tag

Bedingungsfeld einfügen: WENN   ?   ✕

WENN

Feldname: **Vergleich:**   **Vergleichen mit:**

Anrede | Gleich | Frau

Dann diesen Text einfügen:

liebe Frau

Sonst diesen Text einfügen:

lieber Herr

OK   Abbrechen

3 Bestätigen Sie dann mit *Ok*. Fügen Sie dann an der Cursorposition im Brief noch das Seriendruckfeld für den Nachnamen ein und geben Sie ein Komma ein. Damit ist Ihre erste selbstgestaltete Briefanrede fertig.

Als Ergebnis erhalten Sie eine Briefanrede wie in nebenstehender Grafik dargestellt. Hier ist die *Vorschau Ergebnisse* noch nicht aktiviert, wie am Seriendruckfeld *Nachname* leicht zu erkennen. Der Text, der über das Bedingungsfeld eingefügt wird, wird angepasst an den gerade ausgewählten Datensatz, abgebildet.

Bonuspunkte¶

¶

Guten·Tag·liebe·Frau·«Nachname»,¶

> **Tipp:** Wenn Sie Seriendruck- und Bedingungsfelder kontrollieren, sollten Sie immer alle Zeichen über *Start* ▸ *Absatz* ▸ ¶ anzeigen. Wechseln Sie dann zwischen den Datensätzen und überprüfen Sie, ob diese korrekt angezeigt werden oder überschüssige Leerzeichen vorhanden sind.

Verschachtelte Bedingung vereinbaren

Zwei Bedingungen prüfen

Ein Bedingungsfeld nach dem oben beschriebenen Muster eignet sich, wenn die Grußzeile nur zwei Möglichkeiten zulässt. In der Praxis aber fehlen bei Schreiben an Firmen hin und wieder Ansprechpartner. Deshalb ist es notwendig, als dritte Option der Anrede „Sehr geehrte Damen und Herren" zu vereinbaren.

Datenquelle, in einigen Datensätzen fehlt der Ansprechpartner

1 Fügen Sie im ersten Schritt, wie oben beschrieben, ein Bedingungsfeld ein. Die erste Bedingung lautet wieder: Wenn das Feld *Anrede gleich Frau*. Allerdings fügen Sie jetzt im Bereich *Dann* den gesamten ersten Teil der Anrede *Guten Tag liebe Frau* mit einem Leerzeichen am Ende ein. *Guten Tag* kann jetzt nicht mehr direkt in den Brief eingetragen werden, da es sonst bei manchen Datensätzen zu folgendem Ergebnis käme: *Guten Tag Sehr geehrte Damen und Herren*.

2 Für den Bereich *Sonst* wird vorerst keine Angabe gemacht werden. Dieses Feld wird im nächsten Schritt bearbeitet. Um den Bereich *Sonst* gleich besser lokalisieren zu können, tragen wir hier das Wort „Platzhalter" ein. Natürlich ist auch jede andere Angabe möglich. Schließen Sie dann das Dialogfenster durch Anklicken von *OK*.

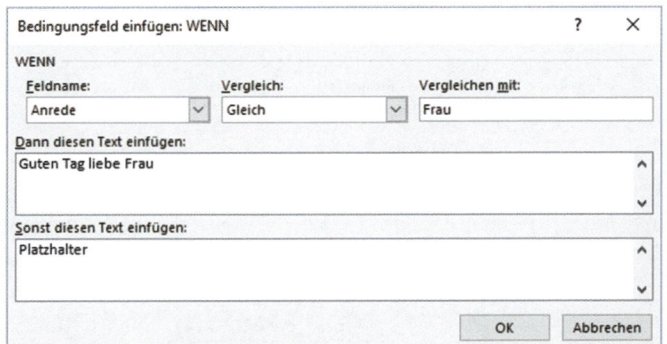

Erste Bedingung mit
Platzhalter festlegen

3   Im Word-Dokument erhalten Sie nun als Briefanrede, je nach ausgewähltem
Datensatz, *Guten Tag liebe Frau* oder *Platzhalter*. Zur Eingabe der zweiten Bedin-
gung müssen Sie anstelle des Textes die Feldnamen anzeigen lassen. Drücken
Sie dazu die Tastenkombination Alt+F9, mit denselben Tasten blenden Sie die
Feldnamen auch wieder aus.

> { IF { MERGEFIELD Anrede } = "Frau" "Guten Tag liebe Frau " "Platzhalter" }

4   Löschen Sie das Wort *Platzhalter*. Die dazugehörigen Anführungszeichen dürfen nicht gelöscht werden. Der Cursor verbleibt zwischen diesen beiden Anführungszeichen.

> { IF { MERGEFIELD Anrede } = "Frau" "Guten Tag liebe Frau " "" }

5   Fügen Sie an dieser Stelle über die Schaltfläche *Regeln* das zweite Bedingungsfeld ein. Vereinbaren Sie folgende Inhalte: Wenn das Feld *Anrede gleich Herr*. Im
Bereich *Dann* geben Sie wieder den gesamten ersten Teil der Anrede *Guten Tag
lieber Herr* mit einem Leerzeichen am Ende ein. Und im Bereich *Sonst* vereinbaren
Sie *Sehr geehrte Damen und Herren*. Verzichten Sie auf Leerzeichen oder Komma
am Ende. Das Komma muss im Brief selbst eingegeben werden, da alle drei Optionen am Ende ein Komma benötigen.

Zweite Bedingung einfügen

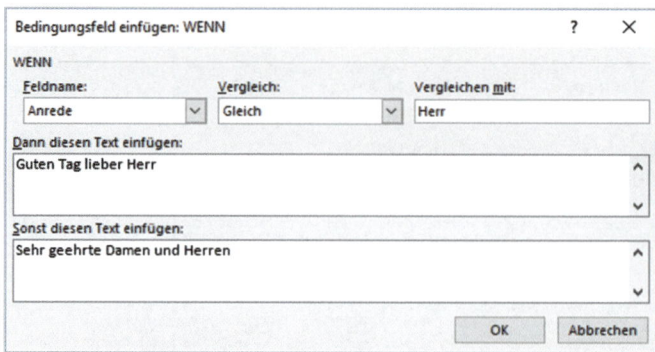

6 Das Ergebnis als Feldfunktion:

7 Jetzt fehlt nur noch der Nachname und das Komma. Blenden Sie dazu mit Alt+F9 die Feldfunktionen wieder aus und fügen Sie am Ende der Zeile ohne Eingabe eines Leerzeichens das Seriendruckfeld für den Nachnamen gefolgt von einem Komma ein. Testen Sie das Ergebnis in der Vorschau.

Benötigte Seriendruck-felder für Adressfeld und Briefanrede

Ergebnis mit Ansprech-partner

Ergebnis ohne An-sprechpartner

Office-Komplett·GmbH---Grubenweg·2—89077·Ulm¶	Office-Komplett·GmbH---Grubenweg·2—89077·Ulm¶	Office-Komplett·GmbH---Grubenweg·2—89077·Ulm¶
«Firma»¶	Adlerwerke·AG¶	Fürst·Moden¶
«Anrede»·«Vorname»·«Nachname»¶	Frau·Christine·Adler¶	Wittelsbacherstr.·6¶
«Strasse»¶	Pfarrer-Wenz-Str.·88·d¶	80638·München¶
«PLZ»-«Ort»¶	96317·Kronach·¶	
		Sehr·geehrte·Damen·und·Herren,¶
Guten·Tag·liebe·Frau·«Nachname»,¶	Guten·Tag·liebe·Frau·Adler,¶	

Bedingungen korrigieren

Die Tastenkombination Alt + F9 eignet sich auch zur Korrektur von Bedingungen. Der Inhalt eines Bedingungsfeldes kann über die Schaltfläche *Regeln* und den Befehl *Wenn… Dann… Sonst…* nämlich nicht mehr angezeigt bzw. bearbeitet werden. Haben Sie nur eine Kleinigkeit vergessen, z. B. ein Komma oder ein Leerzeichen, ist es einfacher schnell mit Alt + F9 die Feldfunktion anzuzeigen und dort Berichtigungen vorzunehmen, als eine neue Bedingung einzugeben.

Das Herr-Herrn-Problem lösen

Korrekterweise werden männliche Empfänger im Anschriftenfeld mit „Herrn" (Herrn Max Mustermann) bezeichnet; für die Briefanrede benötigen Sie allerdings den „Herr" (Sehr geehrter Herr Mustermann). In der Regel stellen Datenquellen für diese Problematik keine zwei Datenfelder zur Verfügung, sondern bieten für die Anrede nur „Herr" an. Über ein Bedingungsfeld kann jetzt für das Adressfeld das zusätzliche „n" an „Herr" angefügt werden.

Die Schaltfläche *Adressblock* berücksichtigt diesen Umstand nicht. Wenn Sie hier auf Richtigkeit Wert legen, müssen Sie die Adresse mittels Seriendruckfelder erstellen.

Ein n mittels Bedinungsfeld anhängen

Für unser Beispiel gehen wir davon aus, dass Frau bzw. Herr in einem Datenfeld mit dem Feldnamen *Anrede* in der Datenquelle eingetragen ist.

Fügen Sie zunächst im Anschriftenfeld die notwendigen Seriendruckfelder ein und setzen Sie den Cursor direkt hinter das Feld *Anrede* ❶. Es darf kein Leerzeichen zwischen dem Seriendruckfeld und dem Cursor vorhanden sein. Wählen Sie im Register *Sendungen* die Schaltfläche *Regeln* und dann *Wenn… Dann… Sonst* ❷. Tragen Sie folgende Informationen ein bzw. wählen Sie sie aus ❸:

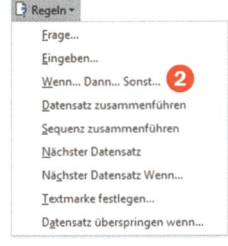

Feldname	Anrede
Vergleich	Gleich
Vergleichen mit	Herr
Dann diesen Text einfügen	n
Sonst diesen Text einfügen	Hier erfolgt kein Eintrag, lassen Sie das Feld leer.

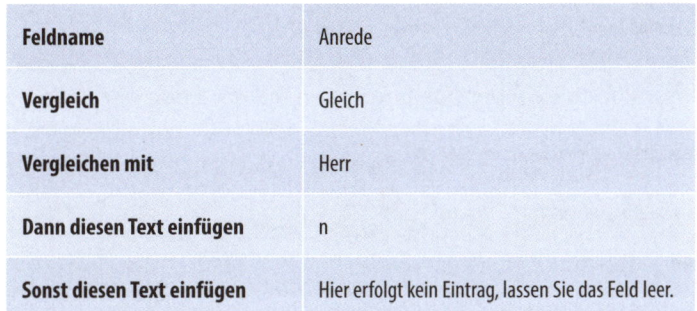

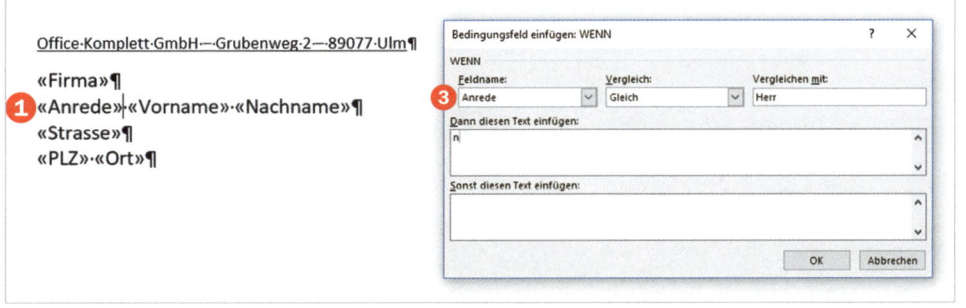

Für diese Vorgehensweise existiert eine alternative Handhabung. Mehr dazu erfahren Sie auf Seite 266 unter der Überschrift *Alternative zum Bedingungsfeld*. Das „n" könnte auch als Zusatz zum Feld eingetragen werden.

Wichtig ist, dass in der Datenquelle die Informationen in den einzelnen Datenfeldern einheitlich eingetragen werden. Eine Mischform zwischen „Herr" und „Herrn" im Datenfeld *Anrede* führt zu suboptimalen Ergebnissen im Serienbrief. Falls Ihre Datenbank solche Mischformen aufweist, würde ich vorschlagen, diese in der Datenquelle zu berichtigen, falls möglich mit einer Funktion wie z. B. *Suchen und Ersetzen*. Falls das nicht möglich ist, können Sie auch im Serienbrief für ein korrektes Ergebnis sorgen. Wie das geht, lesen Sie auf der nächsten Seite.

Herrn und Frau mittels Bedingungsfeld einfügen

Wählen Sie die Seriendruckfelder für das Adressfeld aus und verzichten Sie auf das Seriendruckfeld *Anrede* ❶. Setzen Sie den Cursor direkt vor das Feld *Vorname* und rufen Sie die *Wenn...Dann...Sonst*-Bedingung auf. Hier ❷ tragen Sie folgende Informationen ein:

Feldname	Anrede
Vergleich	Gleich
Vergleichen mit	Herr*
	Mit * als Platzhalterzeichen vereinbaren Sie, dass sowohl „Herr" als auch „Herrn" als positiver Vergleich gewertet wird und in beiden Fällen die Dann-Option gilt.
Dann diesen Text einfügen	Herrn mit einem Leerzeichen am Ende
Sonst diesen Text einfügen	Frau mit einem Leerzeichen am Ende

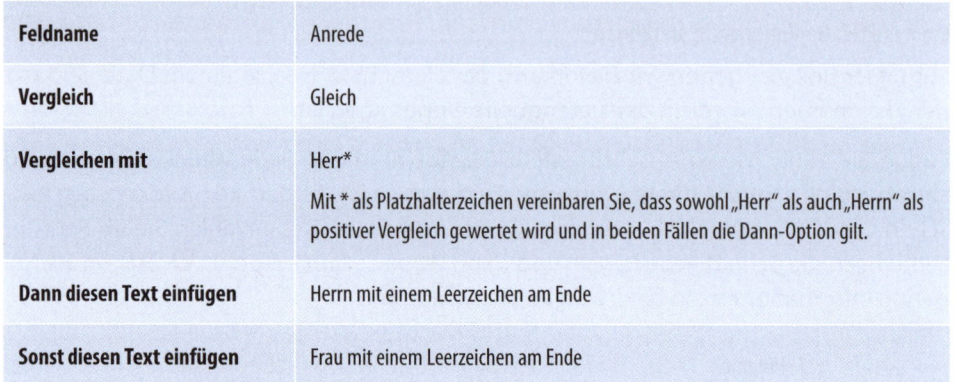

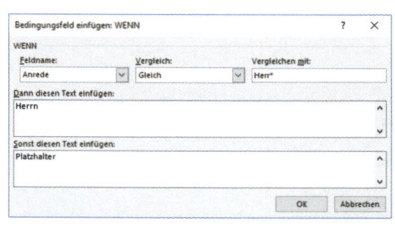

Achtung: Fehlen in der Datenquelle Ansprechpartner so steht für diese Datensätze im Anschriftenfeld nur „Frau". Für diesen Fall muss eine verschachtelte Bedingung erstellt werden. Wie Sie Bedingungen verschachteln, habe Sie bereits auf Seite 260 erfahren.

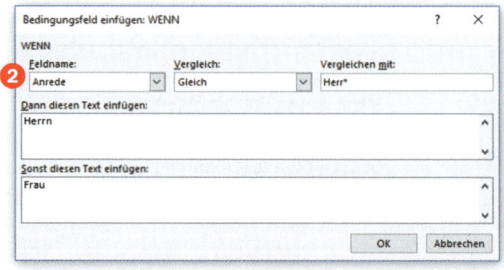

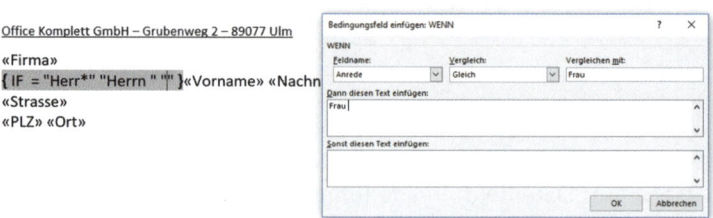

In der Grafik sehen Sie die zwei Bedingungen, die verschachtelt werden müssen, um zu verhindern, dass im Anschriftenfeld bei fehlendem Ansprechpartner nur der Eintrag „Frau" erscheint.

Bedingte Leerzeichen einfügen bei Empfängern mit Doktortitel

Mit Hilfe von bedingten Leerzeichen lassen sich Abstände vermeiden, die durch fehlenden Inhalten in der Datenquelle entstehen. Dazu ein Beispiel: Ihre Datenquelle enthält einige Empfänger, die einen Doktortitel haben. Somit können Sie die vorgefertigten Seriendruckfelder für Anschrift und Briefanrede nicht verwenden, da diese den Doktortitel nicht einbeziehen. Sie sind gezwungen, eigene Zusammenstellungen mittels einzelner Seriendruckfelder zu erstellen.

Der Serienbrief beruht auf folgender Datenquelle. Der Doktortitel befindet sich in der Spalte *Titel*, die Anrede Herr bzw. Frau in der Spalte *Anrede*.

Datenquelle mit Doktortitel

Bei Eingabe der Seriendruckfelder mit jeweils einem Leerzeichen zwischen den einzelnen Felder, würde das Ergebnis bei allen Datensätzen mit Doktortitel korrekt angezeigt. Bei allen Empfängern ohne Doktortitel würden zwischen Anrede und Vorname zwei Leerzeichen angezeigt.

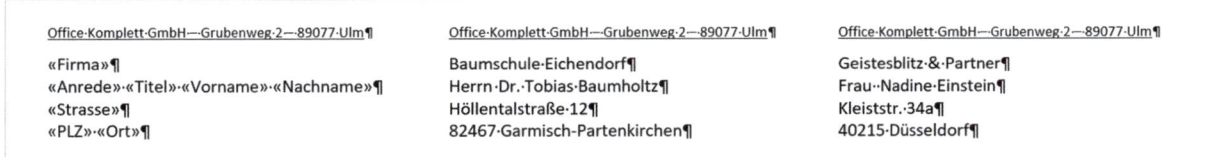

Zur Lösung des Problems gehen Sie so vor:

1 Fügen Sie die benötigten Seriendruckfelder in das Adressfeld ein und geben Sie zwischen *Titel* und *Vorname* kein Leerzeichen ein. Platzieren Sie dann den Cursor zwischen den Seriendruckfeldern.

2 Klicken Sie im Register *Sendungen* auf die Schaltfläche *Regel* und wählen Sie *Wenn… Dann… Sonst…* aus. Definieren Sie die zu überprüfende Bedingung.

- Wählen Sie bei *Feldname* das Seriendruckfeld aus, an welches Sie die Bedingung knüpfen möchten; in unserem Beispiel ist das *Titel*.

- Bei *Vergleich* wählen Sie *ist nicht leer* aus, in diesem Fall brauchen Sie im nächsten Feld *Vergleichen mit* nichts eintragen.

- Geben Sie im Feld *Dann diesen Text einfügen:* ein Leerzeichen über die Tastatur ein.

- Das Feld *Sonst diesen Text einfügen* bleibt leer.

*Bedingungsfeld einge-
ben, achten Sie dabei
auf die richtige Position
des Cursors.*

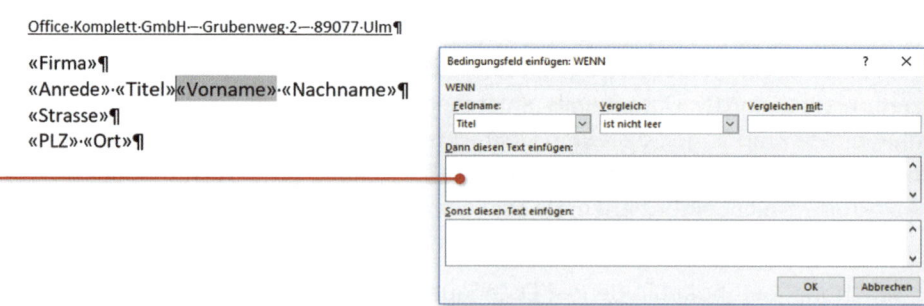

*Hier geben Sie über die
Tastatur ein Leerzeichen
ein.*

Zwischen den beiden Seriendruckfeldern *Titel* und *Vorname* wird durch die Bedingung nur dann ein Leerzeichen eingefügt, wenn ein Doktortitel vorhanden ist. Die vorgenommenen Einstellungen für das Adressfeld müssen Sie selbstverständlich für die Briefanrede wiederholen.

> Sollten in Ihrer Datenquelle auch viele Vornamen fehlen, so geben Sie zur Vermeidung von doppelten Leerzeichen auch ein Bedingungsfeld nach obigen Muster zwischen den Seriendruckfeldern für Vorname und Nachname ein.

Alternative zum Bedingungsfeld

Ein optionales Leerzeichen kann auch auf andere Weise festgelegt werden.

1 Fügen Sie die Seriendruckfelder in das Adressfeld ein. Zwischen *Titel* und *Vorname* bzw. *Vorname* und *Nachname* geben Sie kein Leerzeichen ein.

2 Klicken Sie mit der rechten Maustaste auf *Titel* und wählen Sie im Kontextmenü *Feld bearbeiten* aus.

3 Das Dialogfenster *Feld* öffnet sich. Aktivieren Sie unter *Feldoptionen* das Kontrollkästchen vor *Danach einzufügender Text* und geben Sie im Feld daneben ein Leerzeichen ein.

4 Wiederholen Sie den Vorgang für den *Vornamen*.

*Leerzeichen als Teil des
Felds vereinbaren*

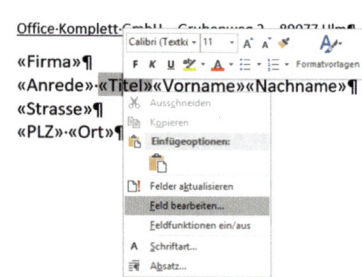

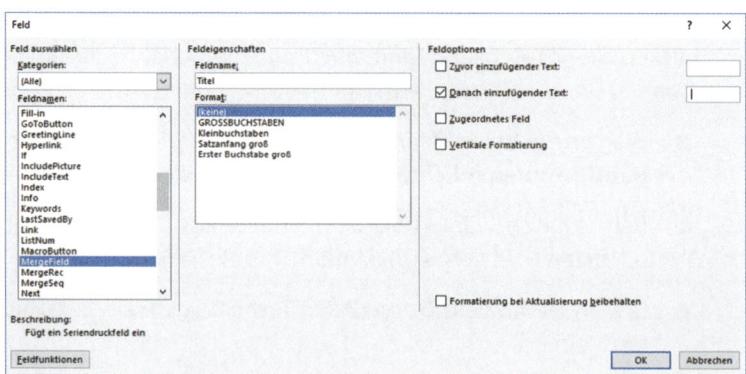

Outlook und Doktortitel

Outlook Kontaktdaten als Datenquelle in Word zu verwenden, ist durch die Übereinstimmung der Feldnamen im Adressblock zunächst unkompliziert. Befinden sich unter ihren Kontaktdaten auch Personen mit Doktortitel wird die Angelegenheit schon etwas komplizierter. Die Gretchenfrage lautet: Wo tragen Sie den Dr. in Outlook ein? Hier existiert nämlich kein dafür vorgesehenes Feld.

Variante 1

Eine Möglichkeit wäre, den Titel in Outlook im Feld *Anrede* zusammen mit der Anrede einzugeben, also „Herr Dr." oder „Frau Dr.". Vorteilhaft ist hier, dass Sie im Word Seriendruck das Adressfeld einfach durch Anklicken der Schaltfläche *Adressblock* einfügen können.

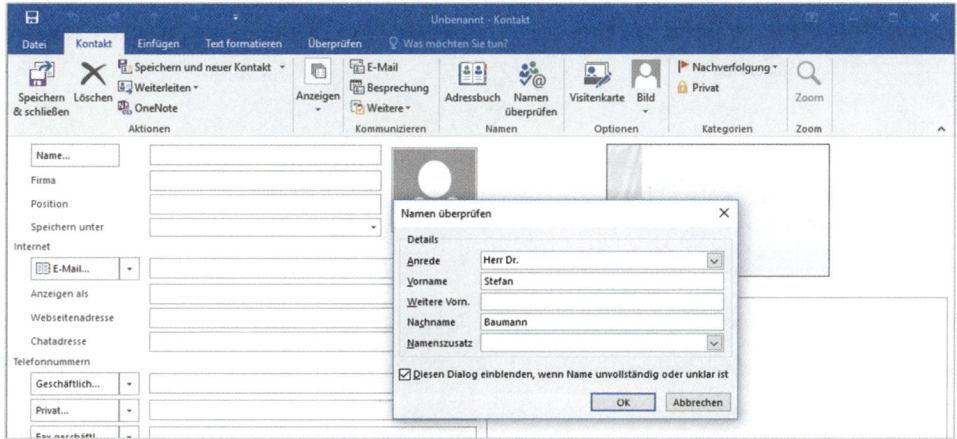

Fügen Sie allerdings über die Schaltfläche *Grußzeile* eine Briefanrede hinzu, so kann nicht mehr unterschieden werden, ob der Angesprochene männlich oder weiblich ist und eine allgemeine Form gewählt: *Sehr geehrte(r) Herr Dr. Baumann*. Dies beruht auf der Tatsache, dass im Feld *Anrede* nicht mehr nur „Herr" sondern „Herr Dr." steht und damit keine Übereinstimmung vorhanden ist. Sie müssen daher die Grußzeile selbst zusammenstellen, wie im Abschnitt *Bedingungen verschachteln* beschrieben. Allerdings muss die Bedingung den neuen Gegebenheiten angepasst werden.

1 In der Grußzeile geben Sie „Sehr" gefolgt von einem Leerzeichen ein, rufen die Regel *Wenn... Dann.. Sonst...* auf und füllen die Felder wie folgt aus:

Im Feld *Vergleichen mit* tragen Sie Frau* ein. Das Sternchen dient als Platzhalter für weitere Zeichen, wie z. B. Frau Dr. Im *Dann*-Feld tragen Sie „geehrte" ein. Im *Sonst*-Feld geben Sie „geehrter" für die männlichen Ansprechpartner ein.

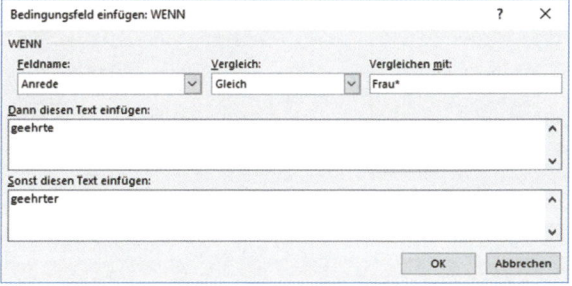

2 Im letzten Schritt fügen Sie noch die Seriendruckfelder *Anrede* und *Nachname* mit den entsprechenden Leerstellen und einem Komma am Ende ein.

Nachteilig an dieser Variante ist, dass zwei Informationen, nämlich Anrede und Titel in einem einzigen Feld zusammengefasst werden.

Variante 2

Möglich wäre auch, den Titel im Feld *Namenszusatz* (Suffix) in den Outlook-Kontakten zu hinterlegen. Dieses Feld ist eigentlich für Junior und Senior vorgesehen und dementsprechend wird der Titel dann auf der Outlook-Visitenkarte nachgestellt.

Doktortitel in Outlook eingeben

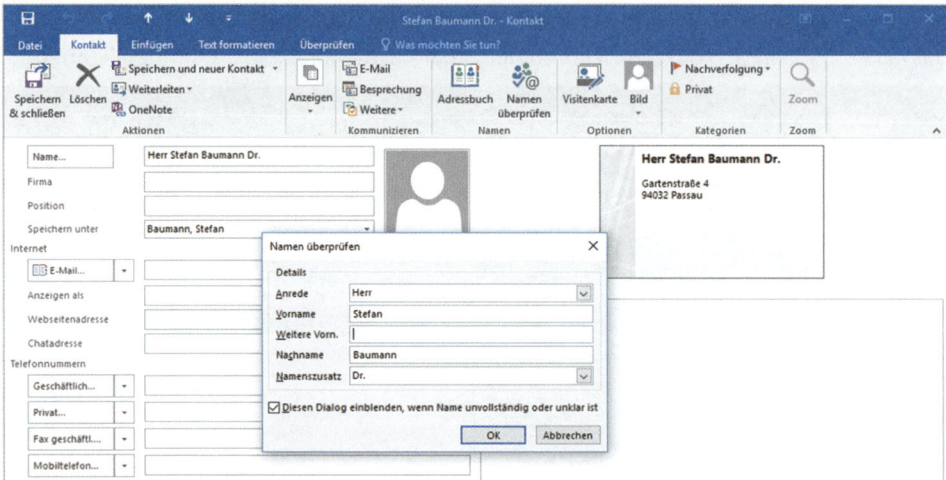

Das Adressfeld und die Briefanrede müssen jetzt aus einzelnen Seriendruckfeldern zusammengesetzt werden. Wählen Sie das Seriendruckfeld *Suffix* zur Anzeige des Doktortitels und das Feld *Adresse 1* für die Straßenangabe. Vergessen Sie nicht nach *Suffix* ein optionales Leerzeichen zu vereinbaren.

> Egal für welche Variante Sie sich entscheiden, wichtig ist, dass Sie die Titel in Outlook immer auf dieselbe Weise eingeben. Mischformen machen es unmöglich, die Kontaktdaten für einen Serienbrief zu verwenden.

7.6 Datum, PLZ und andere Zahlen korrekt anzeigen

Neben den typischen Seriendruckinformationen, wie z. B. einer Adresse, können im Serienbrief selbstverständlich auch andere Datenfelder der Datenquelle angezeigt werden: Versanddatum, gewünschter Zahlungseingang, Bonuspunkte, Betrag einer Gutschrift etc. Meist sind die Daten in der Datenquelle korrekt formatiert und enthalten ein Eurosymbol oder ein Datumsformat. Leider werden diese Formate in der Regel im Serienbrief nicht übernommen.

Anzeige der Datenfelder PLZ, Bonus und Eintritt in der Datenquelle

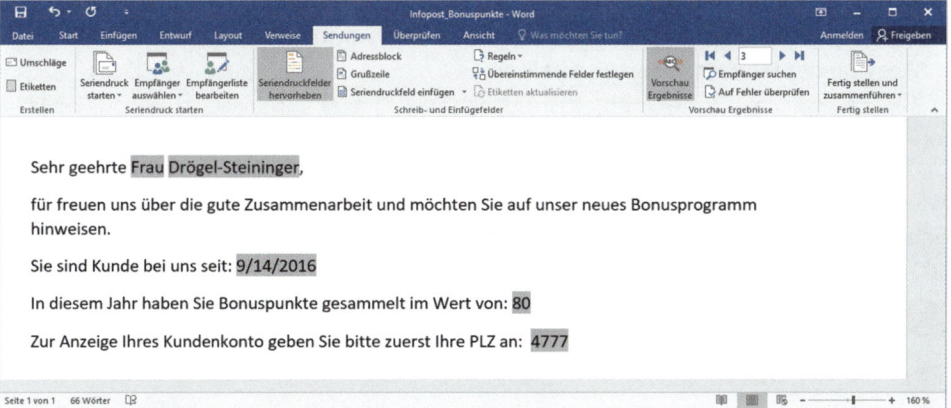

Vorschau auf die Ergebnisse der Seriendruckfelder in Word

- Das Datum (Datenfeld *Eintritt*) wird durch Schrägstriche getrennt im amerikanischen Datumsformat mit Anzeige des Monats an erster Stelle dargestellt.

- Der Eurobetrag (Datenfeld *Bonus*) wird nur als Zahl ohne Nachkommastellen oder Eurosymbol abgebildet.

- Bei der Postleitzahl (Datenfeld *PLZ*) fehlt die Führungsnull, die in der Excel-Datenquelle durch ein Sonderformat vorangestellt, aber nicht übernommen wird.

> Sofern die Postleitzahl in Excel als Format *Text* vereinbart ist, treten die beschriebenen Probleme nicht auf.

Diese Probleme lassen sich durch die Verwendung von sogenannten Schaltern beheben. Dazu blenden Sie zunächst mit Alt + F9 die Feldfunktionen ein. Fügen Sie dann
die entsprechenden Schalter innerhalb der geschweiften Klammern unmittelbar nach
dem Seriendruckfeld ein.

Verwendung	Schalter	Ergebnis, Beispiel
Datum	\@ "dd.MM.yyyy"	06.03.2017
	\@ "dd.MMMM yyyy"	06. März 2017
	\@"d. MMMM yyyy"	6. März 2017
	\@"yyyy"	2017
	\@"MMMM YYYY"	März 2017
Zahl mit Währungssymbol	\# "#.##0,00 €"	1.556,00 €
PLZ mit Führungsnull	\#"00000"	01067

> Achten Sie bei der Eingabe des Datumsschalters unbedingt darauf, das M zur
> Anzeige der Monate groß zu schreiben.

Schalten Sie danach durch erneutes Drücken der Tasten Alt + F9 die Feldfunktion
wieder aus. Falls keine Änderung stattgefunden hat, klicken Sie zunächst auf die
Schaltfläche *Vorschau Ergebnisse*, um eine Aktualisierung des Felds herbeizuführen.

Seriendruckfelder mit
Schaltern formatieren

Ergebnis

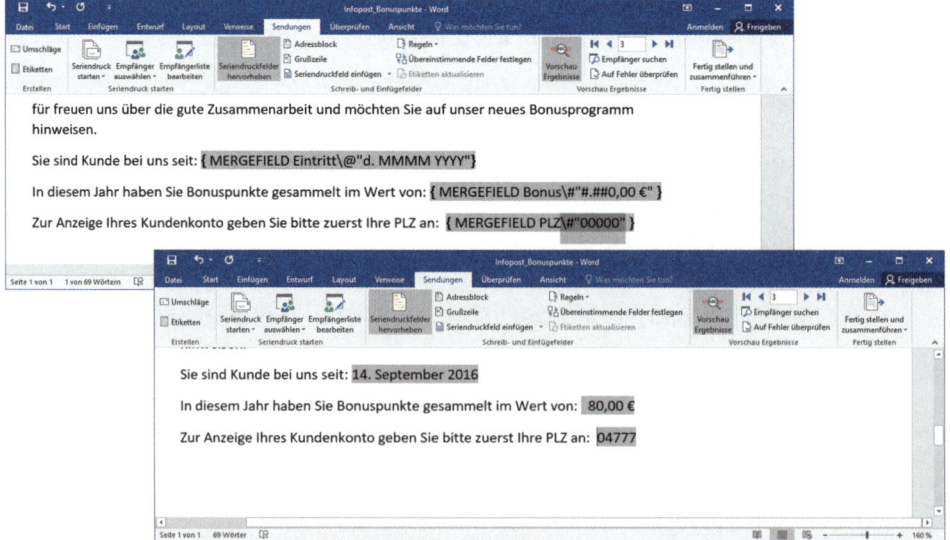

7.7 Bilder als Seriendruck einfügen

Auch Bilder können mittels Seriendruckfeld eingefügt werden. So kann für jeden Datensatz ein anderes Bild angezeigt werden. Diese Möglichkeit verwenden Sie beispielsweise beim Ausdruck von Mitarbeiterausweisen oder Etiketten mit verschiedenen QR-Codes, bei der Erstellung einer Verkaufsliste mit Bildern der einzelnen Produkte etc.

Im Beispiel unten sollen Mitarbeiterausweise mit Foto ausgedruckt werden. Wir verwenden hier den Etikettendruck, so können mehrere Ausweise auf einer Seite gedruckt werden.

1 Die Datenquelle muss neben den benötigten Inhalten, wie z. B. Nachname, Vorname etc. auch eine Pfadangabe zum Speicherort des Fotos, sowie den Dateinamen des Fotos enthalten. Diese Informationen können in einem aber auch in zwei Datenfeldern zur Verfügung stehen. Wir haben uns für zwei Felder entschieden. Da alle Fotos am selben Ort abgespeichert sind, kann der Dateipfad für den Speicherort kopiert werden.

Achten Sie darauf, dass Sie anders als bei gängigen Pfadangaben den Backslash durch einen doppelten Backslash ersetzen.

In einem zweiten Datenfeld haben wir den Dateinamen hinterlegt. Achten Sie darauf, auch die Dateinamenserweiterung z. B. *.jpg* zu hinterlegen.

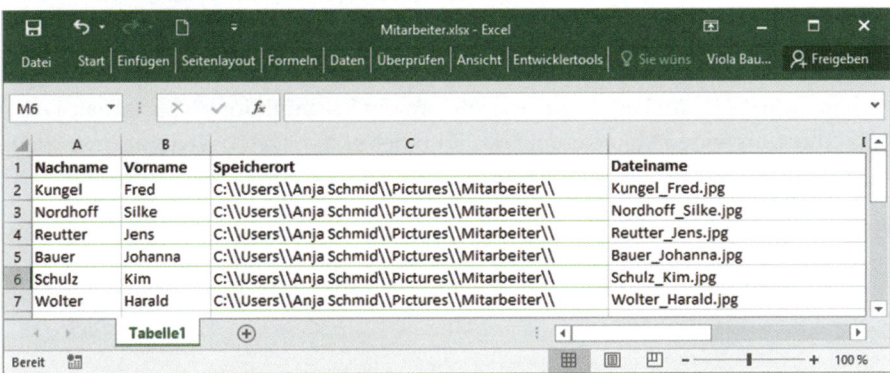

2 Wählen Sie im Register *Sendungen* ▸ *Seriendruck starten* ▸ *Etiketten* aus und suchen Sie dann das passende Format aus.

3 Verbinden Sie über *Empfänger auswählen* das Word-Dokument mit der Datenquelle.

4 Klicken Sie in das erste Etikettenfeld links oben. Wenn Sie Bild und Text nebeneinander anordnen möchten, empfiehlt sich die Verwendung einer Tabelle ohne Rahmenlinie. Auch diese wird auf die folgenden Etiketten übertragen.

5 Fügen Sie die Seriendruckfelder für den Namen des Mitarbeiters und ggf. weiteren Text ein.

6 Klicken Sie dann an die Stelle, an der das Bild angezeigt werden soll und wählen Sie im Register *Einfügen* ▶ *Schnellbausteine* ▶ *Feld*. Wählen Sie hier das Feld *IncludePicture*. Beim Einfügen einer großen Anzahl an Bildern wird die Word-Datei recht schwerfällig. Aus diesem Grund sollten Sie die Bilder nur verknüpfen. Tippen Sie dazu unten links auf *Feldfunktionen* und dann auf *Optionen*. Wählen Sie hier den Schalter *\d* und klicken Sie auf *Hinzufügen*. Bestätigen Sie dann alle Fenster mit *Ok*. Die Feldfunktion zeigt nun einen Fehler an, da noch kein Dateipfad hinterlegt ist.

7 Drücken Sie im Word-Dokument zur Anzeige der Feldfunktionen die Tastenkombination Alt + F9 und bearbeiten Sie die Feldfunktion wie folgt:

- Setzen Sie den Cursor hinter INCLUDEPICTURE und geben Sie obere Anführungszeichen ein.
- Klicken Sie auf *Seriendruckfeld einfügen* und wählen Sie das Seriendruckfeld aus, welches den Dateipfad zum Bild enthält, in unserem Beispiel ist das das Feld *Speicherort*.
- Geben Sie kein Leerzeichen ein, sondern klicken Sie erneut auf *Seriendruckfeld einfügen* und wählen Sie das Seriendruckfeld aus, welches den Dateinamen enthält, hier *Dateiname*.
- Geben Sie dann nochmals obere Anführungszeichen ein.

{·INCLUDEPICTURE·"{·MERGEFIELD·Speicherort·}{·MERGEFIELD·Dateiname·}"·\d··*·MERGEFORMAT·}¶

8 Drücken Sie erneut Alt + F9. Markieren Sie den gesamten Inhalt mit Strg + A und drücken Sie die Funktionstaste F9, um die Feldfunktionen zu aktualisieren. Jetzt muss im ersten Etikettenfeld das Foto des ersten Datensatzes angezeigt werden.

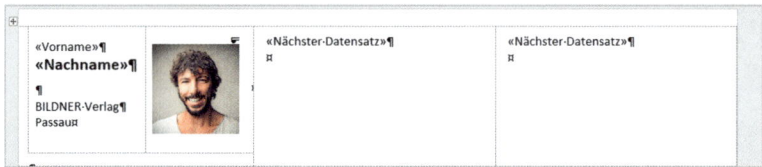

9 Klicken Sie dann im Register *Sendungen* auf *Etiketten aktualisieren*. Sie sehen jetzt überall dasselbe Bild. Das ist in Ordnung und wird gleich behoben.

10 Klicken Sie jetzt auf die Schaltfläche *Fertig stellen und zusammenführen*, wählen Sie *Einzelne Dokumente bearbeiten* und geben Sie den Seriendruck in ein neues Dokument aus.

11 Jetzt markieren Sie mit Strg + A alle Inhalte und aktualisieren diese mit der Funktionstaste F9.

Links: Darstellung vor der Aktualisierung mit F9

Rechts: Ergebnis

7.8   Zusammenfassung

▶   Für die Erstellung eines Seriendruck-Dokuments, z. B. eines Serienbriefs benötigen Sie immer zwei Dateien: Das Hauptdokument mit dem Brieftext und eine Datenquelle, z. B. eine Excel-Tabelle oder Access-Abfrage. Im einfachsten Fall kann als Datenquelle auch eine Textdatei (.txt) verwendet werden, in der die Felder durch Semikolon (;) getrennt sind. Falls noch keine Datenquelle vorhanden ist, können Sie diese bei der Serienbrieferstellung in einer neuen Liste als Datenbank anlegen.

▶   Neben Briefen können auch Aussendungen via E-Mail vereinbart werden. Auch das Bedrucken von Etiketten und Umschlägen ist mittels Seriendruck möglich. Die meisten handelsüblichen Maße für Umschläge und Etiketten sind gespeichert und brauchen nur ausgewählt werden.

▶   Die Erstellung eines Serienbriefs geht in mehreren Schritten vor sich, die Befehle dazu finden Sie im Register Sendungen. Zuerst wählen Sie den Dokumenttyp (Serienbriefe, Etiketten etc.). Im nächsten Schritt müssen Sie angeben, in welcher Datei die Adressen gespeichert sind. Dann fügen Sie Seriendruckfelder an den entsprechenden Stellen in Word ein. Diese dienen als Platzhalter für die einzelnen Informationen der Datenquelle. Zum Schluss kontrollieren Sie das Ergebnis in einer Vorschau. Im letzten Schritt werden die Dokumente an den Drucker gesendet.

▶ Zusammen mit dem Serienbrief wird auch die Verknüpfung zur Datenquelle gespeichert, Word macht Sie beim späteren Öffnen eines Hauptdokuments darauf aufmerksam.

▶ Oft ist es vorteilhaft oder notwendig, die Inhalte der Datenquelle zu sortieren bzw. zu filtern. Beispielsweise wird bei großen Aussendungen per Post gefordert, dass die Briefe sortiert nach Postleitzahlen abgegeben werden. Diese Sortierung kann sowohl in der Datenbank als auch in Word vorgenommen werden.

▶ Die Seriendruckfelder können einzeln oder über die entsprechende Schaltfläche als kompletter Adressblock oder vollständige Grußzeile eingefügt werden. Mit Hilfe von Bedingungen können Sie im Brieftext auch Formulierungen, abhängig vom Inhalt eines Seriendruckfeldes verwenden. Bedingungen werden häufig verwendet, wenn die einzelnen Datensätze Lücken aufweisen, z. B. bei fehlenden Informationen, wie z. B. Vornamen oder Besonderheiten wie z. B. Doktortitel.

▶ Grundsätzlich werden Formatierungen der Datenquelle im Word-Dokument nicht übernommen. Der korrekt formatierte Eurobetrag der Excel-Tabelle wird in Word nur als Zahl ohne Währunssymbol angezeigt. Hier helfen sogenannte Schalter bei der Vereinbarung spezieller Formate, wie Datum, Führungsnull oder Währung.

8 Formulare

In diesem Kapitel lernen Sie...

- ein Formular erstellen und vor Änderungen schützen
- Inhaltssteuerelemente einfügen und bearbeiten
- das Verhalten von Textfeldern, Kontrollkästchen, Listenfeldern usw. beim Ausfüllen steuern
- Formularfelder aus Vorversionen einsetzen

Das sollten Sie bereits wissen

- Arbeiten mit Tabellen
- Arbeiten mit Dokumentvorlagen

Sie können mit Word nicht nur normale Texte, z. B. Briefe erstellen, sondern auch Formulare, also Vordrucke, die Sie oder andere Nutzer später am Bildschirm ausfüllen und drucken. Dazu stellt Word spezielle Formularelemente zur Verfügung die eine Eingabe per Tastatur, Ankreuzen oder Auswahl aus einer Liste unterstützen. Gebräuchliche Beispiele sind Urlaubsanträge, interne Kurzmitteilungen oder Personalfragebögen; damit diese beliebig oft verwendet werden können, werden sie in der Regel als Dokumentvorlage erstellt. Um unbeabsichtigte Änderungen der übrigen Formularbestandteile zu verhindern, können Sie außerdem das Formular schützen.

8.1 Die schnelle Variante: Onlinevorlagen

Am schnellsten erstellen Sie ein Formular, indem Sie eine der Onlinevorlagen von Word als Ausgangsbasis verwenden. Auch wenn das passende Formular nicht dabei ist, so erhalten Sie hier doch einen ersten Einblick in den Umgang mit Formularen und Anregungen zur Gestaltung eines eigenen Formulars. Klicken Sie dazu im Register *Datei* auf *Neu*, geben Sie den Suchbegriff *Formular* ein und starten Sie die Suche mit Klick auf das Symbol Lupe.

Nach Vorlagen für Formulare suchen

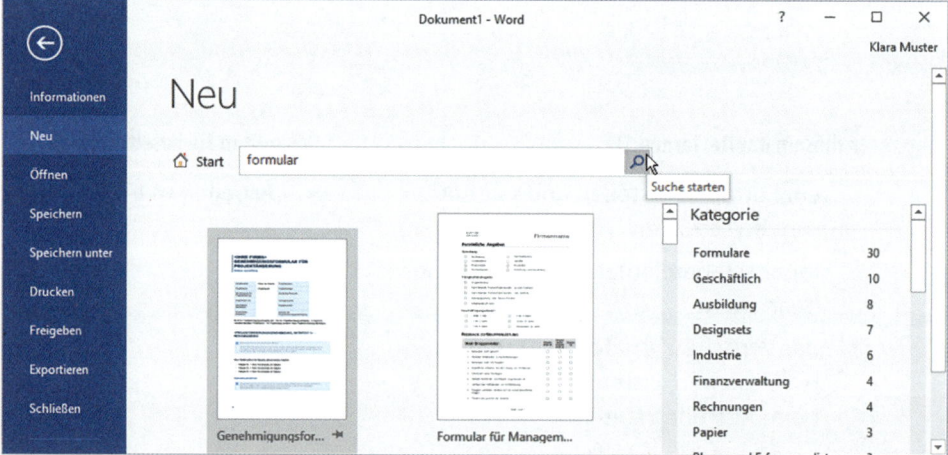

Falls nötig, können Sie rechts das Suchergebnis zusätzlich nach Kategorien eingrenzen. Klicken Sie auf ein Formular, so erhalten Sie eine Vorschau und mit Klick auf *Erstellen* wird das Formular heruntergeladen und anschließend geöffnet. Als Beispiel verwenden wir ein Genehmigungsformular.

Formular anpassen und als Dokumentvorlage speichern

Im ersten Schritt passen Sie das Formular an Ihre Bedürfnisse an. Zu diesem Zweck weisen die meisten Formulare Platzhalter für Firmenname und -logo auf. Die eigentlichen Formularfelder werden dagegen erst bei Verwendung des Formulars ausgefüllt. Auch Änderungen der Formatierung, z. B. Schrift oder Schriftfarbe sind problemlos möglich. Anschließend klicken Sie auf *Datei* ▶ *Exportieren* und auf *Dateityp ändern*. Klicken Sie auf *Vorlage (*.dotx)* und klicken Sie auf die Schaltfläche *Speichern unter*. Selbstverständlich können Sie alternativ auch im Register *Datei* auf *Speichern* klicken, im Fenster *Speichern unter* einen Dateinamen eingeben und den Dateityp *Word-Vorlage (*.dotx)* auswählen.

Dokumentvorlage speichern, siehe Kapitel 3.1

Beispiel: Die Vorlage Genehmigungsformular

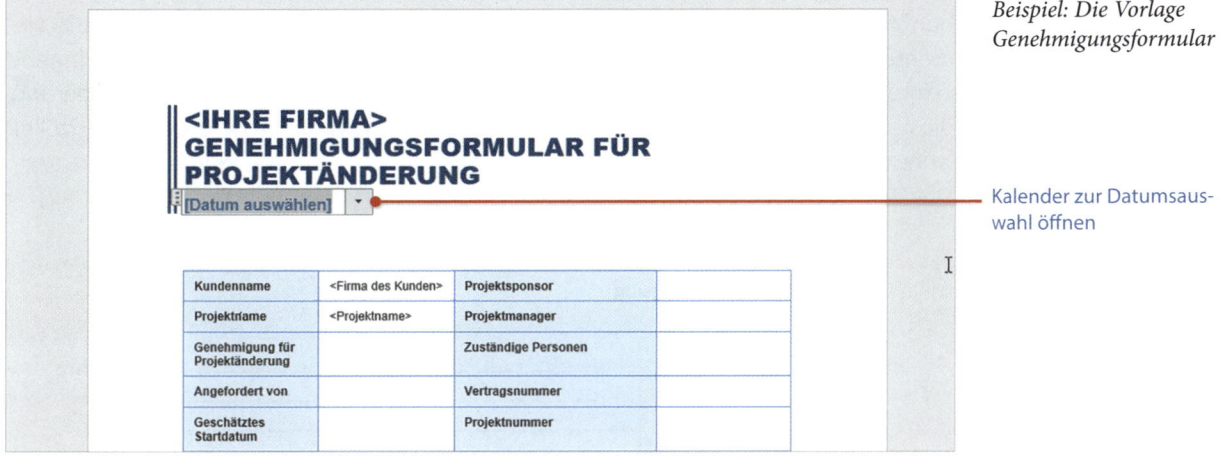

Kalender zur Datumsauswahl öffnen

Formular am Bildschirm ausfüllen

Erstellen Sie dann ein neues Dokument unter Verwendung der Vorlage. Entweder indem Sie im Register *Datei* ▶ *Neu* unter *Vorlagen* auf *PERSÖNLICH* und anschließend auf die Vorlage klicken oder im Windows Explorer auf die Dokumentvorlage doppelklicken. Anschließend füllen Sie die Formularfelder per Tastatureingabe aus, wenn ein Dropdown-Pfeil (Bild oben) erscheint, dann öffnen Sie mit Klick auf den Pfeil oder mit den Tasten Alt+Pfeil nach unten ein Auswahlfeld oder einen Kalender zur Datumsauswahl. Formularfelder erscheinen grau schattiert, sobald Sie darauf klicken, häufig erhalten Sie auch noch einen zusätzlichen Hilfstext.

Tipp: Mit den Pfeiltasten oder der Tab-Taste steuern Sie während des Ausfüllens die Formularfelder nacheinander an.

Das Formular am Bildschirm ausfüllen

Hinweis: Einige Formulare basieren auf älteren Word-Versionen und verwenden eventuell Steuerelemente, die sich etwas anders verhalten, als hier im Bild gezeigt. Näheres zu den Unterschieden lesen Sie auf Seite 280.

8.2   Eigene Formulare - Vorbereitungen

Dokument vorbereiten

Bei der Erstellung eines Formulars beginnen Sie wie gewohnt. Richten Sie die Seitenränder ein, geben Sie den normalen, unveränderlichen Text ein und nehmen Sie alle benötigten Formatierungen vor. Zum exakten Ausrichten von Text und Formularelementen bieten sich in vielen Fällen Tabellen an, diese sind allerdings nicht zwingend erforderlich. Als Beispiel ein einfach auszufüllendes Formular zur Musteranforderung, dieses könnte etwa aussehen, wie im Bild unten, der Text in den gelben Tabellenzellen ist fest vorgegeben und soll später nicht mehr geändert werden können.

Beispiel: Ein Formular zur Musteranforderung, zur Ausrichtung wurde eine Tabelle verwendet

Beispiel GmbH
Musterstraße 13
12345 Irgendwo

Musteranforderung
Datum:

Adresse eingeben

Vorname		
Nachname		
Land (bitte auswählen)		
PLZ		
Ort		
Straße		Hausnr.	

Senden Sie mir folgende Muster zu (bitte ankreuzen)

	Duschgel		Seife
	Grüner Apfel		Zitrone/Grapefruit
	Pfirsich/Veilchen		Milch/Honig
	Bergamotte		Lavendel

Bemerkungen:

Die gelbe Hervorhebung dient in diesem Beispiel in erster Linie zur besseren Unterscheidung.

Als Dokumentvorlage speichern

Dokumentvorlagen, siehe Kap. 3.1.

Damit das Dokument später mehrfach verwendet werden kann, speichern Sie es anschließend Dokumentvorlage, z. B. indem Sie im Register *Datei* auf *Speichern* klicken, im Fenster *Speichern unter* einen Dateinamen eingeben und den Dateityp *Word-Vorlage (*.dotx)* auswählen.

Das Register Entwicklertools einblenden

Sämtliche Formularelemente befinden sich im Menüband im Register *Entwicklertools*, das normalerweise nicht sichtbar ist. Zum Einblenden klicken Sie mit der rechten Maustaste an eine beliebige Stelle des Menübands und auf den Befehl *Menüband anpassen...*.

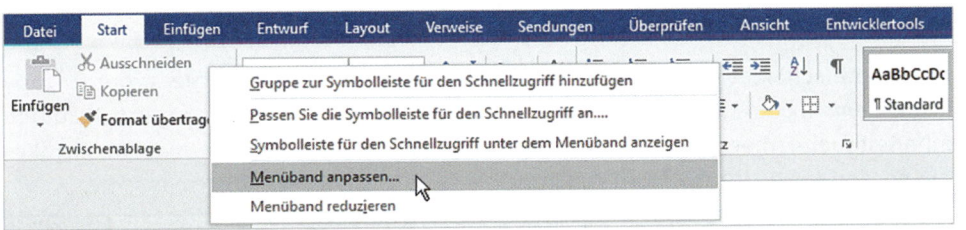

Menüband anpassen

Die Word-Optionen kön-
nen Sie natürlich auch
über das Register Datei
öffnen

Das Fenster *Word-Optionen* öffnet sich mit der Kategorie *Menüband anpassen*. In der
rechten Liste sehen Sie sämtliche Hauptregisterkarten, bereits verfügbare Registerkarten erkennen Sie am Häkchen. Aktivieren Sie das Kontrollkästchen *Entwicklertools*, falls
es ausgeblendet ist und übernehmen Sie die Änderung mit der Schaltfläche *OK*.

*Register Entwicklertools
einblenden*

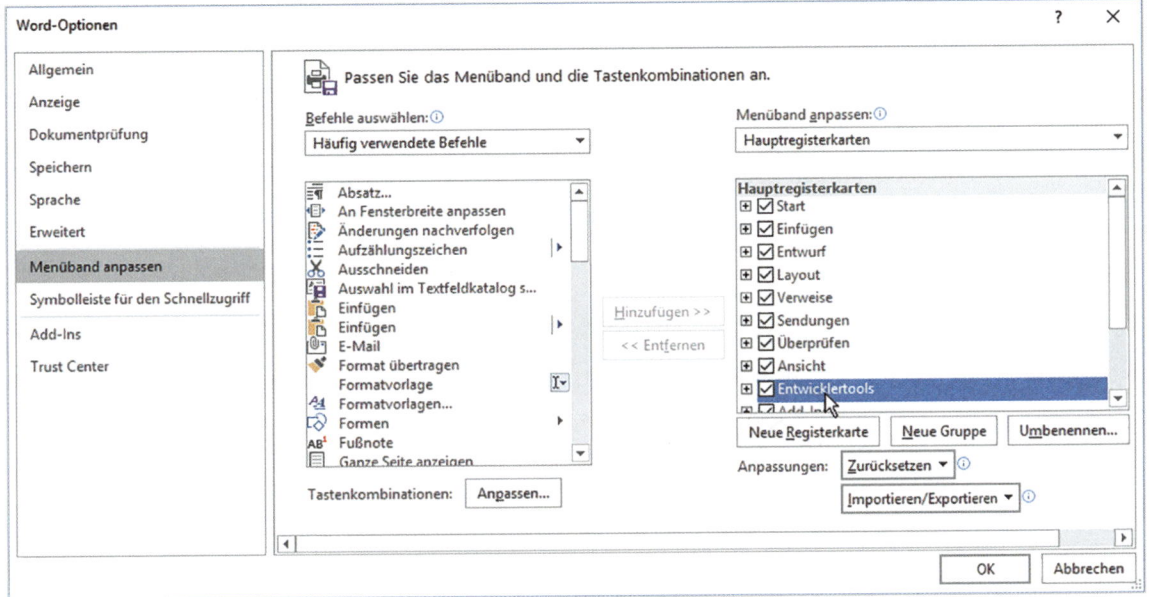

Das Register *Entwicklertools* erscheint im Menüband ganz rechts, in der Gruppe *Steuerelemente* finden Sie alle verfügbaren Formularelemente und dazugehörigen Befehle.
Die übrigen Elemente dieses Registers werden hier nicht benötigt.

*Das Register Entwick-
lertools mit der Gruppe
Steuerelemente*

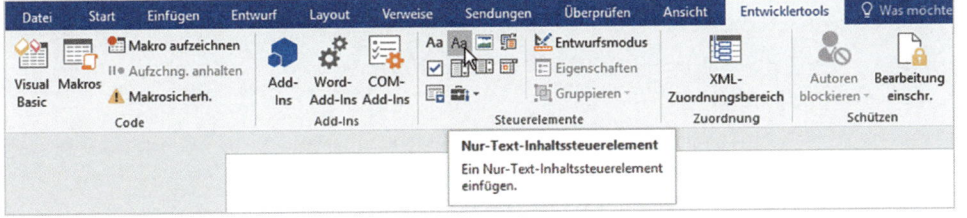

Steuerelemente - ein erster Überblick

Word unterscheidet drei Kategorien von Steuerelementen. Wenn Sie in der Gruppe *Steuerelemente* auf den Pfeil *Vorversionstools* klicken, so erscheinen zusätzlich zu den Inhaltssteuerelementen die Formularelemente (*Formulare aus Vorversionen*) aus älteren Versionen von Word (Word 2003 und älter) und die *ActiveX-Steuerelemente*, .

Weitere Steuerelemente anzeigen

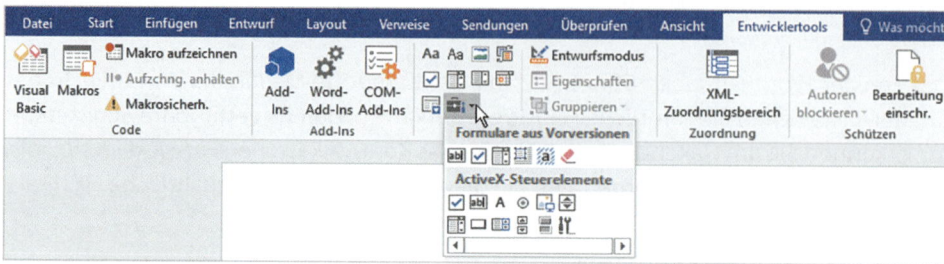

Grundsätzlich können Elemente aller drei Kategorien verwendet werden, diese unterscheiden sich allerdings in Handhabung und Funktionsumfang zum Teil erheblich. Hier ein kurzer Überblick:

▷ **Inhaltssteuerelemente**
Die Inhaltssteuerelemente wurden mit Word 2007 eingeführt, sie werden auch in den integrierten Kopf- und Fußzeilen oder Deckblättern verwendet.

▷ **Formulare aus Vorversionen**
Im Gegensatz zu den Inhaltssteuerelementen umfassen die Formularelemente aus Vorversionen nur Textfeld, Kontrollkästchen und Kombinationsfeld. Dafür lässt sich über die Eigenschaften auch die Ausführung eines Makros starten.

▷ **ActiveX-Steuerelemente**
ActiveX-Steuerelemente bieten den größten Funktionsumfang. Sie sind in erster Linie für Web-Formulare vorgesehen, die online ausgefüllt werden. Da sich alle Eigenschaften und Möglichkeiten nur mit Programmierkenntnissen in VBA voll ausschöpfen lassen, würde eine Beschreibung an dieser Stelle zu weit führen, daher wird in diesem Buch auf ActiveX-Steuerelemente nicht näher eingegangen.

VBA: Visual Basic for Applications. Hierbei handelt es sich um die integrierte Programmiersprache von Microsoft Office.

8.3 Inhaltssteuerelemente verwenden

Übersicht Inhaltssteuerelemente

Befassen wir uns zunächst mit der wichtigsten Kategorie, den Inhaltssteuerelementen. In der nachfolgenden Tabelle erhalten Sie eine Übersicht und kurze Beschreibung ihrer Verwendungsmöglichkeiten. Im Menüband sind die Elemente nur als Symbole sichtbar, erst beim Zeigen auf ein Element erscheint die dazugehörige Bezeichnung.

Element	Verwendung
Rich-Text-Inhaltssteuerelement	Hier kann entweder Text eingegeben oder ein anderes Element eingefügt werden, z. B. Tabellen, Grafiken oder Formen. Mit der Eingabe-Taste können auch mehrere Absätze erzeugt werden, der Text kann außerdem beliebig formatiert werden.
Nur-Text-Inhaltssteuerelement	Erlaubt ausschließlich die Eingabe von Text oder Zahlen, die Formatierung richtet sich nach der Formatierung des gesamten Elements. Ein Absatzumbruch und damit die Eingabe mehrerer Absätze ist nicht möglich.
Bildinhaltssteuerelement	Hier kann beim Ausfüllen des Formulars ein Bild eingefügt werden.
Bausteinkatalog-Inhaltssteuerelement	Ermöglicht beim Ausfüllen die Auswahl aus einer Liste von Schnellbausteinen oder AutoTexten, die vorher über das Register *Einfügen - Schnellbausteine* erstellt wurden.
Kontrollkästchensteuerelement	Ermöglicht einfaches Aktivieren und Deaktivieren durch Anklicken oder Betätigen der Leertaste. Achtung: Dieses Steuerelement kann nicht in Dokumenten verwendet werden, die mit früheren Word-Versionen erstellt und im Kompatibilitätsmodus geöffnet wurden.
Kombinationsfeld-Inhaltssteuerelement	Öffnet beim Ausfüllen mit Klick auf den Pfeil eine Auswahlliste. Zusätzlich kann beliebiger Text eingegeben werden, falls der gewünschte Eintrag nicht in der Liste enthalten ist. Dieser wird nicht in der Liste gespeichert.
Dropdownlisten-Inhaltssteuerelement	Öffnet wie das Kombinationsfeld eine Auswahlliste. Im Gegensatz zum Kombinationsfeld sind keine abweichenden Eingaben möglich.
Datumsauswahl-Inhaltssteuerelement	Eingabe eines Datums, ein Klick auf den Pfeil öffnet ein Kalenderblatt zur Datumsauswahl. Im Gegensatz zu einem Datumsfeld ist dieses Datum nicht aktualisierbar!
Inhaltssteuerelement für wiederholte Abschnitte	Fasst mehrere Inhaltssteuerelemente und normalen Text zu einer Gruppe zusammen, die sich dann kopieren und mehrfach einfügen lässt.

Einfache Inhaltssteuerelemente einfügen

Die Inhaltssteuerelemente Datumsauswahl, Nur-Text, Rich-Text und Kontrollkästchen sind schnell eingefügt und bedürfen meist keiner weiteren Bearbeitung.

Datumsauswahl-Inhaltssteuerelement

Für unser Beispiel Musteranforderung von Seite 278 wird zunächst zur Datumseingabe ein Datumsauswahl-Inhaltssteuerelement benötigt. Platzieren Sie im Dokument den Cursor an der Stelle, an das Steuerelement eingefügt werden soll und klicken Sie im Register *Entwicklertools* auf das Symbol *Datumsauswahl*.

Datumsauswahl-Inhaltssteuerelement einfügen

Das eingefügte Steuerelement zeigt einen kurzen Hinweistext an und enthält einen Dropdown-Pfeil, der auf Klick oder mit den Tasten Alt+Pfeil nach unten ein Kalenderblatt zur Datumsauswahl öffnet, die Datumseingabe per Tastatur ist ebenfalls möglich.

Der Rahmen und die graue Schattierung sind nur sichtbar, wenn sich der Cursor im Steuerelement befindet, beide erscheinen auch nicht auf dem Ausdruck.

Das Steuerelement zur Datumsauswahl

Ein Klick auf den Pfeil öffnet ein Kalenderblatt

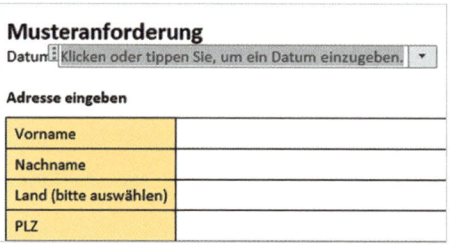

Nur-Text Inhaltssteuerelemente

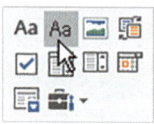

Bei den Adressenfeldern ist mit Ausnahme des Landes eine Tastatureingabe erforderlich. Dazu eignet sich am besten das Inhaltssteuerelement Nur-Text, da es im Gegensatz zu Rich-Text keinen Absatzumbruch zulässt. Positionieren Sie den Cursor in der Tabelle in der Spalte neben dem Vornamen und klicken Sie auf das Symbol *Nur-Text-Inhaltssteuerelement*. Wiederholen Sie dann diesen Schritt für die Felder Nachname, PLZ, Ort, Straße und Hausnummer.

Nur-Text-Inhaltssteuerelemente zur Eingabe der Adresse

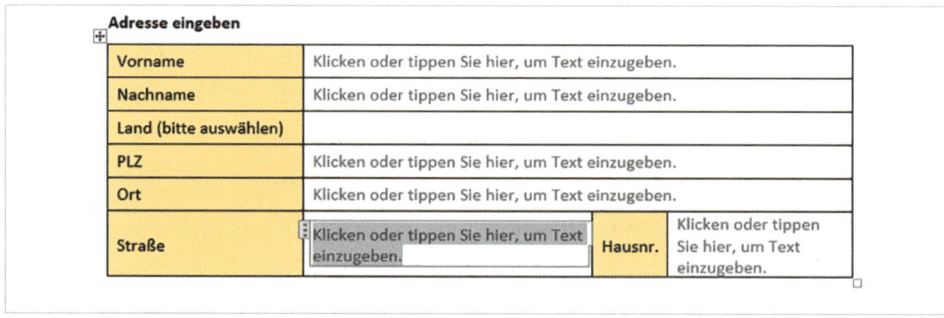

Kontrollkästchen

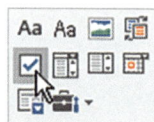

In der zweiten Tabelle werden Kontrollkästchen zum Ankreuzen benötigt. Auch diese fügen Sie ein, indem Sie wieder den Cursor an der gewünschten Stelle positionieren und auf das *Kontrollkästchensteuerelement* klicken.

Rich-Text-Inhaltssteuerelement

Zur Eingabe von Bemerkungen fügen Sie anschließend noch ein Rich-Text-Inhaltssteuerelement hinzu. Damit können an dieser Stelle später auch mehrere Absätze eingegeben werden, da dieses Steuerelement einen Absatzumbruch unterstützt.

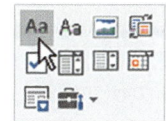

Kontrollkästchen

Bildinhaltssteuerelement

Relativ einfach gestaltet sich auch der Umgang mit Bildinhaltssteuerelementen. Fügen Sie das Element ein und ziehen Sie es mit der Maus in die gewünschte Größe. Beim Ausfüllen öffnet sich nach einem Klick auf das Symbol des Elements das Fenster *Bilder einfügen* und Sie können wie gewohnt Speicherort und Bilddatei auswählen.

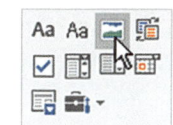

Das Bildinhaltssteuerelement: Bild einfügen

Steuerelemente markieren und löschen

In der Standardeinstellung erscheint ein Rahmen um das Steuerelement, sobald Sie darauf klicken, gleichzeitig wird der Hinweistext grau hinterlegt (siehe Bild unten links). Beides signalisiert, das Element ist aktiviert und Sie können hier Text eingeben bzw. das Kontrollkästchen ankreuzen. Mit der Entf-Taste löschen Sie in diesem Fall den Inhalt, nicht aber der Steuerelement.

Möchten Sie dagegen ein versehentlich eingefügtes Inhaltssteuerelement wieder aus dem Dokument entfernen, so müssen Sie zuvor den gesamten Platzhalter markieren.

Dazu klicken am linken Rand des Rahmens auf die Lasche mit den drei Punkten (Bild unten rechts). Nun ist das Steuerelement vollständig markiert und kann mit der Entf- oder der Korrektur-Taste gelöscht werden.

Das Steuerelement ist aktiviert

Das gesamte Steuerele-ment markieren

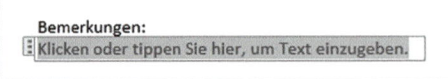

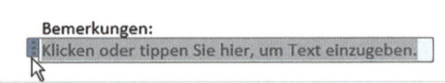

Kombinationsfeld /Dropdownlisten-Inhaltssteuerelement

Zuletzt fehlt nur noch ein Feld, das die Auswahl des Landes erlaubt. Dazu fügen Sie an dieser Stelle ein Dropdownlisten-Inhaltssteuerelement ein. Das eingefügte Element zeigt zwar bereits den entsprechenden Hinweistext samt Dropdown-Pfeil an, jedoch ist die Liste noch leer.

Dropdownlisten-In-haltssteuerelement

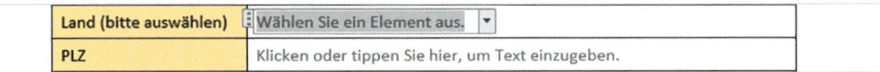

Listeneinträge hinzufügen

Die Inhalte der Auswahllisten von Kombinations- und Dropdownlistenelementen legen Sie in den Eigenschaften fest.

1 Dazu markieren Sie mit einem Klick das Steuerelement und klicken im Menü-band, Gruppe *Steuerelemente* auf das Symbol *Eigenschaften*.

2 Klicken Sie dann im Fenster *Eigenschaften von Inhaltssteuerelementen* unter *Drop-downlisten-Eigenschaften* auf die Schaltfläche *Hinzufügen...*, geben Sie im Feld *Anzeigename* das erste Land ein (Bild unten) und klicken Sie auf *OK*.

Listenelemente hinzu-fügen

Das markierte Kombina-tionsfeld

Listeneintrag hinzufügen

Vorhandene Listenein-träge

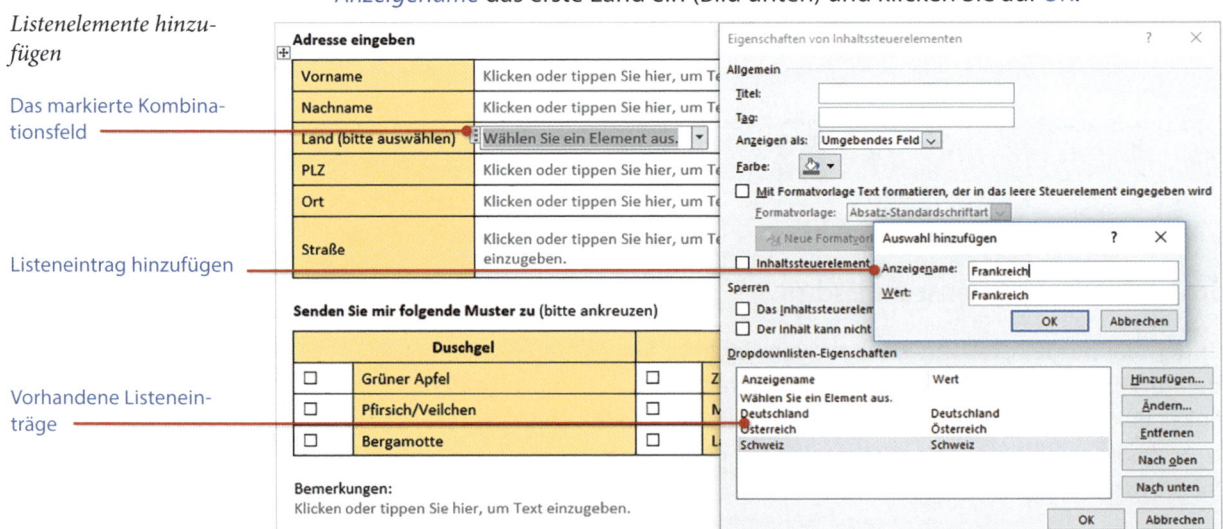

3 Wiederholen Sie den letzten Schritt, bis alle benötigten Länder erfasst sind.

Die Schaltflächen *Ändern...*, *Entfernen*, *Nach oben* und *Nach unten* bieten die Möglichkeit, Einträge umzubenennen, zu löschen oder die Reihenfolge zu verändern.

4 Schließen Sie am Ende das Fenster *Eigenschaften* mit *OK*.

Hinweis: Das Fenster *Auswahl hinzufügen* enthält außer dem Feld *Anzeigename* auch noch das Feld *Wert*. Falls für eine spätere Verwendung ein abweichender Inhalt benötigt wird, so können Sie diesen hier eingeben, z. B. das Länderkürzel.

Das Ergebnis sehen Sie im Bild unten. Da es sich um ein Dropdownlisten-Inhaltssteuerelement handelt, kann ausschließlich unter den vorhandenen Einträgen ausgewählt werden, auch ein Ändern ist nicht möglich.

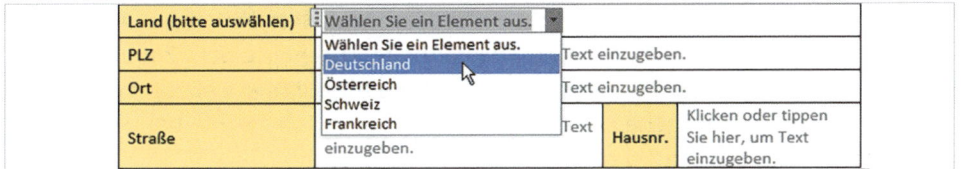

Das fertige Kombinationsfeld

Bausteinkatalog-Inhaltssteuerelement

Zur Auswahl umfangreicherer Texte eignet sich das Bausteinkatalog-Inhaltssteuerelement. Auf diese Weise lassen sich beispielsweise in Verträgen schnell vorgegebene Textpassagen einsetzen oder ganze Briefe aus Bausteinen zusammensetzen. Der Vorteil gegenüber dem üblichen Einfügen von Schnellbausteinen: Sie können die verfügbare Auswahl einschränken.

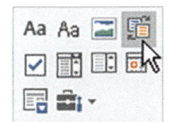

Haben Sie beispielsweise mehrere Schnellbausteine erstellt und im Katalog *Benutzerdefinierte Schnellbausteine* gespeichert, dann können Sie diesen Katalog als Auswahlliste festlegen. Fügen Sie dazu ein Bausteinkatalog-Inhaltssteuerelement ein, markieren Sie dieses Element und klicken Sie im Menüband, Register *Entwicklertools* auf *Eigenschaften*.

Siehe Kapitel 1.4, Wiederverwendbare Elemente als Bausteine speichern Schnellbausteine

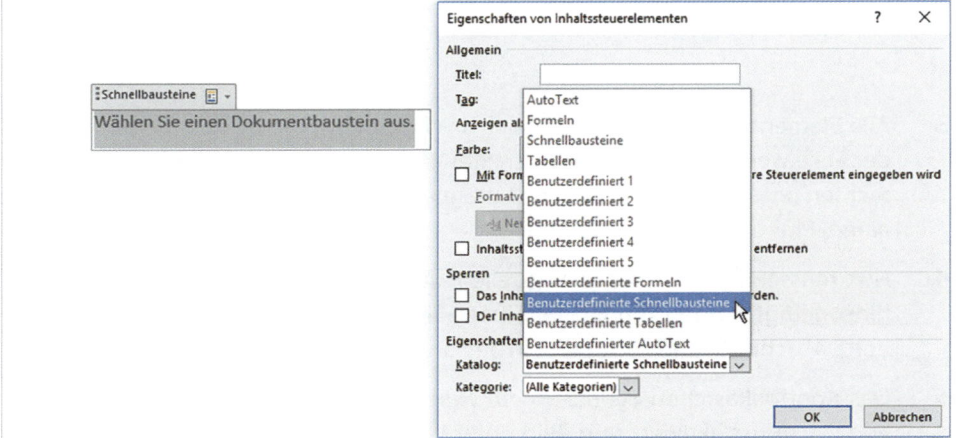

Bausteinkatalog-Inhaltssteuerelement: Katalog auswählen

Standardmäßig zeigt dieses Inhaltssteuerelement alle Schnellbausteine der Kategorie *Allgemein* an. Klicken Sie im Fenster *Eigenschaften von Inhaltssteuerelementen* auf den Dropdown-Pfeil *Katalog* und wählen Sie dann *Benutzerdefinierte Schnellbausteine*.

Im Gegensatz zum Dropdownlisten-Inhaltssteuerelement sind hier auch beliebige, nicht in der Liste enthaltene Eingaben möglich, bzw. kann der eingefügte Inhalt eines Schnellbausteins geändert werden.

Inhaltssteuerelemente für wiederholte Abschnitte nutzen

In manchen Fällen benötigen Sie eine Tabelle zum Ausfüllen, bei der die genaue Anzahl der benötigten Zeilen anfangs noch nicht feststeht. Seit der Version 2003 bietet Word mit dem Inhaltssteuerelement für wiederholte Abschnitte dem Benutzer in solchen Fällen beim Ausfüllen die Möglichkeit, weitere Abschnitte bei Bedarf hinzuzufügen. Als Beispiel ein einfaches Bestellformular mit einer Tabelle, die bei der Eingabe um weitere Zeilen erweitert werden kann.

1 Die Tabelle dieses Beispiels besteht zunächst nur aus der Überschriftzeile und einer Zeile zur Eingabe des ersten Artikels (Bild unten). Diese Zeile erhält in der ersten Spalte ein Nur-Text-Inhaltssteuerelement zur Eingabe der Anzahl und in der zweiten Spalte ein Kombinationsfeld zur Auswahl des Artikels. Für dieses Kombinationsfeld werden anschließend in den Eigenschaften die Einträge festgelegt.

2 Markieren Sie dann diese zweite Tabellenzeile, da ja nur diese wiederholt werden soll, und klicken Sie in der Gruppe *Steuerelemente* auf *Inhaltssteuerelement für wiederholte Abschnitte* (Bild unten).

Markieren Sie die Tabellenzeile und klicken Sie auf Inhaltssteuerelement für wiederholte Abschnitte

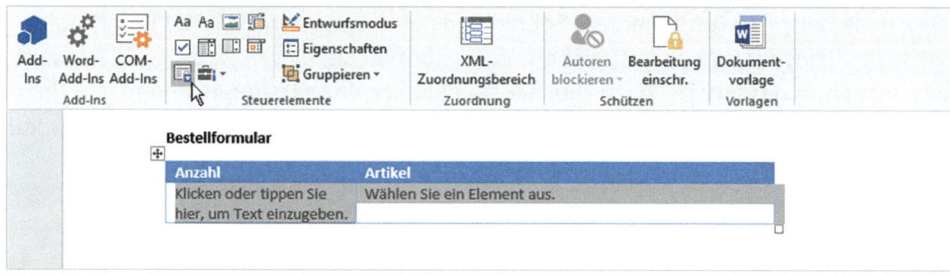

3 Alle Elemente im markierten Bereich, in diesem Fall die beiden Steuerelemente der Zeile werden in einem weiteren Steuerelement zusammengefasst und in der rechten unteren Ecke des neuen Steuerelements erscheint eine Schaltfläche mit einem Plus-Symbol (Bild unten).

4 Nun müssen Sie nur noch sicherstellen, dass beim Ausfüllen weitere Abschnitte hinzugefügt werden können. Markieren Sie das Inhaltssteuerelement für wiederholte Abschnitte und klicken Sie in der Gruppe *Steuerelemente* auf *Eigenschaften*.

5 Das Kontrollkästchen *Benutzern das Hinzufügen und Entfernen von Abschnitten erlauben* muss aktiviert sein (Bild unten). Optional können Sie auch noch einen Abschnittstitel hinzufügen.

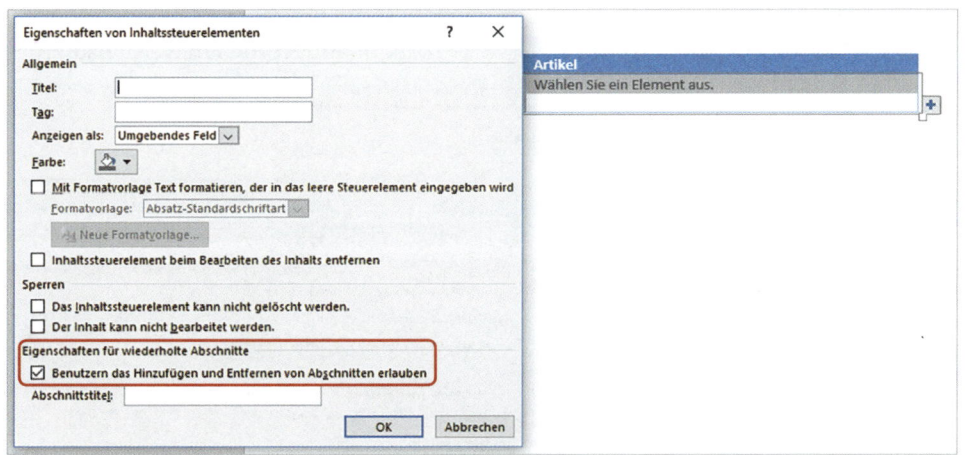

Achten Sie darauf, dass das Kontrollkästchen zum Hinzufügen von Abschnitten aktiviert ist!

Mit Klick auf die Schaltfläche mit dem Pluszeichen können später beim Ausfüllen des Formulars beliebig viele weitere Zeilen angefügt werden.

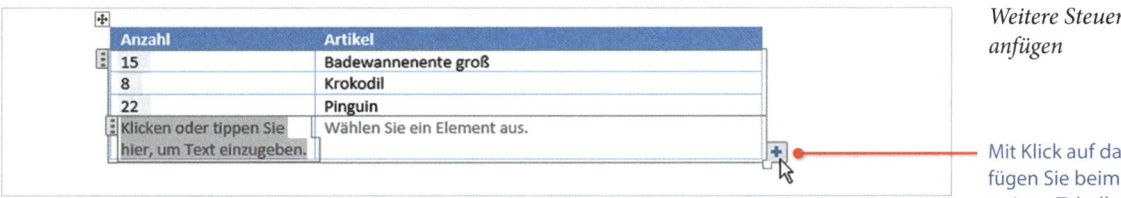

Weitere Steuerelemente anfügen

Mit Klick auf das Plus fügen Sie beim Ausfüllen weitere Tabellenzeilen an

8.4 Weitere Eigenschaften von Inhaltssteuerelementen

Neben dem Festlegen der Einträge von Kombinationsfeldern und Dropdownlisten können noch weitere Eigenschaften von Inhaltssteuerelementen steuern. Markieren Sie dazu das betreffende Element und klicken Sie im Menüband, Register *Entwicklertools* auf das Symbol *Eigenschaften*.

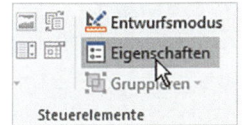

Element mit Titel und Rahmen hervorheben

Wie das aktuell ausgewählte Steuerelement hervorgehoben wird, steuern Sie über das Feld *Anzeigen als*. Standardmäßig ist hier *Umgebendes Feld* ausgewählt, mit *Start/Ende-Tag* erscheinen links und rechts vom Steuerelement Begrenzungsmarkierungen, die auch den Titel anzeigen, falls vorhanden. *Ohne* lässt dagegen den Rahmen verschwinden und das Steuerelement unterscheidet sich nicht von normalem Text. Über das Symbol *Farbe* können Sie die Rahmen- bzw. Begrenzungsfarbe auswählen.

Achtung: Die Start/Ende-Tags sind auch sichtbar, wenn das Element nicht den Fokus hat und werden im Gegensatz zum Rahmen mit ausgedruckt!

Der Titel eines Steuerelements kann optional angegeben werden. Er erscheint in der linken oberen Ecke, sobald das Steuerelement ausgewählt ist und eignet sich nur für

Kurzinfos. Das Feld *Tag* wird nur benötigt, wenn Sie dem Steuerelement einen Namen zuweisen möchten, über den es in einer VBA-Prozedur angesprochen werden kann.

Titel und Rahmenart festlegen: Anzeigen als Umgebendes Feld

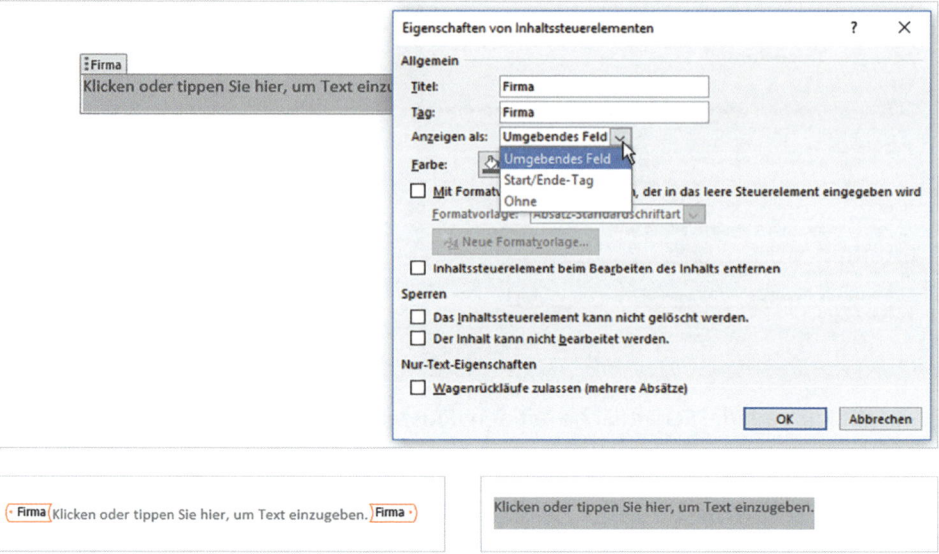

Mit Start/Ende-Tag und Titel

Ohne

Den angezeigten Hinweistext ändern

Der Titel, siehe oben, darf nicht verwechselt werden mit dem Hinweistext, der anstelle des Inhalts in einem leeren Steuerelement erscheint, z. B. *Klicken Sie oder tippen Sie hier...*. Wenn Sie hier einen anderen Text eingeben möchten, dann müssen Sie zuerst den Entwurfsmodus aktivieren und damit die Funktion der Steuerelemente außer Kraft setzen. Den Entwurfsmodus aktivieren und deaktivieren Sie über die gleichnamige Schaltfläche der Gruppe *Steuerelemente* (Register *Entwicklertools*).

Im Entwurfsmodus ist die Funktion der Steuerelemente deaktiviert

Die Steuerelemente werden im Entwurfsmodus mit Begrenzungen angezeigt

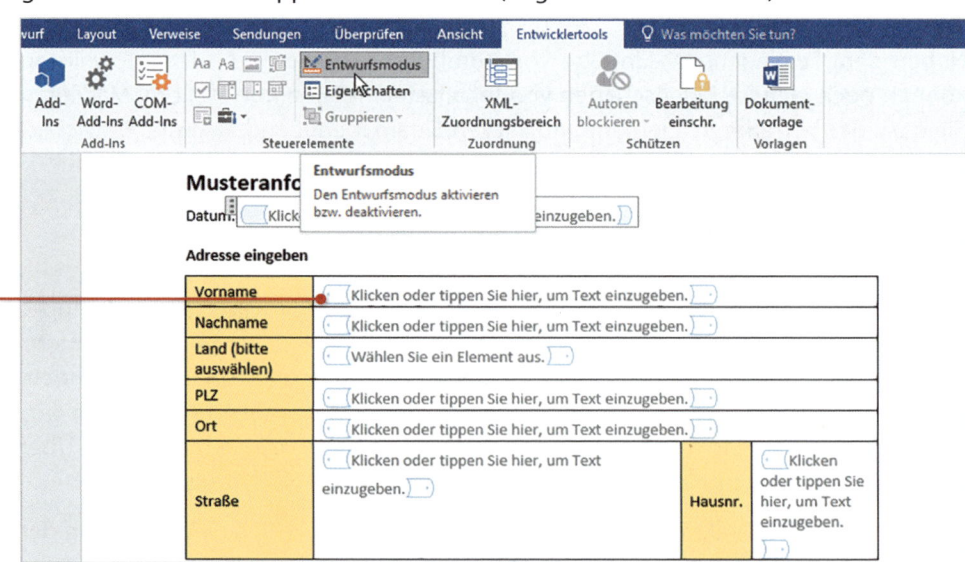

Nun können Sie statt des Standardtextes beliebigen Text eingeben, wie im Bild unten.

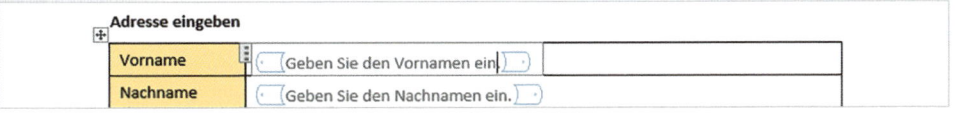

Im Entwurfsmodus sind alle Steuerelemente deaktiviert. Vergessen Sie daher nach dem Ändern nicht, den Entwurfsmodus wieder auszuschalten!

Steuerelementinhalt formatieren

Der Inhalt eines Steuerelementes erhält automatisch die Formatierung, die im Dokument an dieser Position vorhanden ist. Beispiel: Sie formatieren einen leeren Absatz mit roter Schriftfarbe und der Schriftart Arial Black. Wenn Sie anschließend an dieser Stelle ein Rich-Text-Inhaltssteuerelement einfügen, erhält der Inhalt beim Ausfüllen dieselbe Formatierung. Auf den Hinweistext hat dies dagegen keinerlei Auswirkungen. Legen Sie daher derartige Formatierungen am besten vor Einfügen eines Steuerelements fest, da nachträgliche Änderungen nicht immer in der gewünschten Form übernommen werden.

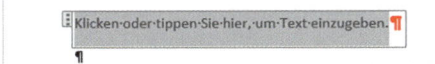 

Inhalt formatieren

Formatvorlage zuweisen

Wenn Sie stattdessen in den Eigenschaften das Kontrollkästchen *Mit Formatvorlage Text formatieren, der in das Steuerelement eingegeben wird* aktivieren, dann können Sie im Fenster *Eigenschaften* dem Steuerelement eine Formatvorlage zuweisen, die Sie gleich unterhalb auswählen. Falls keine geeignete Formatvorlage vorhanden ist, lässt sich diese über die Schaltfläche *Neue Formatvorlage* erstellen.

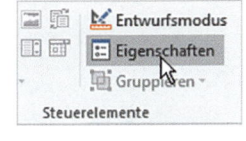

Weitere Eigenschaften von Steuerelementen

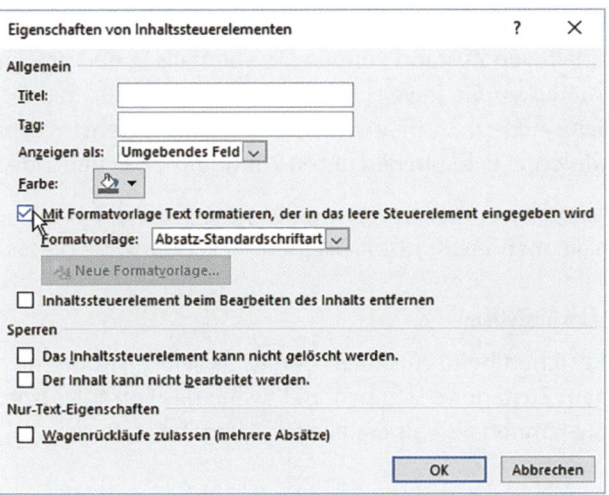

Das Verhalten des Steuerelements beim Ausfüllen steuern

Die folgenden Eigenschaften bzw. Kontrollkästchen sollten nur in Ausnahmefällen aktiviert werden, da sie in den meisten Fällen wenig Sinn machen.

▶ Wenn Sie im Fenster *Eigenschaften* das Kontrollkästchen *Inhaltssteuerelement beim Bearbeiten löschen* aktivieren, dann wird später beim Ausfüllen das Steuerelement durch den eingegebenen Text ersetzt. Nachteilig ist dies bei späteren Änderungen, wenn z. B. nachträglich ein anderes Land ausgewählt werden soll.

▶ Mit dem Kontrollkästchen *Das Inhaltssteuerelement kann nicht gelöscht werden* verhindern Sie, dass das Steuerelement beim Bearbeiten versehentlich gelöscht wird. Dies gilt jedoch nicht für das Ausfüllen!

▶ Ist das Kontrollkästchen *Der Inhalt kann nicht bearbeitet werden* aktiviert, dann ist beim Ausfüllen des Formulars in diesem Steuerelement keine Eingabe möglich.

Elementspezifische Eigenschaften

Nur-Text mit Absatzumbruch

Bei Nur-Text-Inhaltssteuerelementen können Sie über das Kontrollkästchen *Wagenrückläufe zulassen* festlegen, dass auch mehrere Absätze eingegeben werden können. Standardmäßig wird dies nur von Rich-Text-Elementen unterstützt.

Datumsauswahl - Datumsformat

In den *Eigenschaften* des Datumsauswahl-Inhaltssteuerelements legen Sie zusätzlich zu den oben genannten Eigenschaften fest, in welcher Schreibweise das Datum angezeigt werden soll. Wählen Sie zunächst das Gebietsschema, z. B. *Deutsch (Deutschland)* oder *Englisch (USA)*. Dann wählen Sie bei *Datum wie folgt anzeigen* das gewünschte Format aus.

Aussehen der Kontrollkästchen ändern

Ein Kontrollkästchen ist entweder aktiviert oder deaktiviert. Das genaue Aussehen im aktiven bzw. inaktiven Zustand können Sie ebenfalls in den dazugehörigen Eigenschaften steuern. Klicken Sie jeweils bei *Aktiviert-Symbol* und bei *Deaktiviert-Symbol* auf die Schaltfläche *Ändern...*, um anschließend im Dialogfenster *Symbol* ein anderes Zeichen auszuwählen, z. B. ☑ (im Bild unten Wingdings, Zeichencode 254).

Tipp: Die vorgenommenen Änderungen gelten nur für das bearbeitete Kontrollkästchen. Benötigen Sie mehrere Kontrollkästchen, so kopieren Sie dieses am einfachsten.

Standardvorgabe beim Ausfüllen

Ob ein Kontrollkästchen beim Ausfüllen bereits aktiviert ist oder nicht, ist davon abhängig, in welchem Zustand es sich befindet, wenn das Formular bzw. die Vorlage gespeichert wird. Sie können also als Ersteller die Vorgabe steuern.

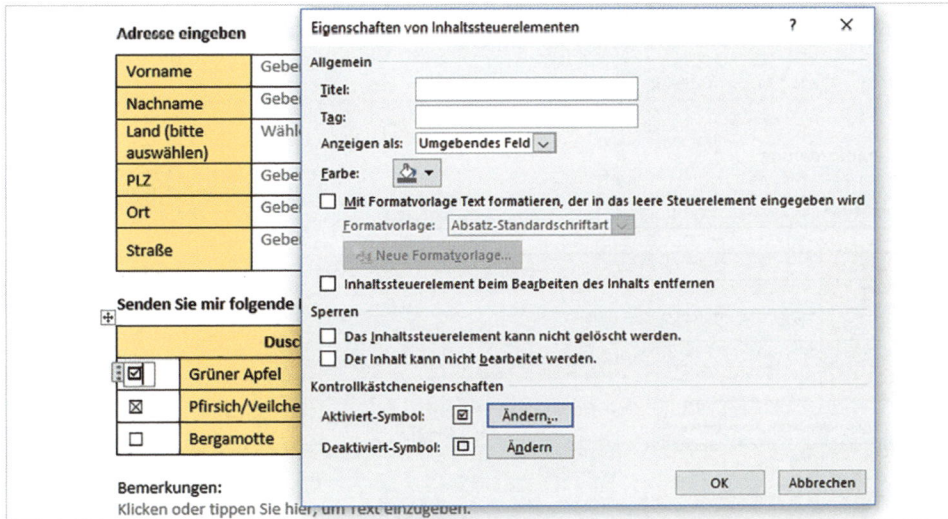

Aussehen des markierten Kontrollkästchens steuern

8.5   Das Formular vor Änderungen schützen

Formular schützen

In der Regel soll das Formular bzw. die Dokumentvorlage von mehreren Personen genutzt werden. Um ausschließlich Formulareingaben zuzulassen und Änderungen am übrigen Formular zu verhindern, sollten Sie im letzten Schritt vor der Fertigstellung das Formular schützen, am besten mit einem Kennwort.

1 Klicken Sie im Register *Entwicklertools*, Gruppe *Schützen* auf die Schaltfläche *Bearbeitung einschr.*.

Denselben Befehl finden Sie auch im Register *Datei ▶ Informationen*, wenn Sie auf *Dokument schützen* klicken.

2 Der Aufgabenbereich *Bearbeitung einschränken* wird am rechten Bildschirmrand geöffnet. Aktivieren Sie unter Punkt 2, *Bearbeitungseinschränkungen* das Kontrollkästchen *Nur diese Bearbeitungen im Dokument zulassen* und wählen Sie im Listenfeld darunter *Ausfüllen von Formularen* aus.

3 Klicken Sie nun unter Punkt 3 auf die Schaltfläche *Ja, Schutz jetzt anwenden*, geben Sie im folgenden Fenster ein Kennwort ein und wiederholen Sie dieses. Falls Sie kein Kennwort verwenden möchten, lassen Sie die Felder einfach leer.

Achtung: Sollte die Schaltfläche deaktiviert sein, dann müssen Sie zuvor den Entwurfsmodus ausschalten!

Bearbeitung einschränken und Kennwort eingeben

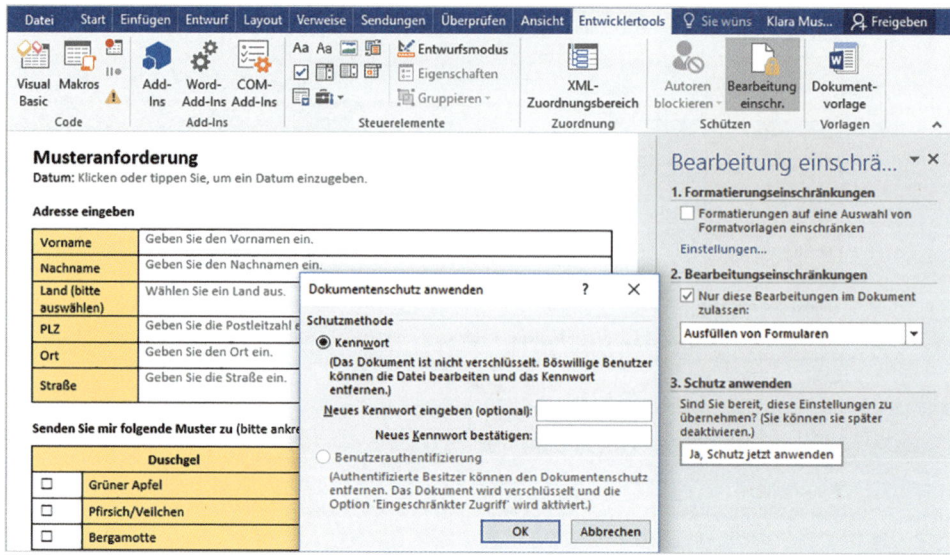

Speichern Sie zuletzt das fertige Formular als Dokumentvorlage, falls nicht bereits geschehen. Ab jetzt können im gesamten Dokument nur noch Formularfelder ausgefüllt bzw. deren Inhalt geändert werden. Außerhalb der Felder sind keinerlei Bearbeitungen/Änderungen möglich. In einem geschützten Formular kann auch eingegebener Text in einem Steuerelement nicht formatiert werden.

Formularschutz aufheben

Um Änderungen am Formular vorzunehmen, müssen Sie den Formularschutz zuerst aufheben. Dazu klicken Sie wieder in der Registerkarte *Entwicklertools*, Gruppe *Schützen* auf die Schaltfläche *Bearbeitung einschr.*. Rechts öffnet sich der Aufgabenbereich *Formatierung und Bearbeitung einschränken*, klicken Sie auf die Schaltfläche *Schutz aufheben* und geben im folgenden Fenster Ihr Kennwort ein.

So schützen Sie nur bestimmte Bereiche des Dokuments

Dokument in Abschnitte aufteilen

Abschnitte, siehe Kapitel 2.3, Dokument in Abschnitte aufteilen.

Sollen nur bestimmte Bereiche des Dokuments geschützt werden, dann müssen Sie das Dokument zuvor mit einem fortlaufenden Abschnittwechsel in Abschnitte aufteilen. Anschließend finden Sie im Arbeitsbereich *Bearbeitung einschränken* und *2. Bearbeitungseinschränkungen* die Möglichkeit *Abschnitte auswählen...*. Über die Kontrollkästchen können Sie nun gezielt für jeden einzelnen Abschnitt festlegen, ob dieser geschützt werden soll.

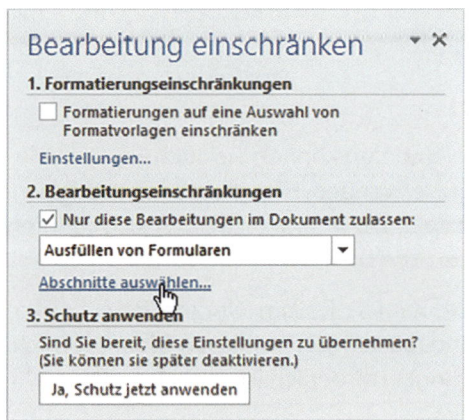

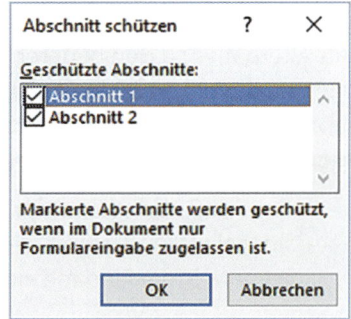

Bearbeitungseinschränkungen - Abschnitte auswählen

Textbereiche und Inhaltssteuerelemente gruppieren

Gruppieren bietet eine zweite Möglichkeit, nur bestimmte Bereiche mit Ausnahme der Eingabe in Formularelemente zu schützen. Allerdings hat diese Methode einen entscheidenden Nachteil: Es ist kein Kennwortschutz möglich, die Gruppierung kann somit jederzeit wieder aufgehoben werden. So gehen Sie beim Gruppieren vor:

1 Markieren Sie den Textbereich mit Inhaltssteuerelementen, den Sie schützen möchten, nicht zusammenhängende Bereiche können Sie mit gedrückter Strg-Taste markieren. Oder markieren Sie mit Strg+A das gesamte Dokument.

2 Klicken Sie im Register *Entwicklertools*, Gruppe *Steuerelemente* auf die Schaltfläche *Gruppieren* und wählen Sie *Gruppieren* aus.

Achtung: Der Entwurfsmodus muss deaktiviert sein.

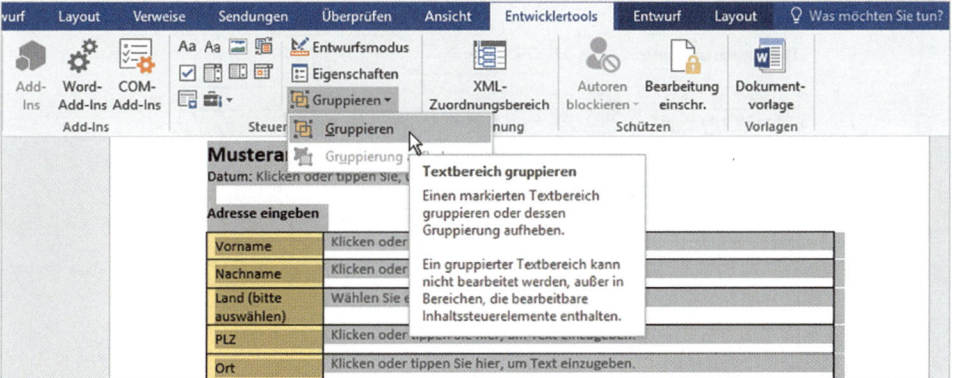

Markierten Textbereich gruppieren

Änderungen am Dokument sind erst wieder möglich, wenn die Gruppierung zuvor aufgehoben wird. Klicken Sie dazu auf die Schaltfläche *Gruppieren* und auf *Gruppierung aufheben*.

8.6   Steuerelemente aus Vorversionen

Als Alternative zu den neueren Inhaltssteuerelementen können Sie auch Formularelemente aus Vorversionen (Word 2003 und älter) verwenden. Hier gibt es nur drei Typen: Textfeld, Kontrollkästchen und Kombinationsfeld. Diese unterscheiden sich in ihren Eigenschaften von den Inhaltssteuerelementen und bieten manche Vorteile:

▶ Bei Textfeldern kann der Datentyp (Text, Zahlen, Datum, Uhrzeit, Berechnung) festgelegt und somit die zulässige Eingabe eingeschränkt werden. Nützlich, wenn z. B. die Eingabe einer Zahl unbedingt erforderlich ist.

▶ Für Zahlen kann ein Format angegeben werden.

▶ Text kann auf eine bestimmte Anzahl Zeichen beschränkt werden.

▶ Während des Ausfüllens können hinterlegte Formeln automatisch berechnet bzw. aktualisiert werden.

Als Beispiel zur Verdeutlichung aller Vor- und Nachteile eine kleine Spesenabrechnung im Bild unten. Auch hier wurde zum Ausrichten der Elemente eine Tabelle verwendet und zur besseren Übersicht mit Rahmenlinien formatiert.

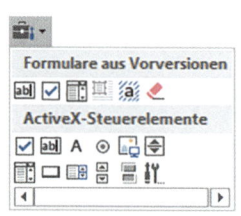

Formularelemente aus Vorversionen einfügen

Das Einfügen unterscheidet sich nicht von den zuvor beschriebenen Inhaltssteuerelementen: Positionieren Sie den Cursor an der gewünschten Stelle, klicken Sie im Register *Entwicklertools*, Gruppe *Steuerelemente* auf *Vorversionstools* und fügen Sie aus *Formularen aus Vorversionen* das benötigte Element mit einem Klick ein.

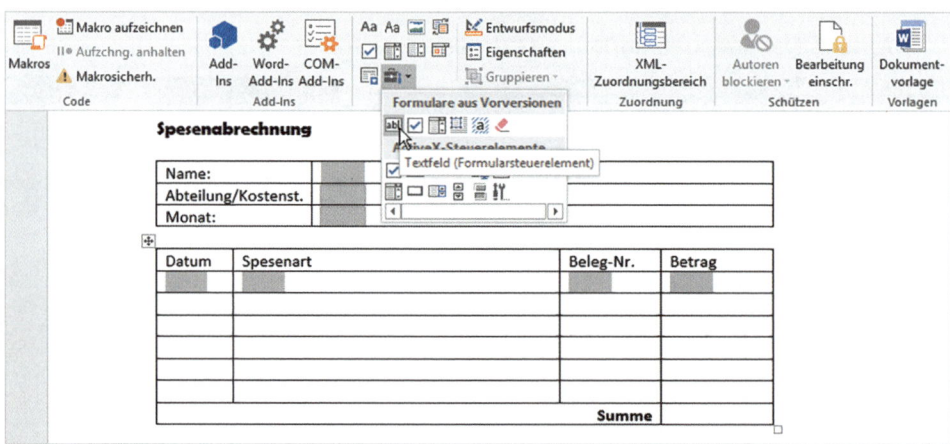

Für die Eingabe von Name, Datum, Spesenart, Beleg-Nr. und Betrag wurde jeweils ein Textfeld eingefügt. Abteilung und Monat sollen aus einer Liste ausgewählt werden, daher wird hier ein Kombinationsfeld benötigt. Bereits optisch unterscheiden sich die Formularelemente von den Inhaltssteuerelementen: Statt der Hinweistexte sehen Sie nur graue Felder. Da sich die Elemente samt ihrer Eigenschaften problemlos kopieren lassen, wurden zunächst nur in die erste Zeile der Tabelle Felder eingefügt.

Kombinationsfeld

Listeneinträge festlegen

Im nächsten Schritt werden die Listeneinträge für das Kombinationsfeld Abteilung/ Kostenstelle festgelegt. Markieren Sie mit einem Klick das Feld und klicken Sie anschließend in der Gruppe *Steuerelemente* auf *Eigenschaften*. Damit öffnet sich das Fenster *Optionen für Dropdown-Formularfelder*.

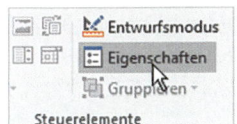

> **Tipp:** Die Eigenschaften bzw. das Fenster *Optionen* können Sie ganz schnell auch mit Doppelklick in das Formularfeld öffnen. Dies funktioniert allerdings nicht bei Inhaltssteuerelementen.

Geben Sie hier nacheinander die Einträge im Feld *Dropdownelement* ein und klicken Sie jeweils auf *Hinzufügen>>*. Mit den Pfeilen nach oben bzw. unten können Sie nachträglich ein markiertes Element verschieben und so die Reihenfolge ändern. Beachten Sie, dass im Gegensatz zum Kombinationsfeld-Inhaltssteuerelement die Anzahl der Listenelemente auf max. 25 begrenzt ist.

Damit eine Auswahl möglich ist, muss sich im Kontrollkästchen *Dropdownliste aktiviert* ein Häkchen befinden. Schließen Sie das Fenster mit der Schaltfläche *OK*.

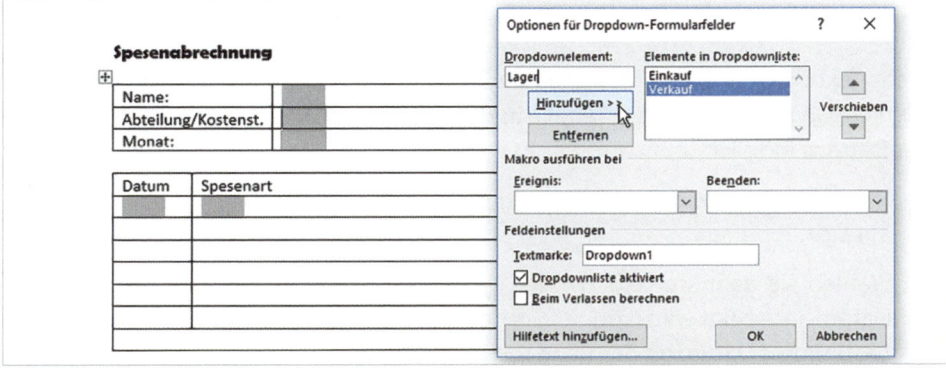

Listeneinträge hinzufügen

Tipp: Das Kombinationsfeld zeigt beim Ausfüllen automatisch das erste Element der Liste an. Wenn hier zunächst ein allgemeiner Hinweis, z.B. <Bitte auswählen>, erscheinen soll, dann fügen Sie diesen einfach der Liste hinzu und positionieren ihn am Listenbeginn.

> **Beachten Sie:** Formularsteuerelemente wie z. B. das soeben erstellte Kombinationsfeld erhalten ihre volle Funktionsfähigkeit erst, wenn das Dokument geschützt ist. Wenn Sie also einzelne Elemente bereits während der Erstellung testen möchten, dann müssen Sie vorübergehend das Dokument schützen, siehe Seite 291.

Wenn Sie beim Ausfüllen auf das Feld klicken bzw. das Feld den Fokus hat, dann erscheint ein Pfeil und ein Klick darauf öffnet die Liste. Alternativ öffnen Sie die Liste mit der Tastenkombination Alt+Pfeil nach unten, wählen mit der Pfeiltaste einen Eintrag aus und übernehmen diesen mit der Eingabe-Taste.

*Das Formularsteuerele-
ment Kombinationsfeld
bei der Eingabe*

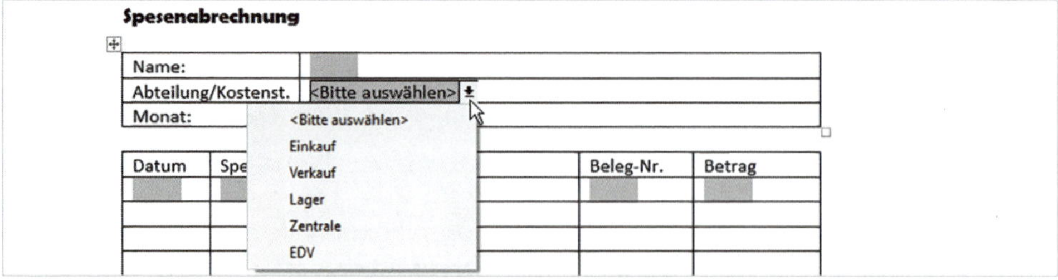

Genauso verfahren Sie mit dem Kombinationsfeld Monat: Fügen Sie im Fenster *Optionen* der Reihe nach die einzelnen Monate hinzu und achten Sie darauf, dass sich auch hier im Kontrollkästchen *Dropdownliste aktiviert* ein Häkchen befindet.

Hilfetext hinzufügen

Im Fenster *Optionen* können Sie optional über die Schaltfläche *Hilfetext hinzufügen...* einen Hilfetext formulieren, der später erscheint, wenn das Feld den Fokus hat. Entweder in der Statusleiste oder nach dem Drücken der Taste F1.

Datentyp für Textformularfelder festlegen

Für das Textformularfeld zur Eingabe des Namens sind keine weiteren Vorgaben erforderlich. Dagegen soll in der Tabelle in der ersten Spalte ausschließlich die Eingabe eines Datums möglich sein.

1 Dazu doppelklicken Sie in das Feld oder klicken im Menüband, *Entwicklertools*, auf *Eigenschaften*.

2 Wählen Sie dann im Feld *Typ* den Typ *Datum* aus, die Schreibweise, in der das Datum angezeigt wird, können Sie im Feld *Datumsformat* auswählen. Falls Sie ein bestimmtes Datum als Standard vorgeben möchten, so tragen Sie dieses im Feld *Vorgabedatum* ein. Die maximale Länge spielt in diesem Fall keine Rolle.

*Wählen Sie den Typ
Datum und ein da-
tumsformat aus*

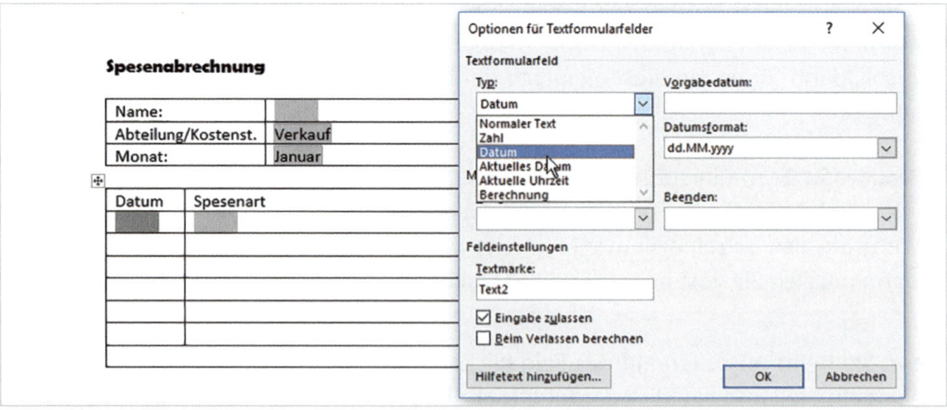

3 Beim Feld Spesenart soll die Länge der Eingabe begrenzt werden, um die Tabelle nicht unnötig zu vergrößern. Klicken Sie in dieses Textfeld und öffnen Sie wieder das Fenster *Optionen für Textformularfelder*. Der Standardtyp *Normaler Text* wird in diesem Fall beibehalten und im Feld *Maximale Länge* tragen Sie die maximal erlaubte Anzahl Zeichen ein, im Bild unten 60.

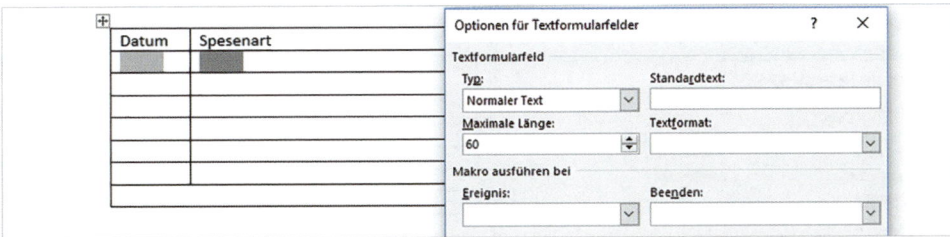

Textlänge für Texteingabe begrenzen

4 Für das Feld Beleg-Nr. wählen Sie den Typ *Zahl* und das Zahlenformat *0* (ohne Dezimalstellen) aus. Das Feld Betrag erhält ebenfalls den Typ *Zahl* sowie das Zahlenformat *#.##0,00*.

Berechnungen in Textformularfeldern

Wenn am Ende der Liste die Summe aller Beträge automatisch berechnet und aktualisiert werden soll, dann legen Sie die Optionen für das Feld Betrag wie folgt fest.

1 Öffnen Sie mit Doppelklick auf das Feld Betrag das Fenster *Optionen* und aktivieren Sie das Kontrollkästchen *Beim Verlassen berechnen* (Bild unten).

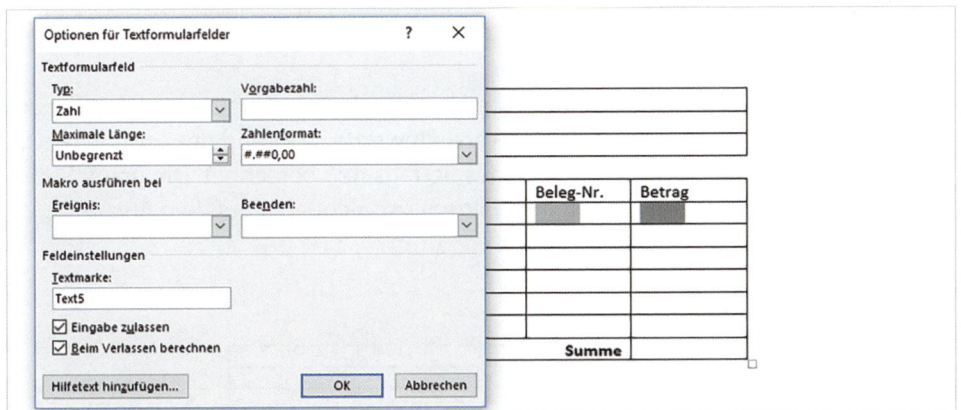

Aktivieren Sie das Kontrollkästchen Beim Verlassen berechenen, damit Summe beim Ausfüllen automatisch berechnet wird.

2 Im nächsten Schritt kopieren Sie die vier bearbeiteten Textformularfelder. Dazu markieren Sie die gesamte erste Eingabezeile der Tabelle und kopieren die Zeile mit den Feldern mit Strg+C in die Zwischenablage. Markieren Sie die dann die nächste Zeile und fügen Sie die kopierte Tabellenzeile mit Strg+V ein. Wiederholen Sie diesen Schritt für alle benötigten Zeilen und löschen Sie nicht benötigte Zeilen.

3 Zuletzt fehlt nur noch das Feld zur Berechnung der Summe. Dazu fügen Sie in der Tabellenzelle am Ende der Tabelle ein weiteres Textformularfeld ein.

Siehe Kapitel 5.4, Berechnungen mit Feldern

4 Öffnen anschließend für dieses Feld das Fenster *Optionen für Textfelder*. Als Typ wählen Sie *Berechnung* und geben daneben im Feld *Ausdruck* nach dem Gleichheitszeichen die erforderliche Formel ein, in unserem Beispiel = SUM(ABOVE). Das Feld erhält außerdem das Zahlenformat #.##0,00.

Die Summe am Ende der Tabelle berechnen

Formel automatisch berechnen

Das Kontrollkästchen *Beim Verlassen berechnen* sollte aktiviert werden, wenn mit dem Inhalt dieses Textformularfeldes in einem anderen Textformularfeld eine Berechnung erfolgen soll. Dadurch wird beim Ausfüllen und Ändern das Formelergebnis automatisch neu berechnet.

Zuletzt schützen Sie das Dokument und speichern es als Dokumentvorlage. Im Bild unten ein Dokument, das aus dieser Vorlage erstellt wurde, während des Ausfüllens. Die Summe wird automatisch nach Eingabe des Betrags neu berechnet. Die graue Schattierung der Felder erscheint nur auf dem Bildschirm, nicht aber auf dem Ausdruck.

Das fertige Formular Spesenabrechnung

Formulardaten drucken, in eine Textdatei exportieren

Formularsteuerelemente aus Vorversionen bieten noch einen weiteren Vorteil: Sie können beim Drucken eines ausgefüllten Formulars festlegen, dass nur die eingegebenen Werte gedruckt werden und Sie können bei Bedarf diese Daten in eine Textdatei exportieren.

Achtung: Dies funktioniert nur mit den Formularsteuerelementen aus Vorversionen!

Dazu öffnen Sie das ausgefüllte Formular und klicken im Register *Datei* auf *Optionen*. Klicken Sie dann auf *Erweitert* und scrollen Sie nach unten bis zum Abschnitt *Beim Drucken dieses Dokuments*. Aktivieren Sie das Kontrollkästchen *Nur Formulardaten drucken*.

Wenn Sie die Formulardaten in eine Textdatei exportieren möchten, dann aktivieren Sie das Kontrollkästchen *Formulardaten als durch Trennzeichen getrennte Textdatei speichern* (Bild unten). Schließen Sie dann die Optionen mit Klick auf *OK*. Wenn Sie anschließend auf *Speichern* klicken, dann wurde im Fenster *Speichern unter* automatisch der Dateityp *Nur Text (.txt)* ausgewählt und nach dem Klick auf die Schaltfläche *Speichern* öffnet sich das Fenster *Dateikonvertierung*. Sie sehen eine Vorschau und die Textkodierung *Windows (Standard)* ist bereits ausgewählt. Klicken Sie auf *OK*.

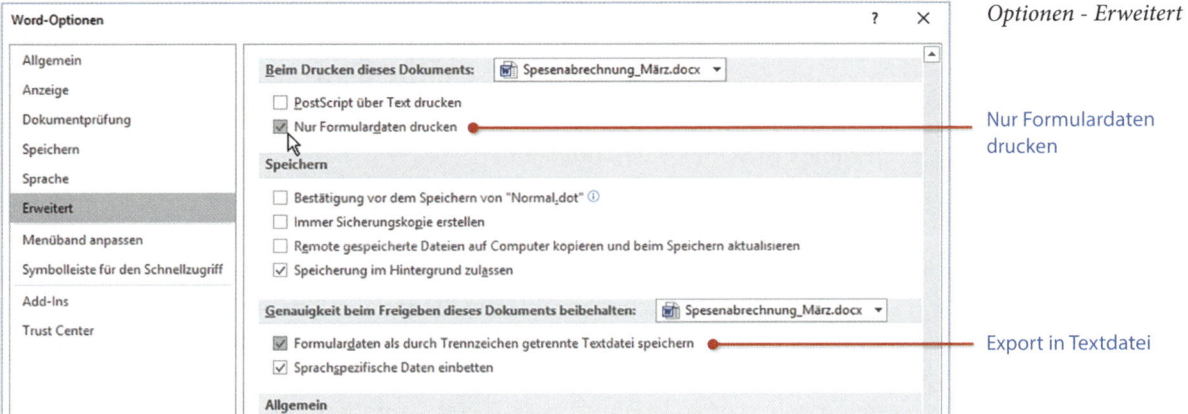

Optionen - Erweitert

Nur Formulardaten drucken

Export in Textdatei

PDF

Was derzeit leider (noch?) nicht funktioniert, ist der Export in eine ausfüllbare PDF-Datei. Sie können zwar ein Formular, wie jedes andere Word-Dokument als PDF-Datei speichern, jedoch werden die Formularfelder anschließend wie normaler Text behandelt. Um aus einem Word-Formular trotzdem ein ausfüllbares PDF-Dokument zu erstellen, können Sie unter anderem eine der beiden folgenden Methoden nutzen:

▶ Öffnen und exportieren Sie das Dokument mit Libre-Office, einem kostenlos verfügbaren Office-Paket, ähnlich Microsoft Office.

▶ Falls Sie über die, leider nicht kostenlose Software, Adobe Acrobat DC verfügen, können Sie mit dieser ein Word-Dokument samt Formularfeldern importieren.

8.7 Zusammenfassung

▶ Der Begriff Formular steht für Dokumente, welche am Computer ausgefüllt werden und einerseits dem Bearbeiter nur ganz bestimmte Ausfüllmöglichkeiten gewähren, andererseits die Eingabe aber auch vereinfachen und vereinheitlichen sollen. In der Regel werden Formulare als Dokumentvorlage gespeichert.

▶ Die Eingabe in Formularen erfolgt in sogenannten Steuerelementen. Diese sind im Menüband, Register *Entwicklertools* zu finden; eventuell muss dieses Register zuvor eingeblendet werden. Die Gruppe der Inhaltssteuerelemente steht seit der Version 2007 zur Verfügung und umfasst z. B. Elemente zur Datumsauswahl, Nur-Text und Rich-Text, Kontrollkästchen, Kombinationsfeld und Listenfeld und einige weitere. Details wie das Aussehen und das Verhalten beim Ausfüllen legen Sie in den Eigenschaften des jeweiligen Steuerelements fest.

▶ Um später die Eingabe auf die Steuerelemente zu beschränken und unbeabsichtigtes Ändern des restlichen Dokuments zu verhindern, muss das Formular bzw. die Dokumentvorlage geschützt werden, am besten mit einem Kennwort. Sollen nur bestimmte Bereiche des Dokuments geschützt werden, so teilen Sie zuvor das Dokument in Abschnitte auf. Anschließend können Sie den Schutz auf ausgewählte Abschnitte beschränken.

▶ Neben den Inhaltssteuerelementen können auch die Formularfelder früherer Word-Versionen (2003 und älter) verwendet werden. Hier sind zwar nur Textfeld, Kontrollkästchen und Kombinationsfeld verfügbar, dafür lassen sich Datentyp und die maximale Zeichenanzahl vorgeben und mit dem Kontrollkästchen *Beim Verlassen berechnen* können Formeln automatisch berechnet bzw. aktualisiert werden. Nachteil: Im Gegensatz zu Inhaltssteuerelementen erhalten diese Steuerelemente ihre volle Funktionalität erst, wenn das Dokument bzw. der betreffende Abschnitt geschützt ist.

9 Mathematische Formeln und Symbole

In diesem Kapitel lernen Sie...

- Formeln erstellen und einfügen
- Besonderheiten bei der Eingabe mathematischer Symbole und Ausdrücke
- Formeln bearbeiten
- Formeln per Taststur eingeben
- Formeln nummerieren und Formelverzeichnis erstellen

Das sollten Sie bereits wissen

- Die AutoKorrektur einsetzen
- Umgang mit Tabellen

9.1   Eine Formel einfügen

Mathematische Formeln erfordern zahlreiche Sonderzeichen und Symbole. Es wäre äußerst aufwändig, wenn Sie diese einzeln als Symbole einfügen würden, wesentlicher einfacher ist die Formeleingabe mithilfe des Formel-Editors von Word. Dieser erlaubt seit Word 2007 die Formeleingabe direkt im Dokument und die Schriftgröße lässt sich zusammen mit dem Text anpassen. Allerdings muss dazu das Dokument im Word-Dateiformat .docx gespeichert werden, das ältere Dateiformat Word 97-2003 Dokument (.doc) unterstützt nur den alten Formeleditor.

Eine Formel kann sowohl in einem eigenem Absatz als auch innerhalb eines Satzes bzw. Absatzes eingefügt werden. Im Fließtext sollten sich aber keine komplexen und umfangreichen Formeln befinden, da diese das Schriftbild und den Lesefluss stören.

▷ Falls Sie eine Formel innerhalb eines Satzes einfügen möchten, dann sollten Sie zuerst den Text eingeben und erst in einem zweiten Schritt die Formel.

▷ Wird dagegen eine Formel in einem eigenen Absatz eingegeben, so wird dieser zunächst automatisch horizontal zentriert, kann aber jederzeit links- oder rechtsbündig ausgerichtet oder in eine Tabelle eingefügt werden.

> Nicht alle Schriftarten können mathematische Sonderzeichen korrekt darstellen. Word verwendet im Formel-Editor standardmäßig die Schriftart *Cambria Math*. Für eine durchgängig einheitliche Schriftart sollten Sie also diese oder die Schriftart *Cambria* also auch im übrigen Dokument verwenden.

Wenn Sie die Schriftart Times New Roman bevorzugen, dann empfiehlt sich STIX, die kostenlos über die STIX (Scientific and Technical Information Exchange) Fonts project Website zu beziehen ist.

Die Standardschriftart für Formeln ändern Sie in den Formeloptionen, siehe Seite 311.

Word verfügt über eine Reihe fertiger Formeln, die Sie einfügen und bei Bedarf weiter bearbeiten können. Falls sich hier nichts Passendes findet, so erstellen Sie Ihre eigene Formel. Zum Einfügen einer Formel positionieren Sie den Cursor im Dokument an der gewünschten Stelle und klicken Sie im Register *Einfügen* ▸ *Symbole* auf *Formel*.

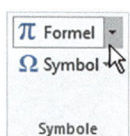

> **Achtung die Schaltfläche Formel ist zweigeteilt!** Klicken Sie direkt auf das Symbol *Formel* π, wenn Sie eine leere Formel einfügen möchten. Wenn Sie dagegen auf den Pfeil der Schaltfläche klicken, so erscheint eine Liste häufig verwendeter Gleichungen.

Integrierte Formeln nutzen

Wenn Sie auf den Pfeil der Schaltfläche klicken, so erscheint der Katalog integrierter Formeln. Weitere Formeln sind online verfügbar; eine Vorschau wird angezeigt, wenn Sie auf *Weitere Formeln von Office.com* zeigen. In beiden Fällen fügen Sie die gewünschte Formel mit einem Klick in das Dokument ein.

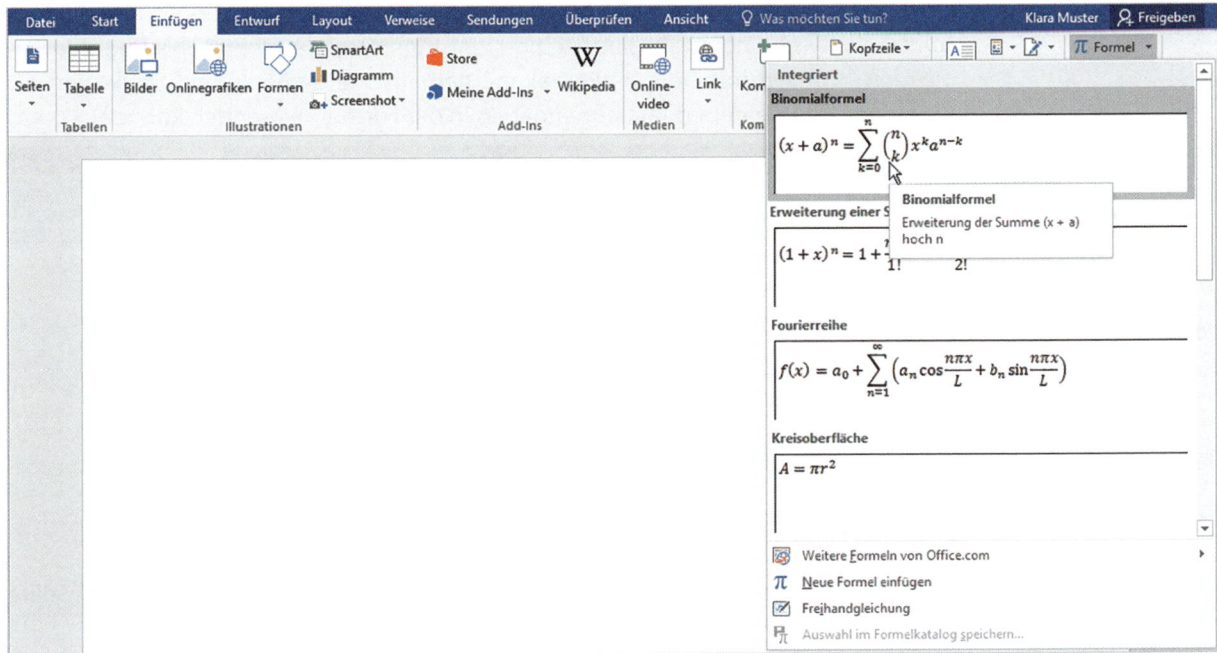

Eine integrierte Formel auswählen und einfügen

Sobald eine Formel markiert ist bzw. sich der Cursor innerhalb der Formel befindet, erscheint ein Rahmen um die Formel. Dieser verschwindet, wenn Sie an eine andere Stelle des Dokument klicken und wird auch nicht gedruckt. Wie Sie eine Formel markieren und löschen oder anpassen, lesen Sie weiter unten ab Seite 308.

Beispiel: Die integrierte Formel Binomial

$$(x+a)^n = \sum_{k=0}^{n} \binom{n}{k} x^k a^{n-k}$$

So erstellen Sie Ihre eigene Formel

Um eine eigene Formel einzugeben, positionieren Sie den Cursor im Dokument an der gewünschten Stelle, im Beispiel unten innerhalb des Fließtextes, und klicken im Register *Einfügen* auf das Symbol π der Schaltfläche *Formel*.

Oder fügen Sie die Formel mit der Tastenkombination Alt+Umschalt+Pluszeichen (+) ein, hierzu kann auch das +-Zeichen im Ziffernblock der Tastatur verwendet werden.

Klicken Sie auf das Symbol, um eine leere Formel einzufügen

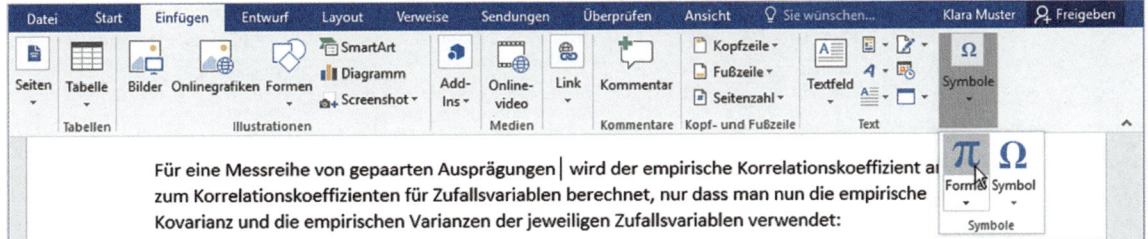

Formel einfügen:
Alt+Umschalt+Pluszei-
chen(+)

In der Hilfe sind fälsch-
licherweise die Tasten
Alt+Umschalt+Gleich-
heitszeichen(=) angege-
ben, diese gilt aber nur
für aber nur für englische
Taststuren!

*Das leere Formelfeld
im Text*

Ein leeres Formelfeld, erkennbar am Rahmen und dem Hinweistext *Geben Sie hier eine Formel ein*, wird eingefügt. Gleichzeitig steht Ihnen im Menüband das Register *Formeltools - Entwurf* mit einer Bibliothek mathematischer Symbole und Strukturen zur Verfügung, die Sie neben Tastatureingaben in der Formel verwenden können.

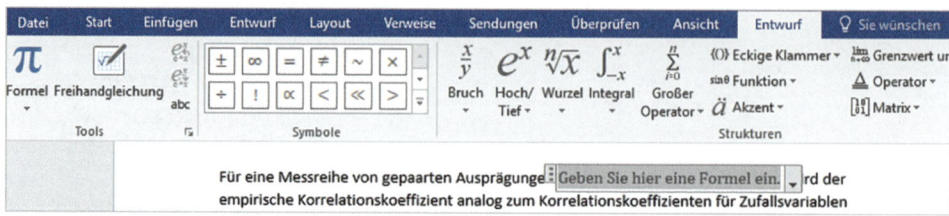

Als Beispiel soll der unten abgebildete Ausdruck eingegeben werden.

> Für eine Messreihe von gepaarten Ausprägungen $(x_1, y_1), (x_2, y_2), \ldots (x_n, y_n)$ wird der empirische Korrelationskoeffizient analog zum Korrelationskoeffizienten für Zufallsvariablen berechnet, nur dass

Beachten Sie bei der Formeleingabe:

▶ Zur Eingabe muss das Formelfeld aktiviert bzw. der Rahmen sichtbar sein. Sollte dies nicht der Fall sein, so klicken Sie einfach auf den Hinweistext.

▶ Hinweistext und Rahmen verschwinden automatisch bei der ersten Eingabe.

▶ Am einfachsten verwenden Sie bei der Formeleingabe die Schaltflächen der Gruppe *Strukturen*. Hier finden Sie häufig benötigte Ausdrücke, in deren Platzhalter Sie nur noch die gewünschten Inhalte eingeben brauchen.

So gehen Sie vor:

Stören Sie sich nicht an
der etwas unglücklich
gewählten Bezeichnung.
Hier finden Sie alle Arten
von Klammern.

1 Zunächst wird ein rundes Klammerpaar benötigt, diese geben Sie entweder über die Tastatur ein oder fügen sie über die Schaltfläche *{()} Eckige Klammer (*Register *Formeltools - Entwurf*) und der entsprechenden Auswahl ein.

*Markieren Sie im For-
melfeld den Platzhalter
zwischen den Klam-
mern und fügen Sie
Tiefgestellt ein*

2 Klicken Sie anschließend zwischen die Klammern bzw. markieren Sie mit einem Klick den Platzhalter, ein gepunktetes Kästchen, dazwischen (siehe Bild unten). Klicken Sie auf die Schaltfläche *Hoch/Tief* und wählen Sie die Variante *Tiefgestellt*.

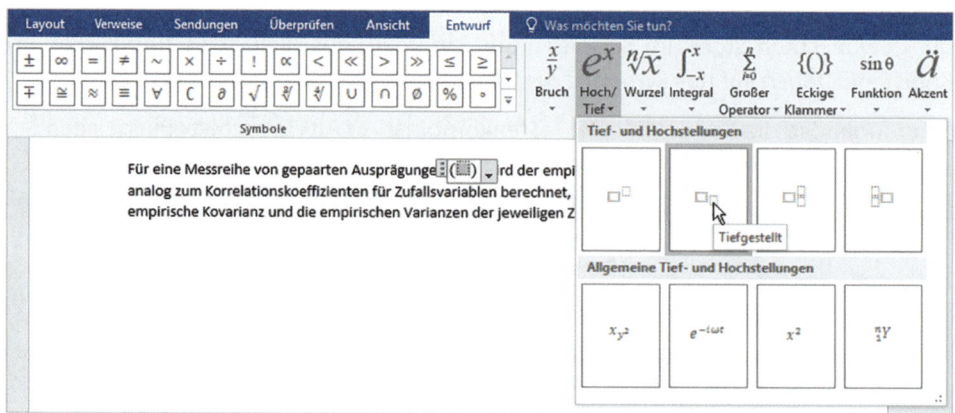

3 Markieren Sie dann in der Formel mit einem Klick den Platzhalter in der normalen Position und geben Sie über die Tastatur ein *x* ein. Markieren Sie anschließend den tiefgestellten Platzhalter, entweder durch Anklicken oder mit der Pfeiltaste nach rechts, und geben Sie die *1* ein.

von gepaarten Ausprägunge $(x_\square)$ rd der empirische tionskoeffizienten für Zufallsvariablen berechnet, nur das nz und die empirischen Varianzen der jeweiligen Zufallsva

e von gepaarten Ausprägunge (x_1) rd der empirische ationskoeffizienten für Zufallsvariablen berechnet, nur da nz und die empirischen Varianzen der jeweiligen Zufallsva

Platzhalter markieren und Zeichen eingeben

> Vor der Eingabe muss ein Platzhalter markiert werden. Schneller geht's, wenn Sie statt Klicken mit der Maus die Platzhalter mit den Pfeiltasten der Tastatur markieren. *Pfeil nach links* markiert den nächsten Platzhalter links vom Cursor, *Pfeil nach rechts* den Platzhalter rechts davon. Drücken Sie also zweimal den Pfeil nach links, um den ersten Platzhalter dieses Beispiels zu markieren. Mit der Pfeiltaste nach rechts markieren Sie anschließend den tiefergestellten Platzhalter.
>
> Drücken Sie dann nochmals die Pfeiltaste nach rechts, um den Cursor an die nächste Eingabeposition zu setzen, bevor Sie ein weiteres Zeichen oder einen Ausdruck einfügen.

4 Betätigen Sie also nochmals die Pfeiltaste nach rechts, der Cursor muss sich nun an normaler Position neben dem zuletzt eingegeben Zeichen befinden. Hier geben Sie ein Komma ein und fügen dann den nächsten Ausdruck *Tiefgestellt* ein.

5 Geben Sie anschließend, wie oben beschrieben, in die Platzhalter *y* und *1* ein und betätigen Sie wieder die Pfeiltaste nach rechts, bevor Sie das nächste Zeichen eingeben.

von gepaarten Ausprägunge $(x_1,)$ ird der empirische tionskoeffizienten für Zufallsvariablen berechnet, nur das nz und die empirischen Varianzen der jeweiligen Zufallsva

gepaarten Ausprägunge $(x_1, \square_\square)$ ird der empirische analog zum Korrelationskoeffizienten für Zufallsvariablen Kovarianz und die empirischen Varianzen der jeweiligen

Setzen Sie den Cursor an die nächste Eingabeposition und fügen Sie den nächsten Ausdruck ein

6 Geben Sie nach der schließenden Klammer ein Komma und danach ein weiteres Klammerpaar ein. In diese Klammern geben Sie den zweiten Ausdruck x_2 und y_2 ein, wie oben beschrieben. Bei der Eingabe des restlichen Ausdrucks verfahren Sie genauso.

7 Drücken Sie zum Schluss zweimal die Pfeiltaste nach rechts, um wieder mit der Texteingabe fortzufahren oder klicken Sie an eine beliebige Stelle des Dokuments. Der Formelrahmen verschwindet automatisch und erscheint erst wieder, wenn Sie in die Formel klicken.

9.2 Mathematische Symbole und Ausdrücke verwenden

Das Register Formel-
tools - Entwurf

Wie Sie oben gesehen haben, erfolgt die Eingabe einfacher Zeichen, Buchstaben und Zahlen über die Tastatur. Spezielle Sonderzeichen stellt Word im Menüband im Register *Formeltools - Entwurf* zur Verfügung.

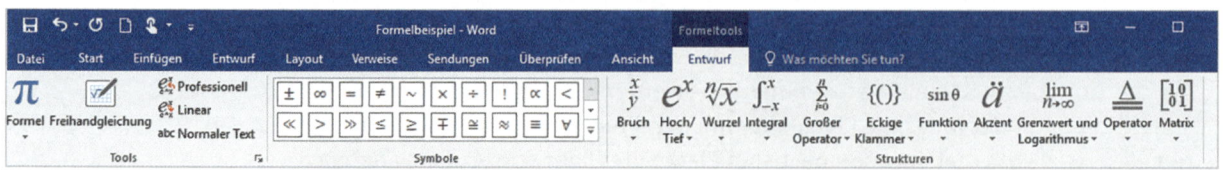

▶ **Tools**

Die Gruppe *Tools* stellt verschiedene Bearbeitungsmodi bereit und die Schaltfläche *Formel* öffnet ebenfalls den Katalog integrierter Formeln.

▶ **Symbole**

Die Gruppe *Symbole* enthält eine Bibliothek mathematischer Symbole, die Sie in eine Formel einfügen können. Klicken Sie auf den Pfeil *Weitere* ⟱, um ein größeres Feld zur Anzeige zu öffnen. Standardmäßig zeigt der Katalog grundlegende mathematische Symbole an; in der rechten oberen Ecke des Feldes finden Sie einen Pfeil (Bild unten), über den Sie auch andere Symbolgruppen auswählen können, z. B. *Griechische Buchstaben*, Operatoren oder Pfeile.

Symbolgruppe auswäh-
len, Beispiel Griechische
Buchstaben

Symbolgruppe Opera-
toren

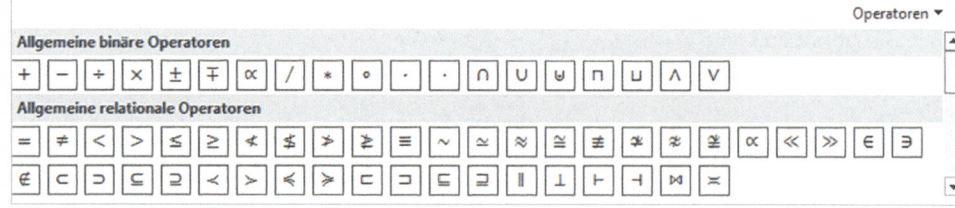

▶ **Strukturen**

Die Gruppe *Strukturen* stellt komplette Ausdrücke zur Verfügung, z. B. Brüche, Wurzel, Integral oder Matrix. Eine erste Möglichkeit ihrer Verwendung haben Sie am Beispiel *Hoch/Tief* bereits kennengelernt.

Die kleinen Kästchen in der Vorschau, wie im Bild unten, stehen für Platzhalter, in die Sie anschließend Zeichen über die Tastatur eingeben. Die meisten Strukturen beinhalten auch einige fertige Beispiele, die Sie ebenfalls verwenden können.

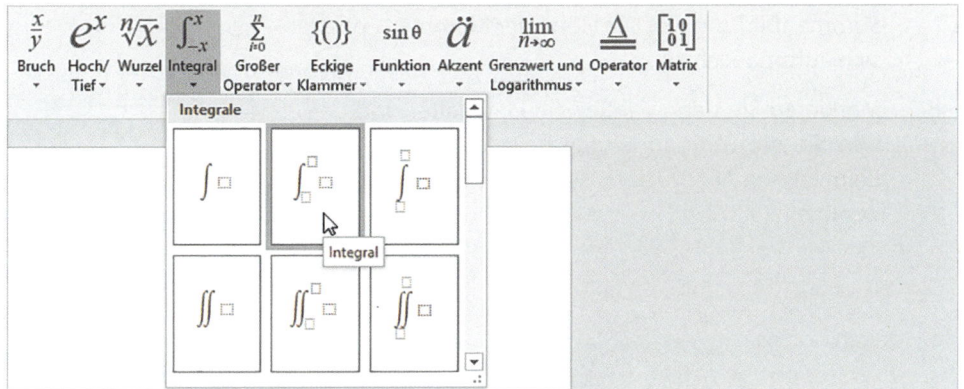

Beispiel: Ausdruck für Integrale auswählen

Beispiel: Eingabe einer komplexen Formel

Als zweites Beispiel soll die nebenstehend abgebildete Formel eingegeben werden. Die Eingabe erfolgt dieses Mal in einem eigenen Absatz. Bei korrekter Formeleingabe bzw. Verwendung der Ausdrücke und Platzhalter passt sich die Höhe von Wurzelzeichen, Summe und Klammern automatisch an die Formel an. So geht's:

$$s = \sqrt{\frac{1}{n-1}\left(\sum_{i=1}^{n} x_i^2\right)}$$

1. Beginnen Sie einen neuen Absatz und fügen Sie eine leere Formel ein.

Formel einfügen: Alt+Umschalt+Pluszeichen(+)

2. Klicken Sie in die Formel und geben Sie *s=* ein.

$s =$

3. Klicken Sie auf *Wurzel* und fügen Sie die benötigte Variante ein.

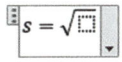

4. Markieren Sie mit der Pfeiltaste links den Platzhalten. Klicken Sie auf *Bruch* und wählen Sie die erste Variante *Bruch mit waagrechtem Bruchstrich*. Drücken Sie dann zweimal die Pfeiltaste rechts, um den oberen Platzhalter zu markieren.

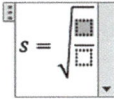

5. Geben Sie im oberen Platzhalter *1* ein. Markieren Sie mit der Pfeiltaste den unteren Platzhalter und geben Sie über die Tastatur *n-1* ein. Die Abstände zwischen den Zeichen werden automatisch hergestellt.

$s = \sqrt{\dfrac{1}{n-1}}$

6. Setzen Sie mit der Pfeiltaste nach rechts den Cursor wieder die auf Höhe des Bruchstrichs und fügen Sie ein rundes Klammerpaar ein.

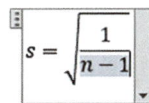

7 Markieren Sie dann innerhalb der Klammern den Platzhalter und fügen Sie über die Schaltfläche *Großer Operator* den rechts abgebildeten Ausdruck zur Summenbildung ein. Die Höhe der Klammern passt sich automatisch an.

$$s = \sqrt{\frac{1}{n-1}\left(\sum_{\square}^{\square} \square\right)}$$

8 Markieren Sie dann wieder die Platzhalter und geben Sie die übrigen Bestandteile der Formel ein. Beim letzten Ausdruck müssen Sie wieder *Hoch/Tief* benutzen.

$$s = \sqrt{\frac{1}{n-1}\left(\sum_{i=1}^{n} x_i^2\right)}$$

9.3 Formeln nachträglich bearbeiten

Vor jeder weiteren Bearbeitung müssen Sie zunächst in die Formel klicken. Erst dann erscheint der Rahmen um die Formel und die Registerkarte *Entwicklertools - Entwurf* steht wieder zur Verfügung.

Formel löschen

Um die gesamte Formel zu löschen, müssen Sie diese zuerst markieren, da Sie sonst mit den Tasten *Entf* oder *Rückschritt* nur einzelne Teile aus der Formel entfernen. Dazu klicken Sie am linken Rand des Formelrahmens auf den Anfasser, erkennbar an den drei Punkten. Nun ist die gesamte Formel markiert und kann anschließend gelöscht werden.

Klicken Sie zum Markieren der Formel auf die drei Punkte

Für eine Messreihe von gepaarten Ausprägungen $(x_1, y_1), (x_2, y_2), \dots (x_n, y_n)$ wird der empirische Korrelationskoeffizient analog zum Korrelationskoeffizienten für Zufallsvariablen berechnet, nur dass man nun die empirische Kovarianz und die empirischen Varianzen der jeweiligen Zufallsvariablen

Tipp: Eine markierte Formel können Sie auch in die Zwischenablage kopieren und an anderer Stelle wieder einfügen.

Formel korrigieren

Bei Verwendung integrierter Formeln ist meist eine nachträgliche Bearbeitung nötig und manchmal müssen Sie auch eine selbst erstellt Formel korrigieren. Bei der Bearbeitung gilt: Sie müssen zuerst das entsprechende Zeichen markieren, bevor Sie es löschen oder überschreiben. Sie können natürlich auch einen ganzen Ausdruck markieren und löschen.

Formelansichten

Zur Korrektur komplexer Formeln können Sie auch die beiden Ansichts- und Bearbeitungsmodi des Formel-Editors nutzen, zu finden im Register *Formeltools - Entwurf* in der Gruppe *Tools* oder wenn Sie auf den Pfeil des Formelrahmens oder mit der rechten Maustaste in eine Formel klicken.

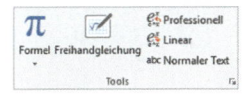

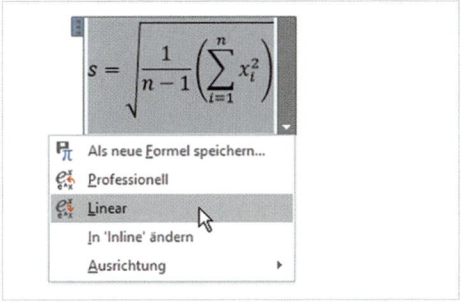

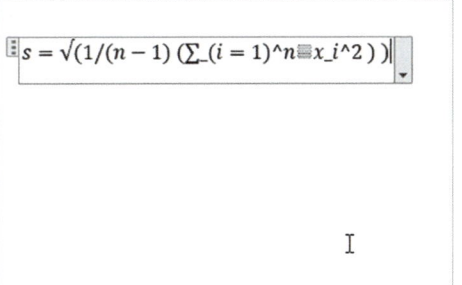

Professionelle und

Lineare Darstellung

▶ **Professionell** stellt die Formel am Bildschirm so dar, wie sie später gedruckt wird. Hier werden auch alle Elemente an der korrekten Position angezeigt.

▶ **Linear** zeigt alle Bestandteile der Formel in einer einzigen Zeile an, die Position einzelner Elemente wird über zusätzliche Zeichen wiedergegeben, z. B. Brüche mit / und Exponenten mit ^. Hier ist das Ersetzen einzelner Zeichen meist wesentlich einfacher. Gedruckt wird die Formel allerdings in jedem Fall, wie sie in der Ansicht *Professionell* angezeigt wird.

Formeln und Formelelemente ausrichten

Formeln am Gleichheitszeichen ausrichten

Um mehrere Formeln in mehreren Zeilen untereinander am Gleichheitszeichen auszurichten, markieren Sie alle Formeln und klicken dann mit der rechten Maustaste in die Markierung. Wählen Sie A*usrichten an =*.

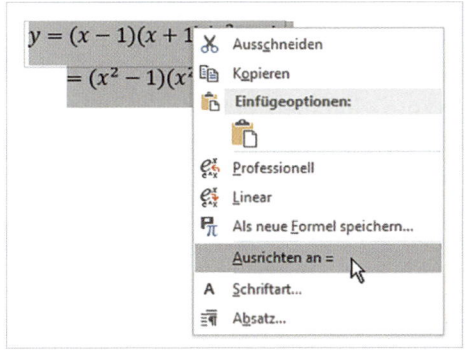

$$y = (x-1)(x+1)(x^2+1)$$
$$= (x^2-1)(x^2+1)$$

Formeln am Gleichheitszeichen untereinander ausrichten

Achtung: Ausrichten am Gleichheitszeichen funktioniert nur, wenn sich die Formeln jeweils in einem eigenen Absatz befinden.

Falls anschließend der Abstand zwischen den Zeilen zu gering sein sollte, so wie im Bild oben, so markieren Sie die betreffenden Zeilen, klicken im Register *Start ▶ Absatz* auf *Zeilen- und Absatzabstand* und wählen einen größeren Zeilenabstand.

Elemente innerhalb einer Matrix ausrichten

Wenn Sie innerhalb einer Matrix, wie im Beispiel unten, gleichmäßige Zeilenabstände benötigen, klicken Sie mit der rechten Maustaste auf ein beliebiges Matrixelement und auf *Matrixabstand*.... Im Dialogfenster *Matrixausrichtung und - abstand* legen Sie nun den Zeilenabstand fest: Klicken Sie beim Feld *Mindestabstand zwischen Grundlinien auf den Pfeil* und wählen Sie *Doppelt* aus.

Zeilenabstand innerhalb einer Matrix ändern

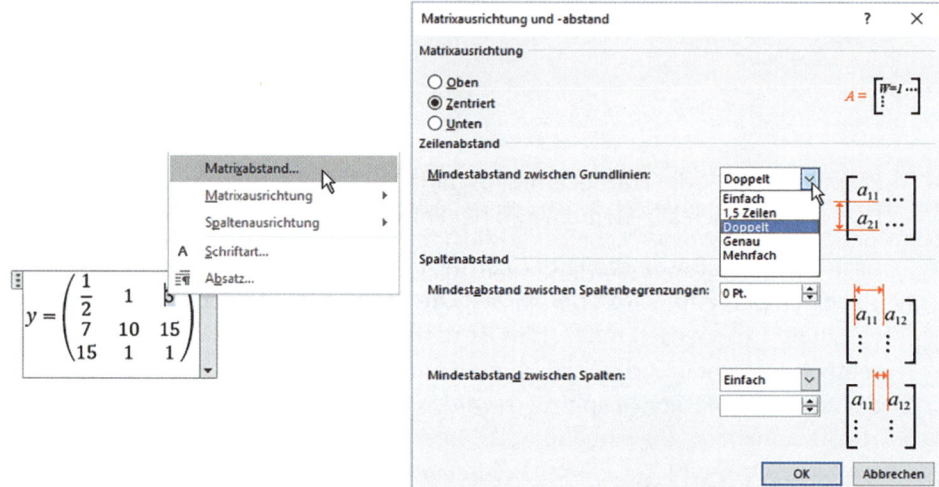

Zur rechtsbündigen oder linksbündigen Ausrichtung der Spalten klicken Sie mit der rechten Maustaste auf ein beliebiges Element der betreffenden Spalte, zeigen auf *Spaltenausrichtung* und wählen zwischen *Links*, *Zentriert* und *Rechts*.

Zeilenumbruch innerhalb einer Formel

Normalerweise geben Sie jede Formel in einem gesonderten Formelfeld ein. Falls Sie trotzdem einmal innerhalb einer Formel einen Zeilenumbruch benötigen, so klicken Sie zunächst in die Formel bzw. aktivieren den Formelrahmen. Positionieren Sie dann den Cursor an der betreffenden Stelle, klicken hier mit der rechten Maustaste und wählen den Befehl *Manuellen Umbruch einfügen*.

Formeln als Vorlage speichern

Alternativ erhalten Sie diesen Befehl auch, wenn Sie auf den kleinen Pfeil in der rechten unteren Ecke des Formelrahmens klicken.

Wenn Sie bestimmte Formeln häufiger in verschiedenen Dokumenten benötigen, dann sparen Sie viel Arbeit, wenn Sie die Formel als Vorlage speichern.

1 Klicken Sie mit der rechten Maustaste in die Formel und auf den Befehl *Als neue Formel speichern*....

2 Das Fenster *Neuen Baustein erstellen* öffnet sich, geben Sie Feld *Name* statt der Formel einen aussagefähigen Namen ein. Die Formel wird im Katalog *Formeln* gespeichert, optional ist noch die Eingabe einer kurzen Beschreibung möglich. Klicken Sie zuletzt auf *OK*.

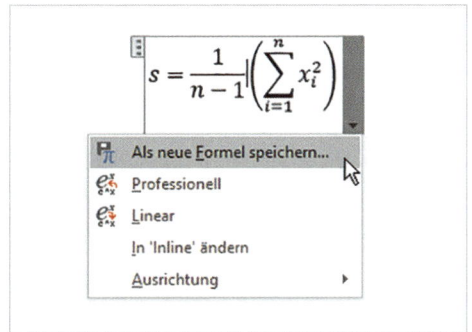

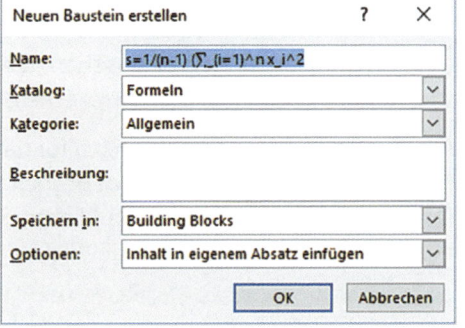

Formel als Vorlage speichern

Geben Sie einen Namen für die Formel bzw. den Baustein ein

Hinweis: Im Fenster *Neuen Baustein* erstellen, erscheint die Formel im linearen Format statt im professionellen.

Die Formel ist anschließend unter *Allgemein* verfügbar, wenn Sie im Register *Einfügen* auf den Pfeil der Schaltfläche *Formel* klicken. **Achtung:** Beim Schließen der Datei bzw. beim Beenden von Word erscheint die Rückfrage, ob die Änderungen an der Datei *Building Blocks* gespeichert werden sollen. Klicken Sie auf *Speichern*, damit die Formel auch wirklich dauerhaft gespeichert wird und in allen Dokumenten verfügbar ist.

Formeloptionen

Grundeinstellungen für die Eingabe und Bearbeitung von Formeln können Sie in den Formeloptionen vornehmen. Dieses Fenster öffnen Sie mit Klick auf den Pfeil ⌐ der Gruppe *Tools* (Register *Formeltools - Entwurf*).

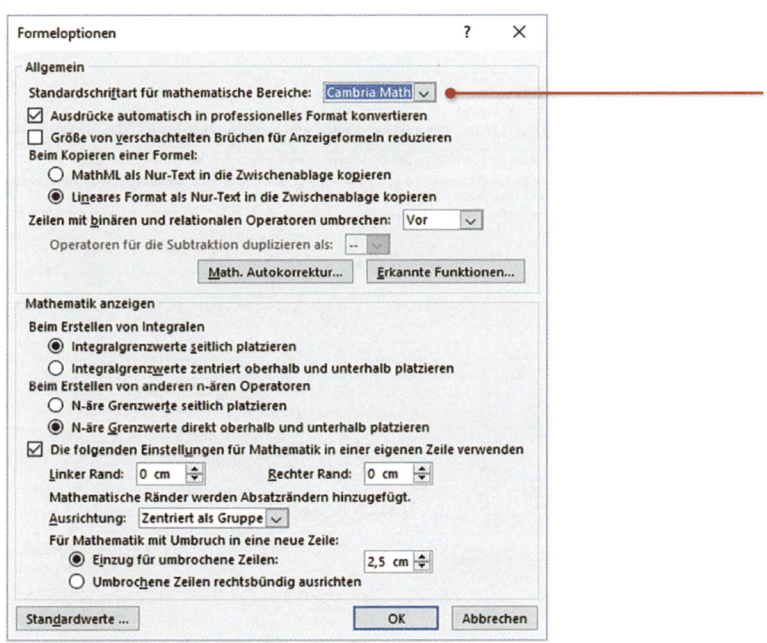

Formeloptionen

Die Standardschriftart legen Sie über dieses Feld fest. Sollte die gewünschte Schriftart hier nicht erscheinen, so geben Sie an dieser Stelle einfach den Namen ein.

▶ Hier können Sie beispielsweise festlegen, dass Integralwerte nicht seitlich sondern ober- und unterhalb des Integralzeichens platziert werden.

▶ Befindet sich eine Formel in einer gesonderten Zeile, dann legen Sie bei Bedarf Einzüge und Ausrichtung, standardmäßig zentriert, fest.

▶ Klicken Sie auf die Schaltfläche *Math. Autokorrektur...*, um die Liste von automatischen Ersetzungen einzusehen, die Sie ebenfalls bei der Formeleingabe nutzen können. Näheres hierzu im nächsten Punkt.

Alle Einstellungen gelten zunächst für das aktuelle Dokument. Sollen die Änderungen in der Dokumentvorlage *Normal* gespeichert werden und damit auch in allen übrigen Dokumenten gültig sein, dann klicken Sie auf die Schaltfläche *Standardwerte...* und bestätigen Sie die nachfolgende Rückfrage mit *Ja*.

9.4 Formeln und Symbole per Tastatur eingeben

Die Mathematische Autokorrektur nutzen

Wie Sie oben gesehen haben, kann die Eingabe von Formeln ziemlich zeitraubend sein. Schneller geht's, wenn Sie eine Formel komplett über die Tastatur eingeben und sich bei der Eingabe von Sonderzeichen die mathematische AutoKorrektur zunutze machen, natürlich unter der Voraussetzung, dass diese aktiviert ist.

Falls im Dokument bereits eine Formel existiert, dann öffnen Sie dazu die Formeloptionen mit Klick auf den Pfeil ⌐ der Gruppe *Tools* (siehe Seite 311) und klicken auf die Schaltfläche *Math. AutoKorrektur...*.

AutoKorrektur auch ohne Formel-Editor nutzen

Muss aktiviert sein!

Die mathematische AutoKorrektur

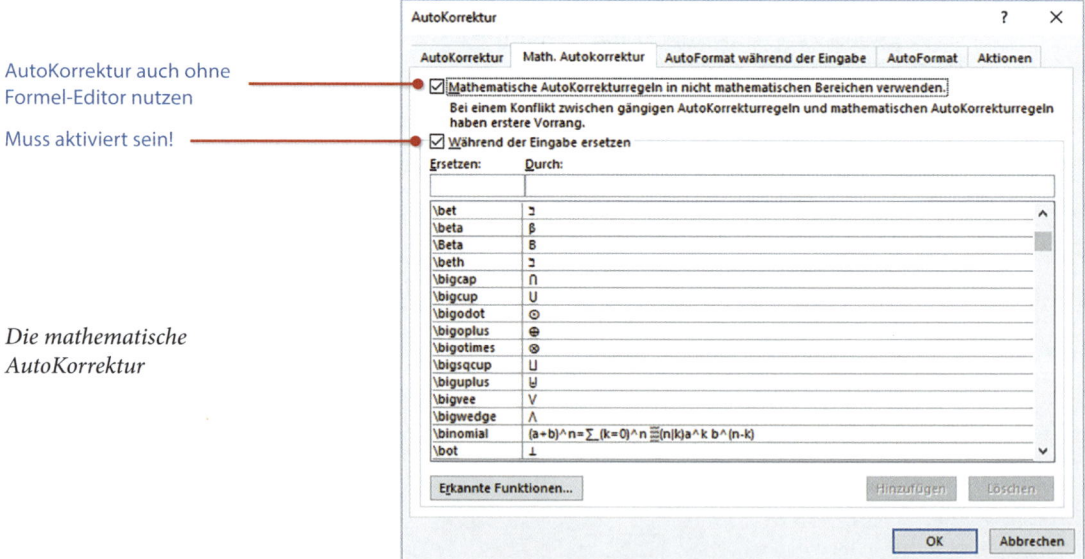

Alternativ öffnen Sie die *Word-Optionen* (Register *Datei*), klicken auf *Dokumentprüfung* anschließend auf die Schaltfläche *AutoKorrektur-Optionen...* und im Fenster *AutoKorrektur* auf das Register *Math. AutoKorrektur*.

▶ Achten Sie darauf, dass das Kontrollkästchen *Während der Eingabe ersetzen* aktiviert ist!

▶ Unterhalb finden Sie die Liste der Zeichenfolgen bzw. Eingabecodes, die durch ein Symbol ersetzt werden, z. B. \sum durch das Summenzeichen Σ.

> **Tipp:** Wenn Sie zusätzlich das Kontrollkästchen *Mathematische AutoKorrekturregeln in nicht mathematischen Bereichen verwenden* aktivieren, dann können Sie die mathematische AutoKorrektur auch ohne Formeleditor zur Eingabe einzelner mathematischer Symbole im Fließtext nutzen, wie im Beispiel im Bild unten. Beachten Sie aber, dass nicht alle Symbole von allen Schriftarten unterstützt werden.

Bestimmung von Lambda (λ)

Ein guter Schätzwert für λ ist bekanntlich E ($\check{z}$) = 1/λ, mit E($\check{z}$) = 1/$\check{z}$. Wir berechnen also die durchschnittliche Ankunftszeit ($\check{z}$)

Beispiel: Sonderzeichen im Fließtext

Achtung: Wenn Sie die mathematische AutoKorrektur auch zur Eingabe mathematischer Symbole ohne Formel-Editor benutzen, dann sollten Sie in der normalen AutoKorrektur die automatische Großschreibung am Satzanfang deaktivieren, da Sie sonst unter Umständen beispielsweise X^2 statt x^2 erhalten.

Siehe Einstellungen zur AutoKorrektur, Seite 24

Formeln mit Eingabecodes erstellen

Wenn Sie einzelne Zeichen oder eine ganze Formel über die Tastatur eingeben, dann müssen Sie zwar die Eingabecodes für die einzelnen Symbole kennen, insbesondere bei einfacheren Formeln besitzt diese Methode trotzdem Vorteile. Neben der Verwendung von Zahlen, Buchstaben und Klammern gilt bei der Eingabe:

▶ Brüche geben Sie mit einem Schrägstrich / ein, z. B. 1/n

▶ Für Potenzen verwenden Sie das Zeichen ^, z. B. x^2

▶ Die Zeichenfolgen für die übrigen Symbole beginnen meist mit einem Backslash, dem rückwärts gewandten Schrägstrich \, z. B. \sum für das Summenzeichen Σ oder \sqrt für das Zeichen Wurzel.

▶ Griechische Buchstaben geben Sie ebenfalls mit dem \, gefolgt vom Buchstaben ein. Beachten Sie hier die Groß- und Kleinschreibung: z. B. \alpha ergibt nach Eingabe des Leerzeichens α, \Delta erzeugt den griechischen Großbuchstaben Δ.

Beachten Sie, dass das eigentliche Sonderzeichen erst nach dem Betätigen der Leertaste erscheint.

Diese Formel soll über die Tastatur eingegeben werden

Als Beispiel die unten abgebildete Formel.

> Unterstellen wir ein 95% Konfidenzintervall, dann gilt für den Nenner der oberen Intervallgrenze $x^2(1 - \frac{\alpha}{2}; n - 1)$

1 Im ersten Schritt fügen Sie wieder eine leere Formel ein.

2 Geben Sie ein *x^2* und betätigen Sie die Leertaste.

3 Geben Sie eine öffnende Klammer ein und danach *1-*.

4 Geben Sie *\alpha/2* ein und betätigen Sie die Leertaste.

5 Geben Sie danach den Rest der Formel ein und betätigen Sie die Pfeiltaste nach rechts, um die Formel zu verlassen und mit der Texteingabe fortzufahren.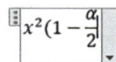

Hinweis: Falls Sie Brüche oder Quadratwurzeln verwenden, so wird nach dem ersten Betätigen der Leertaste die Eingabe in das Symbol umgewandelt. Nach nochmaligem Betätigen der Leertaste erscheinen die kleinen Kästchen bzw. Platzhalter für die weitere Eingabe. Mit der Pfeiltaste nach links markieren Sie den Platzhalter.

Beispiel: Eingabe einer Quadratwurzel

Eingabe des Codes	Nach Eingabe des ersten Leerzeichens	Nach Eingabe des zweiten Leerzeichens	Mit der Pfeiltaste nach links den Platzhalter markieren
$=\backslash sqrt$	$= \sqrt{}$	$= \sqrt{\Box}$	$= \sqrt{\blacksquare}$

Übersicht Eingabecodes der mathematischen AutoKorrektur

Eine vollständige Liste der Eingabecodes der mathematischen AutoKorrektur erhalten Sie in der Word-Hilfe. Geben Sie dazu im Feld *Was möchten Sie tu*n einfach den Begriff Mathematische AutoKorrektur ein und klicken Sie auf *Hilfe zur mathematischen AutoKorrektur erhalten* oder klicken Sie im Fenster AutoKorrektur auf das Fragezeichen-Symbol.

Leider ist die Hilfe alphabetisch und nicht thematisch geordnet, daher an dieser Stelle eine kleine Zusammenstellung, die allerdings nicht den Anspruch auf Vollständigkeit erhebt.

Akzente

Als Beispiel wurde hier der Buchstabe a verwendet.

â	a\hat	á	a\acute	ā	ā	à	a\dot	ă	a\breve
ǎ	a\check	à	a\grave	a⃗	a\vec	ä	a\ddot	ã	a\tilde

Akzente, als Beispiel der Buchstabe a

Griechische Buchstaben

Achten Sie hier auf Groß- und Kleinschreibung!

A	\Alpha	B	\Beta	Γ	\Gamma	Δ	\Delta	E	\Epsilon
Z	\Zeta	H	\Eta	Θ	\Theta	I	\Iota	K	\Kappa
Λ	\Lambda	M	\ Mu	N	\Nu	Ξ	\Xi	O	\O
Π	\Pi	P	\Rho	Σ	\Sigma	T	\Tau	Υ	\Upsilon
Φ	\Phi	X	\Chi	Ψ	\Psi	Ω	\Omega		
α	\alpha	β	\beta	γ	\gamma	δ	\delta	ϵ	\epsilon
ζ	\zeta	η	\eta	θ	\theta	ι	\iota	κ	\kappa
λ	\lambda	μ	\mu	ν	\nu	ξ	\Xi	o	\o
π	\pi	ρ	\rho	σ	\sigma	τ	\Tau	υ	\Upsilon
φ	\phi	χ	\chi	ψ	\psi	ω	\Omega		

Griechische Buchstaben

Weitere Sonderzeichen, einige Beispiele

Σ	\sum	∫	\int	∬	\iint	∭	\iiint	∮	\oint
Π	\prod	∐	\coprod	√	\sqrt	⊞	\boxplus	⊟	\boxminus
≤	\leq	≤	\le	≥	\geq	≥	\ge	≡	\equiv
∣	\mid	≪	\ll	≫	\gg	≍	\asymp	∥	\parallel
⊂	\subset	≈	\approx	⋈	\bowtie	⊆	\subseteq	≅	\cong
≠	\neq	∈	\in	∋	\ni	∌	\notcontain	∉	∉
∃	\exists	×	\times	÷	\div	∩	∩	∪	\cup
∘	\circ	·	\bullet	∅	\emptyset	∞	\infty		

Weitere Sonderzeichen

Mathematische Ausdrücke

Die unten abgebildeten Ausdrücke erscheinen nach der Eingabe zunächst in linearer Darstellung und können nur in Formeln verwendet werden. Zur professionellen Anzeige klicken Sie mit der rechten Maustaste in die Formel und auf *Professionell*.

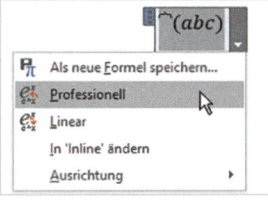
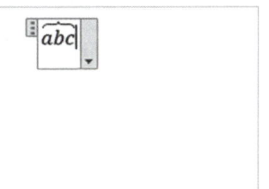

Mathematische Ausdrücke

Weitere Ausdrücke:

\underbrace(abc)	$\underbrace{abc}$	\sqrt(abc)	$\sqrt{abc}$	(abc)/(x)	$\dfrac{abc}{x}$

Weitere Ausdrücke

9.5 Formeln nummerieren

Genau wie Abbildungen können auch Formeln mit Word durchgehend nummeriert werden. Leider lässt sich die Beschriftung nur ober- oder unterhalb der Formel platzieren, gängige Regeln schreiben aber eine Nummerierung rechts von der Formel vor. Sie müssen sich daher mit einer Tabelle mit zwei Spalten behelfen, die links die Formel und rechts die Nummerierung enthält. So gehen Sie vor:

1 Fügen Sie eine Tabelle mit zwei Spalten und einer Zeile ein.

2 Fügen Sie die erste Formel in die linke Spalte ein und legen Sie die Breite der beiden Spalten fest.

3 Die Rahmenlinien der Tabelle werden nicht benötigt, formatieren Sie daher die Tabelle ohne Rahmen und sorgen Sie dafür, dass stattdessen zur besseren Orientierung die Gitternetzlinien sichtbar sind (Register *Tabellentools - Layout* ▸ *Gitternetzlinien anzeigen*). Diese werden als gepunktete Linie dargestellt, siehe Bild unten).

Fügen Sie die Formel in die linke Spalte der Tabelle ein

Binomialformel	
$(x + a)^n = \sum_{k=0}^{n} \binom{n}{k} x^k a^{n-k}$	

4 Markieren Sie dann die Formel und klicken Sie im Register *Verweise* auf *Beschriftung einfügen*.

- Word schlägt im Normalfall eine Nummerierung mit arabischen Zahlen vor, falls Sie römische oder andere Zahlen benötigen, können Sie diese über die Schaltfläche *Nummerierung...* ändern.

- Im Feld *Bezeichnung* wählen Sie *Formel* aus und aktivieren Sie das Kontrollkästchen *Bezeichnung nicht in der Beschriftung verwenden*. Die Position kann zunächst beliebig gewählt werden.

Formelbeschriftung einfügen

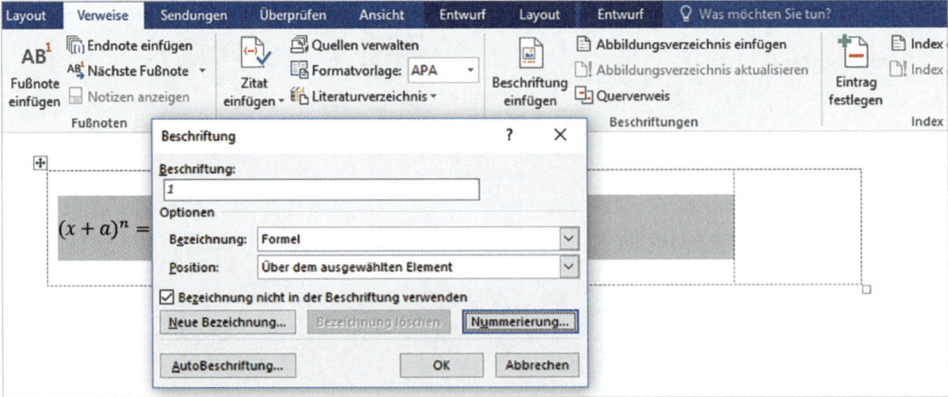

5 Klicken Sie zum Übernehmen auf *OK*.

Siehe Kapitel 5 Felder

6 Markieren Sie die Zahl; da es sich hierbei eigentlich um ein Feld bzw. eine Feldfunktion handelt, erscheint diese grau, wenn Sie darauf klicken. Verschieben Sie dann diese Zahl mit gedrückter Maustaste in die rechte Tabellenspalte oder schneiden Sie diese mit Strg+X in die Zwischenablage aus und fügen sie dann an gewünschter Stelle mit Strg+V ein.

7 Falls Sie Klammern benötigen, so fügen Sie diese vor und hinter dem Feld, der grau hervorgehobenen Zahl, zusätzlich ein.

Verschieben Sie die Zahl in die rechte Tabellenspalte

8 Da Sie die Formelnummerierung mehrmals im Dokument benötigen, sollten Sie anschließend die Tabelle mit der Nummerierung als Schnelltabelle speichern. Dazu kopieren Sie zunächst die gesamte Tabelle und löschen aus der Kopie die Formel. Die Zahl dagegen bleibt stehen.

9 Markieren Sie dann die kopierte Tabelle, klicken Sie im Register *Einfügen* auf *Tabelle*, zeigen auf *Schnelltabellen* und klicken am Ende der Liste auf *Auswahl im Schnelltabellenkatalog speichern...*.

10 Geben Sie Ihrer Tabelle einen aussagefähigen Namen, z. B. Formelnummerierung und klicken Sie auf *OK*.

11 Zum Einfügen klicken Sie wieder auf *Tabelle* und zeigen auf *Schnelltabellen*. Die benutzerdefinierte Tabelle befindet sich ganz am Beginn in der Liste unter *Allgemein* und wird mit einem Mausklick an der Cursorposition eingefügt.

Tabelle mit Formelnummerierung als Schnelltabelle einfügen

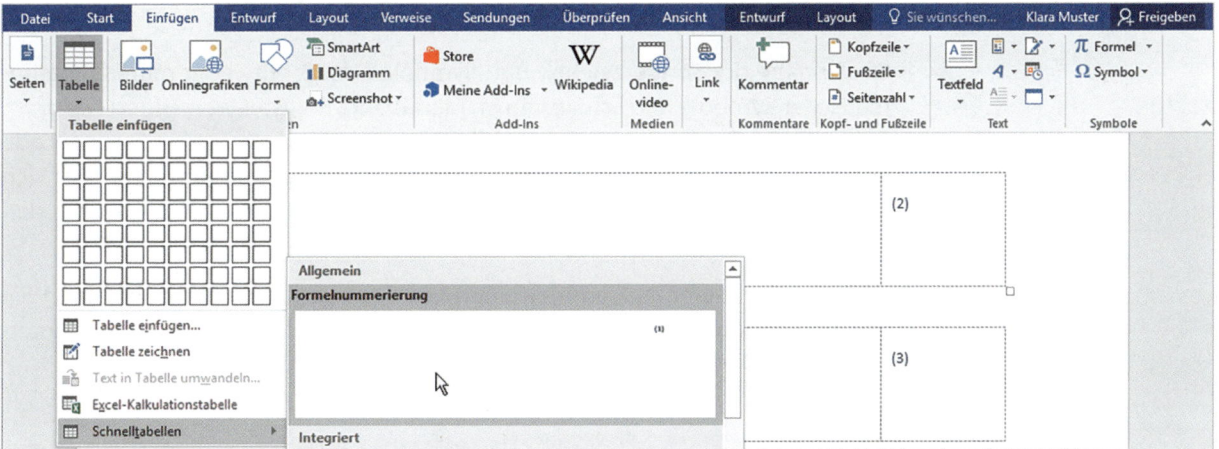

Die Formelnummerierung erfolgt automatisch. Sollte dies in Ausnahmefällen nicht passieren, so klicken Sie auf die Zahl und aktualisieren diese mit der Taste

F9 oder benutzen im Kontextmenü der rechten Maustaste den Befehl *Felder aktualisieren*.

Achtung: Da Schnelltabellen in der gesonderten Datei *Building Blocks* gespeichert werden, erhalten Sie beim Beenden von Word die Rückfrage, ob Sie Änderungen an dieser Datei speichern möchten. Klicken Sie auf *Speichern*.

Formelverzeichnis erstellen

Wenn Ihr Dokument sehr viele Formeln enthält können Sie für diese, analog zu einem Abbildungsverzeichnis, ein Formelverzeichnis erstellen. Dabei gehen Sie genauso vor, wie bei beim Abbildungsverzeichnis. Klicken Sie im Register *Verweise* auf *Abbildungsverzeichnis einfügen* und wählen Sie im Feld *Beschriftungskategorie* Formel aus.

9.6 Zusammenfassung

▶ Zur Eingabe von Formeln und mathematischen Sonderzeichen verfügt Word über einen eigenen Formeleditor, der die Formeleingabe direkt im Dokument erlaubt. Zum Einfügen einer Formel klicken Sie im Register *Einfügen* ▶ *Symbole* auf *Formel*. Sie können entweder eine der integrierten Formeln einfügen und diese nachträglich anpassen oder eine eigene Formel erstellen.

▶ Nicht alle Schriftarten können mathematische Symbole korrekt darstellen. Word verwendet im Formeleditor standardmäßig die Schriftart *Cambria Math*, Sie sollten diese also auch im übrigen Dokumenttext verwenden. Falls Sie eine andere Schriftart als Standard für Formeln benutzen möchten, legen Sie diese in den Formeloptionen fest.

▶ Die Eingabe der Sonderzeichen und Symbole erfolgt entweder mithilfe mathematischer Symbole und Strukturen im Menüband, Register *Formeltools - Entwurf*. Oder nutzen Sie die mathematische Autokorrektur, indem Sie den Eingabecode des jeweiligen Zeichens eingeben. Die mathematische AutoKorrektur lässt sich auch außerhalb des Formeleditors einsetzen, dies muss allerdings zuvor in den AutoKorrektur-Optionen aktiviert werden.

▶ Wird eine fortlaufende Nummerierung von Formeln benötigt, so verfahren Sie wie bei Abbildungen. Da Word allerdings nur eine Platzierung ober- oder unterhalb unterstützt, müssen Sie sich mit einer Tabelle behelfen.

10 Workshop: Große Dokumente und wissenschaftliche Arbeiten

In diesem Kapitel lernen Sie...

- welche Arbeitsschritte Sie durchlaufen müssen, zur optimalen Vorbereitung eines umfangreichen Dokuments
- das Verknüpfen von Grafiken
- wie Sie in der Gliederungsansicht Überschriften und Inhalt verschieben bzw. Überschriftsebenen höher oder tiefer stufen

Das sollten Sie bereits wissen

- Umgang mit Designs
- Formatvorlagen erstellen und bearbeiten
- Seite einrichten
- Kopf- und Fußzeilen bearbeiten
- Felder einfügen
- Verzeichnisse erstellen und aktualisieren

In diesem Workshop möchte ich Ihnen zeigen, wie Sie Schritt für Schritt alle notwendigen Einstellungen vornehmen, um ein umfangreiches Dokument, wie z. B. eine Hausarbeit, ein Handbuch oder eine Dokumentation zu erstellen. Lernen Sie Word 2016 optimal einzusetzen, um den „handwerklichen" Teil dieser Arbeit effizient und möglichst fehlerfrei zu bewältigen.

Viele Anforderungen die Sie an lange Texte stellen, können in Word automatisiert werden. So sorgen Formatvorlagen für Fließtext und Überschriften, die Sie bereits in Kapitel 3 kennengelernt haben, für ein einheitliches Erscheinungsbild. Im Kapitel 2 haben Sie gelernt, wie Sie das Seitenlayout an Ihre Wünsche und Vorgaben anpassen und seit Kapitel 6 wissen Sie, dass ein Inhaltsverzeichnis nicht händisch erstellt werden muss. Jetzt fassen wir Ihr gesamtes Wissen zusammen und wenden es auf ein praktisches Beispiel an.

10.1   Datei speichern und Seitenlayout festlegen

Dokument erstellen, speichern und sichern

Wir starten mit einem leeren Dokument. Öffnen Sie Word und wählen Sie die Dokumentvorlage *Leeres Dokument* aus. Zunächst entscheiden Sie, ob die folgenden Einstellungen für zukünftige Arbeiten zur Verfügung stehen soll. Dann ist es ratsam das Dokument zunächst als *Vorlage* abzuspeichern. Das macht natürlich nur Sinn, wenn die folgenden Projekte diesem gleichen.

In diesem Beispiel speichern wir das Dokument nicht als Vorlage sondern als einfaches Word-Dokument (Dateinamenserweiterung *.docx*) in einem eigenen Ordner ab. In diesen Ordner können Sie auch weitere Dateien, die zu dieser Arbeit gehören, ablegen, z. B. Bilder.

Sichern Sie diesen Ordner regelmäßig auf einer externen Festplatte oder einem Cloud-Speicher. Steht Ihnen genügend Speicherplatz zur Verfügung überschreiben Sie die letzte Version Ihrer Arbeit nicht, sondern behalten Sie mehrere Versionen. So können Sie, falls Sie versehentlich Texte überschrieben haben, diesen aus einer vorherigen Version kopieren.

Seitenränder und Layout festlegen

Bestimmen Sie als nächstes das Seitenlayout. Neben den Seitenrändern entscheiden Sie hier vor allem, ob das Dokument Vorder- und Rückseite enthält, also beidseitig oder doch nur einseitig bedruckt wird.

Öffnen Sie im Register *Layout* durch Anklicken von *Seiten einrichten* das zugehörige Dialogfenster. Wir möchten später Vorder- und Rückseite bedrucken und nehmen deshalb folgende Einstellungen vor:

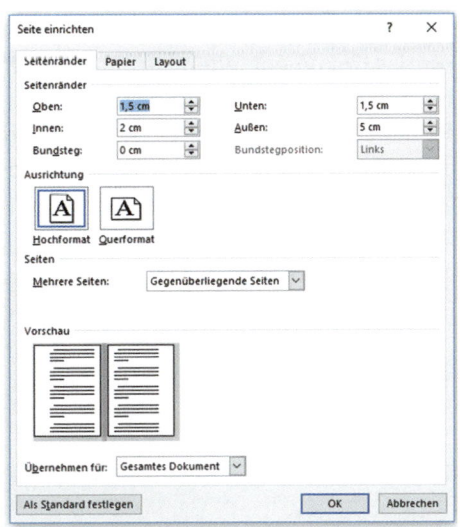

- Wählen Sie im Abschnitt *Seiten* über das Dropdown-Menü *Gegenüberliegende Seiten* aus.

- Stellen Sie dann für Außen einen etwas breiteren Rand für Bemerkungen ein.

10.2 Gestaltung von Überschriften und Fließtext

Nachdem die Datei gespeichert und das Seitenlayout festgelegt ist, muss als nächstes die Standardschrift ausgewählt werden. Am besten legen Sie diese über die Designschriftarten fest. Bei Designfarben können Sie sich auch gleich für ein Farbschema entscheiden.

Design anpassen

Veränderungen, die Sie am Design vornehmen gelten für alle Formatvorlagen des aktuellen Dokuments. Stellen Sie also grundsätzliche Vorgaben gleich über die Designelemente ein, dann sparen Sie Zeit.

Schriftart

In unserem Dokument soll nur die Schrift *Times New Roman* Verwendung finden. Wechseln Sie zum Register *Entwurf* und wählen Sie *Schriftarten* ▶ *Schriftarten anpassen*. Wählen Sie sowohl bei *Schriftart für Überschriften* als auch bei *Schriftart für Textkörper* die Schrift *Times New Roman* aus und geben Sie einen Namen an, unter dem die neue Zusammenstellung gespeichert wird.

Farbe

Ebenfalls im Register *Entwurf* bestimmen Sie über die Schaltfläche *Farben*, welche Farben für Überschriften, SmartArts und andere Formen verwendet werden. Für dieses Beispiel wählen wir die Zusammenstellung *Blaugrün* aus.

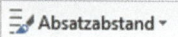

Absatzabstand

Für das Dokument legen Sie einen Zeilenabstand von 1,5 fest. Zur besseren visuellen Trennung der einzelnen Absätze wird darüber hinaus ein Abstand nach 8pt für den Textkörper vereinbart und eine Schriftgröße von 12 pt. Die zusätzlichen Abstände für die einzelnen Überschriften legen Sie über die Formatvorlagen fest. Wählen Sie Register *Entwurf ▸ Absatzabstand ▸ Benutzerdefinierter Absatzabstand*.

Designschriftart und Absatzabstände festlegen

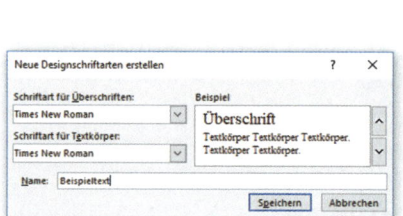

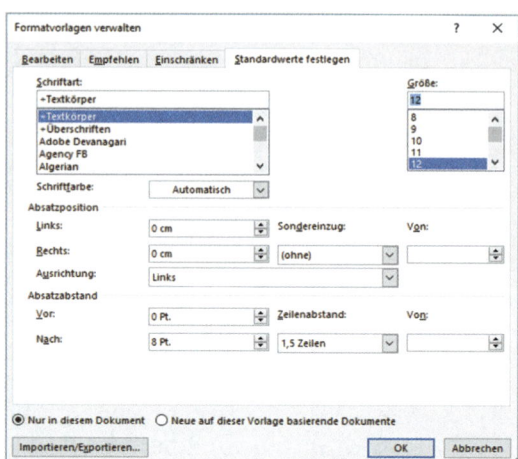

Listenformatvorlage erstellen

Für das Dokument rechnen wir mit vier Überschriftsebenen. Diese sollen wie folgt durchnummeriert werden.

I.	Überschrift Ebene 1	römische Ziffer
1.	Überschrift Ebene 2	arabische Ziffer
1. a)	Überschrift Ebene 3	Wiederholung der Überschrift Ebene 2 und Buchstabe
	aa) Überschrift Ebene 4	Wiederholung Ebene 3 + Buchstabe und einen Einzug

▸ Zur Bestimmung der Nummerierung der Überschriften wählen Sie *Start ▸ Absatz ▸ Liste mit mehreren Ebenen* und *Neuen Listentyp definieren*.

▸ Vergeben Sie eine Bezeichnung für die Liste.

▸ Zur Anpassung von Nummerierung und Einzüge der einzelnen Überschriftsebenen tippen Sie auf die Schaltfläche *Format ▸ Nummerierung*.

Bearbeitung Ebene 1

▪ Die Ebene 1 ist bereits markiert. Entscheiden Sie sich hier bei *Zahlenformatvorlage für diese Ebene* für römische Ziffern ❶ und löschen Sie alle weiteren Zeichen und geben einen Punkt ein.

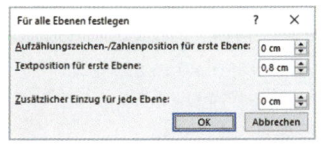

- Wir wollen nur für Ebene 4 einen Einzug. Deshalb wählen wir zunächst für alle Ebenen dieselben Positionsangaben wie für Ebene 1. Klicken Sie dazu auf *Für alle Ebenen festlegen* ❷. Nicht nur die Nummer der Überschriften sondern auch der Text der Überschrift soll auf derselben Höhe beginnen, mit Ausnahme der Überschrift 4. Wir erwarten für unseren Text Nummerierungen im zweistelligen Bereich. Aus diesem Grund wählen wir im Dialogfenster bei *Textposition für erste Ebene* 0,8 cm aus. Außerdem vereinbaren wir bei *Zusätzlicher Einzug für jede Ebene* den Wert *0 cm* fest.

- Als nächstes muss der Listenebene noch eine Formatvorlage zugewiesen werden. Klicken Sie auf die Schaltfläche *Erweitern* (unten links) und wählen Sie bei *Verbinden mit Formatvorlage* das Absatzformat *Überschrift 1* ❸ aus.

Bearbeitung Ebene 2

- Klicken Sie oben links *Ebene 2* an und wählen Sie arabische Ziffern aus und ersetzen Sie erneut alle weiteren Zeichen durch einen Punkt. Bei *Position* sollte die zweite Ebene dieselben Werte wie Ebene 1 anzeigen. Wählen Sie bei *Verbinden mit Formatvorlage* die *Überschrift 2* aus.

Bearbeitung Ebene 3

- Markieren Sie die dritte Ebene und wählen Sie Kleinbuchstaben aus. In die dritte Ebene soll die Nummerierung der zweiten Ebene einbezogen werden. Wählen Sie dazu bei *Ebenennummer einschließen* ❹ die zweite Ebene aus. Auch hier soll die Überschrift nicht eingerückt werden. Verbinden Sie diese Ebene mit der Formatvorlage *Überschrift 3*.

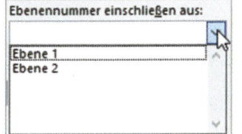

Bearbeitung Ebene 4

- Klicken Sie dann oben links die vierte Ebene an. Wählen Sie hier erneut einen Kleinbuchstaben bei Zahlenformat. Außerdem soll auch hier die vorherige Ebene wiederholt werden; wählen Sie dazu bei *Ebenennummer einschließen* die dritte Ebene aus und sorgen Sie dafür, dass am Ende eine Klammer eingefügt wird. Verbinden Sie die Ebene mit der Formatvorlage *Überschrift 4.* Diese Ebene soll eingezogen werden. Geben Sie bei Ausrichtung dazu 0,8 cm und bei Texteinzug bei den Wert 1,6 cm ein ❺.

Links: Einstellungen Überschrift 1

Rechts: Einstellungen Überschrift 4

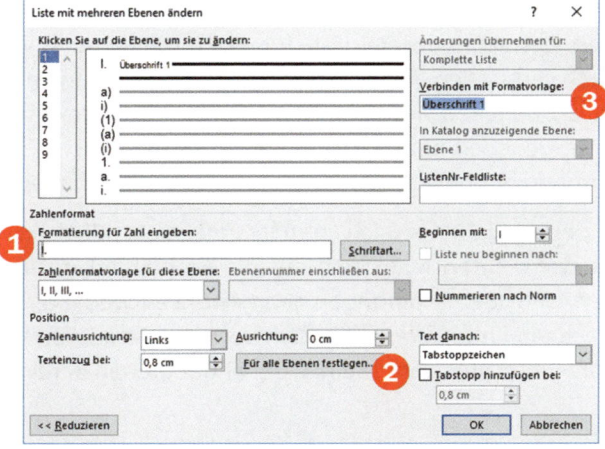

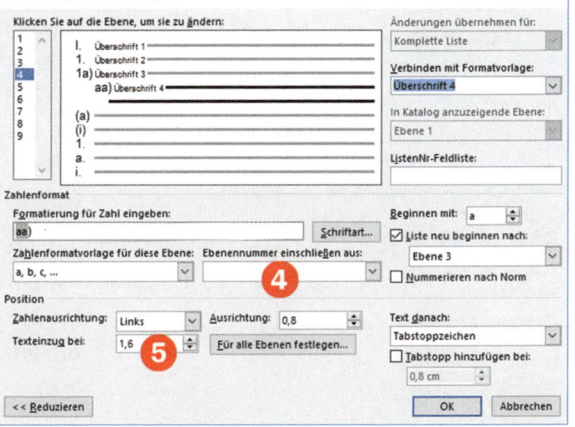

Zur schnellen Formatie-
rung von Überschriften
wählen Sie die Tasten-
kombinationen:

Überschrift 1: Alt + 1

Überschrift 2: Alt + 2

Überschrift 3: Alt + 3

Verwenden Sie nicht den
Ziffernblock zur Eingabe
der Zahlen.

Um schnell etwas Text zu
generieren geben Sie in
eine leere Zeile folgende
Zeichenfolge ein und
drücken dann Enter.
=rand()

▶ Bestätigen Sie alle Fenster mit *Ok*. Testen Sie jetzt die Überschriften, in dem Sie einzelne Beispielüberschriften erstellen und diesen die Überschriftsformate 1 bis 4 zuweisen. Bei der Kontrolle kommt es hier nur darauf an, dass die Überschriften die gewünschten Nummerierungen und korrekten Einrückungen aufweisen. Die Formatierung der Überschriften steuern Sie gleich über die Formatvorlagen.

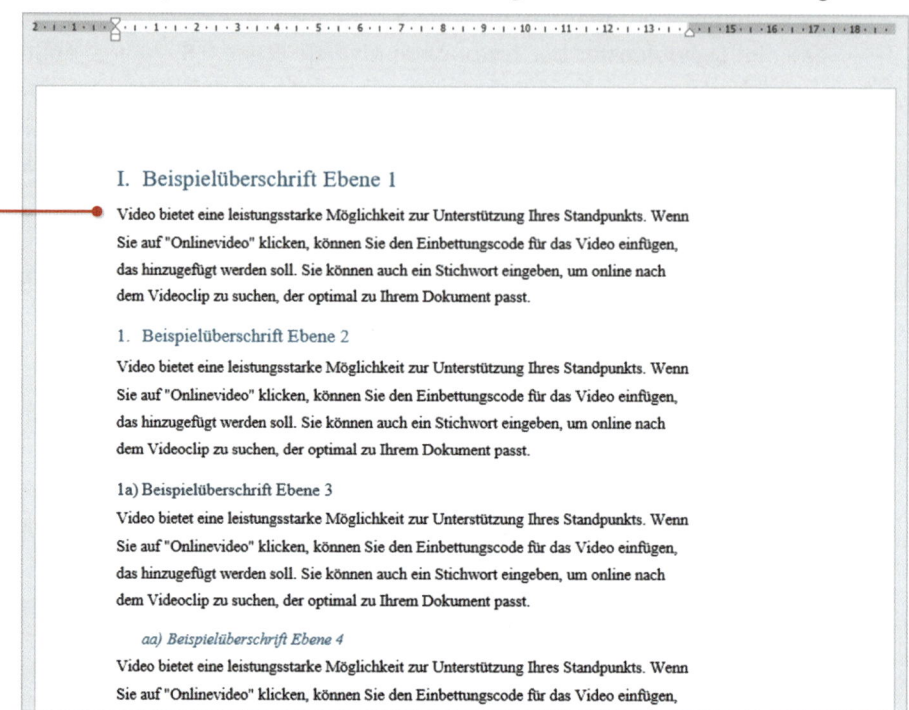

Beispieltext zur Kon-
trolle der Nummerie-
rung und der Abstände
für Überschriften

Formatvorlagen erstellen und anpassen

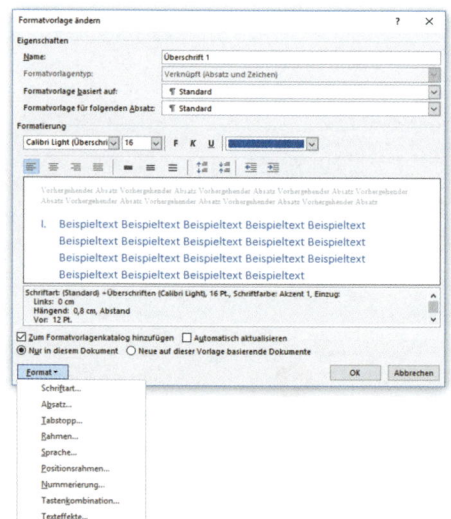

In umfangreichen Dokumenten stehen neben den Einstellungen für die Formatvorlage *Standard* besonders die Überschriften im Fokus. Im Abschnitt vorher haben wir bereits die Überschriftsfor-matvorlagen 1 bis 4 mit unserer Liste für die Nummerierung von Überschriften verbunden. Jetzt passen wir das Aussehen an unse-re Wünsche an. Behalten Sie hier unbedingt den Beispieltext, den Sie bereits eingegeben haben. Daran können Sie gut testen, ob Ihre Änderungen das gewünschte Erscheinungsbild erschaffen.

Zeigen Sie den Aufgabenbereich *Formatvorlagen* an. Klicken Sie jeweils mit der rechten Maustaste auf die Formatvorlage und wählen Sie *Ändern* aus. Änderungen nehmen Sie entweder direkt im Dialogfenster *Formatvorlagen ändern* vor oder Sie klicken un-ten links auf *Format* und wählen einen der angebotenen Bereiche aus.

Überschriften

▶ Überschrift 1 erhält über die Schaltfläche *Format ▶ Absatz* einen Abstand *Vor 30* und einen Abstand *Nach 12*. Ändern Sie hier auch den Zeilenabstand auf *Einfach*. Außerdem vereinbaren wir eine Unterstreichung über *Format ▶ Rahmen* und Auswahl einer *Rahmenlinie unten* mit *1pt*. Aufgrund der Rahmenlinie musste der Zeilenabstand reduziert werden, sonst sind Überschrift und Unterstreichung zu weit auseinander. Setzen Sie zum Schluss die Schriftgröße auf *18pt* mit Schriftschnitt *fett* fest.

▶ Für Überschrift 2 legen wir einen Absatzabstand von *Vor 24* und *Nach 12* fest und belassen den 1,5 fachen Zeilenabstand. Die Schrift beträgt *16pt* und *fett*.

▶ Für Überschrift 3 wählen wir einen Absatzabstand von *Vor 18* und den Schriftschnitt *fett*.

▶ Für Überschrift 4 belassen wir die Einstellungen.

▶ Für Überschriften wie z. B. *Vorwort* benötigen wir noch eine Überschrift ohne Nummerierung. Wählen Sie *Neue Formatvorlage* und benennen Sie die Formatvorlage. In diesem Beispiel wurde *Überschrift 0* als Bezeichnung verwendet. Die neue Formatvorlage soll grundsätzlich wie *Überschrift 1* aussehen, weshalb sie auf dieser basiert. Als Formatvorlage für den Folgeabsatz wählen Sie *Standard*. Entfernen Sie dann über die Schaltfläche *Format ▶ Nummerierung* die Nummerierung durch Auswahl von *Ohne* und entfernen Sie ebenfalls über *Format ▶ Rahmen* die Rahmenlinie. Bestätigen Sie mit *Ok*.

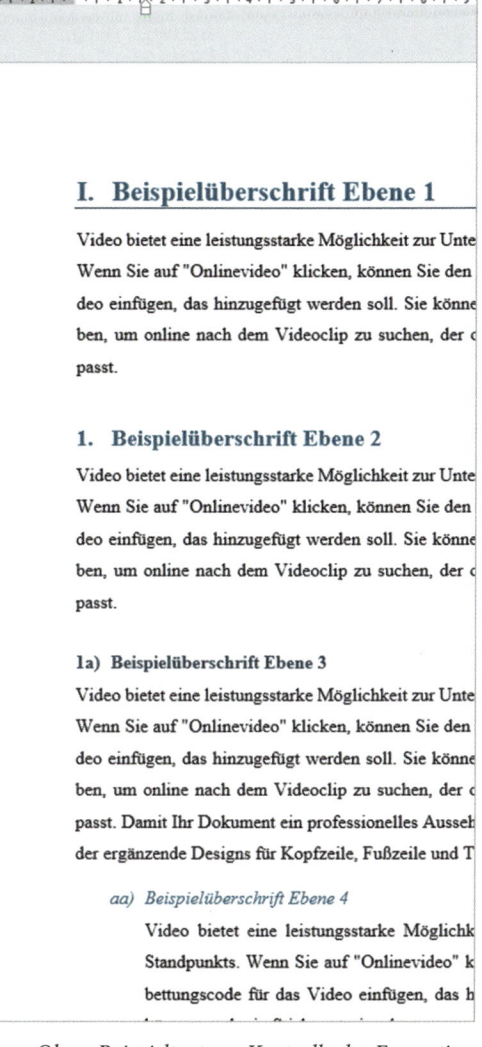

Oben: Beispieltext zur Kontrolle der Formatierung von Überschriften

Unten: Alle Formatvorlagen im Aufgabenbereich Formatvorlagen anzeigen

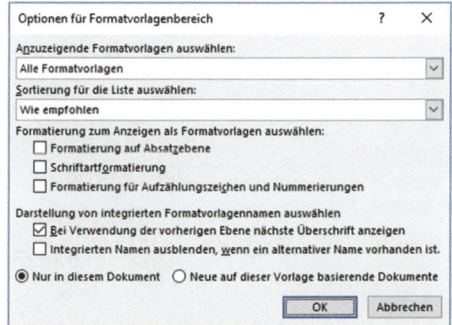

Inhaltsverzeichnisüberschrift anpassen

Durch die Formatvorlagen Überschrift 1 und Überschrift 0 haben nun fast alle großen Überschriften im Dokument dasselbe Aussehen. Nur die Überschrift des Inhaltsverzeichnisses weicht noch ab. Um dies zu vereinheitlichen, passen wir die Formatvorlage *Inhaltsverzeichnisüberschrift* an:

Zur Anzeige dieser Formatvorlage klicken Sie im Aufgabenbereich *Formatvorlagen* auf *Optionen* und wählen bei *Anzuzeigende Formatvorlagen auswählen* die Option *Alle Formatvorlagen*. Vergessen Sie nicht nach der Änderung über denselben Weg wieder nur die

Empfohlenen anzuzeigen, das sonst der Aufgabenbereich *Formatvorlage* zu unübersichtlich wird.

Das Aussehen der Überschrift des Inhaltsverzeichnis wird an die Formatvorlage des Vorworts angepasst

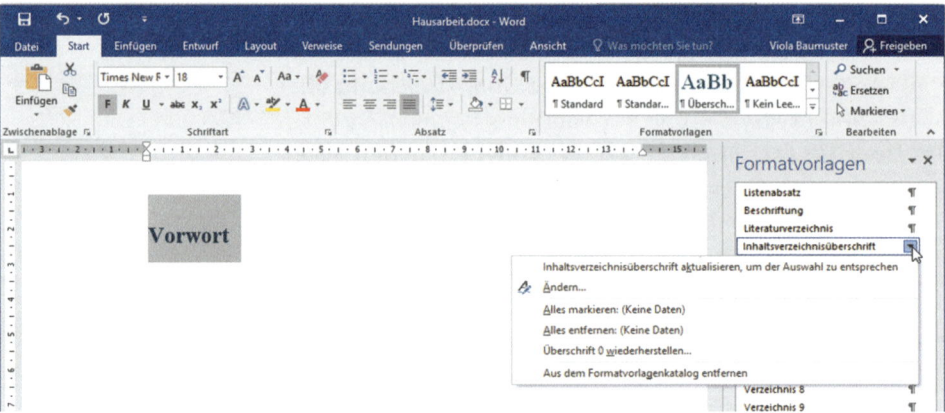

Formatieren Sie eine Überschrift mit der Formatvorlage *Überschrift 0* und markieren Sie diese. Klicken Sie dann mit der rechten Maustaste auf die Formatvorlage *Inhaltsverzeichnisüberschrift* und wählen Sie *Inhaltsverzeichnisüberschrift aktualisieren, um der Auswahl zu entsprechen*.

Standard anpassen

Nach der Anpassung der Formatvorlagen für Überschriften kümmern wir uns im nächsten Schritt um das Aussehen des Fließtexts.

▷ Die Formatvorlage *Standard*, zur Formatierung des Fließtexts, erhält über *Format* ▸ *Absatz* die Ausrichtung *Blocksatz*.

▷ Der Fließtext unter der Überschrift 4 soll eingerückt werden und auf derselben Höhe wie die Überschrift beginnen. Dazu muss eine weitere Vorlage für den Fließtext erstellt werden. Wählen Sie *Neue Formatvorlage* aus und vergeben Sie eine Bezeichnung, z. B. *Standard_eingerückt*. Die Vorlage soll auf *Standard* basieren. Als Formatvorlage für den Folgeabsatz wählen Sie *Standard_eingerückt*. Wählen Sie dann über *Format* ▸ *Absatz* einen *Einzug links* von *1,6 cm*.

▷ Da wir für den Fließtext Blocksatz verwenden, sollten Sie für das Dokument die Silbentrennung aktivieren, sonst können große Lücken im Text entstehen. Wählen Sie im Register *Layout* ▸ Gruppe *Seite einrichten* ▸ *Silbentrennung* ▸ *Automatisch*.

Weitere Formatvorlagen, z. B. für Zitate (Änderung der bestehenden Formatvorlage *Zitat*) oder spezielle Hinweise etc. müssen je nach Schriftstück hier zusätzlich festgelegt werden.

Löschen Sie Ihren Beispieltext wieder. Achten Sie darauf, dass auf der verbleibenden Absatzmarke die Formatvorlage *Standard* vereinbart ist.

10.3 Dokumentstruktur festlegen und Verzeichnisse einfügen

Sie könnten jetzt mit der Eingabe des Texts beginnen und Deckblatt, Vorwort oder Inhaltsverzeichnis erst später hinzufügen. Die Elemente schon jetzt einzufügen, hat den Vorteil, dass Sie den aktuellen Seitenumfang realistisch einschätzen können. Gerade bei Hausarbeiten ist die Anzahl der erlaubten Seiten oft gering und es ist unbedingt darauf zu achten, diesen Seitenumfang nicht zu überschreiten. Zusätzlich haben Sie schon während des Arbeitens ein Inhaltsverzeichnis, Abbildungsverzeichnis oder Literaturverzeichnis zur Verfügung, die Ihnen einen Überblick über Ihre Arbeit verschaffen.

1 Tragen Sie auf die erste Seite „Deckblatt" ein und fügen Sie einen Seitenumbruch ein. Wir haben ein Dokument mit Vorder- und Rückseite angelegt. Die Rückseite des Deckblatts bleibt ebenfalls leer. Deshalb fügen Sie auf Seite 2 auch einen Seitenumbruch ein.

2 Auf Seite 3 geben Sie die Überschrift „Vorwort" ein und formatieren Sie mit der Formatvorlage *Überschrift 0*. Dann fügen Sie erneut einen Seitenumbruch ein.

3 Auf Seite 4 beginnt das Inhaltsverzeichnis. Hier fügen Sie über *Verweise ▸ Inhaltsverzeichnis*, das Verzeichnis ein. Sollte das Inhaltsverzeichnis selbst hier aufgeführt sein, dann wählen Sie *Verweise ▸ Inhaltsverzeichnis ▸ Benutzerdefiniertes Inhaltsverzeichnis ▸ Optionen* und entfernen die Nummer hinter *Inhaltsverzeichnisüberschrift*.

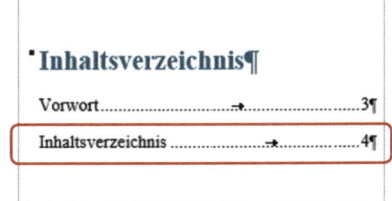

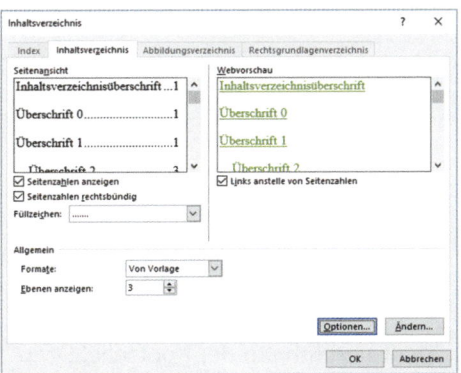

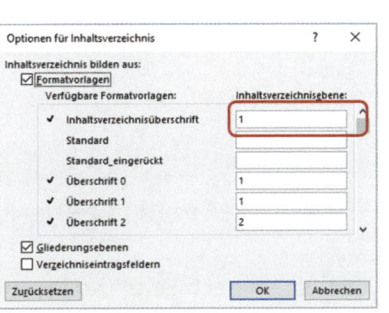

Im Beispiel oben ist uns ein Fehler unterlaufen. Das Inhaltsverzeichnis wird im Inhaltsverzeichnis mit Seitenzahl angezeigt.

Das kann über die Optionen für Inhaltsverzeichnisse behoben werden. Hier wurde der Überschrift Inhaltsverzeichnis aus Versehen eine Verzeichnisebene zugewiesen. Löschen Sie die 1.

Fügen Sie nach dem Inhaltsverzeichnis einen Seitenumbruch ein.

4 Auf Seite 5 folgt nun das Abbildungsverzeichnis, tippen Sie die Überschrift ein und formatieren Sie diese mit der Formatvorlage *Überschrift 0*. Fügen Sie dann über *Verweise ▸ Abbildungsverzeichnis einfügen* das Verzeichnis ein. Sie erhalten zunächst die Meldung *Es konnten keine Einträge für das Abbildungsverzeichnis gefunden werden*. Sobald Sie Abbildungen und deren Beschriftungen einfügen, aktualisieren Sie das Verzeichnis und erhalten hier Einträge.

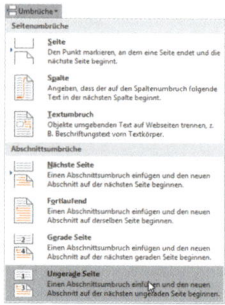

5 Auf das Abbildungsverzeichnis folgt der Hauptteil Ihrer Arbeit. Dieser soll immer auf einer rechten Seite (ungerade Seite), also einer Vorderseite beginnen. Deshalb fügen Sie unter das Abbildungsverzeichnis über Register *Layout* ▶ *Umbrüche* ▶ *Ungerade Seite* einen Abschnittswechsel ein, der falls nötig, eine leere Seite erzeugt.

6 Geben Sie hier die erste Überschrift des Hauptteils ein und formatieren Sie diese mit der Formatvorlage *Überschrift 1*. Mit einem weiteren Seitenumbruch erstellen Sie eine weitere Seite und fügen hier ein Literaturverzeichnis ein.

> **Achtung!** In der Ansicht *Seitenlayout* wird die leere Seite, die durch den *Abschnittswechsel (Ungerade Seite)* erzeugt wird, nicht angezeigt. In der Druckvorschau sehen Sie die leere Seite. Die Überschrift *I. Die Ausrüstung - Materialien zum Malen* befindet sich auf Seite 7.

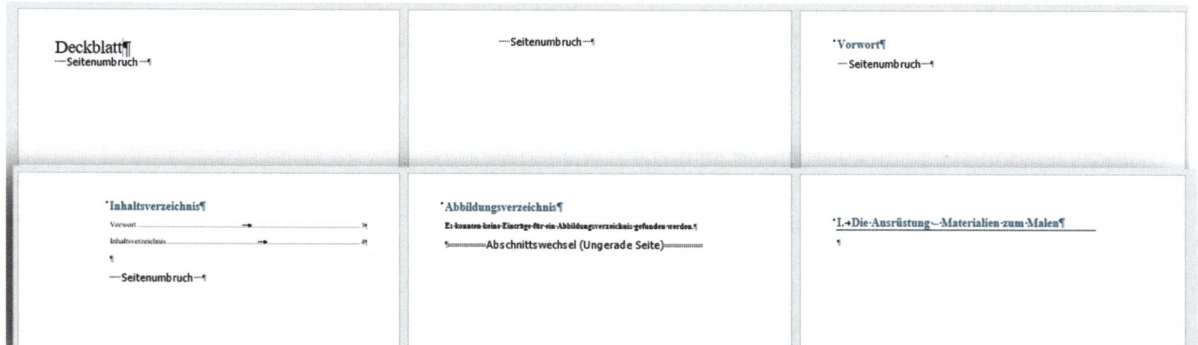

Abfolge der Seiten im Dokument

10.4 Seitennummerierung und Inhalte der Kopfzeile

Jetzt fehlen noch Seitenzahlen im Dokument und Inhalte der Kopfzeile. Dazu haben wir folgende Vorgaben:

- Das Deckblatt soll keine Seitenzahl erhalten und auch nicht in die Seitennummerierung einbezogen werden.
- Vorwort, Inhalts- und Abbildungsverzeichnis, erhalten römische Ziffern beginnend mit I.
- Der Hauptteil erhält arabische Zahlen ebenfalls beginnend mit 1.
- In der Kopfzeile soll die aktuelle Überschrift der Ebene 1 angezeigt werden. Die Folgeseite soll eine Bezeichnung des besuchten Seminars enthalten.

Seitennummerierung

Die Seitenzahl wird in die Fußzeile eingefügt. Beachten Sie auch hier wieder, dass wir gegenüberliegende Seiten vereinbart haben.

1 Ersetzen Sie auf Seite 2 (leere Seite hinter dem Deckblatt) den Seitenumbruch durch einen *Abschnittswechsel (Nächste Seite)*. Diese Abschnittswechsel wird benötigt, um das Deckblatt von der Seitennummerierung auszuschließen. Tipp: Das geht am einfachsten, wenn Sie den Cursor vor den Seitenumbruch auf der zweiten Seite platzieren, mit der Enter-Taste eine Zeilenschaltung einfügen, dann den Seitenumbruch markieren und über Register *Layout* ▶ *Umbrüche* ▶ *Nächste Seite* einen Abschnittswechsel einfügen. Dann löschen Sie den überschüssigen Seitenumbruch, der durch dieses Aktion auf Seite 3 gerutscht ist.

2 Klicken Sie auf Register *Einfügen* ▶ *Fußzeile* ▶ *Fußzeile bearbeiten*. Aktivieren Sie dann im Register *Kopf- und Fußzeilentools - Entwurf* die Option *Gerade & ungerade Seiten untersch.*.

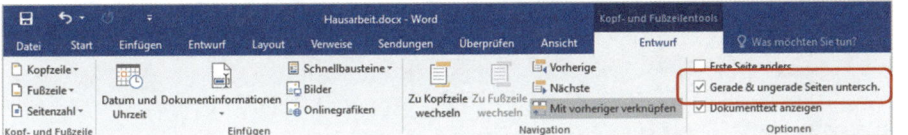

Register Kopf- und Fußzeilentools

3 Wechseln Sie zur Fußzeile der Seite, die das Vorwort enthält, das ist in unserem Beispiel Seite 3. Klicken Sie im Register *Kopf- und Fußzeilentools - Entwurf* auf die Schaltfläche *Mit vorheriger verknüpfen*, um die Fußzeilen ungerader Seiten von der vorherigen zu trennen. Damit sorgen Sie dafür, dass die Vorderseite des Deckblatts keine Seitenzahl erhält. Wechseln Sie dann in die Fußzeile der Seite, die das Inhaltsverzeichnis enthält (Seite 4) und deaktivieren Sie hier ebenfalls die Schaltfläche *Mit vorheriger verknüpfen*. Damit sorgen Sie dafür dass auch die Rückseite des Deckblatts keine Seitenzahl enthält.

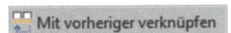

4 Wechseln Sie wieder zur Fußzeile Seite 3 - Vorwort. Klicken Sie dann auf die Schaltfläche *Seitenzahl* ▶ *Seitenende* und wählen Sie die Vorlage *Einfache Zahl 3* (Darstellung auf allen ungeraden Seiten) aus. Wechseln Sie zur nächsten Seite und wählen Sie die Vorlage *Einfache Zahl 1* (Darstellung auf allen geraden Seiten) aus.

5 Wählen Sie dann im Register *Kopf- und Fußzeilentools - Entwurf* ▶ *Seitenzahl* ▶ *Seitenzahl formatieren* und aktivieren Sie *Beginnen bei* und tragen Sie die Zahl 1 ein. Wählen Sie dann oben bei Zahlenformat römische Ziffern aus.

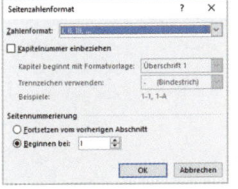

6 Nach dem Abbildungsverzeichnis wurde bereits ein *Abschnittswechsel (Ungerade Seite)* eingefügt. Damit befindet sich der Hauptteil der Arbeit in einem neuen Abschnitt. Klicken Öffnen Sie die Fußzeile auf Seite 7 (die leere Seite 6 wird hier nicht angezeigt; hier steht momentan als Seitennummer 5) und deaktivieren Sie im Register *Kopf- und Fußzeilentools - Entwurf* die Option *Mit vorheriger verknüpfen*. Klicken Sie dann auf *Seitenzahl* ▶ *Seitenzahl formatieren* und wählen bei *Zahlenformat* arabische Ziffern aus und bei *Seitennummerierung* beginnen Sie wieder mit 1.

Anzeige der Überschrift in der Kopfzeile

Die Kopfzeile sollen im Hauptteil der Arbeit auf allen ungeraden Seiten die Überschrift Ebene 1 wiederholen und auf allen geraden Seiten den Text „Grundschuldidaktik - Prof. Dr. Mustermann" enthalten.

1   Wechsel Sie auf Seite 7, öffnen Sie die Kopfzeile und deaktivieren Sie im Register *Kopf- und Fußzeilentools - Entwurf* die Schaltfläche *Mit vorheriger verknüpfen*.

2   Wählen Sie dann im Register *Kopf- und Fußzeilentools - Entwurf* ▶ *Schnellbausteine* ▶ *Feld*. Hier klicken Sie bei *Feldname* auf das Feld *StyleRef* und wählen bei *Formatvorlagenname* die Vorlage *Überschrift 1* aus. Bestätigen Sie mit *Ok*. Richten Sie den Text in der Kopfzeile rechtsbündig aus.

Feld StylRef auswählen und mit der Formatvorlage Überschrift 1 verbinden

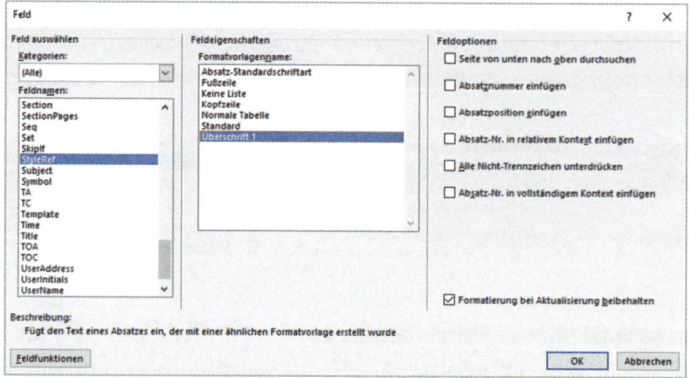

3   Wechseln Sie zur Kopfzeile der Seite 8 und tippen Sie den gewünschten Text, in unserem Beispiel Grundschuldidaktik - Prof. Dr. Mustermann ein. Die Kopfzeile ist bereits linksbündig ausgerichtet.

Die Vorbereitungen sind beendet und die eigentliche Arbeit kann jetzt beginnen.

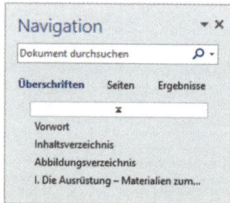

> **Tipp!** Aktivieren Sie im Register *Ansicht* ▶ Gruppe *Anzeigen* den *Navigationsbereich*. Dieser wird links am Bildschirmrand eingeblendet und zeigt alle Überschriften des Dokuments. Durch Anklicken einer Überschrift navigieren Sie zu dieser Position im Dokument.

10.5 Dateiumfang durch verknüpfte Bilder reduzieren

Auf normale Weise eingefügte Bilder werden von Word standardmäßig zusammen mit dem Dokument gespeichert, was gerade in umfangreichen Dokumenten mit zahlreichen Abbildungen den Dateiumfang stark anwachsen lässt. Dadurch kann es vorkommen, dass sich Word nicht mehr stabil verhält. In solchen Fällen können Sie die Dateigröße erheblich reduzieren, wenn Sie statt des Bildes eine Verknüpfung zur Bilddatei einfügen. Dies gilt nicht nur für Bilder sondern auch für andere Dateiobjekte, z. B. Excel-Diagramme oder PDF-Dateien.

Beachten Sie vor der Verwendung von Verknüpfungen

▶ Verknüpfungen speichern statt des Bildes nur den Dateipfad, also z. B. *D:\ Daten\Meine Bilder\Bild7.jpg*. Dies hat den Vorteil, dass im Dokument auch nach späteren Änderungen am Bild stets das aktuelle Bild erscheint.

▶ Soll das Word-Dokument weitergegeben werden oder auch nur zu Sicherungszwecken auf einen anderen Datenträger kopiert werden, dann sollten Sie sicherstellen, dass auch die verknüpften Bilddateien mit kopiert werden und dass die Verknüpfungen im Word-Dokument entweder automatisch oder manuell aktualisiert werden können.

▶ Aus diesem Grund sollten sich alle benötigten Bilder entweder im selben Ordner wie das Word-Dokument oder in einem Unterordner dieses Ordners befinden.

Zum Einfügen von Verknüpfungen zu Bilddateien stehen Ihnen folgende Möglichkeiten zur Verfügung:

▶ Über das Menüband, Register *Einfügen* ▶ *Bilder*.

▶ Oder mit der Feldfunktion *INCLUDEPICTURE*.

Ein Bild als Verknüpfung einfügen

1 Klicken Sie im Menüband auf das Register *Einfügen* und hier auf *Bilder*.

Register Einfügen - Bilder

2 Navigieren Sie im Fenster *Grafik einfügen* zu dem Ordner, der die benötigte Bilddatei enthält und markieren Sie mit einem Klick die Datei.

3   Klicken Sie dann auf den Dropdown-Pfeil der Schaltfläche *Einfügen* und auf *Mit Datei verknüpfen*. Anschließend kann das Bild beliebig im Dokument platziert werden.

Klicken Sie auf den Pfeil der Schaltfläche Einfügen

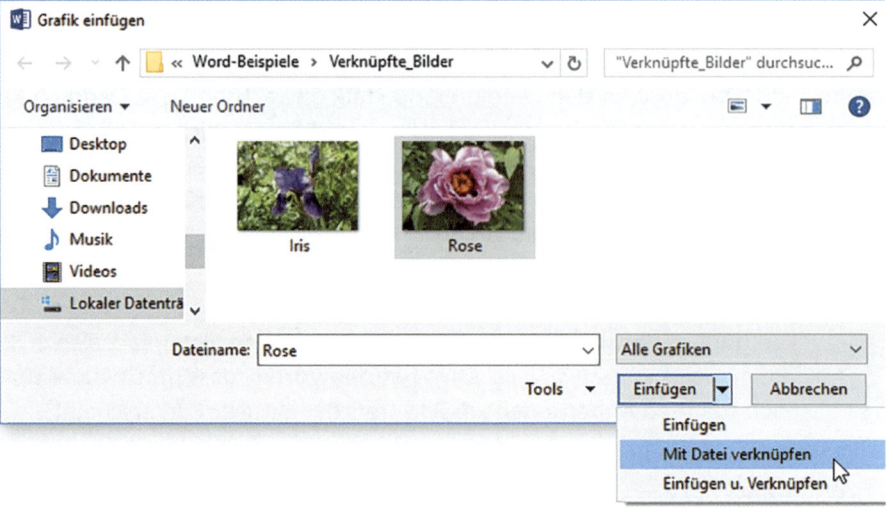

Die Nachteile dieser Methode

Dateiname und -pfad sind im Word-Dokument nicht ersichtlich. Zudem speichert Word bei dieser Methode grundsätzlich den absoluten Dateipfad, d. h. auch wenn sich die Bilder im selben Ordner wie das Dokument befinden, wird immer der gesamte Dateipfad gespeichert. Wenn sich der Grafikordner ändert, z. B. bei der Weitergabe oder beim Kopieren auf einen Server, so werden die verknüpften Dateien nicht mehr gefunden und der Pfad zu jeder einzelnen Grafikdatei muss manuell geändert werden.

Bilder per Feld verknüpfen

Die zweite Methode, ein Feld zum Verknüpfen einfügen, erfordert zwar beim Einfügen etwas mehr Aufwand. Dafür lassen sich auch relative Pfadangaben verwenden, vorausgesetzt, die Bilddateien befinden sich im selben Ordner wie das Dokument oder in einem Unterordner dieses Ordners. So geht's:

1   Positionieren Sie den Cursor an der Stelle, an der Sie das Bild einfügen möchten.

2   Klicken Sie im Menüband, Register *Einfügen* ▶ *Text* auf *Schnellbausteine* und hier auf *Feld...*.

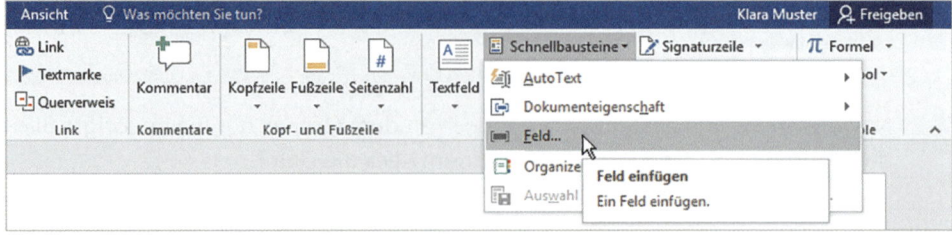

3 Wählen Sie dann im Fenster *Feld* die Kategorie *Verknüpfungen und Verweise* und klicken Sie in der Liste darunter auf *IncludePicture*.

4 Rechts daneben geben Sie nun unter *Feldeigenschaften* den Dateinamen oder den Pfad ein:

- Befindet sich die Bilddatei im selben Ordner, so genügt die Angabe des Dateinamens, das wäre beim Beispiel im Bild unten *Rose.jpg*.

- Ist dagegen die Bilddatei in einem Unterordner des aktuellen Dokumentordners gespeichert, so geben Sie den Ordnernamen ebenfalls an, im Bild unten *Verknüpfte_Bilder\Rose.jpg*. Ordnername und Dateiname müssen mit Backslash \ getrennt werden.

5 **Wichtig:** Aktivieren Sie dann unter *Feldoptionen* das Kontrollkästchen *Daten nicht im Dokument gespeichert*!

6 Sollen spätere Größenänderungen auch nach dem Aktualisieren beibehalten werden, so aktivieren Sie auch noch das Kontrollkästchen *Formatierung bei Aktualisierung beibehalten* und übernehmen Sie anschließend das Feld mit Klick auf *OK* in das Dokument.

Details zum Umgang mit Feldern lesen Sie in Kapitel 5

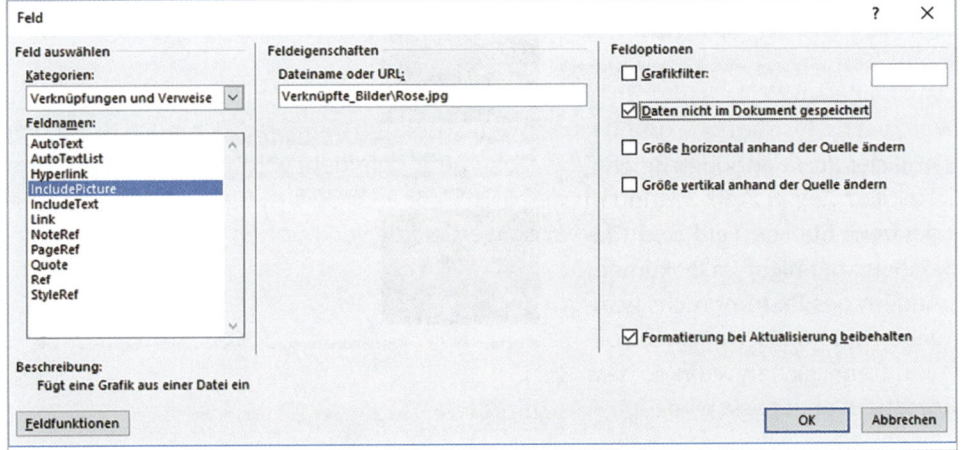

Das Feld IncludePicture mit Angabe des Dateipfades einfügen

Nachteil dieser Methode: Die anschließenden Formatierungsmöglichkeiten über die Register *Bildtools* sind stark eingeschränkt und beschränken sich im Wesentlichen auf die Positionierung im Dokument bzw. Steuerung des Textumbruchs.

Feldfunktion im Dokument anzeigen

Wenn das Bild mit der Umbruchart *Mit Text in Zeile* versehen wurde, dann verhält sich das Bild wie jedes andere Feld. Das bedeutet, Sie können mit der Tastenkombination Alt+F9 oder den Befehl im Kontextmenü statt der Bilder die Feldfunktionen anzeigen und dann bei Bedarf die Feldfunktion entweder im Dokument oder über die rechte Maustaste und den Befehl *Feld bearbeiten...* im Fenster *Feld* nachträglich ändern sowie mit der Taste F9 alle Felder aktualisieren.

Im Bild unten sehen Sie zwei Beispiele für die Feldfunktion *INCLUDEPICTURE* und den dazugehörigen Dateipfad: Das erste Bild enthält den vollständigen Suchpfad, allerdings jeweils mit \\ getrennt. Die zweite Feldfunktion enthält eine relative Pfadangabe in der Schreibweise Ordner\\Dateiname. In beiden Fällen wird der Pfad beim Kopieren oder Verschieben des Dokuments automatisch angepasst.

Die Feldfunktion statt der Bilder (nur bei der Umbruchart Mit Text in Zeile)

> Der Schalter *\d* sorgt dafür, dass im Dokument nicht das Bild, sondern nur die Verknüpfung gespeichert wird.

Lorem ipsum dolor sit amet, consectetuer adipiscing elit. Maecenas porttitor congue massa. Fusce posuere, magna sed pulvinar ultricies, purus lectus malesuada libero, sit amet commodo magna eros quis urna. Nunc viverra imperdiet enim. Fusce est. Vivamus a tellus.

{ INCLUDEPICTURE "C:\\Users\\klara.DESKTOP-MS83K01\\Documents\\Word-Beispiele\\Beispiele\\Verknüpfte_Bilder\\Iris.jpg" \d * MERGEFORMAT }

Pellentesque habitant morbi tristique senectus et netus et malesuada fames ac turpis egestas. Proin pharetra nonummy pede. Mauris et orci. Aenean nec lorem. In porttitor. Donec laoreet nonummy augue. Suspendisse dui purus, scelerisque at, vulputate vitae, pretium mattis, nunc. Mauris eget neque at sem venenatis eleifend. Ut nonummy.

{ INCLUDEPICTURE "Verknüpfte_Bilder\\Rose.jpg" \d * MERGEFORMAT }

Lorem ipsum dolor sit amet, consectetuer adipiscing elit. Maecenas porttitor posuere, magna sed pulvinar ultricies, purus lectus malesuada libero, sit amet quis urna. Nunc viverra imperdiet enim. Fusce est. Vivamus a tellus.

Pellentesque habitant morbi tristique senectus et netus et malesuada fames a pharetra nonummy pede. Mauris et orci. Aenean nec lorem. In porttitor. Don

Lorem ipsum dolor sit amet, consectetuer adipiscing elit. Maecenas porttitor congue massa. Fusce posuere, magna sed pulvinar ultricies, purus lectus malesuada libero, sit amet commodo magna eros quis urna. Nunc viverra imperdiet enim. Fusce est. Vivamus a tellus.

Pellentesque habitant morbi tristique senectus et netus et malesuada fames ac turpis egestas. Proin pharetra nonummy pede. Mauris et orci. Aenean nec lorem. In porttitor. Donec laoreet nonummy augue. Suspendisse dui purus, scelerisque at, vulputate vitae, pretium mattis, nunc. Mauris eget neque at sem venenatis eleifend. Ut nonummy.

Lorem ipsum dolor sit amet, consectetuer adipiscing elit. Maecenas porttitor congue massa. Fusce

Hinweise

Die Feldfunktionen und sämtliche dazugehörigen Befehle sind nur mit der Umbruchart *Mit Text in Zeile* verfügbar! Bei allen anderen Umbrucharten bleiben Feld und Pfadangabe zwar erhalten, können aber nicht im Dokument angezeigt werden. Beim Ändern des Textumbruchs wandelt Word relative Pfadangaben automatisch in einen vollständigen Dateipfad mit dem Trennzeichen \\ um, so dass dieser beim Kopieren automatisch angepasst wird.

Mit der etwas älteren Version Word 2003 wurde beim Einfügen von Bildern mit der erstgenannten Methode ebenfalls das Feld *INCLUDEPICTURE* erzeugt, ist seit Word 2007/2010 dies jedoch nicht mehr der Fall.

Verknüpfungen anzeigen und bearbeiten

Mit der Feldfunktion *INCLUDEPICTURE* sollten eigentlich alle Verküpfungen auch nach dem Verschieben oder Kopieren verfügbar sein, vorausgesetzt Sie kopieren den gesamten Ordner samt Unterordner bzw. Bildern. Falls trotzdem die Bilder nicht mehr angezeigt werden oder Sie aus einem anderen Grund die Verknüpfungen ändern müssen, dann gehen Sie so vor.

1   Klicken Sie im Register *Datei* ▶ *Informationen* unter *Eigenschaften* ▶ *Verwandte Dokumente* auf *Verknüpfungen mit Dateien bearbeiten*.

Achtung: Dieser Befehl ist nur verfügbar, wenn das Dokument Verknüpfungen enthält, außerdem muss das Dokument zuvor gespeichert werden.

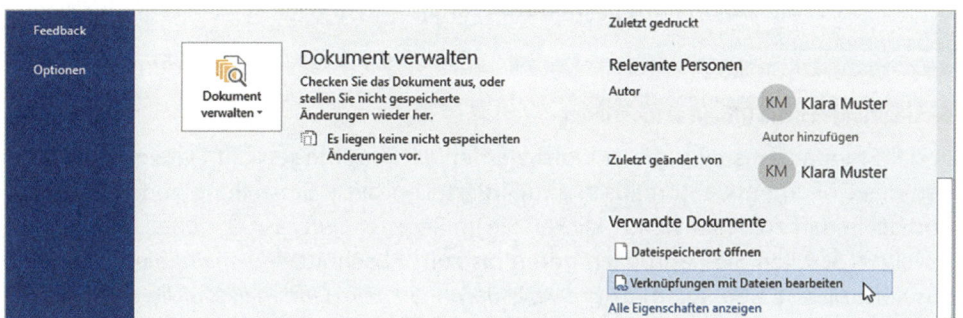

Register Datei - Verknüpfungen mit Dateien bearbeiten

Im Fenster *Links* sehen Sie nun eine Liste aller Verknüpfungen, der genaue Pfad ist unter *Quelldatei* ersichtlich.

2   Markieren Sie mit einem Klick die zu ändernde Verknüpfung und klicken Sie auf die Schaltfläche *Quelle ändern...*.

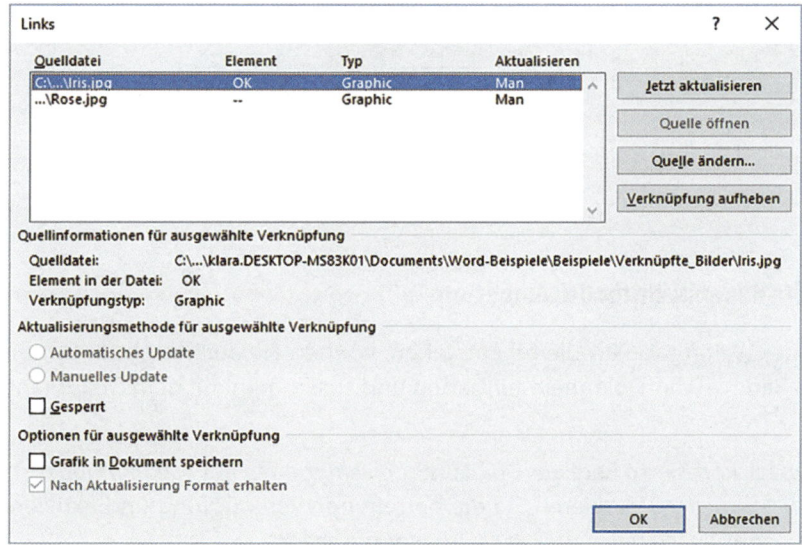

Verknüpfungen bearbeiten

3   Im Fenster *Quelle ändern* können Sie nun einen anderen Speicherort und/oder eine andere Bilddatei auswählen.

Tipp: Sind die Feldfunktionen im Dokument eingeblendet, dann können Sie Dateiname und -pfad auch im Dokument bzw. in der Feldfunktion ändern. Um bei einer Vielzahl von Bildern den Pfad zu ändern, lässt sich auch der Befehl *Suchen und Ersetzen* verwenden.

Verknüpfung aktualisieren

Bei nachträglichen Änderungen an der Bilddatei müssen Sie die Verknüpfung manuell aktualisieren, dies passiert nicht automatisch. Dazu klicken Sie im Register *Datei* ▶ *Informationen* auf *Verknüpfungen mit Dateien bearbeiten*, markieren anschließend im Fenster *Links* (Bild oben) die betreffende Verknüpfung und klicken auf die Schaltfläche *Jetzt aktualisieren*.

Verknüpfungen beim Öffnen aktualisieren

In der Standardeinstellung von Word werden Verknüpfungen mit Dateien beim Öffnen des Dokuments automatisch aktualisiert. Um diese Einstellung zu kontrollieren und bei Bedarf zu deaktivieren, klicken Sie im Register *Datei* auf *Optionen* und hier auf *Erweitert*. Scrollen Sie dann nach unten bis zum Abschnitt *Allgemein*, hier finden Sie das Kontrollkästchen *Automatische Verknüpfungen beim Öffnen aktualisieren*.

Verknüpfungen beim Öffnen aktualisieren

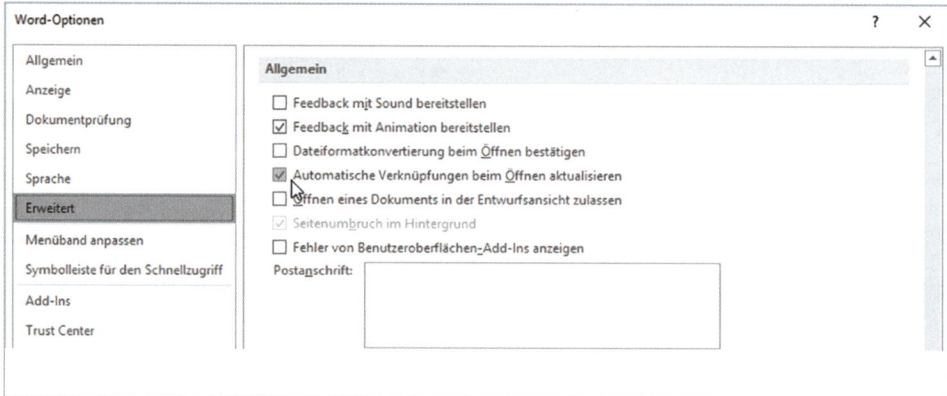

Verknüpfte Bilder nachträglich einbetten

Falls bei der Weitergabe Probleme entstehen, können Sie auch nachträglich die verknüpften Bilder in das Dokument einbetten und zusammen mit dem Dokument speichern.

1 Dazu klicken Sie im Register *Datei* unter *Eigenschaften* auf *Verknüpfungen mit Dateien bearbeiten*. Markieren Sie die betreffende Verknüpfung und aktivieren Sie das Kontrollkästchen *Grafik in Dokument speichern*.

Tipp: Wenn Sie alle Verknüpfungen aktualisieren und diesen Schritt nicht für jede Verknüpfung einzeln wiederholen möchten, dann markieren Sie mit einem Klick die erste Verknüpfung und klicken dann mit gleichzeitig gedrückter Umschalt-Taste auf die letzte Verknüpfung.

2 Klicken Sie dann auf *OK*, um die Änderungen zu übernehmen und speichern Sie das Dokument.

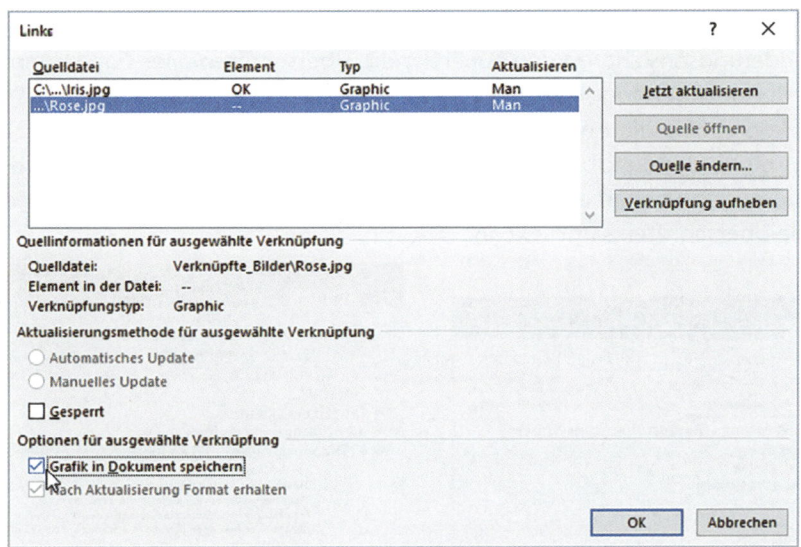

Die markierte Grafik zusammen mit dem Dokument speichern

Achtung: Nicht mit der Schaltfläche *Verknüpfung entfernen* verwechseln! Diese entfernt nach einer entsprechenden Rückfrage zusammen mit der Verknüpfung auch das Bild.

10.6   Text umstellen mit der Gliederungsansicht

Sollen nachträglich Kapitel vertauscht oder Überschriftsebenen verändert werden, wechseln Sie in die Ansicht *Gliederung*. Diese stellt zusätzliche Funktionalitäten zur Anzeige und zum Verschieben von Überschriften zur Verfügung.

Klicken Sie dazu im Register *Ansicht* ▶ Gruppe *Dokumentenansicht* auf *Gliederung* oder verwenden Sie die Tastenkombination Strg + Alt + G. Durch den Wechsel in die Gliederungsansicht wird das Register *Gliederung* angezeigt. Zum Verlassen der Gliederungsansicht klicken Sie auf *Gliederungsansicht schließen*.

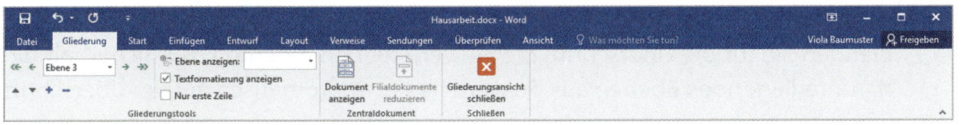

Das Register Gliederung wird nicht, wie sonst üblich hinter dem letzten Standardregister eingefügt sondern zwischen den Registern Datei und Start.

Beim Umstellen von Text können Fehler unterlaufen und schnell ist etwas überschrieben, was Sie eigentlich behalten wollten. Legen Sie zur Sicherheit eine Kopie Ihrer Arbeit an, auf die Sie im Notfall zurückgreifen können.

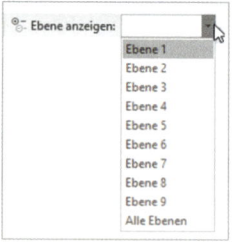

Überschriftsebenen aus- und einblenden

In der Gliederungsansicht werden zunächst die Überschriften aller Gliederungsebenen und der dazugehörige Text angezeigt. Über das Dropdown-Menü von *Ebenen anzeigen*, können Sie die Anzeige auf bestimmte Ebenen reduzieren. Wählen Sie die Ebene aus bis zu der die Überschriften angezeigt werden sollen. Dadurch wird auch der Text unter den Ebenen ausgeblendet. Durch Auswahl von *Alle Ebenen* zeigen Sie wieder alle Überschriften samt Text an.

Durch Auswahl von Ebene 2 werden nur die Überschriften der Ebenen 1 und zwei angezeigt

Doppelklick auf das Pluszeichen zeigt ausgeblendete Inhalte an

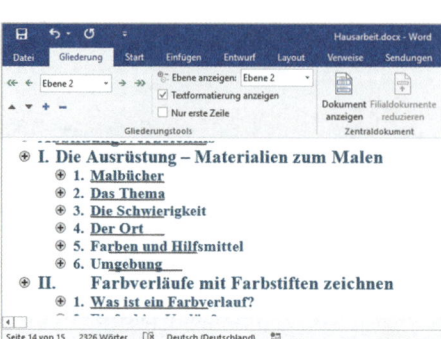

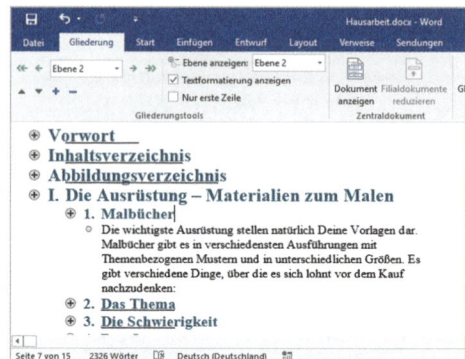

Die schraffierte Unterstreichung der Überschriften ist ein Hinweis auf ausgeblendeten Text oder Überschriften unterer Ebene. Klicken Sie doppelt auf ⊕ , um die ausgeblendeten Inhalte anzuzeigen. Mit einem weiteren Doppelklick werden diese erneut ausgeblendet. Alternativ markieren Sie zur Anzeige der ausgeblendeten Inhalte die gewünschte Überschrift und klicken im Register *Gliederung* auf **+** , um die Gliederung zu erweitern bzw. auf **−** , um diese wieder zu reduzieren.

Überschrift und Inhalt schnell verschieben

Um die Abfolge der Überschriften nachträglich umzustellen, können Sie natürlich mit *Ausschneiden* und *Einfügen* arbeiten. Die Gliederungsansicht erleichtert diesen Vorgang.

▶ Blenden Sie für die Überschrift, die Sie verschieben möchten, zur Sicherheit die darunterliegenden Ebenen aus. So werden diese automatisch mit der Überschrift verschoben.

▶ Markieren Sie die Überschrift und klicken Sie auf ▲ , um die Überschrift nach oben bzw. auf ▼ , um die Überschrift nach unten zu verschieben. Die Nummerierung der Überschrift und aller Unterüberschriften wird automatisch angepasst.

 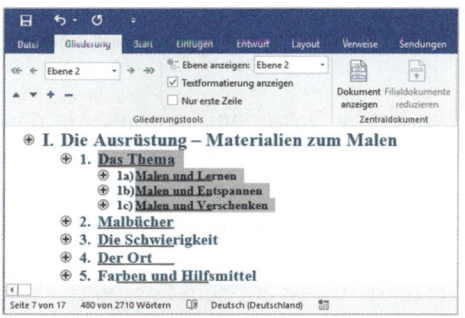

*Hier wurde die Über-schrift „2. Das Thema"
nach oben verschoben
und zu „1. Das Thema".
Die Unterüberschriften
wurden automatisch
mit verschoben und
die Nummerierung
angepasst*

Überschriften höher oder tiefer stufen

In der Gliederungsansicht können Überschriften höher oder tiefer gestuft werden, d.h. eine Überschrift der Ebene 2 kann in eine Überschrift der Ebene 1 umgewandelt werden. Dabei werden die Gliederungsebenen der Unterüberschriften automatisch angepasst.

▶ Beim Höher- oder Tieferstufen einer Überschrift blenden Sie die darunterliegenden Ebenen aus. Dann werden diese auf jeden Fall auch angepasst.

▶ Markieren Sie die Überschrift, die Sie verändern möchten und klicken auf ⬅ , um die Überschrift höher zu stufen bzw. auf ➡ , um diese tiefer zu stufen.

Im Folgenden soll die Überschrift *3. Die Schwierigkeit* ❶ zu einer Überschrift Ebene 1 werden. Die folgenden Überschriften sollen aber weiterhin unter *I. Die Ausrüstung* aufgeführt sein.

- Verschieben Sie die Überschrift *3. Die Schwierigkeit* mit ⬇ zunächst an den letzten Platz ❷.

- Verwandeln Sie die Überschrift dann mit ⬅ zu *II. Die Schwierigkeit* ❸.

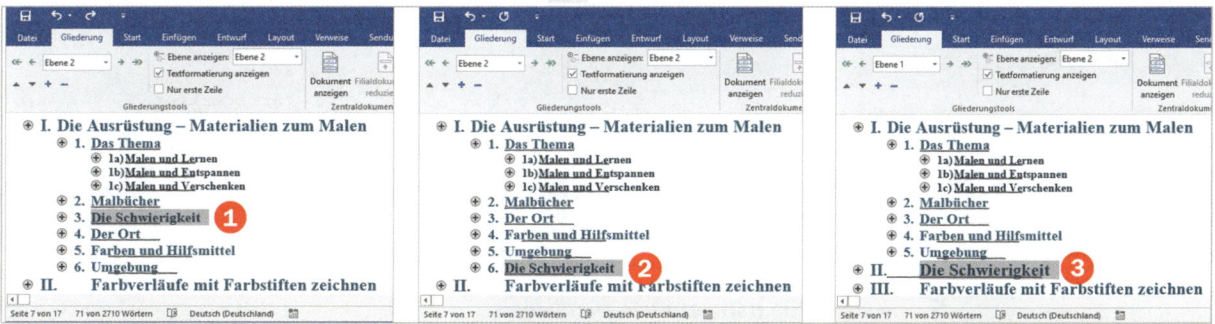

Höherstufen der Über-schrift „3. Die Schwie-rigkeit"

> **Tipp:** Löschen Sie keine Überschrift in der Ansicht *Gliederung*, es könnte sich ausgeblendeter Text oder Unterüberschriften darunter befinden. Diese wären dann auch gelöscht. Kontrollieren Sie immer Ihr Ergebnis in der Ansicht *Seitenlayout* bevor Sie weiterarbeiten.

10.7   PDF mit Lesezeichen erstellen

Das fertige Dokument kann jetzt in das PDF-Dateiformat exportiert werden. Dieses bietet den Vorteil, dass Ihre Arbeit an jedem Computer, unabhängig vom installierten Betriebssystem geöffnet und angezeigt werden kann. Dabei bleibt das Layout des Texts, die Formatierungen und das verwendete Schriftbild erhalten und die Inhalte werden genauso angezeigt, wie Sie diese zusammengestellt haben. Einzige Voraussetzung ist, dass auf dem Computer ein Programm zur Anzeige von PDFs installiert ist, wie z. B. der kostenlose Adobe Reader.

Sofern Sie mit Überschriftsformatvorlagen im Dokument gearbeitet haben, können Sie im Lesezeichen-Fenster des PDF die Überschriften des Dokuments anzeigen und durch Anklicken zu diesen Textpassagen navigieren.

1   Speichern Sie das Word-Dokument zunächst wie gewohnt.

2   Klicken Sie im Register *Datei* auf *Exportieren* und wählen Sie *PDF/XPS-Dokument erstellen* aus.

3   Geben Sie einen Dateinamen ein, wählen Sie bei Dateityp die Option *PDF* aus und bestimmen Sie den Speicherort.

4   Um ein zusätzliches Inhaltsverzeichnis im Seitenbereich des PDFs zu vereinbaren, klicken Sie auf *Optionen* und aktivieren *Textmarken erstellen mithilfe von* und wählen dann *Überschriften* aus.

PDF mit Inhaltsverzeichnis erstellen

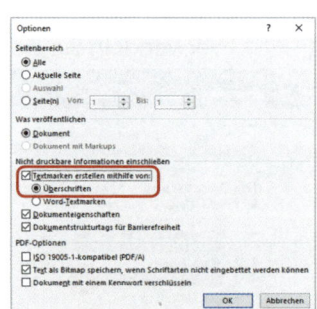

5   Klicken Sie dann auf *Veröffentlichen*.

11 Workshop: Dokumentvorlage für Geschäftsbriefe

In diesem Kapitel lernen Sie...

- ein firmenspezifisches Design für Dokumente zusammenstellen und speichern
- Briefkopf und Fußzeile gestalten
- Anschriftfeld und Informationsblock positionieren
- Falz- und Lochmarken einfügen
- Bausteine mit der Dokumentvorlage speichern

Das sollten Sie bereits wissen

- Grundlagen der Textformatierung
- Tabellen und grafische Objekte einfügen
- Bausteine speichern
- Umgang mit Feldern und Formularfeldern
- Druckseite einrichten
- Dokumentvorlagen speichern und verwenden

Oft sind es die kleinen Helfer, mit denen Sie im Büroalltag eine Menge Arbeit sparen können. Dazu gehören in jedem Fall Dokumentvorlagen für Geschäftsbriefe und andere, häufig benötigte Dokumente. Als Beispiel erstellen wir in diesem Workshop eine Vorlage für Geschäftsbriefe, außerdem gleich dazu die passenden Textbausteine. Natürlich finden Sie auch im Internet eine Vielzahl einschlägiger Vorlagen zum Download, der Vorteil dieses Workshops: Die grundsätzliche Vorgehensweise ist immer gleich und lässt sich auch auf andere Dokumentvorlagen übertragen.

Bevor Sie beginnen, sollten Sie einige Punkte klären.

> In diesem Workshop erstellen Sie eine Dokumentvorlage mit allen Informationen. Falls sich diese bereits auf einem vorgedruckten Briefpapier befinden, dann übergehen Sie einfach die entsprechenden Punkte.

▶ Ist bereits ein Briefpapier mit Firmenbriefkopf vorhanden? Wenn nicht, welche Informationen (Anschrift, Bankverbindung, Rechtsform, usw.) werden an welcher Stelle (Kopfzeile, Fußzeile, Informationsblock, usw.) benötigt?

▶ Gibt es Vorgaben zur Corporate Identity, z. B. Farben oder Schriftarten?

▶ Gibt es wiederkehrende oder häufig benötigte Textteile, z. B. Grußfloskeln?

▶ Sollen bestimmte Bereiche vor Änderungen geschützt werden?

> Früher wurden die Maße durch DIN 676 festgelegt, seit 2011 sind diese ebenfalls Teil der DIN 5008.

> Die wichtigsten Regeln zu DIN 5008 finden Sie im Internet, z. B. bei der Deutschen Post.

Hinweis für Geschäftsbriefe: Orientieren Sie sich an den DIN-Vorgaben (Deutsche Industrie Normen). Diese sind zwar nicht bindend und lassen sich in der Praxis auch nicht immer umsetzen, haben aber z. B. den Vorteil, dass sich wichtige Informationen immer an denselben Stellen befinden. Maßgeblich für Geschäftsbriefe ist DIN 5008 und zwar sowohl für die inhaltliche Gestaltung, z. B. Absender, Empfänger, Anrede und Betreff als auch für die Maße, insbesondere Größe und Position des Anschriftenfeldes. Dieser Workshop zeigt Ihnen unter anderem, wie Sie mit Word die Empfängeranschrift richtig auf der Seite platzieren.

11.1 Dokumentvorlage erstellen und speichern

Dieser Workshop beginnt bei der Erstellung einer Dokumentvorlage mit einem leeren Dokument. Klicken Sie daher im Register *Datei* auf *Neu* und wählen Sie *Leeres Dokument* bzw. klicken Sie beim Start von Word auf *Leeres Dokument.*

Als Nächstes speichern Sie das Dokument als Dokumentvorlage. Dazu klicken Sie im Register *Datei* auf *Speichern unter* und auf *Durchsuchen*. Geben Sie einen Dateinamen ein und wählen Sie den Dateityp *Word-Vorlage*. **Achtung**: enthält Ihre Vorlage auch noch Makros, dann müssen Sie den Dateityp *Word-Vorlage mit Makros* wählen.

Word schlägt für Dokumentvorlagen automatisch als Speicherort den Ordner *Benutzerdefinierte Office-Vorlagen* vor, bevor Sie diesen übernehmen, sollten Sie folgende Punkte berücksichtigen:

▶ Wenn Sie diesen Speicherort beibehalten, steht Ihre Briefvorlage im Register *Datei* ▶ *Neu* unter *Persönlich* zur Auswahl.

▶ Alternativ können Sie Vorlagen auch in einem eigens dafür erstellten Ordner, z. B. einem Unterordner von *Dokumente* speichern.

▶ Soll die Vorlage dagegen auch anderen Nutzern zur Verfügung stehen, dann müssen Sie zum Speichern einen Ordner auf einem freigegebenen Netzlaufwerk wählen oder neu erstellen.

Dokument als Doku-mentvorlage speichern

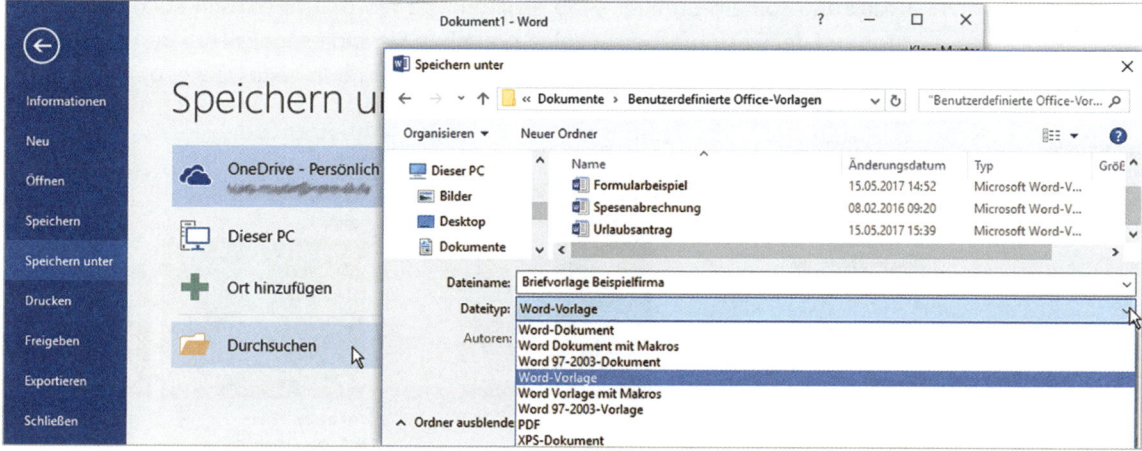

11.2   Ein firmenspezifisches Design zusammenstellen

Im nächsten Schritt werden die Designfarben und -schriftarten festgelegt. In größeren Firmen richten sich diese meist nach den Vorgaben der Corporate Identity.

Designfarben und Schriftarten zusammenstellen

1   Klicken Sie im Register *Entwurf* auf *Farben* und wählen Sie vorab eine Farbzusammenstellung, die Ihren Vorstellungen oder den benötigten Farben am nächsten kommt, für die Beispielvorlage entscheiden wir uns im Bild unten für *Warmes Blau*. Klicken Sie dann nochmals auf *Farben* und auf *Farben anpassen...*.

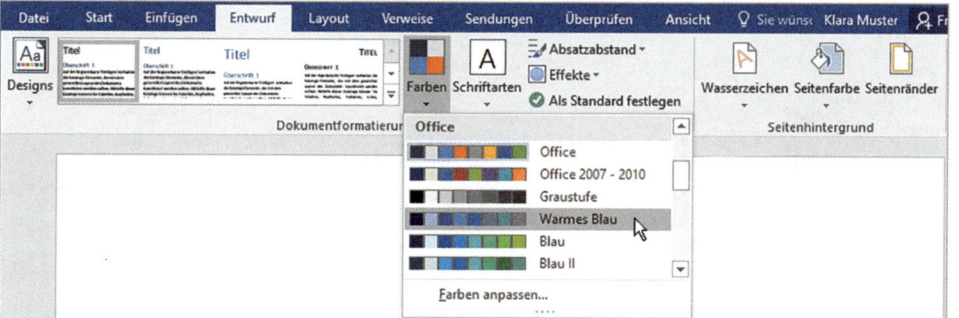

Designfarben wählen

2   Die neuen Designfarben sollen unter dem Namen der Firma gespeichert werden, geben Sie diesen im Feld *Name* ein (Bild unten). Als Akzentfarbe 2 wird ein dunkles Rot benötigt, klicken Sie daher bei *Akzent 2* auf den Pfeil und auf *Weitere Farben…*. Klicken Sie im Fenster *Farben* auf das Register *Benutzerdefiniert*, geben Sie den benötigten RGB-Farbwert ein und übernehmen Sie die Farbe mit *OK*.

3   Akzent 3 soll ein dunkles Grau erhalten. Da Word automatisch auch Farbabstufungen der Designfarben anzeigt, brauchen Sie in diesem Fall nur den gewünschten Grauton anklicken. Zuletzt wird als Akzent 4 noch helles Ocker gewählt, dann klicken Sie auf *Speichern*.

Neue Designfarben erstellen

RGB-Farbwert eingeben

Farbton wählen

Andere Farbe auswählen

Unter welchem Namen sollen die Designfarben gespeichert werden?

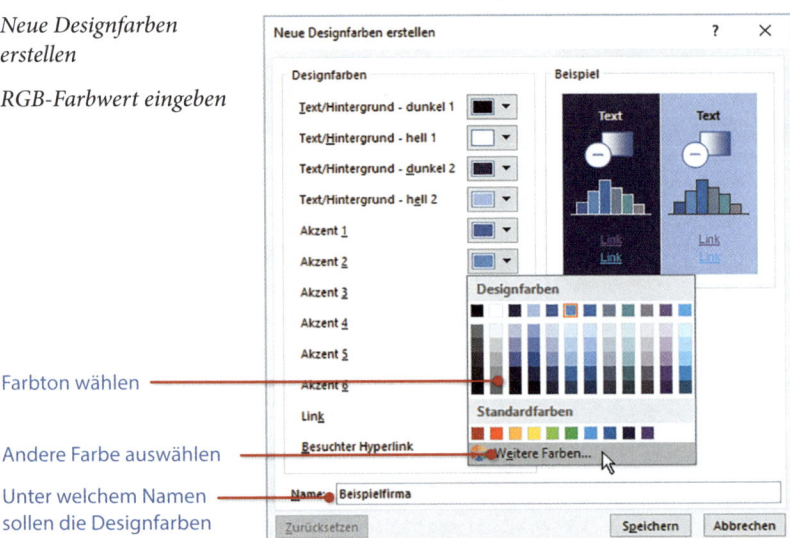
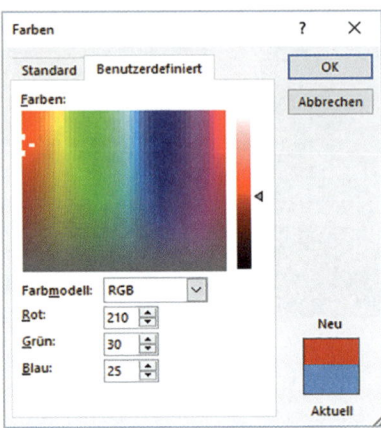

Schriftarten festlegen

Klicken Sie im Register *Entwurf* auf *Schriftarten* und auf *Schriftarten anpassen…*. Wählen Sie dann eine Schriftart für Überschriften und eine für den Textkörper. Für Briefe und andere geschäftliche Dokumente eignet sich dazu am besten eine klare, gut lesbare Schrift, z. B. Swiss (nicht im Lieferumfang von Windows enthalten) oder Arial. Geben Sie an, unter welchem Namen die Designschriftarten gespeichert werden sollen und klicken Sie auf *Speichern*.

Wählen Sie eine Schriftart…

oder klicken Sie auf Schriftarten anpassen

Mit Überschriften sind die integrierten Formatvorlagen für Überschriften gemeint, diese spielen in Briefen meist keine Rolle.

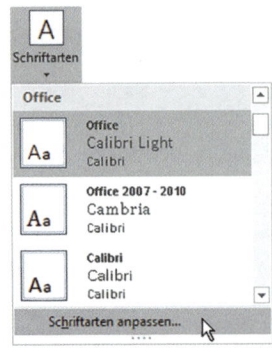
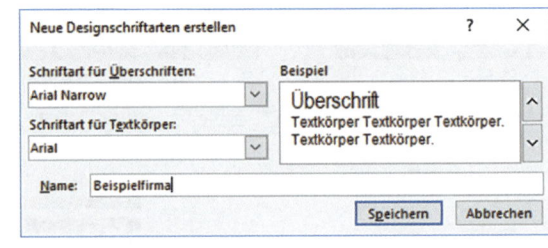

Abstände und Effekte

In der Standardeinstellung verwendet Word vergrößerte Zeilen- und Absatzabstände. Wenn Sie diese in der Briefvorlage entfernen und auf normale Abstände ändern möchten, dann klicken Sie im Register *Entwurf* auf *Absatzabstand* und wählen die Variante *Kein Absatzabstand*.

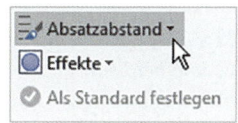

Die Schaltfläche *Effekte* spielt für Briefe keine Rolle, da sich diese ausschließlich auf grafische Objekte auswirkt.

Design speichern

Wenn Sie Designfarben und -Schriftarten in Verbindung mit einer Dokumentvorlage zusammenstellen, wie in diesem Beispiel, dann werden Ihre Einstellungen mit der Dokumentvorlage gespeichert und ein Speichern des Designs ist eigentlich nicht nötig. Da aber insbesondere die Designfarben möglicherweise auch in anderen Dokumenten benötigt werden, sollten Sie das Design trotzdem speichern. Klicken Sie dazu im Register *Entwurf* auf die Schaltfläche *Designs* und hier auf *Aktuelles Design speichern...*.

Geben Sie im anschließenden Dialogfenster *Aktuelles Design speichern* einen Dateinamen ein und klicken Sie auf *Speichern*. Designs werden standardmäßig auf der lokalen Festplatte im Ordner *Microsoft\Templates\Document Themes* des jeweiligen Benutzers mit der Dateinamenserweiterung *.thmx* gespeichert. Ihr Design ist damit auch in Excel und PowerPoint verfügbar.

Formatvorlagen anpassen

In normalen Geschäftsbriefen wird in den meisten Fällen nur eine einzige Formatvorlage benötigt, nämlich für normalen Text. Am einfachsten behalten Sie zu diesem Zweck die Formatvorlage *Standard* bei und passen diese entsprechend an.

1 Klicken Sie im Register *Start* ▶ *Formatvorlagen* mit der rechten Maustaste auf die Formatvorlage *Standard* und auf *Ändern...*.

Formatvorlage Standard anpassen

2 Im Fenster *Formatvorlage ändern* legen Sie nun die Formate fest. Der Formatvorlage *Standard* wurde automatisch die Designschriftart für den Textkörper zugewiesen (siehe Seite 344). Die Schriftgröße sollten Sie mit 10 pt oder 11 pt festlegen, max. 12 pt, falls Sie eine Serifenschrift bevorzugen. Bei Bedarf können Sie hier auch eine andere Schriftart wählen.

3 Achten Sie darauf, dass die Option *Nur in diesem Dokument* aktiviert ist und klicken Sie auf *OK*.

Legen Sie die Schriftgröße und bei Bedarf auch die Schriftart fest.

Die Änderung der Formatvorlage Standard soll ausschließlich für die aktuelle Dokumentvorlage gelten!

Beachten Sie: Da es sich bei diesem Dokument um eine Dokumentvorlage handelt, gelten die Änderungen der Formatvorlage *Standard* ausschließlich für diese Vorlage und damit alle neuen Dokumente, die mit dieser Vorlage erstellt werden.

11.3 Seitenlayout einrichten und Briefkopf gestalten

Form A und Form B basieren auf der Papiergröße A4.

DIN 5008 (alt: DIN 676) unterscheidet in Geschäftsbriefen bei der Position des Anschriftfeldes und damit den Seitenrändern, zwischen den Formen A und B. In diesem Workshop verwenden wir Form B, diese legt die Maße für Fensterbriefumschläge fest.

Seitenränder

Von den Seitenrändern hängt die Position aller übrigen Elemente des Geschäftsbriefs ab, daher sollten Sie diese gleich zu Beginn festlegen.

▷ Gemäß DIN 5008 erhalten Geschäftsbriefe im A4 Format einen linken Seitenrand von 2,5 cm. Für den rechten Seitenrand existiert nur ein Mindestabstand von 1 cm zum Blattrand, üblich sind meist 2 cm.

▷ Für das Anschriftfeld steht eine Höhe von 4 cm und eine Breite von 8,5 cm zur Verfügung, zuzüglich 0,5 cm für die Absenderanschrift (Rücksendeangabe), die sich oberhalb der Empfängeranschrift befindet. Damit es korrekt im Fenster des Briefumschlags erscheint, muss es sich gemäß Form B 4,5 cm unterhalb des oberen Blattrands befinden.

Daraus ergibt sich ein oberer Seitenrand von 4,5 cm. Ist dagegen die Absenderadresse bzw. Rücksendeangabe bereits auf dem Briefpapier aufgedruckt, dann beträgt der obere Seitenrand 5 cm.

> DIN 5008 gibt nur Empfehlungen vor, die aber in der Praxis nicht immer konsequent eingehalten werden. Falls also Briefpapier mit vorgedrucktem Briefkopf zum Einsatz kommt, sollten Sie in jedem Fall die erforderlichen Seitenränder und die genaue Position des Anschriftfeldes ermitteln und diese verwenden. Dies gilt insbesondere für den unteren Seitenrand.

Klicken Sie auf das Register *Layout* und hier auf den Pfeil ⌐ der Gruppe *Seite einrichten* und geben Sie im Fenster *Seite einrichten* die Seitenränder ein (Bild unten).

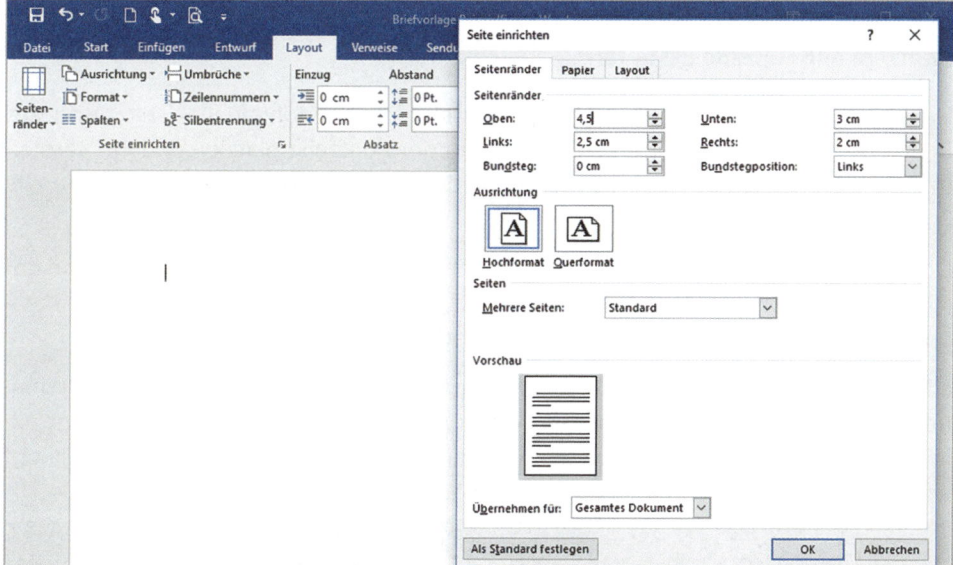

Seitenränder festlegen

Lineal und vertikale Cursorposition einblenden

Bei der korrekten Platzierung leisten Lineal und die Anzeige der Cursorposition in der Statusleiste gute Dienste. Aktivieren Sie daher im Register *Ansicht* ▸ *Anzeigen* das Kontrollkästchen *Lineal*. Klicken Sie dann mit der rechten Maustaste in die Statusleiste und hier auf *Vertikale Seitenposition*.

Befindet sich der Cursor in der ersten Zeile des Dokuments, dann müsste nun in der Statusleiste erscheinen *Um: 4,5 cm* (Bild unten).

Lineal und vertikale Seitenposition anzeigen

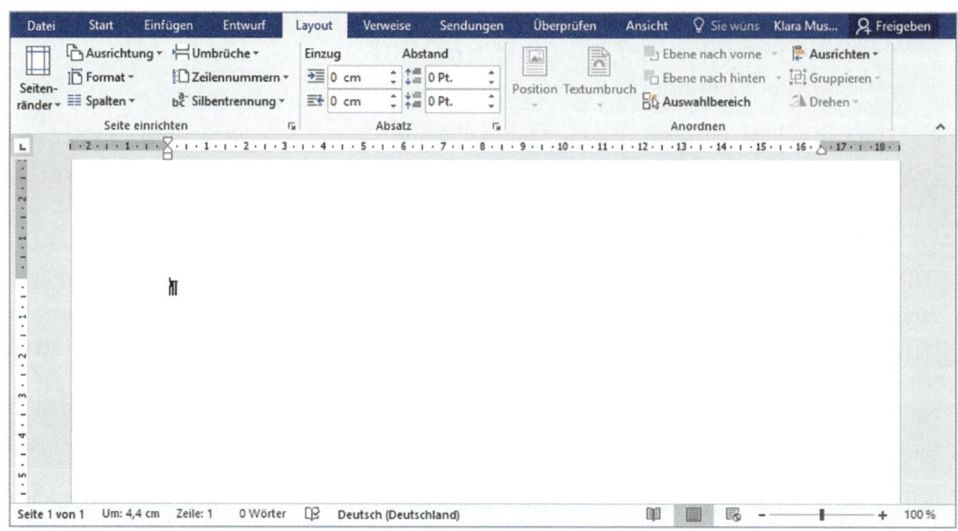

Word rundet in manchen Fällen die Maßangaben eigenmächtig, so dass in der Statusleiste auch ein geringfügig abweichender Wert stehen kann, wie im Bild.

Briefkopf und Fußzeile gestalten

Der Bereich oberhalb des Anschriftfeldes steht für die individuelle Gestaltung des Briefkopfs zur Verfügung. Wenn Sie diesen in der Kopfzeile platzieren, dann vermeiden Sie unbeabsichtigte Änderungen und können den Briefkopf auch für eventuelle Folgeseiten nutzen.

Doppelklicken Sie in den Bereich zwischen oberem Seitenrand und Blattrand und gestalten Sie hier Ihre Kopfzeile. Den Abstand zum Blattrand legen Sie im Register *Kopf- und Fußzeilentools - Entwurf* unter *Position* fest.

Achtung: Wenn der Briefkopf bei mehrseitigen Briefen nur auf der ersten Seite erscheinen soll, dann müssen Sie vorher in der Gruppe *Optionen* (Bild unten) das Kontrollkästchen *Erste Seite anders* aktivieren und dann in der ersten Kopfzeile den Briefkopf einfügen. Diese Einstellung gilt automatisch auch für die Fußzeile!

Geben Sie Ihren Briefkopf in der Kopfzeile ein

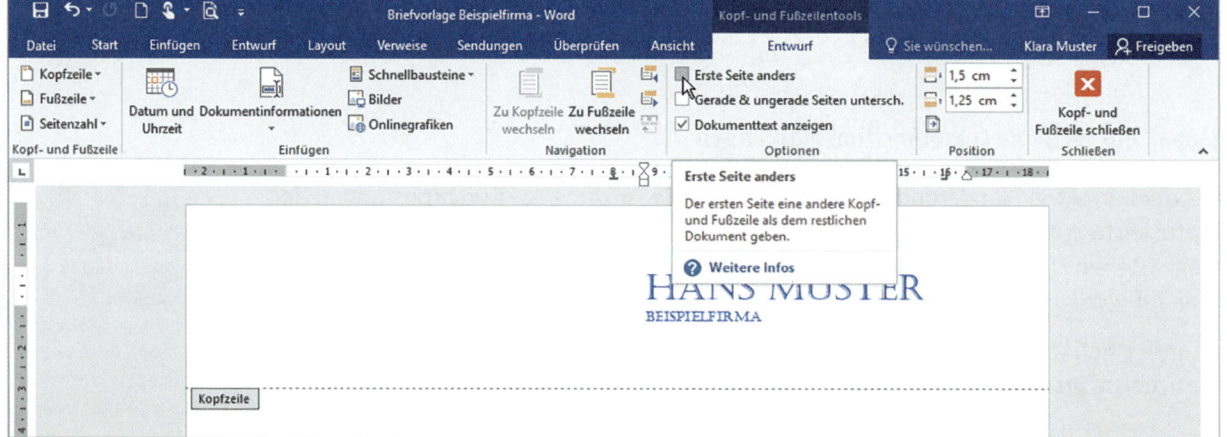

Fußzeile

Anschrift, Telefonnummern, Bankverbindung und sonstige Angaben kommen in die Fußzeile. Doppelklicken Sie zwischen unterem Seitenrand und unterer Blattkante oder wechseln Sie aus der Kopfzeile über die Schaltfläche *Zu Fußzeile* wechseln.

Die Ausrichtung erfolgt am besten in einer Tabelle, fügen Sie daher eine Tabelle mit der benötigten Anzahl Spalten und einer Zeile ein. Geben Sie Ihre Inhalte ein und formatieren Sie die Tabelle ohne Rahmenlinien. Falls der Platz nicht ausreicht, verkleinern Sie die Schriftgröße auf 8 pt und verringern unter *Position* den Abstand zum Blattrand.

Tipp: Blenden Sie, wie im Bild unten, über das Register *Tabellentools - Layout* die Gitternetzlinien ein.

Fügen Sie für die Fußzeile eine Tabelle ein

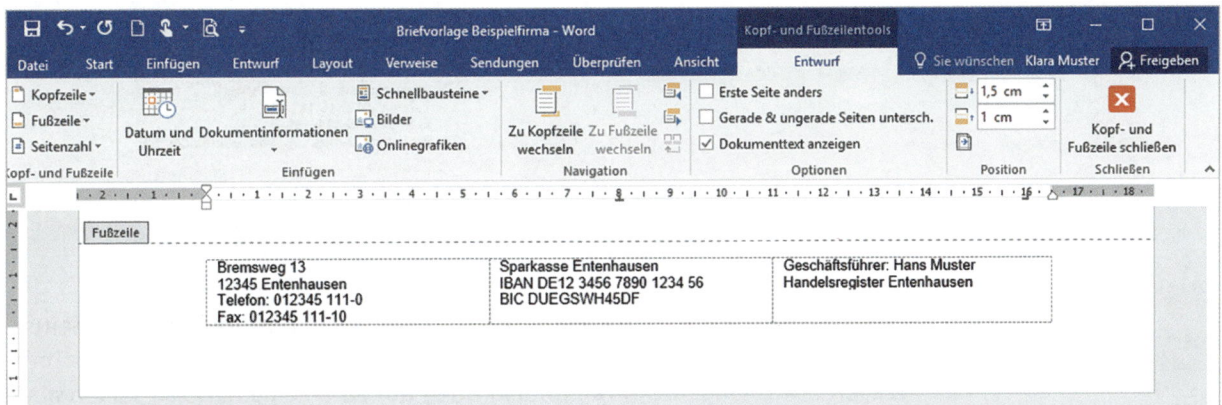

Anschriftfeld und Informationsblock positionieren

Das Anschriftfeld umfasst maximal 9 Zeilen mit einer Schriftgröße von 11 oder 12 pt. Hinzu kommt oberhalb noch eine Zeile mit der Rücksendeangabe in Schriftgröße 8 pt. Die ersten 3 Zeilen sind für Zusätze und postalische Vermerke vorgesehen, z. B. Persönlich oder Büchersendung, die übrigen 6 Zeilen für die Empfängeranschrift.

Zur Platzierung des Anschriftfeldes gibt es verschiedene Wege. Eine Tabelle bringt den Vorteil mit, dass Sie gleichzeitig einen Informationsblock mit Angaben zu Ansprechpartner, Telefon, E-Mail, usw... einfügen können. Aus diesem Grund haben wir uns auch in diesem Workshop für eine Tabelle entschieden. Wie Sie das Anschriftfeld mit Hilfe eines Textfelds einfügen, erfahren Sie weiter unten auf Seite 351.

Der Informationsblock ersetzt die früher übliche Bezugszeichenzeile.

Anschriftenfeld und Informationsblock als Tabelle einfügen

1   Fügen Sie im ersten Absatz, bei 4,5 cm, eine Tabelle mit drei Spalten und zwei Zeilen ein. Die erste Spalte erhält die Breite des Anschriftfeldes, 8,5 cm, die zweite Spalte erhält die Breite 1,5 cm und die dritte Spalte den restlichen Platz, ca. 7 cm.

Gemäß DIN 5008 beginnt der Informationsblock 12,5 cm vom linken Blattrand.

2   Formatieren Sie die gesamte Tabelle ohne Rahmenlinien und blenden Sie zur besseren Orientierung die Gitternetzlinien ein (*Tabellentools - Layout*).

3 Geben Sie in der ersten Spalte der ersten Zeile die Rücksendeadresse ein und formatieren Sie diese in Schriftgröße 8, falls gewünscht, auch noch unterstrichen.

4 Fügen Sie dann in der zweiten Zeile der ersten Spalte 9 Leerzeilen ein.

Anschriftfeld und Informationsblock in einer Tabelle ausrichten

5 In Spalte drei gestalten Sie in der zweiten Zeile den Informationsblock nach Ihren Wünschen, ein Beispiel sehen Sie im Bild unten.

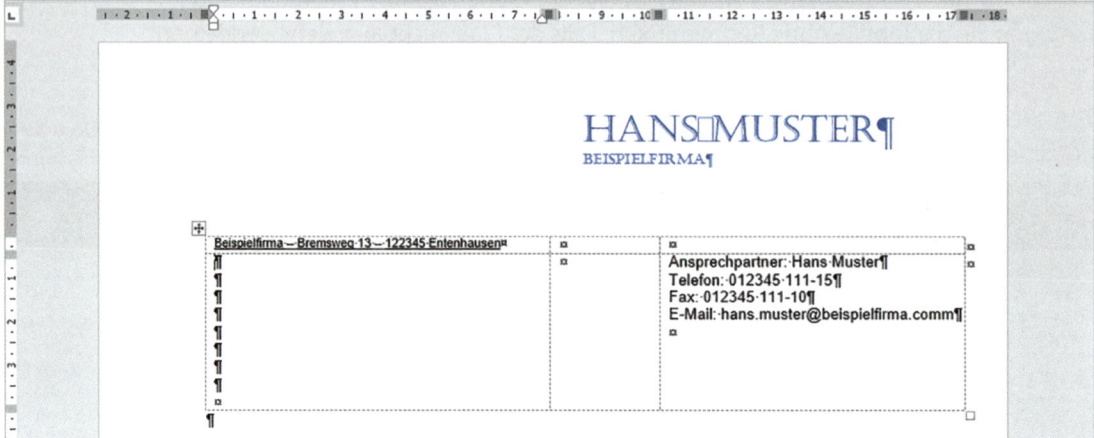

Achtung: Word richtet statt der Absätze die Tabellenbegrenzung am linken Seitenrand aus. Da zusätzlich ein Abstand zum Text verwendet wird, sind die Anschriftzeilen etwas eingerückt, wie im Bild oben gut zu erkennen. Diese sollten aber, wie der übrige Text am linken Seitenrand ausgerichtet sein. Zur Abhilfe entfernen Sie einfach den linken Abstand der Zellen. Dieser wird ohnehin nicht benötigt, da auch keine sichtbaren Rahmenlinien verwendet werden. Dazu klicken Sie mit der rechten Maustaste in die Tabelle und auf *Tabelleneigenschaften…*. Klicken Sie dann im gleichnamigen Fenster auf das Register *Tabelle* und hier auf die Schaltfläche *Optionen*. Geben Sie unter *Standardzellenbegrenzungen Links* 0 cm ein.

Geben Sie als Standardzellenbegrenzung Links 0 cm ein.

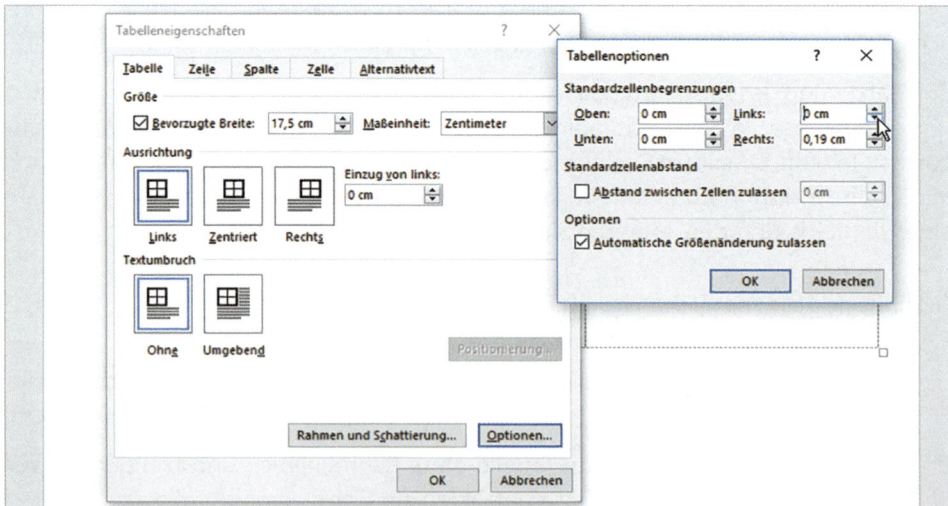

6 Um zu verhindern, dass später während der Eingabe der Empfängeranschrift versehentlich weitere Zeilen hinzugefügt werden und dadurch die Tabelle vergrößert wird, wird außerdem für die zweite Zeile der Tabelle eine feste Höhe vereinbart. Dazu klicken Sie im Fenster *Layout* auf das Register *Zeile*. Achten Sie darauf, dass hier *Zeile 2* angezeigt wird; falls nicht, benutzen Sie die Schaltfläche *Nächste Zeile.*

Aktivieren Sie dann das Kontrollkästchen *Höhe definieren*, geben Sie im Feld daneben die Höhe, 4 cm ein und wählen Sie die Zeilenhöhe *Genau*. In diesem Fall können Sie auch auf die Vorgabe der 9 Leerzeilen verzichten.

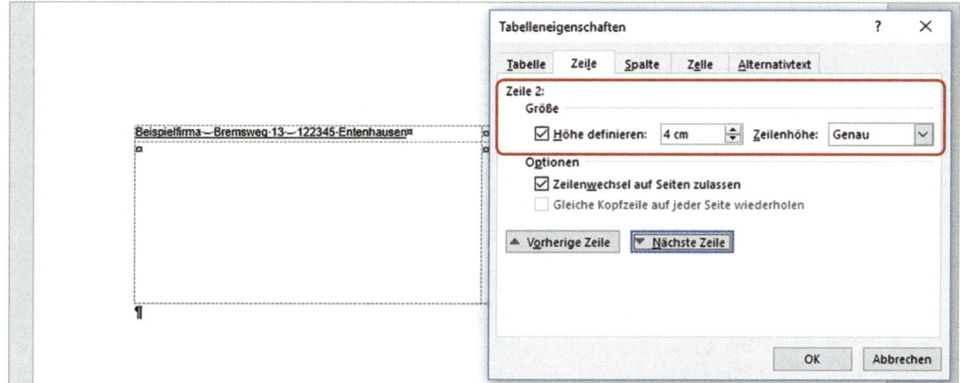

Legen Sie die Zeilenhöhe für die zweite Tabellenzeile fest

Alternative 1: Anschrift in einem Textfeld platzieren

Als zweite Möglichkeit platzieren Sie Anschriftfeld und bei Bedarf auch auf den Informationsblock je in einem Textfeld.

1 Klicken Sie im Register *Einfügen* auf *Textfeld* und auf *Textfeld erstellen*. Zeichnen Sie dann mit der Maus etwa an der gewünschten Stelle ein Rechteck.

2 Markieren Sie mit einem Klick das Textfeld und klicken Sie auf das Symbol *Layoutoptionen*. Wählen Sie als Textumbruch *Oben und unten* und klicken Sie danach auf *Weitere anzeigen…*.

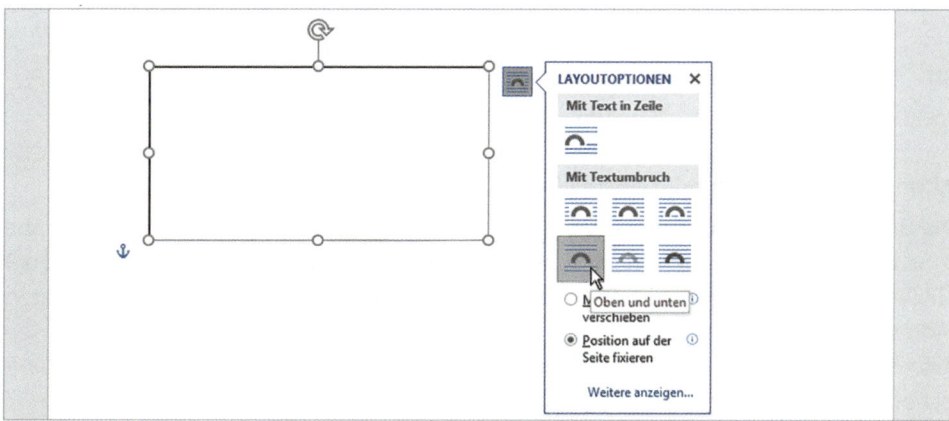

Wählen Sie den Textumbruch Oben und unten und klicken Sie auf Weitere anzeigen

3 Klicken Sie im Fenster *Layout* auf das Register *Position*. Als horizontale Position wählen Sie *Absolute Position*, rechts von *Seitenrand*. Im dazugehörigen Feld geben Sie den Abstand ein, im Bild unten -0,25 cm.

Hinweis: Genau wie bei Tabellen müssen Sie auch bei Textfeldern einen zusätzlichen Abstand zum Text berücksichtigen, hier sind es standardmäßig 0,25 cm. Damit die Zeilen am linken Seitenrand beginnen, positionieren Sie diesem Fall das Textfeld entsprechend.

4 Als vertikale Position legen Sie eine absolute Position von 4,5 cm unterhalb der *Seite* (Blattrand) fest, siehe Bild unten.

5 Damit das Textfeld außerdem seine feste Position behält bzw. dauerhaft mit dem ersten Absatz verankert wird, aktivieren Sie noch das Kontrollkästchen *Verankern*.

Legen Sie die absolute Position des Textfeldes fest

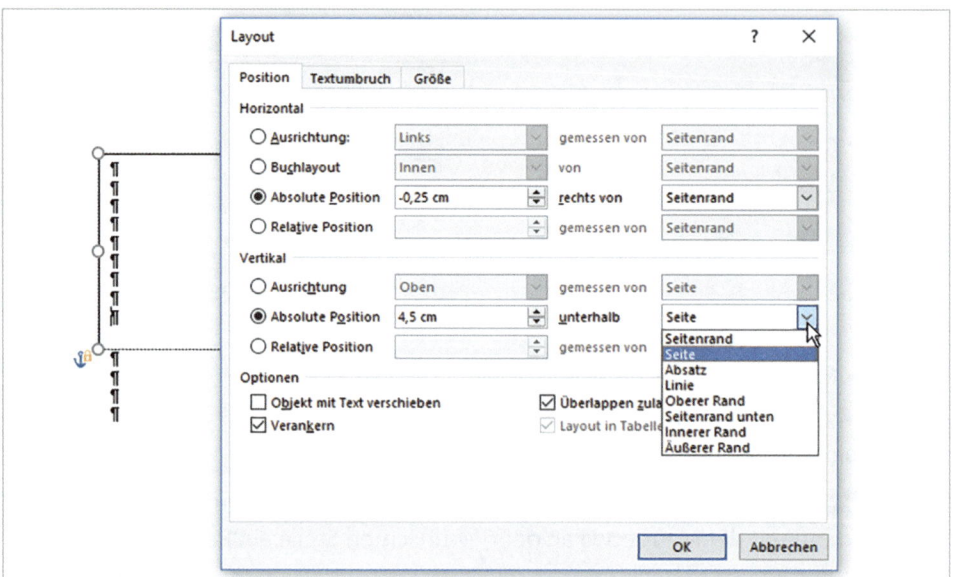

Bei einer aufgedruckten Rücksendeangabe auf dem Briefpapier beträgt die Höhe 4 cm und die absolute Position von oben 5 cm

6 Klicken Sie dann im Fenster *Layout* auf das Register *Größe* und legen Sie hier als absolute Höhe 4,5 cm (4 cm + 0,5 cm Rücksendeangabe) und als absolute Breite 9 cm fest (8,5 cm zuzüglich je 0,25 cm Abstand zum linken und rechten Rand).

7 Zuletzt formatieren Sie das Textfeld noch ohne Rahmenlinien (*Zeichentools - Format ▸ Formenarten*, Schaltfläche *Formkontur ▸ Keine Kontur*).

Alternative 2: Anschriftzeilen als normale Absätze

Natürlich gibt es auch noch die Möglichkeit, einfach bei 4,5 cm die Rücksendeangabe einzugeben, diese mit Schriftgröße 8 pt zu formatieren und dann mit den übrigen 9 Zeilen in normaler Schriftgröße fortzufahren. **Nachteil dieser Methode**: Bei der späteren Adresseingabe können Zeilen leicht versehentlich hinzugefügt oder gelöscht werden und die Positionen der nachfolgenden Elemente, z. B. Betreffzeile werden dadurch verschoben.

Datum vorgeben

Wenn Sie in der Dokumentvorlage auch gleich das Datum vorgeben möchten, dann sollten Sie berücksichtigen, dass bei Verwendung des aktualisierbaren Datums (*Einfügen ▸ Datum und Uhrzeit*) das Datum später auch beim Öffnen des gespeicherten Briefs automatisch aktualisiert wird und daher das ursprüngliche Datum nicht mehr ersichtlich ist.

1 Wenn in den späteren Briefen das Briefdatum festgehalten werden soll, dann fügen Sie stattdessen entweder das Erstelldatum oder das Druckdatum ein. Dazu klicken Sie im Register *Einfügen* auf *Schnellbausteine* und hier auf *Feld....*

Näheres zum Thema Felder lesen Sie in Kapitel 5.

2 Wählen Sie die Kategorie *Datum und Uhrzeit* und klicken Sie entweder auf *CreateDate* (Erstelldatum) oder *PrintDate* (Druckdatum). Unter *Feldeigenschaften* wählen Sie die gewünschte Schreibweise aus. Aktivieren Sie außerdem das Kontrollkästchen *Formatierung bei Aktualisierung beibehalten*.

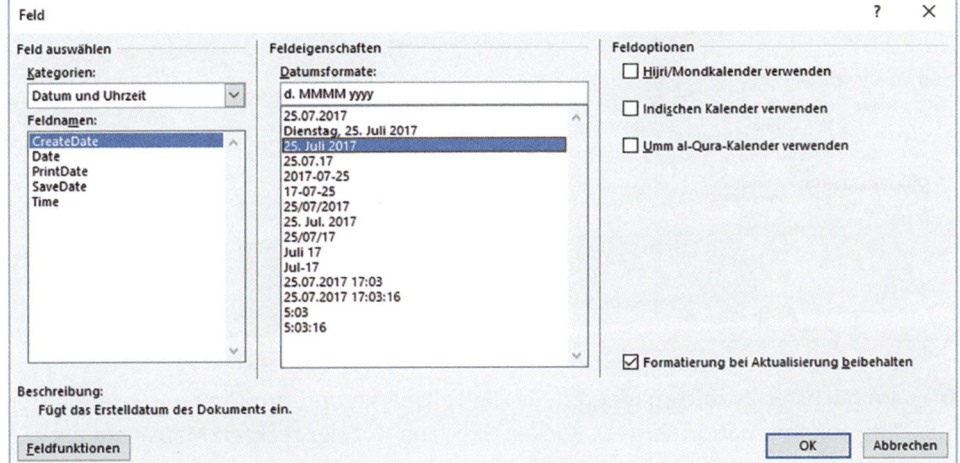

Erstelldatum oder Druckdatum als Feld einfügen

Falz- und Lochmarken einfügen

Wenn Sie kein vorgedrucktes Briefpapier verwenden, dann sollten Sie auch die Loch- und Falzmarken einfügen. Die Lochmarke befindet sich genau in der Mitte der Seite bei 14,85 cm. Die Falzmarken werden sich bei Geschäftsbriefen nach Form B (Fensterbriefumschlag) bei 10,5 und 21 cm angebracht. Um später eine versehentliches Verschieben oder Löschen zu verhindern, werden die Marken in die Kopfzeile eingefügt.

1 Doppelklicken Sie in den Bereich der Kopfzeile und klicken Sie im Register *Einfügen ▸ Illustrationen* auf *Formen*.

2 Wählen Sie *Linie* und zeichnen Sie mit der Maus eine kurze waagrechte Linie. Damit Sie eine exakt waagrechte Linie erhalten, müssen Sie während der Zeichnens die Umschalt-Taste gedrückt halten. Länge und genaue Position der Linie spielen vorerst keine Rolle.

3 Klicken Sie dann mit der rechten Maustaste auf die Linie und auf *Weitere Layoutoptionen...*. Zum Festlegen der genauen Position klicken Sie im Fenster *Layout* auf das Register *Position*. Im Abschnitt *Horizontal* wählen Sie *Absolute Position* und geben im Feld daneben 0,5 cm an. Als Bezug (*rechts von*) müssen Sie *Seite* auswählen (Bild unten).

Absolute Position festlegen

4 Im Abschnitt *Vertikal* wählen Sie ebenfalls *Absolute Position* und geben hier für die erste Falzmarke 10,5 cm ein. Als Bezug (*unterhalb*) legen Sie wieder *Seite* fest.

Im Register Größe legen Sie die Breite der Falzmarke fest

5 Nun fehlt nur noch die Breite: Klicken Sie im Fenster *Layout* auf das Register *Größe* und legen Sie hier als absolute Breite 0,3 cm fest.

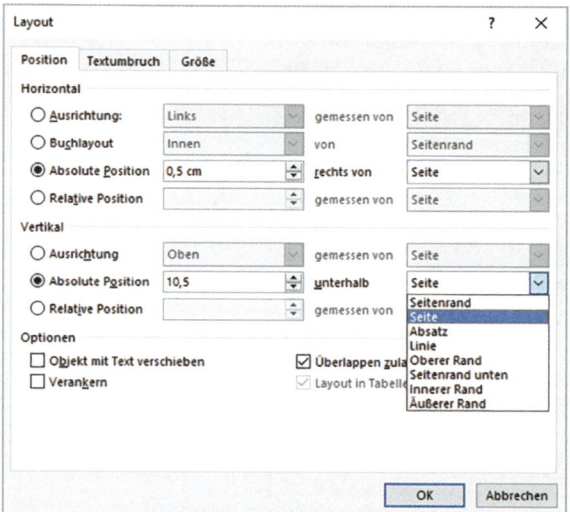 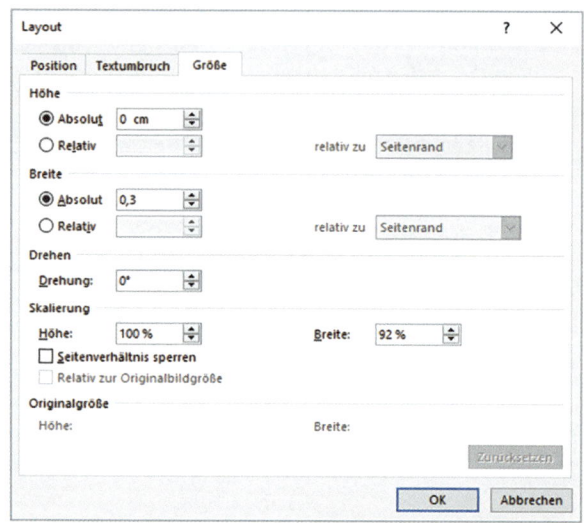

Kopieren mit Strg+C und anschließendes Einfügen mit Strg+V funktioniert natürlich ebenfalls.

6 Im nächsten Schritt markieren Sie die Falzmarke und duplizieren diese mit der Tastenkombination Strg+D. Klicken Sie dann mit der rechten Maustaste auf die Kopie und auf *Weitere Layoutoptionen...*.

7 Legen Sie wieder horizontal eine absolute Position von 0,5 cm rechts von Seite fest. Vertikal erhält die zweite Falzmarke eine absolute Position bei 21 cm unterhalb von Seite.

8 Für die Lochmarke duplizieren Sie die Falzmarke erneut, diese erhält vertikal eine absolute Position von 14,85 cm unterhalb von Seite, die horizontale absolute Position bleibt bei 0,5 cm.

Betreffzeile als Formularfeld einfügen

Die Betreffzeile folgt nach DIN 5008 mit zwei Zeilen Abstand unterhalb des Anschriftfeldes und kann fett hervorgehoben werden, das Wort Betreff selbst entfällt. Um diese Zeile für spätere Eingaben zu kennzeichen und um sicherzustellen, dass die Betreffzeile immer fett formatiert ist, bietet sich hier ein Formularfeld bzw. Inhaltssteuerelement als Platzhalter an.

1   Fügen Sie unterhalb des Anschriftfeldes bzw. der Tabelle einige leere Absätze ein. Da der Betreff später fett erscheinen soll, markieren Sie die Absatzmarke des dritten Absatzes und formatieren Sie diese fett.

2   Positionieren Sie den Cursor in diesem Absatz und klicken Sie im Menüband im Register *Entwicklertools ▸ Steuerelemente* auf das Inhaltssteuerelement *Nur-Text*.

Alles zum Umgang mit Steuerelementen lesen Sie in Kapitel 8, Formulare.

3   Aktivieren Sie den Entwurfsmodus (*Entwicklertools ▸ Steuerelemente*) und geben Sie statt des Standardtextes einen entsprechenden Hinweis ein, z. B. „Geben Sie hier den Betreff ein". Anschließend deaktivieren Sie den Entwurfsmodus wieder.

4   Die Anrede folgt mit zwei Zeilen Abstand zur Betreffzeile.

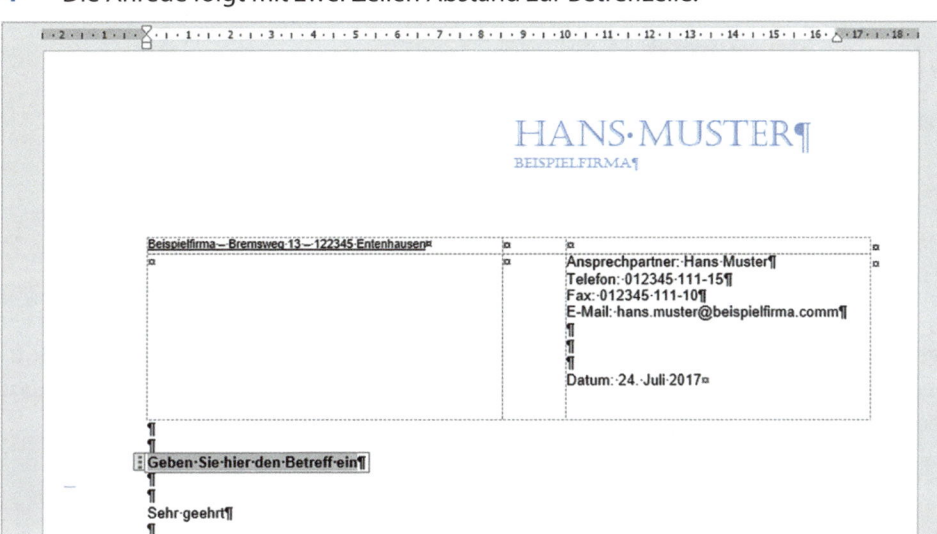

Fügen Sie das Inhalts-steuerelement Nur-Text als Platzhalter für den Betreff ein

> **Tipp**: Inhaltssteuerelemente könnten in einer Dokumentvorlage für Geschäfts-briefe auch im Informationsblock verwendet werden, z. B. für Datum und An-sprechpartner. Eine detaillierte Beschreibung der Inhaltssteuerelemente und ih-rer Einsatzmöglichkeiten lesen Sie in Kapitel 8 dieses Buches.

11.4   Bausteine zur Verfügung stellen

Weitere Arbeit sparen Sie, wenn Sie häufig verwendete Teile eines Geschäftsbriefs als Bausteine zusammen mit der Dokumentvorlage speichern. Als Beispiel soll hier eine Grußformel als Baustein erstellt und gespeichert werden.

1   Dazu geben Sie zunächst die Grußformel im Dokument ein, wie im Bild unten.

2 Markieren Sie die gesamte Grußformel und klicken Sie im Register *Einfügen* ▸ *Text* auf *Schnellbausteine* und hier auf *Auswahl im Schnellbaustein-Katalog speichern....*

So vermeiden Sie, dass die Bausteine unter Schnellbausteine auch in Dokumenten auftauchen, in denen Sie gar nicht benötigt werden.

3 Geben Sie im Fenster *Neuen Baustein erstellen* einen Namen ein und achten Sie darauf, dass im Feld *Speichern in* die aktuelle Dokumentvorlage ausgewählt sein muss, wenn der Baustein mit dieser Dokumentvorlage gespeichert und ausschließlich hier verfügbar sein soll.

Soll ein Baustein dagegen in allen Dokumenten verfügbar sein, dann müssten Sie hier *Building Blocks* auswählen. In diesem Fall müssen Sie beim Beenden von Word auch Änderungen an dieser Datei speichern.

Grußformel als Baustein zusammen mit der Dokumentvorlage speichern

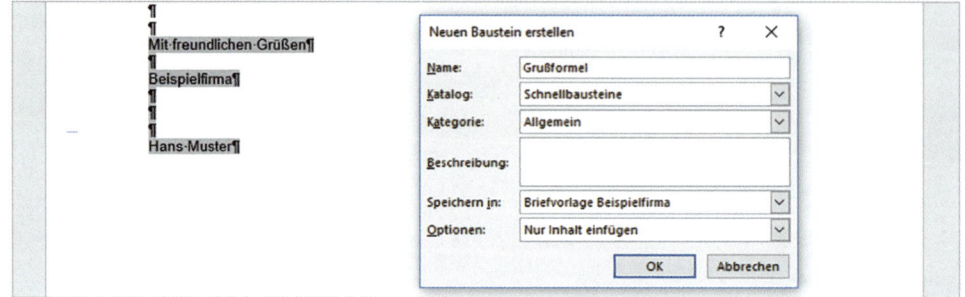

Genauso verfahren Sie mit allen weiteren Bausteinen, die Sie im Geschäftsbrief benötigen. Wenn das aktuelle Dokument als Dokumentvorlage gespeichert ist, dann schlägt Word die aktuelle Vorlage automatisch als Speicherort vor.

Die fertige Dokumentvorlage

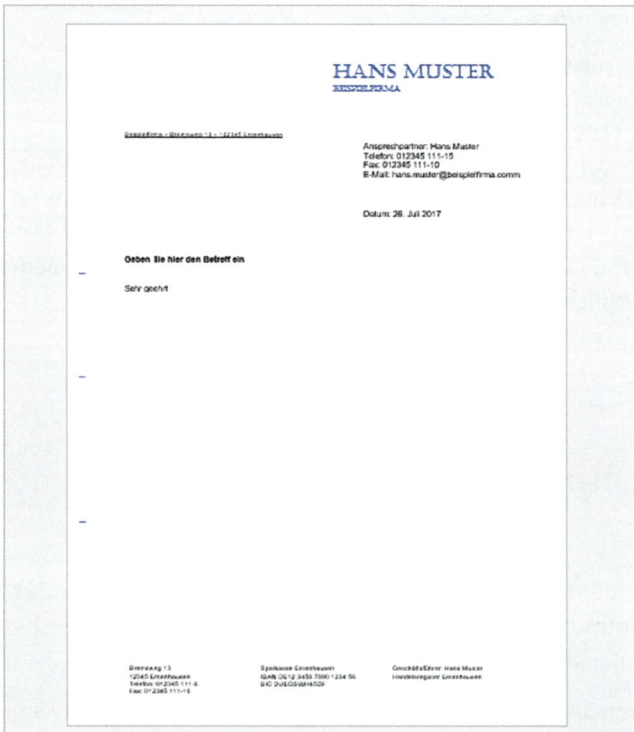

Tastenkombinationen

Zwischenablage, Bearbeitung

Kopieren des markierten Textes oder Objekts	STRG+C
Ausschneiden des markierten Textes oder Objekts	STRG+X
Einfügen aus Zwischenablage (Text oder Objekt)	STRG+V
Rückgängigmachen der letzten Aktion	STRG+Z
Wiederholen der letzten Aktion	STRG+Y oder F4
Markiertes Objekt duplizieren	STRG+D

Eingeben, löschen

Einfügen Absatzende	EINGABE
Einfügen Zeilenumbruch, kein Absatzende	UMSCHALT+EINGABE
Eingabe geschütztes Leerzeichen	STRG+UMSCHALT+LEERTASTE
Eingabe geschützter Bindestrich	STRG+UMSCHALT+BINDESTRICH
Eingabe bedingter Trennstrich	STRG+BINDESTRICH
Einfügen Seitenumbruch	STRG+EINGABE
Einfügen Spaltenumbruch	STRG+UMSCHALT+EINGABE
Einfügen Datum (aktualisierbar)	ALT+UMSCHALT+D
Einfügen Seitenzahl	ALT+UMSCHALT+P
Anzeigen nicht druckbarer Zeichen	STRG+UMSCHALT+* (* nicht im Ziffernblock)
Wort links von der Einfügemarke löschen	STRG+RÜCKTASTE
Wort rechts von der Einfügemarke löschen	STRG+ENTF
Einfügen Formel	ALT+UMSCHALT+PLUSZEICHEN (+)

Positionieren

Ein Zeichen nach links	NACH LINKS
Ein Zeichen nach rechts	NACH-RECHTS
Ein Wort nach links	STRG+NACH-LINKS
Ein Wort nach rechts	STRG+NACH-RECHTS
Ein Absatz nach oben	STRG+NACH-OBEN
Ein Absatz nach unten	STRG+NACH-UNTEN
Eine Zeile nach oben	NACH-OBEN
Eine Zeile nach unten	NACH-UNTEN
An das Zeilenende	ENDE
An den Zeilenanfang	POS1
An den oberen Rand des Fensters	ALT+STRG+BILD-AUF
An den unteren Rand des Fensters	ALT+STRG+BILD-AB
Eine Bildschirmseite aufwärts (Bildlauf)	BILD-AUF
Eine Bildschirmseite abwärts (Bildlauf)	BILD-AB
An den Anfang der nächsten Seite	STRG+BILD-AB
An den Anfang der vorherigen Seite	STRG+BILD-AUF
An das Ende des Dokuments	STRG+ENDE
An den Anfang des Dokuments	STRG+POS1
Zur letzten Bearbeitungsstelle	UMSCHALT+F5
Nach dem Öffnen eines Dokuments zur zuletzt bearbeiteten Stelle	UMSCHALT+F5

Markieren

Erweiterungsmodus aktivieren	F8
Erweiterungsmodus deaktivieren	ESC
Erweiterungsmodus: Wort markieren	F8 (1mal)
Erweiterungsmodus: Satz markieren	F8 (2mal)
Erweiterungsmodus: Absatz markieren	F8 (3mal)
Erweiterungsmodus: nächstes Zeichen	NACH-LINKS oder NACH-RECHTS
Erweiterungsmodus: nächstes Wort	STRG+NACH-RECHTS
Erweiterungsmodus: Vertikalen Textblock markieren	STRG+UMSCHALT+F8, dann Pfeiltasten verwenden
Zeichenweise nach rechts	UMSCHALT+NACH-RECHTS
Zeichenweise nach links	UMSCHALT+NACH-LINKS
Wortweise nach rechts	STRG+UMSCHALT+NACH-RECHTS
Wortweise nach links	STRG+UMSCHALT+NACH-LINKS
Ab Cursor bis zum Anfang des Absatzes	STRG+UMSCHALT+NACH-OBEN
Ab Cursor bis zum Ende des Absatzes	STRG+UMSCHALT+NACH-UNTEN
Ab Cursor bis zum Anfang des Dokuments	STRG+UMSCHALT+POS1
Ab Cursor bis zum Ende des Dokuments	STRG+UMSCHALT+ENDE
Gesamtes Dokument	STRG+A

Tabellen

Nächste Zelle in Zeile	TAB
Vorherige Zelle in Zeile	UMSCHALT+TAB
Nächste Zeile	NACH-UNTEN
Vorherige Zeile	NACH-OBEN

Erste Zelle in Zeile	ALT+POS1
Letzte Zelle in Zeile	ALT+ENDE
Erste Zelle in Spalte	ALT+BILD-AUF
Letzte Zelle in Spalte	ALT+BILD-AB
Zeile oberhalb markieren	ALT+UMSCHALT+NACH-OBEN
Zeile unterhalb markieren	ALT+UMSCHALT+NACH-UNTEN
Neuer Absatz in Zelle	EINGABETASTE
Tabstoppzeichen innerhalb einer Zelle	STRG+TAB

Schriftformatierung

Vergrößern des Schriftgrads um 1 Punkt	STRG+9
Verkleinern des Schriftgrads um 1 Punkt	STRG+8
Vergrößern des Schriftgrads	STRG+UMSCHALT+>
Verkleinern des Schriftgrads	STRG+<
Groß-/Kleinschreibung ändern	UMSCHALT+F3
Als Großbuchstaben formatieren	STRG+UMSCHALT+G
Doppelt Unterstreichen	STRG+UMSCHALT+D
Kapitälchen	STRG+UMSCHALT+Q
Tiefgestellt (automatischer Abstand)	STRG+#
Hochgestellt (automatischer Abstand)	STRG+PLUSZEICHEN
Alle Zeichenformatierungen entfernen	STRG+LEERTASTE
Textformatierung kopieren (Format übertragen)	STRG+UMSCHALT+C
Der Markierung eine kopierte Formatierung zuweisen	STRG+UMSCHALT+V

Absatzformatierung

Einfacher Zeilenabstand	STRG+1
Doppelter Zeilenabstand	STRG+2
1,5-facher Zeilenabstand	STRG+5
Hinzufügen / Entfernen eines einzeiligen Abstands vor einem Absatz	STRG+0 (Null)
Linksbündig ausrichten	STRG+L
Rechtsbündig ausrichten	STRG+R
Im Blocksatz ausrichten	STRG+B
Zentriert ausrichten	STRG+E
Linken Einzug vergrößern (jeweils 1,25 cm)	STRG+M
Linken Einzug verkleinern (jeweils 1,25 cm)	STRG+UMSCHALT+M
Hängenden Einzug vergrößern	STRG+T
Hängenden Einzug verkleinern	STRG+UMSCHALT+T
Alle Absatzformatierungen entfernen	STRG+Q

Arbeiten mit Feldern

Das aktuelle bzw. markierte Feld aktualisieren	F9
Umschalten zwischen der Anzeige der Feldfunktion und dem Feldergebnis (Alle Felder)	ALT+F9
Umschalten zwischen der Anzeige der Feldfunktion und dem Feldergebnis (Aktuelles Feld)	UMSCHALT+F9
Feld einfügen (Nur die geschweiften Klammern)	STRG+F9
Feldfunktion durch das Ergebnis ersetzen, das Feld wird in normalen Text umgewandelt	UMSCHALT+STRG+F9
Feld sperren, keine Aktualisierung möglich	STRG+F11
Sperre wieder aufheben	UMSCHALT+STRG+F11

Index

Symbole

A

B